Berlin International

Berlin International

Literaturszenen in der geteilten Stadt (1970–1989)

Herausgegeben von
Susanne Klengel, Jutta Müller-Tamm,
Lukas Nils Regeler und Ulrike Schneider

DE GRUYTER

Gefördert durch die Deutsche Forschungsgemeinschaft (DFG) im Rahmen der Exzellenzstrategie des Bundes und der Länder innerhalb des Exzellenzclusters Temporal Communities: Doing Literature in a Global Perspective – EXC 2020 – Projekt-ID 390608380.

Herausgegeben in Kooperation mit dem Literaturarchiv der Akademie der Künste, Berlin.

ISBN 978-3-11-078941-6
e-ISBN (PDF) 978-3-11-078953-9
e-ISBN (EPUB) 978-3-11-078958-4
DOI https://doi.org/10.1515/978311078959

Dieses Werk ist lizenziert unter der Creative Commons Namensnennung - Nicht kommerziell - Keine Bearbeitungen 4.0 International Lizenz. Weitere Informationen finden Sie unter https://creativecommons.org/licenses/by-nc-nd/4.0/

Library of Congress Control Number: 2023933608

Bibliografische Information der Deutschen Nationalbibliothek
Die Deutsche Nationalbibliothek verzeichnet diese Publikation in der Deutschen Nationalbibliografie; detaillierte bibliografische Daten sind im Internet über http://dnb.dnb.de abrufbar.

© 2023 bei den Autorinnen und Autoren, Zusammenstellung © 2023 Susanne Klengel, Jutta Müller-Tamm, Lukas Nils Regeler und Ulrike Schneider, publiziert von Walter de Gruyter GmbH, Berlin/Boston

Dieses Buch ist als Open-Access-Publikation verfügbar über www.degruyter.com.

Cover: Blick von Westberlin nach Ostberlin, Dezember 1987 © Karin Wieckhorst
Druck und Bindung: CPI books GmbH, Leck

www.degruyter.com

Inhalt

Vorwort —— VII

Jutta Müller-Tamm
Berlin International: Literaturpolitik in den 1970er und 80er Jahren —— 1

Susanne Klengel
Chilenisches Exil in Berlin Ost I Berlin West: Carlos Cerda und Antonio Skármeta —— 35

Douglas Pompeu
‚Tropische' Literatur entlang der Mauer: Das geteilte Berlin aus der Feder brasilianischer Autoren —— 55

Britta Bendieck
Armando aus Berlin: Ein niederländischer Künstler auf den Spuren der deutschen Geschichte —— 81

Lukas Nils Regeler
Finnische und schwedische Autor:innen zwischen Ost- und Westberlin —— 101

Ulrike Schneider
Berliner Miniaturen, Ost/West: Edoardo Sanguinetis *Reisebilder* (1972) —— 129

Hannah Steurer
Das Berlin der 1970er und 80er Jahre bei Jean-Michel Palmier: „Un lieu magique de désirs, de rêves et d'angoisse" —— 157

Nicole Colin
Systemkonkurrenz als Katalysator: Strukturelle Bedingungen des triangulären Literaturtransfers zwischen Paris und dem geteilten Berlin in den 1980er Jahren —— 175

Marie Fleury Wullschleger
„Weder diesseits noch jenseits zu Hause" – Schweizer Stipendiaten des Berliner Künstlerprogramms des DAAD und ihre Blicke auf die geteilte Stadt —— 193

Thomas Sliwowski
Witold Wirpsza: Ein polnischer Dichter in Westberlin —— 213

Ela Gezen
Türkisch-deutsche literarische Begegnungen in Westberlin um 1980 —— 229

Susi K. Frank
Um den „Frieden" wetteifern: Die *Zweite Berliner Begegnung* 1983 und die Rolle von Čingiz Ajtmatov —— 243

Dagmar Yu-Dembski
Schreiben in angekündigter Einsamkeit: Gao Xingjian als stiller Beobachter des Lebens —— 269

Laura Bieger
Audre Lordes Berlin oder: Schreiben jenseits der Buchseite —— 279

Susanne Klengel
Black Surrealism in Ted Joans' Zeitschrift *Dies und Das* (Berlin 1984) —— 291

Die Autor:innen —— 318

Vorwort

Der vorliegende Band geht zurück auf die Arbeit des literaturwissenschaftlichen Forschungsprojekts „Writing Berlin", das seit 2019 am Exzellenzcluster 2020 „Temporal Communities. Doing Literature in a Global Perspective" der Freien Universität Berlin angesiedelt ist. Das Forschungsprojekt widmet sich den mannigfaltigen Aktivitäten, die den internationalen literarischen Austausch in der geteilten (und wiedervereinigten) Stadt insbesondere nach dem Bau der Berliner Mauer initiiert und entscheidend mitgeprägt haben. Ein besonderes Augenmerk liegt dabei auf institutionalisierten Vorgängen wie Austauschprogrammen, Stipendien, bilateralen Kulturabkommen, Initiativen von Verlagen, Verbänden, Literaturhäusern oder Veranstaltungskomitees – untersucht werden die politischen Implikationen dieser Aktivitäten ebenso wie ihre Auswirkungen auf das literarische Schreiben selbst bzw. auf die sozialen Rollen, Biografien und die Kanonisierung einzelner Autor:innen.

Aus der bisherigen Projektarbeit sind besonders zwei Ereignisse hervorzuheben, die der hier vorliegenden Publikation vorausgingen und sie inhaltlich in vielerlei Hinsicht vorbereiteten: Zum einen fand im Wintersemester 2020/21 eine Ringvorlesung an der Freien Universität statt, deren Beiträge im Laufe des Jahres 2021 im Band *Berliner Weltliteraturen. Internationale literarische Beziehungen in Ost und West nach dem Mauerbau* (Hrsg. Jutta Müller-Tamm) ebenfalls bei De Gruyter veröffentlicht wurden. Der Band widmet sich verstärkt der Zeit unmittelbar nach dem Bau der Berliner Mauer mit einem deutlichen Schwerpunkt auf den 1960er Jahren und ist damit auch thematisch als Vorgängerpublikation zu dem nun vorliegenden Band *Berlin International* zu verstehen.

Ein zweites Ereignis, das die Weichen für diese Publikation stellte, war die Tagung *Berlin, Blicke. Fallbeispiele internationaler literarischer Austauschbeziehungen in der geteilten Stadt (1970er/80er Jahre)*, die am 11. und 12. Juni 2021 nach anfänglicher pandemiebedingter Verzögerung in den Räumen der Freien Universität stattfand. Ihr entsprang ein Großteil der Beiträge, die hier nun in gedruckter Form vorliegen: Sie widmete sich vor allem den letzten zwei Jahrzehnten der Berliner Teilung, in denen die Internationalisierungsprozesse der Berliner Literaturszene(n) auf beiden Seiten der Mauer einen neuen Höhepunkt erreichten. An beiden Tagen diskutierten wir auch hier wieder intensiv über die Rolle unterschiedlicher literarischer Akteure wie etwa einschlägiger Institutionen – des Schriftstellerverbands der DDR, der Akademien der Künste in Ost und West, des Literarischen Colloquiums Berlin – sowie von Einzelpersonen – Kulturfunktionären, Netzwerkern und Verleger:innen – und kulturpolitischen Zusammenhängen. Ein Fokus lag dabei auf internationalen Autor:innen, die in den 1970er und 80er Jahren zu Gast in der Stadt waren und deren Berlin-Aufenthalte sich retrospektiv mit ihrer internationalen Wahrnehmung in Verbindung bringen lassen. Dergestalt ist es auch das Ziel des vorliegenden Bandes, innere Dynamiken und die Verflochtenheit der internationalen Literaturbeziehungen zu ermitteln, die das literarische Leben in Berlin als heterogene Community ermöglicht haben.

Ein großer Dank gilt dabei ausdrücklich nicht nur den Verfasser:innen dieser Publikation, sondern auch den Personen, die die vorbereitende Tagung inhaltlich wie organisatorisch begleitet und sie durch eigene Vorträge oder anregende Diskussionsbeiträge in vielerlei Hinsicht bereichert haben. Bei der Durchführung der Tagung, der Vorbereitung und Drucklegung des Bandes wurden wir mit Umsicht und Sorgfalt auch von vielen studentischen Mitarbeiter:innen unterstützt: Namentlich erwähnt seien hier etwa Luise von Berenberg-Gossler, Emma Rotermund, Julius Böhm, Jasmin Veeh, Anton Fery und Hannes Puchta. Auch die Geschäftsstelle des Clusters stand uns in allen organisatorischen Belangen tatkräftig zur Seite; unser Dank gilt hier vor allem der Geschäftsführerin Katja Heinrich, der Finanzkoordinatorin Anne Raschke sowie Clara Marie Kahn für die Unterstützung in der Öffentlichkeitsarbeit.

Der vorliegende Band ist zudem Ergebnis einer umfangreichen Kooperation des Clusters mit seinen Partnern – besonders hervorzuheben sind hier das Literaturarchiv der Akademie der Künste mit seiner Leiterin Dr. Gabriele Radecke sowie das Literarische Colloquium Berlin, dessen Unterlagen sich im Literaturarchiv Sulzbach-Rosenberg unter der Leitung von Michael Peter Hehl befinden. Die Türen beider Häuser standen für unsere Forschungen stets offen, auf gemeinsame Gespräche und Recherchen gehen viele Impulse zurück.

Ein besonderer Dank gilt der Leipziger Fotografin Karin Wieckhorst für die freundliche Genehmigung, eine ihrer Fotografien für das Cover unseres Bandes zu verwenden. Beim Setzen des Bandes wurden wir von Sven Schrape unterstützt; bei ihm möchten wir uns ebenso bedanken wie beim Verlag De Gruyter, vor allem bei Myrto Aspioti und Stella Diedrich für die Begleitung und Koordination der Drucklegung.

Berlin, im Dezember 2022
Susanne Klengel, Jutta Müller-Tamm, Lukas Nils Regeler, Ulrike Schneider

Jutta Müller-Tamm
Berlin International: Literaturpolitik in den 1970er und 80er Jahren

Kulturpolitik nach dem Mauerbau

In den Jahren nach dem Mauerbau wurde Berlin zum Schauplatz intensivierter kulturpolitischer Bemühungen um Internationalität. Beide Teile – die insulare, von Marginalisierung bedrohte Rumpfstadt im Westen und die Hauptstadt des völkerrechtlich nicht anerkannten Staates im Osten – suchten Kompensation durch eine kulturpolitische „Aufrüstung", die vor allem durch die Förderung internationaler Kontakte der jeweiligen Seite Geltung verschaffen sollte. Insofern zog der Mauerbau eine Verstärkung ausgreifender kultureller Ambitionen nach sich und wirkte in den frühen 1960er Jahren als Katalysator für die Internationalisierung des Literatur- und Kulturbetriebs. Diese These wird in den Beiträgen des 2021 erschienenen Bandes *Berliner Weltliteraturen* verfolgt, die anhand von Fallbeispielen die internationalen literarischen Beziehungen in Ost und West nach dem Mauerbau erkunden.[1]

Der vorliegende Band schließt chronologisch an diese Vorgängerpublikation an und nimmt die internationalen kulturellen Aktivitäten im Berlin der 1970er und 80er Jahre in den Blick. Anfang und Ende dieses Zeitraums sind durch markante politische Daten bestimmt, die den Status Berlins und das Verhältnis der beiden deutschen Staaten zueinander betreffen und auch für die internationalen Bemühungen und Kulturkontakte auf beiden Seiten der Mauer Folgen hatten. Am Ende steht der Fall der Mauer und die Wiedervereinigung; am Anfang das Berlin-Abkommen von 1971, in dem die vier Mächte den Rechtsstatus Berlins, das Verhältnis Westberlins zur BRD und die Transitwege in die geteilte Stadt regelten, sowie der Grundlagenvertrag von 1972 zwischen der BRD und der DDR, der die Souveränität der DDR in den bestehenden Grenzen garantierte und dem 1973 die Aufnahme beider Staaten in die UNO folgte. Dies führte zu einer internationalen Aufwertung der DDR, wodurch sich wiederum die außenpolitischen Handlungsmöglichkeiten veränderten. Es konnten zu zahlreichen Staaten diplomatische Beziehungen aufgenommen werden; auch trat eine gewisse Entspannung um das notorische Problem Westberlin ein. Allerdings beendete die neue Situation nicht die kulturelle Abgrenzungspolitik vor allem der DDR gegenüber der BRD, wie sie in den 1960er Jahren unter der Formel von den zwei Literaturen aus zwei Staaten und in der Rede von der Unmöglichkeit der ideologischen Koexistenz gefasst wurde. Vielmehr

---

1 Jutta Müller-Tamm (Hrsg.): Berliner Weltliteraturen. Internationale literarische Beziehungen in Ost und West nach dem Mauerbau, Berlin/Boston 2021.

ergaben sich nun auch neue kompetitive Gemengelagen in der auswärtigen Kulturpolitik, etwa durch die parallele Gründung von Kulturinstituten im Ausland wie beispielsweise 1983 in Paris.²

Das literarische Profil Westberlins

Wie stellte sich nun das internationale literarische Berlin zu Beginn der 1970er Jahre dar? Befragen wir einen dokumentarischen Film aus dieser Zeit, der – so der Titel – *Das literarische Profil Berlins* zum Thema hat. Er entstand im Rahmen eines ambitionierten Filmprojekts, das in den späten 1960er Jahren am Literarischen Colloquium Berlin (LCB) begonnen wurde und das sich vor allem den Literaturszenen europäischer Großstädte – Prag (1969), Stockholm (1969), Rom (1970), London (1970) – widmete. Als letzter in dieser Reihe stand 1971 der Film über Berlin.³ Dieser Film ist ein höchst bezeichnendes Zeitdokument, inhaltlich ohnehin, aber auch formal, rhythmisch wie in der Bildsprache: Mit erstaunlicher Muße leuchtet er die Nischen und subkulturellen Zirkel Westberlins aus, die Orte, Wege und Umwege des künstlerischen Austauschs in der geteilten Stadt. Mit Blick auf unser Thema, das internationale literarische Berlin, ist an dem Film vor allem zweierlei bemerkenswert:

Zum einen: Der Osten bleibt ausgeblendet. Der Ostteil Berlins ist das innere Ausland dieses Films; es war selbstverständlich undenkbar, dort zu drehen. So tauchen nur in einer Sequenz die Namen und Fotos einiger weniger Autor:innen auf, die im Osten lebten und deren Werke im Westberliner *Wagenbach Verlag* publiziert wurden, wobei der Verleger Klaus Wagenbach ausführlich die Absurdität der Situation beschreibt, in der die Kommunikation mit seinen Autoren und Autorinnen weitestgehend unterbunden und ein Lektorat der Texte verunmöglicht wurde.

Zum anderen: Im abschließenden, vierten Teil des Films, der – wie es heißt – den „Begegnungen und Ausstrahlungen" gewidmet ist, kommt tatsächlich das *internationale* literarische Berlin zu Wort. Im Jahr 1970 sind das österreichische Autoren: Oswald Wiener, Gerald Bisinger, Gerhard Rühm; auch Friederike Mayröcker und Ernst Jandl werden gezeigt. Letzterer hielt sich 1970 mit einem Stipendium des Berliner Künstlerprogramms des Deutschen Akademischen Austauschdienstes (DAAD) in der Stadt auf. Zudem gibt es einen kleinen Ausblick auf die rumäniendeutsche Literatur in Berlin: Oskar Pastior und Gerhard Schulz, die 1969 bzw. 1970 nach Berlin gekommen waren. Deutlich zeigt der Film, dass noch nicht die Zeit der eigenständigen,

---

2 Zur deutsch-deutschen Konkurrenz bei den Pariser Kulturzentren vgl. Frank Trommler: Kulturmacht ohne Kompass. Deutsche auswärtige Kulturbeziehungen im 20. Jahrhundert, Köln/Weimar/Wien 2013, 682.
3 Das literarische Profil von Berlin (1971), Produktion: Literarisches Colloquium Berlin, Regie: Wolfgang Ramsbott, Drehbuch: Walter Höllerer.

selbsttätigen kulturellen Internationalisierung gekommen war, es gab noch keine – wie sie dann bald genannt wurde – „Gastarbeiterliteratur", keine „Migrantenliteratur", keine internationalen literarischen Communities, keine vielfältigen „Stadtsprachen"[4]. Die Entwicklung zu einer internationalen, mehrsprachigen literarischen Szene sollte erst nach und nach in den 1970er und 80er Jahren einsetzen.

Dabei gab es selbstverständlich weiterhin offizielle Aktivitäten, die auf internationale kulturelle Präsenz in Form von Festivals, Einladungsprogrammen, Veranstaltungsreihen und die Neugründung kultureller Institutionen mit internationaler Reichweite zielten; man muss sogar von einer deutlichen Steigerung und Vervielfältigung dieser Bemühungen sprechen. Die öffentliche Förderung internationaler kultureller Kontakte galt weiterhin als überlebensnotwendig für Berlin. So beschwor Peter Nestler, von 1966 bis 1972 erster Leiter des Berliner Künstlerprogramms des DAAD, noch Mitte der 1970er Jahre dieselben Motive, die seinerzeit zu dessen Gründung geführt hatten und die nach wie vor die internationalen Bemühungen befeuerten:

> West-Berlin, dessen Spitzenrang im kulturellen Bereich für die Stadt – 1963 ebenso wie heute – existenznotwendig ist, muß mit allen Kräften geholfen werden, das Handicap seiner vielfältigen geographischen und politischen Standortnachteile abzubauen; seine kulturelle Leistungsfähigkeit hängt ab von den Außenweltkontakten; Berlin muß den Austausch von Ideen und Gedanken im ständigen und lebendigen Fluß halten, wenn sein kulturelles Leben nicht stagnieren soll.[5]

Dennoch vollzog sich Internationalisierung nun unter anderen Vorzeichen als in den früheren 1960er Jahren: Jetzt ging es (nicht zuletzt in der offiziellen Rhetorik) weniger darum, mit aufsehenerregenden Einladungen renommierter Künstler:innen Berlin zum repräsentativen Kulturzentrum von Weltrang zu machen; mit derartigen Verlautbarungen konnte man nicht mehr punkten. Die Finanzierung der Berliner Kultur durch die US-amerikanische Ford Foundation oder den Kulturkreis des Bundes der deutschen Industrie war längst, auch schon vor '68, in die Kritik geraten.[6] Zur offiziellen Kulturpolitik herrschte von Seiten der Künstler eher Distanz – er sei, so beispielsweise der Berliner Autor Hans Christoph Buch, „nicht wegen, sondern trotz der offiziellen Kulturpolitik [...]

---

[4] Vgl. das gleichnamige Magazin: Martin Jankowski (Hrsg.): Stadtsprachen Magazin. Online abgerufen am 9. Oktober 2022 unter https://stadtsprachen.de/de/.
[5] Peter Nestler: Rückblick auf 10 Jahre Berliner Künstlerprogramm, in: Deutscher Akademischer Austauschdienst (Hrsg.): 10 Jahre Berliner Künstlerprogramm, Berlin 1975, 10.
[6] Vgl. Robert Neumann: Spezis. Gruppe 47 in Berlin, in: konkret (Mai 1966), 35–39. Unter Überschriften wie „Die Ford Foundation bezahlt" und „Für welche Bank dichten Sie?" werden dort unter anderem die ökonomischen Verflechtungen ins Visier genommen. Vgl. auch Till Greite: Berlin, a „Hollow Shell": The City as a „Laboratory Study" – A Report on the Ford Foundation's Cultural and Artistic Projects in Post-war Berlin. Rockefeller Archive Center Research Reports (September 2022). Online abgerufen am 11. November 2022 auf *Rockarch* unter https://rockarch.issuelab.org/resource/berlin-a-hollow-shell-the-city-as-a-laboratory-study-a-report-on-the-ford-foundation-s-cultural-and-artistic-projects-in-post-war-berlin.html

in Berlin geblieben", nämlich wegen der „politisch-literarischen Subkultur mit ihren informellen Treffs und Begegnungsmöglichkeiten"[7]. Internationalisierung in Westberlin bezog sich nunmehr immer auch auf die Migrationsbewegungen, die seit den 1960er Jahren infolge der bundesrepublikanischen Anwerbeabkommen – mit Italien, Spanien, der Türkei, Griechenland und anderen – oder aus politischen Gründen eingesetzt hatten und die einen grundlegenden gesellschaftlichen Wandel mit sich brachten. Dies galt insbesondere für Westberlin, wo 1975 der durchschnittliche Ausländer:innenanteil 9,3 % betrug; bis 1989 sollte er auf knapp 16 % der Gesamtbevölkerung steigen.[8] Die Wahrnehmung der gesellschaftlichen Bedürfnisse und der kulturellen Situation änderte sich damit entscheidend. In einem Beitrag zu dem von Hans Werner Richter herausgegebenen Band *Berlin, ach Berlin* von 1981 erinnert Günter Grass an die Immigration der protestantischen Glaubensflüchtlinge aus Frankreich im späten 17. und 18. Jahrhundert als eine das Berliner Leben wirtschaftlich und kulturell prägende Einwanderungswelle, um Berlin gewissermaßen als Stadt mit Migrationshintergrund auszuzeichnen:

> Zu wenige Bürger wollen wahrhaben, daß Westberlin, wenn es ohne Hinterland aus sich heraus existieren will, nicht durch westdeutsche Hilfe allein, sondern (wie viele Großstädte: New York, London, Paris) durch die Internationalisierung seiner Bevölkerung Zukunft haben wird. Um es hart zu sagen: nicht die Behinderung der Zufahrtswege, das blockierte Begriffsvermögen seiner Bürger und Behörden könnte Westberlin zum Altersheim vereinigen. Hat man vergessen, welche Impulse Berlin den eingewanderten Hugenotten verdankt?[9]

Der aus Istanbul kommende, seit 1969 in Berlin lebende Autor Aras Ören nannte die „Ankunft der Türken" eine „Völkerwanderung, die in Europas Geschichte unvergeßliche Folgen haben wird", an der er teilnehme und als deren Zeuge er zugleich auftrete.[10] Nicht nur Ören, auch Schriftsteller:innen wie Aysel Özakın und Güney Dal aus der Türkei, Witold Wirpsza und Maria Kurecka aus Polen, Irena Vrkljan aus Jugoslawien oder Claudio Lange und Antonio Skármeta aus Chile hatten sich in Berlin niedergelassen, lebten und arbeiteten in den 1980er Jahren hier.[11] Ein vom Senator

---

[7] Hans Christoph Buch in: Bericht zur Situation der Literatur in Berlin, hrsg. vom Senator für Kulturelle Angelegenheiten. Redaktion: Dietger Pforte, Berlin 1983, 4. Buchs Anmerkung ist Teil einer kleinen Umfrage, bei der zehn Berliner Schriftsteller:innen vom Senat um Statements gebeten wurden, in denen sie etwas über die Bedeutung Berlins für ihre literarische Arbeit und für die kulturelle, soziale und wirtschaftliche Situation der in der Stadt lebenden Autoren sagen sollten (vgl. ebd., 3; für die Statements vgl. 4–13).
[8] Borbála Gyapay: Die Veränderung des ethnischen Bildes Berlins, in: Zeitschrift für amtliche Statistik Berlin Brandenburg 3 (2012), 46–55, hier: 47, 48.
[9] Günter Grass: In Kreuzberg fehlt ein Minarett, in: Hans Werner Richter (Hrsg.): Berlin, ach Berlin, Berlin 1981, 140–141, hier: 141.
[10] Aras Ören, in: Bericht zur Situation der Literatur in Berlin (Anm. 7), 10.
[11] Vgl. Dietger Pforte: Die literarische Situation West-Berlins in den 70er und 80er Jahren, Siegen 1988, 10 f.

für Kulturelle Angelegenheiten herausgegebener *Bericht zur Situation der Literatur in Berlin von 1983* wirft ein Schlaglicht auf diese als neu und Berlin-spezifisch wahrgenommene Internationalität:

> Intensiver als anderswo erfahren Autoren im Stadtstaat Berlin auch die positiven und negativen Aspekte des Neben- und Miteinander nationaler kultureller Minderheiten. Vor allem die aus der Türkei, aber auch die aus Griechenland und aus Jugoslawien gekommenen Neu-Berliner prägen das kulturelle Leben Berlins mit. Türkische Autoren beeinflussen das literarische Leben Berlins inzwischen ebenso wie einige seit Jahren in Berlin wohnende polnische und chilenische Autoren. Wenn es auch verfrüht wäre, bereits heutzutage von der Entstehung einer neuen Mischkultur in Berlin zu sprechen, die vergleichbar wäre mit der einst für die Entwicklung Berlins bedeutsamen preußisch-hugenottischen Mischkultur, so sind dennoch Tendenzen einer kreativen Integration verschiedener nationaler Kulturen mit der deutschen Kultur unübersehbar.
> Das Land Berlin ist auf Grund seiner politisch-geographischen Lage ein Ort, an dem das nationale Moment gegenwärtiger deutschsprachiger Literatur und zugleich das internationale Moment jeder zeitgenössischen Literatur deutlicher zutage treten als anderswo.[12]

Dieser Bericht, in dem die zwanglose, gewissermaßen aus der Bevölkerung kommende Internationalität der Berliner Literaturszene beschworen wird, wurde vom Presse- und Informationsamt des Landes Berlin herausgegeben, ebenso wie die *Kritischen Rückblicke* auf *Berlins kulturelles Leben,* die in den 1970ern und 80ern jährlich im Rahmen der Publikationsreihe *Berliner Forum* erschienen. Im Auftrag des Berliner Senats dokumentiert sich in diesen Jahresrückblicken Insiderwissen, Lust an der Vielfalt des literarischen Lebens in Berlin, aber immer wieder werden auch die von der öffentlichen Hand finanzierten Literaturinstitutionen und kulturpolitischen Initiativen einer Bewertung unterzogen: Ganz offensichtlich gehört auch die Kritik am Glamour und an „literarischer Veranstaltungs-Betriebsamkeit"[13] zum Renommee der Stadt. So kann in einem Atemzug vom „Subventionsmekka an der Spree"[14] die Rede sein und der Kultursenator an seine Ankündigung von mehr Stipendien, mehr Geld für Archive und die Planungen für ein neues Literaturhaus erinnert werden; und nicht zuletzt werden die alternativ- oder subkulturellen Ereignisse gepriesen: „Das Spannungsvolle der Berliner Ausnahme-Situation war, wie sich immer wieder gezeigt, am ehesten noch an den Rändern der künstlichen Subventions-Paradiese erfahrbar."[15] Das literarische Leben in Westberlin spannte sich auf diese Weise zwischen öffentlicher Förderung und Gegenkultur aus. Beide Pole erweisen sich aus der historischen Distanz als zwei Seiten derselben Medaille, mit der die eingeschlossene Stadt kulturelles Kapital erwirtschaften wollte.

---

12 Bericht zur Situation der Literatur in Berlin (Anm. 7), 16.
13 Gisela Lerch: Die Literatur, in: Berlins kulturelles Leben 1986, Berliner Forum 3 (1987), 75–96, hier: 94.
14 Ingrid Heinrich-Jost: Literatur, in: Berlins kulturelles Leben 1984, Berliner Forum 5 (1985), 73–92, hier: 90.
15 Lerch (Anm. 13), 96.

Literarisches Colloquium und Berliner Künstlerprogramm

Die zwei Institutionen, die in den 1960er Jahren als Impulsgeber der Internationalisierung und als Leuchttürme des zu schaffenden ‚Kulturzentrums' Berlin gegründet worden waren – das Literarische Colloquium und das Berliner Künstlerprogramm des DAAD –, gehörten auch weiterhin zu den wichtigen Akteuren des kulturellen Austauschs. Das LCB machte nun allerdings nicht mehr mit spektakulären Veranstaltungsreihen wie *Modernes Theater auf kleinen Bühnen* (1964/65), *Veränderungen im Film* (1965/66) oder *Ein Gedicht und sein Autor* (1966/67) von sich reden. Vielmehr konzentrierte es sich in den 1970er Jahren auf Arbeitstagungen etwa zur Kulturaußenpolitik (1971, 1972 und 1973[16]), zur kommunalen Kulturpolitik (1975) oder zum Verhältnis von Literatur und Medien (1976[17]), auf Treffen von deutschen mit italienischen, tschechischen, amerikanischen, französischen, niederländischen, schwedischen oder südamerikanischen Autor:innen; auf die Zusammenarbeit von Autor:innen mit Übersetzer:innen und mit Filmemacher:innen.[18] Angesichts einer Pluralisierung der Veranstaltungsformen, der Anlässe und Orte literarischer Begegnungen seit den 1960ern und der immer wieder geäußerten Kritik am Berliner Showbusiness in Kultur und Literatur, betonte Walter Höllerer, Gründer des LCB und zentrale Figur des Berliner Kulturbetriebs, das literarische Programm müsse vor allem „mit den Fragen und Problemen *in dieser Stadt* zu tun haben: nichts ‚Draufgestülptes', sondern nachbarlich Anregendes, – und so vorgebracht, daß ein Funkenübersprung möglich ist"[19]. In diesem Sinne bemühte sich das LCB, besonders jüngere ausländische Autor:innen vorzustellen, häufig in Zusammenarbeit mit dem Berliner Künstlerprogramm des DAAD.

Dennoch versuchte man gelegentlich auch, an die großen publikumswirksamen Veranstaltungen der 1960er Jahre anzuschließen. November 1980 bis Januar 1981 fand eine im dritten Programm des Sender *Freies Berlin* ausgestrahlte Veranstaltungsreihe *Autorenporträts 80/81* im Großen Saal des Ernst-Reuter-Hauses statt, „einem

---

[16] Insofern war Berlin nicht nur der Ort, an dem die Internationalisierung des Kulturbetriebs vorangetrieben wurde, sondern auch der Ort, an dem sich durch diese Praxis ein neues Bewusstsein für die Wichtigkeit dieser Form von Außenkulturpolitik entwickelte. Auf der Arbeitstagung, die im Mai 1971 auf Einladung des LCB stattfand, versammelten sich Vertreter des Goethe-Instituts, des Auswärtigen Amtes, von Inter Nationes, des DAAD, die Mitarbeiter:innen der Deutschen Kulturinstitute in den europäischen Ländern, um mit Autor:innen, Fernsehjournalist:innen, Wissenschaftler:innen und Filmregisseur:innen zu diskutieren. Vgl. den Band *Auswärtige Kulturpolitik* der Sprache im technischen Zeitalter 39/40 (1971).
[17] „Der Schriftsteller und die Massenmedien", ein deutsch-französisches Colloquium in Kooperation mit dem Institut Français.
[18] Vgl. Bericht zur Situation der Literatur in Berlin (Anm. 7), 37.
[19] Walter Höllerer, zit. nach ebd., 37 (Hervorhebung im Text).

900 Personen fassenden alten Gemäuer in der Straße des 17. Juni, das die Bomben und auch, bislang, die Sanierung überstanden hat"[20]. Zunächst waren, noch in Verlängerung des afrikanischen Schwerpunkts des *Festivals der Weltkulturen*[21], Sylvie Kumah aus Ghana und Bayo Martins aus Nigeria eingeladen zu einem Abend unter dem Motto „Wort – Rhythmus – Sound", Susan Sontag kam aus New York, um mit Günter Grass eine Veranstaltung über „Bücher – Bilder – Politik" zu bestreiten; Tom Stoppard, Großbritannien, und Ernst Jandl, Österreich, beratschlagten über „Dramatisches – Szenisches – Mündliches"; aus Italien kamen Edoardo Sanguineti und Italo Calvino, um über das Thema „Abenteuer im Alltag – Der Autor als Publizist" zu sprechen. Pikanterweise hatte Walter Höllerer Susan Sontag ursprünglich vorgeschlagen, an einem Abend gemeinsam mit Sylvie Kumah aufzutreten. In einem Brief vom 9. Juli 1980 äußert sich Sontag kritisch über diesen von ihr offenbar als reißerisch empfundenen Plan, zwei Frauen verschiedener Ethnien und aus verschiedenen Kontinenten über die – wie Höllerer in seiner Einladung suggeriert – drängendsten Probleme der Zeit diskutieren zu lassen. Sontag verweigert den Auftritt mit Kumah, deren Namen sie noch nie gehört hat (und man kommt nicht umhin zu vermuten, dies könnte der Hauptgrund ihrer Ablehnung sein), sie signalisiert aber zugleich, dass sie für eine andere Konstellation immer gerne nach Berlin komme.[22]

In der ersten Hälfte der 1980er Jahre war die Förderung der Literatur ein erklärtes Anliegen des Senators für kulturelle Angelegenheiten. Im Jahr 1983 wurden nur 0,5 Prozent des Kulturetats des Landes Berlin für die Literatur ausgegeben, so dass der Senat bekundete, den Anteil der Mittel für die Literaturförderung „angemessen"[23] erhöhen zu wollen. Neben mittel- und längerfristigen Zielsetzungen wie „Arbeitsstipendien für Berliner Autoren" und „Stipendien für exilierte ausländische Autoren" in Berlin wurde die Absicht geäußert, „der Literaturszene einen zentralen Ort bereitzustellen, an dem sich die vielfältigen und unterschiedlichsten literarischen Aktivitäten und Initiativen finden können"[24]. Das bestehende Literaturhaus, das LCB, war in den Geruch einer gewissen Cliquenwirtschaft gekommen und die Lage der Villa am Wannsee wurde zunehmend als isoliert und randständig wahrgenommen, so dass vorübergehend erwogen wurde, das LCB bzw. den Standort zugunsten eines neuen Hauses zu schließen. Letztlich aber ließen sich beide Einrichtungen realisieren: Das Literaturhaus in der

---

[20] Walter Höllerer: Berliner Springprozession, in: Hans Werner Richter (Hrsg.): Berlin, ach Berlin, Berlin 1981, 47–63, hier: 60: „Literatur, die sich einmischt", so resümiert Höllerer diese Veranstaltung und das (internationale) literarische Berlin zu Beginn der 1980er Jahre, das er in den Kontext der aktuellen politischen Situation, der Regierungskrise und der Besetzung leerstehender Häuser in Berlin stellt.
[21] Vgl. hierzu unten Abschnitt IV.
[22] Briefwechsel zwischen Susan Sontag und Walter Höllerer, Juli 1980. Nachlass Walter Höllerer, Literaturarchiv Sulzbach-Rosenberg, Signatur 03WH/AA/27,12.
[23] Bericht zur Situation der Literatur in Berlin (Anm. 7), 49.
[24] Ebd.

Fasanenstraße wurde hergerichtet, 1986 dann eröffnet und das LCB zugleich – mit geringerem Etat – beibehalten. Als Petra Kipphoff im Februar 1984 in der *Zeit* zu einem großen Rundumschlag über „Berlins Kulturlandschaft zwischen Subvention und Subkultur" ausholte und die Gesamtlage vom Glamourbetrieb der Philharmoniker und dem „nie endenden Wirbel der Festspiele" über die Architektur und die „Problematik einer Planung, in der das Klotzen zum Konzept wurde" bis hin zur Kreuzberger Alternativszene durchmusterte, da erschien ihr die Situation des Literarischen Colloquiums als symptomatisch: „Gerade aus der Geschichte des LC [sic], das eigentlich mehr eine Erinnerung an die großen Tage der Grass, Johnson, Enzensberger, Höllerer und Frisch ist, wird deutlich, wie erpreßbar Berlin ist, wie rasch hier aus einer Aktivität eine Institution wird, von der zum Schluß fast nur noch der Anspruch bleibt, staatlich unterstützt, versteht sich."[25] Insgesamt wurde das LCB in den 1970er und 80er Jahren aber als die Institution wahrgenommen, die sich vor allem um die ausländische Literatur in Berlin verdient machte.

Eine enge Kooperation verband das LCB mit der zweiten wichtigen Institution zur Vermittlung internationaler Kultur, die nach dem Mauerbau zur Rettung Berlins als Kulturzentrum ins Leben gerufen worden war: Seit 1963 lud das Berliner Künstlerprogramm Künstler:innen aus den Sparten Bildende Kunst, Musik und Literatur, ab 1974 auch Film, zu längeren Arbeitsaufenthalten nach Berlin ein. Seit der Übernahme durch den DAAD 1966 wurde das Artists-in-Residence-Programm vom Auswärtigen Amt und vom Berliner Senat finanziert. Mitte der 1970er Jahre hatte es sich erfolgreich etabliert und seine in der Anfangsphase eher patriarchalische Einladungspolitik und die starke Konzentration auf den repräsentativen westlichen Kulturbetrieb etwas hinter sich gelassen. Auch wenn die in der Publikation zur 10-Jahres-Feier vermerkte „Expansion" Wunsch, Absicht und opportune Ankündigung war, so ließen doch nicht nur „die Zahl der Ausstellungen, Konzerte, Lesungen, Publikationen", sondern auch „ihre Größenordnung" und „der geographische Einzugs- und Ausstrahlungsbereich" tatsächlich eine „expandierende Tendenz" erkennen.[26] Im Bereich der Literatur ergingen etwa Einladungen an die afro-amerikanische Schriftstellerin und Bürgerrechtsaktivistin Anne Moody (1972), den nicaraguanischen Autor und Freiheitskämpfer Sergio Ramírez (1973/74), den rumänischen Dichter und Dramatiker Marin Sorescu (1973/74) und den kolumbianischen Schriftsteller Nicolás Suescún (1971/72);[27] insgesamt war die Zunahme an Diversität in jeder Hinsicht bemerkbar.

Die enge Zusammenarbeit zwischen dem LCB und dem Berliner Künstlerprogramm dokumentierte sich auch in den *LCB-Editionen,* einer 1968 begonnen Reihe mit Texten

---

25 Petra Kipphoff: Eine heikle Biographie. Berlins Kulturlandschaft zwischen Subvention und Subkultur, in: Die Zeit, Nr. 7 (10. Februar 1984).
26 Karl Ruhrberg: Statt einer Festrede: Ein Alphabet, in: Deutscher Akademischer Austauschdienst (Hrsg.): 10 Jahre Berliner Künstlerprogramm, Berlin 1975, 11–16, hier: 12.
27 In Klammern die Jahreszahl des Berlin-Aufenthalts.

bekannter und weniger bekannter Autoren: „vor allem Ausländer, die den kommerziellen Verlagen nicht gewinnversprechend erscheinen; einige von ihnen wurden hier erstmals im deutschen Sprachraum mit einer eigenen Publikation vorgestellt"[28], wie es in der Selbstdarstellung des LCB aus Anlass des zwanzigjährigen Jubiläums hieß. In der charakteristischen Reihe – schmale Bände mit einem Autor:innen-Sitzporträt der Fotografin Renate von Mangoldt auf dem Umschlag – publizierten seit 1974 vor allem die internationalen Gäste des Künstlerprogramms ihre Texte, unter ihnen Marin Sorescu, Wong May, Miklós Mészöly, Ignácio de Loyola Brandão, Witold Wirpsza, Per Olov Enquist, Thanassis Valtinos, Petre Stoica, Christopher Middleton, Abdel-Ghaffar Mikkawy und Youssef el Sharouni. Ihrem Aufenthalt wurde auf diese Weise Nachhaltigkeit verliehen; Berlin wiederum profilierte sich so als internationale Literaturstadt.

Horizonte – Festival der Weltkulturen

Kennzeichnend für den insgesamt erweiterten Radius des kulturellen Austauschs im Lauf der 1970er Jahre war das ambitionierte *Festival der Weltkulturen*, das unter dem Titel *Horizonte* 1979 erstmalig durch die Berliner Festspiele[29] ausgerichtet wurde und das der ursprünglichen Planung nach im Zweijahrestakt stattfinden sollte. Auf der Pressekonferenz, die ein knappes Jahr vor der Veranstaltung die Festivalpläne der Öffentlichkeit präsentierte, wurde verkündet, dass „[i]m Rahmen des großen Nord-Süd-Dialoges [...] Berlin zum Ort der Begegnung" und „zum Mittelpunkt der kulturellen Entwicklungsarbeit" werden sollte: „Außereuropäische Kulturen sollen nicht nur vorgestellt werden, sondern ihre Vertreter sollen ihre durch die Kolonialzeit oft verschüttete Geschichte selbst wiederentdecken. Fernab der eigenen Querelen sollen die Festivalteilnehmer untereinander ins Gespräch kommen,"[30] so kolportierte *Der Abend*.

---

28 Walter Höllerer (Hrsg.): Autoren im Haus. Zwanzig Jahre Literarisches Colloquium Berlin, Berlin 1982, 118.
29 Zwischen der Bundesrepublik Deutschland und dem Land Berlin wurde 1967 ein Verwaltungsabkommen über Errichtung und Betrieb der Berliner Festspiele GmbH abgeschlossen. Sie wurde als gemeinnützige Einrichtung zum Zweck der Vorbereitung und Durchführung von wiederkehrenden internationalen Festspielen gegründet, unter anderem der Filmfestspiele, des Theatertreffens und der Festwochen. „Alle Veranstaltungen der Berliner Festspiele haben das Ziel, durch künstlerische Begegnungen die internationalen Kontakte Berlins zu festigen und zu verstärken. Die Festspielveranstaltungen sind sowohl internationales Podium repräsentativer und exemplarischer Darstellung herausragender künstlerischer Leistungen als auch Werkstatt für experimentelle Entwicklungen. Zugleich ist es Aufgabe der Berliner Festspiele, die Kraft und Leistungsfähigkeit des kulturellen Berlin im internationalen Zusammenhang zu präsentieren sowie über das traditionelle und zeitgenössische Kunstgeschehen anderer Länder zu informieren." Bericht zur Situation der Literatur in Berlin (Anm. 7), S. 35 f.
30 [-rit]: Rund um die Welt. Festival der Dialoge: Kontinent-Kulturen treffen sich in Berlin, in: Der Abend (18. August 1978).

Zunächst noch als regional offenes Forum geplant, kristallisierte sich im Lauf der Vorbereitung Afrika als Schwerpunkt des ersten Festivals heraus. Mit der Vorstellung, hier innerafrikanische *und* afrikanisch-europäische Kommunikation zu ermöglichen, und mit der Hoffnung auf eine zwanglose Geselligkeit hatten sich die Veranstalter – so das nahezu einhellige Urteil der Presse – allerdings überhoben. In der öffentlichen Wahrnehmung regierten eben doch wieder die superlativischen Ansprüche: „,Horizonte 79' [...] ist unter den Festivals, die sich die Stadt gewiß nicht sparsam bisher geleistet hat, das größte, üppigste, programmreichste, ehrgeizigste, sensationellste" – so Sybille Wirsing mit spürbarer Missbilligung in der *FAZ* – „das ausladende Defilee afrikanischer Künste und Künstler, mit dem Berlin [...] seine Eignung als weltpotente Festivalstadt und Ort der extremen Begegnungen erprobt"[31].

Für die Sparte der Literatur zeichnete das Künstlerhaus Bethanien verantwortlich, das seine im Jahr zuvor erstmalig veranstalteten *Berliner Internationalen Literaturtage* (BILT) in das *Horizonte* Festival eingliederte. Bereits im ersten Durchlauf 1978 hatte BILT mit der Berliner Festspiele GmbH und auch mit dem Berliner Künstlerprogramm des DAAD kooperiert und unter dem Titel „Gedichte heute" zwischen dem 20. und dem 25. Juni eine Serie von Lesungen in Originalsprache mit deutscher Übersetzung veranstaltet. Eingeladen waren, neben etlichen Westberliner und einigen Ostberliner Dichter:innen – Erich Arendt, Günter Kunert und Karl Mickel kamen aus der DDR –, Lyriker:innen aus über 15 Ländern, von Mexiko bis Indien, von der UdSSR bis Ghana, von Rumänien bis Japan, unter ihnen auch ehemalige, aktuelle und zukünftige Stipendiaten des Berliner Künstlerprogramms: Eduardo Sanguineti (1971), Christopher Middleton (1975), Marin Sorescu (1973/74), Michel Hamburger (1976), Petre Stoica (1975), Irena Vrkljan (1966/67), Ted Joans (1983/84), Wiktor Woroszylski (1981), Homero Aridjis (1986 und 1988). Die Literaturtage 1978 endeten mit der von Hans Christoph Buch moderierten Veranstaltung „Weltliteratur heute – über das Schreiben von Gedichten in der zweifach geteilten Welt".

Bereits bei dieser ersten BILT-Veranstaltung, die im Zirkuszelt am Mariannenplatz mit Bar, Büchertischen und Plauderecken am Nachmittag sowie abendlichen Lesungen mit musikalischer Begleitung durch Free Jazz oder Liedermacher[32] Kreuzberger Atmosphäre verströmen und ein nicht akademisches Publikum erreichen wollte, wurden organisatorische Mängel beanstandet.[33] Sehr viel deutlicher fiel allerdings die

---

31 Sibylle Wirsing: Versuch eines Nord-Süd-Dialogs. Das Festival „Horizonte 79" in Berlin: Eine Zwischenbilanz, in: Frankfurter Allgemeine Zeitung (5. Juli 1979).
32 Vgl. die Randnotiz im Katalog: Blickwechsel. 25 Jahre Berliner Künstlerprogramm, hrsg. von Stefanie Endlich und Rainer Höynck, Berlin 1988, 208.
33 „Die Literaturpläne wurden ohne die Anwohner gemacht. Volksfremd, wie Intellektuelle ihren guten Absichten zum Trotz zu sein pflegen, hatten sie vergessen, daß die Kreuzberger um diesen ehrwürdigen Mariannenplatz, ihr Fleckchen Grün, kämpfen und sich von jeher gegen bezirksfremde Kulturplanungen zur Wehr setzen. Sie riefen zum BILT-Boykott auf und störten den ersten Zeltabend so massiv, daß die Poeten in die Akademie der Künste flüchten mußten. / Die sogar handgreifliche Re-

Kritik für die zweiten Literaturtage im Rahmen der *Horizonte 79* aus, denn gerade am Umgang mit den Schriftsteller:innen aus Afrika wurde das Scheitern des im Vorfeld so vielfach beschworenen Nord-Süd-Dialogs und damit des zentralen Festivalanliegens – gewissermaßen seiner offiziellen raison d'être – festgemacht. Während die Reihe der traditionellen afrikanischen Musik, die Filmreihe des *Arsenal* und die Doppelausstellung afrikanischer und haitianischer Kunst durchaus auf Lob stieß, wurden die Theateraufführungen und vor allem das literarische Programm in mehr als einer Hinsicht für unzulänglich erklärt.

Zwanzig afrikanische Schriftsteller waren im Rahmen des Festivals eingeladen, an einem Abend jeweils zu zweit – „einer aus der älteren, einer aus der jüngeren Generation"[34] – aufzutreten. Unter ihnen waren prominente Vertreter wie Chinua Achebe, der mit einer sehr kritischen Rede in der Akademie der Künste auch das Gesamtfestival eröffnete, und Wole Soyinka, beide aus Nigeria, Taban lo Liyong aus Uganda, der in Kamerun geborene und in Frankreich lebende Mongo Beti, Tayeb Salih aus dem Sudan, der südafrikanische, aber im US-amerikanischen Exil lebende Autor Denis Brutus. Anders als die Veranstaltungen mit Musik, Tanz oder Gesang in der Akademie der Künste, die für großen Besucherandrang sorgten, war die Resonanz auf das literarische Angebot verhalten. In der Presse wurde über mögliche Ursachen spekuliert: „Ist es schlicht Faulheit, vielleicht die Furcht, mit der Poetik uns fremder Kulturkreise nicht zurechtzukommen, oder gar Bildungsdünkel?"[35], so mutmaßte Peter Winkler in der *Welt*. Der Veranstaltungsort in Kreuzberg wurde im Verhältnis zu den anderen Spielstätten als abseitig empfunden; vor allem aber monierte man den nachlässigen und wenig zuvorkommenden Umgang mit den Schriftsteller:innen. In diese Richtung wies die Kritik, die zur Halbzeit des Festivals in der *FAZ* erschien:

> Der Ort, an den man sie alle in Berlin bat, war weit weg von den zentralen Stätten des Festivalgeschehens, das Künstlerhaus Bethanien in Kreuzberg, wo sich acht Tage lang allabendlich

---

bellion ging natürlich als willkommene Sensation durch alle Zeitungen. Von den Verständigungsversuchen, die den Ursprungsplan retten wollten, nahm die Öffentlichkeit schon kaum mehr Notiz. Und als das ins Studio 1 im Künstlerhaus Bethanien verlegte Programm anfangs gut zu laufen begann und mit großen Namen wie Rafael Alberti oder Ernesto Cardenal, mit Liedermachern wie Bettina Wegner (DDR) oder der Hamburger Bauchladenlyrikerin Frederike Frei ein großes Publikum anzog, da übersahen die erleichterten Macher, wen der Hunger nach Lyrik hergetrieben hatte: dieselben Intellektuellen nämlich, die schon die Akademielesungen regelmäßig besuchen. Man war wieder unter sich, das Volk blieb draußen." Hedwig Rohde: Die Literatur, in: Berlins kulturelles Jahr 1978, Berliner Forum 4 (1979), 59–76, hier: 59–60.

34 Hedwig Rohde: Warten auf den Dialog. Afrikanische Literatur im Künstlerhaus Bethanien, in: Der Tagesspiegel (26. Juni 1979).

35 Peter Winkler: Berliner Internationale Literatur-Tage: Vom dörflichen Kampf um eine Palme, in: Die Welt (30. Juni 1979). „Dennoch", so Winkler weiter, „hat bisher kein Autor vor leeren Bänken sitzen müssen. Afrikanistikstudenten und farbige Gäste bilden Abend für Abend ein solides Zuhörerfundament."

ein kleiner Kreis von Zuhörern versammelte, die Kenner und Liebhaber der fernen südlichen Literaturszene, die unser nördliches Berlin immerhin aufbringen konnte. Das breitere Publikum [...] hatte keine Ahnung und war auch nicht darüber informiert worden, daß sich die eigentliche Sensation des Festivals hier in der Abgeschiedenheit vollzog.
Zunächst mußte es scheinen, als lasse sich für die prädestinierten Teilnehmer am ‚Horizonte'-Dialog ganz einfach keine Öffentlichkeit zustande bringen. Allmählich wurde aber deutlich, daß die abgeschlossene Kreuzberger Situation von den Gastgebern bewußt hergestellt und verstärkt worden war. Man behinderte die Kontakte zu den Journalisten, sowohl zu den deutschen als auch den afrikanischen, verpönte politische Gespräche im Anschluß an die Lesungen, verweigerte die Genehmigung für Tonbandaufzeichnungen, verwehrte den allgemeinen Zutritt zu den Werkstattdiskussionen, reglementierte außer dem Tagungsvollzug auch den Tagesablauf der Gäste und setzte schließlich die einzige groß anberaumte Veranstaltung, das öffentliche Akademiegespräch zwischen schwarzen und weißen Schriftstellern, kurzfristig vom Programm des Symposiums ab.[36]

Obwohl es bereits in der Vorbereitung des Festivals vielfältige Probleme gegeben hatte,[37] waren offenbar die politischen und ideologischen Schwierigkeiten in jeder Hinsicht unterschätzt worden. Ein Drittel der eingeladenen Schriftsteller lebte im Exil, für andere hatte es sich als unmöglich erwiesen, ein Visum zu bekommen oder es gab Probleme bei der Einreise;[38] und selbstverständlich bildeten die Gäste keineswegs

---

36 Wirsing (Anm. 31). Vgl. auch die Kritik von Karin Hanisch: Bewölkte ‚Horizonte', in: Berliner liberale Zeitung (27. Juli 1979): „Die Literaturreihe im Künstlerhaus Bethanien hingegen irritierte durch organisatorische Unzulänglichkeiten und durch die Hektik, mit der die eingeladenen Schriftsteller durch das Programm geschleust und dann sich selbst überlassen wurden. Der beschworene Nord-Süd-Dialog, anfangs als notwendig betont, kam nicht zustande. Statt dessen [sic] zeigten sich die Schwierigkeiten gerade eines solchen Dialogs."
37 Vgl. hierzu die im Landesarchiv Berlin befindlichen Unterlagen zur Planung und Organisation des Festivals, so etwa zu den politisch bedingten Problemen, eine Ausreisegenehmigung für den ghanaischen Dichter Kofi Awonoor zu bekommen, den Brief des Generalsekretärs der Horizonte 79, Jochen R. Klicker, an Dieter Vollprecht vom Goethe-Institut Ghana vom 11. Oktober 1978. Landesarchiv Berlin, Signatur B Rep. 149, Nr. 744. Besondere Schwierigkeiten gab es im Hinblick auf die Mitwirkung nigerianischer Künstler:innen, unter anderem, weil Chinua Achebe und Wole Soyinka nicht gut aufeinander zu sprechen waren und vorübergehend nicht bereit waren, zusammen an dem Festival teilzunehmen; vgl. Jochen R. Klicker: Brief an H.-J. Roos, Leiter des Goethe-Instituts Lagos, vom 15. Januar 1979. Ebd., Signatur B Rep. 149, Nr. 1465.
38 Empörung rief insbesondere ein Zwischenfall um den Schriftsteller Damludzo Macherewa aus Zimbabwe hervor. Macherewa, Mitglied der Befreiungsorganisation ZANU (Zimbabwe African National Union) und seinerzeit mit einem Stipendium an der Oxford University in England im Exil, wurde bei der Einreise in Tegel acht Stunden in Polizeigewahrsam festgehalten. Auf einer Solidaritätsveranstaltung des „Forums entwicklungspolitischer Gruppen in Westberlin" (FeG) wurde daraufhin eine Protesterklärung formuliert: „Die Versammelten und der Veranstalter verurteilen die Inhaftierung und Diskriminierung des Dichters aus Zimbabwe, Damludzo Macherewa, der als offizieller Vertreter seines Landes zum 1. Festival der Weltkulturen *horizonte '79* eingeladen wurde. Dieser Fall unterstreicht, daß die Organisatoren dieses Festivals nicht der Kultur und den politischen Forderungen Afrikas ein Forum geben wollen, sondern die afrikanische Kultur für ihre Interessen einsetzen.'" Zit. nach dem anonym veröffentlichten kurzen Artikel „Ein falscher Horizont", in: Berliner liberale Zeitung (13. Juli 1979).

eine homogene Gruppe. In der Presse wurde auf „die starken Gegensätze und Auseinandersetzungen unter den schwarzen Autoren" hingewiesen: „Ideologische Spannungen zwischen den Generationen sind unübersehbar. Hier ältere Schriftsteller, die ihre Landesgeschichte aufarbeiten, die Legenden und Lieder einer zerstörten alten Kultur – dort die jüngeren, für die im Sozialismus allein ‚Negritude-Ersatz' zu finden ist."[39]

Auf der anderen Seite der Mauer wurde der afrikanisch-berlinische Festivalbetrieb hingegen als Verschleierung politischer Ambitionen dargestellt. Der Journalist Günter Höhne schrieb in der Ostberliner Wochenschrift *Die Weltbühne* unter dem Titel „Safari-Ausklang in Westberlin", für ein Publikum, das sich wegen der Mauer kein eigenes Urteil bilden konnte, hier werde „halbherziges, pseudo-tolerantes Straßentheater" präsentiert, wobei der „hochaktuelle Tatbestand ‚Neokolonialismus' freilich [...] verschwiegen" werde:

> Was der Westberliner Bevölkerung unter dem Strich angeboten wurde, war nicht mehr und nicht weniger als eine kommerziell bewerkstelligte Multimedia-Show [...]. Es ging wieder ganz einfach ums Geschäft. Weniger um hohe finanzielle Einnahmen durch die Westberliner ‚Festspiele-GmbH', sondern vielmehr um kulturpolitisches Kapital, auf dessen Zins und Zinseszins der Senat Westberlins geradezu versessen ist.[40]

Immer noch, so zeigt sich, war das geteilte Berlin der Ort, an dem der kulturelle Kalte Krieg beschworen und ausgetragen wurde; die internationalen Aktivitäten im Westteil der Stadt erschienen aus Ostberliner Perspektive als strategische Manöver auf der literarischen Weltbühne: interessengeleitete Symbolpolitik und Imagepflege durch Kultur.

Die weiteren *Horizonte*-Festivals folgten schließlich – anders als ursprünglich geplant – im Dreijahresrhythmus: 1982 war Lateinamerika gewidmet, 1985 Südostasien – China, Japan, Korea und Indonesien – und 1989 dem Nahen Osten. Anlässlich des Asien-Festivals wurde deutlich, dass die Veranstalter zwar dazugelernt hatten, aber das Grundproblem in der öffentlichen Wahrnehmung – dass hier mit Subventionen hochkulturelles Showbusiness betrieben werde – nicht gelöst war:

> Der Impuls, der von den ‚Horizonten' für die Beschäftigung mit den vorgestellten Literaturen insgesamt ausging, war beträchtlich, und man kann ihm nur eine ähnliche Langzeitwirkung wünschen, wie sie die letzten Lateinamerika-Horizonte hatten. Bei den Einzelveranstaltungen wurde jedoch deutlich, daß man Autoren nicht wie Ausstellungstücke einfliegen kann, Literaturveranstaltungen leben vom behutsamen Eingehen auf Text und Autor; dies kam beim gedrängten und durchgerasterten Programm oft zu kurz.[41]

---

39 Rohde, Warten auf den Dialog (Anm. 34).
40 Günter Höhne: Safari-Ausklang in Westberlin, in: Die Weltbühne 46 (1979), 1465–1467, hier: 1465.
41 Lerch (Anm. 13), 76.

Der Berliner Autor Hans Christoph Buch sprach gar von der „Gigantomanie mancher Veranstaltungsreihen wie z. B. ‚Horizonte', die die Sommermonate dermaßen mit Kulturangeboten zupflastern, daß selbst der einschlägig Interessierte – und wer ist das nicht? – nur einen Bruchteil der angebotenen Termine wahrnehmen kann." Buch monierte die Entwertung des einzelnen Beitrags durch das kulturelle Überangebot und bemerkte, dass „die Lesungen ausländischer Kollegen [...] gründlicher vorbereitet" sein könnten.[42]

Zum Beispiel 1984

Im hochsubventionierten Westberlin steigerte sich also während der 1970er und 80er Jahre kontinuierlich die Präsenz internationaler Autor:innen und die Dichte der literarischen Veranstaltungen. „Literaturstadt Berlin, gar Literaturhauptstadt?", mit dieser Frage eröffnet der Beitrag zur Literatur in dem vom Presse- und Informationsamt des Landes Berlin herausgegebenen Jahresrückblick auf *Berlins kulturelles Leben 1984*. Verlässt man die chronologische Perspektive auf Institutionen und Veranstaltungsreihen und wählt das Jahr 1984 als Beispiel für einen synchronen Schnitt durch das literarische Berlin aus, dann sieht man, welche Vielfalt nun angesagt war. Die internationalen Autoren – so heißt es im genannten Rückblick – „konnten sich sehen lassen": „Dank der Rührigkeit des DAAD und des Amerika-Hauses hatten wir reichlich Gelegenheit, ausländische Autoren aus aller Welt kennenzulernen. Ein ‚mittelfristiger Gast' war die schwarze Lyrikerin und engagierte Feministin Audre Lorde, die für ein Semester am John-F.-Kennedy-Institut der Freien Universität lehrte und ihre Texte in mehreren Lesungen zu Gehör brachte."[43] Das Amerika-Haus stellte im Februar sieben Schriftsteller und Publizisten aus den USA vor, die sich in Berlin niedergelassen hatten. György Dalos (Ungarn), Margret Atwood (Kanada) und David Rokeah (Israel) waren zu Gast im Künstlerprogramm des DAAD; ehemalige Stipendiaten des Künstlerprogramms wie der Brasilianer Ignácio de Loyola Brandão und der Pole Adam Zagajewski wurden zu Veranstaltungen in die DAAD-Galerie eingeladen. Der US-Amerikaner John Ashbery trat in der Akademie der Künste auf, die Schweden Tomas Tranströmer und Göran Sonnevi in der von Höllerer wiederbelebten ehemals legendären, nun nicht annähernd so erfolgreichen Reihe „Ein Gedicht und sein Autor" („Ein Gedicht sucht seinen Autor" titelte der *Tagesspiegel*[44]). Das LCB lud unter anderem türkische Autor:innen und aus Italien Adriano Spatola sowie Dacia Maraini ein. Isabel Allende und Jean Baudrillard lasen in der Autorenbuchhandlung, V. S. Naipaul im British Council. Und: „Schweizerische Gäste" – heißt es zuletzt im

---

42 Buch, Bericht zur Situation der Literatur in Berlin (Anm. 7), 4.
43 Heinrich-Jost (Anm. 14), 82.
44 Zit. nach ebd., 80.

Rückblick – „kommen heute in so großer Zahl an die Spree wie früher die Österreicher." Die Rede ist von Martin Roda Becher, Christoph Geiser und Otto Marchi; seit den 1970er Jahren hatten sich aber auch Schweizer Autoren wie Urs Jaeggi, Thomas Hürlimann und Matthias Zschokke in Berlin niedergelassen.

Mit der Vervielfältigung der internationalen literarischen Aktivitäten, Initiativen und Institutionen in Berlin wuchs allerdings auch die Klage über kulturpolitische Megalomanie und die Betriebsamkeit der literarischen Szene. Mit der Gründung des Literaturhauses in der Fasanenstraße steigerte sich die Frequenz der literarischen Veranstaltungen noch einmal deutlich; die Häufung der Veranstaltungen – so Gisela Lerch in ihrem Rückblick auf das literarische Jahr 1986 – werde eher mit Unbehagen zur Kenntnis genommen:

> Von der Gefahr einer zu Tode verwalteten Literatur, vom Litera-Trubel und von einer bedenklichen Veranstaltungs-Inflation war die Rede. Das Publikum schien sich in Literaturbetriebs-Zyniker und Literatur-Gourmets zu scheiden. Und das Spannungsverhältnis zwischen Subvention und Subversion begann in tendenziell spannungslose Geschäftigkeit umzukippen.[45]

Offenkundig bedurfte es gar nicht der ‚realsozialistischen' Perspektive von der anderen Seite der Mauer, um den „Berliner Subventions-Ausnahmezustand"[46] im Westteil der Stadt kritisch zu beurteilen.

Kulturpolitik in der Hauptstadt der DDR

Wendet man den Blick nach Ostberlin, gilt es zunächst festzuhalten, dass sich mit dem Viermächteabkommen von 1972 und der völkerrechtlichen Anerkennung der DDR durch die Aufnahme in die UNO 1973 die Bedeutung der internationalen Kulturkontakte deutlich änderte. Hatte die Kulturpolitik bis dahin vor allem der außenpolitischen Selbstbehauptung gedient, traten nun andere Zielsetzungen in den Vordergrund: „Statt Anerkennungspolitik" – so Frank Trommler in seiner Studie über die deutsche auswärtige Kulturpolitik im 20. Jahrhundert – „hieß das offizielle Stichwort nun Abgrenzungspolitik, die im Ausland verhindern sollte, die kulturellen Verschiedenheiten der beiden deutschen Staaten zu übersehen. Die intensive Agitationsarbeit der Freundschaftsgesellschaften der *Liga für Völkerfreundschaft* zugunsten der völkerrechtlichen Anerkennung der DDR sollte der Imagepflege der DDR als eines Staates großer kultureller Errungenschaften Platz machen."[47] Allerdings sollte man nicht unterschätzen, dass auch zuvor gerade im literarischen Bereich ein deutliches Abgrenzungsbedürfnis

---

45 Lerch (Anm. 13), 76.
46 Ebd.
47 Trommler (Anm. 2), 673 f.

herrschte, war doch die internationale Kulturpolitik darauf ausgerichtet, die spezifische Leistung der ‚sozialistischen deutschen Nationalliteratur' im Ausland zu bewerben und publik zu machen.[48]

Die zentralistische Organisation aller gesellschaftlichen Bereiche in der DDR brachte es mit sich, dass die verschiedenen in die internationalen kulturellen Beziehungen involvierten – staatlichen und nicht-staatlichen – Instanzen und Institutionen von der Parteiebene, der Sozialistischen Einheitspartei Deutschlands (SED), dominiert und kontrolliert wurden. Auf der Seite der staatlichen Organe waren das Ministerium für Auswärtige Angelegenheiten und vor allem das Ministerium für Kultur zuständig. Die sich wandelnden Interessen und Zielsetzungen im Bereich der internationalen Kulturaktivitäten lassen sich den Statuten des Ministeriums für Kultur entnehmen. Eine Übersicht über „Fachaufgaben der Abteilung Kulturelle Beziehungen mit dem Ausland" vom 1. Juni 1969 nennt als oberstes Ziel der kulturellen Auslandsarbeit die „Anerkennung der DDR und ihrer Kultur in der Welt", am Ende der Liste folgt auch der Punkt „Zurückweisung des Alleinvertretungsanspruches Westdeutschlands"[49]. Einige Jahre später – *nach* der völkerrechtlichen Anerkennung der DDR – verzeichnet das „Statut des Ministeriums für Kultur, Beschluß des Ministerrates" vom 20. Oktober 1977 dann folgende Aufgaben:

> Kulturelles Zusammenwirken mit der Sowjetunion und den anderen sozialistischen Ländern; Planung und Leitung der internationalen Beziehungen auf dem Gebiet der Kultur, Kunst und Wissenschaft; Abschluss von Arbeitsplänen und Kulturabkommen; Erfüllung der Verpflichtungen auf kulturellem Gebiet aus der Mitgliedschaft der DDR in der UNESCO; Anschluss der DDR an multilaterale völkerrechtliche Verträge; Austausch von Künstlern und Kulturschaffenden.[50]

Dabei war in den 1970er Jahren eine gesonderte Abteilung für „Kulturelle Fragen Westdeutschland und Westberlin" zuständig, während die Abteilung „Kulturelle Beziehungen" die Sektoren „UdSSR und asiatische Volksrepubliken", „Europäische sozialistische Länder", „Entwicklungsländer", „Kapitalistische Industriestaaten" und „Internationale Organisationen" umfasste.

Neben den staatlichen Institutionen waren auch nicht-staatliche bzw. gesellschaftliche Organisationen mit internationalen kulturellen Kontakten befasst: die Liga für Völkerfreundschaft, unter deren Dach zahlreiche bilaterale Freundschaftsgesellschaften firmierten und die in mehreren sozialistischen Bruderstaaten, in einigen arabischen

---

48 Vgl. Jutta Müller-Tamm: Das geteilte Berlin als Katalysator der Internationalisierung des Literaturbetriebs, in: dies. (Hrsg.): Berliner Weltliteraturen. Internationale literarische Beziehungen in Ost und West nach dem Mauerbau, Berlin/Boston 2021, 1–37, bes. 14–37.
49 Zit. nach Katrin Jäcke, Johanna Marschall-Reiser: Ministerium für Kultur. Teil 4: Hauptabteilung Internationale Beziehungen / DR 1. Einleitung zum Online-Findbuch ARGUS im Bundesarchiv, Berlin 2010. Online abgerufen am 12. Oktober 2022 unter http://www.argus.bstu.bundesarchiv.de/dr1_ib/index.htm?kid=66BCAF39B0B542B99223F9DC7BE9E7C2.
50 Ebd.

Staaten sowie in Finnland und Schweden eigene Kultur- und Informationszentren (KIZ) unterhielt[51]; die Akademie der Künste (Ost), der Kulturbund, der PEN, der Schriftstellerverband. Diese Institutionen waren letztlich den Weisungen des Zentralkomitees der SED und des Ministeriums für Kultur unterstellt; auch waren in den Massenorganisationen zentrale Stellen, wie etwa die des Sekretärs im Schriftstellerverband, politisch besetzt, um die Durchsetzung kulturpolitischer Direktiven zu gewährleisten. Trotz der insgesamt zentralistischen Organisation aller gesellschaftlichen Bereiche kann man nicht von einer wirklich stringenten Ausrichtung der (Außen-)Kulturpolitik und ihrer verschiedenen Akteure sprechen. „In der ehemaligen DDR existierte im Grunde keine einheitliche Auffassung über Inhalte und Formen der Kulturpolitik"[52], so befand Hans-Joachim Hoffmann, von 1973–1989 Minister für Kultur, rückblickend; und dies galt durchaus auch für die internationalen kulturellen und literarischen Beziehungen.

Einblick in Kontinuität und Wandel der Selbstverständlichkeiten bei den künstlerischen Austauschverhältnissen der ostdeutschen Seite gibt beispielsweise ein Gespräch auf der Plenartagung der Akademie der Künste in Berlin im November 1979, das dem Thema „Aktuelle Prozesse in den Künsten und in der Kulturpolitik – Tendenzen und Perspektiven" gewidmet war und das mit einem Referat des Kulturministers Hoffmann eingeleitet wurde. Der Vortrag behandelte primär ökonomische Schwierigkeiten und die daraus erwachsenden Konsequenzen für Kultur und Gesellschaft. Im anschließenden Gespräch, in dem von Seiten der Akademiemitglieder vor allem die Problematik der ins Ausland reisenden, aber mit zu geringen finanziellen Mitteln ausgestatteten Künstler angesprochen wurde, betonte Manfred Wekwerth, Intendant des Berliner Ensembles und von 1982 bis 1990 Präsident der Akademie, einmal mehr die Bedeutung des internationalen Kulturkontakts, womit er vor allem den Kultur*export* meinte. Er habe „den Eindruck, daß die Entsendung von Kunst in kapitalistische Länder eine der wichtigsten Formen unserer Propaganda" sei:

> Wir fahren ja nicht als Künstler da hin, sondern als Vertreter und Propagandisten dieses Staates. Unser bestes Propagandamittel ist aber nicht die Rede oder das Flugblatt, sondern die Kunst und je besser die ist, umso größer die Propaganda, d. h. je besser sich die Leute führen, je mehr sie sich engagieren, umso besser werden sie sein.[53]

---

[51] Vgl. Art. „Liga für Völkerfreundschaft", in: Andreas Zerbst, Winfried Ranke, Jürgen Winkler: So funktionierte die DDR. Lexikon der Organisationen und Institutionen, Hamburg 1994, Bd. 1, 600–607, hier: 603.
[52] Hans-Joachim Hoffmann: Haupttätigkeit – Schlimmes verhüten, in: Brigitte Zimmermann, Hans-Dieter Schütt (Hrsg.): ohnMacht. DDR-Funktionäre sagen aus, Berlin 1992, 115–129, hier: 120. Vgl. hierzu Gerd Dietrich: Kulturpolitische Rahmenbedingungen für die Buchbranche in der DDR 1949–1990, in: Geschichte des deutschen Buchhandels im 19. und 20. Jahrhundert: Deutsche Demokratische Republik, Teil 1: SBZ, Institutionen, Verlage, im Auftrag der Historischen Kommission hrsg. von Christoph Links u. a., Berlin/Boston 2022, 173–205, hier: 193 f.
[53] Plenartagung in der Akademie der Künste am 21. November 1979: „Aktuelle Prozesse in den Künsten und in der Kulturpolitik – Tendenzen und Perspektiven". Historisches Archiv der Akademie der Künste Berlin, Signatur AdK-O 814/1, Bl. 51 f. (im Protokoll fälschlich als „Wegwerth").

Der Minister Hoffmann hingegen gab – als Reaktion auf die Forderung nach besserer finanzieller Ausstattung der Auslandsreisen und mit Blick auf die von ihm in den Vordergrund gestellte schwierige ökonomische Lage – zu bedenken, dass sich die Zeiten geändert hätten: „Wir dürfen den Lärm, den wir gemacht haben, um international anerkannt zu werden, als wir überallhin gefahren sind, nicht verwechseln mit dem, was wir jetzt machen müssen"[54], so die Bilanz angesichts der völkerrechtlich konsolidierten Lage, der existierenden internationalen Kulturkontakte und vor allem angesichts des Mangels an Devisen; man müsse nun die Kräfte formieren und sehr genau überlegen, welche Aktivitäten notwendig und wichtig seien.

In der Tat hatte die Ostberliner Literaturpolitik nach dem Mauerbau vorrangig auf Außenwirkung, Kulturexport und internationale Vermittlung der „sozialistischen deutschen Nationalliteratur" gesetzt. Nun, mit der völkerrechtlichen Anerkennung, entwickelte sich in den 70ern eine gewisse Routine der internationalen literarischen Beziehungen – wie man sie etwa an den Auslandskontakten und Einladungen des Schriftstellerverbandes ablesen kann[55] –, die jeweils von größeren internationalen Veranstaltungen unterbrochen wurde. Dabei war nicht nur der Umstand der zwischenstaatlichen Anerkennung als Movens der internationalen kulturpolitischen Arbeit entscheidend; auch innen- bzw. kulturpolitische Verwerfungen und die Wechselbewegungen zwischen liberaleren und restriktiveren kulturpolitischen Phasen spielten eine Rolle für die Außenwirkung Ostberlins und die Ausrichtung der internationalen Literaturpolitik. Nachdem in der DDR eine kurze Liberalisierungsphase der Jahre 1963 bis 1965 von dem sogenannten Kahlschlagplenum aufgekündigt worden war, hatte in der zweiten Hälfte der 1960er Jahre eine kulturpolitisch schwierige Situation geherrscht. Der Machtwechsel von Walter Ulbricht zu Erich Honecker im Jahr 1971 eröffnete dann allerdings eine Periode des etwas freieren Umgangs mit Künstler:innen und Intellektuellen. Diese Phase wiederum wurde mit der Ausbürgerung des Liedermachers Wolf Biermann 1976 radikal beendet. Gerade diese Aktion beschädigte das internationale Renommee der DDR schwer, insofern sie dem Bild des ‚besseren Landes' und seiner humanistischen Kultur radikal widersprach. „Ein wichtiger Grund dafür, dass dieses Stigma die Außenwirkung der DDR so nachhaltig beeinträchtigen konnte, lag in der Beharrlichkeit, mit der dieser Staat den Antifaschismus als kulturelles Ausstellungsprojekt von Anfang an primär mit der Literatur verknüpft hatte", so Frank Trommler über die Folgen der Biermann-Ausbürgerung.

> Je mehr die DDR das Netz ihrer internationalen Kulturbeziehungen ausweitete, umso mehr Probleme erwuchsen ihr aus der Hochstellung von Literatur, deren Konformität mit dem Staat nicht mehr durch Kontrollinstanzen gewährleistet war und die oftmals auf dem Umweg über westdeutsche Verlage und Rundfunkanstalten ihre Leserschaft erreichte.[56]

---

54 Ebd.
55 Siehe unten Abschnitt VIII.
56 Trommler (Anm. 2), 685 f.

Die wechselnden kulturpolitischen Phasen und ihre Bedeutung für die nach außen gerichtete Indienstnahme literarischer Kontakte lässt sich an der Geschichte der DDR-Dependance des internationalen Autorenverbandes PEN ablesen. Für das Renommee der DDR auf der internationalen literarischen Bühne war der PEN, der sich bereits 1952 in zwei deutsche Zentren geteilt hatte, ein wichtiges Instrument. Wie Dorothée Bores nachgewiesen hat, bedeutete die Amtsübernahme von Honecker für das PEN-Zentrum der DDR – anders als in anderen Bereichen der kulturellen Praxis – keine Phase der Entspannung, vielmehr wurde der PEN besonders stark kontrolliert und seine Verbindungen ins Ausland vermehrt für propagandistische Zwecke in den Dienst genommen.[57] Nach der Biermann-Ausbürgerung hingegen schränkte der PEN seine internationalen Aktivitäten zunächst stark ein. Am Ende der 1970er Jahre, in der kulturpolitisch virulenten Zeit der verstärkten Repressionen und des Ausschlusses etlicher Schriftsteller:innen aus dem Schriftstellerverband, zeigte sich das PEN-Zentrum DDR „in einer staatskonformen Position erstarrt; es bot den Mitgliedern kein Forum der offenen Aussprache, Grundsatzdiskussionen waren unmöglich geworden, einen offiziellen Einsatz für Schriftstellerkollegen gab es nicht."[58] In den Folgejahren trat die DDR-Sektion dann mit Eingaben und Angriffen gegen die internationale PEN-Führung wegen vermeintlich antisozialistischer und antisowjetischer Umtriebe in Erscheinung; zugleich engagierte sie sich im Friedenskampf, der einerseits von der DDR-Führung im Sinne einer Kritik an der NATO unterstützt wurde, der aber partiell auch eine Annäherung an westdeutsche Positionen und eine entsprechende Zusammenarbeit mit dem westdeutschen PEN-Zentrum auf internationaler Ebene bedeutete.

Der Berliner Club der Kulturschaffenden

Zu den international tätigen Massenorganisationen gehörte auch der bereits unmittelbar nach Kriegsende gegründete Kulturbund, unter dessen Dach seit 1946 der Berliner Club der Kulturschaffenden firmierte – eine Besonderheit unter den sogenannten Clubs der Intelligenz, den lokalen Untereinheiten des Kulturbundes, insofern er in den Räumen des alten „Clubs von Berlin" residierte und somit gewissermaßen die Nachfolge der Traditionseinrichtung antrat.[59] Insgesamt widmete sich der Kulturbund den

---

57 Vgl. hierzu und zum Folgenden Dorothée Bores: Im Machtbereich der SED-Diktatur. PEN in der DDR – Ein politisches Instrument?, in: dies., Sven Hanuschek (Hrsg.): Handbuch PEN. Geschichte und Gegenwart der deutschsprachigen Zentren, Berlin/München/Boston 2014, 223–301, bes. 267–298; sowie ausführlicher Dorothée Bores: Das ostdeutsche P.E.N.-Zentrum 1951 bis 1998: ein Werkzeug der Diktatur? Berlin/New York 2010.
58 Bores, Im Machtbereich der SED-Diktatur (Anm. 57), 283.
59 Der Club der Kulturschaffenden wurde am 26. August 1946 offiziell eröffnet. Johannes R. Becher, Präsident des Kulturbundes, wurde als erster Präsident des Clubs eingesetzt. In den 1940er Jahren

unterschiedlichsten Kunstsparten und kulturellen Gebieten von der Fotografie bis zur Philatelie; seit 1972 gab es unter seinem Dach auch eine Zentrale Kommission Literatur, deren Aufgabe „hauptsächlich in der Durchführung von Tagungen, Kolloquien und Konferenzen"[60] bestand.

Innerhalb des Kulturbundes herrschte ebenfalls das zentralistische Organisationsprinzip. Ein 1973 im Nachgang zum VIII. Bundeskongress des Kulturbundes formulierter „Arbeitsplan" des Berliner Clubs der Kulturschaffenden sieht – neben der Förderung des geistig-kulturellen Lebens und der Aktivierung der Jugend bzw. der Arbeit mit unterschiedlichen gesellschaftlichen Gruppen – als dritten Punkt vor, „den sozialistischen Internationalismus zu stärken und in erster Linie die Beschäftigung mit den wissenschaftlichen, kulturellen und künstlerischen Leistungen der Sowjetunion und der anderen Völker der sozialistischen Menschengemeinschaft zu fördern"[61]. Anders als die Freundschaftsgesellschaften, der PEN oder der Schriftstellerverband war der Kulturbund als eine nach innen wirkende Massenorganisation eher für literarisch-kulturellen „Import" im Sinne eines sozialistischen Bildungs- oder Überzeugungsauftrags zuständig: „Für eine zielstrebige Kulturarbeit im Geiste des sozialistischen Internationalismus ist es unerläßlich, die historische und kulturelle Entwicklung unserer Brudervölker, ihre Leistungen in den Natur- und Gesellschaftswissenschaften, in Literatur und Kunst und auf anderen Gebieten des gesellschaftlichen Lebens sowie ihre kulturpolitischen Erfahrungen besser kennenzulernen," wie es im „Arbeitsplan" weiter heißt, nicht ohne schließlich anzumerken, es gelte auch ferner, die DDR-Bürger „mit der Entwicklung der progressiven Kräfte in den nichtsozialistischen Ländern, vor allem im kulturellen Bereich, bekanntzumachen"[62].

Die Beschlüsse auf den Bundeskongressen des Kulturbundes folgten den Direktiven der SED, d. h. den Vorgaben und der kulturpolitischen Rhetorik der Parteitage. Auch in den fortgeschrittenen 1970er Jahren wurde dabei Berlin als herausgehobener Schauplatz eines kulturellen Kampfes begriffen. Als das Bezirkssekretariat Berlin im Kulturbund Anfang 1977 Vorschläge „Zur weiteren Entwicklung des Clubs der Kulturschaffenden" festhielt, wurde eigens noch einmal die Sonderrolle Berlins hervorgehoben:

---

umgab diese Einrichtung ein gewisser Nimbus: „Der Club war also das ‚Gästehaus' und ‚Rückzugsort' der Intelligenz im Kulturbund. Und in der Tat – sobald eine wichtige Persönlichkeit in dieser Zeit Berlin besuchte, wurden Empfänge im Club gegeben. So waren Lord William Henry Beveridge, Alfred Döblin, Martin Andersen-Nexö und Ernst Rowohlt zu Gast [...]." Andreas Zimmer: Der Kulturbund in der SBZ und in der DDR. Eine ostdeutsche Kulturvereinigung im Wandel der Zeit zwischen 1945 und 1990, Wiesbaden 2019, 90. Zur Gründung des Clubs vgl. ebd., 89–103.
60 Andreas Zimmer: Die Zentrale Kommission Literatur im Kulturbund in der SBZ/DDR, in: Christoph Links u. a. (Hrsg.), Geschichte des deutschen Buchhandels im 19. und 20. Jahrhundert (Anm. 52), 387–397, hier: 391.
61 Kulturbund der DDR, Archiv der Parteien und Massenorganisationen der DDR, Bundesarchiv, Signatur DY 27/3884, Bl. 95.
62 Ebd., Bl. 105.

Der IX. Parteitag der SED bekräftigte und unterstrich den Beschluß des Politbüros der SED vom Februar 1976 über die weitere Entwicklung Berlins als sozialistische Metropole der DDR. Berlin, im Brennpunkt der Entwicklung unserer sozialistischen DDR und im Kreuzfeuer der Versuche imperialistischer Beeinflussung, stellt hohe Anforderungen für den Inhalt der politischen Tätigkeit aller gesellschaftlichen Kräfte in dieser Stadt.[63]

Auch und gerade in den späten 1970er Jahren, und nach dem kulturpolitischen Einschnitt der Biermann-Ausbürgerung, wurde die Berliner Situation als Einfallstor feindlicher Indoktrination begriffen, dementsprechend sollten dort die kulturellen Gegenkräfte mobilisiert werden. In diesem Zusammenhang wird erneut der sozialistische Internationalismus als eine der Hauptaufgaben des Berliner Clubs der Kulturschaffenden hervorgehoben.

Die Veranstaltungen des Clubs waren in der Regel nicht öffentlich; zu ihnen wurde ein ausgewählter Personenkreis eingeladen. Initiiert wurden sie entweder vom Kulturbund oder von Mitgliedern des Clubs; ab 1973 gab es zudem eine engere Kooperation mit dem Deutschen Schriftstellerverband und dem Verlag *Volk und Welt*. Der Club der Kulturschaffenden fungierte somit als Forum für Schriftsteller:innen, die sich als Gäste dieser Institutionen im Land bzw. in Berlin aufhielten, hatte selbst jedoch keine unabhängigen, eigenen Einladungsformate. Dabei nahm die Internationalisierung des Programms in den 70er Jahren zu. Vor allem aus der UdSSR kamen viele Autor:innen, um im Club zu lesen, so etwa in den Jahren 1972/73 Alexander Lwowitsch Dymschitz, Sergej Salygin und Rimma Kazakova aus der Sowjetunion; aber auch Jiri Marek, Louis Aragon, Claire Etcherelli und Armando wurden eingeladen.[64] Insofern verstand sich der Club der Kulturschaffenden zunehmend als „Treffpunkt mit hervorragenden Persönlichkeiten des sozialistischen und progressiven Vertretern des kapitalistischen Auslands"[65], als Ort der internationalen Begegnung.

Der Schriftstellerverband

Die wichtigste nicht-staatliche Institution im Bereich der Literatur war der Schriftstellerverband der DDR (SV), der eine eigene Abteilung für internationale Arbeit beherbergte.[66] Präsidentin war von 1952 bis 1978 Anna Seghers, ihr folgte Hermann Kant im Amt. Wie alle Massenorganisationen agierte der SV in Übereinstimmung mit

---

63 Ebd., Signatur DY 27/759, Bl. 35 f.
64 Ein Großteil der Monatsprogramme des Clubs von 1958 bis 1991 findet sich im Bundesarchiv, Signaturen DY 27/11691 und DY 27/11435.
65 Kulturbund der DDR (Anm. 61), Signatur DY 27/759, Bl. 3.
66 Die Organisation hieß bis 1973 Deutscher Schriftstellerverband, ab November 1973, nach Anerkennung der DDR, Schriftstellerverband der DDR.

den Vorgaben des Zentralkomitees der SED und – insbesondere was die Auslandsarbeit betrifft – in enger Abstimmung mit dem Ministerium für Auswärtige Angelegenheiten und dem Ministerium für Kultur. Allerdings gab es durchaus Probleme und Verwerfungen innerhalb des Schriftstellerverbandes sowie zwischen Mitgliedern des SV und staatlichen Stellen.[67] Insbesondere führte der Protest gegen die Ausbürgerung von Wolf Biermann durch Sarah Kirsch, Christa Wolf, Volker Braun, Stefan Heym, Franz Fühmann, Heiner Müller und andere zu Auseinandersetzungen innerhalb des Deutschen Schriftstellerverbandes; neun Mitglieder, unter ihnen Stefan Heym und Adolf Endler, wurden 1979 aus dem Berliner Bezirksverband ausgeschlossen, so dass dieser in eine Krise geriet, die letztlich bis Ende der 1980er Jahre nicht überwunden wurde.[68]

Ähnlich wie die Liga für Völkerfreundschaft organisierte der Schriftstellerverband seine Auslandsarbeit grundständig über bilaterale Freundschaftsverträge. Solche Kooperationsvereinbarungen wurden zunächst mit den Bruderverbänden in anderen sozialistischen Ländern abgeschlossen; sie bildeten die institutionelle Basis für die internationale Arbeit. In der Regel hatten derartige Verträge eine Laufzeit von zwei Jahren und wurden dann wieder neu ausgehandelt; mit der Sowjetunion galt allerdings aufgrund des Umfangs und der Detailliertheit der Vereinbarungen der Jahresrhythmus. Die Verträge umfassten unter anderem eine festgelegte Aufenthaltsquote, die bestimmte, wie viele Personen für welche Dauer in das jeweils andere Land reisen sollten, wobei das Austauschvolumen – eine Art Plansoll[69] – in addierten Aufenthaltstagen gemessen wurde. Der Vertrag enthielt auch Regelungen zur Übernahme der Kosten; üblicherweise trug die gastgebende Seite die Aufenthaltskosten, während für die Reisekosten die entsendende Seite aufkam. Dabei gilt es festzuhalten, dass das Prinzip dieser Austauschbeziehungen nicht über Einladungen, sondern über Entsendungen lief; der jeweilige Verband wählte aus, wer – neben den leitenden Funktionären, die zur Aushandlung der Verträge oder zur Kontaktpflege in die DDR reisten – zu Studien- oder Arbeitsaufenthalten in die DDR geschickt wurde bzw. wen der Schriftstellerverband

---

67 Zur Geschichte des Schriftstellerverbands vgl. Sabine Pamperrien: Versuch am untauglichen Objekt. Der Schriftstellerverband der DDR im Dienst der sozialistischen Ideologie, Frankfurt a. M. 2004; Thomas William Goldstein: Writing in Red. The East German Writers Union and the Role of Literary Intellectuals in the German Democratic Republic, 1971–90, Rochester 2017.
68 Vgl. Roland Berbig (Hrsg.): In Sachen Biermann: Protokolle, Berichte und Briefe zu den Folgen einer Ausbürgerung, Berlin 1994.
69 So war das Nichterreichen der vorgesehenen Zahl an Austauschtagen begründungsbedürftig; zur Verringerung des Austauschvolumens mit der Sowjetunion im Jahr 1973 um 120 Tage, immerhin ein Drittel des vereinbarten Umfangs, wurde beispielsweise erklärt, das Volumen habe aufgrund der Vielzahl an internationalen Kongressen auf sowjetischer Seite nicht eingehalten werden können. Vgl. Analyse der Einnahmen und Ausgaben des Planjahres 1973, Sekretariatssitzung am 12. Februar 1974. Archiv des Schriftstellerverbandes der DDR, Literaturarchiv der Akademie der Künste Berlin, Signatur SV 619/1, Bl. 112–115.

ins Ausland entsandte.[70] Eine Ausnahme bildeten größere Veranstaltungen, Festivals oder Kolloquien, für die auch gezielt Einladungen an Kolleg:innen aus sozialistischen Ländern ausgesprochen wurden.

Grundlegend anders verhielt es sich mit dem nichtsozialistischen Ausland, insofern hier die entsprechenden Partnerorganisationen mit vergleichbarem Status fehlten.[71] Im Juni 1974, nach der internationalen Anerkennung der DDR, legte die Abteilung für Internationale Beziehungen den Entwurf einer Konzeption vor, die „als längerfristige verbindliche Arbeitsgrundlage und Orientierung für Aktivitäten des Schriftstellerverbands der DDR gegenüber dem gesamten Bereich der kapitalistischen Industrieländer" dienen sollte. Dabei wurden unter anderem folgende Maßnahmen avisiert:

- Auftreten auf literarischen und anderen Veranstaltungen der Bruderparteien dieser Länder und anderer progressiver Organisationen.
- Unterstützung der Aktivitäten der Freundschaftsgesellschaften in Abstimmung mit der Liga für Völkerfreundschaft durch Lesungen, Diskussionen, Teilnahme an komplexen Veranstaltungen wie z. B. Freundschaftswochen. [...]
- Wirksamwerden im Rahmen von Aktivitäten des PEN-Zentrums DDR in den genannten Ländern.
- Pflege von Kontakten zu einflußreichen bzw. progressiven Verlagen, Literaturzeitschriften und Kulturredaktionen von Zeitungen der Bruderparteien.
- Aufnahme und Weiterentwicklung von Verbandskontakten zu progressiven Schriftstellerorganisationen bzw. Künstlervereinigungen der betreffenden Länder.
- Kontaktpflege und mit DDR-Verlagen abzustimmende Einladungspolitik gegenüber führenden bzw. progressiven Schriftstellerpersönlichkeiten und talentierten Nachwuchsautoren dieser Länder.[72]

Vorgesehen war insbesondere, alle Kontakte von Verbandsmitgliedern in die nichtsozialistischen Länder zur Durchsetzung der vorgelegten Konzeption zu nutzen.

---

70 Zur Delegierung ins sozialistische Ausland vgl. Vorlage für das Sekretariat, Berlin, 25. Februar 1974. Ebd., Signatur SV 619/1, Bl. 53–65: „Vor Antritt der Reise finden mit den Delegierten Einweisungsgespräche statt. Nach Rückkehr werden die Reisen mit den Autoren ausgewertet. Über sehr wichtige Reisen wird der Delegierte dem Sekretariat bzw. Vorstand berichten." Mitglieder des SV konnten sich für Auslandsaufenthalte bewerben bzw. von ihren Bezirksverbänden vorgeschlagen werden (für die Jahre 1970 ff. vgl. ebd., Signatur SV 1124).
71 Ungeachtet der Schwierigkeiten gelang es aber doch, in den 1970er und 80er Jahren Kooperationsvereinbarungen mit unterschiedlichen Ländern abzuschließen: so unter anderem mit der syrischen AR 1971, mit dem Irak 1972, der AR Ägypten 1972, Peru 1973, Griechenland 1981, Italien 1982, Dänemark 1982, Afghanistan 1983, Österreich 1985, Mexiko 1987. Vgl. ebd., Signatur SV 1049/1 und 1049/2.
72 Abt. Internationale Beziehungen, Berlin, 28. Juni 1974, Vorlage für das Sekretariat, Sekretariatssitzung am 02. Juli 1974. Ebd., Signatur SV 619/3, Bl. 85–96, hier: 87 f.

Über die vom SV organisierten Aufenthalte ausländischer Schriftsteller:innen in der DDR informiert eine Einreisekartei im Archiv des Schriftstellerverbandes. Sie ist in zwei getrennte Einheiten untergliedert: Einreisen aus dem sozialistischen[73] und aus dem nichtsozialistischen[74] Ausland.

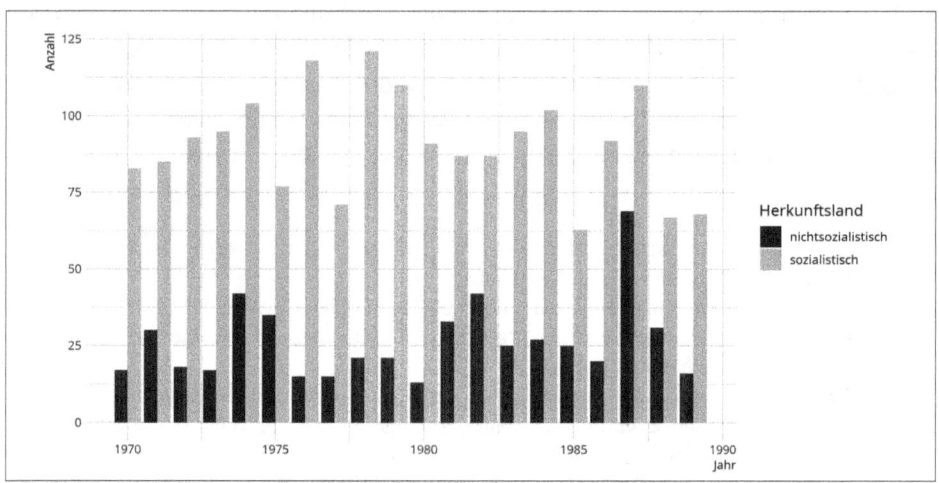

Abb. 1: Einladungen des Deutschen Schriftstellerverbandes in die DDR, 1970–1989. Unterteilt in Einreisen aus nichtsozialistischen und sozialistischen Ländern. Daten basierend auf den Einreisekarteien des Deutschen Schriftstellverbands, Literaturarchiv der Akademie der Künste Berlin, Signaturen SV 2837 f. und SV 2848. Grafik: Viktor Illmer.[75]

---

73 Vgl. die Einreisekarteien im Archiv des Schriftstellerverbands der DDR, Literaturarchiv der Akademie der Künste Berlin. Die Karteien unter der Signatur SV 2837 und SV 2838 dokumentieren die Einreisen aus sozialistischen Staaten: Albanien, Bulgarien, CSSR, Jugoslawien, UdSSR, Korea, Mongolei, China, Polen, Rumänien, Ungarn, Vietnam.

74 Die Kartei unter der Archivnummer SV 2848 (ebd.) versammelt Einladungen aus folgenden Ländern: BRD, Westberlin, Angola, Afghanistan, Ägypten, Argentinien, Algerien, Äthiopien, Australien, Bangladesch, Belgien, Bolivien, Brasilien, Burma, Chile, Columbien, Costa Rica, Dänemark, Ecuador, Finnland, Frankreich, Ghana, Griechenland, Großbritannien, Guatemala, Holland, Honduras, Indien, Indonesien, Irak, Iran, Irland, Island, Israel/PLO, Italien, Japan, Jemen, Jordanien, Kambodscha, Kamerun, Kanada, Kolumbien, Kongo, Korea, Kuba, Libanon, Mali, Marokko, Mexiko, Mosambik, Neuseeland, Nikaragua, Norwegen, Österreich, Pakistan, Paraguay, Peru, Philippinen, Portugal, Syrisch-Arabische Republik, Schweden, Schweiz, Spanien, Sri Lanka, Südafrika, Türkei, Tunesien, Uruguay, USA, VAR, Venezuela, Zypern.

75 Die Grafik ist entstanden aus einem Digitalisierungsvorhaben im Rahmen des Forschungsprojekts „Writing Berlin", bei dem die Einreisekartei des Deutschen Schriftstellerverbands schrittweise digital erfasst, aufbereitet und mit weiteren Datenbanken verknüpft wurde. Zum aktuellen Stand des Projekts, vgl. Frank Fischer u. a.: Internationale Autor:innen zu Gast in der DDR. Die Einreisekartei des Schriftstellerverbandes und ihre digitale Aufbereitung. Paper zur Jahrestagung des Verbandes Digital Humanities im deutschsprachigen Raum, Trier 13.–17. März 2023.

Dieser Kartei lässt sich entnehmen, dass sich in den 1970er Jahren eine gewisse Austauschroutine mit den sozialistischen Bruderstaaten etablierte, es gab gemäß den Vereinbarungen zahlreiche Studienaufenthalte von Kolleg:innen, aber auch verschiedene bilaterale Treffen, vor allem mit Vertretern der UdSSR, sowie immer wieder Treffen zum Abschluss von Freundschaftsverträgen. Die Einreisen aus sozialistischen Ländern übersteigen die aus den nichtsozialistischen Ländern um ein Vielfaches, aber im Zusammenhang mit repräsentativen, auf Außenwirkung abgestellten Veranstaltungsformaten, wie 1987 zur 750-Jahr-Feier, steigen relativ gesehen die Aufenthalte von Personen aus dem nichtsozialistischen Ausland an. Die meisten Kolloquien fanden allerdings nur unter Beteiligung sozialistischer Länder statt: die Serie von Internationalen Kinder- und Jugendbuchkolloquien, die regelmäßigen Treffen der Chefredakteure von Literaturzeitungen in Berlin (1972, 1978, 1984), das ebenfalls in Berlin stattfindende Kolloquium „Geschichtsbewußtsein – Memoirenliteratur" (1981), ab 1977 Übersetzerseminare. Auch zu den vom Verband durchgeführten Schriftstellerkongressen (VII. 1973, VIII. 1978, IX. 1983, X. 1987) wurden internationale Gäste aus dem sozialistischen Ausland eingeladen.[76]

Ausschläge im Gesamtvolumen der Einreisevorgänge hingen zumeist mit größeren Veranstaltungen zusammen, die der Schriftstellerverband ausrichtete. So wurden in der Verantwortung des Verbands eine Reihe von internationalen Veranstaltungen durchgeführt, die erinnerungspolitisch motiviert waren: etwa das *Internationale Poesiefestival*, das im April 1975 zum 30. Jahrestag der Befreiung vom Faschismus mit 24 ausländischen Teilnehmenden aus 19 Ländern, 11 DDR-Lyriker:innen und 20 Dolmetscher:innen veranstaltet wurde. Betrachtet man die Einladungsvorschläge, die die Abteilung für Internationale Beziehungen des Schriftstellerverbandes im Vorfeld festhielt, wird die Absicht deutlich, hier eine repräsentative Veranstaltung mit Stars der internationalen Lyrikszene zu organisieren, nicht zuletzt solchen, die, wie Andrej Wosnessenski oder Marin Sorescu, bereits in Westberlin eingeladen gewesen waren. Vergleicht man allerdings die Wunschliste (die für jedes sozialistische Land mehrere in eine Reihenfolge gebrachte Namen nennt[77]) mit den tatsächlichen Gästen des

---

[76] In den Jahren, in denen die höchst aufwändig zu organisierenden Schriftstellerkongresse stattfanden, bildeten diese zugleich den Schwerpunkt der internationalen Arbeit des Schriftstellerverbands. Beispielsweise waren beim VII. Schriftstellerkongreß 1973 16 Delegierte und 9 Botschaftsvertreter aus zehn Länder anwesend; „repräsentative Delegationen" – wie eigens vermerkt wurde – „aus der UdSSR, der VR Bulgarien, der CSSR, der SFR Jugoslawien, der Koreanischen VDR, der Mongolischen VR, der VR Polen, der SR Rumänien, der Ungarischen VR und DR Vietnam" seien der Einladung gefolgt. Sekretariatssitzung am 12. Februar 1974. Archiv des Schriftstellerverbands der DDR, Literaturarchiv der Akademie der Künste Berlin, Signatur SV 619/1, Bl. 115.
[77] Abteilung für Internationale Beziehungen: Vorschläge für Einladungen ausländischer Gäste zu Dichterlesungen anläßlich des 30. Jahrestages der Befreiung vom Faschismus vom 11.–18. April 1975. Ebd., Signatur SV 976, Bl. 23 ff. „Die unterstrichenen Namen bilden den Teilnehmerkreis, auf den zunächst orientiert werden soll. In den Einladungsbriefen (siehe Muster) an die Partnerverbände

Poesiefestivals, fällt auf, dass die jeweiligen Verbände der sozialistischen Länder doch andere Dichter, zum Teil auch solche, die gar nicht vermerkt waren, entsandten. So reisten aus der VR Polen weder Tadeusz Rózewicz (Platz 1) noch Wislawa Szymborska (Platz 2) an, sondern der auf dieser Liste gar nicht aufgeführte Bohdan Drozdowski; nicht der seinerzeit als Nobelpreiskandidat gehandelte ungarische Dichter Ferenc Juhász, sondern der in Ostberlin gut bekannte Márton Kalász, der dort von 1971 bis 1974 Mitarbeiter im „Haus der Ungarischen Kultur" war. Obwohl es im Fall von größeren Veranstaltungen oder Festivals also möglich oder auch üblich war, Einladungen auszusprechen, überwanden diese nicht die gebahnten Wege der institutionellen Kooperationen und auch nicht die politisch bedingte Regulierung der Ein- und Ausreisemöglichkeiten für Autor:innen.

Zehn Jahre später, im April 1985, organisierte der SV unter dem Titel *Literatur im Kampf gegen Faschismus und Krieg* das *Multilaterale Schriftstellertreffen aus Anlaß des 50. Jahrestages des Internationalen Schriftstellerkongresses zur Verteidigung der Kultur (Paris 1935) und des 40. Jahrestages der Befreiung vom Faschismus* (Abb. 2). Hier sah der Einladungsmodus zehn Autor:innen aus der UdSSR, zehn aus den anderen sozialistischen Ländern, fünf aus nichtsozialistischen Ländern Europas und 15 DDR-Autor:innen vor. „Für die Einladung von Gästen aus sozialistischen Ländern wird empfohlen, die Auswahl grundsätzlich den entsendenden Verbänden zu überlassen, jedoch durch eine sehr genaue Beschreibung des Charakters der Veranstaltung im Sinne der angegebenen Konzeption auf eine optimale Auswahl Einfluß zu nehmen" – wie es im „Konzeptionsentwurf" zu diesem Treffen heißt.[78] Aus dem nichtsozialistischen Ausland kamen ohnehin nur die Autor:innen in Frage, zu denen bereits freundschaftliche Kontakte bestanden, etwa Bernt Engelmann aus der BRD oder Aldo De Jaco aus Italien; die Verbände aus den Bruderstaaten wiederum entsandten tendenziell verdiente Verbandsvertreter: Pawel Bozu, Michail Demidenko, Jewgeni Netschajew, Leonid Reschetnikow, Roman Solncev (Sowjetunion), Radko Pytlík, Rudolf Čižmárik (CSSR), Vlado Mađarević (Jugoslawien) Waldemar Kotowicz (Polen), Lisandro Otero (Kuba), Boshidar Boshilow (Bulgarien), Lászlo Erdös (Ungarn) und Radu Theordoru (Rumänien).[79]

---

werden diese zuerst genannt. Die übrigen Namen stellen in der angegebenen Reihenfolge Vorschläge im Sinne der Konzeption dar, die im Falle der Verhinderung der vorgenannten Lyriker eingegliedert werden sollen." Ebd., Bl. 23.
78 Ebd., Signatur SV 411, Bl. 71 ff.
79 Vgl. die abgedruckten Wortbeiträge in der Zeitschrift des Schriftstellerverbandes: Literatur im Kampf gegen Faschismus und Krieg. Internationales Schriftstellergespräch, April 1985 in Berlin, in: Neue Deutsche Literatur. Monatsschrift für Literatur und Kritik 33/9 (September 1985), 5–64.

Abb. 2: Antonis Samarakis (Griechenland), Pawel Bozu (UdSSR), Gerhard Henniger, Jurij Brězan, Hermann Kant, Stephan Hermlin (DDR), Bernt Engelmann (BRD) und Ana Maria Matute (Spanien) bei dem Schriftstellergespräch *Literatur im Kampf gegen Faschismus und Krieg*, April 1985. © Joachim Fieguth/Deutsches Historisches Museum.

Im Konzeptpapier zur Veranstaltung wurde als Ziel formuliert, „gemeinsam mit allen friedliebenden Kräften alles zu tun, damit die gegenwärtig unseren Erdball durch die Hochrüstungspolitik aggressiver imperialistischer Kreise in den USA drohende Gefahr der Vernichtung des Lebens vermindert und beseitigt wird. Zugleich gilt es vor Neuauflagen faschistischer Methoden zu warnen, die auch nach 1945 bis zur Gegenwart in einigen Ländern vom Monopolkapital als brutales Machtinstrument angewandt werden."[80] Die erinnerungspolitisch motivierte Veranstaltung zu den Jahrestagen der Befreiung vom Faschismus und des Internationalen Schriftstellerkongresses von Paris reiht sich damit ein in die Serie von Veranstaltungen in Ost- und Westberlin, die seit der erneuten Zuspitzung des Kalten Krieges auf die eine oder andere – in diesem Fall recht einseitige – Weise eine Friedensagenda verfolgten.

---

[80] Archiv des Schriftstellerverbands der DDR, Literaturarchiv der Akademie der Künste Berlin, Signatur SV 411, Bl. 71.

Solidarität und Konkurrenz im Kampf um den Frieden: Die 1980er Jahre

Als sich zu Beginn der 1980er Jahre die Spannungen zwischen Ost und West wieder steigerten, atomare Hochrüstung auf der Tagesordnung stand und in beiden Teilen Deutschlands Nuklearwaffen stationiert wurden, war Berlin der prädestinierte Ort des Dialogs. Schriftsteller aus Ost und West fühlten sich verpflichtet, gegen das Wettrüsten der Machtblöcke für den Frieden einzutreten und grenzüberschreitende Begegnungen mit internationaler Reichweite zu initiieren. Zweifelsohne waren diese Berliner Unternehmungen – wie auch die Initiativen in anderen Städten Deutschlands und Europas – ernstgemeinte Versuche des Brückenbaus und Bekundungen der Solidarität. Gleichwohl lassen sich diese Aktionen – nicht zuletzt, wenn man sich den Verlauf der Diskussionen betrachtet – *auch* als Konkurrenz um die jeweilige Legitimität der Friedensbekundungen und die Echtheit des Willens zum Frieden auffassen.

Die erste *Berliner Begegnung zur Friedensförderung* fand im Dezember 1981 auf Initiative von Stefan Hermlin in der Akademie der Künste der DDR statt.[81] Mit Unterstützung des Akademiepräsidenten Konrad Wolf und in Absprache mit dem SED-Generalsekretär Honecker und dem Politbüro wurden 95 Künstler:innen und Wissenschaftler:innen aus beiden Teilen Deutschlands, aber auch aus der UdSSR, ČSSR, Österreich und der Schweiz zum Friedenstreffen eingeladen, das in Anwesenheit der Medienöffentlichkeit – Fernsehen, Rundfunk und Presse aus Ost *und* West – stattfand. In der Frage allerdings, wer wen bedrohe, ob nur von den Pershing-Raketen oder auch von SS 20-Raketen die eigentliche Gefahr ausgehe, verhärteten sich zwischenzeitlich auch die Fronten zwischen den Teilnehmenden aus dem Osten und jenen aus dem Westen.[82] Zugleich gab es in vielen Beiträgen auch Offenheit und Verständnis für die Ängste der anderen Seite. Wichtig war die Begegnung vor allem für die nonkonformen Kreise im Osten. Weil die Beiträge des Treffens in der DDR publiziert wurden, erweiterte sich per se der Spielraum für Argumentationen und Diskussionen in Schulen, Universitäten bis hin zu Betrieben.

---

81 Vgl. Matthias Braun: Kulturinsel und Machtinstrument. Die Akademie der Künste, die Partei und die Staatssicherheit, Göttingen 2007, 335–371; sowie die beiden Informationen „Zum Verlauf der Berliner Begegnung zur Friedensförderung" im Stasi-Unterlagen-Archiv Berlin: Information Nr. 631/81 vom 7. Dezember 1981. BStU, Ministerium für Staatssicherheit der DDR, Bundesarchiv Berlin, Signatur ZAIG 3177, Bl. 1–45; Information Nr. 652/81 vom 12. Dezember 1981. Ebd., Signatur ZAIG 3177, Bl. 46–50. Online abgerufen am 28. November 2022 auf *DDR im Blick* unter https://www.ddr-im-blick.de/jahrgaenge/jahrgang-1981/report/dezember-1981/.
82 Berliner Begegnung zur Friedensförderung. Protokolle des Schriftstellertreffens am 13./14. Dezember 1981. Der vollständige Text aller Beiträge aus Ost und West, Darmstadt/Neuwied 1982, bes. 48–59.

Abb. 3: Čingiz Ajtmatov, Sergej Barudzin (UdSSR) und Fritz Rudolf Fries (DDR) bei der *Zweiten Berliner Begegnung: Den Frieden erklären*, April 1983. © Renate von Mangoldt

Zur *Zweiten Berliner Begegnung: Den Frieden erklären* (Abb. 3) lud die Abteilung Literatur der Akademie der Künste in Westberlin ein, mit internationaler Beteiligung u. a. von Čingiz Ajtmatov und Sergej Barudzin aus der UdSSR. Auf dieser Veranstaltung wurden die Überwachung und Verfolgung der autonomen, vor allem christlichen Friedensbewegung in der DDR stark kritisiert und die Intellektuellen aus dem Osten aufgefordert, Solidarität mit diesen unterdrückten Friedensinitiativen zu bekunden, statt sich auf die Wiederholung der offiziellen, einseitige Schuldzuweisungen vornehmenden Friedensrhetorik zu beschränken.[83]

Im Rahmen des IX. Schriftstellerkongresses der DDR fand im Juni 1983 in Ostberlin die Veranstaltung *Schriftsteller für den Frieden* statt, bei der 25 Autor:innen aus ihren Werken vortrugen. Die meisten Teilnehmenden der Lesung im Maxim Gorki Theater stammten aus sozialistischen Ländern. Erklärtes Ziel war die Demonstration von Einigkeit gegen die Politik des Westens: „Zu einer bewegenden Manifestation gestaltete sich die Veranstaltung ‚Schriftsteller für den Frieden' [...], auf der die ausländischen Gäste [...] in literarischen Beiträgen unterschiedlicher Genres ihren festen Willen

---

83 Zweite Berliner Begegnung. Den Frieden erklären. Protokolle des zweiten Schriftstellertreffens am 22./23. April 1983. Der vollständige Text aller Beiträge aus Ost und West, Darmstadt/Neuwied 1983.

bekundeten, alle Kräfte gegen imperialistische Kriegspolitik und NATO-Hochrüstung und für die Sicherung des Friedens einzusetzen"[84], so die Zusammenfassung der Veranstaltung im Dokumentarband zum IX. Schriftstellerkongress.

Noch sehr viel größer dimensioniert war die Veranstaltung *Berlin – ein Ort für den Frieden*, ein „Internationales Schriftstellergespräch anläßlich des 750-jährigen Jubiläums der Stadt", das auf Beschluss des Sekretariats des ZK der SED im Mai 1987 vom Schriftstellerverband der DDR ausgerichtet wurde.[85] Es versammelte Teilnehmende aus der Sowjetunion, der ČSSR, Polen, Ungarn, Nicaragua, Uruguay, Schweiz, Portugal, Rumänien, Bulgarien, Großbritannien, Chile, Afghanistan, Finnland, Griechenland, Indien, der BRD und West-Berlin.[86] Vom 4. bis 10. Mai war das internationale Schriftstellergespräch anberaumt; anlässlich des 8. Mai fand eine Lesung mit internationalen Schriftsteller:innen – 28 Teilnehmende aus 25 Ländern und Westberlin – auf dem Bebelplatz statt. Es sei das Anliegen dieser Veranstaltung, so erläuterte der Sekretär des Schriftstellerverbandes Gerhard Henniger, „die Verantwortung der schreibenden Künstler für die Erhaltung des Friedens zu demonstrieren. Dabei wird Berlin als eine Stadt des Friedens, der Völkerverständigung und als Hauptstadt des ersten Arbeiter- und Bauernstaates auf deutschem Boden das gedankliche Zentrum der Konferenz bilden."

Auch wenn es darum ging, „die gemeinsame Verantwortung bekannter Schriftsteller aus europäischen und außereuropäischen Ländern für die Erhaltung des Friedens und im Kampf gegen Rüstung und Kriegsvorbereitung zu betonen", war doch klar, unter welcher Voraussetzung dieses Gespräch stattfinden sollte: Die Beschwörung der Gemeinsamkeit sollte dazu dienen, „auf der Grundlage der sowjetischen Abrüstungsvorschläge diese Zielstellung als eine reale historische Perspektive herauszuarbeiten."[87] Allerdings hatten die Vorschläge Gorbatschows den Bemühungen um Abrüstung tatsächlich einen entscheidenden Impuls gegeben. Vieles, was eben noch eine Phrase gewesen war, schien plötzlich auf der Höhe der Zeit zu sein. Zugleich begann in dieser Zeit die DDR-Führung auf Distanz zu Glasnost und Perestroika zu gehen.

---

84 Schriftsteller für den Frieden: Manifestation im Maxim Gorki Theater, in: IX. Schriftstellerkongress der Deutschen Demokratischen Republik. Rede und Diskussion, hrsg. vom Schriftstellerverband der Deutschen Demokratischen Republik, Leipzig 1984, 218.
85 Für wie wichtig dieses Jubiläum in Ostberlin gehalten wurde, kann man dem Umstand entnehmen, dass Anfang 1985 ein 170-köpfiges „Komitee der DDR zum 750jährigen Bestehen von Berlin 1987" unter dem Vorsitz von Erich Honecker zusammentrat, um die Feier zu organisieren, wie die *Berliner Zeitung* am 8. Februar 1985 meldete.
86 Berlin – ein Ort für den Frieden. Internationales Schriftstellergespräch anläßlich des 750jährigen Jubiläums der Stadt 5.–8. Mai 1987. Veranstaltet vom Schriftstellerverband der DDR, Berlin/Weimar 1987, 227–229.
87 Gerhard Henniger an Kurt Löffler, Komitee der DDR zum 750jährigen Bestehen von Berlin, Berlin, 07. Dezember 1985. Archiv des Schriftstellerverbands der DDR, Literaturarchiv der Akademie der Künste Berlin, Signatur SV 428, Bl. 25 (Einladungslisten ebd., Bl. 29–83; Autorenbeiträge ebd., Bl. 84–134).

Selbstverständlich wurde das Stadtjubiläum auch auf der anderen Seite der Mauer begangen; und obwohl – wie mehrfach kolportiert – die Verantwortlichen im *Westen* zunächst die Literatur bei den Feierlichkeiten gar nicht vorgesehen hatten, wurde am Ende gerade auf diesem Feld ‚geklotzt': „Betriebsamkeit in allen Sparten und Sektoren herrscht in Berlin zwar Jahr für Jahr," so die Chronistin Cornelia Köster im Blick auf *Berlins kulturelles Jahr 1987,* „im zurückliegenden jedoch, als es den siebenhundertfünfzigsten Geburtstag der Stadt zu begehen galt, geriet sie beinahe – für den, der sich's zu Herzen nimmt – zu einer Diktatur der Ereignisse."[88] Von Anfang Mai bis Ende November zählte sie 112 Veranstaltungen zur Literatur, zusammengefasst unter Rubriken wie *Berliner Gästebuch* mit Breyten Breytenbach, Lars Gustafsson, Antonio Tabucchi und anderen; oder das sogenannte *American chapter,* mit amerikanischen Schriftsteller:innen, die – wie es heißt – „auf dem deutschen Buchmarkt unübersehbar auf dem Vormarsch sind [...] von Marilyn French über Grace Paley und Rita Dove (Pulitzer-Preis für Lyrik 1987) bis Donald Barthelme"[89]. Die stehende Klage über die Opulenz und Unübersichtlichkeit des kulturellen Angebots wird aber auch hier – wie allenthalben im Westberlin der 1980er Jahre – laut: „Auf, sagen wir, fünf oder zehn Jahre verteilt, hätte das Programm eine sinnvolle kulturelle Fundierung für die Stadt bedeuten können"[90], so das Resümee der Chronistin.

Zu denjenigen, die auf beiden Seiten der Mauer die 750-Jahr-Veranstaltungen besuchten, gehörte die westdeutsche Autorin Luise Rinser. Sie wechselte von den offiziellen Feierlichkeiten des Westberliner Senats zum Internationalen Schriftstellergespräch im Osten und berichtete mit einiger Verärgerung von den wiedervereinigungsbeschwörenden Reden Kohls und Diepgens.[91] Ein Jahr später stellte eine Gruppe internationaler Schriftsteller:innen in Westberlin die Frage, ob sich die seit dem zweiten Weltkrieg geltende Aufteilung Europas in scharf getrennte Einflusssphären denn nicht vielleicht doch ändern lasse. Unter dem Titel *Ein Traum von Europa* lud eine Gruppe Berliner Autor:innen – Peter Schneider, Anna Jonas, Hans Joachim Schädlich und Hans Christoph Buch – mehrere Dutzend „ihre[r] schreibenden Kollegen aus Ost und West, Nord und Süd zu Lesungen und Gesprächen"[92] nach Berlin in die Kongresshalle ein. Ein international besetztes Kuratorium, dem u. a. György Konrád, Agnes Heller und Jorge Semprún angehörten, unterstützte sie bei diesem Vorhaben, das Berliner

---

88 Cornelia Köster: Die Literatur, in: Berlins kulturelles Jahr 1987, Berliner Forum 3 (1988), 69–87, hier: 69.
89 Ebd., 71.
90 Ebd., 72.
91 Vgl. Luise Rinser, in: Berlin – ein Ort für den Frieden (Anm. 86), S. 227–229.
92 Hans Christoph Buch (Hrsg.): Ein Traum von Europa. Sonderband, Literaturmagazin 22, Reinbek 1988, 9. Das *Literaturmagazin* versammelt ausgewählte Beiträge des Kongresses; eine vollständige Dokumentation unter Einschluss eines Pressespiegels zum Schriftstellertreffen findet sich in: Ein Traum von Europa. Schriftsteller laden Schriftsteller ein. Dokumentation, hrsg. von der Berliner Vorbereitungsgruppe des Schriftstellertreffens 25.–29. Mai in Westberlin, Berlin 1989.

Abgeordnetenhaus bewilligte die Mittel, schließlich war Westberlin 1988 Europäische Kulturstadt. Der *Traum von Europa* stieß allerdings an seine „realexistierende Grenze", insofern etlichen Eingeladenen aus der CSSR, Rumänien, der Sowjetunion und der DDR die Ausreise nach Westberlin verweigert wurde. Das Treffen mündete in einen Offenen Brief:

> An die Regierungschefs aller Unterzeichnerstaaten des Helsinki-Abkommens:
> Sind nicht auch Sie der Ansicht, daß die Überwindung der Spaltung Europas auf die Tagesordnung der Politik gehört? [...] Finden Sie nicht auch, daß die fortdauernde Teilung dieses Kontinents inzwischen anachronistisch geworden ist? [...] Es ist an der Zeit, daß die Bewohner des gemeinsamen Hauses Europa frei von einem Zimmer ins andere gehen können. Auch das Verlassen des Hauses sollte erlaubt sein. Als Schriftsteller und Leser sind wir besonders auf Gedankenfreiheit angewiesen, auf die Abschaffung von Zensur und von jeder Kriminalisierung der literarischen Tätigkeit.
> Sind Sie nicht auch der Ansicht, daß es höchste Zeit ist, die Probleme Europas vernünftig zu regeln, damit die Menschheit sich endlich den viel schwerwiegenderen Problemen von Armut, Hunger und Umweltzerstörung zuwenden kann?
> Bitte antworten sie uns!
> Berlin, den 29. Mai 1988[93]

Unterschrieben wurde der Offene Brief von 20 Schriftsteller:innen aus 13 Ländern, darunter Jacek Bochénski (Polen), György Dalos (Ungarn), Efim Etkind (UdSSR/Frankreich), Almeida Faria (Portugal), György Konrad (Ungarn), Harry Mulisch (Niederlande) und Susan Sontag (USA). „Im Saal der Kongresshalle schwankte sie schon, die Mauer, die wenige hundert Meter weiter noch so unverrückbar fest stand"[94], wie der Westberliner Autor F. C. Delius rückblickend in seinen biographischen Skizzen *Als die Bücher noch geholfen haben* die Situation kommentiert.

Unter dem Motto: „Berlin in der Mitte Europas" wurde ein Jahr lang Westberlin als Europäische Kulturstadt gefeiert. Das LCB, das in diesem Rahmen mit mehreren Veranstaltungen und Projekten vertreten war, setzte in Kooperation mit der Akademie der Künste und dem Künstlerprogramm des DAAD einen eigenen Akzent mit der Veranstaltung *Europa von außen,* die gezielt den Komplex „Dritte Welt und europäische Zivilisation im Medium der Literatur"[95] zum Thema machte. Eingeladen waren elf Gäste vor allem aus Subsahara-Afrika – Chinua Achebe aus Nigeria, Ama Ata Aidoo aus Ghana, Maryse Condé aus Guadeloupe, Ngugi wa Thiong'o aus Kenia und andere – um im Rahmen verschiedener Veranstaltungsformate der Frage nachzugehen, „was Europa heute denjenigen Menschen in Schwarzafrika, der arabischen Welt und der Karibik bedeutet, deren Völker und Länder noch vor etwa fünfzig Jahren kolonialisiert

---

93 Buch (Hrsg.), Ein Traum von Europa (Anm. 92), 214.
94 F. C. Delius: Als die Bücher noch geholfen haben. Biographische Skizzen, Berlin 2012, 280.
95 Archiv des Literarischen Colloquiums Berlin, Literaturarchiv Sulzbach-Rosenberg, Akte „Europa von Außen", Kiste 24.

waren. Wird der europäische Einfluß im postkolonialen Zeitalter noch immer als Belastung erfahren, welche positiven Einflüsse lassen sich feststellen, sind die Länder der Dritten Welt einen über die Opposition zum Kolonialismus hinausführenden, eigenständigen Weg zu gehen in der Lage?"[96] Neben Lesungen und Vorträgen sollte ein zweitägiges Arbeitstreffen Raum für Diskussionen eröffnen.

Der damalige Außenminister Hans-Dietrich Genscher pries die geteilte Stadt in seiner Eröffnungsrede zur „Europäischen Kulturstadt" als eine „Begegnungsstätte zwischen West und Ost, eine Werkstatt der Moderne, ein Zentrum europäischer Kultur" und prophezeite: „Berlin berechtigt zu der Hoffnung auf eine gemeinsame Zukunft der ganzen Stadt in einem ungeteilten Europa."[97] Ein Jahr später war es dann tatsächlich soweit, Berlin wurde der Schauplatz eines Weltenwechsels von historischer Bedeutung. Auch für die Kulturszene, für die internationalen literarischen Beziehungen und vor allem für die Transkulturalität und Vielsprachigkeit der ortsansässigen Literaturszene begann in der nicht mehr geteilten Stadt ein neues Kapitel, in dem sich der alte ‚Mythos Berlin' noch einmal anders formieren sollte.

---

96 Ebd.
97 Zit. nach Verena Kemna: Als Berlin 1988 Europäische Kulturstadt war. Eingemauert – aber in der Mitte Europas (09. Februar 2018). Online abgerufen am 17. November 2022 auf *Deutschlandfunk Kultur* unter https://www.deutschlandfunkkultur.de/als-berlin-1988-europaeische-kulturstadt-war-eingemauert-100.html.

Susanne Klengel
Chilenisches Exil in Berlin Ost I Berlin West: Carlos Cerda und Antonio Skármeta

Fluchtpunkt Deutschland – aber welches?

Der 11. September 1973 ist im historischen Bewusstsein lateinamerikanischer Gesellschaften ein hoch aufgeladener *lieu de mémoire*. Zum fünfzigsten Mal jährt sich 2023 der blutige Putsch von Augusto Pinochet und der chilenischen Armee gegen die demokratisch gewählte Regierung Salvador Allendes. Die anschließende Militärdiktatur veränderte radikal die politische Landschaft Chiles, Gegner:innen des Regimes wurden brutal verfolgt, eingesperrt, verschleppt oder ermordet. Politische Oppositionelle, ihre Angehörigen und viele weitere Personen, darunter auch Künstler:innen und Schriftsteller:innen, verließen in Scharen das Land, um ihr Leben zu retten und einer Verfolgung zu entgehen – die Zahlen schwanken bis heute zwischen 200 000 und einer Million oder mehr Menschen, die ihre Existenz aus unterschiedlichen Gründen gefährdet sahen.[1] Sie gingen in lateinamerikanische Länder wie Argentinien, Mexiko, Venezuela, sowie nach Kanada, Schweden, Australien und weitere Länder.

Auch Deutschland wurde zum Zufluchtsort: Etwa 5500 Chilen:innen gelangten bis 1980 direkt oder über Drittländer in die Bundesrepublik und nach Westberlin,[2] und von der DDR wurden in den Jahren unmittelbar nach dem Putsch mehr als 2000 Personen aufgenommen.[3]

Diese *doppelte* Geschichte chilenischen Exils im geteilten Deutschland zur Zeit des Kalten Kriegs bildet mit ihren politischen Implikationen, gesellschaftlichen Verstrickungen und ihren oft sehr tragischen menschlichen Erfahrungen bis heute ein wichtiges Forschungsfeld aus der Perspektive unterschiedlicher Disziplinen. Politikwissenschaft, nationale und transnationale Geschichtswissenschaft, Exilforschung und Migrationsforschung sowie die Forschung zur Vergangenheitsbewältigung in Chile

---

[1] In jüngster Zeit wies Zamorano Díaz erneut unter Nennung einschlägiger Studien und Statistiken auf die offene Debatte hin. César Zamorano Díaz: „Un millón de chilenos": Testimonios del exilio en la Revista Araucaria de Chile, in: Universum 36/1 (2021), 109–130, hier: 111–112. Ähnlich auch der Literaturwissenschaftler Grinor Rojo in seiner Studie über die chilenische Literatur in Zeiten der Diktatur und der Postdiktatur. Vgl. Grinor Rojo: Las novelas de la dictadura y la postdictadura chilena. ¿Qué y como leer?, Santiago de Chile 2016, Bd. 1, 97–98, insb. Fußnoten 100 und 101.
[2] Siehe Georg Dufner: Partner im Kalten Krieg. Die politischen Beziehungen zwischen der Bundesrepublik Deutschland und Chile, Frankfurt a. M. 2014, 285.
[3] Siehe Jost Maurin: Flüchtlinge als politisches Instrument: chilenische Emigranten in der DDR 1973–1989, in: Totalitarismus und Demokratie 2/2 (2005), 345–374, hier: 346. Online abgerufen am 22. September 2022 unter https://nbn-resolving.org/urn:nbn:de:0168-ssoar-309602.

Open Access. © 2023 bei den Autorinnen und Autoren, publiziert von De Gruyter. Dieses Werk ist lizenziert unter der Creative Commons Namensnennung – Nicht-kommerziell – Keine Bearbeitungen 4.0 International Lizenz.
https://doi.org/10.1515/9783110789539-002

und in Deutschland sehen sich konfrontiert mit einer komplexen Vielstimmigkeit aus persönlichen Zeugnissen, Erinnerungen, Rückkehr-, Wende- und Bleibegeschichten und den nach dem Fall der Mauer sowie nach Ablauf von Sperrfristen zugänglichen Archivmaterialien in Deutschland und in Chile.

Besonders aufschlussreich bei der Beschäftigung mit dieser historischen Epoche waren schon immer die literarischen Verarbeitungen durch die chilenischen Autor:innen mit ihren unterschiedlichen politischen Haltungen innerhalb eines linkskritischen Spektrums. Ihre Texte erschienen oftmals zuerst in einer deutschen Version bzw. Übersetzung, bevor das spanische Original publiziert wurde. So war auf dem doppelt deutschen Boden eine besondere Art von chilenischer Literatur entstanden, die mit ästhetischen Mitteln die konkreten Lebensumstände und Erfahrungen reflektierte, die vom Alltag und vom sozialen Zusammenleben im Exilland geprägt waren. Bis heute ist es allerdings eine Herausforderung, wie Anne Newball Duke in ihrer Studie zur chilenischen Exil- und Rückkehrliteratur zu bedenken gibt, diese Texte nicht nur als historische Quelle, sondern auch als Kunstwerke eigenen Rechts zu betrachten.[4] In Chile ist die Exilliteratur inzwischen als Teil der chilenischen Literaturgeschichte anerkannt, wird jedoch wenig wahrgenommen, obgleich zahlreiche Forschungsarbeiten vorliegen. Newball Duke zitiert in diesem Zusammenhang die bittere Feststellung des Schriftstellers Omar Saavedra Santis, ehemaliger Exilant in der DDR, in einem Interview des chilenischen Schriftstellerverbandes im Jahre 2016:

> Die Diktatur und die folgenden Regierungen haben die Unwissenheit über das, was das Exil bedeutet, vererbt und weiter verstärkt. Das Exil ist die größte chilenische Provinz, und zwar die vielfältigste und kulturell reichste. Das Exil ist der Stein im Schuh für die chilenische Kultur. Man schreibt mehr über die chilenische Kreativität des Exils in Ländern, wo Chilenen leben oder wo es Exilierte gab, als in Chile selbst.[5]

Melancholisch erwähnt der Rückkehrer Saavedra Santis am Ende des Interviews, er sei in einer Zwischenwelt hängengeblieben, im diffusen Raum der Vorhölle Dantes: „Ich bin einer, der zurückgekehrt ist, aber noch nicht heimkommt, und der niemals heimgekommen ist", und er ergänzt auf die Frage nach dem Ort seines Verbleibs: „*Im Limbus*".[6]

---

[4] Siehe Anne Newball Duke: La otra orilla. Kulturkontakt in der chilenischen Exil- und Rückkehrliteratur 1980–2011, Berlin 2018, 29–36.

[5] „La dictadura, y los gobiernos que vienen después, heredan e intensifican la ignorancia sobre lo que fue el exilio. El exilio es la provincia más grande de Chile. La más variopinta, la más rica culturalmente. El exilio es un garbanzo en el zapato para la cultura chilena. Más se escribe sobre la creación chilena del exilio en los países donde hay chilenos o hubo exiliados, que en Chile." Omar Saavedra Santis: Regresé, pero no he vuelto, Interview vom 9. Dezember 2016. Online abgerufen am 15. August 2022 unter https://www.sech.cl/omar-saavedra-santis-regrese-pero-no-he-vuelto/; vgl. Newball Duke (Anm. 4), 24. Diese und alle folgenden Übersetzungen stammen von mir.

[6] „[Soy] uno que regresó pero que todavía no vuelve. Y que ya no volvió. [¿Y donde se quedó?] *En el limbo*." Omar Saavedra Santis, ebd. (Hervorh. S. K.)

In den folgenden Überlegungen geht es allerdings weder allgemein um die Literaturgeschichte des chilenischen Exils in Deutschland, noch um eine breitere Auseinandersetzung mit der reichen literarischen Produktion, die daraus hervorging. Ebenso wenig handelt es sich um einen Beitrag zur weiteren theoretischen Differenzierung der komplexen Gattung ‚Exilliteratur'[7] oder gar zur Begriffsbestimmung von ‚Exil'. Vielmehr werde ich mit Blick auf die internationalen Literaturlandschaften im geteilten Berlin der 1970er und 1980er Jahre, die dieser Band vorstellt, zwei vergleichsweise bekannte Werke chilenischer Autoren – *Nixpassiert* (1978) von Antonio Skármeta und *Morir en Berlín* (1993) von Carlos Cerda – in Bezug auf ihre Ost- bzw. Westberliner Schauplätze in Dialog bringen und zeigen, wie sich die literarischen Handlungen ausgehend von der Zeitlichkeit des Exils in konkreten Berliner Szenerien entwickeln und dem Stadtraum einschreiben, ihm Bedeutungsschichten hinzufügen oder umgekehrt historische Bedeutungsschichten freilegen. Die Publikationsdaten beider Texte weichen voneinander ab, in Skármetas Fall geht die Entstehung auf die zweite Hälfte der 1970er, im Falle von Cerda auf die zweite Hälfte der 1980er Jahre zurück, wobei frühe Fassungen schon zu Beginn des Jahrzehnts entstanden sein könnten.[8] Das Ziel dieser Untersuchung ist ein Beitrag zur Geschichte des geteilten Berlins als Ort vielförmiger Szenerien internationalen literarischen Handelns zur Zeit des Kalten Kriegs. Dabei gilt es zu bedenken, dass das hier vorgestellte literarische Schreiben sich mit einer Zwangslage verbindet – wie immer, wenn es um Exilliteratur geht.

Deutsch-Deutsche Kon/Texte

Die Geschichte des chilenischen Exils in der DDR ist ein besonders komplexer Fall der Verknüpfung der ehemaligen DDR mit der politischen Geschichte und der Sozialgeschichte der lateinamerikanischen Linken.[9] Nachdem die DDR-Archive zugänglich waren, wurde ein weites und kontrovers diskutiertes Feld heterogener Erfahrungen und Erinnerungen an die systematische und zugleich streng kontrollierte Integration der meist kommunistischen Exilant:innen und ihrer Angehörigen in die DDR-Gesellschaft sichtbar.[10] Zahlreiche Zeugnisse belegen, dass die Ankömmlinge, welche auf

---

7 Siehe für eine ausführliche Darstellung des Forschungsstands zur chilenischen Exilliteratur in der DDR und zum Konzept der Exilliteratur ebenfalls die Studie von Newball Duke (Anm. 4).
8 Siehe Kathrin Bergenthal: Studien zum Mini-Boom der Nueva Narrativa Chilena. Literatur im Neoliberalismus. Frankfurt a. M./Berlin u. a. 1997, 256–258.
9 Erinnert sei zum Beispiel, dass die ehemalige chilenische Präsidentin und spätere UN-Menschenrechtskommissarin Michelle Bachelet einige Jahre in Potsdam gelebt und in Ostberlin Medizin studiert hatte. Umgekehrt fand Erich Honecker nach Einstellung des gegen ihn geführten Prozesses im Jahre 1993 in Chile Asyl, wo er ein Jahr später verstarb.
10 Siehe z. B. Nikolaus Werz: Hinter der Mauer – Lateinamerika in der DDR, in: Detlev Brunner, Mario Niemann (Hrsg.): Die DDR – eine deutsche Geschichte. Wirkung und Wahrnehmung, Paderborn 2011,

verschiedene Städte verteilt wurden,[11] ihre Aufnahme als solidarisch und großzügig empfanden: Sie erhielten Wohnungen und günstige Startdarlehen für ihr neues Leben, die Kinder wurden in Schulen integriert, Arbeitsstellen und Ausbildungsplätze wurden vermittelt und Studien ermöglicht.[12] In Rostock, wo vor allem Künstler:innen und Schriftsteller:innen angesiedelt wurden, gründete man bald das spanischsprachige Teatro Lautaro, das diesen Arbeitsmöglichkeiten bot.[13] Wie z. B. Maurin und Emmerling anhand ihrer Archivforschungen zeigen, konnte und wollte die Staatsführung auf diese Weise ihre Humanität und internationale Solidarität demonstrativ und nachhaltig unter Beweis stellen.[14] Doch stand die chilenische Exilgemeinschaft, darunter viele Intellektuelle und somit potentielle kritische Denker:innen, stets unter Beobachtung bis in den Privatbereich hinein. Trotz ihres chilenischen Passes wurde ihnen zum Beispiel das Verlassen des Landes verwehrt und blieb parteitreuen Genoss:innen vorbehalten.[15]

In Westdeutschland führte das dramatische Ereignis vom Sturz Allendes und die einsetzende massive Verfolgung chilenischer Bürger:innen zu einer breiten gesellschaftlichen Mobilisierung unter Studierenden, in Solidaritätsgruppen und politischen Gruppierungen, aber auch in Teilen der weiteren Gesellschaft und Politik. Auch wenn den ankommenden chilenischen Geflüchteten ein gewisses Misstrauen seitens der Behörden entgegenschlug, weil man in der BRD Berufsrevolutionäre fürchtete, war das öffentliche Interesse an der politischen Situation in Chile riesig und die damit einhergehende Empathie schlug sich rasch und vielfach in aktiver Hilfsbereitschaft und Solidaritätsarbeit nieder:

> Die Bemühungen[,] politisch Verfolgte aus Chile in die Bundesrepublik zu bringen, gingen von einer Vielzahl von Akteuren aus. Angebote zur Aufnahme von Asylanten und Unterbringung in Arbeitsstellen in der Bundesrepublik wurden unter anderen von kirchlichen Stellen, Institutionen der Wissenschaft, Gewerkschaften und den Parteien gemacht. Diese Akteure wandten sich sowohl an die Bundesregierung als auch direkt an die Junta. [...] Ziel dieses Vorgehens war, dass etwa die Zusage einer Arbeitsstelle oder eines Stipendiums in der Bundesrepublik die Asylgewährung für die Flüchtlinge erleichtern sollten.[16]

445–464; vgl. auch Maurin (Anm. 3), dessen Archivforschungen sowohl die Strategien der Disziplinierung durch die DDR-Behörden als auch die oft geäußerte Unzufriedenheit mit den Vorschriften belegen. Siehe hierzu auch das ausführliche Unterkapitel über die ‚Solidarität' als Teil der DDR-Außenpolitik und Staatsraison sowie über die Aufnahmepolitik und die Lebensumstände der chilenischen Emigranten von Inga Emmerling: Die DDR und Chile. Außenpolitik, Außenhandel und Solidarität, Berlin 2013, 351–476. Interessanterweise beziehen sich alle hier genannten Autoren mehrfach auf Carlos Cerdas Roman *Morir en Berlín*.
11 Siehe Werz (Anm. 10), 456; vgl. auch Sebastian Koch: Zufluchtsort DDR. Chilenische Flüchtlinge und die Ausländerpolitik der SED, Paderborn 2016, 125–126.
12 Siehe Maurin (Anm. 3), 353–354 sowie Emmerling (Anm. 10), 396–436.
13 Siehe z. B. Koch (Anm. 11), 204–207.
14 Siehe Maurin (Anm. 3), 362–364 sowie Emmerling (Anm. 10), 379–386.
15 Siehe Maurin (Anm. 3), 364–368.
16 Dufner (Anm. 2), 280; zum intensiven und anhaltenden Impakt in den Medien, den dieses poli-

Aus Georg Dufners Studie über die Deutsch-Chilenischen Beziehungen im Kalten Krieg geht außerdem hervor, wie stark die bundesrepublikanische Chilepolitik angesichts des Putsches auch auf internationale Diskurse und Politiken, darunter insbesondere auch der sozialistischen Staaten, reagierte. Vor diesem komplexen historischen Hintergrund, den man in der geteilten Stadt Berlin noch deutlicher wahrnahm als andernorts, sind die beiden Texte von Skármeta und Cerda zu lesen, ohne sie jedoch auf ihre Rolle als historisches Zeitzeugnis zu reduzieren.[17]

Carlos Cerda und Antonio Skármeta: Leben und Schreiben im geteilten Berlin

Antonio Skármetas Kurzroman mit dem Titel *Nixpassiert* (sp. *Nopasónada*) erschien 1978 zunächst nur in deutscher Übersetzung. Er spielt im September 1974 in Westberlin, wurde bis heute mehrfach wiederaufgelegt, ab 1993 mit dem veränderten deutschen Titel *Aus der Ferne sehe ich dieses Land: ein Chilene in Berlin*. Die spanische Version erschien 1980 in Barcelona und 1985 in Chile unter den noch prekären Bedingungen der Zensur in einer, so der chilenische Literaturwissenschaftler Grinor Rojo, ‚skandalös' veränderten Fassung, da alle Anspielungen auf die politische Situation in Chile getilgt waren.[18] Antonio Skármeta, 1940 in Antofagasta geboren, promovierte nach einem Philosophie- und Literaturstudium über Julio Cortázar und war schon vor seinem Exil ein anerkannter Autor in seinem Heimatland. Als Schriftsteller und Universitätsdozent engagierte er sich für die Kulturpolitik Allendes und verließ kurz nach dem Putsch das Land. Im Jahre 1975 wurde Antonio Skármeta im DAAD-Künstlerprogramm nach Berlin eingeladen, wo er anschließend blieb und als Schriftsteller und Publizist in vielen Medienformaten tätig war. Er kehrte 1989 nach Chile zurück.

---

tische Ereignis zeitigte, vgl. 168–169. Hierzu auch der informative Artikel von Irmtrud Wojak, Pedro Holz: Chilenische Exilanten in der Bundesrepublik Deutschland (1973–1989), in: Exilforschung. Ein internationales Jahrbuch 18 (2000): Exile im 20. Jahrhundert, 168–190. Auch heute noch existieren Westberliner Institutionen wie die *Lateinamerika-Nachrichten,* die 1973 als *Chile-Nachrichten* gegründet wurden, oder das Forschungs- und Dokumentationszentrum Chile-Lateinamerika (FDCL) mit Sitz im Kreuzberger Mehringhof.

17 Antonio Skármeta erläutert anlässlich seines Nachworts für einen ebenfalls exilierten Dichterkollegen, wie herausfordernd es ist, als Exil-Autor:in gleichzeitig ‚Repräsentant:in' zu sein. Man sei konfrontiert mit den Erwartungen der eigenen Community, der Gesellschaft des Gastlandes, und nicht zuletzt mit den persönlichen Erwartungen an sich selbst. Antonio Skármeta: Der neue Status des Schriftstellers im Exil, in: Carlos Lira: Und Chile ist weit und nah. Drei Jahre Exil in der BRD, übers. aus dem Spanischen von Cornelius Langanke, Wuppertal 1981, 133–139.

18 Rojo (Anm. 1), 75–76.

Der deutlich umfangreichere Roman *Morir en Berlín* (dt. *Santiago Berlin – einfach*) von Carlos Cerda spielt in den Vorweihnachtstagen des Jahres 1985[19] in der damaligen Hauptstadt der DDR und erschien 1993 gleichzeitig auf Spanisch und in deutscher Übersetzung. Er wurde erst nach der Rückkehr des Autors nach Chile fertiggestellt.[20] In Chile fand das Werk ein kontroverses Echo, denn teilweise lehnten Leser:innen aus KP-nahen Kreisen Cerdas kritische, nachträgliche Repräsentation des untergegangenen sozialistischen Deutschlands, welches vielen von ihnen Asyl geboten hatte, ab.[21] Insgesamt jedoch fand der Roman viel Anerkennung, wenngleich diese nicht zu einer breiteren Rezeption führte. Der international renommierte Romanautor José Donoso etwa reagierte sehr aufgeschlossen und ordnete den Roman sogleich einem existenzielleren Register als dem der ‚Exilliteratur' zu, welches er „novela de la pérdida" bzw. ‚Roman des Verlusts' nannte, erinnert sich der Autor.[22]

Carlos Cerda wurde 1942 in Santiago de Chile geboren, wo er im Jahre 2001 auch verstarb. Wie Skármeta studierte er zunächst Philosophie und wurde später in der DDR, in die er kurz nach dem Putsch gekommen war, im Fach Literaturwissenschaft mit einer Arbeit über José Donoso an der Humboldt-Universität promoviert, wo er auch unterrichtete. Bis 1983 war Cerda Mitglied der kommunistischen Partei Chiles, mit der er dann gänzlich brach. 1985 kehrte er nach Chile zurück.

Die beiden etwa gleichaltrigen Autoren kannten sich schon in Chile und waren offenkundig glücklich über ihre Wiederbegegnung im Berliner Exil, wo sie auf verschiedenen Seiten der Mauer lebten. Humorvoll und etwas ironisch angesichts der ungewöhnlichen Situation erinnert Skármeta 2001 im Vorwort eines Erzählbandes seines Freundes, wie beider Wege sich in der Mauerstadt regelmäßig kreuzten:

---

19 Die Datierung erfolgt erst im Kapitel IX. Zudem gibt es auf der vorletzten Seite des Romans einen kurzen Hinweis auf die beginnende Perestroika, die allerdings keinen Einfluss auf das Romangeschehen hat.
20 Siehe Anm. 8.
21 Vgl. hierzu Emmerling (Anm. 10), 387, Fußnote 159. Die Autorin beruft sich auf ihre Interviewpartner, von denen viele das Buch als ‚Nestbeschmutzung' ablehnten.
22 In einem Interview, das in der Tageszeitung *El Mercurio* erst kurz nach seinem Tod erschien, erzählt Cerda, wie José Donoso überraschend schnell und positiv auf die Zusendung seines Romanmanuskripts reagiert habe: „Ich öffne den Brief, und dort heißt es: ‚Gestern Abend habe ich Deinen Roman zu Ende gelesen, in drei Tagen ohne Unterbrechung', und dann kommt der berühmte Satz in Großbuchstaben mit den Ausrufezeichen ‚Das ist kein Exilroman!!! Das ist ein Roman des Verlusts!!!', und dann entwickelt er diesen Gedanken, spricht von allen Figuren, legt den Finger in die Wunde und zeigt, was seiner Meinung nach jeder Einzelne verliert. Und sein Spiel der Verluste, das war sehr schön." („Abro la carta, y dice: ‚Anoche terminé tu novela, la leí en tres días sin parar' y de ahí viene la famosa frase con letras grandes y hartos exclamativos ‚¡¡¡No es una novela del exilio!!!, ¡¡¡es una novela de la pérdida!!!' y luego desarrolla esa idea, hablando de cada personaje, poniendo el dedo en la llaga y señalando cuál era a su juicio la pérdida de cada uno. Y era muy lindo el juego de pérdidas que él hacía."), Carlos Cerda: Narrador de la memoria y el deseo. Entrevista con María Teresa Cárdenas, in: El Mercurio (23. Dezember 2001). Online abgerufen am 20. September 2022 unter http://www.letras.mysite.com/cerda1.htm.

Zwischen uns lag eine Mauer. Um uns zu treffen, und damit ich auf diese Weise das gepflegte Gespräch mit ihm über Orte, Bücher, Theateraufführungen genießen konnte, musste ich mir einmal im Monat ein Visum besorgen, welches mir erlaubte, den Fuß für einige Stunden auf kommunistischen Boden zu setzen. Carlos umarmte mich glücklich und führte mich bei seinen Verlegern in der DDR ein. [...] Carlos Cerda sprach mit mehr Eleganz und Autorität über die Dramaturgen, Schriftsteller, Dichter, Film- und Theaterregisseure als die Einheimischen. [...] Ich dagegen, da ich mich mit der Westberliner Gesellschaft verbunden hatte, konnte ihm ein paar Kontakte besorgen, damit er auch in der Devisenzone einige seiner großartigen Radiostücke unterbringen konnte, die in beiden Teilen Deutschlands und solange er sich in diesem Land aufhielt, unverzüglich mit Preisen bedacht wurden. Auf diese Weise erschien er ab und zu in Westberlin im Besitz einiger singender, klingender Münzen und ausgestattet mit einem komplizierten, umstrittenen Visum zum Grenzübertritt durch die Mauer, das den DDR-Bewohnern selbst kaum gewährt wurde.[23]

Temporalitäten des Exils in *Nixpassiert* und *Morir en Berlín*

Beide Romane thematisieren in der geteilten Stadt urbane Topographien, die sich mit der zeitlichen Erfahrung des Exils in Ost- bzw. Westberlin in den 1970er und frühen 1980er Jahren verknüpfen. Beide Texte, so unterschiedlich sie inhaltlich und formal auch sind, setzen sich explizit mit der Beziehung der Protagonist:innen zur deutschen Mehrheitskultur und mit Berlin als Stadtraum, in dem sie alltäglich leben und agieren, auseinander. Im Sinne Bachtins kann man von literarischen Chronotopoi sprechen, die sich im Falle von Skármeta der Ich-Erzählung einer Coming-of-Age-Geschichte und im Falle von Cerda der narrativen und gleichzeitig theaterhaften Inszenierung einer familiären Tragödie verdanken. Beide Romane sind auf unterschiedliche Weise durch mythische Überhöhungen geprägt, welche die ‚verdichtete Zeit' und den ‚intensivierten' oder ‚sinnaufgeladenen Raum' der Chronotopoi weiter verstärken.[24]

---

[23] „Entre nosotros dos mediaba un muro y para encontrarnos y así poder disfrutar yo de su conversación culta sobre lugares, libros, montajes teatrales, tenía que proveerme una vez al mes de una visa que me autorizaba pisar el suelo comunista por algunas horas. Carlos me abrazaba dichoso. Me introdujo a sus editores en la RDA [...] Carlos Cerda sabía discutir sobre los dramaturgos, los novelistas, los poetas, los directores de cine y teatro de habla alemana con más gracia y autoridad que los nativos. [...] Por mi parte, yo que ya me había entramado en la sociedad de Berlín Occidental, le hice algunos contactos para que pudiera ubicar en la zona de las divisas algunos de sus espléndidos radioteatros, que fueron premiados sin tregua en ambas Alemanias, durante su estadía en ese país. Así, poseedor de algunas monedas cantantes y sonantes apareció de vez en cuando en Berlín Occidental, valiéndose de una difícil y controvertida visa para cruzar el muro, que difícilmente se otorgaba a los habitantes de la RDA." Antonio Skármeta: Prologo [datiert auf Berlin, September 2001], in: Carlos Cerda: Escrito con L, Santiago de Chile 2001, 13–22, hier: 17–18.
[24] Bachtins bekannteste Definition, auf die ich hier anspiele, lautet in der deutschen Übersetzung: „Im künstlerisch-literarischen Chronotopos verschmelzen räumliche und zeitliche Merkmale zu einem

Im Zentrum von Skármetas Roman steht Lucho, ein Berliner Schuljunge und Sohn chilenischer Regimegegner, die nach dem Putsch nach Westberlin gelangt sind. Aus der Perspektive des fast 14-jährigen Ich-Erzählers, der sich mit seinem etwas sprunghaften Bericht an ein unbekanntes Gegenüber (vielleicht Freunde in Chile oder andere Gleichaltrige?) richtet, erfährt man von seinen Eltern, die zwischen Trauer und Hoffnung im Berliner Exil den Blick stets nach Chile richten. Beide sind politisch engagiert und beziehen auch ihre Kinder in diese Aktivitäten ein. So erhält man durch Lucho lebhafte Eindrücke von den Westberliner Chile-Solidaritätsgruppen, etwa bei Veranstaltungen oder bei Treffen in der Wohnung des Aktivisten Urs am Savignyplatz, wo eine große Demonstration anlässlich des Jahrestages des Putschs vorbereitet wird.

Doch der jugendliche Lucho, dessen Name auf einen ‚Kämpfer' hindeutet, sucht seinen eigenen Weg in die Zukunft in der deutschen Gesellschaft; als Schüler lernt er Deutsch (auch der Mädchen wegen) und hat keine spanischsprachigen, sondern griechische Freunde, zwei Brüder, deren Familie ebenfalls im Berliner Exil lebt. Neben seiner Liebe zur Musik spielt er leidenschaftlich gern, gut und hart Fußball; wenn er einen Gegner aus Versehen niederstreckt, hilft er ihm auf und sagt entschuldigend: „Nopasónada", „Nixpassiert" – daher der Titel des Romans. Später passiert aber doch etwas: Mit schwarzem Humor wird berichtet, wie es zu einem nahezu tödlichen Zweikampf kommt, der trotz aller Härte ein versöhnliches Ende findet. Am Schluss hat der Protagonist einen Freund gewonnen, der sich für die Chile-Solidarität interessiert, außerdem ist er verliebt in ein Mädchen, das aus einer Familie von Chile-Aktivisten kommt.

Der kurze Bildungroman wird im Allgemeinen der sogenannten lateinamerikanischen Postboom-Literatur zugerechnet. Mit den Schreibweisen des Postbooms hatten sich viele Schriftsteller:innen des Kontinents von den großen nationalen Allegorien und den ästhetischen Experimenten der Boom-Autoren der 1960er Jahre verabschiedet; Antonio Skármeta gilt als eine der prononciertesten Stimmen, die die formale Komplexität der Boom-Autoren als elitär kritisierten.[25] Er betonte stattdessen die Notwendigkeit einer Rückkehr zu den konkreten gesellschaftlichen Realitäten (etwa im Gegensatz zu den magisch-realistischen Verfahren) und plädierte dafür, allen Stimmen unterschiedlichster Herkunft auch sprachlich angemessen Ausdruck zu verleihen, im vorliegenden Falle der jugendlichen Stimme Luchos und seinem Blick auf die fremde Welt des Exils. Angestrebt wird die Auseinandersetzung mit den alltäglichen Lebenswelten unter Einbeziehung von Humor oder Ironie, im Unterschied zu den komplizierten ästhetischen Entwürfen der „nueva novela" des Booms. Auch die erzählte Zeit von

---

sinnvollen und konkreten Ganzen. Die Zeit verdichtet sich hierbei, sie zieht sich zusammen und wird auf künstlerische Weise sichtbar; der Raum gewinnt Intensität, er wird in die Bewegung der Zeit, des Sujets, der Geschichte hineingezogen. Die Merkmale der Zeit offenbaren sich im Raum, und der Raum wird von der Zeit mit Sinn erfüllt und dimensioniert." Michail Bachtin: Chronotopos, übers. von Michael Dewey, Berlin 2017, hier: 7.

25 Vgl. hierzu Donald Shaw: Antonio Skármeta. Contexto e ideas literarias, in: Revista Iberoamericana LX/168–169 (1994), 1051–1061.

Nixpassiert ist dementsprechend kurz: Die Romanhandlung beschränkt sich auf einige wenige Tage im September 1974 rund um den Jahrestag des Putschs, auf den zwei Tage später Luchos 14. Geburtstag folgen wird.

Doch der so leichthändig mit jugendlicher Stimme erzählte Roman besitzt eine symbolisch-mythische Dimension: Der Zweikampf, der zumindest aus der Perspektive der Protagonisten als existenzieller Kampf um verletzte Ehre, Rache und Unversöhnlichkeit zwischen dem deutschen Halbwüchsigen und dem chilenischen Exilantenjungen erscheint, wirft auch ein Licht auf das Fremdsein in einer anderen Gesellschaft, wo das Zusammenleben leicht in Gewalt umschlagen kann. Letztlich wendet sich aber alles zum Guten: Die brutale Prügelei ist der Beginn einer Freundschaft, und nicht nur das: Michael, der martialische Motorradfahrer, erweist sich als politisch sensibel und stößt zum Chile-Solidaritätskomitee. Lucho wiederum erlebt während des Kampfes – am Vorabend des Jahrestages des Putsches und kurz vor seinem 14. Geburtstag! – eine Art *rite de passage*, wie unten genauer erläutert wird. Auch die beiden Mädchen, in die sich Lucho verliebt, tragen zu der symbolisch-mythischen Aufladung des Geschehens bei: Die Krise wird durch Sophies Verrat ausgelöst, durch den sie Lucho dem Schläger Michael ausliefert, während die Erlösung durch seine Liebe zu Edith kommt, deren politisch engagierter Vater zur Seite der Guten zählt, weil er in der Chile-Solidaritätsbewegung aktiv ist. Diese teils drastische, teils klischeehafte Coming-of-Age-Geschichte ist aus der Ich-Perspektive humorvoll geschrieben und wird selbstironisch immer wieder gebrochen. Sie vermittelt auf eine kurios lakonische Weise Informationen über das prekäre Dasein der Exilant:innen in Berlin und das Leben der Jugendlichen in der fremden Gesellschaft, über das Leben in zwei Sprachen, das Sich-Zurechtfinden im deutschen Alltag und darüber, dass es auch andere Exilschicksale, etwa das der Griechen gibt. Indes vermeidet der Roman mit seiner begrenzten Perspektive aus der Sicht des jungen Lucho weitere Reflexionen über die geteilte Stadt, über Westberlin als ummauerte Insel, über den Kalten Krieg und andere politisch-existenzielle Fragen.[26]

1985 äußert sich Skármeta gegenüber Andrea Pagni in einem denkwürdigen Interview über Berlin (und meint dabei wesentlich Westberlin) als einen für die schriftstellerische Kreativität höchst anregenden Ort. Er spricht von der schwierigen, ‚gebrochenen Identität' Berlins, es sei eine Stadt des diffusen Miteinanders und der schwierigen Integration in die Gesellschaft, eine Stadt der verpassten Begegnungen, zusammengesetzt aus vielen Einsamkeiten. Doch all dies wendet er positiv mit Blick auf die eigene Kreativität:

---

[26] Das Buch findet sich häufig in den Lehrplänen für den Spanischunterricht an deutschen Schulen. Dies liegt vermutlich nicht nur daran, dass es um die Gefühls- und Erfahrungswelt eines jugendlichen Exilanten bzw. Migranten in Berlin geht, sondern ist auch dem großen Sinn für Humor geschuldet, der diese Geschichte prägt. Der Roman liegt in der roten Reihe *Reclam Fremdsprachenunterricht B2* vor.

> Zersplitterung, Missverständnisse, das löst diese Stadt in mir aus. Aber genau dies ist ein fruchtbarer Boden für die Phantasie eines Schriftstellers. Ein Schriftsteller darf nicht im Schlaraffenland leben oder in einer Welt der Allheilmittel, er muss in einer Stadt leben, wo es Konflikte gibt, wo es Schmerz und Einsamkeit gibt.[27]

Skármetas Beobachtungen treffen in der Tat auf den jungen Lucho zu, der sein neues Leben in die Hand nehmen muss. Als Sohn armer Exilanten streift er, allein und als Fremder, durch die Stadt (und mit ihm die Leser:innen seines Berichts): Sein Weg führt ihn durch den Tiergarten, in dessen Nähe die Familie wohnt, über den S-Bahnhof Bellevue zum Bahnhof Zoo, dann den ganzen Kurfürstendamm entlang, ohne eine einzige Mark in der Hosentasche. Diese Misere erscheint ihm außerordentlich: „Wenn ich mir das heute überlege, ich glaub, dann war ich nicht nur der unglücklichste Junge von Berlin, sondern von ganz Europa."[28] Im KaDeWe isst er sich beim Probieren satt:

> Wenn es sehr kalt war, bin ich in den sechsten Stock vom KaDeWe, und da gings mir nicht übel. Da sind immer die Verkäuferinnen in der Lebensmittelabteilung, die Kostproben anbieten, und ich hab hier was da was mitgenommen. Eine Scheibe Käse, dann einen Keks, danach Schokolade, ein Gläschen Wein, eine gekochte Krabbe. Wenn man ganz rum war, konnte man sagen, man hatte Mittag gegessen.[29]

Im legendären Internationalen Zeitschriftenladen in der Joachimsthaler Straße am Bahnhof Zoo – ein Gebäude, das inzwischen der Gentrifizierung und Modernisierung zum Opfer gefallen ist – blättert Lucho in ausländischen Zeitungen und Comics, zu den Pornos weiter hinten lässt man ihn nicht durch: „Das ist ein toller Laden. [...] Ich hab mir stundenlang Comics angeguckt, besonders als dieser Mistwinter war. Da drin war es schön warm, und die Comics hab ich zwar nicht gelesen, aber die Bilder anzugucken hat mir Spaß gemacht."[30] Das Musikhaus Elektrola auf dem Kudamm, Ecke Uhlandstraße, wird zum Ort des erotischen Versprechens, zur Begegnung mit Sophie, die ihn später verraten wird:

> Die Sophie hatte den aufregendsten Beruf in der Stadt. Alle die Schwachköpfe bedienen, die nichts zu tun haben wie ich und ins Elektrola Musikhaus gehen, um sich stapelweise Fräulein Leandros, Fräulein Mathieu und den hervorragenden Geistesschaffenden Udo Jürgens anzuhören.[31]

---

27 „Segmentos, desencuentros, eso me produce esta ciudad. Y esto es un terreno fértil para la fantasía del escritor. Un escritor no debe vivir en jaujas ni en panaceas, debe vivir en una ciudad donde hay conflictos, donde hay dolor, donde hay soledad." Antonio Skármeta: Inventando a Berlín. Una entrevista con Andrea Pagni [1985]), in: Lateinamerikastudien 22 (1986), 203.
28 Antonio Skármeta: Nixpassiert, übers. von Monika López, Darmstadt 1978, 21.
29 Ebd., 22.
30 Ebd., 23.
31 Ebd., 25.

Chiledemonstrationen finden auf dem Savignyplatz und dem Herrmannplatz statt, an denen auch Lucho teilnimmt. Doch neben diesen alltäglichen Stationen des herumstromernden chilenischen Schuljungen, verdient der Ort des Zweikampfs sowie die gemeinsame Motorradfahrt dorthin stärkere Beachtung: Das Duell findet in der städtischen Peripherie statt, auf dem öden Gelände des Westhafens und des in den 1970er Jahren kaum noch genutzten Güterbahnhofs Moabit:

> Michael fuhr an der S-Bahn Beusselstraße vorbei und an den Bahnschienen entlang, bis er auf ein Gelände kam, wo haufenweise Abfälle und Steine und Schrottautos rumlagen. Vom bloßen Hingucken fühlte ich mich schon genau wie der ganze Müll. Und oben der Himmel war genauso dreckig wie der Matsch und das verrostete Blech.[32]

Der anschließende Zweikampf ist tatsächlich unerbittlich, beide Gegner schlagen einander bewusstlos. Dabei träumt oder halluziniert Lucho in dieser Ödnis voller Müll und Schrott seine eigene Geburt, eine halluzinatorische Wiedergeburt, die als *rite de passage* zum Erwachsenwerden in einer Gesellschaft, in der er ein Fremder ist, gedeutet werden kann. Sein neues Leben beginnt allerdings mit der Panik, vielleicht zum Mörder geworden zu sein, denn sein Gegner liegt bewegungslos vor ihm, und endlos dehnt sich die Zeit bis zu seinem Wiedererwachen. In dieser immensen Ungewissheit löst sich eine existenzielle Anspannung: Anfallartig kommen ihm die Tränen, Erinnerungsbilder und ein tiefer Daseinsschmerz suchen ihn heim, und die Angst um Michael im schmutzigen regnerischen dunklen Ambiente des Gleisgeländes überwältigt ihn. „Ein Zug fuhr vorbei, voll mit Traurigkeit, und ich fing an vor Kälte zu zittern", registriert er *en passant*.[33] Auf dem öden Gelände umherirrend sucht er sich mit dem Anzünden einer Zigarette von der Ungewissheit des zähen Wartens etwas abzulenken.

Der düstere Ort des dramatischen Zweikampfs am Abend eines stürmischen Septembertags hat bislang wenig Aufmerksamkeit bei der akademischen Leserschaft erregt. Mit einem geschärften Blick für die besonderen Chronotopoi dieses Bildungsromans über Luchos Jugend im Exil gewinnt dieses *terrain vague,* wo die Handlung im Duell kulminiert, das wie ein Katalysator wirkt und die zwischenmenschlichen wie politischen Beziehungen wendet, an Kontur und Sinnhaftigkeit. Was hat es mit diesem unheimlichen Berliner Ödland auf sich?, fragt man sich unwillkürlich bei der Lektüre. Neuere historische Recherchen belegen, dass es sich tatsächlich nicht nur um eine Westberliner städtische Brache in den 1970er Jahren handelte, sondern um ein Gelände, von dem aus 1942 Berliner Juden mit den sogenannten Osttransporten in die Vernichtungslager deportiert wurden. Erst 2017 wurde ein kleines Mahnmal errichtet.[34] Vor diesem Hintergrund lassen Antonio Skármetas oben erwähnte Aussagen

---

[32] Ebd., 66.
[33] Ebd., 75–76.
[34] Gleis 69. Gelebte Erinnerung in Berlin Tiergarten. Geschichte der Militärgleise am Güterbahnhof Moabit. Ohne Datierung. Online abgerufen am 15. August 2022 unter https://gleis69.de/der-gedenkort/

Abb. 1: Güterbahnhof Moabit, 24. September 1992. © Roehrensee via Wikimedia Commons, Lizenz: CC BY-SA 3.0. Online abgerufen am 10. Januar 2023 unter https://commons.wikimedia.org/wiki/File:19920924a_Moabit_Gbf.jpg.

zur ‚schwierigen Identität' Berlins als ‚Stadt des Schmerzes' vermuten, dass er sich solcher Schichten der Berliner Vergangenheit wohl bewusst war, selbst wenn er die konkrete Geschichte des Moabiter Bahngeländes nicht kannte. Angesichts der Überlagerung solcher raumzeitlicher Konstellationen wirkt das Happy End des Romans – wenn beide Kontrahenten sich kurz vor dem Jahrestag des Putschs versöhnen und Freundschaft schließen, Michael in das Solidaritätskomitee eintritt, um sich gegen den chilenischen Faschismus zu engagieren, und schließlich auch Luchos Liebe zu Edith, Tochter eines deutschen Chileaktivisten, in Erfüllung geht – weniger melodramatisch als vielmehr entlastend und zuversichtlich.

Im Gegensatz zu Skármeta findet sich in Carlos Cerdas Roman keine ironische Brechung. Vielmehr evozieren die verwickelten Erzählinstanzen oftmals absurde, bisweilen gar kafkaeske Situationen des gelebten Alltags, die aber nicht als solche kommentiert werden, sondern für sich selbst sprechen. Cerdas Text bietet eine ernste, inhaltlich und formal komplexe Auseinandersetzung mit dem Leben chilenischer Exilant:innen in Ostberlin, welches sich in einer tragischen Familiengeschichte verdichtet. Der Text hat dreizehn Kapitel und möglicherweise deutet diese Unglückszahl schon auf den Ausgang dieser Tragödie hin. Deutlicher als in Skármetas Jugenderzählung handelt es sich bei Cerda auch um die fiktionalisierte Verarbeitung eigener

---

geschichte-militaergleise. Vgl. auch: Forschungsgutachten zur Geschichte des Güterbahnhofs Berlin-Moabit unter schwerpunktmäßiger Berücksichtigung der Geschichte der Deportation der Berliner Juden von den Gleisen 69, 81 und 82. Überblick über die archivalische Überlieferung (Fotos, Dokumente, Karten u. ä.) und einschlägige Zeitzeugenberichte, zusammengestellt von Diana Schulle (Bundesarchiv und Stiftung Neue Synagoge Berlin – Centrum Judaicum), Klaus Dettmer (Landesarchiv Berlin), Alfred Gottwald (Deutsches Technikmuseum Berlin), Berlin 2006. Online abgerufen am 15. August 2022 unter https://gleis69.de/wp-content/uploads/2021/05/forschungsgutachten_guterbahnhof_moabit_2006.pdf.

Erfahrungen. Man erfährt viel über die rigide, hierarchische Organisation der chilenischen Exilgemeinde, deren Berufs-, Alltags- und Privatleben unter ständiger Aufsicht steht. Die Kontrolle erfolgt nicht nur durch Organe des sozialistischen Staats, etwa das Ministerium für Staatssicherheit, sondern auch durch führende Mitglieder der chilenischen Kommunistischen Partei, insbesondere Don Carlos, auch „der Senator" genannt.

Auffällig ist die Erzählinstanz: Regelmäßig interveniert ein kollektives Wir, das man rasch als die *community* der Chilen:innen identifiziert, die in einer Plattenbausiedlung in Berlin-Fennpfuhl, Bezirk Lichtenberg, dem sogenannten ‚Ghetto', zusammenleben. Auch dieses Wir beobachtet, hört und kommentiert das Leben der Chilen:innen und interessiert sich besonders für ungewöhnliche Vorkommnisse wie die sich entwickelnde Familientragödie von Lorena, Mario und ihren beiden Kindern. Es reflektiert das Geschehen im Modus des epischen Präteritums und richtet sich an die Leser:innen, wobei es auch die eigene Aussageposition reflektiert: „[...] bedenken Sie, daß wir in unserem *Ghetto* so abgeschieden waren, daß kaum etwas passierte. Bedenken Sie außerdem, daß wir Bewohner ohne Hoffnung waren; wir lebten in einem Land, in dem die ewige Wiederkehr des Gleichen verordnet war".[35]

Es kommt aber noch eine weitere, auktoriale Erzählstimme zum Einsatz, die über die Perspektive der chilenischen Gemeinschaft hinausreicht, etwa wenn sie von der Ballettänzerin Leni und ihrem im Westen lebenden Vater berichtet. Außerdem wechselt die Erzählperspektive auch zu den Figuren, die aus ihrer jeweiligen Sicht ihre Gedanken oder ihr Leid zum Ausdruck bringen. So erfährt man die unglückliche Ehegeschichte auch von den betroffenen Eheleuten selbst, dasselbe gilt für weitere Figuren, die in das Drama verwickelt sind.

Mario ist eine Liaison mit Eva, der Tochter des Innenministers, eingegangen. Die unglückliche Lorena plant daher, ein Arbeitsangebot aus Mexiko anzunehmen und nach der Scheidung, die von den politischen Instanzen genehmigt werden muss, die DDR so rasch wie möglich mit den Kindern zu verlassen. Der Brief, den sie deshalb ans Ministerium (in der Tat Evas Vater) geschrieben und zum Zeitpunkt des Romanbeginns eigenmächtig abgeschickt hat, ist das verhängnisvolle Objekt und Katalysator der Geschichte. Er löst die Tragödie aus, die sich den Rahmenbedingungen dieser Exilsituation verdankt. Don Carlos fühlt sich von Lorena übergangen und verraten. In dieser angespannten Situation kommen Lorenas Eltern aus Chile besuchsweise ins vermeintliche Arbeiter- und Bauernparadies, jedoch mit dem geheimen Plan zu bleiben, da der Vater sein Ruhegehalt durch eine gescheiterte Investition verloren hat, wovon man gegen Ende des Romans in Kapitel XI Näheres erfährt. Auch hier spielen Briefe eine zentrale Rolle: Tochter und Eltern hatten sich jahrelang über ihre Lebensumstände belogen. Ihr Tun *als ob* setzt sich nach der Ankunft der Eltern fort, auch Mario nimmt teil an der Simulation des heilen Familienlebens und stößt damit seine neue Partnerin vor den Kopf. Nichts ist, wie es sein sollte: „Manchmal haben wir spontan

---

35 Carlos Cerda: Santiago – Berlin, einfach, übers. von Petra Strien, München 1993, 158–159.

gelogen, und manchmal haben wir auch Lügen gesät, die wuchsen, Lügen, die sich mit der Zeit zu wahren Kathedralen auswuchsen",[36] berichtet und kommentiert das kollektive Wir, das immer deutlicher die Funktion des Chores wie in der antiken Tragödie einnimmt.

Tatsächlich ist der ganze Roman mythisch überhöht und folgt in seiner Dramaturgie der Struktur der antiken Tragödie. Cerda spielt zweimal explizit auf die Tragödie *Medea* von Euripides an.[37] Kapitel VI wird mit einem bedeutungsschweren Euripides-Zitat als Motto eingeleitet: „Jason: Wie hätte ich es als Verbannter besser treffen können, als mich mit der Königstochter zu vermählen."[38] Sodann folgt auf fast drei Seiten – und zwar genau in der Mitte des Romans – der bittere Monolog der verlassenen Lorena gleichsam als Antwort auf Jasons/Marios anmaßende Erklärungsversuche, er habe im fremden Reich (der Korinther/der DDR) vor allem aus Sorge um seine Kinder und zum Besten seiner ehemaligen Familie gehandelt, indem er sich mit der Königstochter Creusa/Eva verband. Lorenas verzweifeltes, wütendes Lamento, das sich direkt an Mario richtet, könnte auch auf der Bühne gesprochen werden:

> Wie sehr ich auch suche, ich finde nicht die passenden Worte, um Deine Bosheit und Deine Feigheit zu beschreiben. Denn anzudeuten, mein Schicksal hinge vom großzügigen Einschreiten der Person ab, die mir das schlimmste Leid meines Lebens zugefügt hat, ist nichts als reinste Bosheit.[39]

Sie wirft dem untreuen Ehemann vor, sie habe für ihn, als sie ihn ins Exil begleitete, Heimat und Familie aufgegeben (wie Medea ihre Heimat in Kolchis, als sie sich in Jason verliebte und ihm half, das Goldene Vlies zu rauben). Sie vermutet, er bevorzuge den Körper einer Jüngeren und wirft ihm Zynismus vor, weil er an der Vortäuschung der heilen Familie mitzuspielen bereit ist; sie ruft ihm seine Kinder, die ihren Vater vermissen, in Erinnerung.[40] Rhetorische Fragen und Exklamationen intensivieren den Monolog zu einer einzigen großen und verzweifelten Anklage.

---

36 Ebd., 87.
37 Vgl. hierzu auch Horst Nitschack, der ausführlich auf den intertextuellen Bezug zur Medea-Tragödie eingeht. Ebenso wichtig ist ihm die Referenz auf die Wagner-Oper *Der fliegende Holländer*, die sich mit der Tänzerin Leni verknüpft und der ich in diesem Aufsatz nicht weiter nachgehe. Im Unterschied zu Nitschack meine ich, dass der Schauplatz Berlin letztlich nicht nur allegorischen Charakters ist, sondern dass die konkrete Stadt mit ihrem politischen Kontext als spezifischer Erfahrungsraum auch den mythischen Diskurs bei Cerda prägt (hierzu siehe auch meine Hinweise auf Heiner Müller und Christa Wolf am Ende des Artikels). Horst Nitschack: Berlin – Stadt des Todes. Carlos Cerda: *Morir en Berlín*, in: Pandaemonium Germanicum 7 (2003), 99–119.
38 Cerda (Anm. 35), 127.
39 Ebd. Carlos Cerda betätigte sich in den ersten Jahren seines Exils auch als Theaterautor. Zum Beispiel wurde im Teatro Lautaro in Rostock schon im Februar 1975 sein Stück *Die Nacht des Soldaten* aufgeführt. Darüber hinaus verfasste er Hörspiele für den Rundfunk.
40 Cerda (Anm. 35), 127–129.

Auch im folgenden Kapitel VII wird explizit auf *Medea* angespielt. Das kollektive Wir – der Chor – berichtet über die ungewöhnliche Beziehung zwischen der jungen deutschen Tänzerin Leni und dem „Senator". Leni kümmert sich um den kranken Nachbarn, doch die Geschichte hat auch eine sentimentale Seite, zumindest vonseiten des alten KP-Funktionärs, der sich in die junge Leni verliebt. Der Chor bzw. die Exil-Community beobachtet und kommentiert die Freundschaft mit dem jungen Mädchen voller Interesse: „Sehr zierlich nach Aussage der Männer; bildhübsch nach Meinung der älteren Frauen; *äußerst seltsam laut Urteil unserer Medeas.*"[41] In diesem Kapitel erfährt man aber auch, nunmehr von der auktorialen Erzählinstanz sowie aus der Perspektive der einzelnen Figuren, dass Don Carlos im Konzentrationslager Chacabuco war und Mario bei seiner Ankunft in der DDR auch Buchenwald besucht hatte. Der Verweis auf die Diktatur und auf den Nationalsozialismus bildet wiederum die Brücke zum dritten dieser Kapitel über komplizierte Beziehungen. In Kapitel VIII geht es um die (vielleicht allzu grelle?) Liebesgeschichte von Evas Eltern Hermann und Paula, die aber meines Erachtens nur ein retardierendes Moment in der Tragödie bildet: Der Vater ist ein gewendeter Nazi, der nach seiner Gefangennahme glimpflich in der Roten Armee landet; die Mutter wird als Jüdin nur zufällig dank seiner erotisch-sadistischen Vorlieben vor der Deportation bewahrt, und als er ihr später wiederbegegnet, verliebt er sich augenblicklich in sie. Paula wird so schließlich zur Ministergattin, aber die Deutschen bleiben ihr verhasst.

Die drei Kapitel mit den ungewöhnlichen Beziehungsgeschichten unterstreichen durch ihre konzertierte Abfolge den Wendepunkt der Medea-Erzählung. Die anschließenden fünf Kapitel streben dem tragischen Ende zu. Zwar wird Lorena nicht wie Medea ihre Kinder und ebenso wenig Eva oder deren Vater ermorden, doch träumt sie in Kapitel XI davon, Don Carlos zu töten. Die Kugel wollte sie, so wird von der auktorialen Erzählinstanz berichtet, „genau dort platzieren, wo ihn der Tod zwar mit Sicherheit, aber erst ganz allmählich ereilen würde, denn sie brauche, was von der Nacht und dem Traum noch bleibe, um ihn all das Leid erfahren zu lassen, das er ihr angetan habe".[42] Die Mordphantasie überkommt Eva, als sie Don Carlos' Brief erhält, der über ihr Schicksal entscheidet:

> Am Abend vor der Ankunft ihrer Eltern erhielt Lorena einen Brief mit dem Stempel des Parteibüros. Es war der Brief, in dem Don Carlos ihr die Entscheidung des Ministeriums mitteilte: Diesmal wurde sie aus ihrer ‚zweiten Heimat' ausgewiesen, laut der Terminologie, der sich die offizielle Rhetorik bei freundschaftlichen Beziehungen befleißigte. Strenggenommen waren weder das erste noch das zweite ihr Mutterland. Aus beiden wurde sie unter ähnlichen Umständen hinausgeworfen.[43]

---

41 Ebd., 158 (Hervorh. S. K.).
42 Ebd., 215.
43 Ebd., 214.

Im selben Kapitel erfährt man, dass Don Carlos tatsächlich im Sterben liegt. Vorher hatte der linientreue KP-Funktionär zu seiner tiefen Enttäuschung eingesehen, dass die Tänzerin Leni sich nur danach sehnte, die DDR zu verlassen und im Westen Karriere zu machen. Er versteht dies als ‚Verrat' und bricht den Kontakt ab. Auch hat man inzwischen die traurigen Details des Bankrotts von Lorenas Eltern in Chile erfahren. Im letzten Kapitel fokalisiert die Erzählung zunächst aus Lorenas Perspektive, danach übernimmt der Chor, das kollektive Wir den weiteren Bericht. In einem Ostberliner Krankenhaus begleitet Lorena den sterbenden Don Carlos, dem das Visum zur Rückkehr von den chilenischen Behörden versagt blieb. Auch die doppelt verbannte Lorena beschließt nun, in Berlin zu bleiben – auf der anderen Seite der Mauer freilich, da sie im Osten nicht mehr geduldet ist. Durch eigenes Handeln hat sie ihre Kinder verloren, die bei der neuen Familie des Vaters in Ostberlin bleiben. Sie verzichtet auf ihre Zukunft in Mexiko, weil sie ihren Angehörigen trotz der Mauer nahebleiben möchte. „Ich bleibe in Berlin" wird sie der Freundin in Mexiko schreiben und dabei denken: „Ich sterbe in Berlin", so wie eben gerade Don Carlos gestorben ist. Der Chor nimmt die Erfahrung des Todes auf:

> Der Verlust von Don Carlos bestärkte uns in einer Überzeugung, für die Lorena während ihrer letzten Tage in der Elli-Voigt-Straße stand: [...] jeder Weggang [bestärkte] eine Erfahrung, die schließlich unsere Sicht der Dinge prägte: Das Leben war ein steter Verlust. Wir verloren die Hoffnung heimzukehren; wir verloren diejenigen, die diese Hoffnung schürten und unsere Erinnerung auffrischten – für uns die einzig mögliche Form der Heimkehr –; und, auch wenn wir es nicht wahrhaben wollten, verloren wir, Tag für Tag, unsere Überlebensfähigkeit.[44]

Wir hören, dass Lorena zur Grenzgängerin wurde, die mehrmals wöchentlich die Grenze am Bahnhof Friedrichstraße passiert, um ihre Kinder auf der anderen Seite zu sehen – und man denkt erschrocken an die antike Medea, die diese Option durch die Ermordung ihrer Kinder ausgeschlossen hatte:

> Wenn sie uns besucht, schmerzt es uns, sie so ruhig zu sehen angesichts des Schutzes, den das Große Parteibüro ihren Kindern gewährt, und gleichzeitig so unglücklich, ihre Kinder verloren zu haben.[45]

Carlos Cerdas literarisierte DDR-Welt in *Morir en Berlín* ist eine geschlossene, klaustrophobische Welt. Den Weg über die Grenze durfte nur Don Carlos beschreiten, um im chilenischen Konsulat am Friedrich-Wilhelm-Platz Visumsangelegenheiten seiner Community zu klären (und dabei gleichzeitig mit schlechtem Gewissen sein eigenes Anliegen einer letzten Rückkehr nach Chile zu verfolgen). Die Ostberliner Topografie erstreckt sich dagegen vom ‚Ghetto' rund um die Elli-Voigt-Straße im Fennpfuhl zu den

---

44 Ebd., 262.
45 Ebd., 264.

alltäglichen Orten der Arbeit (an der Humboldt-Universität, der Oper, im Verlag *Volk und Welt*) oder zu Orten der Verabredung, etwa einer Disco auf der Karl-Marx-Allee, oder zu Marios neuem Zuhause bei Eva in privilegierter Lage am Alexanderplatz. Ein weiterer Ort im Westen der Stadt ist die (heute noch existierende) Kneipe La Batea in der Krummestraße, auch klandestiner Treffpunkt von Chilenen aus Ost und West, wo grenzüberschreitende Anliegen verhandelt oder geregelt wurden. Dort arrangiert Don Carlos als privilegierter Grenzgänger zum Beispiel die Abholung von Lorenas Eltern am Flughafen Tegel. Doch diese Westberliner Orte des Exils bleiben abstrakt im Roman, nicht zuletzt, weil die Ghetto-Bewohner:innen im Osten damit nichts anzufangen wissen. Vielmehr bringt Cerda die tragische Familiengeschichte im klar eingegrenzten Stadtraum Ostberlins wie eine Theaterinszenierung auf die Bühne. Und Lorena-Medea, die tragische Heldin und doppelt Verbannte, lebt schließlich in einer Art Nirgendwo in Westberlin, das diffus bleibt wie auf den damaligen Berlin-Stadtplänen der DDR.

Der Roman wurde, wie schon erwähnt, erst nach Cerdas Verlassen der DDR in Chile fertiggestellt. In dieser Exilgeschichte, die José Donoso anerkennend als einen großen ‚Roman des Verlusts' bezeichnete,[46] geht es zweifellos um die Aufarbeitung einer tiefen politischen und menschlichen Desillusionierung. Dass Cerda hierfür explizit auf die Form der antiken Tragödie zurückgriff, hängt mit seinem immer schon vom Theater angeregten Konzept des Erzählens zusammen, wie man früheren Äußerungen entnehmen kann. So sagte er zum Beispiel im Nachwort seiner 1976 im Aufbau-Verlag erschienenen Erzählungen, in denen er eindrücklich die Erfahrung des Putschs und der anschließenden Verfolgung verarbeitet, dass Literatur in Lateinamerika vor allem aus einem tiefen Verständnis angesichts einer tragischen Realität entstehe:

> Was die lateinamerikanischen Schriftsteller betrifft, so werden diese Welten [der literarischen Imagination, S. K.] aus einer kollektiven Tragödie geboren, einer modernen Tragödie, in der das Volk Held und Chor zugleich ist und in der die Künstler – Nebenfiguren dieses machtvollen epischen Chores – das Los des Volkes mit tragen, sie haben teil am Sieg aller, oder sie erdulden Kerker, Folter und selbst den Tod wie alle. Darum können sie Überlebende sein.[47]

Was so vor dem Hintergrund der quälenden Erfahrung in Chile und der Flucht ins Exil formuliert wurde, dient Cerda ähnlich, aber mit anderem Fokus auch bei seinem kritischen Exilroman über die DDR. Möglicherweise fand er seinen Ansatz zudem bestätigt, als er sich – wie Skármeta im oben erwähnten Vorwort erinnert – intensiv für die literarische und kulturelle Produktion seines Gastlands zu interessieren begann.[48] Gewiss ist ihm nicht entgangen, dass auch die DDR-Schriftsteller:innen und

---

[46] Siehe Anm. 22.
[47] Carlos Cerda: Nachwort, in: ders.: Begegnungen mit der Zeit. Erzählungen, übers. von Achim Gebauer und Rolf Trogisch, Berlin 1976, 149–156, hier: 149.
[48] Skármeta unterstreicht Cerdas umfassende Bildung und sein Wissen über die Welt der deutschsprachigen Literatur sowie des Theaters in der DDR und darüber hinaus. Skármeta (Anm. 23), 17–18.

Theaterautor:innen sich der antiken Tragödie und Mythenwelt zugewandt hatten und damit in Ost und West Aufmerksamkeit erregten. Heiner Müller zum Beispiel beeindruckte mit seinem Medea-Stück *Verkommenes Ufer, Medeamaterial, Landschaft mit Argonauten,* das 1982 in den Kammerspielen des Schauspielhauses Bochum uraufgeführt wurde. Auffällig ist in dem kurzen Text die ungemeine Wutrede der rachsüchtigen Medea, jene Szene, auf die auch Carlos Cerda rekurriert. In einem Interview des *Spiegel* anlässlich der Erstaufführung reflektiert Müller über sein Schreiben und sein Pendeln zwischen der DDR und dem Westen, zwischen den Blöcken also, die sich hochgerüstet gegenüber standen. Außerdem spricht er über die Wirkmacht und Rezeption des mythischen Diskurses beim DDR-Publikum:

> Die DDR ist mir wichtig, weil alle Trennlinien der Welt durch dieses Land gehen. Das ist der wirkliche Zustand der Welt, und der wird ganz konkret in der Berliner Mauer. In der DDR herrscht ein viel größerer Erfahrungsdruck als hier, und das interessiert mich ganz berufsmäßig: Erfahrungsdruck als Voraussetzung zum Schreiben. [...]
> [Frage des *Spiegel*] Wird dieser Unterschied für Sie auch in westdeutschen Heiner-Müller-Aufführungen erkennbar?
> Ich glaube, daß die Gegenwartsbezüge in mythologischen oder historischen Stücken vom DDR-Publikum viel besser begriffen werden. In der Bundesrepublik fehlt dafür die Erfahrung.[49]

Ein weiterer Text, der rasch internationale Aufmerksamkeit erregte, wurde 1983 in der DDR und in der BRD gleichzeitig publiziert – *Kassandra* von Christa Wolf, die mit der Figur der troianischen Seherin den Mythos von Troia aufgreift und eine neuartige Beobachter:innenperspektive und ungewohnt subjektive Sicht auf die vielförmigen patriarchalischen Machtstrukturen, den brutalen Krieg und das viehische Töten anbietet. In einem Interview anlässlich der Theateraufführung ihres späteren Medea-Romans (1996) sagt Wolf über ihre Verwendung antiker Stoffe und Frauenfiguren:

> Mein Schreibmotiv für *Medea* war, wie schon bei *Kassandra,* die Frage nach den selbstzerstörerischen Tendenzen unserer abendländischen Zivilisation – die umso verhängnisvoller werden, je mehr wir unsere Vernichtungswaffen vervollkommnen.[50]

Zeitgenössische Leser:innen mögen allerdings in *Kassandra* auch zahlreiche Anspielungen auf Geheimpolizei und Überwachung mitgelesen und verstanden haben. Auch Cerdas Roman reflektiert über getrennte Welten – private, kulturelle und politische – und über Kontrolle und Überwachung anhand einer Erzählstrategie, die es

---

[49] Urs Jenny: ‚Deutschland spielt noch immer die Nibelungen'. DDR-Dramatiker Heiner Müller über seine Theaterarbeit zwischen Ost und West, in: Der Spiegel 19 (8. Mai 1983). Online abgerufen am 15. August 2022 auf Spiegel Online unter https://www.spiegel.de/kultur/deutschland-spielt-noch-immer-die-nibelungen-a-f21d610c-0002-0001-0000-000014018356.
[50] Christa Wolf: „Ich mache mir um die Zukunft große Sorgen" (Interview), in: Die Zeit 44 (25. Oktober 2007), 51.

ihm erlaubt, die Temporalität und die Orte des Exils in Form einer tragischen Familiengeschichte durchzuarbeiten. Seine im Gegensatz zu Wolf und (teilweise) zu Müller explizit in die DDR-Gegenwart übertragene Medea-Erzählung bespielt den konkreten Ostberliner Stadtraum wie einen Bühnenraum, in dem sich die verschiedenen Szenen ereignen. Der ganze Aufbau des Buches ist an der Struktur der antiken Tragödie orientiert, ausgehend von Lorenas verzweifelten und schicksalhaftem Brief bis hin zur Katastrophe ihrer Ausweisung. Nur vordergründig steht Mario im Zentrum, denn im Grunde ist die Handlung auf Lorena ausgerichtet. So wird der Höhepunkt und Umschlagpunkt, wie schon erwähnt, genau in der Mitte des Romans durch die ausdrückliche Referenz auf den Medea-Stoff in Form des Euripides-Zitats und durch Lorenas wütende und verzweifelte Rede markiert. Auch die stete Betonung der vielförmigen Zuschauer- und Beobachterperspektiven unterstreicht die visuelle, theaterhafte Bauart des Romans: Die chilenische Gemeinschaft steht nicht nur unter ständiger Beobachtung der Partei und des MfS, sondern sie beobachtet auch selbst genau, was in ihrem Inneren vor sich geht. Darüber hinaus gibt es jene uneindeutige auktoriale Erzählinstanz, die schwer zuzuordnen ist. Vielleicht ist dies ein weiteres Indiz für die generelle Überwachungs- und Kontrollsituation: Irgendwo und von irgendwem, so könnte man vermuten, sind all diese Geschichten bereits beobachtet, berichtet und aufgezeichnet worden.

Als Cerda im Jahre 1994 in die wiedervereinigte Stadt zurückkehrt, erkennt er sie kaum wieder. In seinem Reisebericht[51] vermeidet er den Monolog, indem er auch Teile aus dem Tagebuch seiner zweiten Frau aufnimmt, die erstaunt auf die fremde deutsche Vergangenheit ihres Mannes blickt. Cerda zeigt sich schockiert, dass die in der DDR erschienene Literatur und andere Bücher, die zu seiner Zeit großes Ansehen genossen, nunmehr billigst auf Flohmärkten verramscht oder gar auf Müllhalden entsorgt werden. Er erzählt bestürzt von der Geschichte einer Stasi-Bespitzelung unter Eheleuten. Beim Besuch von chilenischen Freunden, die nach dem Mauerfall in Berlin geblieben waren, beginnt man sich vorsichtig abzutasten, um herauszufinden, wo die Freunde inzwischen politisch stehen. So wird klar, dass im Falle des chilenischen Exils in der DDR alle Formen des Zusammenlebens schwierig waren, auch die Rückkehr nach Chile und die Neupositionierung von Chilenen nach dem Ende der DDR, sei es im vereinten Deutschland oder in der alten Heimat. Solches lässt sich dem Roman und weiteren Texten Cerdas immer wieder entnehmen.

Bei aller Unterschiedlichkeit sind Antonio Skármetas humorvoller Bildungsroman aus dem Westberliner Exil und Carlos Cerdas unerbittliche Tragödie vom Zerfall einer Familie unter den Bedingungen des Ostberliner Exils zwei bedeutende Werke der chilenischen Literatur. Doch gleichzeitig sind sie tief affiziert von den mentalen und physischen Strukturen der geteilten Stadt Berlin als Ort ihrer Handlung, einer historisch und politisch gezeichneten Stadt, deren Traumata im Blick der chilenischen

---

51 Carlos Cerda: Escenas junto al muro, in: ders.: Escrito con L, Santiago de Chile 2001, 147–177.

Einwohner:innen wie unter einem Brennglas aufflammen. Dieses doppelte Berlin bestimmt das Zusammenleben im Exil als Zerreißprobe, mit ideologischen Barrieren und Differenzen, aber auch in Solidarität und Freundschaft. In Skármetas Westberlin-Roman *Nixpassiert* kommt es zum Schluss zur Versöhnung. In Cerdas *Morir en Berlín* – auf Ostberliner Terrain – nimmt das Verhängnis seinen Lauf, es gibt keine Versöhnung, jedoch eine Art von Katharsis durch die Bestürzung und das Mitleid, die die tragische Schuld seiner Medea-Figur Lorena bei den Betrachter:innen auslöst.

Die leisen Zeichen der beginnenden Perestroika, die noch kurz vor Romanende aufscheinen, ändern an diesem bitteren Eindruck nichts.

Douglas Pompeu
‚Tropische' Literatur entlang der Mauer: Das geteilte Berlin aus der Feder brasilianischer Autoren

1982 – der Eintritt Berlins in die brasilianische Literatur

Im Jahre 1982 war Ignácio de Loyola Brandão (*1936) als erster brasilianischer Autor im Rahmen des Künstlerprogramms des DAAD nach Berlin eingeladen. Außer ihm kamen im selben Jahr noch fünf weitere Autoren aus Brasilien in anderen künstlerischen Programmen nach Berlin: João Antonio (1937–1996), Antônio Callado (1917–1997), Autran Dourado (1926–2012), Rubem Fonseca (1925–2020) und João Ubaldo Ribeiro (1941–2014). Man kann in der Tat sagen, dass (West-)Berlin ab jenem Zeitpunkt von den brasilianischen Literaten entdeckt wurde, nachdem bis dahin Paris für sie als europäischer Orientierungspunkt gegolten hatte.

1982 war auch ein besonderes Jahr für die Rezeption der lateinamerikanischen und besonders der brasilianischen Literatur in der Bundesrepublik Deutschland. Zum zweiten Mal fand das von den Berliner Festspielen veranstaltete Festival der Weltkulturen *Horizonte* statt (29. Mai bis 20. Juni), das nicht nur zu einer wesentlichen Öffnung in der Rezeption lateinamerikanischer Kultur beitrug, sondern auch ein Forum für die Vorstellung und Sichtbarmachung des literarischen Lateinamerikaprojekts im Suhrkamp Verlag bot.[1] Fast 170 000 Besucher:innen verfolgten in jenen Wochen mehr als 200 Veranstaltungen wie Lesungen, Ausstellungen, Konzerte und Filme, die von deutschen, lateinamerikanischen und europäischen Künstler:innen und Kurator:innen organisiert wurden. Zum Internationalen Beirat des Festivals zählten unter anderen der französische Lateinamerika-Wissenschaftler Jacques Leenhardt, dessen Pariser Lateinamerika-Kolloquien die Literaturvermittlerin Michi Strausfeld bekannt gemacht hatte, sowie der Übersetzer Curt Meyer-Clason und der brasilianische Schriftsteller Ignácio de Loyola Brandão. Als Beraterin des Festivals und als Leiterin bzw. Kuratorin der literarischen Sektion hatte Michi Strausfeld eine zentrale Rolle inne.

---

[1] Michi Strausfeld ist als Mitbegründerin des Suhrkamp-Lateinamerikaprogramms und aufgrund weiterer editorischer und kuratorischer Tätigkeiten die entscheidendste und bekannteste Akteurin in Hinblick auf die Rezeption lateinamerikanischer Literatur in der Bundesrepublik Deutschland. Zu ihrem Wirken innerhalb und außerhalb des deutschen Literaturbetriebs vgl. Douglas Pompeu: Uma ilha brasileira no campo literário alemão. Dinâmicas de circulação literária pela editora Suhrkamp e a recepção da literatura do Brasil (1970–1990), Bielefeld 2022.

Open Access. © 2023 bei den Autorinnen und Autoren, publiziert von De Gruyter. Dieses Werk ist lizenziert unter der Creative Commons Namensnennung – Nicht-kommerziell – Keine Bearbeitungen 4.0 International Lizenz.
https://doi.org/10.1515/9783110789539-003

Schließlich war 1982 auch das Jahr, in dem der Suhrkamp Verlag die meisten Titel brasilianischer Literatur herausbrachte, darunter sehr emblematische Werke, wenn man Literatur im Sinne eines nationalen Projekts begreift: Acht brasilianische Übersetzungen erschienen in jenem ereignisreichen Jahr.[2]

Ein Reisetagebuch über die dystopische Mauer

Doch trotz der Besuche von Antônio Callado und Autran Dourado im Jahre 1982 als Gäste des DAAD und weiterer Institutionen in Westberlin ist in ihren Hauptwerken keine Spur ihres Aufenthalts in der Stadt zu finden. Falls sie darüber geschrieben haben, handelt es sich vermutlich um sehr periphere Texte ihres Gesamtwerks, die kaum auffindbar sind.[3] Beide Autoren hatten den vom DAAD, dem Goethe-Institut Rio de Janeiro und der Lufthansa gestifteten brasilianischen Goethe-Literaturpreis erhalten – im Unterschied zu Ignácio de Loyola Brandão, der im selben Jahr als Gast des Künstlerprogramms nach Berlin kam. Der Goethe-Preis umfasste auch eine Einladung in die Bundesrepublik und nach Westberlin. Sicherlich gaben Callado und Dourado eine Reihe von Lesungen in verschiedenen Städten der BRD, doch wann und wie lange sie sich in Westberlin aufhielten, bleibt unklar. Da beide Namen im Programm des Festivals *Horizonte* fehlen, scheinen sie zu jenem Zeitpunkt auch nicht im Lande gewesen zu sein. Am Festival *Horizonte* nahmen wiederum Rubem Fonseca und João Ubaldo Ribeiro teil. Doch auch bei ihnen scheint der frühe, kurze Berlin-Aufenthalt keine sichtbaren Spuren im Werk hinterlassen zu haben. Aus diesen Gründen sticht unter den sechs frühen Berlinbesuchern des Jahres 1982 allein Ignácio de Loyola Brandão als der erste wichtige Autor Brasiliens heraus, der *längere* Zeit in Westberlin wohnte und davon in seinem Werk sprach.

Brandão war damals der deutschen Leserschaft bereits durch seinen dystopischen, in Brasilien zensierten Roman *Null. Prähistorischer Roman* bekannt, der 1979 von Curt

---

2 *Gedichte* (Bibliothek Suhrkamp) von Carlos Drummond de Andrade; *Die Nachahmung der Rose* (Bibliothek Suhrkamp) von Clarice Lispector; *Maíra* (suhrkamp taschenbuch) von Darcy Ribeiro; *Doralda, die weiße Lilie* (Bibliothek Suhrkamp) von João Guimarães Rosa; *Null* (suhrkamp taschenbuch) von Ignácio de Loyola Brandão; *Die Guerrilleros sind müde* (suhrkamp taschenbuch) von Fernando Gabeira; *Quincas Borba* (Bibliothek Suhrkamp) von Machado de Assis und *Macunaíma* (Suhrkamp Hauptprogramm) von Mário de Andrade. Mit Ausnahme der zeitgenössischen Titel von Ignácio de Loyola Brandão und Darcy Ribeiro sowie Klassikern wie Machado de Assis gehören alle Titel zum Pantheon der Literaturepoche des brasilianischen Modernismus, d. h. zu seiner Gründerphase mit Mário de Andrade und zur Phase der Transformation mit Drummond de Andrade, Lispector und Guimarães Rosa.

3 Hinweise zu Publikationen dieser Autoren über ihre Aufenthalte in Westberlin waren im Katalog der brasilianischen Nationalbibliothek nicht zu finden. Eine Recherche in den Archiven der Akademie der Künste oder des Literarischen Colloquiums Berlin steht noch aus.

Meyer-Clason übersetzt im Suhrkamp Hauptprogramm und 1982 als Taschenbuch erschienen war. Während seines einjährigen Aufenthalts in Westberlin verfasste der Autor *O verde violentou o muro. Visões e alucinações alemãs* (dt. *Das Grün überwältigt die Mauer. Deutsche Ansichten und Halluzinationen*), eine tagebuchähnliche Dokumentation in Form eines Reisetagebuchs über seine Begegnungen, Spaziergänge und Gedanken, die 1984 in Brasilien publiziert wurde, jedoch ein Jahr vorher schon in Teilen in der Übersetzung von Henry Thorau als LCB-Edition vorlag.[4] Das Buch erlebte bis 1985 zehn Ausgaben und war in Brasilien ein veritabler Verlagserfolg.

Als etablierter Autor und Journalist war Ignácio de Loyola Brandão nicht nur eine bekannte Figur der literarisch-kulturellen Szene Brasiliens, sondern auch präsent als Feuilletonist und Reiseschriftsteller. Acht Jahre vor seinem Berlin-Buch hatte er – mitten in der brasilianischen Militärdiktatur – ein erstes Reisetagebuch publiziert. *Cuba de Fidel: Viagem à ilha proibida* (dt. *Fidels Cuba: Fahrt auf die verbotene Insel*) wurde 1978 nach einer Reise veröffentlicht, die der Autor anlässlich seiner Einladung als Jurymitglied des renommierten Literaturpreises der Casa de las Américas zusammen mit den bekanntesten Persönlichkeiten der damaligen Kulturszene wie Antônio Callado, Fernando de Moraes, Wagner Carelli, Chico Buarque de Holanda und der Schauspielerin Marieta Severo unternommen hatte. Vergleicht man beide Bücher, fallen Ähnlichkeiten in ihrer Erzählstruktur auf. Die Tagebucheinträge werden nicht nach Datumsangaben, sondern nach thematischen Aspekten geordnet, die auf diese Weise die Stimmung der Erzählung auflockern. Brandãos Beobachtungen sind zunächst die eines Kolumnisten oder vielmehr eines lateinamerikanischen ‚Chronisten',[5] der die Stationen seiner Reise ‚passiert' und nur gelegentlich einen Blick hinter die Kulissen wirft. Die Tiefe der Erzählung entsteht aufgrund der Spannung zwischen der autobiographischen Ebene, auf der sich der beobachtende Reisende als Schriftsteller inszeniert, und den jeweiligen kulturellen bzw. geopolitischen Kontexten in Brasilien und in der Fremde. Der Autor erläutert den Schreibprozess seines Berlin-Buchs in einem Interview aus dem Jahr 2019 folgendermaßen:

> Der Deutsche Akademische Austauschdienst hatte mich dazu eingeladen, ein Projekt in Berlin zu entwickeln. Ich hatte keinerlei Projekt, aber natürlich bestätigte ich, dass eins da sei. Ich fuhr hin und war begeistert. In Städten gehe ich sehr gerne zu Fuß, ich kann gar nicht Auto fahren. Dort [in Berlin] setzte ich mich immer auf den vordersten Platz in der oberen Etage des Busses, von wo aus ich alles überblicken konnte. Stets hatte ich ein kleines Notizbuch bei mir. Ich habe alles notiert, ein kurioses Plakat, einen See, ein Wäldchen... Ich ging los und sah Leute umherlaufen – zum ersten Mal sah ich einen Haufen nackter Frauen im Park. So begann ich zu begreifen,

---

4 Ignácio de Loyola Brandão: Oh-ja-ja-ja. Bruchstücke, Ansichten, Halluzinationen, Aufzeichnungen, Berlin 1983, übers. von Henry Thorau, Berlin 1983. Das gesamte Buch hingegen wurde nie ins Deutsche übersetzt. Die Übersetzungen aller Zitate aus dem Portugiesischen in diesem Artikel stammen von mir, wenn nicht anders angegeben.
5 Gemeint ist hier die Textgattung der ‚crônica', die in Brasilien regelmäßig wie eine Feuilleton-Kolumne in Zeitungen, Zeitschriften und im Rundfunk erscheint.

dass es eine andere Welt gab. Als ich zurückkam, hatte ich, so scheint mir, etwa 120 Notizbücher gefüllt. Und ich sah, dass all dies ein Tagebuch darüber ergab, wie Berlin mit dieser Mauer drum herum funktionierte. Diese Neurose, diese sehr geschäftige Stadt, die ganz plötzlich still werden konnte; und dann kam eine Demonstration zustande und schließlich erschien die Polizei, prügelte auf sie ein und zerstörte alles. Ich war fasziniert und schrieb in vier, fünf Monaten *Das Grün überwältigt die Mauer*.[6]

Es fällt auf, dass der Autor im Interview seine Busfahrten gleichsam als Methode der Stadterkundung anführt. Im Buch selbst wird diese Perspektive aber nur in einigen Einträgen, in denen von Buslinien die Rede ist, erkennbar. Das deutlichste Merkmal dieses Berliner Tagebuchs sind indes nicht die Fotografien der Stadt und weitere Abbildungen, die den Text unterbrechen und wie unmittelbare Einblicke in die Realität wirken, sondern vor allem der Blick und der Fokus auf die Berliner Mauer. Nicht zufällig zeigt bereits das erste Foto die Mauer, und auch alle ersten Einträge des Tagebuchs drehen sich um diese Grenzbefestigung. Dem Autor scheint es ein Anliegen, seiner brasilianischen Leserschaft zu erklären, *warum* er überhaupt über Berlin schreibt und wie die geteilte Stadt auf ihn wirkt. Schon zu Beginn veranschaulichen vier einfache Landkarten die Spaltung zwischen BRD und DDR. Danach folgt ein Bericht über seine ersten Tage in der Stadt und seine vormals irrigen Vorstellungen über ihre Grenzen:

> Ich hatte mir immer vorgestellt (ehrlich gesagt, war mir nie in den Sinn gekommen, mal auf eine Karte zu schauen oder Leute zu fragen), dass Berlin genau auf der Grenze zwischen den beiden deutschen Staaten liege. [...] Als ich direkt an der Grenze zwischen beiden Ländern stand, verstand ich die Existenz der Mauer – rein physisch. Sie war eben eine Barriere. Aber dann sah ich, dass es sich ganz anders verhielt. [...] Berlin ist eine Insel inmitten der DDR. Vollständig isoliert liegt sie auf ostdeutschem Gebiet und die Mauer führt rund herum. Die Mauer blockiert, isoliert, trennt ab. Wie ein Ölfleck im Wasser gleichsam, abgegrenzt.[7]

---

6 „O Serviço de Intercâmbio Cultural da Alemanha me convidou para desenvolver um projeto em Berlim. Eu não tinha projeto nenhum, mas claro que disse que tinha. Fui e acabei apaixonado. Eu gosto muito de andar nas cidades, não dirijo. Lá, eu sentava no primeiro banco dos ônibus, no andar de cima, onde tinha visão total. Sempre levava uma cadernetinha comigo. E anotava tudo, um cartaz esquisito, um lago, um bosque... Eu ia e via pessoas andando – foi a primeira vez que eu vi um monte de mulher nua no parque. Comecei a perceber que tinha um outro mundo. Quando voltei, acho que tinha uns 120 cadernos preenchidos. E vi que aquilo tudo formava um diário de como funcionava Berlim com o muro em volta. Aquela neura, aquela cidade movimentadíssima, que de repente ficava silenciosa, e então surgia uma manifestação e a polícia chegava descendo o pau, quebrando tudo. Fiquei fascinado e escrevi *O verde violentou o muro* em quatro, cinco meses." Ignácio de Loyola Brandão: Ignácio de Loyola Brandão e as distopias reais, Interview mit Daniel de Mesquita Benevides vom 30. April 2019, in: Revista Cult, 245. Online abgerufen am 5. Mai 2022 unter https://revistacult.uol.com.br/home/ignacio-de-loyola-brandao-distopias-reais/.
7 „Eu imaginava (simplório, nunca me ocorreu consultar o mapa, perguntar às pessoas) que Berlim estivesse exatamente na fronteira entre as duas Alemanhas [...]. Estando em plena fronteira entre as duas, eu podia entender a existência do muro, do ponto de vista físico. Era apenas uma barreira. Logo, vi que era bem diferente. [...] Berlin é uma ilha dentro da RDA. Ela fica inteiramente dentro do

Die Metapher vom Ölfleck im Wasser prägt all seine Ansichten und sogar die Erzählform des Reisetagebuchs. In den Schilderungen des Erzählers wird Westberlin zu einer kulturellen Insel nicht nur innerhalb der DDR, sondern überhaupt im geteilten Deutschland. Bei seiner Reflexion über politische Barrieren fällt ihm zuerst ein Vergleich mit Jerusalem ein, der zwischen Palästinensern und Juden geteilten Stadt.[8] Dann aber offenbaren sich nach und nach die Besonderheiten der Westberliner Insel als Ausdruck der geopolitischen Ost-West-Spannung und im Kontrast zum Leben unter der Militärdiktatur in Brasilien. So schildert der Autor seine Eindrücke von der politischen (und sexuellen) Freiheit in Westberlin vor dem düsteren Hintergrund der Zensur in der brasilianischen Diktatur und angesichts des politischen Systems in der DDR.

Doch nicht zuletzt setzt die Mauer auch dem, was in der Erzählung erkundet wird, eine Grenze. Wiederholt zeigt der Autor, wie die Mauer bei seinen Ausflügen omnipräsent hinter der Illusion offener Landschaften lauert:

> Ich komme im Weiteren nicht umhin, die Mauer zu erwähnen. Sie ist in diesem Buch genauso präsent wie im Alltagsleben der Stadt. Wohin auch immer wir gehen, stoßen wir auf sie. Auch dann, wenn wir mit einem Mal denken, wir seien frei und sähen sie nicht. Bei einer Busfahrt durch Gatow im Berliner Südwesten atmen wir auf, weil sich eine Landschaft eröffnet, als hätte sie die DDR-Grenze durchbrochen und sei fröhlich nach Berlin eingedrungen. Doch gleich darauf taucht in einem Ort, einem idyllischen Dorf, ein Schild auf: Ende des englischen Sektors, Stadtgrenze.[9]

Doch nicht nur in diesen ersten Einträgen hangelt sich die Tagebucherzählung an der Mauer entlang und scheint manchmal gänzlich von ihr umgeben. Es ist von einigen Grenzübertritten die Rede, obgleich Ostberlin im Buch kaum vorkommt. Vor allem von den Aussichtsplattformen für Touristen und Westberliner wird ein Blick über die Mauer geworfen, oder es wird indirekt von der anderen Seite berichtet.[10] Dem Erzähler fällt es schwer, die irreal anmutende Realität dieses Bauwerks zu erklären, da es sich um eine

---

território do Leste e o muro faz a volta total em torno dela. Ele bloqueia, isola, destaca. Qual manca de óleo dentro da água, solta." Ignácio de Loyola Brandão: O verde violentou o muro: visões e alucinações alemãs, São Paulo 1985, 18.
8 „Mir fiel ein, dass ich 1969 als Reporter für die Zeitschrift *Claudia* eine ähnliche Situation erlebt habe. Ich besuchte Jerusalem, eine geteilte Stadt mit nicht zugänglichen, verbotenen Zonen. Nur dass es auf der einen Seite Araber und auf der anderen Seite Juden gab. In Berlin nicht. Es sind Deutsche und Deutsche." (Port.: „Me veio que em 1969, repórter da revista *Claudia*, vivi situação que me parecia semelhante. Visitei Jerusalém, cidade dividida com zonas que não se interpenetravam, proibidas. Só que ali eram árabes de um lado, judeus de outro. Em Berlim, não. Alemães e alemães.") Ebd., 19.
9 „Não posso continuar, sem falar logo do muro. Porque ele estará presente, constante, ao longo deste livro, do mesmo modo que está no cotidiano da cidade. Para qualquer ponto que se vá, corremos ao seu encontro. Subitamente, imaginamos que estamos livres, não vamos vê-lo. Quando o ônibus circula para os lados de Gatow, a sudoeste, respiramos, a paisagem se abre, como se o campo tivesse rompido através da RDA e penetrado alegremente em Berlim. Pouco depois, num local que parece bucólica aldeia, surge o aviso: fim do setor inglês, fim da cidade." Ebd., 31 f.
10 Ebd., 34 f.

Wirklichkeit handelt, die im Allgemeinen verdrängt wird: „[Es ist] eine Realität mit so phantastischen Details, dass es schwer ist, sie einem Nicht-Berliner zu erklären. Die Einwohner der Stadt haben sich noch nicht an die Mauer gewöhnt, auch wenn sie sie scheinbar ignorieren".[11] Diese Auffassung klingt schon im ersten Tagebucheintrag an, der mit einem Zitat von Hans Christoph Buch über Westberlin beginnt.[12]

Der in Westberlin ansässige brasilianische Erzähler beschäftigt sich also oft mit der Mauer selbst, jedoch kaum mit der Wirklichkeit *hinter* der Mauer. Auch wenn zu Beginn des Tagebuchs die Grenzübertrittskontrollen zwischen West- und Ostberlin detailliert beschrieben werden,[13] bleibt die andere Hälfte der Stadt den Lesenden fremd. Sein Nichtwissen manifestiert sich sowohl in einer skizzenhaften Landkarte, die alle Bezirke Westberlins verzeichnet, während Ostberlin weiß bleibt, als auch in der Neigung des Erzählers, seine Erlebnisse und Gedanken im westlichen Stadtteil ausführlich und aus verschiedenen Gesichtspunkten zu präsentieren.[14]

An zahlreichen Stellen nähert sich der Erzähler historisch, journalistisch und literarisch mit verschiedenen textuellen Strategien der Mauer. Seine Berichte bestehen aus eigenen Beobachtungen sowie aus Zitaten und weiteren Referenzen auf Lektüren, Gespräche, Filme oder Filmkritiken. Der Griff zu literarischer Intertextualität und Intermedialität dient dem Schriftsteller dazu, die Mauersituation weiter zu vertiefen und zu erläutern. Besonders wichtig ist dabei der Roman *Der Mauerspringer* (1982) von Peter Schneider, der einerseits als Erklärungsversuch für die Wirkung der Mauer auf die Stadt herangezogen wird,[15] andererseits aber auch die Tagebuchmotive selbst beeinflusst. So tauchen in einem langen Eintrag nicht nur Fotos und Karten auf, sondern auch eine Art Protokoll aus der Debatte zwischen DDR- und BRD-Schriftstellern über Schneiders Roman, welche von der französischen Zeitschrift *Autrement* im Jahre 1983 initiiert worden war. Auszüge aus der Publikation sind im Text ohne Kommentar des Erzählers angefügt. Bei einem Eintrag über Vertragsarbeiter in der DDR dient wiederum die Romanverfilmung als Hauptanregung, um die wirtschaftliche Krise der DDR und die Fluchtversuche in die BRD zu erklären.[16]

---

11 „Realidade de detalhes tão fantásticos que se torna difícil explicá-los a um não berlinense. Os habitantes da cidade não se acostumaram com o muro, ainda que pareçam ignorá-lo." Ebd., 40.
12 „Etwas mit so phantastischen Details, dass es äußerst schwierig, ja fast unmöglich ist, es einem Nicht-Berliner zu erklären. Eine Situation mit klaren Formen der Science Fiction, jedoch ohne es zu sein: Es ist nur das ganz normale Leben in Berlin – die Normalität des Anormalen." (Port.: „Algo com detalhes tão fantásticos que é dificílimo, quase impossível, explicar a um não-berlinense. Uma situação com nítidos contornos de ficção científica, sem ser contudo: é a vida normal em Berlim – a normalidade do anormal.") Ebd., 14. Brandão zitiert Hans Christoph Buch ohne Quellenangabe, das Zitat wurde hier aus dem Portugiesischen ins Deutsche rückübersetzt.
13 Ebd., 34 f.
14 Ebd., 33.
15 Ebd., 41.
16 Ebd., 46 48.

Wie bereits erwähnt, versteht man den Erzählerblick auf die Stadt und ihre Mauer erst im Vergleich mit dem politischen Kontext in Brasilien und dem Kontrast zu Brandãos Leben in der Fremde, in Berlin. Bei seiner Suche nach einem konkreten Grund für den Bau eines solchen Mauerrings, der Bevölkerungsteile voneinander isoliert, kommt der Erzähler auf eine Ähnlichkeit zwischen Berlin und Brasília:

> Während meines Aufenthalts in Deutschland suchte ich jeden Tag nach einer Möglichkeit, den Brasilianern die ungewöhnliche Situation der Mauer konkret zu erklären. Eine eingeschlossene Stadt, die isoliert ist, ohne es zu sein. Eine deutsche Stadt, in der Deutsche nicht miteinander kommunizieren können, es sei denn, sie überwänden unglaubliche Barrieren. Die Antwort kam aus Brasilien, mein eigenes Land gab sie mir und machte es mir leicht: April 1984. Verhängung des Ausnahmezustands in Brasilia, um den Kongress bei der Abstimmung über direkte Präsidentschaftswahlen[17] unter Druck zu setzen. Da plötzlich hatte ich das ideale, exakte Bild. Eine Woche lang waren die Brasilianer von ihrer Hauptstadt abgeschnitten (wie sie es in zwanzig Jahren nicht gewesen waren). Brasilia wurde zu einer Insel auf der Hochebene von Goiás. [...] Genau das ist die Mauer. Nicht notwendig aus Beton, und auch kein Vorrecht eines sozialistischen Regimes.[18]

Hier prägt die Metapher der Insel als Ölfleck im Wasser, die der Text den brasilianischen Leser:innen als Verständnishilfe anbietet, nicht nur die Erzählperspektive, sondern auch die Atmosphäre der Erzählung. Im Reisetagebuch wird ein Westberlin sichtbar, das sich durch Brandãos eigenwillige Interpretation der Mauer kennzeichnet. Dem Bauwerk wird über seine materielle Präsenz hinaus eine geradezu irreale Ausstrahlung zugesprochen. Zu diesem Eindruck trägt bei, dass die ‚Berührungen' zwischen Westberlin und der Realität jenseits der seltsam exotischen bzw. metaphysischen Mauer[19] nur anhand der rudimentären, prekären Kommunikationsinfrastruktur beschrieben werden. Zwei längere Einträge widmen sich etwa den Modalitäten der Ein- und Ausreise

---

17 Während der brasilianischen Militärdiktatur (1964–1985) gab es keine Wahlen mit Beteiligung der Bevölkerung. Die Direktwahl des Präsidenten der Republik sollte 1984 auf Basis einer Abstimmung im Kongress durch einen verfassungsrechtlichen Vermerk ermöglicht werden. Doch der Vermerk wurde abgelehnt. Der enorme Druck der Bevölkerung, die Änderung umzusetzen, führte zu einer der größten politisch-sozialen Bewegungen in der Geschichte Brasiliens, die bald den Namen *Diretas Já* (Direktwahlen jetzt!) erhielt.
18 „Enquanto estava na Alemanha, tentava, todos os dias, encontrar um meio de explicar concretamente a um brasileiro esta situação insólita do muro. Da cidade fechada, isolada, sem, no entanto, estar. Cidade alemã, onde alemães não podem se comunicar uns com os outros, senão superando barreiras incríveis. A resposta veio do Brasil, foi meu país quem deu, tornou fácil. Abril de 1984. Estado de emergência em Brasília para pressionar o Congresso na votação das Diretas. De repente, ali estava a imagem ideal, exata. Por uma semana os brasileiros se viram desligados de sua capital (como se não estivessem há vinte anos). Brasília se tornou uma ilha no planalto goiano. [...] Isto é o muro. Não necessariamente de concreto, nem prerrogativa de um regime socialista." Brandão, O verde violentou (Anm. 7), 48.
19 Ebd., 228, 256.

über die Autobahn, mit der Eisenbahn und über die DDR-Flugkorridore zwischen Westberlin und der BRD.[20] Noch deutlicher wird der phantasmatische Aspekt der Stadt, wenn es um die Kriegsvergangenheit geht, etwa in den Einträgen über Ruinen, oder in den Ausführungen, die sich unter der Überschrift „Gespenster" den funktionslosen Botschaftsvillen aus der Nazizeit am Rande des Tiergartens oder den vermauerten Bahnhöfen auf Ostberliner Gebiet widmen, die von den U-Bahnen ohne Halt durchfahren werden. Lediglich diese Grenzareale an den inneren und äußeren Rändern der Westberliner Insel weisen in Brandãos Buch auf ein ominöses Ostberlin oder auf die Geschichte der nationalsozialistischen Vergangenheit hin.

Kurz vor Ende des Tagebuchs wird die Atmosphäre hinter der Grenze ein weiteres Mal thematisiert. Auf die Frage, warum Ostberlin nicht präsenter sei, gesteht der Erzähler, dass er sich trotz wiederholter Besuche nicht in der Lage sehe, über einen Ort zu erzählen, den er nur flüchtig kenne. Seine eigenen Aufzeichnungen seien allzu diffus, nebensächlich und oberflächlich:

> Warum ich nicht über das ‚andere' Berlin gesprochen habe, das ‚da drüben' im Osten? Ich kann nicht, weil ich nicht dort gelebt habe. Gelegentlich habe ich Ausflüge gemacht. Sogar recht oft. Ich habe mir Brechts Theaterstücke im Berliner Ensemble angesehen, bin mit Freunden hinübergegangen, um ein bisschen Sightseeing zu machen – das aber nicht über das Zentrum, den Alexanderplatz, hinausreichte. Einmal fuhren wir weiter hinaus, nach Köpenick, wo wir uns in eine Bar setzten und ein gutes, kaltes Bier tranken, das achtmal billiger war als das Bier im Westen. All meine Beobachtungen waren zufällig, beiläufig, ich würde sagen, oberflächlich. Wiederholt wurde ich mit Gerüchten, Zurufen und Zahlen bombardiert, von denen ich nicht weiß, ob sie der Wahrheit entsprechen, denn jeder sagt etwas anderes über dieses Berlin, das eine ganz andere Atmosphäre hat, nüchterner, strenger (das liegt sogar in der Luft). Ich war eineinhalb Jahre im Westen und habe Angst vor bestimmten Informationen. Wie könnte ich also einen Ort aufgrund so kurzer Besuche analysieren? Es geht einfach nicht.[21]

Diese Stellungnahme gegen Ende des Tagebuches ist symptomatisch. Sie bestätigt die vom Autor empfundene politische Spannung in Westberlin, die das Reisetagebuch durchzieht und ihn sogar zu einem sprachlichen Experiment unter dem Titel „Delirium des Schlesischen Tors" (Delírio da Porta Silesiana) veranlasst. Dieser Text in Gedichtform, der von Henry Thorau unter dem Titel „Angefressene Brezel" übersetzt

---

20 Ebd., 43–45, 53–57.
21 „Por que não falei da ‚outra' Berlim, a que fica do ‚lado de lá', a do Leste? Não posso falar, porque não vivi lá. Fiz passeios ocasionais. Foram muitos. Ia ver as peças de Brecht no Berliner Ensemble, atravessava com amigos para dar umas voltas – que não passavam do centro, ali pela Alexanderplatz. Uma vez fomos mais longe, até Koepnick [!], onde nos sentamos num bar, a tomar uma cerveja boa e gelada, oito vezes mais barata que a cerveja do Oeste. As observações que fiz foram acidentais, casuais, eu diria superficiais. Fui sempre bombardeado por boatos, exclamações, cifras que não se se correspondem à verdade, porque cada um diz uma coisa em relação a esta Berlim, que tem uma atmosfera diferente (sente-se no ar), mais sóbria, austera. Fiquei um ano e meio no Oeste e tenho medo de certas informações. Como então analisar um lugar de rápidas passagens? Não posso." Ebd., 271.

wurde, bricht mit dem journalistischen Tenor und versucht diese phantastische Wirklichkeit mit Mitteln der Science-Fiction poetisch zu fassen. Ähnliche Brüche tauchen auch in anderen Einträgen auf, etwa in der Passage „Oh-Ja-Ja-Ja"[22], die inspiriert von der Lyrik Peter Orlovskys – Beatnik und Partner von Allen Ginsberg[23] – versucht, die paradoxe Situation der gespaltenen deutschen Kultur poetisch zu gestalten. Der Eintrag „Delirium des Schlesischen Tors" geht dabei noch einen Schritt weiter. Hier wird versucht, Eindrücke aus dem gesamten Tagebuch zusammenzufassen und auf diese Weise ein weiteres Mal die eingemauerte Stadt in Form eines Dada-Gedichts vorzustellen. Das Gedicht bringt dabei eine postapokalyptische Welt zum Ausdruck, in der die Stadtgrenzen gesprengt sind und der Weg über die Oberbaumbrücke frei ist für die verstrahlten Menschen, die hin- und herwandern:

> Am Schwanz aufgehängte Züge
> unterdessen die Ziegenmilch explodiert
> schreit die Mutter des Jungen, der ein T-Shirt mit der Aufschrift
> ROOS THE BOSS trägt
> [...]
> schwitzende muskulöse Frauen betrachten sich im Saunaspiegel
> zufrieden mit den endlosen Reisen der U-Bahn
> die über das Schlesische Tor fährt
> verausgabte Pandas erscheinen am Fenster
> fotografieren Touristen, die zur künstlichen Befruchtung hasten
> um so ihre Art zu erhalten
> riesige Rasenflächen mit weiten trockenen Stellen
> schimmern unter dem sterilen Sperma
> kernreduzierter Männer
> Kolumbus bringt den Sprengkopf in Stellung
> und die Königin des sozialistischen Spanien gibt ihm ein Schiff
> mit dem Rat:
> für ihre Gesundheit ist es besser, Amerika zu entdecken.
> [...][24]

---

[22] Ebd., 272 f.
[23] Brandão saß bei der Lesung der beiden Dichter in der Akademie der Künste 1983 wohl im Publikum.
[24] Brandão, Oh-ja-ja-ja (Anm. 4), 47. Das Original im Reisetagebuch lautet: „trens suspensos pela cauda / enquanto explode o leite de cabra / gtia a mãe do menino que tem camiseta escrita NO FUTURE [...] mulheres musculosas e suadas se olham nos espelhos das saunas /contentes com as intermináveis viagens do metrô / que atravessa a Porta Silesiana, / pandas exaustos rondam pela janela / fotografando turistas que correm para procriar em cativeiro / e assim salvar a espécie, / gramados imensos com vastas extensões secas / brilham com o esperma estéril / de homens nucleizados, / Colombo coloca de pé a ogiva de um foguete / e a rainha da Espanha socialista lhe dá um navio, aconselhando: / é melhor para sua saúde que você descubra a América! [...]" Ders., O verde violentou (Anm. 7), 275–276.

Das Gedicht spannt den Bogen zum Anfang und zum Ende des Tagebuchs: Es geht um die Angst vor der Zukunft im Zeichen des Kalten Kriegs und angesichts der nuklearen Bedrohung. Doch im Unterschied zu den anderen Einträgen experimentiert der Autor hier mit der poetischen Form, als wolle er sich plötzlich hinter dem formalen Experiment mit der Sprache verstecken anstatt das viel heiklere Thema des Kriegs und der Bombe explizit anzusprechen.

Ein solches postapokalyptisches Szenario hatte Brandão bereits unter dem Eindruck der brasilianischen Militärdiktatur in seinem Roman *Não verás país nenhum* (1981) entworfen, der 1986 in der Übersetzung von Ray-Güde Mertin unter dem Titel *Kein Land wie dieses* bei Suhrkamp erschien. Nicht zufällig setzt der *letzte* Eintrag des Berliner Tagebuchs die herabfallenden Blätter eines Baums in Szene. Was hier zunächst die Atmosphäre des Abschieds evoziert, kann auch als weiterer Hinweis auf Brandãos literarisches Werk verstanden werden. Die Fotografie spielt nämlich auf den Willkommensgruß des Literaturwissenschaftlers und Übersetzers Henry Thorau an, der ihm zu Beginn seines Aufenthalts symbolisch einen blühenden Zweig des ‚letzten Baums in Berlin' überreicht hatte. Das Bild der herbstlichen Eiche mit ihren fallenden Blättern kann somit als Verweis auf *Kein Land wie dieses* und das Thema der Zukunftsangst gedeutet werden.

Auch in Brandãos nächstem Werk spielt Westberlin noch eine Rolle. Schon im Tagebuch hatte er angedeutet, welche Motive er für seinen geplanten Roman sammelte. Unter der Überschrift „Für das Buch" notierte er Fragen und Anmerkungen, die er in seinen nächsten Roman einzubauen gedachte, der 1985 unter dem Titel *O beijo não vem da boca* (dt. *Der Kuss kommt nicht vom Mund*) erschien:

> Wie dies in einen Roman umsetzen? Ich bin immer darauf fixiert, Dinge, die mich beeindrucken, in meine Texte zu bringen. Die Herausforderung liegt im richtigen Zeitpunkt.[25]

Die Liebesgeschichte des Romans, der gleich einer Collage aus transkribierten Tonbandaufnahmen strukturiert ist, spielt nicht nur in Westberlin. Die Figuren verweilen vielmehr an allen im Reisetagebuch genannten Orten. Nicht nur die Mauerbeobachtungen, sondern auch andere Einträge werden wiederverwertet, entfaltet, zugespitzt. Breno ist ein 41-jähriger brasilianischer Schriftsteller, der nach dem Ende einer langen Beziehung und um dem Chaos in Zeiten der politischen Öffnung nach der Diktatur und der beginnenden Demokratisierung zu entrinnen, nach Berlin umzieht. Sein Leben ist von Unschlüssigkeit geprägt, und er projiziert seine Rastlosigkeit auf die Berliner Mauer: „Ich hatte die Mauer nicht übersprungen, sie stand noch immer vor mir und sie spaltete mich in das, was ich will und sein könnte, und das, was man

---

25 „De que modo colocar isso dentro do romance? Há sempre uma fixação minha em levar para dentro dos textos as coisas que me impressionam. O problema é encontrar o momento adequado." Ebd., 176, vgl. 74 f., 174 f.

mich nicht sein lässt."²⁶ Auch eine ehemalige Freundin versucht, die Hauptfigur mit Hilfe der Mauermetapher zu beschreiben: „Sie wissen nicht, dass auch Du inzwischen eine Mauer um dich herum gebaut hast. Berlin müsste Dir vertraut sein, denn Du bist ein Mauerexperte, Du kennst ihre Bedeutung genau und weißt, wie man sie baut oder überwindet."²⁷ Betrachtet man allerdings die Rezeption des Romans in Brasilien genauer, dann wird klar, dass die dortige Leserschaft ihn weniger als Mauerroman, sondern vielmehr als Liebesgeschichte versteht, während Berlin nur einen der Handlungsschauplätze bildet.

Die Stadt oder vielmehr die Metropole nimmt als literarische Denkfigur seit seinem Debutroman *Bebel que a cidade comeu* (1968, dt. *Bebel, den die Stadt verschlang*) einen zentralen Platz in Brandãos Werk ein. Im Jahre 1957 verließ der Autor seine Heimatstadt Araraquara, um von der Provinz nach São Paulo zu ziehen, das sich zum damaligen Zeitpunkt als Hauptstadt des gleichnamigen Bundesstaats tiefgreifend veränderte; es entwickelten sich neue urbane Sensibilitäten und andere Formen des Zusammenlebens. Vor diesem Hintergrund machte er aus der Stadt und der urbanen Erfahrung einen literarischen Ort der Imagination und Reflexion:

> Die Imagination existiert nicht in mir. Sie findet sich in den Straßen. In den Dingen, die ich sehe. Ich lebe. Höre zu. Beobachte. [Sie findet sich] auf den Schildern. In den Anzeigen, in der Werbung, den Büchern, in der Schrift an den Wänden, in der Sprache der Leute. Ein Schriftsteller kann sich nicht hinsetzen und das Leben einer Stadt erfinden. Eine Stadt lebt auch ohne den Schriftsteller. Doch er kann nicht ohne sie leben.²⁸

Interessanterweise versucht Brandão, die Stadt – sei es São Paulo oder Berlin – als *globalen* Reflexionsort seiner Erzähler und Protagonisten sowie insgesamt für sein Gesamtwerk zu etablieren, doch spielt dabei immer wieder die Frage der kulturellen Identität eine Rolle, was einen gewissen Widerspruch zu den Erfahrungen der Großstadt und der Art, wie er sie im Allgemeinen darzustellen sucht, bildet.

Im Jahr 2000 überarbeitet und erweitert der Autor sein Reisetagebuch. Unveröffentlichte oder nachträglich verfasste Passagen ergänzen nun die Einträge von 1983 mit Eindrücken vom Mauerfall und von der Phase der Wiedervereinigung nach dem historischen Ereignis. Der neue Rahmen beruht auf Brandãos Berlin-Besuchen in den

---

26 „Não tinha saltado o muro, ele continuava diante de mim, me dividia entre o que quero e posso ser e o que não me deixam ser." Ignácio de Loyola Brandão: O beijo não vem da boca, São Paulo 1985, 93.
27 „O que não sabem é que você construiu um muro à sua volta. Por isso Berlim deve ser familiar, você é um especialista em muros, conhece bem o que eles significam, sabe como construí-los ou atravessá-los." Ebd., 225.
28 „A imaginação não existe dentro de mim. Imaginação está nas ruas. Nas coisas que vejo. Vivo. Escuto. Observo. Nas tabuletas. Anúncios, nos avulsos de propaganda, nos livros, nos escritos dos muros, na fala do povo. Um escritor não pode sentar-se e inventar a vida de uma cidade. Uma cidade vive sem o escritor. E ele não vive sem ela." Ignácio de Loyola Brandão: Bebel que a cidade comeu, São Paulo 1968, 371.

Jahren 1992, 1994 und 2000; er verfügt nun über weitere Fotos der Mauer und über zahlreiche Aussagen deutscher Autor:innen, Journalist:innen und Künstler:innen. Die neue Ausgabe insistiert ein weiteres Mal auf der Gattung des Reisetagebuchs, das wie zuvor um die Mauer kreist und von ihr umkreist wird, worauf der geänderte Untertitel erneut anspielt: *O verde violentou o muro. Vida em Berlim antes e agora* (dt. *Das Grün überwältigt die Mauer. Leben in Berlin früher und heute*).[29] Ton und Perspektive, Motive und Schreibstil passen sich den früheren Einträgen an. Der Autor-Erzähler richtet seinen Blick auf Orte, die er vor dem Mauerfall kannte, und auf die Veränderungen der Stadt nach dem Mauerfall. Die Inselmetapher für Westberlin taucht verwandelt wieder auf: „Berlin wurde vereint. Die doppelköpfige Stadt ist an ihr Ende gelangt, die Insel im roten Meer verschwunden".[30] Im Mittelpunkt steht nun die neue Stadt als Baustelle, Ort der Verwandlung und des kollektiven Gedächtnisses. Jetzt ist der Autor-Erzähler gespalten: Er sehnt sich nach dem Alten und freut sich zugleich auf das Neue. Angesichts der Überbleibsel jener Stadt, die er einst kennengelernt und über die er ausführlich geschrieben hatte, scheint ihm nur noch die fiktionale Projektion als Ort der Wiederbegegnung möglich. In diesem Sinne endet die neue Ausgabe mit zwei Einträgen über sein Verhältnis zu Berlin als *literarische* Stadt, die ihm erlaubt, sich wie die Figur eines Films zu fühlen, den er selbst erlebt hatte[31] – eine Stadt, die inzwischen durcheinandergewirbelt wurde und bei ihrer Suche nach einer neuen Identität immer noch aus Momenten besteht, an welche die Fotos erinnern, die der Erzähler in seiner Tasche trägt.[32]

Vom Schauplatz für literarische Krimis zum Ort der Erinnerung

Eine ganz andere Darstellung von West- und Ostberlin findet man im Werk von Rubem Fonseca. Obwohl sein Name auch auf der Liste der Stipendiaten des DAAD-Künstlerprogramms steht, war er im Jahre 1985 zunächst mit einem zweimonatigen Stipendium des Goethe-Literaturpreises, mit dem er für seinen Roman *A Grande Arte* (1983) ausgezeichnet worden war, in Westberlin. Erst 1989 kehrte er mit einem dreimonatigen DAAD-Stipendium zurück. Wie bei Ignácio de Loyola Brandão werden die Eindrücke seiner Aufenthalte in Berlin in zwei unterschiedlichen Gattungen, der Chronik und der fiktionalen Prosa, verarbeitet. Der größte Unterschied zwischen den Autoren besteht

---

29 Ignácio de Loyola Brandão: O verde violentou o muro: vida em Berlim antes e agora, São Paulo 2000.
30 „Berlin tornou-se una. Acabou a cidade bicéfala. Desapareceu a ilha no mar vermelho". Ebd., 29.
31 „Pela minha cabeça correm imagens, vivo dentro de filmes que vi". Ebd., 395.
32 Ebd., 396.

darin, dass Fonseca Westberlin kaum mit den Städten Brasiliens vergleicht oder kontrastiert. Berlin steht für sich selbst und wird auf diese Weise zu einer literarischen Metapher für die Grenzüberschreitung zwischen verschiedenen politischen und kulturellen Systemen.

Sowohl in Fonsecas Detektivroman *Vastas emoções e pensamentos imperfeitos* (*Grenzenlose Gefühle, unvollendete Gedanken*, 1989) als auch in der Chronik *Reminiscências de Berlin* (*Erinnerungen an Berlin*, 2021[33]), die 2004 verfasst und 2007 in der Anthologie *O Romance morreu. Crônicas* (dt. *Der Roman ist tot: Chroniken*)[34] veröffentlicht wurde, spielen vor allem die Grenzübertritte zwischen West- und Ostberlin und die besondere Weise, wie Fonseca von der geteilten Stadt erzählt, eine zentrale Rolle. Im Roman, der größtenteils während des Aufenthalts 1989 in Westberlin geschrieben wurde, spitzen sich diese Grenzsituationen zu und sorgen für Spannung. Verstärkt durch die karge, nüchterne Sprache Fonsecas gewinnen die Passagen, in denen die Protagonisten die Grenze überqueren, an erzählerischer Kraft. Seine Fiktionalisierung Berlins als Schauplatz eines internationalen Kunstschmuggels ermöglicht eine ungewöhnliche Perspektive auf die Stadt und eine ausführliche Thematisierung politischer und kultureller Grenzen.

Berlin, als Stadt unter ständiger Spannung und zerrissen zwischen West und Ost, scheint für Fonsecas Romanhandlung prädestiniert. Das Thema des illegalen Kunsthandels – ein geläufiger Topos in der Kriminalliteratur – gewinnt hier einen hohen Komplexitätsgrad und gelangt dadurch auf eine Metaebene der politischen Reflexion, denn bei den Kunstwerken handelt es sich um unschätzbar wertvolles Kulturgut aus Osteuropa, was auf den Kontext des Kriegs und das Problem der Raubkunst verweist. Eine Schlüsselfigur bei diesem fiktiven Schmuggel ist der ukrainische Autor Isaak Babel (1894–1940). Erzählt wird die Geschichte eines Filmemachers, der im Auftrag eines Berliner Produzenten eine Verfilmung von Babels berühmtem Roman *Reiterarmee* (1926) vorbereitet und während des brasilianischen Karnevals versehentlich in eine Juwelenschmuggelaffäre gerät. Als er glaubt in den Straßen Rio de Janeiros beschattet zu werden, ergreift er die Flucht nach Berlin, um dort festzustellen, dass der Produzent gar kein Interesse an der besagten Verfilmung hat, sondern jemanden sucht, der für ihn das angeblich verschollene Manuskript eines unbekannten Werks von Babel in den Westen schleust.

Der von Babels Werk begeisterte Filmemacher bzw. Ich-Erzähler willigt sofort in das Geschäft ein. Nicht der Belohnung wegen und trotz aller Risiken übernimmt er den Auftrag, weil es ihn reizt, das unveröffentlichte Originalmanuskript des großen Klassikers in seinen Händen zu halten. Bei der ersten Begegnung mit dem Auftraggeber

---

[33] Rubem Fonseca: Erinnerungen in Berlin, übers. und mit einer Hommage versehen von Ute Herrmanns, Berlin 2021.
[34] Rubem Fonseca: O Romance morreu. Crônicas, São Paulo 2017.

blicken beide auf die wohl größte Hürde für das Gelingen ihrer Mission, die Berliner Mauer:

> „Sehen Sie, da?" fragte er noch einmal.
> Plessner meinte wohl die Mauer. Ein langes Stück Mauer war von Plessners Wolkenkratzer aus zu sehen, wie eine hohe, gewundene Betonschiene.[35]

Die Ähnlichkeit dieses Panoramas beim Blick vom Wolkenkratzer der Produktionsfirma mit jenem, das sich beim Blick vom realen Axel-Springer-Hochhaus bot, ist kaum übersehbar. Sicher wusste der Autor von der Nähe des Verlagshauses zur Grenze und von dessen politischem Einfluss in West- und nicht zuletzt auch in Ostdeutschland. Im Unterschied zu Brandãos Werk werden die komplexen politischen und kulturellen Verhältnisse zwischen West- und Ostberlin bei Fonseca deutlich dynamischer dargestellt. Sogar die topografische Repräsentation der Grenze rückt in größere Nähe: Nicht nur von oben wie auf einer Landkarte, sondern auch ‚von unten' und *nach* ihrem Fall werden Mauer und Grenzübertritte bei Fonseca beschrieben. In einer der plastischsten Szenen des Romans, in der Wirklichkeit und Traum ununterscheidbar werden, taucht die Mauer plötzlich als Hindernis im Stadtraum auf. Der Protagonist hat nach einer Nacht mit einer Unbekannten die fremde Wohnung verlassen und stößt, richtungslos durch die dunklen Straßen taumelnd, jäh auf die Mauer. Wie ein Blinder, der keinen Durchgang in der Wand findet, macht er sich schließlich in die Gegenrichtung davon:

> Nachdem ich um zwei Ecken gebogen war, stieß ich auf eine große, nicht sehr hohe, dunkle Mauer, deren Ende nicht zu sehen war, egal, ob ich nach links oder rechts schaute. Es war *die* Mauer. Die Moderne Mauer des Kaisers Tsing, die ich von Plessners Bürofenster aus gesehen hatte. Ich drehte ihr den Rücken zu und ging in die entgegengesetzte Richtung.[36]

Neben diesen beiden einschlägigen Textstellen bildet das Motiv des Transits zwischen beiden Stadtteilen einen weiteren Höhepunkt der Erzählung und prägt entscheidend den Blick des Autors auf Berlin. Die Grenze zwischen Ost und West wird durch die Schmuggelaktivität durchlässig. Vor allem die Szene des Grenzübertritts an der Friedrichstraße verbindet Fonsecas Roman mit seiner thematisch ähnlichen Chronik: Während der Ich-Erzähler des Romans Dollarpäckchen für den Kauf des Babel'schen Manuskripts unter dem Gürtel trägt, schafft die autobiografische Figur der Chronik unter ihrem Gürtel und Mantel einen Stapel brasilianischer Bücher für einen Freund und Dozenten der Ostberliner Humboldt-Universität über die Grenze. Beide Texte schildern detailliert den Grenzübergang: die Menschen in der Warteschlange, die

---

35 Rubem Fonseca: Grenzenlose Gefühle, unvollendete Gedanken, übers. von Karin von Schweder-Schreiner, München 1991, 150 f.
36 Ebd., 162 f.

Grenzsoldaten und ihre eingeübte Mimik, die enge Kabine der Passkontrolle, die Glasscheibe, hinter der ein unsichtbarer Beamter sitzt. Der einzige wichtige Unterschied liegt in der Haltung des Erzählers. Die Nervosität des fiktiven Filmemachers angesichts der Grenze und ihrer Kontrollposten wird im Fall des Ich-Erzählers in der Chronik ironisiert und erklärt damit indirekt das Verhalten des aufgeregten Romanprotagonisten: „Dieses Theater brachte mich überhaupt nicht aus der Fassung. [...] Ein gesetzestreuer und schuldbewusster Mensch hätte jetzt angefangen zu schwitzen und sofort seine Fehler eingestanden."[37] Doch der schwitzende Filmemacher begeht den Fehler, alles zu gestehen, nicht und kann somit seine Mission in Ostberlin zu erfüllen. Die Orte, an denen er sich nach seinem Grenzübertritt bewegt, bilden nicht nur die Kulisse für die weitere Handlung, sondern sind auch atmosphärisch relevant. Wie Ignácio de Loyola Brandãos Ich-Erzähler beschränkt sich auch Fonsecas fiktiver Filmemacher auf Berlin-Mitte: Von der Friedrichstraße bewegt er sich über den Boulevard Unter den Linden zum Spree-Kanal, um schließlich auf der Museumsinsel am Pergamon-Museum, dem Treffpunkt der Transaktion, anzulangen. Bevor er Ivan, den Manuskript-Händler trifft, nimmt er an einem Rundgang im Museum teil und schlendert anschließend durch weitere Straßen in Mitte, deren Namen ihn nachdenklich machen: „Der Straßenname gab mir zu denken: War dieser Spree-Kanal, über den ich gegangen war, der Kanal, in den sie Liebknecht und Rosa Luxemburg nach ihrer Ermordung geworfen hatten?"[38]

Ab und zu werden diese Eindrücke in Berlin-Mitte mit Filmbildern verglichen. Wie Brandãos Tagebuch enthält auch Fonsecas Roman zahlreiche Anspielungen auf das Kino. Beim Gang des Protagonisten über den Alexanderplatz werden Bilder aus Alfred Döblins Roman und der gleichnamigen Verfilmung von Fassbinder aufgerufen, auch wenn der Platz weder dem in Fassbinders Film noch dem in Döblins Roman gleicht. Der Fernsehturm wird zum Inbegriff für die hässliche und protzige Kehrseite des Fortschrittsideals.[39] Die Atmosphäre wird durch das Aufrufen solcher Bilder und Motive immer trüber und befremdlicher. Bei seinem langen Gespräch mit dem illegalen Kunsthändler entpuppt sich dieser als Parteidichter, der bei Gulasch und Wodka plötzlich Puschkin deklamiert und über russische Literatur und Engagement spricht. In diesen Passagen liest man gleichsam ein Exposé zur politischen Lage im Kalten Krieg, das erst endet, als sich der Ich-Erzähler erneut beobachtet glaubt. Mit dem angeblichen Originalmanuskript Isaak Babels unter dem Mantel verlässt der Filmemacher in einer Fluchtszene wie aus dem amerikanischen Kino Ostberlin und fliegt am gleichen Tag weiter nach Paris.

Wenn man die Szene des Manuskriptschmuggels von Ost nach West noch einmal mit dem Grenzübertritt in der Chronik vergleicht, wird klar, dass der Kulturschmuggel für den Roman von zentraler Bedeutung ist, während die analoge Szene in der Chronik

---

37 Ebd., 14.
38 Ebd., 197 f.
39 Siehe ebd., 198.

rein anekdotisch bleibt. Viel wichtiger als das Motiv des illegalen Transfers von Gegenständen ist hier der Grenzübertritt zweier Freunde aus Ostberlin in den Tagen des Mauerfalls, der in einen ereignisreichen Ausflug nach Westberlin mündet. Rubem Fonseca ist tatsächlich nicht nur Zeitzeuge, sondern gehört auch zu den Schriftsteller:innen, die sich in ihren Texten zu den Einzelheiten der damaligen historischen Ereignisse äußerten.

Der Autor, so heißt es in seiner Chronik der Erinnerungen, hatte am Abend des 9. Novembers 1989 in seiner Charlottenburger Wohnung, Schlüterstraße 52, laute Rufe und Trabi-Hupen gehört, denn die Grenzöffnung wurde auf den Straßen gefeiert. Als am nächsten Tag absehbar war, dass die Mauer geöffnet bleiben würde, kam es zu einem Treffen mit der Westberliner Brasilianistin und Übersetzerin Ute Hermanns und einem befreundeten Paar aus Ostberlin, Erhard und Christina Engler, er war als Romanist tätig, sie als Übersetzerin.[40] Das Treffen wurde zu einem eindrücklichen Ausflug mit weiteren wichtigen Begegnungen: Vom Ostteil der Friedrichstraße ging es zum Bahnhof Zoo, von dort aus zu Fonsecas Wohnung in der Schlüterstraße, wo man mit dem Regisseur Andrei Tarkowski anstieß, der dort seinerseits als Stipendiat des DAAD wohnte. Auf die Frage, was das Ostberliner Paar in Westberlin zuerst sehen wolle, äußerte Erhard Engler einen bemerkenswerten Wunsch: „Ich möchte gern eine öffentliche Bibliothek besuchen."[41] In der Bibliothek des Lateinamerika-Instituts der Freien Universität und des Ibero-Amerikanischen Instituts in der Potsdamerstraße schlossen sich die Professorin Lígia Chiappini und der Übersetzer Berthold Zilly der Gruppe an, beide Spezialisten für brasilianische Literatur. Tags darauf traf sich Fonseca in Ostberlin mit Mário Calábria, dem ehemaligen Botschafter seines Landes, der seinerseits ein wichtiger Vermittler für die brasilianische Literatur war.[42] Zweimal also überquert der Chronist hier die sich auflösende Grenze zwischen Ost- und Westberlin und dank eines Missverständnisses, das zum Kipppunkt der Erzählung wird, findet ein ungewöhnlicher Perspektivenwechsel statt: Der Autor kehrt nach seinem Besuch nicht nur aus dem Osten nach dem Westen zurück, sondern wird als vermeintlicher Ostdeutscher im Westen empfangen:

> Ich ging ganz allein diesen langen Weg, der zu dieser Stunde menschenleer war, denn alle Leute, die nach Westberlin wollten, hatten die Grenze schon passiert.
> Auf der anderen Seite warteten jetzt Westberliner, die seit dem Mauerfall an der Grenze Bereitschaft schoben, um die Ost-Deutschen zu begrüßen und ihnen Blumen zu überreichen. Ich wurde von einer Menge gefeiert und erhielt Beifall. Die Leute schenkten mir eine Blume [...] und boten mir Sekt an. Ich lachte und winkte, schwieg und spielte belustigt meine Rolle als Ost-Deutscher

---

40 Fonseca, Erinnerungen (Anm. 33), 16.
41 Ebd., 18.
42 Mário Calábria war in den 1960er ein wichtiger Akteur bei der Vermittlung brasilianischer Literatur in Deutschland. Vor allem seine Zusammenarbeit mit dem Übersetzer Curt Meyer-Clason bei der Übertragung von João Guimarães Rosas *Grande Sertão: Veredas* (1956, *Grande Sertão*) ist hier zu erwähnen.

weiter. Schließlich hatte ich das Recht dazu, ich war ein Berliner und *mein Berlin* hatte immer die beiden Seiten mit eingeschlossen.⁴³

Anders als im Reisetagebuch Brandãos werden in Fonsecas Werk stets beide Seiten der geteilten Stadt thematisiert. Bei ihm ist Westberlin keine Insel oder gar ein metaphorischer Ölfleck im Wasser, die Grenzübertritte und Schmuggelszenen im Roman und in der Chronik bieten vielmehr eine integrative und konfliktive Sicht auf die Stadt, die auch nach dem Mauerfall Bestand hat. Seine *Erinnerungen an Berlin* enden mit einem skeptischen Blick auf die neue deutsche Hauptstadt, die auch vier Jahre nach dem Mauerfall aufgrund von wirtschaftlichen und anderen Unterschieden weiterhin geteilt geblieben ist.⁴⁴

Die Suche nach der Peripherie

Der dritte brasilianische DAAD-Stipendiat in der Kategorie Literatur, der kurz vor dem Mauerfall in Berlin lebte, war der Schriftsteller João Antônio (1937–1996). Damals wie heute ist er relativ unbekannt in Deutschland. Seine Werke wurden kaum übersetzt und erschienen nur in Anthologien lateinamerikanischer und brasilianischer Kurzgeschichten.⁴⁵ João Antônio kam im Juli 1987 nach Berlin und wohnte bis August 1988 in einer der meistbegehrten DAAD-Wohnungen: in der Uhlandstraße 184. Über seinen Berliner Aufenthalt schrieb der Autor zwei Texte, die beide in Brasilien erschienen: am 28. Januar 1989 die Chronik *No pedaço de Berlim*⁴⁶ (dt.: *In Berliner Winkeln*) in der Zeitung *O Estado de São Paulo* und im März desselben Jahres die Erzählung *Malagueta em Berlim, oito meses sem sol*⁴⁷ (dt.: *Malagueta in Berlin, acht Monate ohne Sonne*) in

---

43 Fonseca, Erinnerungen (Anm. 33), 22.
44 „Während meines dritten Aufenthaltes stellte ich fest, dass viele Deutsche auf beiden Seiten nach dem Mauerfall immer noch die Teilung fühlten, denn die Mauer bestand in ihren Köpfen als imaginäre Mauer fort, die nicht mit Meißeln, Traktoren oder Dynamit zu Fall gebracht werden konnte." Ebd., 23.
45 Vgl. die brasilianischen Anthologien: Curt Meyer-Clason (Hrsg.): Die Reiher und andere brasilianische Erzählungen, Herrenalb/Schwarzwald 1967; Kay-Michael Schreiner (Hrsg.): Zitronenglas. Neue brasilianische Erzähler, Köln 1982; Erhard Engler (Hrsg.): Erkundungen. 38 brasilianische Erzähler, Berlin 1988; Marianne Gareis (Hrsg.): Der Lauf der Sonne in den gemäßigten Zonen, St. Gallen/Berlin/São Paulo 1991; dies. (Hrsg.): Das große Brasilien-Lesebuch, München 1994; Flávio Moreira da Costa (Hrsg.): Anpfiff aus Brasilien, Frankfurt a. M. 2006. Für weitere Texte von João Antônio auf Deutsch vgl. Wolfgang Eitel (Hrsg.): Das Lied des Feuers, München 1988; Wolfgang Binder u. a. (Hrsg.): Betonblumen. Aus fernen Großstädten, Frankfurt a. M. 1992.
46 João Antonio: No pedaço de Berlim, in: O Estado de São Paulo, Caderno de Cultura (28. Januar 1989), 11 f. Online abgerufen am 5. Mai 2022 unter https://acervo.estadao.com.br/pagina/#!/19890128-34951-nac-0072-cul-12-not.
47 João Antonio: Malagueta em Berlim, oito meses sem sol, in: Nossa América. Revista do Memorial da América Latina 1 (1989), 64–71.

der Zeitschrift *Nossa América*. Hierbei handelt es sich um eine überarbeitete, längere Fassung der zuvor genannten Chronik. Wie alle Erzähl-Reportagen von Antônio ist *No pedaço de Berlim* stark von einer inszenierten Umgangssprache und einer karikaturartigen Übertreibung bei der Darstellung seiner Figuren geprägt. Der Anfang liest sich eher mühsam, fast widerspenstig. Der Text greift zunächst den Gemeinplatz vom schlechten Wetter auf – über den Kudamm weht ein sibirischer Wind! – und thematisiert dann den dunkelgrauen Winter mit acht Monaten ohne Sonnenschein. Als anekdotischer Einschub wird erwähnt, dass João Antônio sich kurz darauf mit einer auffälligen türkisfarbenen Winterhaube auf der Straße zeigt. Danach öffnet sich der Raum für weitere journalistische Beobachtungen und für eine Art von Kulturkritik, die man mit Recht zu den aufschlussreichsten Ausführungen brasilianischer Autor:innen über Westberlin zählen kann.

In seiner kritischen Perspektive erscheint Westberlin erstens als eine Stadt der Diskriminierung mit einer Mauer, die dem Autor zufolge eigentlich zwischen türkischen Gastarbeiter:innen und Deutschen verlaufe, und zweitens als melancholischer Schauplatz des Kapitalismus und des Konsums, dem jeder Sinn für Lebensfreude und Spontanität abhandengekommen zu sein scheint: „Hier fühle ich auf der Haut und in der Seele, dass eine Gesellschaft ohne Lebensfreude und Spontanität auch kein Gespür für Glück und innere Ruhe hat",[48] so fasst der Chronist seine Erkenntnisse zusammen. Zu den auffallendsten Zeichen des Kapitalismus in der Stadt gehört für ihn die Mechanisierung einer leistungsorientierten Gesellschaft, in der Mensch und Maschine sich ähnlich verhalten und das Monetäre über der menschlichen Anmut rangiert. In der Stadt haben Menschen wie Maschinen „Eile um der Eile willen",[49] und ihre Bewohner „registrieren alles. Doch ob sie das Wesentliche begreifen, weiß ich nicht. Daran mangelt es ihnen ebenso wie an Grazie ... aber sie beherrschen die Hochtechnologie und hey! Sie haben jetzt eine harte Währung wie noch was!"[50]

Und doch gibt es in dieser vom Individualismus besessenen Stadt noch etwas, das auf eine Art von Kollektivbewusstsein verweist. So fällt dem Chronisten etwa die Präsenz Heinrich Zilles auf:

> Er zeichnete und fotografierte ausgiebig ein Berlin volkstümlicher Charaktere und enthüllte ein soziales Panorama, das vom Lumpenproletariat und Prostituierten bis hin zu Spießern und Bürokraten reicht. Er wandert durch die Gesellschaft intimer Liebhaber und jener, die dem Trubel und dem Alkohol verfallen sind; er stellt Zirkusartisten und alltägliche Arbeiter vor, Männer und Frauen, scheinbar ohne Größe. Man findet ihn heute überall in Berlin. Und er arbeitet mit sinn-

---

48 „Aqui, sinto na pele e na alma que qualquer sociedade que exista sem alegria de viver e sem espontaneidade não terá também o sentido da felicidade e até da tranquilidade", Antonio, No pedaço (Anm. 46), 11.
49 „Aqui se tem pressa porque se tem pressa." Ebd.
50 „Tomam nota de tudo. Mas não sei se captam a essência. Falta-lhes, como lhes falta graça ... mas dominam uma tecnologia de ponta e, ai! Têm agora uma moeda forte como o quê!" Ebd.

lichen Farben. In Schaufenstern, in Büchern und auf Postkarten spaziert Zille mit seinem Vollbart und stets rauchend umher, präsenter und sprühender als die Künstler von heute.⁵¹

Zilles Allgegenwart stehe, so Antônio, in Einklang mit der Atmosphäre eines Westberlins, das sich eigentlich nach den 1920er Jahren zurücksehne. Doch von dieser Sehnsucht abgesehen reduziert der Chronist die deutsche Kultur kategorisch auf ein charakterloses Schaufenster des Kapitalismus. Seine Kritik wirkt hier oberflächlich und plakativ. Die Mauer wird zu einer Frage der Schuld erklärt und so behandelt, als sei sie das einzige und hoch problematische Kulturgut, das die Deutschen geschaffen hätten. Für ihn gibt es in Westberlin keine wirkliche Kunst mehr, sondern nur noch Wohlstand und eine Jugend mit kollektivem Schuldbewusstsein ohne politische Ziele, im Angesicht einer Mauer, die einer offenen Wunde gleicht.⁵² Das Unglück im Wohlstand, so schließt Antônio, bestehe vielleicht auch darin, dass die Deutschen so traurig und verschlossen seien, als fehle ihnen eine innere Sonne.

Ganz anders dagegen, nämlich sympathisch, vertraut und ungleich lebendiger werden die marginalisierten Berliner und die türkischen Einwohner beschrieben. João Antônio spekuliert in seiner Chronik kurz darüber, dass er offenbar einen Hang zu armen, marginalisierten Milieus habe, in die er bei seinen Stadterkundungen immer wieder geriet:

> Wer hat mir den Weg gezeigt, was ist mein Kompass für diese heruntergekommenen Viertel, die man auch in Berlin findet? Dort gibt es solche Ecken, die Macht des Schnapses, hartnäckige Trinker mit Gesichtern, die blau gefleckt sind von Schlägereien, Stürzen und Wirrsal; die Literflaschen gehen von Mund zu Mund und bringen die Gruppe von Männern und Frauen, die zerknittert dasitzen, in Bewegung; Huren, die ihr Leben fristen, mit kleinen Ohrringen und Blicken, die verträumt tun, und die sich nach den schwarzen Schildern mit den weißen Buchstaben umdrehen, welche die Abfahrt der internationalen Züge nach Polen, Russland oder Holland kundtun.⁵³

---

51 „Desenhou e fotografou fartamente trabalhando uma Berlim de tipos populares, revelou descarnando uma panorâmica social na intimidade que vai do lumpen e das prostitutas aos expendienteiros e aos burocratas. Passeia pelos namorados íntimos e pelos que caíram na fuzarca e na bebida e expõe os artistas circenses e os trabalhadores do dia a dia, homens e mulheres, aparentemente sem grandeza. Ele está em toda Berlim de hoje. E trabalha cores sensuais. Nas vitrinas, nos livros, nos postais, Zille perambula com suas barbas vastas e sempre fumando, mais presente e efervescente que os artistas de hoje." Ebd., 12.
52 „Eine Jugend ohne Anliegen und die Mauer, eine weit offene Wunde. Die Mauer, ein Festungsgürtel, der in allem präsent ist, vom kollektiven Unbewussten bis zur Psychologie jedes Einzelnen." (Port.: „Uma juventude sem causa e uma ferida aberta pra valer, o muro. O Mauer, muralha com presença em tudo, do inconsciente coletivo à psicologia de cada um.") Ebd.
53 „Quem me ensinou o caminho, o meu faro para os merdunchos que esta Berlim também tem? Há cantos lá, força de água forte, com seus bêbados contumazes de caras marcadas por escoriações de brigas, tombos e confusões, o litro passeando de boca em boca e correndo a roda de homens e mulheres sentados, amarfanhados, e seus putanos fazendo a vida, com seus brinquinhos às orelhas e seus olhares que fingem sonhar e se reviram olhando os letreiros pretos de letras brancas que mostram a partida de trens internacionais com destino à Polônia, à Rússia, à Holanda..." Ebd.

Obwohl ihn die Berliner Kälte eigentlich im Haus zurückhält, drängt es João Antonio immer wieder zum Spazieren hinaus. In der überarbeiteten, erweiterten Fassung der Chronik mit dem Titel *Malagueta em Berlim, oito meses sem sol* (dt.: *Malagueta in Berlin, acht Monate ohne Sonne*) nehmen seine Spaziergänge am Bahnhof Zoo noch mehr Raum ein und machen deutlich, worin der Reiz besteht, den die Stadt auf ihn ausübt:

> Ich bin nur wenig herumgestreift und habe doch so viele verschiedene Typen gesehen, mal abgesehen von den Gebildeten und Gelehrten. Die gewöhnlichen Tagediebe, die stets auffallen, aber besonders in einer Stadt mit harter Währung, mit schönen, sauberen Bussen, die extrem pünktlich auf den nur mäßig sauberen Straßen fahren.[54]

Dies ist der Teil Westberlins, den João Antônio immer wieder aufsucht und schildert. Sein Spaziergang beginnt in der bürgerlichen Uhlandstraße, doch seine Wegbeschreibungen konzentrieren sich auf das marginalisierte Leben am Bahnhof Zoo, dessen Obdachlose er mit ‚schwebenden Lebenden' vergleicht. Vom armen Straßenleben ausgehend macht sich der Chronist auf die Suche nach der Bohème. In der erweiterten Fassung seiner Erzählung beschreibt er seine Begegnung mit Billardsalons. Doch im Vergleich zu den Billardbars in den Peripherien von São Paulo oder Rio de Janeiro, die der Autor in seinen Geschichten gerne als Indiz für ein Bohème-Leben aufführt, zeigt er sich überrascht und in gewisser Weise enttäuscht von ihren Pendants in Berlin, deren Luxus und überdimensionierte Räumlichkeiten ihn entmutigten: „Die Bar ist sauber, schimmert golden und silbrig, Getränke erster Qualität" und „da sind Kellner und Kellnerinnen in Uniform [...]. Es gibt keine Fliegen, keine Spucke auf dem Boden, keine Schimpfwörter in den Mündern und an den Wänden, keinen Rauch billiger Zigaretten [...] das alles kann nicht Billard- und Snookersaal genannt werden."[55] Dieses übereilte Urteil fällt João Antônio über einen Salon in Charlottenburg. Vielleicht hätte er über solche Orte in anderen Westberliner Stadtteilen anders geschrieben, doch im Grunde interessierte es ihn nicht wirklich.

Indem Antônio konsequent den Kontrast sucht und dabei die marginalisierten Kulturen Brasiliens hervorhebt, die er als freundlicher, lebendiger und glücklicher feiert, tendiert sein Text zu einem kulturellen Essenzialismus, mit dem er bewusst oder unbewusst Klischees oder gar Plattitüden über beide Kulturen reproduziert. Dies gilt auch für seine Sympathie gegenüber der türkischen Kultur in Westberlin. Das Risiko, in kulturelle Stereotypen zu verfallen, verringert sich allerdings bei seinen Reflexionen über die Exilant:innen in Berlin. Bewusst reinszeniert der Chronist eine Situation der

---

54 „Andando pouco por aí, mesmo assim tenho visto gente várias, além do pessoal sabido e letrado. Os tipos à-toa, sempre chamativos, ainda mais se metidos numa cidade de moeda forte, ônibus bonitos e limpos, pontualíssimos nas ruas de limpeza relativa." Antonio, Malagueta (Anm. 47), 67.
55 „O bar é limpo, reluz de niquelados e dourados, bebidas de qualidade [...] há garçons e garçonetes de uniforme [...] Não há moscas, cusparadas no chão, palavrões nas bocas e nas paredes e fumacê de cigarros baratos. [...] Este não pode ser chamado salão de bilhares ou sinuca." Ebd., 68.

Marginalisierung, die es ihm erlaubt, selbst als Exilant wahrgenommen zu werden (obgleich er sich *de facto* als ein vom DAAD eingeladener Künstler in der Stadt befindet):

> Und natürlich, das Zusammenleben mit den Italienern – oh, größte Sympathie. Auch mit Griechen, Angolanern, Iranern, politischen Flüchtlingen aus Südamerika, Ägyptern – wir erkennen uns schon beim ersten Blick, wir kennen diese verrückte Labsal des Exils. Und wir suchen einander auf die eine oder andere Weise; gemeinsam entkommen wir einem heuchlerischen und computergesteuerten mittelmäßigen Leben.[56]

Neben diesen zwei Texten gibt es auch einen Film des Lateinamerikawissenschaftlers und Filmemachers David Schidlowsky aus dem Jahre 1988 über João Antônios Leben in Westberlin. Antônio selbst vermutet, Schidlowskys Interesse sei von seinen ungewöhnlichen Spaziergängen zwischen Uhlandstraße und Bahnhof Zoo und von seinen kritischen Beobachtungen über das Zusammenleben der Kulturen ausgelöst.[57] Gewiss böte der Film weitere Informationen zu Antônios Stadterkundungen, doch leider ist keine Kopie des Films mit dem Titel *Streifzüge. Mit João Antônio durch Berlin*, der von der Brasilianistin Ellen Spielmann in einem Artikel erwähnt wird, zugänglich.[58] Laut Spielmann wurde der Film zusammen mit dem brasilianischen Journalisten und Dozenten Carlos Alberto Azevedo gedreht; er zeige Antônios Beziehung zu Berlin, der sich abgesehen vom Bahnhof Zoo auch zu Vierteln wie Neukölln und Kreuzberg mit der dort ansässigen türkischen Kultur hingezogen fühlte.[59] Man ahnt, dass diese Ausflüge auch im Film vorkommen und sich der Schriftsteller dort eingehend zu Berlin äußert. Die spezifische Sympathie Antônios für die türkische Kultur sei entstanden, nachdem man ihn oft mit einem Türken verwechselt hatte. Doch habe er, so Spielmann, nicht nur die menschliche Nähe in der kulturellen und sozialen Peripherie der Stadt gesucht. Vielmehr interessierte ihn auch die Situation der Jugendlichen zwischen zwei Kulturen und er besuchte daher ihre Treffpunkte in Neukölln, Kreuzberg und Wedding.[60]

Schließlich überlegte João Antônio sogar, länger in Westberlin zu bleiben. In einem Projektantrag schlug er dem Katholischen Akademischen Ausländer-Dienst KAAD eine Reihe von Lesungen, Vorträgen und Tagungen zur brasilianischen Gegenwartsliteratur

---

56 „E, de assim, o convívio com italianos, ô senhora simpatia. Também com gregos, angolanos, iranianos, refugiados politicos da América do Sul, egípcios – a gente se conhece até pelo olhar, sabemos o gusto doido do exílio. E nos procuramos de um jeito ou outro, juntos nos afastamos de uma insinuante e computadorizadora vida medíocre." Ebd., 69.
57 Ebd., 71.
58 Ellen Spielmann: João Antônio em Berlim, in: Remate de Males 19 (1999), 71–79, hier: 78. Im Gespräch sagte mir der Regisseur, dass sich die einzige Kopie des Filmes derzeit unzugänglich in seinem Privatarchiv befinde.
59 Ebd., 78.
60 Ebd.

und anderen kulturellen Themen vor,[61] doch das Projekt wurde nicht umgesetzt. 1988 kehrte er nach Rio de Janeiro zurück.

Ob der Autor irgendwann einmal nach Ostberlin fuhr, ist nicht bekannt. In einem Brief an seinen Freund Carlos Azevedo berichtet er allerdings von einer Reise nach Polen,[62] und Erhard Engler schreibt er von seinen Plänen für einen Besuch in der Tschechoslowakei.[63] Außerdem machte er eine Reise in die Niederlande, von der die Erzählung *Amsterdam, ai* (dt. *Amsterdam, ach*) zeugt. In *Amsterdam, ai* spricht der Erzähler, wie in den oben genannten Chroniken, aus der Perspektive des Ausländers. Auch in dieser fiktionalen Geschichte sucht er nach marginalisierten Figuren, etwa in dem unter Touristen berühmten Rotlichtviertel der Zeedijk Straße, um schließlich auch über die brasilianische Halbwelt zu reflektieren, wodurch sich die sexualisierte Darstellung der Stadt weitere verstärkt.[64] Bei seinem Versuch, die Stadt als solche poetisch zu fassen, vergleicht der Erzähler Amsterdam, Berlin, Paris und Rio de Janeiro; für ihn sind sie – jede für sich – widerspenstige Städte, und Berlin erscheint unter ihnen in einem besonderen Licht:

> Sie [die Stadt Amsterdam] ist verrückt, poetisch und verliebt – das ist nicht Holland, sondern Amsterdam, das spezielle; ebenso ist das nicht-kommunistische Berlin ein spezieller Fall in Westdeutschland, eifrig aufgesucht von Verrückten, Verwirrten, von Rebellen mit oder ohne Grund; Westberlin mit seinen Spannungen ist Berlin und nicht Deutschland, so wie auch Paris Paris ist, ein besonderer Fall innerhalb Frankreichs, oder wie die Favela eine Favela ist, der Ort, wo man am meisten singt in Rio de Janeiro [...].[65]

Obwohl sich diese Erzählung auf Amsterdam bezieht, werden hier auch Motive aus den Berlin-Chroniken aufgegriffen und weiter ausgearbeitet: die Suche nach den Marginalisierten etwa oder die Identifizierung mit anderen Gruppen wie den Berliner Türken oder auch den Vagabunden und Tagedieben.[66] Doch im Grunde ist die Suche des Autors nach neuen literarischen Motiven in den europäischen Städten aufgrund seiner ständigen Inszenierung von Kulturkontrasten immer eine Suche nach dem bereits

---

61 Ebd.
62 João Antônio: Brief an Carlos Azevedo vom 9. April 1988. Nachlass João Antônio, Centro de Documentação e Apoio à Pesquisa (CEDAP) da UNESP-Assis, Universidade Estadual Paulista/Assis, São Paulo.
63 João Antônio: Brief an Erhard Engler vom 17. Mai 1987. Centro de Documentação e Apoio à Pesquisa (CEDAP) da UNESP-Assis, Universidade Estadual Paulista/Assis, São Paulo, São Paulo.
64 João Antônio: Amsterdam, ai, in: João Antônio: Contos Reunidos, São Paulo 2012, 479–495, hier: 480.
65 „É louca, poética e amante, não é Holanda, é Amsterdã, a especial, tanto quanto Berlim não comunista é um caso na Alemanha Ocidental, avidamente procurada pelos pirados, perplexos, rebeldes com e sem causa, Berlim ocidental e suas tensões é Berlim e não Alemanha, assim feito Paris, que é Paris e caso independente enfiado na França, assim como favela é favela e é o lugar onde mais se canta no Rio de Janeiro". Ebd., 483.
66 Ebd., 490.

Vertrauten. Dabei ist es ohne Belang, ob der Autor sich in Berlin, Amsterdam oder gar in einer ganz anderen Stadt wie Tokio befindet.

Brasilianische *crônicas* aus Berlin

João Ubaldo Ribeiro, der vierte der hier besprochenen brasilianischen Schriftsteller, der im Rahmen des DAAD-Künstlerprogramms nach Berlin kam, verfasste in seiner Wohnung in Berlin-Halensee sukzessive ein ganzes Buch über Berlin. Nach seinem einjährigen Aufenthalt in der vereinigten Stadt von 1990 bis 1991 veröffentliche er unter dem Titel *Ein Brasilianer in Berlin* seine gesammelten Chroniken, die er für die *Frankfurter Rundschau* verfasst hatte. Das Buch erschien 1994 gleichzeitig in Brasilien und in Deutschland. Die deutsche Fassung kam im Suhrkamp-Verlag heraus, wo Ribeiros Werk seit 1991 veröffentlicht wurde. Doch war der Autor nach dem Mauerfall nicht zum ersten Mal in Berlin, schon 1982 hatte er eine Einladung zum Festival *Horizonte* erhalten. Darüber hinaus war ihm die Stadt auch durch seine Kollegen und Freunde Ignácio de Loyola Brandão, Rubem Fonseca und João Antônio vertraut, deren Berlintexte er sicher kannte.

Im Vergleich zu den bisher besprochenen Werken ist Ribeiros Werk vielleicht der anschaulichste Versuch, Berlin in einem Buch literarisch zu fassen, gerade weil dies offenkundig nicht das Hauptziel seines Schreibens war. Auch wenn der Autor ähnlich kontrastive Vergleiche zwischen den Kulturen aufstellt wie einige seiner Kollegen und sich dabei eines gewissen kulturellen Essentialismus bedient, gelingt es ihm, in seinen Chroniken über Gemeinplätze hinauszugehen und Aspekte der Stadt zu erhellen, die in den Texten der anderen Autoren nur am Rande oder gar nicht vorkommen. Dank seines Humors und unprätentiösen Stils trifft Ribeiro den richtigen Ton in seinen Chroniken, die sich an eine Leserschaft in Brasilien und Deutschland richten. Vielleicht liegt der Grund für den Erfolg dieser knapp gehaltenen Texte darin, dass sie tatsächlich die traditionellste Form der brasilianischen ‚crônica' aufgreifen. Denn anders als die bislang dargestellten Werke folgen die Texte Ribeiros keinen Gattungskonventionen und lassen sich somit weder der Gattung der Kurzerzählung, des Tagebuchs, des Romans oder auch der Lyrik zuordnen. Sie nehmen in kurzer Prosa ausschließlich die tägliche Lebenswelt des brasilianischen Schriftstellers und seiner Familie in Berlin ins Visier und erheben nicht den Anspruch, die Stadt erklären zu wollen. Jeder Gemeinplatz, jede These über Berlin und die deutsche Kultur wird mit Humor und Ironie relativiert. Und auch dort, wo der Chronist sich gewissen Maximen des brasilianisch-deutschen Kulturvergleichs zu nähern scheint, werden diese gleich darauf ironisiert und zurückgenommen.

Diese ‚Innenansichten eines Außenseiters' – so die Präsentation des Buchs – umfassen sechzehn Texte, die aus einzelnen, oft komischen Szenen bestehen. Sie bilden einen erzählerischen Reigen, der von der Ankunft des Autors in der Stadt über verschiedene Alltagsthemen und -erlebnisse bis hin zum Abschied aus seiner Berliner Wohnung reicht.

Zu Beginn wird die Stadt als multikultureller Schmelztiegel charakterisiert. Dann ist mit einem Mal auch die Rede von der Kriegsvergangenheit. Der Chronist blickt auf die Spree und findet dort einen geeigneten Ort, um in der Weise Heraklits über Zeit und Geschichte zu reflektieren:

> In diesem dunklen, eiskalten Wasser sagten sie damals, gäbe es scharfe Klingen und andere diabolische Geräte, dazu bestimmt, jeden zu töten, der versuchen würde, tauchend auf diese Seite zu gelangen. Hier Hitlers Bunker, der Staub der zerbröckelnden Mauer, Offiziersmützen aus Ländern des Warschauer Pakts wie Früchte auf einem Markt, Kinder springen lärmend über ein hinfällig gewordenes Abtrennungsseil. An einer anderen Stelle einfach Gedenkzeichen für Menschen, die hier beim Übergang ermordet wurden, Touristengruppen, gelangweilte Busfahrer, bedächtige Bäume, die in ihrer grünen Unerschütterlichkeit vielleicht schon da waren, bevor wir alle geboren wurden, und uns sicher über unseren Tod hinaus überdauern werden wie der Fluß und alle Vorgänge in der Natur.[67]

Mit Blick auf den Fluss scheinen sich dem Erzähler nicht nur die historischen Schichten, sondern auch die Zukunft zu offenbaren. Er blickt sich um und sucht nach weiteren Antworten angesichts der vielschichtigen Spuren vergangener Gewalt und gegenwärtiger Geschichtsvergessenheit: „Was wurde erreicht mit allem, was mich jetzt umgibt, allem, was voller Tragödien ist, Zeugnis und Monument zugleich – und dennoch so leer und leicht wie das Picknick der Kinder dort drüben?"[68] Indem der Chronist das Wasser, die Kreuze für die zu Tode gekommenen DDR-Flüchtlinge und ihre Namen auf Stein oder Eisenplaketten betrachtet oder an den Hitlerbunker denkt, taucht er in die Geschichte der Stadt ein. Er nimmt die Mauer, die Grenze und die Stadt auf der anderen Seite wahr.[69] Hier verliert sich für ihn die vor der Wende entstandene Hoffnung auf den Wind der Freiheit und auf Öffnung, denn Krieg, Mauer, Gewalt und Hass sind nach wie vor präsent.

In Kontrast zu diesem markanten Text über die „Alte, kriegerische Stadt" stehen andere Chroniken wie „Organisiertes Leben", „Der Winter, unbekannt" und „Die Indianer von Berlin". Besonders in der letztgenannten Chronik wird durch eine Umkehrung der Perspektive das Komische von Vorurteilen, Gemeinplätzen und Exotismen, gerade wenn es um Lateinamerika geht, hervorgehoben. Hier berichtet zum Beispiel der Ich-Erzähler, wie man ihn automatisch zu einem Experten für die Einheimischen des amazonischen Waldes erklärte. Dieser Text kann komplementär zur Chronik „Die Suche nach den Deutschen" gelesen werden, denn beide demontieren genau jenen Kulturessentialismus, der die Texte trotz allem unterschwellig durchzieht. Der Text

---

67 João Ubaldo Ribeiro: Ein Brasilianer in Berlin, übers. von Ray-Güde Martin, Frankfurt a. M. 1994, 22.
68 Ebd., 23.
69 Ebd., 24.

über die Deutschen wirkt letztendlich wie eine ironische Klage über das ‚nicht typisch deutsche' Berlin:

> Noch weiß ich nicht recht, wie ich der Schande entgehen kann, daß wir nach unserer Rückkehr aus Deutschland in Brasilien gestehen müssen, wir hätten Deutschland nicht kennengelernt. Eins ist jedoch sicher: Ich werde mich beim DAAD wegen falscher Versprechungen beschweren und deutlich machen, daß sie mich beim nächsten Mal gefälligst nach Deutschland bringen sollen, sonst sind wir geschiedene Leute.[70]

Schließlich sei erwähnt, dass Ribeiro als einziger unter den Stipendiaten auch über seine Gastwohnung schrieb, während sich der Blick der Gäste sonst eher auf die Stadt draußen richtet. In einigen seiner Chroniken bildet die Berliner Wohnung den Hintergrund des Geschehens, während der Text mit dem Titel „Abschied" sich explizit auf seine Bleibe im Storkwinkel 12 konzentriert. Diese Chronik macht klar, wie wichtig bisweilen auch die Art des Wohnens für die Integration und das Leben der DAAD-Gäste in Berlin sein konnte. Die jeweiligen Adressen verbinden die Schriftsteller:innen mit dem Kiez und von diesem Kiez ausgehend mit der Stadt. Melancholisch beschreibt João Ubaldo Ribeiro seinen Abschied von jedem einzelnen Zimmer: Das Esszimmer war Schauplatz unvergesslicher Szenen mit der Familie und Freund:innen, das Arbeitszimmer sein Refugium für das Schreiben, und die ganze Wohnung war zentraler Teil seines Lebens geworden.[71]

Zusammenfassung und Ausblick

Nach João Ubaldo Ribeiro wurden auch die Schriftsteller:innen Fernando Bonassi (1998), Paulo Lins (2003), Bernardo Carvalho (2011) und Angélica Freitas (2020) als Gäste des DAAD-Programms nach Berlin eingeladen. Jede:r von ihnen hat auf andere Weise Berlin erlebt und über die Stadt geschrieben. Analysen ihrer Texte würden den vorliegenden Beitrag weiter bereichern, vor allem wenn man z. B. die Tätigkeit der Lyrikerin Angélica Freitas und ihr enges Verhältnis zur gegenwärtigen Berliner Literaturszene in Betracht zöge. Doch liegt dies jenseits des hier untersuchten Zeitraums. Es war Ziel dieses Beitrags, die Werke der *ersten* brasilianischen DAAD-Stipendiaten in den 1980er Jahren vor und kurz nach dem Mauerfall zu betrachten und darin die Rolle Berlins als literarisches Motiv auszuloten. Die Präsentation der Autoren und die Analyse ihrer Werke zeigen, so steht zu hoffen, die große Bandbreite, mit der Berlin hier als urbaner und kreativer Erfahrungsraum aufscheint. Es ist interessant, dass diese frühen Einladungen nach Berlin durch den DAAD mit einem grundlegenden Wandel

---

70 Ebd., 66.
71 Ebd., 81.

des Schriftstellerberufs in Brasilien zusammenfielen, der sich dem Wachstum der verlegerischen Märkte in den 1970er Jahren, der Ausdehnung urbaner Zentren und des Lesepublikums, der vermehrten Diskussion über literarische Themen sowie der Einrichtung von Reise- und Übersetzungsstipendien und den zunehmenden Beiträgen in den Kulturseiten der Zeitungen verdankte. Auf diese Weise begannen einige der Schriftsteller:innen tatsächlich von der Literatur bzw. vom Schreiben zu leben.

Ignácio de Loyola Brandão, Rubem Fonseca und João Antônio gehören heute zu einer Reihe von Autor:innen in Lateinamerika, die in ihren Werken neue Entwicklungen der lateinamerikanischen Städte thematisieren und diskutieren. Die hier analysierten Texte zeigen, dass der Blick dieser Autoren, der sich auf relevante Fragen des Großstadtlebens richtet, ein erfahrener Blick ist. Dennoch scheinen die meisten dieser Texte eher am Rande ihres eigentlichen Werkes entstanden zu sein; zwar beziehen sich die Verfasser hie und da auf sie, doch nehmen sie keinen zentralen Platz im Gesamtwerk ein. In einigen Fällen könnte man gar von Gelegenheitstexten oder Auftragsarbeiten sprechen. João Ubaldo Ribeiro, dessen literarisches Hauptwerk der Gattung des historischen Bildungsromans zugerechnet wird, wäre hier eine Ausnahme. Sein Berlinbuch hebt sich von den anderen Berlintexten gerade dadurch ab, dass der Autor die Grenzen eines populären und unterhaltsamen Genres, nämlich das der brasilianischen Chronik, nicht überschreiten möchte. Mit seinen Texten zeigt er, dass er sich seiner Leserschaft in Brasilien und in Deutschland bewusst ist. Das Werk von Rubem Fonseca hingegen ist vielleicht das, welches unter dem Aspekt der Internationalität am meisten herausragt. Im Gegensatz zu den anderen Autoren, die bei ihrer Suche nach kulturellen Identitäten auf unterschiedliche Weise den Kontrast zwischen der Metropole und den Blickwinkeln einer lokalen, einheimischen Literatur und Kultur beschwören, bewegt sich Fonseca in eine andere Richtung. Er denkt und schmiedet sein Schreibprojekt in einer transnationalen Perspektive, sein literarisches Handeln erfolgt im Dialog mit Autor:innen der Weltliteratur, im vorliegenden Fall Isaak Babel. Wenn er über Berlin schreibt, versucht er nicht, seine Erfahrung als Fremder in der europäischen Metropole durch einheimische Quellen zu bestätigen oder zu verstärken. Vielmehr liest er die Stadt so, wie er Bücher liest, nicht nur auf der Suche nach literarischen Motiven, sondern auch auf der Suche nach einer literarischen Sprache, die einer Stadt, in der sich unterschiedliche kulturelle, historische und literarische Schichten wie in einem Palimpsest überlagern, am nächsten kommt.

Britta Bendieck
Armando aus Berlin: Ein niederländischer Künstler auf den Spuren der deutschen Geschichte

Einleitung

„Noch nie so gut"[1], antwortete 2014 der damalige deutsche Außenminister Frank-Walter Steinmeier, als er gebeten wurde, die deutsch-niederländischen Beziehungen zu charakterisieren. Nie sei die Verwobenheit der Wirtschaft intensiver, die gesellschaftliche Verständigung besser, die Zusammenarbeit der Regierungen intensiver gewesen als heute, konstatierte 2018 der ehemalige Botschafter der Bundesrepublik Deutschland in den Niederlanden, Dirk Brengelmann.[2] Das Verhältnis der beiden Nachbarländer ist heutzutage entspannt und unproblematisch: Auf politischer Ebene wird eng zusammengearbeitet, seit 2013 finden alle drei Jahre Regierungskonsultationen statt; zahlreiche Studierende besuchen Universitäten oder Fachhochschulen im Nachbarland. In den Euregios fahren Bürger:innen täglich über die Grenze: zum Arbeiten, Einkaufen, Tanken, aber auch für kulturelle und sportliche Aktivitäten. Sowohl die Niederlande als auch Deutschland gehören zu den beliebtesten Reisezielen für ihr jeweiliges Nachbarland, wobei Berlin und Amsterdam wechselseitig auf die junge Generation eine besondere Anziehungskraft ausüben. Die Handels- und Militärpartnerschaft beider Länder ist intensiv und gilt als einzigartig in Europa.

Die enge Kooperation beider Länder ist indes durchaus keine Selbstverständlichkeit. Im Gegenteil: Weit über die Nachkriegsjahrzehnte hinaus bis in die 1990er Jahre war das Verhältnis der Niederlande zu ihrem großen Nachbarstaat vor allem durch Ressentiments und Misstrauen bestimmt. In politischer wie psychologischer Hinsicht waren die deutsch-niederländischen Beziehungen auch Jahrzehnte nach dem Krieg höchst angespannt.[3]

Dieser erstaunliche Wandel wirft zahlreiche Fragen auf, insbesondere mit Blick auf mögliche Ereignisse und/oder Akteur:innen, die hierauf einen Einfluss genommen haben könnten, wobei im verhandelten Kontext insbesondere die Rolle Berlins in

---

[1] Friso Wielenga, Jacco Pekelder: Nachbarn zwischen Nähe und Distanz. Niederländische Deutschlandbilder seit 1945, in: Die deutsch-niederländischen Beziehungen. Geschichte – Gegenwart – Zukunft. Kolloquium aus Anlass des 50-jährigen Jubiläums der Bundesgemeinschaft für deutsch-niederländische Kulturarbeit. 2. November 2018. PAN Kunstforum Niederrhein/Emmerich, hrsg. von Bundesgemeinschaft für deutsch-niederländische Zusammenarbeit, Vreden 2019, 9–41, hier: 9.
[2] Vgl. Dirk Brengelmann: Grußwort, in: Die deutsch-niederländischen Beziehungen (Anm. 1), 7.
[3] Vgl. Wielenga/Pekelder (Anm. 1), 10.

Open Access. © 2023 bei den Autorinnen und Autoren, publiziert von De Gruyter. Dieses Werk ist lizenziert unter der Creative Commons Namensnennung – Nicht-kommerziell – Keine Bearbeitungen 4.0 International Lizenz.
https://doi.org/10.1515/9783110789539-004

diesem Transformationsprozess beleuchtet werden soll. Von außen betrachtet ebenso anziehend wie abstoßend wirkend kam der ‚Frontstadt' aufgrund ihrer Insellage im sozialistischen Meer eine ganz besondere Funktion zu, die sich unter anderen auch der niederländische bildende Künstler, Schriftsteller, Journalist, Bildhauer, Musiker, Schauspieler und Filmemacher Armando (1929–2018) zu Nutze machte. 1979 kam er im Rahmen des DAAD-Künstlerprogramms nach Berlin und berichtete von hier aus regelmäßig für die niederländische überregionale Tageszeitung *NRC Handelsblad* seinen Landsleuten über die Stadt und ihre Bewohner.[4] Dabei hinterfragte er in seiner zweimal pro Monat erscheinenden Kolumne *Armando Uit Berlijn* (dt. *Armando aus Berlin*), die eine unerwartet hohe Aufmerksamkeit (insbesondere bei den niederländischen Intellektuellen) auf sich zog, das Deutschlandbild ebenso wie das Selbstverständnis seiner eigenen Landsleute. Durch eine direkte Konfrontation mit alltäglichen Aussagen, Gesprächsfetzen und Diskussionen der Berliner Bevölkerung, die er in Cafés und auf der Straße aufgeschnappt hatte, brachte er seinen niederländischen Lesern nicht nur die (aus ihrer Sicht immer noch verdächtigen) ehemaligen deutschen Besatzer näher, sondern provozierte auch eine Konfrontation mit ihren eigenen, zumeist unhinterfragten Erinnerungs- und Wahrnehmungsmustern des Kriegs.

Bevor im Folgenden die Strategien dieser mitunter verstörenden künstlerischen Fremd- und Selbstbefragung sowie die Rolle Armandos als (bisweilen kontrovers diskutierter) kultureller Mittler[5] näher betrachtet werden, soll zunächst kurz das in den Niederlanden dominierende Deutschlandbild nach 1945 skizziert werden.

Das niederländische Deutschlandbild nach 1945

Das Deutschlandbild in den Niederlanden war in den ersten Jahrzehnten nach der Besatzungszeit höchst ambivalent.[6] Während Frankreich zum Beispiel nach 1945

---

4 Das liberale *NRC Handelsblad* (seit April 2022 *NRC*) ist die viertgrößte Tageszeitung in den Niederlanden. Ein wichtiger Fokus der Zeitung liegt auf der Auslandsberichterstattung; zudem profiliert sie sich auf dem Gebiet des Enthüllungsjournalismus. Ihre Leser:innen stammen überwiegend aus einer finanzstarken, akademisch gebildeten Schicht.
5 Zum Begriff des Mittlers vgl. Nicole Colin, Joachim Umlauf: Eine Frage des Selbstverständnisses. Akteure im deutsch-französischen *champ culturel*. Plädoyer für einen erweiterten Mittlerbegriff, in: Lexikon der deutsch-französischen Kulturbeziehungen nach 1945, hrsg. von Nicole Colin u. a., Tübingen 2013, 69–80.
6 Wenn hier vom „niederländischen Deutschlandbild" die Rede ist, soll damit natürlich kein essentialistischer Ansatz verfolgt werden, der ‚die Niederländer' ‚den Deutschen' gegenüberstellt. Vielmehr steht der Begriff „Deutschlandbild" stellvertretend für einer Vielzahl öffentlicher Meinungen, die in den Niederlanden über die damalige Bundesrepublik kursierten und, historisch betrachtet, zu einem gewissen Zeitpunkt jeweils eine dominante Position in der Mehrheitsgesellschaft eingenommen haben. Vgl. Friso Wielenga: Die häßlichen Deutschen, in: Bernd Müller, Friso Wielenga (Hrsg.):

angesichts der Herausforderungen des Kalten Krieges weitgehend auf eine Thematisierung der dunklen Kapitel der Vergangenheit verzichtete und stattdessen eine offensive Annäherung an Deutschland anstrebte, blieb in den Niederlanden über viele Jahrzehnte die Erinnerung an die Besatzungszeit präsent und bildete die Grundlage für eine grundsätzlich negative, von Ressentiments geprägte Einstellung gegenüber Deutschland.[7] Statt auf Annäherung zu setzen, wurden die trennenden Unterschiede hervorgehoben und die historischen Taten in *goed* und *fout*, richtig und falsch bzw. schuldig und unschuldig eingeteilt.[8] Gleichzeitig diente das negative Deutschlandbild den Niederlanden als das „Andere", von dem man sich zur Konstituierung der eigenen Identität abgrenzen konnte.[9]

Bemerkenswert ist die Diskrepanz zwischen diesen negativen Vorstellungen und der pragmatischen Einsicht in politische Notwendigkeiten.[10] Dem ausgeprägten Bedürfnis, sich von Deutschland zu unterscheiden, stand das Interesse an der Rekonstruktion der abgebrochenen wirtschaftlichen Verbindungen ebenso entgegen wie der Wunsch, sich an der intellektuell-kulturellen Wiederbelebung der westlichen Besatzungszone zu beteiligen.[11] Gleiches gilt auch mit Blick auf die politische Situation: Motiviert von dem Bedürfnis nach Sicherheit im Kalten Krieg waren die Niederlande sogar bereit, die deutsche Wiederbewaffnung und den NATO-Beitritt der Bundesrepublik zu unterstützen.[12]

Diese paradoxe Situation hielt erstaunlich lange an. In den 1960er Jahren wurde das Deutschlandbild merklich vom Eichmann-Prozess in Jerusalem sowie den Auschwitz-Prozessen in Frankfurt am Main (1963–1965) geprägt, die große internationale Aufmerksamkeit fanden.[13] Auch die 21-teilige Dokumentation *De Bezetting* (dt. *Die Besatzung*)

Kannitverstan?, Münster 1995, 103–155, hier: 105 sowie Emer O'Sullivan: Das ästhetische Potential nationaler Stereotypen in literarischen Texten, Tübingen 1989, 33.
7 Vgl. Britta Bendieck, Nicole Colin: The Franco-German Reconciliation Narrative from the Dutch Perspective, in: Nicole Colin, Claire Demesmay (Hrsg.): Franco-German Relations Seen from Abroad. Post-War Reconciliation in International Perspectives, Cham 2021, 51–68, hier: 51.
8 Vgl. Britta Bendieck: Aufzeichnungen über den Feind. Armando, Deutschland und der niederländische Erinnerungsdiskurs, Heidelberg 2020, 165–166.
9 Vgl. Friso Wielenga, Jacco Pekelder: Nachbarn in Europa. Die Niederlande und Deutschland 1945–2015, in: Geschichte im Westen. Zeitschrift für Landes- und Zeitgeschichte (2015), 9–38, hier: 36.
10 Vgl. Horst Lademacher: Der ungleiche Nachbar, in: Nicole Eversdijk u. a. (Hrsg.): Der europäische Nordwesten: Historische Prägungen und Beziehungen. Ausgewählte Aufsätze, Münster 2001, 341–350, hier: 348.
11 Vgl. Horst Lademacher: De Duitse buur: Aardig of irritant?, in: Petra Rösgen, Jet Baruch (Hrsg.): Zimmer Frei. Nederland – Duitsland na 1945 (Ausstellungskatalog), Amsterdam/Zwolle 2001, 60–73, hier: 61.
12 Vgl. Friso Wielenga: Niederländische Deutschlandbilder seit 1945, in: Hans Süssmuth (Hrsg.): Deutschlandbilder in Dänemark und England, in Frankreich und den Niederlanden, Baden-Baden 1996, 401–415, hier: 403 ff.
13 Vgl. Friso Wielenga: Vom Feind zum Partner. Die Niederlande und Deutschland seit 1945, Münster 2000, 323.

über den Zweiten Weltkrieg, die zwischen 1960 und 1965 im niederländischen Fernsehen ausgestrahlt wurde, nahm wesentlichen Einfluss. Der Autor und Präsentator der Serie, der niederländische Historiker Lou de Jong, damaliger Direktor des *Rijksinstituut voor Oorlogsdocumentatie* (dt. Reichsinstitut für Kriegsdokumentation), entschied sich für eine moralisierende Perspektive und affirmierte vorbehaltlos den Widerstands-Mythos.[14] *De Bezetting* präsentierte ein selbstzufriedenes, geradezu verkitschtes Geschichtsbild; Fragen nach der Mitverantwortung oder gar Schuld seitens der Niederländer wurden nicht gestellt.[15] Unterstützt von der niederländischen Presse, die immer wieder über den fortlebenden Antisemitismus in Deutschland berichtete,[16] bildete die Serie für lange Zeit die Grundlage eines bequemen Geschichtsverständnisses, das insbesondere jede Mitverantwortung am Holocaust bestritt. Leicht verbessert wurde die Sicht auf Deutschland Ende 1969 durch den Amtsantritt Willy Brandts als Bundeskanzler und Gustav Heinemanns als Bundespräsident. Beide Politiker galten in den Niederlanden als Vertreter eines ‚besseren' Deutschlands und eine breite niederländische Öffentlichkeit stimmte der Innen- und Außenpolitik der sozial-liberalen Koalition zu.[17] Doch diese positive Entwicklung wurde schnell wieder abgebremst: Ab Mitte der 1970er Jahre zeichnete sich bei der niederländischen Linken in Reaktion auf den Umgang der Bundesregierung mit dem Linksterrorismus eine Wiederbelebung des negativen Deutschlandbildes ab, welches vielfältige Proteste auslöste;[18] und nicht zuletzt verstärkte auch die Niederlage der niederländischen Mannschaft im Finale der Fußballweltmeisterschaft 1974 gegen das bundesdeutsche Team die Ressentiments gegenüber dem Nachbarn.[19]

In den von zahlreichen runden Gedenktagen an den Zweiten Weltkrieg geprägten 1980er Jahren kann man eine langsame Transformation der Diskussion über die Vergangenheit konstatieren, in deren Zuge die dichotomische Unterscheidung zwischen den ‚guten' Niederländer:innen und den ‚schlechten' Deutschen zunehmend

---

14 Für Weiteres zu der 21 Folgen umfassenden Serie über den Zweiten Weltkrieg von Lou de Jong, siehe Chris Vos: Televisie en *Bezetting*. Een onderzoek naar de documentaire verbeelding van de Tweede Wereldoorlog in Nederland, Hilversum 1995, 76 ff.; Chris van der Hijden: Grijs verleden. Nederland en de Tweede Wereldoorlog, Amsterdam/Antwerpen 2001, 377.
15 Vgl. Frank van Vree: In de schaduw van Auschwitz. Herinneringen, beelden, geschiedenis, Groningen 1995, 67.
16 Vgl. Wielenga, Vom Feind zum Partner (Anm. 13), 325, 327.
17 Vgl. Wielenga, Niederländische Deutschlandbilder seit 1945 (Anm. 12), 409; Jürgen C. Heß, Friso Wielenga: Gibt es noch Ressentiments …? Das niederländische Deutschlandbild seit 1945, in: Jürgen C. Heß, Hanna Schissler (Hrsg.): Nachbarn zwischen Nähe und Distanz. Deutschland und die Niederlande, Frankfurt a. M. 1988, 13–36, hier: 15.
18 Vgl. Jacco Pekelder: Herbst in Holland: Die RAF in den Niederlanden 1970–1980, in: Nicole Colin u. a. (Hrsg.): Der „Deutsche Herbst" und die RAF in Politik, Medien und Kunst. Nationale und internationale Perspektiven, Bielefeld 2008, 17–35.
19 Linthout spricht selbst von einem exklusiv niederländischen Trauma. Vgl. Dik Linthout: Onbekende buren. Duitsland voor Nederlanders, Nederland voor Duitsers, Amsterdam/Antwerpen 2000, 79.

relativiert und in Frage gestellt wurde. Kriegs- und Besatzungsnarrativ dienten nicht mehr wie noch Anfang der 1960er Jahre zur Anstachelung des Nationalstolzes,[20] sondern bildeten nun die Grundlage einer zunehmend distanzierten und kritischen Selbstwahrnehmung. Man affirmierte sich nicht mehr als stolze Widerstandskämpfer:innen, sondern konfrontierte sich mit der Tatsache, dass es in der niederländischen Gesellschaft mehr Täterschaft, Mitläufertum und Kollaboration gegeben hatte, als man sich lange Zeit hatte eingestehen wollen.[21] Allerdings führte der veränderte Umgang mit der eigenen Geschichte nicht automatisch zu einer Veränderung des Deutschlandbildes. Die Rolle der Deutschen als Täter blieb zunächst weiterhin eindimensional und negativ besetzt.

Armando

Um Vermittlungsprozesse anzuregen, Kulturkontakte und Austausch zu initiieren und so ein besseres gegenseitiges Verständnis zu ermöglichen, bedarf es verschiedener Institutionen und/oder Akteur:innen. Zum einen sind dabei zivilgesellschaftliche Mittler:innen, wie beispielsweise die Initiative Aktion Sühnezeichen, hervorzuheben, die sich jenseits der offiziellen Politik für wechselseitige Annäherung eingesetzt haben und so letztlich auch zu Wegbereitern der europäischen Integration wurden. Zum anderen gibt es aber auch zahlreiche Akteur:innen aus dem Kunst-, Kultur-, und Wissenschaftsfeld, die durch ihre Arbeit den Austausch zwischen Ländern intensiviert und auf diese Weise das deutsch-niederländische Verhältnis nachhaltig verbessert haben, ohne dass sie sich dies explizit zur Aufgabe gemacht hätten.[22]

Ein wichtiges Beispiel hierfür ist der in Deutschland eher unbekannte niederländische Künstler Armando, der nach einem Aufenthalt im Rahmen des DAAD-Künstlerprogramms 1979 Westberlin zu seinem Hauptwohnsitz sowie Inspirations- und Arbeitsort machte. Indem er die (niederländischen) Leser:innen seiner Texte und Betrachter:innen seiner Werke in einer sehr direkten Form mit ihren eigenen, meist unhinterfragten Erinnerungs- und Wahrnehmungsmustern konfrontierte, stellte er nicht nur das dominante nationale Kriegs- und Besatzungsnarrativ in den Niederlanden

---

20 Vgl. Christine Gundermann: Die versöhnten Bürger. Der Zweite Weltkrieg in deutsch-niederländischen Begegnungen 1945–2000, Münster 2014, 36.
21 Vgl. Frank van Vree, Rob van der Laarse: De dynamiek van de herinnering. Nederland en de Tweede Wereldoorlog in een internationale context, Amsterdam 2009, 39.
22 Siehe Colin/Umlauf, Frage des Selbstverständnisses (Anm. 5), 69–80; Nicole Colin: Im toten Winkel der Versöhnung: Mittler wider Willen im deutsch-französischen Kulturtransfer. Der Fall Jean Vilar, in: Zeitschrift für interkulturelle Germanistik 2 (2013), 95–110 (Themenheft „Deutsch-französische Kulturbeziehungen", hrsg. von Nicole Colin, Dieter Heimböckel, Joachim Umlauf).

infrage, sondern avancierte ungewollt zu einer wichtigen Mittlerfigur zwischen den Niederlanden und Deutschland.

In seinem Roman *Allerseelen* zeichnet der niederländische Schriftsteller Cees Nooteboom 1998 mit der Figur Victor ein Porträt seines Freundes und Schriftstellerkollegen Armando und gibt dem Lesepublikum einen Eindruck davon, wie dieser die Stadt und ihre Bewohner:innen erkundete:

> Victor hatte sich, wie er es selbst nannte, tief in die deutsche Seele hineinsinken lassen, hatte Gespräche mit Opfern und Tätern geführt und darüber geschrieben, ohne je einen Namen zu nennen, kleine Skizzen, die den Leser gerade durch das Fehlen jeglichen zur Schau getragenen Pathos tief berührt. [...] In Victor wohnte eine ganze Gesellschaft unter einer Fassade vorgetäuschter Nonchalance. Ein Pianist, ein Bergsteiger, ein kühler Beobachter des menschlichen Tuns, ein wagnerianischer Dichter mit Blut und Feldherren und ein Erschaffer äußerst rhetorischer Zeichnungen, die zuweilen nur aus wenigen Strichen bestanden und deren Titel, auch jetzt noch, offensichtlich etwas über den Krieg sagen wollten, der schon so lange verschwunden war. Berlin und der Krieg, das war Victors Jagdrevier geworden. [...] Er las die Stadt wie ein Buch, eine Geschichte über unsichtbare, in der Historie verschwundene Gebäude, Folterkammern der Gestapo, die Stelle, an der Hitlers Flugzeug noch hatte landen können, alles erzählt in einem kontinuierlichen, fast skandierten Rezitativ.[23]

Als geschichtsbeladener Ort und ehemalige Reichshauptstadt versetzte Berlin Armando zurück in die Vergangenheit, in seine Kindheit, und erinnerte ihn an sein widersprüchliches Verhältnis zu seiner eigenen Geschichte. Der 1929 in Amsterdam als Herman Dirk van Dodeweerd geborene Künstler zog als Fünfjähriger mit seinen Eltern und seiner Schwester in das niederländische Amersfoort, ganz in die Nähe des Waldes, in dem die Nazis 1941 das Durchgangslager Kamp Amersfoort errichtet hatten, aus dem mehr als die Hälfte der 35 000 Inhaftierten in Konzentrationslager deportiert wurden.[24] Was der Junge, der sich später Armando nennen sollte, bei seinen Streifzügen durch die Wälder beobachtete, lässt sich unschwer erahnen. Das Lager ängstigte und faszinierte ihn zugleich. Diese eigentümlich widersprüchlichen Empfindungen wurden zum roten Faden in seinem vielschichtigen Œuvre, das eine fortwährende Wiederholung der Ausnahmesituation provoziert, mit welcher er als Kind und Jugendlicher konfrontiert wurde. In unterschiedlichen künstlerischen Medien verarbeitete er seine traumatischen Erlebnisse.

---

23 Cees Nooteboom: Allerseelen, Frankfurt a. M. 1999, 21–23. In dem 1998 in den Niederlanden unter dem Titel *Allerzielen* und 1999 in Deutschland in der Übersetzung von Helga van Beuningen unter dem Titel *Allerseelen* veröffentlichten Roman lässt der niederländische Schriftsteller Cees Nooteboom seinen auktorialen Erzähler durch das Berlin kurz nach der Wiedervereinigung streifen. Der Roman stellt eine Collage von Reflexionen über Geschichte, Erinnern, Politik, Nationen, Kunst und städtische Kultur dar.
24 Zum Kamp Amersfoort vgl. Roel Hijink: Voormalige concetratiekampen. De monumentalisering van de Duitse kampen in Nederland, Hilversum 2011.

Der vielfach ausgezeichnete Künstler positionierte sich zunächst als Maler und Dichter in der niederländischen Kunstszene, wobei er bereits als Mitglied der niederländischen *Informele Groep*, die sich wenig später auflöste und als *Nulgroep* weiterarbeitete, die Rolle des Außenseiters und Erneuerers einnahm.[25] Als Dichter und Journalist erregte er zudem Aufsehen im Rahmen seiner Arbeit für die flämische Avantgarde-Zeitschrift *Gard Sivik* und ihre Nachfolgerin *De Nieuwe Stijl* sowie für die Kunstredaktion des niederländischen Wochenblatts *Haagse Post*. 1967 publizierte Armando gemeinsam mit dem niederländischen Dichter Hans Sleutelaar das Buch *De SS'ers: Nederlandse vrijwilligers in de Tweede Wereldoorlog* (dt. *Die SS-Angehörigen: Niederländische Freiwillige im Zweiten Weltkrieg*), in dem die beiden Autoren acht als Kriegsverbrecher eingestufte ehemalige niederländische Freiwillige der Waffen-SS gänzlich unkommentiert und somit unwidersprochen zu Wort kommen lassen.[26] Das Buch sorgte in einer Zeit, die in den Niederlanden noch weitgehend von der Weigerung geprägt war, sich mit der eigenen Schuld auseinanderzusetzen, für viel Aufsehen und wurde äußerst kontrovers diskutiert. Kritisiert wurde vor allem, dass die fehlende Kommentierung auch als indirekte Zustimmung zu den Äußerungen der Freiwilligen verstanden werden könnte.[27]

1979 geht Armando mit einem Stipendium des Deutschen Akademischen Austauschdienstes (DAAD) im Rahmen des Berliner Künstlerprogramms nach Westberlin.[28] Inspiriert von der spezifischen Stimmung im Berlin der 1970er und 80er Jahre kehrt der Künstler zur Malerei zurück und erlebt eine außerordentlich kreative

---

25 Die Informelle Kunst als die ‚Kunst der Nichtform' ist eine um 1945 in Paris entstandene europäische Kunstrichtung, die jede Art von konzipierter Darstellung ablehnt. Mehr zur Informellen Kunst auf der Homepage der *Stiftung Informelle Kunst*. Online abgerufen am 8. Oktober 2022 unter https://www.stiftung-informelle-kunst.de/informelle-kunst.html; zum Programm der Nulgroep vgl. Jolande Niezink: De existentiële dingen, Armando's landschappen, in: BZZLLETIN 19/173 (1990), 63–70, hier: 65 ff. Der Name ‚Nul' verweist auf die deutsche Künstlergruppe Zero, die seit 1959 aktiv war. Die Zero-Gruppe bestand aus Heinz Mack, Otto Piene und Günther Uecker. Mehr hierzu siehe Janneke Wesseling: De Nulbeweging, in: Geurt Imanse (Hrsg.): De Nederlandse identiteit in de kunst na 1945, Amsterdam 1984, 80–96, hier: 82.
26 Insgesamt gibt es sechs Auflagen (letzter Druck 2012). Armando, Hans Sleutelaar: De SS'ers: Nederlandse vrijwilligers in de Tweede Wereldoorlog, Amsterdam 1967.
27 Boek dat beter niet had kunnen uitkomen, in: Eindhovens Dagblad (22. Juni 1967).
28 Das 1962 von der Ford-Foundation finanzierte Artist in Residence-Programm wurde 1963 vom Deutschen Akademischen Austauschdienst übernommen und als Berliner Künstlerprogramm weitergeführt. Westberlin sollte nach dem Bau der Berliner Mauer in seiner ungewöhnlichen Abseitsposition mit gezielten Förderprogrammen als Wissenschafts- und Kulturstandort ausgebaut werden. Vgl. Manfred Rott: Die Insel. Eine Geschichte West-Berlins 1948–1990, München 2009, 191, 203. Es galt, die Stadt kulturell über das symbolische Kapital internationaler Avantgardekünstler:innen aufzuwerten. Dem Stipendium ist inhärent, dass sich ausländische Künstler:innen mit Berlin und Deutschland auseinandersetzen und somit grundsätzlich zu transnationalen Akteuren im Feld der Beziehung zwischen den Kulturen werden.

Abb. 1: Armando in seinem Atelier in Berlin-Dahlem vor dem Gemälde *Der Baum*, 1984. © Pictoright Amsterdam 2022.

Schaffensperiode.[29] Bis 1998 bleibt Berlin sein Lebensmittelpunkt; in Amsterdam behält er zwar einen Zweitwohnsitz, an dem er sich jedoch nur selten aufhält. Berlin bildet fortan den Nährboden seines bildnerischen und literarischen Werks.[30] Er interessiert sich insbesondere für die Geschichte seiner neuen Wohn- und Arbeitsumgebung, die er in seinen Texten, Bildern und Zeichnungen thematisiert und in eine Verbindung zu den von Krieg und Gewalt geprägten Motiven bringt, die er bereits in den 1970er Jahren, ausgehend von seinen traumatischen Kindheitserlebnissen in Amersfoort, entwickelt hatte.[31] Seinen Gemäldeserien gibt er nun vorrangig deutsche Titel wie *Schuldige Landschaft*, *Feindberührungen*, *Waldrand*, *Fahne*, *Feindbeobachtung*, *Waldstück*, *Gefechtsfeld*, *Preussisch*, *Der Feldzug*, *Das Gewehr* oder *Das Rad*.[32]

Mit der Ausstellung *Armando – Fahnen* (1984) in der Neuen Nationalgalerie in Berlin, in welcher großformatige Bilder mit schwarzen Flaggen gezeigt wurden, gelang Armando der internationale Durchbruch als bildender Künstler.[33] Innerhalb kürzes-

---

[29] Vgl. Antoon Melissen: Historisch bewustzijn is de enig betrouwbare richtsnoer. Armando in het gevecht tegen de ‚Strom der Zeit', in: Antoon Melissen (Hrsg.): Armando. Tussen het weten en begrijpen, Rotterdam 2015, 56–81, hier: 75.
[30] Vgl. Trudie Favié: De Berlijnse essays van Armando. Verhalen over het Berlijn van voor de val van de muur, in: Trudie Favié (Hrsg.): Armando: Berlijn. Amsterdam/Antwerpen 2009, 279–283, hier: 280.
[31] Vgl. Melissen (Anm. 29), 61.
[32] Wesseling, De Nulbeweging (Anm. 25), 96.
[33] Armando – Fahnen. Neue Nationalgalerie Berlin, Staatliche Museen Preußischer Kulturbesitz.

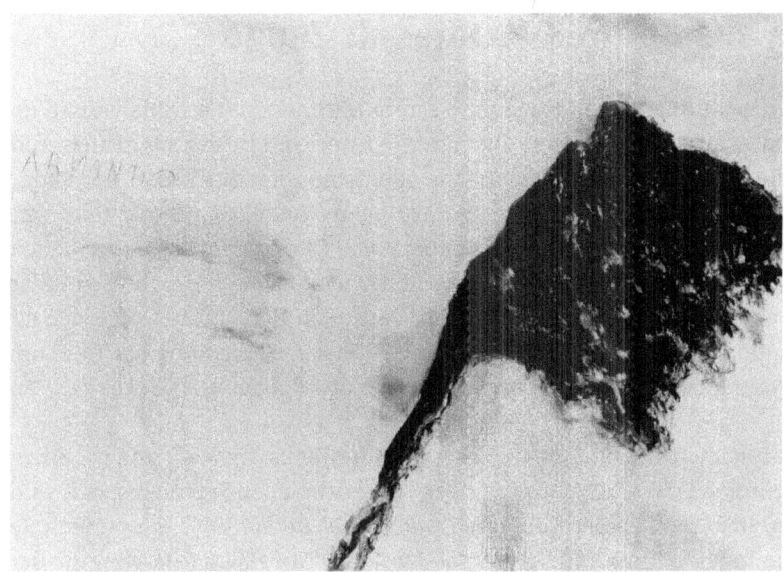

Abb. 2: Armando: *Fahne*, 8. April 1985. 165 x 225cm, © Sammlung Rijksmuseum Twenthe.

ter Zeit erlangte er im In- und Ausland einen hohen Bekanntheitsgrad. Eindrücklich vereint sich hier die eigene Geschichte des Künstlers mit der Geschichte Berlins als Stadt, in der die nationalsozialistischen Umzüge zur Zeit des ‚Dritten Reichs' von der sozialistischen Fahnenschau der DDR abgelöst worden waren.[34]

Neben seiner zunehmenden Etablierung in der bildenden Kunst verhalf Berlin Armando auch zur Bekanntheit als Schriftsteller und Journalist. Hatte sein literarisches Werk bis dahin aufgrund der obsessiven Thematisierung von Gewalt und Krieg vor allem Unverständnis und Misstrauen hervorgerufen,[35] avancierte er durch seine Kolumne *Armando uit Berlijn* für viele Niederländer:innen nun zum Berichterstatter über das Nachbarland und zum Mittler. Eine zentrale Rolle kommt hierbei dieser Kolumne zu, die im Folgenden anhand einiger ausgewählter Texte analysiert wird. Im Zentrum steht dabei Armandos Verhältnis zu Berlin sowie seine Strategie, die Dichotomie der positiven Selbst- und negativen Fremdwahrnehmung zu durchbrechen, mit der er letztlich *nolens volens* zu einer nachhaltig (positiven) Veränderung der niederländischen Sicht auf Deutschland und die Deutschen beigetragen hat.

---

13. Februar bis 26. Februar 1984. Danach zu sehen im Westfälischen Kunstverein Münster (März bis April 1984) und im Städtischen Museum Abteiberg, Mönchengladbach (April bis Juni 1984).
34 Vgl. Melissen (Anm. 29), 76.
35 Vgl. Ernst van Alphen: Armando: Vormen van herinnering, Rotterdam 2000, 194.

Kolumnen aus Berlin: Der Täter als Zeuge

Geprägt durch die traumatischen Erlebnisse seiner Kindheit in der Nähe von Kamp Amersfoort wird Armandos Werk von Themen wie Krieg und Besatzung, Täter- und Opferrollen, schuldige Landschaften und Orte oder Schönheit des Bösen bestimmt, welche er auf der Suche nach einer allgemeingültigen Darstellung fortlaufend verbindet und variiert. Im Westberlin der 1970er und 80er Jahre bezieht er seine Arbeiten nun sehr direkt auf das ‚Material', welches er in der damals noch deutlich sichtbar von der historischen Gewalt gezeichneten Stadt vorfindet. Bewusst suchte er die direkte Konfrontation mit diesem ‚Feind', d. h. mit Deutschen, die aktiv als Täter am Krieg beteiligt waren oder umgekehrt als Opfer unter den Folgen des Krieges gelitten hatten.

Er selbst bezeichnete die Dokumentation seine Eindrücke der Stadt und vor allem ihrer Bewohner:innen als ‚Feindbeobachtungen', die er zwischen September 1980 und Januar 1986 regelmäßig in seiner Kolumne *Armando uit Berlijn* für die renommierte niederländische Tageszeitung *NRC Handelsblad* festhält.[36] In einem Interview mit der Zeitung erklärt er 2009 rückblickend: „Ich habe es mir in Berlin zur Aufgabe gemacht, den ‚Feind' zu erforschen, zu beobachten."[37]

Die im Kalten Krieg geteilte Stadt stellte für Armando das Symbol des Kriegs schlechthin dar und ermöglicht ihm eine erneute – und diesmal gewollte – Konfrontation mit seinen Erfahrungen der Besatzungszeit. In dieser ihm vertrauten „Höhle des Löwen" kann er ungestört seiner ‚Feindbeobachtung' nachgehen und sich gleichzeitig mit der „unbequemen Vergangenheit" konfrontieren, wie er in der Kolumne *Resten* (dt. *Reste*) beschreibt:

> Die wenigen Glücklichen, die mein Werk und meine Thematik kennen, wissen, dass ich mich hier in der Höhle des Löwen befinde. Das gibt mir bisweilen seltsamerweise ein vertrautes Gefühl, ein

---

[36] Die Kolumnen wurden gesammelt und in Buchform auf den Markt gebracht. Vgl. Armando: Uit Berlijn (1982, *Aus Berlin*); Armando: Machthebbers. Verslagen uit Berlijn en Toscane (1983, *Machthaber. Berichte aus Berlin und der Toskana*); Armando: Krijgsgewoel (1986, *Kampfgetümmel*). Aus diesen Sammelbänden wird im Folgenden zitiert.
Im September 2022 wurden die drei Sammelbände in einer Ausgabe neu aufgelegt: Armando: *Uit Berlijn, Machthebbers, Krijgsgewoel*. Met een nawoord van J. Heymans, De Bilt 2022. Die Publikation ist in der Reihe Kritische Klassieken erschienen. Online abgerufen am 24. November 2022 unter www.kritischeklassieken.nl.
[37] „Ik heb me immers in Berlijn tot taak gesteld om ‚de vijand' te bestuderen, gade te slaan", vgl. Arjen Fortuyn: De doodstrijd van de grote villa's. Armando en Cees Nooteboom over het Berlijn van weleer, in: NRC Handelsblad (6. November 2009). Aus den insgesamt 125 Kolumnen wurde eine Auswahl ins Deutsche und Englische übersetzt. Die Ambivalenz im deutschen Titel spricht für sich: Die Wärme der Abneigung, übers. von Anne Stolz, Frankfurt a. M. 1987.

> Gefühl, endlich wieder in der unbequemen Vergangenheit zu Hause zu sein. Erwartungsgemäß wirkt sich so eine Lebenshaltung beklemmend aus.³⁸

Als Kind hatte er nicht nur die durch das bloße Überstreifen einer Uniform vollzogene Transformation junger Männer in Soldaten beobachtet, sondern auch den plötzlichen Rollentausch der Wächter und Gefangenen nach der Befreiung. Die Zufälligkeit der (oft nicht wirklich gewählten) Zugehörigkeit zur einen oder anderen Seite steht entsprechend im Fokus seiner Observationen in Berlin: Es sind die Stimmen namenloser Personen, auf die er zufällig stößt und deren unbestimmte, letztlich austauschbare Identitäten ihn gleichermaßen ängstigen wie faszinieren.

> Wenn man will, kann man ihnen hier begegnen. Es sind Verirrte ohne Gegenwart, es sind die Untertanen von damals, Gefolgsleute, das Spielzeug der Machthaber. Sie sind vom Weg abgekommen, sie sind nicht mehr von hier, sie werden überschrien von den vielen, die nach ihnen kamen und die meinen, jetzt das Sagen zu haben.
> Die haben festen Boden unter den Füßen, denken sie. Vielleicht wissen sie auch noch nicht, dass auch sie einfache Gefolgsleute sind, von wem und was auch immer [...]. Ist der Gefolgsmann nicht ein armseliges Wesen? Wir sind fast alle Gefolgsmänner. Wir sind das der Einfachheit halber.³⁹

In 22 der insgesamt 125 Kolumnen lässt Armando diesen ‚Feind', also deutsche Zeugen des Zweiten Weltkriegs, in vermeintlich authentischer Form zu Wort kommen: Ohne durch Kommentare in ihr Narrativ einzugreifen, lässt er sie unverblümt über ihre Kriegserlebnisse und -taten berichten – zu einer Zeit, in der auch in Deutschland ein differenzierter Umgang mit der eigenen Vergangenheit keinesfalls eine Selbstverständlichkeit war.

Doch überraschenderweise traf Armando in Berlin nicht auf unmenschliche Kriegsverbrecher, sondern vor allem auf Menschen, die mit dem Verlust der eigenen Identität zu kämpfen hatten und von den Erfahrungen des Holocaust, Flucht, Vertreibung und jahrelanger Kriegsgefangenschaft gezeichnet waren – sowohl aus der Täter- als auch aus der Opferperspektive. In seiner Kolumne *Resten* beschreibt er diese Zeitzeug:innen und erläutert seine Motivation, mit ihnen ins Gespräch zu kommen:

> Zeugen, die bis zum Ende an dieses Reich geglaubt haben, Zeugen, die anfänglich begeistert waren, aber später schwer enttäuscht, auch, weil es so schlecht ging; Zeugen, die damals zu jung waren, um anders denken zu können und jetzt fassungslos zurückblicken; Zeugen, die gelitten haben; Zeugen, die nur einfach gelebt haben, so recht und so schlecht wie es ging, und jetzt aus Bequemlichkeit in der Vergangenheit leben. Denn, das wissen wir alle, die Vergangenheit ist etwas sehr Schönes, wenn sie tüchtig durchgesiebt ist von Zeit und Gedächtnis. [...]

---

38 Armando: Uit Berlijn, Amsterdam 1982, 58. Erste Publikation unter dem Titel *Resten* in NRC Handelsblad (2. Februar 1982), Übersetzungen ins Deutsche hier und im Folgenden durch die Verfasserin.
39 Armando: Machthebbers. Verslagen uit Berlijn en Toscane, Amsterdam 1983, 8. Die erste Publikation erschien unter dem Titel *Machthebbers* im NRC Handelsblad (7. Januar 1983).

> Diese Zeugen interessieren mich maßlos. Daher begebe ich mich gerne in Lokale, wo Ältere gemütlich zusammenkommen. All diese geheimnisvollen Gespräche um mich herum, dieses Wissen, diese Sachkenntnis: viel, viel zu viel wird mir nie zu Ohren kommen. Ich fange Gesprächsfetzen auf: ‚im Krieg …' und dann verebbt das Gespräch wieder. Tun sie das mit Absicht? Aber nein.[40]

Fast wie ein *Oral History*-Forscher[41] tauchte Armando in den Kommunikations- und Gedächtnisraum Berlin ein und sammelte subjektive Lebensgeschichten der anonym bleibenden Zeugen des Zweiten Weltkrieges. Er wollte wissen, wie die Menschen Jahre später über ihre Erfahrungen dachten, wollte sehen, wie Zeit und Gedächtnis die Erinnerung modifizieren. Dabei unterwandert und konterkariert er gleichzeitig die Methode der *Oral History*-Forschung insofern, als die von ihm transferierten ‚Erfahrungsgeschichten' ohne Kontext und Erläuterung dargeboten werden. Zudem erscheinen die Informationen nicht als Ergebnis eines Gesprächs, sondern einer heimlichen Observation – eben eine Art ‚Feindbeobachtung'. In seinen Kolumnen gibt Armando die Aussagen direkt und unkommentiert in der Form kurzer Monologe wieder. In einem Interview mit der niederländischen Tageszeitung *De Volkskrant* beschreibt er im Jahre 2015 die Probleme, die dieses Vorgehen mit sich brachte:

> Ich schrieb zahlreiche Gespräche auf. Die hörte ich im Bus, im Taxi, auf der Straße, oder ich machte Aufzeichnungen während der Interviews […] Man möchte eine Antwort bekommen, bekommt jedoch nur noch mehr Fragen.[42]

Diese sich vermehrenden Fragen, die sich aus den vielen Gesprächen ergaben, betreffen vor allem die Themen Schuld, Verleugnung, Verständnislosigkeit und heimlichen Stolz.[43] Die gesammelten Erinnerungsimpressionen deutscher Zeitzeugen überschreibt Armando in seiner Kolumne ausnahmslos mit dem immer gleichen Titel *Flarden* (dt. *Fetzen*).[44] Es handelt sich um Collagen aus zusammengesetzten Fragmenten aus Gesprächen oder Interviews, die er ohne Erklärung des Kontextes, Einleitung oder Kommentar präsentiert. Männer und Frauen berichten über ihre Kriegserfahrungen, über

---

40 Armando, Uit Berlijn (Anm. 38), 55 f.
41 Die *Oral History*-Forschung begann sich Ende der 1970er Jahre in der Bundesrepublik Deutschland zu etablieren. Eine der ersten deutschsprachigen Publikationen aus diesem Forschungsfeld stammt aus dem Jahre 1980: Lutz Niethammer: Lebenserfahrung und kollektives Gedächtnis. Die Praxis der Oral History, Frankfurt a. M. 1985. Zum Verhältnis von *Oral History* und kollektivem Gedächtnis siehe auch: Christian Gudehus, Ariane Eichenberg, Harald Welzer (Hrsg.): Gedächtnis und Erinnerung. Ein interdisziplinäres Handbuch, Stuttgart/Weimar 2010.
42 „Ik schreef talloze conversaties op. Die ik hoorde in de bus, de taxi, op straat, of ik tekende he top tijdens interviews. […] Je wilt antwoord krijgen, maar je vindt alleen maar meer vragen." Bob Witman: Om te weten hoe het afloopt. Interview met Armando, in: De Volkskrant, bijlage Sir Edmond (27. Juni 2015), 72–79, hier: 79.
43 Ebd., 78.
44 Insgesamt erschienen im Zeitraum vom 28. November 1980 bis zum 3. Januar 1986 zweiundzwanzig dieser *Flarden*.

ihre Haltung gegenüber den Nazis und Hitler und wie sie darauf zurückblicken. Durch die scheinbar willkürliche Aneinanderreihung dieser inhaltlich äußerst unterschiedlichen, ja teilweise widersprüchlichen *Flarden* der manchmal unbemerkt abgehörten Zeugen, suggeriert Armando Authentizität. Neben Erinnerungen an Flucht und Vertreibung finden sich Bemerkungen zur Ahnungslosigkeit argloser Bürger:innen neben Bekenntnissen, ein Mitläufer oder hundertprozentiger Nazi gewesen zu sein:

> *Frau:* Ich kam ursprünglich aus Schlesien. Als die Russen kamen, bin ich mit meinen vier Kindern geflüchtet, ich bin drei Monate unterwegs gewesen. Schließlich bin ich hier nach Berlin gekommen. Ich kann mich noch gut daran erinnern, dass ich unterwegs, während dieses furchtbaren Fluchtmarsches, eine Frau traf, die mich fragte: Sind das ihre Kinder. Ja, habe ich gesagt. Danach erzählte die Frau, dass ihr einziger Sohn von den Russen erschlagen wurde und dann haben wir ein Weilchen zusammen geheult. Ja, sie sagen jetzt, dass es unsere eigene Schuld war, weil wir für Hitler waren. Ich war auch für Hitler. Weil er dafür sorgte, dass es uns allen besser ging. Wie konnten wir einfachen Menschen nun schon wissen, dass der Krieg wollte.
>
> *Mann:* Ich war kein Nazi, aber ich habe mich untergeordnet.
>
> *Frau:* Im Ausland will man nie glauben, dass wir von jenen Gräueltaten nichts gewusst haben. Die Menschen aus meinem Umfeld zum Beispiel wussten echt nichts, die waren viel zu naiv, brave Bürger, [...]. Sieh mich an, ich interessierte mich überhaupt nicht [...] für Politik oder so, ich war jung, ich war ständig verliebt, das einzige, was mich interessierte war, ob ich einen Brief von meinem Geliebten bekam. So war es doch!
>
> *Mann:* Am Ende vom Krieg war ich 16, ich war bei der Hitlerjugend, und ein Hundertprozentiger, vielleicht sogar ein Hundertfünfzigprozentiger. Wirklich, ein regelrechter Nazi. Mein Vater war schon immer dagegen, aber ich war, vielleicht gerade deshalb, ganz und gar dafür. Ende April '45 hab ich mich noch freiwillig gemeldet, ich wollte mithelfen, den Krieg zu gewinnen. Aber der diensthabende Offizier hat mir gesagt, ich sollte mich zum Teufel scheren, sie wären froh, dass der Scheißkrieg bald vorbei ist, und daß jeder versucht noch rechtzeitig heimzukommen. Das war ein harter Schlag, fix und fertig bin ich heimgekommen. Später bin ich zum Glück ein bisschen schlauer geworden, aber das hat doch ein paar Jährchen gedauert.[45]

Die Themen der *Flarden* sind deutlich ausgewählt und geben beispielsweise darüber Auskunft, wie es unter jeweils andersartigen Umständen vor oder während des Kriegs zu einer Parteimitgliedschaft kam:

> *Frau:* Mein Vater ist Parteimitglied gewesen. Erst aus Überzeugung, später aus Gewohnheit und Angst, er traute sich nicht mehr, aus der Partei auszutreten, aber er war schon lange vor dem Krieg ein großer Gegner der Nazis geworden, er hatte nichts mehr mit ihnen am Hut. Das letzte Jahr wurde er doch noch einberufen und er kam erst 1948 zurück, er ist drei Jahre in Gefangenschaft gewesen. Und danach hat er noch drei Jahre für einen Hungerlohn Kohlen schüppen müssen,

---

[45] Armando, Machthebbers (Anm. 39), 22 ff. Übersetzung aus: Armando: Wir waren so herrlich jung, übers. von Marlene Müller-Haas, in: Am Erker. Zeitschrift für Literatur 44 (2002), 114–115. Die im Text hervorgehobenen Wörter sind auch im niederländischen Text kursiv gesetzt und in deutscher Sprache.

weil er Parteimitglied gewesen war. Danach durfte er erst wieder seinen eigenen Beruf ausüben, er war Kaufmann. Ja, Vati hat es ganz schwer gehabt. Er ist leider nicht alt geworden, er war ein lieber Mann.

Frau: Man konnte auf die verrücktesten Arten Parteimitglied sein: Ein Freund von uns zum Beispiel war ein begeisterter Reiter. Er war daher Mitglied in einem Reiterverein. Als alles gleichgeschaltet wurde, war er auf einmal Parteimitglied, ohne dass er viel für die Nazis empfand, aber er wollte nun mal gerne reiten. Nach dem Krieg hatte er die größten Schwierigkeiten entnazifiziert zu werden. [...]

Frau: Ich habe furchtbar getobt, als mein Mann wegen seiner Stelle Parteimitglied werden musste. Mein Mann fand es nicht schlimm, er war kein begeisterter Befürworter der Nazis, aber es machte ihm einfach nichts aus. Ich war dagegen, warum weiß ich eigentlich nicht. Instinktiv. Immer das Geschrei. Nein, das lag mir nicht. Obwohl ich sagen muss, dass Hitler ziemlich viel Gutes getan hat, ganz sicher, aber er hat mehr Schlechtes als Gutes getan.[46]

Diese Mikrogeschichten zeigen, dass jeder Fall anders ist und für sich steht – auch in seiner Widersprüchlichkeit. Die Erklärungen der Zeugen generierten beim Leser ein gewisses Verständnis für den ‚Feind' und die Besonderheiten des jeweiligen Fallbeispiels, welche sich nicht auf Klischees reduzieren lassen. Es wird deutlich, dass sich der in der niederländischen Gedächtniskultur immer gleiche ‚Feind' tatsächlich aus multiplen Individuen und Persönlichkeiten zusammensetzt, wobei die Erinnerungen der anonymisierten Einzelnen und ihr individueller Blick auf die Vergangenheit gleichzeitig Teil des kollektiven Gedächtnisses sind:

Frau: Ich hatte einen Cousin, der Architektur studierte, er galt als ein sehr begabter Junge. Ein echter Antimilitarist auch, er hatte nichts mit dem militärischen Getue zu tun. Aber zu einem bestimmten Zeitpunkt musste er doch. Er kam zur Luftwaffe und das fand er noch am wenigsten schlimm, denn er war natürlich technisch interessiert. Er ist noch in den letzten Tagen von Stalingrad hin- und her geflogen, um die Soldaten und vor allem die Verwundeten rauszufliegen. Auf einem seiner Flüge hatte er die Maschine schon proppenvoll geladen, er wollte gerade abfliegen, als er plötzlich einen der zurückgebliebenen Verwundeten rufen hörte: Ulli, bitte, nimm mich auch mit. Er guckte sich um und sah einen Freund von ihm, einen Jungen aus Kiel, den ich auch kannte, der war schwer verwundet. Er sagte, dass es wirklich nicht mehr ginge, in seiner Maschine saßen schon viel zu viele Menschen, es ging wirklich nicht, es passte buchstäblich kein Mensch mehr dazu, aber er sagte: Ich komm' zurück, ich hol' dich hier raus, das verspreche ich dir. Aber als er seine Fracht abgeliefert hatte, konnte er nicht mehr zurück, um den Freund abzuholen, er konnte nicht mehr landen, die Russen waren schon da. Der Freund ist natürlich nie mehr zurückgekehrt. Mein Cousin konnte das nicht verarbeiten. Immer wenn ich ihn sah, das war so ein paarmal im Jahr, dann fing er wieder davon an. Er ist nie darüber hinweggekommen. Er war berufsunfähig und hat Selbstmord begangen. Ja, das sind die persönlichen Tragödien.[47]

---

46 Armando, Uit Berlijn (Anm. 38), 156.
47 Armando: Krijgsgewoel, Amsterdam 1986, 72.

Solche Berichte mussten bei den niederländischen Leser:innen eine doppelt irritierende Wirkung erzeugen, weil das Verständnis, das hier für bestimmte individuelle Schicksale entsteht, die in der niederländischen Geschichtsschreibung bis dahin fest verankerte Idee der deutschen Kollektivschuld grundsätzlich infrage stellt. Die Vorstellung, dass alle Deutschen in gleicher Weise am Aufstieg und an den Verbrechen des Nationalsozialismus beteiligt waren, mündet letztlich in eine Täterrelativierung und wurde daher gleichermaßen in Politik und Geschichtsschreibung bereits in den 1950er Jahren international in Zweifel gezogen.[48] Der Blick auf den anonymisierten Einzelnen – verstanden als Mosaikstein im kollektiven Gedächtnis – macht klar, dass nicht alle Deutschen in identischer Weise agiert haben und zudem der Krieg als Ausnahmesituation in vielen Fällen Opfer- und Tätergeschichten auf tragische Weise miteinander verflochten hat. Ohne auf der einen Seite zu denunzieren bzw. zu dämonisieren und auf der anderen Seite zu nivellieren oder zu idealisieren, gelingt es Armando, den Klischees ein ebenso nuanciertes wie ‚ungeschminktes' Bild jenes ‚Feindes' entgegenzustellen. Die Anonymität der entindividualisierten Erinnerung bringt ein von nationalen Stereotypen befreites ‚Ich' zum Vorschein. Indem Armando den ‚Feind' unkommentiert sprechen lässt, stellt er die im niederländischen kollektiven Narrativ der 1980er Jahre verankerten Vorstellungen grundsätzlich infrage und zeigt so nicht nur den Weg zu einer differenzierten Haltung gegenüber Deutschland, sondern auch zur eigenen Geschichte auf:

> *Mann:* Ich war siebzehn, als ich mich freiwillig zur Armee meldete. Oder sag besser für Hitler, ich habe die ganze Ardennen-Offensive mitgemacht. Ach, wir waren so begeistert. Wir hatten in der Schule und bei der Hitler-Jugend nie was anderes gehört, jahrelang hatten sie uns immer wieder das gleiche eingeflüstert. Ja, ich glaubte echt an Hitler, er war eine Art Gott für mich. Bis ich nach dem Krieg gehört habe, für wen und für was ich gekämpft habe. Dadurch bin ich lange verwirrt gewesen. Andere Jungs aus meinem Alter haben das einfach so von sich wegschieben können, von einem Tag auf den anderen, das ist mir nie gelungen. Ich habe nie mehr den Dreh bekommen. Mein Leben ist asozial, das eines Taxifahrers, der ausschließlich nachts fährt, schon seit 25 Jahren. Ich fahre nie in den Urlaub, denn ich kann nicht gut von der Nacht auf den Tag umschalten. Das gelingt mir nicht mehr. Ich liebe die Nacht. [...] Ich liebe die Lichter nachts und die Geräusche. Wie zum Beispiel den Regen, der gegen die Fenster prasselt; ich liebe wirklich die Nacht. Sie werden es nicht glauben: Dann denke ich über früher nach, als ich noch Ideale hatte. Ich war noch ein Jahr verheiratet, aber die Frau ist weggelaufen, die hielt es nicht aus und ich wollte die Nacht nicht für die Frau aufgeben, ich weigerte mich. Ich bin und bleibe alleine. So bin ich zufrieden.[49]

Die Leere, die der Verlust des falschen Ideals hinterlässt, wird zur Lebenstragödie und Strafe; das Schicksal des als Kind indoktrinierten Täters, der sich freiwillig zum

---

48 Vgl. Art. „Kollektivschuldthese", in: Torben Fischer, Matthias Lorenz (Hrsg.): Lexikon der „Vergangenheitsbewältigung" in Deutschland. Debatten- und Diskursgeschichte des Nationalsozialismus nach 1945, Bielefeld 2009, 45–49.
49 Armando, Krijgsgewoel (Anm. 47), 48.

Krieg meldete, deutet auf neue Dimensionen der Täterforschung hin, die zu diesem Zeitpunkt im niederländischen Narrativ des Zweiten Weltkriegs – auch von Seiten der Geschichtswissenschaft – gänzlich ausgeblendet wurden.[50]

Viele Geschichten, die Armando in seinen Kolumnen nacherzählt, handeln von Menschen, die nicht mit ihrer Vergangenheit leben können, und füllen eine bis dahin unentdeckte Leerstelle im niederländischen Erinnerungsnarrativ. Sie bringen Verdrängtes, Verdecktes und Verschwiegenes zum Vorschein, das nicht in den als politisch korrekt empfundenen Diskurs passt. Insofern besitzen die Erzählungen ein spezifisches Provokations- und Störpotential, da hier letztlich die offizielle Geschichtsschreibung grundlegend in Frage gestellt wird.[51]

Die Lücke als Erinnerungsort

Berlin war für Armando nicht nur ein unendliches Archiv von Stimmen, sondern auch ein ambivalenter Grenzraum. Auf der Nahtstelle zwischen Ost und West suchte er nicht nur nach verdrängten Erinnerungen, sondern auch nach verlorenen Orten des Gedenkens: schuldigen Orten, die Verbrechen jeder Art als Kulisse dienten. Häuser, Straßen und Gebäude der Stadt, die den Geist vergangener Epochen in sich tragen, ziehen Armando an und stoßen ihn zugleich ab:

> Berlin ist eine häßliche Stadt mit prächtigen Resten. Berlin ist durch die Bombenangriffe schwer beschädigt, aber nicht unkenntlich zerstört [...].
> Berlin ist also keine schöne Stadt, wohl aber eine fesselnde Stadt. Fesselnd durch die oft unerträgliche Spannung zwischen einer scheinbar unbekümmerten Gegenwart und einer beklemmenden Vergangenheit. Es ist eine Stadt voller Orte und Spuren.[52]

Armando sucht in Berlin jene Orte auf, die die Lücken und das im Gedächtnis seiner Einwohner Ausgelassene verkörpern. In der Kolumne *Orte* heißt es:

> Wenn ich mein Haus verlasse und nach links abbiege, komme ich an einem kleinen Buchladen vorbei. [...] Ein paar Meter weiter steht ein Eckhaus, das bis vor kurzem im Baugerüst stand. Ganz normal, ein Haus. Kann vorkommen. Aber wenn man so das eine oder andere liest und notiert, erweist sich das normale Haus zufällig als eben das Haus, in dem die Rote Kapelle im Krieg einen Sender hatte. Von denen, die nicht wissen, was die Rote Kapelle war, verabschiede ich mich hiermit herzlich. So ein Haus ist ein Ort. Monatelang kommt man an so einem Haus vorbei, kein übles Haus, nicht wahr, und dann auf einmal ist es ein Ort. Schade. Schön.

---

50 Vgl. Britta Bendieck: Armando – Mittler oder Provokateur?, in: Nicole Colin, Patrick Farges, Fritz Taubert (Hrsg.): Annäherung durch Konflikt. Mittler und Vermittlung, Heidelberg 2017, 33–47, hier: 45.
51 Vgl. Aleida Assmann: Fiktion als Differenz, in: Poetica 29 (1989), 239–260, hier: 254.
52 Armando: Reste, in: ders., Die Wärme der Abneigung (Anm. 37), 72–77, hier: 72 ff.

Anderswo in Berlin. Ein großer Haufen Sand. Ja, was ist mit diesem großen Haufen Sand. Ach, nichts, nur stand an diesem Ort zufällig das stattliche Gebäude der Gestapo, das wollte ich nur eben sagen. Heute führt da ganz nah *die Mauer* entlang. Und gleich hinter der Mauer, drüben also, steht mit geschlossenen Augen ein Nazibau, ein Überbleibsel vom Reichsluftfahrtministerium. In dem Gestapogebäude gingen Menschen ein und aus, Funktionäre und sonstige, wahrscheinlich waren das normale Menschen.
Berlin ist eine unbekümmerte Stadt, die weder wankt noch weicht.
Hier, wo Müll liegt und Unkraut wächst, stand das prächtige Gebäude des Volksgerichtshofs, wo Nazirichter Roland Freisler die Angeklagten anschnauzte und begierig zum Tode verurteilte.
[...] Berlin. Eine Stadt voller Brandmauern. Ich kann nicht halbwegs erzählen, wie schön diese Brandmauern sind. Hier, die überwucherten Straßenbahnschienen, die unter *der Mauer* durchgehen, kamen zehn Meter weiter auf dem Potsdamer Platz heraus, einst Europas verkehrsreichster Platz. Wenn du über die Mauer schaust, siehst du drüben den Potsdamer Platz von heute: eine leere Fläche. Und der Buckel da links in diesem kleinen Feld, da war Hitlers Bunker. Da stand die Reichskanzlei, jetzt ein Buckel mit Gras.
Eine Stadt voller Fallen. Man wähnt sich.
Dieser schweigsame Weg. Auf der einen Seite liegen in der Tiefe die Gleise einer Kleinbahn, auf der anderen Seite stehen neben ein paar Schrebergärtchen alte Backsteingebäude mit pseudobarockem Giebel. War ganz früher eine Kaserne. Jetzt ist eine Baufirma drin.
Die Keller dieses Gebäudes waren die Vorläufer der deutschen Konzentrationslager. Nach dem Reichstagsbrand wurden dort die politischen Gegner von der SA zusammengeschlagen. Man kann, wenn man will, durch die Fenster nach drinnen sehen. Man kann auch daran vorbeigehen, von nichts wissen, so tun, als ob nichts wäre. Als ob es nur ein Gebäude wäre, kein Ort.
[...] Es ist ein seltsames Dasein in einer Stadt voller Menschen und Mauern mit Kugellöchern.[53]

Die Textstelle macht deutlich, wie sich Armando den Erinnerungsraum Berlin erschließt. Als beobachtender Außenseiter nimmt er die Position des wissenden Flaneurs ein. Auf den Spuren von Franz Hessel, der durch Spazieren in Berlin[54] zum Inbegriff des Flaneurs wurde, und seines Freundes Walter Benjamin, der den Flaneur seinerseits zur Schlüsselfigur der Moderne gemacht hat,[55] schlendert Armando durch das Berlin der 1980er Jahre. Mit wissbegierigem Blick erkundet er die geteilte Stadt zu Fuß und sucht nach der Verbindung zwischen Vergangenheit und Gegenwart. Die Stadt entpuppt sich für ihn als Fundgrube schuldiger Orte, deren Faszination er sich nicht entziehen kann. Als Spurenleser richtet er seinen Blick auf das Verschüttete als Mischung aus Anwesenheit und Abwesenheit. Indem er gerade noch kenntliche Reste identifiziert und sichtbar macht, gelingt es ihm, die Aufmerksamkeit seiner Leser:innen nicht nur auf die topografischen Lücken zu lenken, sondern auch auf die Leerstellen im Gedächtnis und auf die Macht des Vergessens. In gleichem Maße wie in den

---

53 Armando: Orte, in: ebd., 103–107. Im Niederländischen erschienen unter dem Titel *Plekken* in: Armando, Uit Berlijn (Anm. 36), 5 ff.
54 Franz Hessel: Spazieren in Berlin [1929]. Mit einem Geleitwort von Stéphane Hessel und einem Nachwort von Bernd Witte. Neu hrsg. von Moritz Reinighaus, Berlin 2011.
55 Vgl. Walter Benjamin: Der Flaneur, in: ders.: Das Kunstwerk im Zeitalter seiner technischen Reproduzierbarkeit und andere Schriften, Frankfurt a. M. 2011, Gesammelte Werke, Bd. 11, 745–771.

1980er Jahren das Gestapo-Gelände in Berlin noch beschwiegen wurde, wurden auch persönliche Erinnerungsspuren verdrängt. Das von Armando lapidar als ein „Haufen Sand" bezeichnete historisch kontaminierte Gestapogelände steht paradigmatisch für einen Gedächtnisort wider Willen. Die Gebäude, in denen zwischen 1933 und 1945 die Zentralen der SS, der Geheimen Staatspolizei und des Reichssicherheitshauptamtes untergebracht waren, wurden nach dem Krieg abgerissen. Weder auf den Stadtplänen noch vor Ort war eine genaue Lokalisierung möglich. Die Bedeutung dieser Orte für das nationale Gedächtnis wurde jahrelang verkannt.[56] Erst Mitte 1985 wurde das Terrain, auf dem sich heute die Ausstellung *Topografie des Terrors* befindet, wiederentdeckt. Für Armando ist das Gestapogelände ein von Tätern markierter Erinnerungsort und Beleg dafür, dass im scheinbar Normalen etwas überaus Bedrohliches verborgen sein kann. Bei seinen Streifzügen durch Berlin spürt er eine Vielzahl solcher Orte auf. Diese Leerstellen konfrontieren ihn und seine niederländische Leserschaft aber nicht nur mit der deutschen Vergangenheit, sondern auch mit dem widersprüchlichen Verhältnis zur eigenen Geschichte.

Fazit

Berlin ist für Armando Gedächtnisort wider Willen. Obwohl Abwesendes und Ausradiertes das Stadtbild dominieren, kann Berlin als Kulisse und stummer Zeuge zahlloser Kriegsverbrechen seine Zeugenschaft nicht verschleiern. Neben den Lücken, die von Krieg und Verbrechen berichten, interessieren den niederländischen Künstler aber auch die Bewohner:innen der Stadt und ihre Erinnerungsnarrative. So wie die Stadt selbst fragmentiert ist, präsentieren sich auch die Erinnerungen der Frauen und Männer an ihre Erlebnisse, Erfahrungen und Schicksale aus den Jahren des Krieges nur bruchstückhaft. Mithilfe ihrer Geschichten sowie den als Erinnerungsorten enttarnten Lücken führt Armando seinen niederländischen Leser:innen die Fehler und Lücken im eigenen Narrativ sowie die Klischeehaftigkeit ihrer Selbst- und Fremdbilder vor Augen. Bewusst verweigert er eine eindeutig lesbare Deutung und Kommentierung der Vergangenheit und fordert stattdessen auf, die Geschichte selbst neu zu interpretieren. Die individuellen Berichte widersprechen in vielem dem auf das deutsche Kollektiv gerichteten niederländischen Geschichtsbild, aber die sich hieraus ergebenden Fragen beantwortet Armando nicht. Stattdessen fordert er seine Leserschaft durch den vollzogenen Perspektivwechsel auf, sich von dem bequemen Schwarz-Weiß-Denken zu verabschieden und die klar umrissenen (‚Feind'-)Bilder zu überdenken. Rückblickend betrachtet gelang es Armando auf diese Weise nicht nur, das Deutschlandbild der

---

56 Vgl. Aleida Assmann: Erinnerungsräume. Formen und Wandlungen des kulturellen Gedächtnisses, München 2010, 335.

Niederländer:innen nachhaltig zu verändern, sondern seine Artikel leiteten auch einen Wechsel hinsichtlich der Beurteilung der eigenen Rolle im Zweiten Weltkrieg ein, der schlussendlich in die niederländischen Geschichtsdebatten über die ‚graue Vergangenheit' zu Beginn der 2000er Jahre münden sollte.[57]

Armandos gesammelte Essays erschienen in den 1980er Jahren auch in Buchform in drei Bänden unter den Titeln *Uit Berlijn; Machthebbers. Verslagen uit Berlijn en Toscane* und *Krijgsgewoel* sowie 2022 in der Reihe *Kritische Klassieken* gebündelt unter dem Titel *Uit Berlijn, Machthebbers, Krijgsgewoel*.[58] *Machthebbers* wurde 1984 mit dem angesehenen niederländischen *Multatuliprijs* und ein Jahr später mit dem *F. Bordewijkprijs* sowie dem Preis des Amsterdamer Kunstfonds *(Amsterdams Fonds voor de Kunst)* ausgezeichnet.[59] Armando erhielt für sein Werk zahlreiche weitere Ehrungen, so den Literaturpreis *De Gouden Ganzenveer* für seinen Beitrag zur Verbreitung des niederländischen Kulturguts. Armando sei es gelungen, so der Vorsitzende des Königlichen Niederländischen Verlegerverbandes in seiner Laudatio, mit seiner schriftstellerischen Arbeit eine Brücke von Amsterdam nach Berlin zu schlagen.[60]

---

57 Vgl. Krijn Thijs: Kontroversen in Grau. Revision und Moralisierung der niederländischen Besatzungsgeschichte, in: Nicole Colin, Matthias N. Lorenz, Joachim Umlauf (Hrsg.): Täter und Tabu. Grenzen der Toleranz in deutschen und niederländischen Geschichtsdebatten, Essen 2011, 11–24.
58 Siehe Anm. 36.
59 Der nach dem Schriftsteller F. Bordewijk benannte Preis wird jährlich, seit 2015 alle zwei Jahre, an eine:n Autor:in des besten niederländischsprachigen Prosabandes verliehen. Bemerkenswert erscheint, dass es sich bei *Machthebbers. Verslagen uit Berlijn en Toscane* um Kolumnen handelt, also Texte, die sich auf der Schnittfläche von journalistischen Texten und fiktiver Prosa befinden.
60 *De Gouden Ganzenveer* wurde 1955 vom niederländischen Verlegerverband, dem *Koninklijke Nederlandse Uitgeversbond*, gestiftet. Menschen oder Institutionen, die sich um die Vertiefung oder Verbreitung des niederländischen Kulturgutes verdient gemacht oder sein Ansehen gefördert haben, soll mit dem Preis Anerkennung ausgesprochen werden. Der hoch angesehene Kulturpreis wurde seit 1955 zunächst seitens der Verlage jährlich verliehen. Träger ist heute eine Stiftung, die sich aus verschiedenen Gremien zusammensetzt. Vgl. G. J. van Roozendaal: Voorwoord Laudatio voor Armando, in: Uitreiking van de Gouden Ganzenveer, de culturele prijs van de Koninklijke Nederlandse Uitgeversbond, in het kader van de manifestatie ‚Amsterdam culturele hoofdstad van Europa 1987', aan Armando, Amsterdam 1987, 7.

Lukas Nils Regeler
Finnische und schwedische Autor:innen zwischen Ost- und Westberlin

Finnische Perspektiven auf die geteilte Stadt

Zu Beginn der 1970er Jahre löste sich in den Beziehungen zwischen Finnland und dem geteilten Deutschland ein fester diplomatischer Knoten. In der frühen Nachkriegszeit hatte die Regierung Finnlands der DDR und ihrem großen Bruderstaat, der Sowjetunion, versprochen, in der deutsch-deutschen Frage absolute Neutralität zu wahren.[1] Zur DDR sollten dabei exakt dieselben Beziehungen bestehen wie zur Bundesrepublik – damit war das nordeuropäische Land deutlich strikter als andere vermeintlich neutrale Staaten wie Schweden, die Schweiz oder Österreich, die ihre selbsterklärte politische Neutralität lediglich auf zwischenstaatliche Konflikte beschränkten.[2] Finnlands davon abweichende Deutschlandpolitik ist vor allem aus einer höheren Abhängigkeit von der Sowjetunion zu verstehen – war es doch selbst erst seit 1917 kein russisches Staatsgebiet mehr, teilte weiterhin aber einen Großteil seiner Außengrenze mit dem mächtigen Nachbarn.[3] In die Geschichtsbücher der Nachkriegszeit ist diese Situation gemeinhin unter dem Begriff der „Finnlandisierung" eingegangen.[4]

---

[1] Vgl. Peter Lübbe: Kulturelle Auslandsbeziehungen der DDR. Das Beispiel Finnland, Bonn 1981, 68.
[2] Vgl. Timo Soikkanen: Aus einer Zwangslage zum außenpolitischen Lehrstück. Finnlands Deutschlandpolitik 1947–1972, in: Edgar Hösch, Jorma Kalela, Hermann Beyer-Thoma (Hrsg.): Deutschland und Finnland im 20. Jahrhundert, Wiesbaden 1999, 65–90, hier: 75.
[3] Vgl. Lübbe (Anm. 1), 54. Die Untersuchung Peter Lübbes jedoch ist auch aus ihrem historischen Entstehungsort heraus zu betrachten (das Manuskript entstand 1978 in Bonn) und ist deutlich geprägt durch den westdeutschen Blick auf die DDR-Kulturpolitik im Zeichen der Biermann-Ausbürgerung. Lübbe ist sehr bemüht darum, den Einfluss der DDR-Literatur auf den finnischen Literaturbetrieb als irrelevant darzustellen (ebd., 226); literarische Affinitäten werden nicht betrachtet, als einziges Beispiel für einen unbeabsichtigt erfolgreichen Transfer wird die „Biermanndiskussion in Finnland" hervorgehoben, vgl. ebd., 235–240.
[4] Zu diesem Begriff vgl. Wichard Woyke: Art. „Finnlandisierung", in: ders. (Hrsg.): Handwörterbuch Internationale Politik. 3. Aufl., Opladen 1986, 161–165. Lübbe definiert den Begriff der Finnlandisierung konträr dazu als Widerstand der Finnen gegen die „Nordeuropapolitik der Sowjetunion", und somit als „bessere Ausschöpfung der Möglichkeiten für die politische Unabhängigkeit im Innern und der Erhaltung der Selbständigkeit nach außen". Lübbe (Anm. 1), 55. Wenngleich der Begriff ergo nicht eindeutig definiert ist, erhält er auch Einzug in deutsch-deutsche Schriftstellerkreise, was sich u. a. an einem Gespräch Stefan Heyms mit Günter Grass vom 21. November 1984 zeigt, in dem Grass mitunter konstatiert: „Ich habe keine Angst vor dem Wort ‚Finnlandisierung', ich habe vor diesem finnischen Volk einen ungeheuren Respekt und finde es schäbig, wenn gerade in der Bundesrepublik das Wort ‚Finnlandisierung' als Schimpfwort benutzt wird [...]." Günter Grass: Nachdenken über Deutschland.

Eine Pattsituation ergab sich, als die Bundesrepublik Deutschland 1955 mit der sogenannten Hallstein-Doktrin verkündete, dass sie jede Aufnahme diplomatischer Beziehungen eines Drittstaates zur DDR als „unfreundlichen Akt" werten würde.[5] Da Finnland nun der DDR eine absolute Gleichbehandlung versprochen hatte, konnte es beide deutsche Staaten bis zur Aufhebung der Hallstein-Doktrin 1969 nicht anerkennen.[6]

Ende der 1960er Jahre mehrten sich in der finnischen Politik allerdings die Stimmen, eine Anerkennung der DDR voranzutreiben: Dazu trug nicht nur Druck von sowjetischer Seite bei;[7] auch war die DDR bereits zu dieser Zeit mit kultur- und sportpolitischen Programmen in Erscheinung getreten, bewertete sie Finnland doch als „fortschrittlichstes Land der kapitalistischen Welt" und als wichtigsten Adressaten für propagandistische Tätigkeiten im nichtsozialistischen Ausland.[8] Bereits vor der Anerkennung der DDR kam es daher im November 1969 zu einem ausführlichen Kulturprotokoll, das die kulturellen Beziehungen beider Staaten in geregelte Bahnen lenken sollte.[9] Nach der Anerkennung der DDR durch Finnland zum 7. Januar 1973 – die Bundesrepublik hatte ein früheres Datum durch Hinauszögern der Kommunikation zu verhindern gewusst[10] – nahm auch der Schriftstellerverband der DDR (DSV) Beziehungen zum finnischen Pendant auf.[11] Das bedeutete in diesem Fall das Aushandeln und Unterschreiben eines sogenannten Freundschaftsvertrages, der den Austausch von Schriftsteller:innen in beide Richtungen zumeist für den Zeitraum von

---

Aus einem Gespräch mit Stefan Heym, in: ders.: Deutscher Lastenausgleich. Wider das dumpfe Einheitsgebot. Reden und Gespräche, Berlin/Weimar 1990, 33–47, hier: 43.
5 Vgl. dazu in aller Kürze Soikkanen (Anm. 2), 73 f.
6 Ebd., 76.
7 Die vermeintliche Abhängigkeit Finnlands von der Sowjetunion ist in der Forschung ein hochumstrittenes Thema. Während Soikkanen (ebd., 79) konstatiert, die Sowjetunion habe in der Deutschlandfrage massiv Druck auf Finnland ausgeübt, behauptet Hentilä: „von Druck der UdSSR auf Finnland zugunsten der DDR zu sprechen, wäre völlig übertrieben." Seppo Hentilä: Das Deutschland-Paket der finnischen Regierung 1971/72. Diplomatische Anerkennung – aber um welchen Preis?, in: Hösch/Kalela/Beyer-Thoma (Anm. 2), 169–198, hier: 172.
8 Peter Florin: Zur Außenpolitik der souveränen sozialistischen Deutschen Demokratischen Republik, Berlin 1967, 86, zit. n.: Lübbe (Anm. 1), 14.
9 Bei der Aushandlung dieses Kulturprotokolls hatte Finnland jedoch darauf bestanden, dass es sich explizit um kein Abkommen handele, vgl. Olivia Griese: Kulturpolitik als Teil der Außenpolitik. Das Kulturprotokoll vom November 1969 als Beispiel für die auswärtige Kulturpolitik der DDR in Finnland, in: Hösch/Kalela/Beyer-Thoma (Anm. 2), 295–308, hier: 305.
10 Vgl. Soikkanen (Anm. 2), 88.
11 Vgl. Lübbe (Anm. 1), 107. Zur Arbeit des Schriftstellerverbands der DDR vgl. jüngst Jutta Müller-Tamm: Das geteilte Berlin als Katalysator der Internationalisierung des Literaturbetriebs, in: dies. (Hrsg.): Berliner Weltliteraturen. Internationale literarische Beziehungen in Ost und West nach dem Mauerbau, Berlin/Boston 2021, 3–39; ferner Klaus Michael, Margret Pötsch, Peter Walther: Geschichte, Struktur und Arbeitsweise des Schriftstellerverbandes der DDR. Erste Ergebnisse eines Forschungsprojektes, in: Zeitschrift des Forschungsverbundes SED-Staat 3 (1997), 58–69.

zwei Jahren regelte. Derlei Verträge schloss der DSV durchaus mit vielen Verbänden auch nichtsozialistischer Staaten ab; der Pakt mit Finnland ist jedoch aus mindestens drei Gründen bemerkenswert.

Erstens besaß der Austausch eine nicht zu verachtende Quantität: Zu keinem anderen kapitalistischen Land unterhielt der DSV so intensive Beziehungen. In den 1970er und 80er Jahren empfing die DDR nach Aufzeichnungen des DSV offiziell insgesamt 46 finnische Schriftsteller:innen. Zum Vergleich: Im selben Zeitraum verzeichnete man aus dem politisch wesentlich näherstehenden Kuba 43 Gäste, aus Frankreich 29 und aus Österreich 32.[12]

Zweitens entsandte der finnische Schriftstellerverband überwiegend bekanntere Autor:innen, die sich im heimischen Literaturbetrieb bereits einen Namen gemacht hatten. Das war nicht selbstverständlich; selbst die sozialistischen Bruderverbände nutzten den Delegationsaustausch oft eher für junge oder literarisch unerfahrene Schriftsteller:innen, teils sogar für Hobbyautor:innen. Aus Finnland nun kam in den 1970er und 80er Jahren etwa die Brecht-Übersetzerin und feministische Autorin Brita Polttila für ein neues Buchprojekt in die DDR; oder Tauno Yliruusi, der schon damals zu den bekanntesten finnischen Dramatikern der Nachkriegszeit zählte. Die jeweils sechsfach mit dem finnischen Staatsliteraturpreis ausgezeichneten Autor:innen Paavo Rintala und Eeva Joenpelto waren ebenfalls prominente Gäste in dieser Zeit.

Zum dritten ist die Intensität der Aufenthalte finnischer Autor:innen zu vermerken, und hierbei besonders auch ihre literarische Produktivität. Veijo Meri, ebenfalls ein populärer finnischer Autor, 1973 ausgezeichnet mit dem Preis des Nordischen Rates und mittlerweile in 24 Sprachen übersetzt,[13] hatte über seinen Studienaufenthalt in der DDR 1964 ein Buch geschrieben: *Goethen tammi*, zu deutsch *Goethes Eiche*.[14] Der ins Deutsche bislang nicht übersetzte Essayband enthält Berichte über Meris Besuch des Konzentrationslagers Buchenwald, aber auch Impressionen eines Schriftstellergesprächs mit ost- und westdeutschen Autor:innen. Veijo Meri beschreibt hier sein Befremden gegenüber westlichen Teilnehmern wie Günter Grass und Hans Magnus Enzensberger; er habe das Treffen vorzeitig verlassen.[15] Als das Buch 1978, 14 Jahre nach den geschilderten Ereignissen, in Finnland veröffentlicht wurde, empfing ihn der DSV erneut zu einem Studienaufenthalt, gemeinsam mit dem finnischen Autor

---

12 Grundlage dieser Zahlen sind die DSV-internen Einreisekarteien; einzusehen im Archiv des Schriftstellerverbands der DDR, Archiv der Akademie der Künste in Berlin, Signatur SV 2831, 2837 und 2848. Die Kartei ist von unterschiedlichen Personen bestückt worden und daher je nach Jahr nur bedingt aussagekräftig; dennoch lassen sich über dieses zentrale Verzeichnis doch etliche Tendenzen ablesen.
13 Vgl. Ulpu Marjomaa: 100 Faces from Finland. A biographical kaleidoscope, übers. von Roderick Fletcher, Helsinki 2000, 306.
14 Veijo Meri: Goethen tammi. Lyhyttä proosaa, Helsinki 1978.
15 Vgl. ebd., 70.

Daniel Katz.[16] Mit der Reise war ein umfangreiches, repräsentatives Programm verbunden – etwa ein Gespräch mit dem Cheflektor von *Volk und Welt*.[17] Die *Weimarer Beiträge* veröffentlichten 1979 ein ausführliches Interview mit Veijo Meri,[18] das vermutlich auf diesen Aufenthalt zurückging, das aber auch gerade die Diskrepanzen zwischen dem sozialistischen Literaturverständnis der DDR und den Ansichten des finnischen Autors aufzeigt: Meri beklagt etwa „die Einschränkung der Meinungsfreiheit" in einigen Ländern, ohne dies näher zu spezifizieren: „Das Verheimlichen auch einer kleinen Wahrheit oder der Kenntnis über eine Sache verdirbt den Stil des Schriftstellers und wird im Text spürbar."[19] Zwar verwendet er aus dem offiziellen ästhetischen Programm der DDR bekannte Schlagworte wie „Realismus" und „Humanismus", verknüpft mit diesen Begriffen jedoch fundamental andere Konzepte, die er im Interview u. a. auf die in der DDR verpönten Autoren Franz Kafka oder James Joyce zurückführt.[20] Hier zeigt sich, dass in die DDR entsandte und ihr in gewisser Weise politisch zugewandte finnische Autor:innen nicht unbedingt die ästhetischen Prinzipien des sozialistischen Realismus teilten. Mitunter findet sich in Texten, die aus Ostberlin-Aufenthalten finnischer Autor:innen hervorgegangen sind, gar explizite Kritik am Gastgeberland, wie ein Blick auf zwei weitere Schriftsteller verdeutlichen soll.

Im Jahr 1980 hielt sich der Schriftsteller Matti Pulkkinen in Ostberlin auf[21] – über den Inhalt seiner Reise ist nicht viel bekannt; im literarischen Werk des Autors jedoch hat sie sich deutlich niedergeschlagen. Matti Pulkkinen gilt als einer der ersten Vertreter der literarischen Postmoderne in Finnland; bekannt ist er vor allen Dingen für seine 1985 erschienene „autobiographical anti-novel"[22] *Romaanihenkilön kuolema,* zu

---

16 Auch Daniel Katz hat später seine Erfahrungen im Umgang mit der deutsch-deutschen Kultur verarbeitet, bspw. in seinem bissigen und bei *Luchterhand* übersetzten Roman: Daniel Katz: Der falsche Hund, übers. von Gisbert Jänicke, München 1997. Der Roman erschien 1992 erstmals in finnischer Sprache unter dem Titel *Saksalainen sikakoira* (zu dt. *Der deutsche Schäferhund*) und setzt sich u. a. mit Spuren des Holocausts im Deutschland der Nachkriegszeit auseinander.
17 Das detaillierte Aufenthaltsprogramm ist nachzulesen im Archiv des Schriftstellerverbands der DDR, Archiv der Akademie der Künste, Berlin, Signatur SV 868, Bd. 1, Bl. [53].
18 Josef-Hermann Sauter: Interview mit Veijo Meri, in: Weimarer Beiträge 25/3 (1979), 89–100. Im Aufenthaltsprogramm des DSV (Anm. 17) ist das Interview nicht vermerkt, allerdings finden sich dort mehrere nicht näher definierte „Gespräch[e]".
19 Sauter/Meri (Anm. 18), 92.
20 Ebd., 94 f. u. 98.
21 Matti Pulkkinen war laut Kartei des DSV (Anm. 12) vom 28. Oktober bis 07. November 1980 in Ostberlin zu Gast. Er arbeitete jedoch schon zu Beginn der 1970er als Krankenpfleger für kurze Zeit in Westberlin, vgl. Pekka Tarkka: On Matti Pulkkinen, in: Books from Finland. A literary journal 2 (1978). Online abgerufen am 20. Juni 2021 unter https://www.booksfromfinland.fi/1978/06/on-matti-pulkkinen/.
22 Vgl. Kaisa Kurikka: To Use and Abuse, to Write and Rewrite. Metafictional Trends in Contemporary Finnish Prose, in: Samuli Hägg, Erkki Sevänen, Risto Turunen (Hrsg.): Metaliterary Layers in Finnish Literature, Helsinki 2008, 48–63, hier: 50.

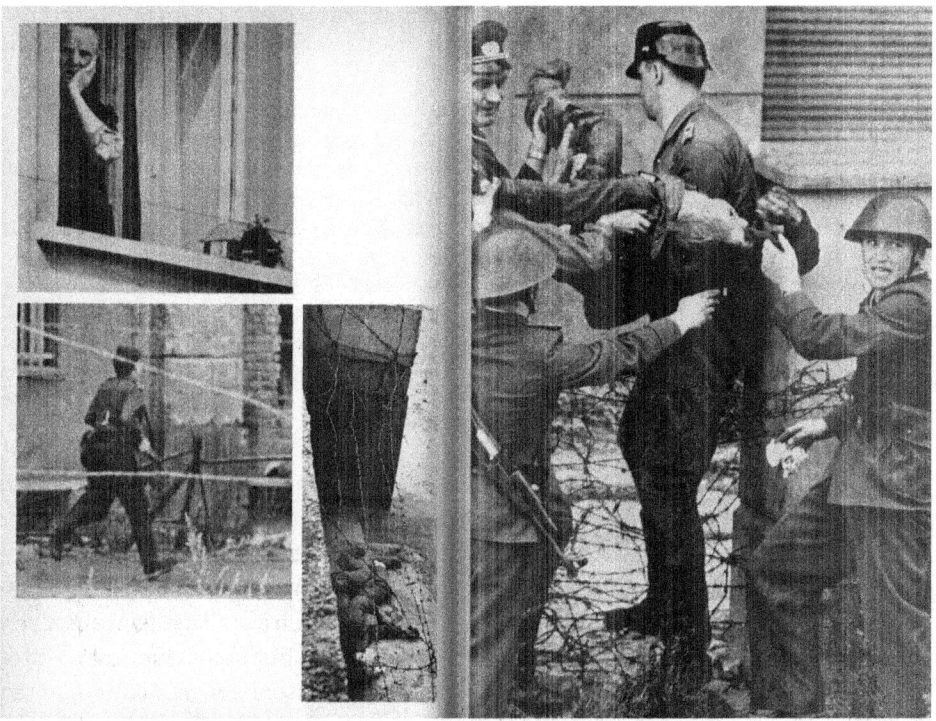

Abb. 1: Doppelseite aus: Matti Pulkkinen: Romaanihenkilön kuolema. Tarua ja totta eli ihmisen kuvaus, Helsinki/Jyväskylä 1985, 94 f.

deutsch: *Der Tod einer literarischen Figur*.[23] Der Text ist eine 650 Seiten starke Collage von Zitaten, essayistischen Einschüben und teils unzusammenhängenden Miniatur-Erzählungen. Auf einer übergeordneten Ebene geht es um einen Autor, dessen Roman mit dem finnischen Staatspreis ausgezeichnet wird, während Finnland noch am selben Abend von sowjetischen Truppen besetzt und annektiert wird. Eingeflochten in diese Handlung sind – neben selbstreflexiven Dialogen zwischen Autor, Figur und fingiertem Leser – verschiedene Anekdoten aus Ostberlin, die das fingierte Schicksal Finnlands nun mit den realen Geschehnissen der DDR verknüpfen. Dieser außerliterarische Bezug wird vor allem dadurch deutlich, dass sämtliche bebilderte Seiten des Romans (26 an der Zahl) mit Fotografien aus Ostberlin übersät sind, insbesondere der Berliner Mauer, dabei sehr prominent Darstellungen von Mauertoten.[24]

---

[23] Matti Pulkkinen: Romaanihenkilön kuolema. Tarua ja totta eli ihmisen kuvaus, Helsinki/Jyväskylä 1985.
[24] Vgl. ebd., 576–603.

Auch im Text wird die Berliner Mauer thematisiert, etwa bei einem Psychatrieaufenthalt, den die Autorfigur in der DDR hat:

> Jedoch mochte ich es in Berlin. Es gab gute Sicherheitsvorkehrungen.
> Als ich im Sprechzimmer saß, war die Tür zur Station zugesperrt, und die Stationstür war nach außen hin verschlossen. Die Klinik war von einem mit Stacheldraht versehenen Panzerzaun umgeben. Dahinter befand sich eine Straße, um die ein britischer Panzerwagen fuhr, auf der anderen Seite der Straße war Stacheldraht, dann eine Mauer, dahinter Minenfelder, Wachhunde und Tötungsmaschinen, und aus dem Fenster des Zimmers sah ich, wie über all dem ein Wachturm mit zwei DDR-Männern stand, die den Krankenhaushof überwachten.
> [...] Nachts, hinter der Mauer, hörte man das Rattern von Raupenketten, das Wimmern von Dieselmotoren und das Knattern von Maschinengewehren. Gelegentlich blitzte eine Leuchtrakete über der Mauer auf und erhellte mein Zimmer blau-weiß, bis sie erlosch und wie ein Zigarettenstummel mit rotem Glimmen zu Boden glitt.[25]

Mit ironischem Unterton entwirft Pulkkinen hier ein Schreckensszenario; akribisch beschreibt er das absolute Gefangensein der Figur im Hochsicherheitstrakt Berlin. Interessant ist dabei auch die Situierung in einem Irrenhaus, die zum Ende der Passage hin deutlich werdende Engführung von psychischem und politischem Sicherheitsbedürfnis. Auch an anderer Stelle im Roman, der im Übrigen auch Passagen aus Meris *Goethen tammi* enthält,[26] finden Konfrontationen mit der Berliner Mauer statt – prominent hervorgehoben wird die Autorfigur etwa von Grenzsoldaten und Funktionären „Ost oder west?" gefragt;[27] ein Beispiel dafür, dass die finnische Neutralität sich im geteilten Berlin nicht durchhalten lässt.

Zwei Jahre nach Matti Pulkkinen, 1982, wurde der Autor Markku Into vom finnischen Schriftstellerverband nach Ostberlin entsandt.[28] Into galt in seinem Wohnort Turku als wichtiger Vertreter der ortsansässigen Untergrundbewegung, war Mitglied einer Punkband und übersetzte unter anderem Allen Ginsberg und Hans Magnus

---

25 Ebd., 549f: „Mutta viihdyin Berliinissä. Siellä oli hyvät turvallisuusjärjestelyt. Kun istuin kansliassa, ovi oli lukossa osaston puolelle, ja osaston ovi lukossa ulos. Sairaalaa ympäröi panssariaita jota oli korotettu piikkilangalla. Sen takana kulki tie, jota kiersi brittiläinen panssariauto; tien tuolla puolen oli piikkilankaestettä, sitten muuri, sen takana miinakentät, susikoirat ja tappoautomaatit, ja kanslian ikkunasta, tämän kaiken yli, näkyi vartiotorni jossa seisoi kaksi ddr:läistä katselemassa sairaalan pihalle. [...] Öisin kuului muurin takaa telakejujen ratinaa, dieselien ulvahtelua ja konetuliaseiden rätinää. Silloin tällöin muurin päällä leimahti valoraketti, joka valaisi huoneeni sinisenvalkoiseksi, kunnes sammui ja putosi punaisenkiiluvana maahan kuin tupakantumppi." Hier und im Folgenden meine eigene Übertragung ins Deutsche. Mein großer Dank gilt Jesse Juopperi von der Universität Uppsala für seine hilfreiche Unterstützung beim Anfertigen der Übersetzungen aus dem Finnischen.
26 Ebd., 77.
27 Ebd., 119. Hervorhebung im Original.
28 Ebd., 94 f. u. 98. Markku Into war laut Kartei des DSV (Anm. 12) vom 14. bis 25. Juni 1982 in Ostberlin zu Gast.

Enzensberger ins Finnische.[29] Seiner Reise nach Ostberlin, aber wohl auch einem sich daran anknüpfenden Aufenthalt im Westen der Stadt, widmete Into 1983 einen kompletten Lyrikband mit dem Titel *Päästä minut lihasta,* zu deutsch: *Erlöse mich vom Fleisch*.[30] In den enthaltenen Gedichten, die im besten Sinne der US-amerikanischen Beatliteratur vermittels *Cut-up*-Technik Impressionen und Zitate verschiedener Sprachen miteinander kombinieren, geht es um Ostberlin als eine Stadt des Stillstands und der ewigen Ungewissheit[31] – Westberlin hingegen schildert Into als zentralen Ort der schwulen Szene, wenn auch in ebenfalls tristen Farben und immerwährender Dunkelheit. Die Strichjungen des Bahnhofs Zoo[32] werden ebenso aufgegriffen wie die eigenen homosexuellen Kontakte des Sprechers, das Verfluchtsein in der „verdammte[n] stadt"[33] Berlin. Eine Passage aus dem Gedicht „eurooppa": „swing it magister / Ruhm und Reichtum wirst du hier nicht ernten / Die Nacht verwirrt die Sprache / Lippen berühren das kalte Eisen".[34]

Die Strophe, die im finnischen Original eine bemerkenswerte, taktangebende Rhythmik aufweist, lässt sich einerseits mit Bezug auf die eigene poetische Schreibweise lesen, als Sprachverlust, wie er in anderen Gedichten des Bandes immer wieder auftaucht.[35] Das Verwirren der Sprache in der Nacht kann aber auch auf die schwule Szenekultur zurückgeführt werden, auf erotische Begegnungen in Clubs oder das *Cruising* etwa auf Berliner Parkplätzen[36] und damit verbundene spezifische Kodes wie *Polari*. Auch die Berliner Mauer taucht in der Lyrik Intos auf, als stille Zeugin der nächtlichen Begegnungen.[37]

Die unerwartet frivolen und experimentierfreudigen Gäste des DSV sind selbstverständlich nicht die einzigen finnischen Autor:innen, die sich in Berlin aufhielten und die geteilte Stadt zum Thema machten. In ihrer Anthologie *Berliini. Kirjailijan kaupunki* versammelt die Literaturwissenschaftlerin Ritva Hapuli eine große Auswahl

---

29 Während Into bereits in den 1980er Jahren die Autor:innen der *Beat Generation* ins Finnische übersetzte, finden sich Enzensberger-Übersetzungen erst 2000, bspw. Hans Magnus Enzensberger: Runoja 1950–2000, übers. von Markku Into, Turku 2000.
30 Markku Into: Päästä minut lihasta. Poeettinen sarja, Helsinki 1983. Der Gedichtband ist auf die Zeit von August 1982 bis Mai 1983 datiert; also unmittelbar nach Intos DSV-Reise. Der Titel erinnert auch an die Formulierung „päästä meidät pahasta" (dt. „erlöse uns von dem Bösen") im finnischen Vaterunser.
31 Vgl. Markku Into: „ddr:n kansankamarissa", in: ebd., 34: „minä istun / pysähtyneessä kuvassa [...] / olen koukussa / epätietoisuudessa".
32 Vgl. ders.: „voi poikaa", in: ebd., 25.
33 Ders.: „fucking city", in: ebd., 49.
34 Ders.: „eurooppa", in: ebd., 19: „swing it magister / mainetta ja kunniaa et täältä saa / yö sekoittaa kielen / huulet kylmää rautaa koskettaa".
35 Vgl. etwa ders.: „cafe einsteinissa", in: ebd., 7.
36 Vgl. das Gedicht „niin" oder die Kreuzberger „Unterwelt-Typen", in: ebd., 42 u. 29.
37 Ders.: „yö muurin katveessa", in: ebd., 13.

an Berlin-Texten, unter anderem auch Passagen von Into und Pulkkinen.[38] Interessant ist neben der schieren Menge an finnischen Berlin-Berichten auch die Tatsache, dass Ost- und Westperspektive sich ungefähr die Waage halten: Und so fängt Hapuli etwa ganz verschiedene Mauerblick-Konstellationen ein, sei es im Berlin-Band Jussi Taskinens, DDR-Korrespondent einer sozialistischen Parteizeitung aus Finnland,[39] oder in den Reportagen des Antikommunisten Urho Ketvel.[40]

Die Berlin-Faszination vieler finnischer Autor:innen in den Jahrzehnten nach Kriegsende mag auch auf einen literarischen Bestseller zurückzuführen sein, den der Finnlandschwede Jörn Donner 1958 veröffentlichte: *Rapport från Berlin*, mehrfach aufgelegt, umgehend nach Veröffentlichung ins Finnische und Englische übersetzt.[41] Donner beleuchtet das noch nicht eingemauerte Berlin aus den unterschiedlichsten Blickwinkeln, spricht mit Menschen aus Ost und West – vor allem die Koryphäen der DDR-Literatur, Anna Seghers und Bertolt Brecht, kommen zu Wort und zeichnen ein Bild von Berlin als aufstrebender Kulturstadt. Jörn Donner mag seine optimistische Sichtweise auf das ‚freie' Berlin mit problemlos überwindbaren Grenzen[42] später korrigiert haben[43] – in Finnland, vor allem auch in der finnlandschwedischen Community, war dieser Text dennoch Anstoß für viele weitere Berlin-Reflexionen.

Prominentes Beispiel hierfür ist die aus Helsinki stammende Journalistin Gitte Lauströer, die für die größte schwedischsprachige Zeitung im finnischen Raum, das *Hufvudstadsbladet*, aus der geteilten Stadt berichtete. 1983 legte sie eine Sammlung ihrer Impressionen als Buch vor: *Berlin – oppen städd* (dt. *offene Stadt*), das spürbar in der Tradition Donners steht.[44] Lauströer jedoch versucht sich vom behutsamen

---

38 Ritva Hapuli (Hrsg.): Berliini. Kirjailijan kaupunki, Helsinki 2004.
39 Vgl. Lübbe (Anm. 1), 94; Hapuli (Anm. 38), 139. Ein im *Berliinin päiväkirja* (dt. *Berlin-Tagebuch*) von Taskinen 1974 geschilderter Mauerblick von Ost nach West findet sich in Hapulis Anthologie auf Seite 53 f.
40 Urho Ketvel beschreibt in seinem Buch *Fasanenstrasse, Berlin* von 1987 etwa die verschiedenen Graffitis auf der Westseite der Mauer, und den Blick in das „Ei kenenkään maa" (dt. „Niemandsland") der DDR, Hapuli (Anm. 38), 65.
41 Jörn Donner: Rapport från Berlin, Helsinki 1958. Neuauflagen u. a. 1966 und 2008, 1989 ins Finnische übertragen. Ins Englische übersetzte Ausgabe: ders.: Report from Berlin, übers. von Albin T. Anderson, Vorwort von Stephen Spender, Bloomington 1961. Zur Rolle Donners in Bezug auf das Berlin-Bild in Nordeuropa, vgl. Thomas Mohnike: The history-accumulator. Berlin as a foreign metropolis, in: Steven P. Sondrup u. a. (Hrsg.): Nordic Literature. A Comparative History, Amsterdam/ Philadelphia 2017, Bd. 1: Spatial Nodes, 262–274, hier: 272.
42 Ebd., 60: „The inner and visible boundary between East and West is in the heart of the city. There one can see the signs, the police, the barriers. But this boundary does not prevent freedom of movement."
43 „Früher bin ich ab und zu auf die Ostseite gefahren, mit der S-Bahn bis zur Friedrichstraße. Aber mein Interesse ließ im Laufe der Jahre nach." Eigene Übersetzung. Jörn Donner: Rapport från Europa, Stockholm 1990, 128: „Jag brukade åka över till öst då och då, ta S-Bahn till Friedrichstrasse. Med åren blev intresset allt mindre."
44 Gitte Lauströer: Berliini. Avoin kaupunki, übers. von Jua Siltanen, Helsinki 1983. Die finnlandschwedische Ausgabe war leider nicht greifbar.

Tonfall des *Rapport från Berlin* bewusst abzugrenzen, indem sie ihre Reflexionen über Westberlin provokant eröffnet:

„Die Berliner sind besessen davon, aus Berlin herauszukommen."[45] Für Lauströer ist Berlin eine dreckige, triste Stadt, Wohnort einsamer Singles und Selbstmordgefährdeter.[46] Dies steht für sie in auffälligem Kontrast zum starken Lokalpatriotismus der Bewohner:innen: „Nur in Westberlin bekommt man den Eindruck, dass die Stadt das Zentrum der Welt ist."[47] In Wahrheit sei Berlin provinziell und engstirnig wie ihre Regionalpresse,[48] geprägt durch verdeckte und offene Fremdenfeindlichkeit. Besonders ausgiebig beschreibt Lauströer ihre Erfahrungen mit der Westberliner Ausländerbehörde und mit Ostberliner Grenzsoldaten.[49] Ein Kuriosum scheint auch ihr die Berliner Mauer zu sein:

> Von den an der Mauer errichteten Aussichtsplattformen können die Berliner zu ihren auf der Ostseite lebenden Verwandten Kontakt aufnehmen. An einem vereinbarten Punkt stehen sie mit dem Fernglas und winken der anderen Seite zu: „Schau, da ist Tante Anni mit ihrer Tasche unter dem Arm! Jetzt schaut sie her!", und die ganze Familie wedelt mit beiden Händen. „Sie lächelt", verkündet der Mann am Fernglas.
> Tante Anna darf nicht zurückwinken, das ist verboten. „Bitte reagieren Sie nicht auf Provokationen aus West-Berlin", steht auf der Ostseite des Brandenburger Tors.[50]

Dieser Mauerblick ist typisch für Lauströers eigenen Ansatz: Sie versucht, sowohl die Ost- als auch die Westseite der Stadt zu Wort kommen zu lassen – ihre schreiende Polemik auf die Schrullen der Westberliner, ihre Sehnsucht nach dem einfachen, stillen Ostberliner Leben[51] verweisen jedoch auch auf ein Eingeständnis der eigenen Parteilichkeit. Über ihre Bemühungen, auch zum Ostberliner Rundfunk Kontakte aufzubauen, schreibt Lauströer etwa:

> Mit einer unnachgiebigen Naivität, meiner besten Waffe, habe ich versucht, mir einen Weg als Journalistin in beiden Berlins zu bahnen. Ich habe Westberlin als mein Zuhause gewählt, aber

---

45 Ebd., 5: „Berliiniläisille on tullut pakkomielteeksi Berliinistä poispääsy."
46 Vgl. ebd., 29 u. 43, oder das Kapitel „Yksinäisten sydänten kaupunki" (dt. „Stadt der einsamen Herzen"), 50–61, bes.: 51.
47 Ebd., 7: „Vain Länsi-Berliinissä saa sen käsityksen, että kaupunki on maailman napa."
48 Vgl. ebd., 21 f.
49 Vgl. ebd., 38 f., 83 u. 92. Den Grenzübergang an der Friedrichstraße beschreibt Lauströer als einen Blick in „Kafkan maailma[]" (dt. „Kafkas Welt"). Ebd., 36.
50 Ebd., 43: „Muurin vierelle pystytetyiltä katselutasanteilta käsin berliiniläiset voivat seurustella itäpuolella asuvien sukulaistensa kanssa. Sovitussa paikassa noustaan kiikarin kanssa vilkuttelemaan toiselle puolen: ‚Katso, tuolla on Tante Anni, laukku kainalossa! Nyt hän katsoo tänne…' ja koko perhe huiskuttaa molemmin käsin. ‚Hän hymyilee', tiedottaa kiikaroitsija. Tante Annin ei nimittäin ole lupa vilkutella takaisin, se on kielletty. ‚Olkaa hyvä älkääkä reagoiko Länsi-Berliinistä tuleviin provokaatioihin', sanotaan itäpuolella Brandenburger Torin asemalaiturilla."
51 Vgl. ebd., 49.

möchte gern Ost-Berlin genauso wie mein Zuhause betrachten. Das hat nicht geklappt, aber die Erkenntnis kam nur langsam, viele Telegramme, Besuche und Telefonate mit dem ansässigen Rundfunk; bis ich mir eingestand, dass die Ostdeutschen mich nicht mehr akzeptieren.[52]

Das Leben in der geteilten Stadt stellt Lauströers Verständnis von Neutralität auf die Probe, und lässt sie zusehends nicht nur zur Stadt, sondern auch zu ihrer eigenen Haltung auf kritische Distanz gehen. Erst in dieser Weise vermag sie dem Westberliner Leben dann doch etwas abzugewinnen: etwa, indem sie sich – wie schon Markku Into – der queeren Untergrundkultur in der Stadt annimmt[53] oder der urbanen Kunst gegen Ende ihrer Reportage hin durchaus Wertschätzung entgegenbringt.[54]

Ein blinder Fleck der Westberliner Literaturszene sei an dieser Stelle erwähnt: Bis kurz vor der Wende gab es nicht eine einzige Einladung des DAAD oder des LCB an finnische Schriftsteller:innen. Erst nachdem der nach Finnland emigrierte westdeutsche Dichter Manfred Peter Hein, der sich etwa in seinem Zeitschriftenprojekt *Trajekt* intensiv mit den deutsch-nordosteuropäischen Literaturbeziehungen befasste,[55] 1985 für ein Stipendium des Westberliner Senats die geteilte Stadt besuchte, wurde man im LCB zögerlich auf die finnischen Autor:innen aufmerksam. 1988 dann lud Ulrich Janetzki mit Arto Melleri und Olli Janonen zwei Schriftsteller ein – für ein *Übersetzerkolloquium der kleinen europäischen Literaturen*.[56] Dass alle hier vorgestellten Berlin-Texte finnischer Autor:innen bislang noch nicht ins Deutsche übersetzt wurden, mag auch auf dieses mangelnde Interesse der Westberliner Literaturinstitutionen zurückzuführen sein.

---

52 Ebd., 74: „Olen yrittänyt peräänantamattoman naiiviuteni, parhaan aseeni turvin lyödä itseni läpi journalistina kummassakin Berliinissä. Olen valinnut Länsi-Berliinin kotipaikakseni, mutta tahdon tuntea Itä-Berliinin yhtä lailla kodikseni. Tämä ei käynyt päinsä, mutta tarvittiin pitkä aika, paljon sähkeitä, vierailuja ja telexejä Yleisradiosta, ennen kuin otin uskoakseni, että itäsaksalaiset eivät minua hyväksyneet."
53 Vgl. ebd., 110–113.
54 Vgl. ebd., 113 f.
55 *Trajekt. Beiträge zur finnischen, finnlandschwedischen, lappischen, estnischen, lettischen und litauischen Literatur* (1981–1986). Manfred Peter Hein erhielt 1974 den finnischen Staatspreis für Literatur und war 1984 der erste Preisträger des Peter-Huchel-Preises. Hein hatte zu Peter Huchel eine intensive Freundschaft unterhalten, vgl. Art. „Peter-Huchel-Preis 1984 für Manfred Peter Hein", in: Südwestfunk Informationen 10 (24. Februar 1984).
56 Entstanden aus diesem Übersetzerkolloquium ist eine Anthologie: Lutz Zimmermann (Hrsg.): Neue Literatur aus Litauen, Albanien, Island und Finnland, Berlin 1988. Als Übersetzer der finnischen Autoren fungierten Reinhard Bauer und Manfred Peter Hein.

Deutsch-schwedische Literaturkontakte im Westen der Stadt

Wenngleich das Königreich Schweden seinen Botschafter 1972 einige Monate früher in die DDR entsandte als die Republik Finnland und ebenfalls als neutraler Staat in der deutschen Frage galt, ist nicht zu verkennen, dass man in Stockholm der Bundesrepublik politisch um einiges gewogener war.[57] Die traditionell sozialdemokratische Regierung unterhielt zur westdeutschen SPD beste Verbindungen.[58] Zum einen ist dies auf eine große ideologische Nähe zurückzuführen, zum anderen auf persönliche Beziehungen zum SPD-Bundesvorsitzenden, Westberliner Regierenden Bürgermeister, Außenminister und schließlich Bundeskanzler Willy Brandt, der während des Zweiten Weltkriegs mehrere Jahre im Stockholmer Exil verbracht und dort als Journalist zahlreiche Kontakte zu intellektuellen Kreisen geknüpft hatte.[59]

Diese starke Konkurrenz hatte die DDR bereits früh bemerkt und versuchte etwa durch ein vermeintlich privates Kulturzentrum in Stockholm, das dem ansässigen Goethe-Institut seinen Rang ablaufen sollte, die öffentliche Meinung zu beeinflussen.[60] Im 1969 gegründeten schwedischen Komitee zur Anerkennung der DDR engagierten sich zahlreiche Schriftsteller:innen, neben dem deutschsprachigen Peter Weiss auch die schwedischen Autoren Stellan Arvidson, Per Wahlöö und Thomas von Vegesack.[61] Das Komitee veranstaltete 1972 unter anderem eine *Woche der Anerkennung* in Stockholm; doch die Kulturarbeit ging auch nach der Aufnahme diplomatischer Beziehungen zwischen der DDR und Schweden eifrig weiter.[62] Maßgeblich verantwortlich dafür ist Arvidson, der von 1969 bis 1982 die Freundschaftsgesellschaft „Schweden–DDR" leitete. Auf die Arbeit der Gesellschaft gingen nicht nur etliche Veranstaltungen wie die *Wochen der DDR* zurück, die zwischen 1973 und 1989 fünfundzwanzigmal in unterschiedlichen Städten Schwedens abgehalten wurden[63] – auch entstanden im Zuge der Propagandatätigkeit etliche

---

57 Vgl. direkt die Einführung von Alexander Muschik: Die beiden deutschen Staaten und das neutrale Schweden. Eine Dreiecksbeziehung im Schatten der offenen Deutschlandfrage, 1949–1972, Münster 2005, 11 f.
58 Ebd., 184 u. 254.
59 Ebd., 181; und ferner: Bernd Rother: Willy Brandts Außenpolitik. Grundlagen, Methoden und Formen, in: ders. (Hrsg.): Willy Brandts Außenpolitik, Wiesbaden 2014, 335–359, hier: 350. Vgl. auch die Einleitung von Rother, ebd., 11–20, hier: 12.
60 Muschik (Anm. 57), 204.
61 Ebd., 189.
62 Zu dieser Kontinuität: Leif Hernø: Die soziokulturelle „Sendung" der DDR in Skandinavien, in: Robert Bohn, Jürgen Elvert, Karl Christian Lammers (Hrsg.): Deutsch-skandinavische Beziehungen nach 1945, Stuttgart 2000, 172–183, hier: 174; Nils Abraham: Die politische Auslandsarbeit der DDR in Schweden. Zur Public Diplomacy der DDR gegenüber Schweden nach der diplomatischen Anerkennung (1972–1989), Berlin 2007, bes. 46 u. 481.
63 Vgl. die hilfreiche Übersicht von Abraham (Anm. 62), 251.

schwedische Reportagebände und Bücher über die DDR. Zu nennen ist hier etwa Arvidsons Buch *DDR – Grannland* (dt. *Nachbarland*) von 1984, oder Arvid Rundbergs Band *Mitt Berlin* (dt. *Mein Berlin*), den Antje Wischmann in ihrem Aufsatz über schwedische DDR-Reportagen als „typische Funktionärsprosa" bezeichnet.[64] Ebenfalls in der Freundschaftsgesellschaft „Schweden–DDR" aktiv war der Lyriker und Literaturkritiker Artur Lundkvist – als korrespondierendes Mitglied der Ostberliner Akademie der Künste war er mehrfach zu Gast in der ,Hauptstadt der DDR'. Sein letzter Studienaufenthalt ist auf das Jahr 1974 datiert – dort führte er Gespräche unter anderem mit dem Verlag *Volk und Welt*, mit der Sektion Literatur in der AdK-Ost und einigen Vertretern des Schriftstellerverbands der DDR.[65] Die akademieeigene Zeitschrift *Sinn und Form* plante, gemeinsam mit Lundkvist eine Sondernummer zur schwedischen Literatur herauszubringen;[66] doch einzig ein Vortrag, den Lundkvist 1974 vor zwanzig Akademie-Mitgliedern über „Ausblicke und Veränderungen in der zeitgenössischen schwedischen Literatur" hielt, kam 1976 zum Druck.[67] Wenige Jahre später, im September 1983, vermerkt die Sektion „Literatur und Sprachpflege" an der Ostberliner Akademie der Künste nüchtern: „DDR-Literatur habe L. nie interessiert, sie sei ihm zu nahe gewesen."[68] Damit galt der Austausch mit Lundkvist als eher unproduktiv und wurde nicht weiter vorangetrieben.

Auch der DSV machte insgesamt eher spärlich Erfahrungen mit schwedischen Autor:innen: 1973 war der Schriftsteller Jan Gehlin eingeladen. Der Vorsitzende des schwedischen Schriftstellerverbands wurde DSV-intern fälschlicherweise für den Kulturstaatsminister gehalten[69] – entsprechend umfangreich angesetzt war die Betreuung seines Aufenthalts: Paul Wiens, Irmtraud Morgner, Bruno Apitz und Wolfgang Kohlhase waren nur einige seiner zahlreichen Gesprächspartner:innen in diesen Tagen des Juli 1973.[70] Angesichts dieses großen und repräsentativen Aufgebots war die Bilanz

---

[64] Antje Wischmann: Die Verheißung des „anderen Ortes". Schwedische Reportagen über die DDR, in: Karin Hoff (Hrsg.): Literatur der Migration – Migration der Literatur. Frankfurt a. M. [u. a.] 2008, 71–94, hier: 72. Detaillierter zum Entstehungszusammenhang der Texte und zur Rolle Arvidsons, vgl.: Abraham (Anm. 62), bes. 156 f.
[65] Curt Trepte: Kurzbericht über den Besuch von Artur Lundkvist vom 21.–28.10.1974. Historisches Archiv der Akademie der Künste, Berlin, Signatur AdK-O 3479, Bl. 26.
[66] Ebd.
[67] Artur Lundkvist: Ausblicke und Veränderungen in der zeitgenössischen schwedischen Literatur, in: Sinn und Form 2 (1976), 384–400.
[68] Inge Tietze: Notiz über ein Gespräch mit Genn. Anne Storm, Rundfunkkorrespondentin in Stockholm, am 14. 9. 1983. Historisches Archiv der Akademie der Künste, Berlin, Signatur AdK-O 2640, Bl. 31 f.
[69] Vgl. die internen Unterlagen des DSV zum Aufenthalt Gehlins im Archiv des Schriftstellerverbands der DDR, Literaturarchiv der Akademie der Künste, Berlin, Signatur SV 867, Bd. 2, Bl. 318 und die Korrektur, ebd., Bl. 313.
[70] Vgl. das Aufenthaltsprogramm, ebd., Bl. 293–295. Jan Gehlin brach seinen für den Zeitraum vom 5.–23. Juli 1973 geplanten Besuch allerdings aus nicht aufgeführten Gründen bereits acht Tage früher ab, vgl. ebd., Bl. 311.

des Aufenthalts ernüchternd: Zwar verzeichnete der DSV für das Folgejahr vier schwedische Gäste, bis 1987 sollte der Austausch jedoch nur eingegrenzt vonstatten gehen und sich auf in der DDR bereits bekannte Gesichter wie Lundkvist oder Rundberg beschränken.[71] Dies hing auch zusammen mit der öffentlichen Meinung zum „Leseland DDR" in Schweden, die sich 1976 im Zuge der Biermann-Ausbürgerung radikal zum Negativen änderte.[72] Schriftsteller und Literaturkritiker wie Gustav Korlén, die zuvor noch mit der Freundschaftsgesellschaft „Schweden – DDR" kooperierten, brachen die Zusammenarbeit ab und verfassten dazu öffentlichkeitswirksame Stellungnahmen.[73]

Mit Gustav Korlén verlor die DDR einen mächtigen Kooperationspartner. Der Begründer des Instituts für Neugermanistik an der Universität Stockholm wird heute vor allem noch als Initiator der berühmten Sigtuna-Tagung der Gruppe 47 von 1964 erinnert. Dort hatte Korlén primär westdeutschen Autor:innen eine breite Bühne gegeben; die traditionell geschlossene Kerntagung war mit einer öffentlichen *Stockholmer Woche der Gruppe 47* verknüpft, für die ursprünglich nicht nur ein breites Lesungs- und Theaterprogramm, sondern auch ein Empfang durch Willy Brandt und den schwedischen König vorgesehen war.[74] Nicht nur die deutschsprachigen Autor:innen verschafften sich hierbei in der schwedischen Öffentlichkeit Gehör, auf Vorschlag Thomas von Vegesacks[75] kamen auch einige jüngere schwedische Schriftsteller zur Tagung,[76] darunter der 28-jährige Lars Gustafsson.

Dem Westberliner Netzwerker Walter Höllerer, der Gustafsson in seiner Anmoderation des Rahmenprogramms zunächst vergaß und dies erst im Nachhinein bemerkte, blieb das Auftreten des schwedischen Lyrikers im Gedächtnis.[77] Als er 1966

---

71 1974 wurden vom schwedischen Schriftstellerverband sogar zwei Nobelpreisträger nach Ostberlin entsandt: Eyvind Johnson und Harry Martinson. Margaretha Holmqvist, Freundin u. a. von Nelly Sachs und Ehefrau des LCB-nahen Bengt Holmqvist, war in den Jahren 1981, 1987 und 1988 ein wiederkehrender Gast des Schriftstellerverbands der DDR. Margaretha Holmqvist setzt sich noch heute für die Vermittlung deutsch-schwedischer Literaturbeziehungen ein, wovon in jüngerer Zeit etwa ein zweisprachig erschienenes Interview vom Goethe-Institut Stockholm zeugt, vgl. Daniel Pedersen: Interview mit Margaretha Holmqvist (März 2018). Online abgerufen am 21. Juni 2021 unter www.goethe.de/ins/se/de/kul/sup/nls/21207165.html. Im Gespräch beschreibt Holmqvist u. a. die hohe Berlin-Affinität bei Sachs.
72 Vgl. Abraham (Anm. 62), 455.
73 Vgl. ebd., 221.
74 Vgl. den humorigen Schriftwechsel zwischen Hans Werner Richter und Gustav Korlén, vor allem den Brief Richters vom 1. April 1964 und Korléns vom 26. März 1964, Hans-Werner-Richter-Archiv, Archiv der Akademie der Künste, Berlin, Signatur Richter-Hans-Werner 5905 u. 5906.
75 Vgl. Gustav Korlén: Brief an Hans Werner Richter vom 10. August 1964. Hans-Werner-Richter-Archiv, Akademie der Künste, Berlin, Signatur Richter-Hans-Werner 5658.
76 Der obengenannte DDR-affine Autor Artur Lundkvist galt als einer der schärfsten Kritiker der Tagung, fürchtete in einem Artikel der *Stockholms Tidningen* vom 23. September 1964 gar eine Kolonisierung des schwedischen Literaturbetriebs.
77 Vgl. den Notizzettel Walter Höllerers zu Lars Gustafsson auf der Sigtuna-Tagung. Nachlass Walter Höllerer, Literaturarchiv Sulzbach-Rosenberg, Signatur 03WH/DH/1,14.

seine – später legendär gewordene – Lesungsreihe *Ein Gedicht und sein Autor* plante, lud er Gustafsson über seinen Übersetzer Hans Magnus Enzensberger dazu ein, die Reihe zu eröffnen.[78] Zwischen Höllerer und Gustafsson entwickelte sich im Laufe der 1960er Jahre eine Freundschaft, die in den Folgejahren viele Einladungen schwedischer Autor:innen an das Literarische Colloquium Berlin nach sich zog.

Freilich, und dies ist hervorzuheben, handelte es sich bei diesen Freundschaften um nahezu reine Männerbünde – unter den 32 schwedischen Autor:innen, die das Literarische Colloquium Berlin bis zur Wiedervereinigung einlud, befanden sich nur drei Frauen.[79]

Auch die ersten bilateralen Veranstaltungen mit Schweden in Westberlin waren Männerrunden. Im Herbst 1968 fand etwa eine Schriftstellertagung unter dem abstrakten Titel *Erklärbarkeit und Nicht-Erklärbarkeit der Welt als Axiom der Literatur* statt, deren Thema vor allem den philosophischen Interessen seines Organisators, Lars Gustafsson, zu verdanken war. Von schwedischer Seite nahmen neben Gustafsson und Korlén auch Per Olov Enquist, Tomas Tranströmer und Göran Eriksson teil; westdeutsche Gäste waren etwa Peter Szondi, Jürgen Becker und Franz Mon. Die Reden und Diskussionsbeiträge des Treffens wurden später in einer Ausgabe der Zeitschrift *Sprache im technischen Zeitalter* veröffentlicht. In seinem Schlußwort spricht Korlén von einer positiven Entwicklung der literarischen Beziehungen, die an eine Zeit erinnere, in der „die nordische Literatur durch ihre deutschen Kontakte ihren Provinzialismus überwand, [in der] der Weg über Deutschland auch literarisch nach Europa führte."[80]

Wie zum Beweis dieser Feststellung nahm Höllerer Stockholm in seine Filmreihe *Das literarische Profil europäischer Großstädte* auf, wodurch die schwedische Hauptstadt nun in einem Atemzug mit Prag, Berlin, Rom und London genannt wurde.[81] Zudem kam es bereits 1969 zu einem weiteren deutsch-schwedischen Schriftstellercolloquium in Stockholm.[82]

In den frühen 1970er Jahren waren mit Per Olov Enquist (1970/71), Lars Gustafsson (1972/73) und Jan Myrdal (1975) gleich drei schwedische Autoren für das Berliner Künstlerprogramm des DAAD im Westen der Stadt zu Gast, verbrachten hier mitunter mehrere Monate intensiver schriftstellerischer Tätigkeit. Als Autor und Publizist mit

---

78 Das Einladungsschreiben an Lars Gustafsson fügte Höllerer einem Brief an Hans Magnus Enzensberger vom 23. Mai 1966 bei. Nachlass Walter Höllerer, Literaturarchiv Sulzbach-Rosenberg, Signatur 03WH/BN/7,4a+b. Der Abend ist dokumentiert im Band von Walter Höllerer (Hrsg.): Ein Gedicht und sein Autor. Lyrik und Essay [1967], 2. Aufl., München 1969, 7–23.
79 Grundlage dieser Statistik ist eine interne Liste nahezu aller im LCB abgehaltener Veranstaltungen, die mir freundlicherweise von Katharina Kohlhaas zur Verfügung gestellt wurde.
80 Gustav Korlén: Schlußwort, in: Sprache im technischen Zeitalter 31 (1969), 255 f., hier: 255.
81 Höllerer verfasste persönlich das Skript zum Film, vgl. LCB-Archiv, Literaturarchiv Sulzbach-Rosenberg, Karton 30.
82 Vgl. den Artikel von Dieter E. Zimmer: Die Wahrheit dokumentarischer Literatur. Eine schwedisch-deutsche Schriftstellertagung in Stockholm, in: Die Zeit 44 (31. Oktober 1969).

stark kommunistisch-maoistischem Hintergrund war Jan Myrdal bereits 1963 nach Ostberlin geladen; führte dort unter anderem Gespräche mit dem Schriftstellerverband der DDR und dem Verlag *Volk und Welt*. 1964 kam es zur Veröffentlichung eines Reportagebandes Myrdals über Afghanistan beim Ostberliner Verlag; bis in die 1980er Jahre versuchte Myrdal wiederholt, auch weitere seiner Bücher gezielt bei *Volk und Welt* übersetzen zu lassen.[83] Zugleich stand Myrdal jedoch auch im engen Austausch mit Lars Gustafsson, der nun wiederum für einen Anschluss zur Westberliner Literaturszene sorgte.[84] Im Zuge seines DAAD-Aufenthalts 1975 entstand ein essayistischer Text Myrdals mit dem Titel „Berliner Luft", der zunächst – ins Deutsche übersetzt – im *Jahrbuch Politik* erschien. Myrdal beschreibt dort seine möblierte Stipendiatenwohnung – eine „Prunkwohnung" mit Aussicht auf die von Bomben „freigelegt[e]" Umgebung, geht aber auch auf seinen früheren Aufenthalt im Ostteil der Stadt ein:

> Wenn ich mich aufsetze, sehe ich die S-Bahn vorbeifahren, in weitem Bogen zur Friedrichstraße im Osten. Vor elf Jahren lag ich krank auf der anderen Seite der Mauer und sah die selbe S-Bahn nach Westen fahren, unter demselben graubraunen, schweren Himmel.[85]

Jan Myrdal installiert sich hier als einen Blickwechsler, schaut vom Westen aus auf den Osten, erinnert sich zugleich aber auch an die umgekehrte Perspektive. Als Umschlagpunkt dient neben der Mauer die Berliner S-Bahn, die die innerberlinische Grenze

---

83 Vgl. Jan Myrdal: Kreuzweg der Kulturen. Ein Buch über Afghanistan, Berlin 1964. Myrdal hatte sein Buch dem Verlag *Volk und Welt* aus eigenem Antrieb zur Veröffentlichung angeboten; ein eher ungewöhnliches Vorgehen, vgl. den Briefwechsel im Archiv des Verlags Volk und Welt, Literaturarchiv der Akademie der Künste, Berlin, Signatur VuW 3512. Unter derselben Signatur findet sich auch ein Schriftwechsel aus den 1980er Jahren, in dem Myrdal erneut ein Buch zur Übersetzung anbot, vom Verlag jedoch eine Ablehnung erhielt, da eine Anthologie schwedischer Literatur kurz zuvor erschienen war, und man das Verlagsprogramm möglichst ausgewogen halten wollte. Besagte Anthologie ist erschienen unter dem Titel *Schweden heute. Ein Lesebuch*. Hrsg. von Gisela Kosubek und Anne Storm, Berlin 1983. Diese Ostberliner Schweden-Anthologie enthält keinen Text von Myrdal, allerdings viele Beiträge schwedischer Autor:innen, die traditionell dem LCB zugeneigt waren, etwa Per Olov Enquist, Tomas Tranströmer und Göran Sonnevi. Zur gleichen Zeit erschien in Schweden eine erfolgreiche Anthologie von Texten aus der DDR, herausgegeben vom schwedischen Germanisten Per Landin, der bereits zu den deutsch-schwedischen Literaturbeziehungen umfangreich gearbeitet hatte, vgl. Per Landin (Hrsg.): I detta land lever vi. Ny prosa och lyrik från DDR, Göteborg 1982. Der exotisierende Klappentext spricht von einer „kritisk hållning" der DDR-Literatur, „som bottnar i solidariteten med det samhälle i vilka de blir till". Es ist nicht ausgeschlossen, dass durch ebendiese Anthologie auch Myrdals Interesse an der DDR wieder aufflammte.
84 Ein Zeugnis des fruchtbaren intellektuellen Austauschs zwischen Jan Myrdal und Lars Gustafsson wurde schon früh veröffentlicht und schnell ins Deutsche übersetzt: Lars Gustafsson, Jan Myrdal: Die unnötige Gegenwart. Acht Unterhaltungen über die Zukunft der Geschichte, übers. von Verena Reichel, München 1975. Per Qvale führt die Entstehung des Buches auf die gemeinsame Zeit beider Autoren in Berlin zurück, vgl. Per Qvale: Der Meta-Roman im Zyklus. *Die Risse in der Mauer*, in: Rupprecht Volz (Hrsg.): Gustafsson lesen, München 1986, 171–185, hier: 175.
85 Jan Myrdal: Berliner Luft, übers. von Einar Schlereth, in: Jahrbuch Politik 7 (1976), 7–9.

zwar markiert, sie zugleich jedoch auch durchlässig werden lässt. Motivisch durch den Titel des Essays, „Berliner Luft", bereits anklingend, greift Myrdal auch das Bild des geteilten Himmels auf – Christa Wolf hatte den Roman im Jahr von Myrdals Ostberlin-Aufenthalt 1963 veröffentlicht. Bei Myrdal ist so in Wolf'scher Manier zu lesen: „Aber der Himmel ist ungeteilt. Die Luft in Berlin ist weder östlich noch westlich. Sie ist ganz normal gemischtwirtschaftlich und überstaatlich und verheißt Fortschritt und herrliche Zeiten."[86] Wenngleich Myrdal hier den weltumspannenden Himmel und die flottierende Luft ins Feld führt, verweist der Subtext doch auf eine Grenze: Luft und Himmel machen in ihrer Unteilbarkeit deutlich, dass es eben gerade eine durchaus separierte Welt gibt – eine Welt, in deren verschiedene Gegenden Myrdal in seinem umfangreichen literarischen Werk immer wieder vorzudringen versucht. Die Mauer Berlins zeigt ihm nun, dass inmitten dieser Stadt eine politische Grenze verläuft; das Schicksal Berlins ist dabei unmittelbar verknüpft mit der großen Weltgeschichte.[87] Im Vorübergehen deutet Myrdal die politische Situation Berlins auch als warnendes Beispiel für die schwedische Neutralitätspolitik – ein Gedankengang, wie er ähnlich schon in der finnischen Prosa Matti Pulkkinens begegnete:

> Man kann unmöglich die [...] schwedische Außenpolitik verstehen, wenn man nicht begreift, daß die hohen Beamten der Außenministerien [...] das ihre tun, um das eigene Land vor dem neuen Sturm zu schützen, der unausweichlich aus der vielhundertjährigen deutschen Misere heraufzieht.[88]

Die Politik der beiden deutschen Staaten erfährt in Myrdals Text hingegen eine bissige Kritik – in beiden Systemen, argwöhnt der Autor, sei Zensur am Werk; in beiden Systemen sei man vollends abhängig vom größeren Bündnispartner. Dieser Unmut am durch Interdependenz geprägten Machtgefüge Europa, als dessen Frontstadt nun Berlin in den Augen des schwedischen Schriftstellers fungiert, mag ein Grund dafür sein, warum Myrdal nie sehr enge Kontakte zu Berliner Intellektuellenkreisen unterhielt; und nach seinem DAAD-Stipendienaufenthalt auch verhältnismäßig selten nach Berlin eingeladen wurde.

Die schwedisch-westberliner Literaturbeziehungen, die in den 1960er Jahren bereits in Fahrt kamen, setzten sich unabhängig von dieser individuellen Berlin-Kritik Myrdals auch in den langen 1970er Jahren konsequent fort: 1974 und 1980 fanden, nach dem von Lars Gustafsson initiierten Literaturgespräch 1968, zwei weitere größere Treffen mit schwedischen Schriftsteller:innen im Literarischen Colloquium

---

86 Ebd., 7.
87 Vgl. ebd., 9: „In Europa kann niemals Friede sein, bevor das deutsche Volk nicht aus eigener Kraft die nationale Einheit und die deutsche Nation zu errichten vermag [...]. Ich frage mich, ob dieses Haus in zwanzig Jahren noch stehen wird. Ich frage mich, was dann noch von Berlin und von uns und von Europa übrig sein wird."
88 Ebd., 8 f.

Berlin statt. Hierbei ging es allerdings weniger um abstrakte Sprach- und Literaturtheorie als um einen sehr konkreten Austausch der Erfahrungen aus verschiedenen Literatursystemen: Schweden etwa hat bis heute ein sehr umfangreiches staatliches Finanzierungsprogramm für Autor:innen und Übersetzungen, während die Bundesrepublik klassischerweise auf den freien Markt, dafür aber auf regulierende Mechanismen wie die Buchpreisbindung setzt. Selbstverständlich verschob sich angesichts dieser thematischen Ausrichtung auch der interessierte Personenkreis; von vielen dem LCB bekannten Autoren, wie Lars Gustafsson etwa, dem der schwedische Zentralismus stets verhasst war, kamen höfliche Absagen.[89] Das mag jedoch auch daran liegen, dass die Einladungen zu beiden Veranstaltungen 1974 und 1980 recht kurzfristig an die potenziellen schwedischen Gäste ergingen, 1980 kam es zudem zu Interferenzen mit einem Streik der schwedischen Post.[90] Während letztere Tagung unter dem Titel *Braucht die Literatur den Staat?* in einer Ausgabe der *SpritZ* von Januar 1981 gut dokumentiert ist,[91] fand die 1974er-Tagung, die zum Thema *Literatur und Distribution* angesetzt war,[92] wenig Resonanz im deutschen Sprachraum. In Schweden sah dies schon anders aus: Gustav Korlén schrieb einen Bericht für die Zeitschrift *Moderna språk*, Per Olov Enquist erwähnte in einem Brief an Walter Höllerer die schwedischen Zeitungen, die ihn – angesichts der vielen gemeinsamen Projekte und Stipendienangebote – bereits zum „mighty Frankenstein of swedish-german cultural connections" ausgerufen hatten.[93]

Höllerers Projekt, die schwedisch-westberliner Literaturverbindung, festigte und verselbständigte sich im Laufe der 1980er Jahre: Ein beredtes Zeugnis davon legt das kulturelle Großereignis *Tillsammans!* ab (dt. *Zusammen*), das 1986/87 in Berlin unter der

---

89 Sehr deutlich ist diese Abneigung Gustafssons gegenüber dem schwedischen Literaturbetrieb in einem Interview mit Hanns Grössel zu erkennen: Lars Gustafsson, Hanns Grössel: 80 Jahre nach Strindberg. Ein Gespräch, in: Süddeutsche Zeitung (10./11. März 1973), auch in: Volz (Anm. 84), 26–32, hier: 28 f. Gegen die Provinzialität und „Inzucht" (Wortwahl von Grössel) setzt Gustafsson nun die Berlin-Erfahrung: „Und das ist vielleicht das Wichtigste an Auslandskontakten, daß Übersetzungen in Deutschland erscheinen, daß man etwas bekommt, woran man sich messen kann. Und Deutschland war für die skandinavische Literatur immer die Brücke nach Mitteleuropa." Ebd., 28.
90 Die LCB-internen Dokumente zur Vorbereitung des Workshops von 1974 finden sich im bislang noch nicht katalogisierten LCB-Archiv, Literaturarchiv Sulzbach-Rosenberg, Karton 78, Ordner Nr. 8; die Dokumente zum Workshop von 1980 vgl. ebd., Karton 88, Ordner Nr. 7.
91 Vgl. Sprache im technischen Zeitalter 77 (1981).
92 Interessant sind vor allem die Korrespondenzen mit den geladenen schwedischen Gästen im Vorfeld der Tagung: So stand etwa ein gemeinsamer Theaterbesuch auf dem Programm. Die Wünsche der schwedischen Autor:innen waren ausnehmend ostlastig – auf der Favoritenliste standen so etwa Anton Tschechows *Ivanov*, Heiner Müllers *Lohndrücker* und Ulrich Plenzdorfs *Die neuen Leiden des jungen W.* All diese Wünsche wurden vom LCB nicht berücksichtigt, stattdessen sah man sich das Fernsehspiel *Rotmord* (nach einer Revue des westdeutschen Autors Tankred Dorst) an, vgl. die Archivalien zum Workshop von 1974 im Literaturarchiv Sulzbach-Rosenberg (Anm. 90).
93 Per Olov Enquist: Brief an Walter Höllerer vom 12. November 1974. Nachlass Walter Höllerer, Literaturarchiv Sulzbach-Rosenberg, Signatur 03WH/AA/18,8.

Schirmherrschaft der Schwedischen Botschaft und des Stockholmer Goethe-Instituts abgehalten wurde.[94] Sechs Wochen lang fanden an den verschiedensten Orten Westberlins Ausstellungen, Konzerte und Lesungsabende schwedischer Künstler:innen statt. Auch die Möbelhauskette IKEA beteiligte sich mit 50 000 DM am Event und durfte im Gegenzug den Schriftsteller und Philosophen Lars Gustafsson zu einer Lesung in ihre Spandauer Filiale einladen.[95]

Gustafsson las aber auch an weniger kommerziellen Orten; beispielsweise in der Akademie der Künste, wo anlässlich des *Tillsammans!*-Themas eine Lesereihe schwedischer Autoren stattfand, die der Westberliner Literaturszene aus LCB-Zusammenhängen nur zu gut bekannt waren.

Abb. 2: Programmheft zur Veranstaltungsreihe *Tillsammans! Schweden besucht Berlin*. Oktober 1986 bis März 1987. Online abgerufen am 7. September 2022 auf der Homepage der Technischen Universität Berlin unter http://www.moz.ac.at/sem/lehre/lib/es/tuberlin/History/chrono/1985-1986.html.

---

94 Vgl. Sonja Martinson Uppman, Henrik Sjögren: Bericht über das Projekt *Tillsammans – Schweden besucht Berlin* (Februar 1987). Historisches Archiv der Akademie der Künste Berlin, Signatur AdK–W 1833-a.
95 Vgl. ebd.

Mit dreien dieser Autoren möchte ich mich im Folgenden noch etwas näher auseinandersetzen: Tomas Tranströmer, Per Olov Enqvist und Lars Gustafsson.[96]

Tranströmer, deutlich später mit dem Literaturnobelpreis ausgezeichnet, hat sich nie für ein längeres Stipendium in Westberlin aufgehalten. Trotzdem waren seine Verbindungen zur Westberliner Literaturszene eng und nachhaltig: Nach Sigtuna und der genannten 1968er-Tagung druckte das LCB 1969 eine Auswahl seiner Gedichte – die erste Buchveröffentlichung Tranströmers außerhalb Schwedens.[97] Auch zu späteren Gelegenheiten besuchte er Berlin, etwa für eine Fortsetzung der Reihe *Ein Gedicht und sein Autor* im Jahr 1984.[98] Tranströmers Berlinaufenthalte schlugen sich direkt in seiner Lyrik nieder; etwa im 1996 veröffentlichten, von der Literaturkritik allerdings auf die „Spätzeit des Arbeiter- und Bauernstaates"[99] datierten Gedicht „November I Forna DDR" (dt. *November in der ehemaligen DDR*).[100] Tranströmer beschreibt hier das Ende des ostdeutschen Sozialismus als zunächst befreienden Moment, der auf einen zweiten Blick jedoch mit zahlreichen Enttäuschungen und Anstrengungen verbunden ist. Zentrale Figur des Gedichts ist die zerbröckelnde Berliner Mauer: „Der November bietet granitene Karamellbonbons an. / Unberechenbar! / Wie die Weltgeschichte, / die an der falschen Stelle lacht." Der Aufbruch der Mauer wird hier also als süße Verlockung identifiziert, die doch ihre Schwere noch in sich trägt – interessant auch die Verbindung von Mauer- und Mundöffnung als poetologischem Bild: „Ein Steingötze bewegt seine Lippen: / das ist die Stadt."

Der zweite Dichter in der Reihe, Per Olov Enquist, ist der einzige in diesem Beitrag behandelte Autor, dessen Verhältnis zum geteilten Deutschland bereits in einer literaturwissenschaftlichen Studie näher beleuchtet wurde.[101] In den 1950er Jahren hatte sich Enquist als Leichtathlet einen Namen gemacht und durfte als Gaststudent an der Universität Greifswald in der DDR wohnen.[102] In den 1960er Jahren geriet er durch die ‚Korlén/Gustafsson'-Gruppe in Westberliner Kreise, im Jahr 1970/71 war er

---

96 Alle drei Autoren veröffentlichten in den 1960er und 1970er Jahren Texte in der LCB-eigenen Edition: Lars Gustafsson: Bakunins Reise. Thorn, übers. von Hans-Magnus Enzensberger, Berlin 1968; Tomas Tranströmer: Gedichte, übers. von Friedrich Ege, Berlin 1969; Per Olov Enquist: Nach den klassischen Höhepunkten, übers. von Hans-Joachim Maass, Berlin 1976. Die enthaltenen Texte entstanden jedoch noch wesentlich früher als die eigentlichen Berlin-Aufenthalte.
97 Vgl. Anm. 90. Vom britischen Dichter Robin Fulton, der mit Tranströmer gut bekannt war, erschienen in den frühen 1970er Jahren mehrere Bände zur schwedischen Dichtung, die bereits Texte von Tranströmer enthielten. Ein erster ins Englische übersetzter Gedichtband Tranströmers erschien jedoch laut *Worldcat* erst 1974, vgl. Tomas Tranströmer: Citoyens, übers. von Robin Fulton, Knotting/Bedfordshire 1974.
98 Die Lesung ist ebenfalls dokumentiert: Sprache im technischen Zeitalter 90 (1984), 115–122.
99 Christian Hufen: Versuch über die historische Mission, in: Cornelia Klauß, Frank Böttcher: Unerkannt durch Freundesland. Illegale Reisen durch das Sowjetreich, 3. Aufl., Berlin 2012, 466–472, hier: 468.
100 Hier und im Folgenden, zitiert aus: Tomas Tranströmer: In meinen Schatten werde ich getragen. Gesammelte Gedichte, übers. von Hanns Grössel, München/Wien 2011, 238.
101 Ross Shideler: Per Olov Enquist and Germany, in: Scandinavian Studies 61/4 (2019), 568–581.
102 Ebd., 570 f.

Gast des Berliner Künstlerprogramms des DAAD. Enquists autobiografisches Buch *Ett annat liv* (dt. *Ein anderes Leben*) von 2008 blickt auf diese Berlin-Erfahrungen zurück[103] – dabei dominiert auch in der Episode zum DAAD-Stipendium der Blick in den Osten. Geschildert wird etwa eine Osteuropa-Odyssee seiner zweijährigen Tochter, die – gemeinsam mit ihrem Kindermädchen – auf dem vermeintlichen Direktflug von Stockholm nach Ostberlin in Prag, Budapest und Warschau Station macht, da das Flugzeug durch einen Schneesturm umgeleitet werden muss. Während dieser Odyssee versucht Enquist vergeblich, sich mit den Ostberliner Grenzsoldaten anzufreunden, um Informationen über den Verbleib der gestrandeten Tochter zu erhalten.[104]

In einer anderen Episode ist Enquist gemeinsam mit seinem schwedischen Kollegen Thomas von Vegesack zu Besuch bei Hermann Kant, der den beiden Gästen stolz das Miniaturmodell eines Wachturms samt Zinnsoldaten präsentiert.[105]

Das Berliner Künstlerprogramm hat, neben einer vom Erzähler als unangenehm empfundenen Begegnung mit Peter Handke,[106] nur eine Spur hinterlassen: Enquist beschreibt den freundschaftlichen Kontakt zur vom DAAD als Reinigungskraft eingestellten „Frau Meckel",[107] eine aus Breslau stammende christlich-fromme ältere Dame, zu der der Erzähler eine tiefe Verbundenheit spürt. Schon 1974 hatte Enquist dieser Westberliner Begegnung ein literarisches Denkmal gesetzt: In der Erzählung *De Trofasta Själarnas Oro* (dt. *Die Sorge der treuen Seelen*) stellt er uns eine gläubige Frau Meckel vor, die dem Dutschke-Attentäter Josef Bachmann nach dessen Selbstmordversuchen besorgte Briefe schreibt.[108]

Für Enquist wird der Berlin-Besuch, die Begegnung mit osteuropäischen Migrant:innen und DDR-Bürger:innen ergo zur Grenzerfahrung, an der die Mauer als Bauwerk einen kreativen Anteil hat:

> Aber die Mauer bewirkte eigentümliche Effekte, auch für ihn [Enquist]; die Energie dieser Stadt war zwar eingesperrt, aber sie schien auch von der Ringmauer zurückzuprallen, zurück ins

---

103 Per Olov Enquist: Ein anderes Leben, übers. von Wolfgang Butt, Frankfurt a. M. 2008.
104 Vgl. ebd., 253–256, v. a. 255: „Er [Enquist schreibt von seinem Textsubjekt in der dritten Person] findet die Situation nicht mehr erträglich. Er befindet sich in Europas Mitte, aber Grenzen gibt es tatsächlich [...], die Mauer hat keine Löcher, und über der verfallenen Stadt wächst zwar der Dschungel, aber er sieht keine Schönheit mehr darin."
105 Vgl. ebd., 271 f. Enquists Kant hatte das Modell auf einer Lesereise von ostdeutschen Grenzsoldaten geschenkt bekommen, dazu ebd., 272: „Das Schweigen der drei [Enquist, von Vegesack, Kant] am Mittagstisch, das Vermeiden von Kommentaren, abgesehen davon, dass sie alle ein leises schrecklich! murmeln, gleichsam die stillschweigende Missbilligung der Gedankenlosigkeit der Wachsoldaten, die aus dem Geschenk an den gefeierten Schriftsteller ersichtlich wird, der später verachtet wird, also eine fast lautlose Kritik am System; dies alles trägt bei zu einem charakteristischen Gespräch im Frühjahr 1970 in Ostberlin."
106 Vgl. ebd., 263.
107 Ebd., 289.
108 Vgl. dazu Shideler (Anm. 101), 578–580.

Innere, und machte Westberlin zu einem Resonanzkasten, der am Ende von einer Kraft zu dröhnen schien, die sich selbst vervielfachte.[109]

Dieses Zitat nun führt zu einem Berlin-Text, in dem die Mauer quasi *die* zentrale Protagonistin darstellt – und der der Feder jenes dritten Schriftstellers in der Riege der LCB-Autoren entstammt, Lars Gustafsson.

In schwedischen Kreisen, so das westdeutsche Feuilleton in den 1980er Jahren, habe Gustafsson längst den Ruf eines Berliner Schriftstellers[110] – dabei lebte er bis zu seinem Tod nie länger als ein paar Monate in Berlin, sondern war unablässig Gast verschiedener Freunde und Institutionen.[111] Gustafsson war ein Kommunikator und hat aus diesem Hang zum Networking nie ein Geheimnis gemacht. In Höllerers Film *Das literarische Profil von Stockholm* ist etwa von ihm zu hören:

> Da entstand in mir die Vorstellung von einem Netz menschlicher Verbindungen, einem endlosen Kommunikationssystem, das sich in alle Richtungen erstreckt und jedem die Möglichkeit bietet, sich von jedem beliebigen Teil dieses Systems zu jedem gewünschten anderen zu begeben, nur um in die richtige Lage zu gelangen.[112]

Diese Beweglichkeit innerhalb menschlicher Verbindungen ist für Gustafsson elementarer Bestandteil der eigenen dichterischen Arbeit. Davon legt sein zum großen Teil in Westberlin entstandener Romanzyklus *Risse in der Mauer* Zeugnis ab, der abschließend etwas näher vorgestellt werden soll.[113]

Der Zyklus besteht aus fünf zwischen 1972 und 1978 veröffentlichten Romanen, die durch ein engmaschiges Netzwerk oder, um eine metareflexive Metapher des Romans selbst zu bemühen, eine Konstellation bzw. Galaxie miteinander verbunden

---

109 Enquist, Ein anderes Leben (Anm. 103), 267.
110 Vgl. die Einführung Lars Gustafssons durch Wolfgang Trautwein zur *Tillsammans!*-Lesung in der Akademie der Künste (West) am 14. November 1986, Tonbandaufzeichnung im Historischen Archiv der Akademie der Künste, Berlin, Signatur AVM-31 0054.
111 Lars Gustafsson war etwa zu Gast bei der erwähnten Reihe *Ein Gedicht und sein Autor* (1966, TU/LCB), beim Literaturgespräch *Erklärbarkeit und Nicht-Erklärbarkeit der Welt als Axiom der Literatur* (1968, LCB), im Berliner Künstlerprogramm des DAAD (1972/73), bei Lesereihen und Jurysitzungen in der Westberliner Akademie der Künste (1975, 1978/79, 1980), bei der besagten Lesereihe *Tillsammans!* (1986) und schließlich beim Schriftstellerkongress des westdeutschen Verbandes deutscher Schriftsteller mit dem Titel *Ein Traum von Europa* (1988, VS).
112 Auch abgedruckt in: Walter Höllerer: Autoren im Haus. Zwanzig Jahre Literarisches Colloquium Berlin, Berlin 1982, 175.
113 Der Romanzyklus erschien bereits 1984 in einer Sammelausgabe auf Schwedisch, vgl. Lars Gustafsson: Sprickorna i muren, Stockholm 1984. Für den deutschen Sprachraum waren lange Zeit nur die fünf Einzelbände verfügbar; erst seit 2006 gibt es auch eine Ausgabe mit diesem Titel im deutschen Buchhandel, die im Folgenden als Textgrundlage herangezogen wird: Lars Gustafsson: Risse in der Mauer. Fünf Romane, übers. von Verena Reichel, München/Wien 2006.

Abb. 3: Lars Gustafsson in Berlin-Friedenau, ca. 1973. Fotografie von Madeleine Gustafsson. Historisches Archiv der Akademie der Künste, Signatur Foto-AdK-W 409.

sind.[114] Wiederkehrend sind nicht nur einzelne Motive, auch intertextuelle und intermediale Bezugspunkte. Das beste Beispiel für die konstellative Anordnung allerdings ist die Hauptfigur selbst, die in allen fünf Romanen den Vornamen Lars trägt,[115] doch nur in zwei Büchern auch den Nachnamen Gustafsson. Während in diesen zwei Romanen, *Herr Gustafsson persönlich* und *Sigismund*,[116] tatsächlich auch ein

---

114 Vgl. auch Lars Gustafsson: *Die Risse in der Mauer*. Ein Rückblick nach fünfzehn Jahren, in: Volz (Anm. 84), 191–202, hier: 194.
115 Zur psychologischen Dimension dieser fünffachen Aufspaltung, vgl. Ia Dübois: In Search of Identity. The Heroic Quest in Lars Gustafsson's Fiction 1960–1986, in: Scandinavian Studies 67/2 (1995), 163–180, hier: 171 f.
116 Lars Gustafsson: Herr Gustafsson själv, Stockholm 1971. Dt. Textgrundlage: Lars Gustafsson: Herr Gustafsson persönlich [1972], in: ders.: Risse in der Mauer (Anm. 113), 5–213. Im Folgenden wird auf diese Ausgabe im Fließtext mit der Sigle H verwiesen. Der zweite hier besonders im Fokus stehende Band erschien zunächst unter folgendem Titel: Lars Gustafsson: Sigismund. Ur en polsk barockfurstes minnen, Stockholm 1976. Dt. Textgrundlage: Lars Gustafsson: Sigismund. Aus den Erinnerungen eines polnischen Barockfürsten [1977], in: ders.: Risse in der Mauer (Anm. 113), 615–815. Im Folgenden wird auf diese Ausgabe im Fließtext mit der Sigle S verwiesen.

(autobiographisch angehauchtes, aber keinesfalls mit dem Autor-Ich identisches) Schriftstellerleben vorgestellt wird, ist die Figur Lars Herdin im Roman *Wollsachen* ein deprimierter Zentralschullehrer in der schwedischen Provinz.[117] Lars Tröang, der Protagonist des dritten Romans *Das Familienfest*, steht als hochrangiger Ministeriumsbeamter auf der anderen Seite des Lebens, wird allerdings im Laufe der Handlung in einen Umweltskandal verwickelt, der ihn tief fallen lässt.[118] Der vermutlich krebskranke Lars Westin, ein pensionierter Volksschullehrer und leidenschaftlicher Bienenzüchter, ist Hauptfigur des letzten Buchs des Zyklus, das Gustafsson selbst als Schlusscoda bezeichnet hat.[119]

Im Folgenden sollen mit dem ersten und vierten Roman also demnach die Exposition und der Höhepunkt[120] der Buchreihe interessieren – beide Texte sind prominent in Berlin und um 1970 situiert. *Herr Gustafsson persönlich* berichtet von der Begegnung eines fiktiven Gustafsson mit einer Westberliner Philosophiedozentin, Johanna Becker, aus der sich zügig eine Liebesbeziehung entwickelt. Gustafsson begegnet Becker im Flugzeug von Frankfurt am Main nach Berlin, auf der Rückkehr von einem Besuch der Buchmesse.[121] Die Romanhandlung wird also eng an den westdeutschen Literaturbetrieb geknüpft – und Gustafsson zeigt sich in ihm tief verwurzelt, wenn er etwa eine Unterkunft bei seinem Freund E. (der sich mit Hans Magnus Enzensberger identifizieren lässt) in Berlin-Friedenau bezieht.[122] Eingeflochten in den Roman

---

117 Lars Gustafsson: Yllet, Stockholm 1973. Dt. Textgrundlage: Lars Gustafsson: Wollsachen [1974], in: ders.: Risse in der Mauer (Anm. 113), 215–385.
118 Lars Gustafsson: Familjefesten, Stockholm 1975. Dt. Textgrundlage: Lars Gustafsson: Das Familientreffen. Roman [1976], in: ders.: Risse in der Mauer (Anm. 113), 387–614.
119 Vgl. Gustafsson: Rückblick (Anm. 114), 200. Der Roman erschien zuerst unter dem Titel: Lars Gustafsson: En biodlares död. Stockholm 1978. Dt. Textgrundlage: Lars Gustafsson: Der Tod eines Bienenzüchters [1978], in: ders.: Risse in der Mauer (Anm. 113), 817–957.
120 Vgl. Gustafsson: Rückblick (Anm. 114), 191.
121 Dieser Flug ist dem Erzähler Anlass genug, die frappierenden Unterschiede zwischen Westdeutschland und Westberlin darzulegen, vgl. H 15: „Zwei Länder könnten sich nicht mehr voneinander unterscheiden als das narbige, das kluge Berlin mit seinem lebhaften, scharfen Intellekt, mit seinen revolutionären Gruppen, marxistischen Kinderländen, anarchistischen Kommunen, seinen blauen, roten, weißen Pamphleten, seinen Straßencafés und Buchhandlungen, Berlin, diese geheimnisvolle Schmiede zukünftiger Kräfte, eingesperrt hinter hohen Mauern und Minengürteln inmitten endloser Kartoffeläcker, dieses Berlin, das alles weiß, alles erfahren und seit langem seinen Zustand akzeptiert hat, und die dumme, geldstrotzende Bundesrepublik mit ihren Supermärkten, ihren transportablen Fernsehgeräten und ihren knarrenden Prachtmöbeln, schweren Teppichen, gläsernen Tischplatten und Sesseln aus schwarzem Leder und Stahlrohr."
122 Der reptil- bis eidechsenhaft anmutende Enzensberger färbt auch auf die Figuren der späteren Romane der Reihe ab, bspw. auf Lars Herdins Schützling Lars Carlsson (Wollsachen (Anm. 117), 315); einen Jungen, dem Lars Tröang im Zug begegnet (Familienfest (Anm. 118), 461); oder eine Eidechse, die Lars Westin gegen Ende seines Leidensweges beobachtet. (Bienenzüchter (Anm. 119), 945) Auch ein Berliner „Professor H." (S 679) taucht in Gustafssons Romanzyklus auf, und ließe sich vielleicht mit einer Literarisierung des historischen TU-Germanisten Walter Höllerer identifizieren.

sind zahlreiche Prosaminiaturen und Erinnerungsstücke, vorzugsweise aus dem Stockholmer Berufsleben der Hauptfigur und aus ihren Kindheitstagen. Nach einigen weiteren Begegnungen mit Johanna Becker „im tiefsten Preußen" (H 187) reist Gustafsson über die italienische Grenze zu einem als Feriendomizil dienenden Turm nahe des Lago Maggiore, wo er den vorliegenden Roman letztlich zu schreiben beginnt.[123]

Der Roman *Sigismund. Aus den Erinnerungen eines polnischen Barockfürsten* erhöht die Komplexität des Plots; er besteht aus mindestens vier parallellaufenden Handlungssträngen. Auf einer (wieder autobiographisch geprägten) Ebene hält sich der Dichter Lars Gustafsson als Stipendiat in Westberlin auf, knüpft Kontakte zur ansässigen Literaturszene, schreibt intensiv an einem Buch. Er vergisst dabei nicht nur die Zeit, sondern auch sich selbst, was ihn zur Assoziation verleitet, sein wahres Ich befinde sich im Sarg des Wasa-Königs Sigismund III. von Polen in einer Krakauer Gruft. Ebendieser Sigismund und sein Erweckungsvorgang ist dann Anstoß des zweiten Handlungsstrangs, der stark an einen Science-Fiction-Roman erinnert: Die Blaue Einheit Ygris 15 ermittelt ein Störsignal in der Andromedagalaxie, das exakt zurückgeführt werden kann auf den Sarg Sigismund III. und das an das repetitive Summen eines in Gedanken versunkenen älteren Herren erinnert.[124] Ziel der Ygris 15 ist es, den Sarg zu öffnen und Sigismund freizusetzen. Bei einem osteuropäischen Fahrradrennen, dem sogenannten *Friedensrennen* zwischen Warschau, Prag und Berlin, schleust die Einheit einen Radfahrer mit dem Namen Withold Gork ein, der in Krakau einen Abstecher zur Wawel-Kathedrale unternimmt, um dem Störsignal ein Ende zu setzen.

Derweil erhält die mit Gustafsson befreundete Malerin Laura G. (ein weiteres Alter Ego der Erzählerfigur)[125] in ihrer Kreuzberger Wohnung Besuch von einer „Freundschaftsdelegation" aus der Hölle, die sich sehr bemüht, mittels Künstleraustauschprogramme „die kulturellen Kontakte zu erweitern" (S 705) und „gewisse – Begabungen – heranzuziehen, die uns [den Höllenbewohnern] in Zukunft nützlich sein können" (S 703). Die Delegation möchte damit gegen „eine jahrtausendelange

---

123 Damit setzt der Roman *Herr Gustafsson persönlich* wie *Sigismund* einen Grenzübertritt gegen Ende der Romanhandlung prominent in Szene, die zudem mit einem Verwechslungsspiel einhergeht: Während der polnische Barockfürst Sigismund sich als Alter Ego des Autors entpuppt, wird Gustafsson an der Italienreise fälschlicherweise für den französischen Barockdichter Jean Racine gehalten. (H 202 f.) Das Sujet Italiens ist dabei eng verknüpft mit Dantes *Divina Commedia* als wichtigstem literarischen intertextuellem Referenzpunkt, vgl. dazu etwa Ulrike Sander: Ichverlust und fiktionaler Selbstentwurf. Die Romane Lars Gustafssons, Göttingen 1998, 176–179.
124 Das „Summen" (S 657) lässt sich später als ein klassisches Musikstück decodieren: Es handelt sich um eine Hymne, die der Hofkomponist Sigmunds III., Adam Jarzębski, seinem Monarchen gewidmet hatte. Der historische Jarzębski ist auch deswegen eine für diesen Zusammenhang interessante Figur, da er vor seiner Anstellung am schwedisch-polnischen Hof mehrere Jahre als Violinist des brandenburgischen Kurfürsten Johann Siegmunds in Berlin angestellt war, vgl. S 699.
125 Der Name Laura spielt Sander zufolge an auf die „Kurzform von Laurentia", während Lars eine „Kurzform von Laurentius" darstellt, Sander (Anm. 123), 234. Zu denken wäre hier auch an die literarische Laura Petrarcas, oder den Lorbeerkranz (lat. *laurus*) Dante Aligheris.

Greuelpropaganda" der Menschheit vorgehen,[126] gegen eine Sprache, „die ganz und gar von Haß durchdrungen ist, von einem abgrundtiefen Haß auf uns, auf unser Gesellschaftssystem, auf unsere Lebensform, auf alles, was wir darstellen." (S 701)

Gegen die Erfüllung einer Reihe von Wünschen soll sich die Malerin G. dazu verpflichten, nach ihrem Tod in der Hölle zu bleiben – eine alte Geschichte vom Teufelspakt, die nun aber im Feld der Kulturpolitik des Kalten Krieges eine Aktualisierung erfährt. Die Malerin G. erhält schließlich die Möglichkeit, zu Vertragsverhandlungen direkt in die Hölle zu reisen – das Tor zur Unterwelt befindet sich in einer Baustelle am U-Bahnnetz Berlins, „zwischen dem Ernst-Reuter-Platz und dem Heidelberger Platz." (S 728) Nachgerade erweist sich die Hölle als Ort der Realisierung sämtlicher sozialer Utopien; ein Ort, in dem es keine Preissteigerung, keine Konflikte, dafür aber auch keine Medien und nahezu keine Schriftkultur gibt. (S 804) Der Malerin G. erscheint dies „furchtbar statisch" (S 784), während der Abgesandte der Freundschaftsdelegation, Belo, versucht, den „total erstarrte[n], utopische[n] Charakter des gesellschaftlichen Lebens" der Hölle (S 782) mit einem Vergleich zu rechtfertigen: „Wir führen ein gesundes Leben, mußt du wissen. Gesünder, als es das Leben in Berlin oder in der gesamten Bundesrepublik je sein könnte." (S 786)

Die Malerin G., die sich zuvor schon vor einer DDR-ähnlichen Planwirtschaft gegruselt hatte,[127] schlägt das Angebot der Freundschaftsdelegation aus. Dennoch wird ihr zum Ende des Romans hin ein Wunsch gewährt: Sie darf für einen Tag lang ein anderer Mensch sein – als nunmehr männlicher Bürger des fiktiven Inselstaats Thinth wechselt G. am Checkpoint Charlie (S 803) über die ostdeutsche Grenze, um in den Hochhäusern der Fischerinsel eine alte Freundin wiederzutreffen.

Der Körpertausch wird hier also mit einem Grenzübertritt verknüpft und nahezu an derselben Stelle im Roman mit einer gegenläufigen Bewegung verwoben: König Sigismund III., aus dem Schlaf in Krakau erwacht, sucht den Schriftsteller Lars Gustafsson in seiner Westberliner Wohnung auf, es stellt sich heraus, dass Gustafsson nur ein Stellvertreter seiner selbst war; König Sigismund hingegen sein wahres, bislang schlummerndes Ich. Die Metapher hat ihren Autor quasi eingeholt.

Mit diesen am Höhepunkt des Romanzyklus stehenden gegenläufigen Grenzübertritten erhält die Berliner Mauer, auf den Titel des Zyklus verweisend, ihre prominente Funktion.[128] Die in den Romanen entworfene Mauer jedoch ist nicht einfach

---

[126] So protestiert der Gesandte Belo etwa vehement gegen die Dantischen Höllendarstellungen, vgl. S 702: „laß mich ein für allemal feststellen, daß das alles Lüge ist. Eine dreckige genial gesteuerte, hartnäckige, systematische Lügenpropaganda."
[127] Vgl. S 704: „Aber wenn ihr jetzt sagt, es sei gar nicht so schlimm, denke ich gleich an lange Schlangen vor den Lebensmittelläden, an den Geruch von billigen Waschmitteln und an bürokratische Formulare, die ausgefüllt werden müssen, an überfüllte Busse, vor denen man im Schneeregen anstehen muß, und dann ist es gar nicht mehr so verlockend."
[128] Diese Berlin-spezifische Ausrichtung des Romans ist in der deutsch- und englischsprachigen Forschung kaum beachtet worden, lediglich der schwedische Literaturwissenschaftler Per Qvale

mit dem Berliner Grenzwall restlos identifizierbar. Vielmehr zieht sie sich durch ganz verschiedene Ebenen, die doch miteinander verschränkt sind:

Da ist zum einen die individuelle Mauer im eigenen Ich der Protagonist:innen, die sich in Doppelgängerfiguren und einer tiefen Persönlichkeitsspaltung äußert;[129] zum zweiten die Abschottung des Individuums gegenüber der Außenwelt, die vor allem in *Herr Gustafsson persönlich* mit alchimistischen Bildern (H 49) und einem Verweis auf die Leibnizsche Monadologie (H 34) beschrieben wird. Eine dritte Mauer befindet sich zwischen den gesellschaftlichen Schichten, etwa in der „provinzielle[n] Literaturhölle" (H 125) Schwedens, aber auch einer internationalen Gemeinschaft intellektueller Eliten:

> Die kleine Clique von Planungsexperten, Gastreferenten und Schriftstellern, die zu Schriftstellerkongressen unterwegs sind, fliegt in ihren Jumbojets herum, steigt in ihren mit Klimaanlagen versehenen Hiltonhotels ab und sitzt in ihren Konferenzen. Sie treffen immerzu Bekannte auf den Flugplätzen, und das läßt sie glauben, die Welt sei winzig klein, was sie zweifellos auch ist, wenn man mit ‚Welt' einen kleinen Gesellschaftskreis von zehntausend Personen meint. (S 774)

Gustafsson zufolge ist diese sich mithilfe einer vermeintlich intellektuellen „Sprache der Wissenden" (H 40)[130] abschottende Gemeinschaft Beleg der Existenz einer weiteren, epistemologischen Mauer, die „Wahrheiten"[131] im Plural ausgrenzt. Ziel der Figuren ist es nun, diese auch sprachlich konstruierte „Lügenmauer"[132] einzureißen, indem sie eben als konstruiert wahrgenommen wird – hierin liegt die Hoffnung der Texte

---

bemerkt, vgl. Qvale (Anm. 84), 172: „Der Handlungsrahmen des Romans ist Berlin, die Stadt der Konfrontationen, die dem Autor Gelegenheit gibt, viele gegenwärtige Probleme reliefartig darzustellen."
129 Vgl. dazu Sander (Anm. 123), 261 f. In ihrer psychologischen Deutung der Figurenkonstellation des Romans rückt die „tagespolitische[] Auseinandersetzung" für sie jedoch in weite Ferne, ebd., 247. Sander greift hier indirekt Denkmuster Dübois' auf, der den „Lacanian belief" als zentralen Grundsatz „within all of Gustafsson's work" konstatiert, Dübois (Anm. 115), 176. Gegen eine solche rein psychologische Ausdeutung, sondern gerade für die realpolitische Verankerung des Textes argumentiert etwa Peter Hertz-Ohmes: The Public Lie, the Truth of Fiction, and Herr Gustafsson Himself, in: Pacific Coast Philology 17.1/2 (1982), 112–118, hier: 114. Eine weitere Gegenrede findet sich auch in Reitz' Interpretation des Romans, zunächst erschienen in der LCB-Zeitschrift Sprache im technischen Zeitalter 7 (1980), später dann abgedruckt als: Klaus Reitz: Die heilsamen Schritte einer Trauerarbeit. Einige Bemerkungen zu Lars Gustafssons Romanzyklus *Die Risse in der Mauer*, in: Volz (Anm. 84), 160–170, hier 160 f.
130 In der DDR-Kritik ist dieser sprach- bzw. machtkritische Impetus von Gustafssons Romanzyklus prominent herausgestellt worden, selbstverständlich mit marxistischen Begrifflichkeiten, vgl. Artur Bethke: Lars Gustafsson, Das Familientreffen, in: Weimarer Beiträge 25/3 (1979), 111–116. Interessant auch: Lediglich die drei Romane *Wollsachen, Das Familienfest* und *Tod eines Bienenzüchters* sind in der DDR erschienen, die beiden hier im Fokus stehenden (West-)Berlin-Romane, *Herr Gustafsson persönlich* und *Sigismund* wurden nicht in der DDR vertrieben, vgl. Artur Bethke: Regionales, Nationales, Internationales in der schwedischen Gegenwartsliteratur, in: Nordeuropa 19 (1985), 5–11, hier: 9 f.
131 Gustafsson: Wollsachen (Anm. 117), 238.
132 Ebd., 383.

begründet: „Sie [die Mauer] ist nie geborsten, es war ein allzu mächtiges Bauwerk, aber da war ein Riß, mit bloßem Auge nicht wahrnehmbar, der eben noch nicht dagewesen war. Würde er sich verbreitern?" (H 173)

An dieser Stelle kommt nun die Stadt Berlin ins Spiel. Sie wird trotz (oder gerade wegen) ihrer inneren Grenze zur „SPIEGELWELT" der DDR (S 809) als im Verborgenen geöffnet imaginiert: „Es ist die Stadt, die aus sich selbst herausweht, über den grünen Buchenwald hin." (S 712) Die reale Berliner Mauer „Made in Germany" (S 792) türmt sich auf als „Grenze der Welt" (S 792), stellt jedoch lediglich ein Symbol der allumfassenden Gespaltenheit der Stadt da, und verweist damit auf eine „kleine, unterdrückte gelbe Flamme der Schizophrenie, die in uns allen brennt." (S 127)[133] Erst durch die Sichtbarkeit der Mauer, auch wenn sie durch Gewohnheit im Alltag übersehen wird, wird für den Protagonisten deutlich, dass es überhaupt ein Dahinter gibt.

Dass Gustafsson den „polnischen Barockfürsten" Sigismund III. zu seinem *Double* kürt, ist ebenfalls kein Zufall: Der historische Sigismund als König von Polen, Großfürst von Litauen und Erbkönig von Schweden galt in jedem seiner Länder als ewiger Ausländer[134] – als ihm sein Onkel das schwedische Erbe streitig machte, waren es ausgerechnet die Finnen, die Sigismund III. bei seinem grausamen *Keulenkrieg* am Ende des 16. Jahrhunderts unterstützten. Kein Wunder also, dass in der Schlussszene von Gustafssons Roman Sigismund von zwei finnischen Matrosen begleitet wird, die zuvor in sämtlichen Bänden an entscheidenden Türschwellen und Grenzübergängen auftauchten, um die vielgestaltigen ‚Stellvertreter' des Erzählers herauszufordern.[135] Ebenso wie Johanna Becker (H 190) erinnern sie die Protagonisten dabei an ihre eigene Parteilichkeit, ihre Situierung diesseits der Mauer, ihren Zwang, „die ganze Welt durch ein einziges Schlüsselloch, aus einer einzigen Perspektive" zu sehen. (S 788)

---

133 Zu Lars Gustafssons Romanwerk als „Chronologie eines schizophrenen Selbstseins", Sander (Anm. 123), 226.
134 Vgl. dazu: Henryk Olszewski: Über die Träger der Souveränität in Polen in der Ära der Wasa-Könige 1587–1668, in: Jahrbücher für die Geschichte Osteuropas NF 36/4 (1988), 493–503, hier: 497.
135 Die beiden betrunkenen finnischen Matrosen, im Romanzyklus häufiger als Landstreicher identifiziert, wollen etwa in das Wohnhaus einer wohlhabenden und dem Erzähler gänzlich unsympathischen Dame eindringen und halten zu diesem Zweck ein Fuß in der Tür. (H 176) Im *Familienfest* begegnen sie Lars Tröang an der Schwelle zu einem Restaurant, und verhöhnen ihn als „feine[n] Mann" (Familienfest (Anm. 118), 543); und in *Sigismund* schließlich belagern sie neben dem Checkpoint Charlie (S 803) auch die Stipendiatenwohnung der Erzählerfigur. (S 810) In seinem Kommentar beschreibt Gustafsson die Relevanz, die die finnischen Matrosen für die Handlung seiner Romane einnehmen: „Die beiden Männer aus Finnland kann man als Engel auffassen, als Gottes Boten [...]. Derartige erzähltechnische Kniffe sind immer verwendet worden, um einen Sagenkreis zusammenzuhalten." Gustafsson: Rückblick (Anm. 114), 199.

Fazit

Die literarischen Beziehungen des geteilten Berlin zu den beiden neutralen Staaten Finnland und Schweden waren ungleich gewichtet: Während der Schriftstellerverband der DDR etwa intensive Kontakte zum finnischen Pendant unterhielt und von Helsinki aus zahlreiche Autor:innen nach Ostberlin entsandt wurden, zeigten Westberliner Institutionen wie das Künstlerprogramm des DAAD oder das Literarische Colloquium Berlin offenbar wenig Interesse am finnischen Literaturbetrieb. Dabei äußert sich gerade in den Berlin-Texten einiger von der DDR eingeladenen finnischen Autor:innen eine sehr kritische Haltung gegenüber Ostberlin und ein erstaunlich hohes Interesse etwa am Untergrund- und Kulturleben westlich der Mauer. In Bezug auf Schweden liegt fast ein spiegelbildliches Phänomen vor: Während der Deutsche Schriftstellerverband der DDR sich nahezu vergeblich um Kontakte zum schwedischen Partnerverband bemühte, gab es nach Westberlin zahlreiche persönliche Beziehungen und Freundschaften, die durch LCB, DAAD und Akademie der Künste (West) schnell in institutionelle Bahnen gelenkt wurden. Sowohl auf finnischer als auch auf schwedischer Seite stellte die Mauer für die Autor:innen existenzielle Fragen in Bezug auf die eigene persönliche Neutralität oder die Position im kulturellen Feld zur Zeit des Kalten Krieges. Dabei ging gerade vom durchscheinenden Anderen, von der Gegensätzlichkeit der Welten in Ost und West, eine eigene Faszination aus. Die *Risse in der Mauer*, wie Lars Gustafsson sie in seinem fünfbändigen Romanwerk beschreibt und zu einem nahezu allegorischen Bild erhebt, waren dabei auch kreativer Impuls für etliche finnische und schwedische Berlin-Reportagen, -Erzählungen und -Gedichte.

Ulrike Schneider
Berliner Miniaturen, Ost/West: Edoardo Sanguinetis *Reisebilder* (1972)

Edoardo Sanguineti war der erste italienische Autor, der über das Künstlerprogramm des Deutschen Akademischen Austauschdiensts (DAAD) nach Berlin kam.[1] Im Sommer 1971 zog er für ein halbes Jahr gemeinsam mit seiner Familie in die geteilte Stadt – ein Aufenthalt, der allein schon aufgrund seiner Länge eine Besonderheit für den vielreisenden Sanguineti darstellte. Für das Künstlerprogramm des DAAD, das von Beginn an darum bemüht war, „den für Berlins Kulturleben existenznotwendigen Außenweltkontakt"[2] zu stärken und im Sinne einer „bewährte[n] Berliner Tradition der artifiziellen geistigen Blutzufuhr von außen"[3] programmatisch auf die Modernisierung und Internationalisierung des kulturellen Lebens der Stadt abzielte, scheint Sanguineti als namhafter Vertreter der italienischen Neoavantgarde der 1960er Jahre geradezu prädestiniert gewesen zu sein, hatte doch der *gruppo 63*, dem er angehört hatte, sich seinerseits gegen den Provinzialismus in der Kultur gewandt und sich ganz dezidiert einer Modernisierung der Literatur verschrieben. Was lag also näher, als solche Impulse nach Berlin zu tragen?

Für den damals bereits international anerkannten Autor markierte der Berliner Sommer 1971 – wie er rückblickend nicht müde wurde zu betonen – eine klare Zäsur in seinem Leben und Schreiben, und er bewertete diese Zeit als eine Phase, in der in ihm „etliche Reflexionen Substanz annahmen – somit eine Phase reicher poetischer Produktion".[4] Seinem Aufenthalt kommt demnach auch insofern ein besonderer Status zu, als daraus ein eigener Gedichtband resultierte, die *Reisebilder,* die in den italienischen Gedichtband *Wirrwarr* (1972) Eingang fanden.[5] 32 der insgesamt 51 Texte wurden

---

1 Bis 1989 folgten fünf weitere Autor:innen; im Zeitraum von 1970 bis 1989 kamen insgesamt 32 italienische Künstler:innen aus den Bereichen Literatur, Bildende Kunst, Film und Musik nach Berlin. – Zu Geschichte und Programmatik des Künstlerprogramms siehe Jutta Müller-Tamm: Das geteilte Berlin als Katalysator der Internationalisierung des Literaturbetriebs, in: dies. (Hrsg.): Berliner Weltliteraturen. Internationale literarische Beziehungen in Ost und West nach dem Mauerbau, Berlin/Boston 2021, 1–37.
2 So Werner Stein, der damalige Senator für Wissenschaft und Kunst, in seinem Grußwort anlässlich des 10. Jahrestags des Berliner Künstlerprogramms des DAAD im April 1975; in: Deutscher Akademischer Austauschdienst (Hrsg.): 10 Jahre Berliner Künstlerprogramm, Berlin 1975, 8.
3 Peter Nestler: Rückblick auf 10 Jahre Berliner Künstlerprogramm, in: ebd., 10–11, hier: 10.
4 Zit. nach Barbara Brunn, Birgit Schneider (Hrsg.): Direttissimo Roma – Berlin. Italienische Autoren des XX. Jahrhunderts reisen nach Berlin, Berlin 1988, 148.
5 Die insgesamt 51 italienischen Gedichte der *Reisebilder* wurden 1972 in der Gedichtsammlung mit dem deutschen Titel *Wirrwarr* bei Feltrinelli publiziert. Edoardo Sanguineti: Reisebilder. LI poesie, 1971, in: ders.: Wirrwarr, Mailand 1972, 17–69. Vorangestellt sind ihnen in dieser Ausgabe sieben Gedichte unter dem Titel „T.A.T.", zwischen 1966 und 1968 verfasst. Ebd., 7–16.

∂ Open Access. © 2023 bei den Autorinnen und Autoren, publiziert von De Gruyter. Dieses Werk ist lizenziert unter der Creative Commons Namensnennung – Nicht-kommerziell – Keine Bearbeitungen 4.0 International Lizenz.
https://doi.org/10.1515/9783110789539-006

zudem vorab in der Übertragung von Gerald Bisinger in der Reihe *LCB-Editionen* des Literarischen Colloquiums 1972 auf Deutsch publiziert.⁶

Den *Reisebildern* unterliegt eine spezifische Konstellation: Ihre chronologische Reihung gemäß den Entstehungsdaten der Gedichte, wie sie im Anhang zur italienischen Ausgabe der Sammlung *Wirrwarr* verzeichnet sind, legt einen tagebuchartigen Charakter der Aufzeichnungen nahe, und sie prägt auch die Genese der LCB-Edition. So vermerkt Gerald Bisinger im Nachwort, Sanguineti habe ihm die 32 zwischen Juni und September 1971 entstandenen Texte „schubweise zum Übersetzen" gegeben, und er habe „die deutsche Fassung jedes einzelnen Gedichts ausführlich mit dem Autor durchdiskutiert".⁷ Als Übersetzer war Bisinger somit zugleich erster Leser und damit auch Interpret der Texte – ein Verfremdungseffekt, der ganz nach Sanguinetis Geschmack gewesen sein dürfte, der, wie er später sagte, seine Gedichte in diesem Fall geradezu mit Blick auf die Übersetzung geschrieben habe: „Tief in meinem Inneren hatte ich den Eindruck, dass ich einen vorläufigen Entwurf eines Textes anfertigte, von dem ich mit Sicherheit wusste, dass er in einer anderen Sprache ein weiteres Schicksal haben würde, und dass dieses weitere Moment kommunikativ dem des Textes als solchem im ursprünglichen Entwurf vorausgehen würde."⁸

Jenseits dieser Engführung von Schreib- und Übersetzungsprozess, aus der eine eigenständige Publikation hervorging, die als solche neben der umfangreicheren Sammlung der *Reisebilder* innerhalb des italienischen Gedichtbands *Wirrwarr* Bestand

---

6 Edoardo Sanguineti: Reisebilder. 32 Gedichte, übers. von Gerald Bisinger, Berlin 1972. Bis zu dem Gedicht Nr. 25 ist die Anordnung der Texte in der deutschen und italienischen Ausgabe identisch, danach variiert sie; in der Sammlung *Wirrwarr* ist die Sektion der *Reisebilder,* wie erwähnt, um 19 Gedichte umfangreicher, woraus sich Abweichungen auch in der Reihung ergeben.

7 Gerald Bisinger: [Nachwort], in: Sanguineti, Reisebilder (Anm. 6), I–IX, hier: I–II. – In einem Beitrag anlässlich des zehnjährigen Bestehens des Berliner Künstlerprogramms des DAAD spricht Bisinger mit Blick auf die Zusammenarbeit mit Sanguineti von einer „Sternstunde[] des Übersetzens": „Ich konnte die Rohübersetzung jedes Gedichts mit ihm durchsprechen, Entscheidungen über druckreife Fassungen trafen wir gemeinsam: ein Vorgang, der infolge geografischer Distanzen und finanzieller Beschränkungen sehr selten ist. Überdies konnten diese Gedichte mit dem Titel ‚Reisebilder' rasch in einem Bändchen der LCB-Edition des Literarischen Colloquiums Berlin erscheinen." Gerald Bisinger: Berliner Künstlerprogramm: literarisch, in: Deutscher Akademischer Austauschdienst (Hrsg.) (Anm. 2), 37–39, hier: 38. – Sanguineti bestätigte rückblickend diese Form der Zusammenarbeit: „Egli [d.i. Gerald Bisinger] si servì direttamente del dattiloscritto, quale lo andavo costruendo, giorno dopo giorno." Edoardo Sanguineti: Berlino non è una città, in: Sara Sedehi (Hrsg.): 100 poesie dalla DDR, Mailand 2009, 9–10, hier: 9.

8 „Nel profondo mio non poteva non agire l'impressione che io facevo una stesura provvisoria di un testo che sapevo con certezza avrebbe avuto un momento ulteriore di destino in un'altra lingua, e che questo momento ulteriore comunicativamente avrebbe preceduto quello del testo per sé nella stesura originale." Adriana Casalengo: Il pensiero nasce sulla bocca. Intervista con Edoardo Sanguineti, in: Il Ponte 40/3 (1984), 94–105, hier: 103. – Diese und alle folgenden Übersetzungen stammen, soweit nicht anders angegeben, von mir (U. S.).

Abb. 1: Edoardo Sanguineti: *Reisebilder*. Gedichte, Berlin 1972, Cover. Fotografie: Renate von Mangoldt.

hat,[9] sind die *Reisebilder* in mehrfacher Hinsicht bedeutsam: Es handelt sich um Sanguinetis Blicke auf Berlin, seine Wahrnehmung der geteilten Stadt mitten im Kalten Krieg, und zugleich markieren sie eine Zäsur, die zu einem Wandel in seiner Poetik führt und eine zweite Schaffensperiode einläutet. Nach einigen Jahren Unterbrechung schreibt Sanguineti 1971 nun wieder Gedichte, beginnend auf seiner Reise nach Rotterdam und dann intensiv in Berlin.[10] Das Ergebnis seines Dichtens ist, nach eigener Aussage, „die Gewissenserforschung eines Intellektuellen, der sich über alles ein wenig Gedanken macht: Leben und Tod, Familie und Kinder, Politik und Kultur, Literatur und

---

9 Bisinger betonte, die LCB-Edition habe „genau die Form behalten, die die Sammlung Anfang Oktober 1971 hatte, als sie mir in ihrer damaligen Vollständigkeit übergeben wurde". Bisinger (Anm. 7), II.
10 „When in 1971 Sanguineti and his family lived for six months in Berlin, the poet began writing poetry again after a significant hiatus (the collection *T.A.T.* having been completed in 1968)." Thomas E. Peterson: The Midlife Poetry of Edoardo Sanguineti, in: Paolo Chirumbolo, John Picchione (Hrsg.): Edoardo Sanguineti. Literature, Ideology and the Avant-Garde, Oxford 2013, 71–89, hier: 73.

Poesie".¹¹ Zum Protagonisten aber wird die Stadt selbst.¹² Und so soll im Folgenden sowohl das Berlin der *Reisebilder* als auch der Wandel in Sanguinetis Poetik näher betrachtet werden; da die Gedichte der Sammlung bislang kaum einmal als ganze analysiert wurden, werden einige Gedichte zudem einem *close reading* unterzogen, um ihre Vertextungsstrategien und Montagetechnik sowie vor allem die für sie typischen Perspektiv- und Registerwechsel genauer in den Blick zu nehmen, mittels derer die oben genannten unterschiedlichen Sphären jeweils engeführt werden.

„Berlin ist gar keine Stadt"

Berlin ist gar keine Stadt: lo diceva anche Heine, intorno al '28–'29,
a un figlio della Spree:
                e io – non sono mica un figlio della domenica, io,
e non ho abbastanza bottiglie di poesia – o di Bommerlunder di Flensburg, almeno,
da poterci scoprire piú che un nudo luogo, e case nate morte,
e berlinesi:
           ma tu, piccolo muro, hai fatto di Berlino una città:
(e le hai iniettato persino un po' di Lokalpatriotismus): troppa grazia,
accidenti, juter Jott: che di città, cosí, ne hai fatte due:¹³

Berlin ist gar keine Stadt: das sagte auch Heine, so um '28–'29,
zu einem kind von der Spree:
                und ich – keineswegs bin ich ein sonntagskind, ich,
und ich habe nicht genug flaschen dichtung – oder Bommerlunder aus Flensburg, wenigstens,
um für uns mehr zu entdecken als einen nackten ort, und totgeborene häuser,
und berliner:
           du aber, kleine Mauer, hast aus Berlin eine stadt gemacht:
(und du hast ihr sogar ein wenig *Lokalpatriotismus* eingeimpft): zu viel gnade,
zum teufel, *juter Jott:* die stadt hast du, so, gleich verdoppelt:¹⁴

---

11 Zitat Sanguineti: „In *Reisebilder* molti critici hanno visto, a mio avviso giustamente, l'esame di coscienza di un intellettuale che si interroga un poco su tutto: la vita e la morte, la famiglia e i figli, la politica e la cultura, la letteratura e la poesia." Fabio Gambaro: Colloquio con Edoardo Sanguineti. Quarant'anni di cultura italiana attraverso i ricordi di un poeta intellettuale, Mailand 1993, 158.
12 „Un'attenzione tutta particolare egli riserva a Berlino, per ciò che la città ha significato in sé e per il valore che ha ricoperto nel suo percorso politico ed intellettuale in quanto centro per eccellenza della cultura tedesca, al punto da farne la protagonista quasi assoluta della raccolta *Reisebilder,* scritta in presa diretta proprio lì." Erminio Risso: Berlino, sguardi incrociati. Sanguineti cittadino straniato, cittadino straniero, cittadino del mondo, in: Luigi Weber (Hrsg.): Edoardo Sanguineti. Ritratto in pubblico, Mailand 2016, 45–62, hier: 45.
13 Sanguineti, Wirrwarr (Anm. 5), 56 (Nr. 38).
14 Brunn/Schneider (Anm. 4), 150. Übertragung: Gerald Bisinger. – Die *Reisebilder* werden im Folgenden stets in der italienischen Fassung und der deutschen Übertragung zitiert, um die charakteris-

Bezeichnenderweise fand das hier zitierte Gedicht, das – im September 1971, also fast genau zehn Jahre nach dem Mauerbau, entstanden – die Berliner Mauer beinahe zärtlich als „piccolo muro", als „kleine Mauer" apostrophiert, nicht Eingang in die LCB-Publikation. In einem Interview, das Sanguineti knapp 40 Jahre später dem *Radio radicale* gab, erinnert er sich sehr präzise daran, dass er das Gedicht aus eher pragmatischen Erwägungen heraus für unübersetzbar hielt, weil dieses melancholische, wenngleich nicht ironiefreie „encomio al Muro di Berlino", sein „Loblied auf die Berliner Mauer", auf westdeutscher Seite als Provokation empfunden worden wäre.[15]

Es muss nicht überraschen, dass Sanguineti – als Unabhängiger Ende der 1970er/ Anfang der 1980er Jahre Abgeordneter für die Liste des PC, der Kommunistischen Partei Italiens, und bis zu seinem Tode 2010 bekennender, wenngleich unorthodoxer Marxist – in diesem Text die Mauer feiert: Auch mit knapp 80 Jahren richtete er in dem erwähnten Interview noch einen von Nostalgie geprägten Blick auf Berlin zu Zeiten der Teilung der Stadt. Es ist aber ebenso bezeichnend, dass der Lobpreis der Mauer in diesem Gedicht mehrfach gebrochen ist: Über das deutsche Originalzitat „Berlin ist gar keine Stadt" aus Heinrich Heines „Reise von München nach Genua"[16] tritt Sanguineti gleich zu Beginn in ein Gespräch mit dem deutschen Dichter, dem er auch den Sammlungstitel *Reisebilder* entlehnt. Im Verlauf des Gedichts übernimmt er weitere Versatzstücke aus Heines *Reisebild*, teils auf Deutsch, teils auf Italienisch, und gibt in der Apostrophe an die „kleine Mauer" der Referenz auf Heine eine ironische Wendung: Wo jener den Berlinern in den 1820er Jahren noch das Fehlen von „Lokalpariotismus" attestierte, hat nunmehr die Mauer ihnen diesen „eingeimpft" – ja, sie hat aus Berlin damit nicht nur allererst *eine Stadt* gemacht, die es Heine zufolge nicht war,[17] sondern

---

tische Mischsprachigkeit wiederzugeben, die im italienischen Original typographisch nicht markiert ist und eigentümliche, dezidiert auch klangliche Effekte erzeugt. In den Übertragungen ins Deutsche sind die deutschen Zitate hingegen durch Kursiva hervorgehoben, was einen anderen Rhythmus impliziert, der hier durch eine visuelle anstelle einer klanglichen Devianz generiert wird.
15 „[...] una specie di encomio al Muro di Berlino, non privo di malizie e di ironia che giudico intraducibile perché nel sentimento tedesco dell'Ovest sarebbe stata considerata una provocazione." Zit. nach: Lanfranco Palazzolo: Edoardo Sanguineti. Il poeta dell'avanguardia, Rom 2018, 40. – Etliche Jahre später wurde dieses „encomio malinconico del ‚muro'" (ebd.) dann, in der Übertragung eben durch Gerald Bisinger, in der Anthologie Direttissimo Roma – Berlin (Anm. 4) abgedruckt, hier: 150. Die Anthologie gibt insgesamt einen sehr schönen Einblick in die Sichtweisen einer Vielzahl italienischer Schriftsteller:innen, Künstler und Komponisten auf Berlin.
16 Heinrich Heine: Reise von München nach Genua, in: ders.: Säkularausgabe, hrsg. von den Nationalen Forschungs- und Gedenkstätten der klassischen deutschen Literatur in Weimar und dem Centre National de la Recherche Scientifique in Paris, bearbeitet von Christa Stöcker, Berlin 1986, Bd. 6: Reisebilder II (1828–1831), 9–72.
17 Zur Kontextualisierung der Zitate in Heines *Reisebild* Berlins sei hier etwas ausführlicher daraus zitiert, zumal die Anspielungen darauf bei Sanguineti über wörtliche Versatzstücke deutlich hinausgehen: „[...] Keine Stadt hat nemlich weniger *Lokalpatriotismus* als Berlin. Tausend miserable Schriftsteller haben Berlin schon in Prosa und Versen gefeyert, und es hat in Berlin kein Hahn danach gekräht, und kein Huhn ist ihnen dafür gekocht worden, und man hat sie unter den Linden immer

sogar *zwei* Städte. Die Bezugnahme auf Heine ist über diese einzeltextuelle Referenz hinaus für Sanguinetis Gedichtsammlung von Belang, sind doch Heines *Reisebilder* ihrerseits ein Pastiche verschiedener Genera, das, mit den Worten von Erminio Risso, zu einer „Erkundung des schreibenden Ich im Akt der Interpretation des Realen" wird.[18] Und an eben dieses Projekt schließt Sanguineti mit seinen *Reisebildern* auf ganz eigene Weise an.

Sanguineti in Berlin

Als Edoardo Sanguineti im Juni 1971 nach Berlin kommt, ist er dort kein Unbekannter. Die italienische Neoavantgarde der 1950er und 60er Jahre, zu deren Hauptvertretern er, als Mitbegründer des *gruppo 63* und Beiträger zur avantgardistischen Lyrik-Anthologie *I Novissimi. Poesie per gli anni '60* (1961), gehört, wird in den literarischen Kreisen Berlins wahrgenommen. Maßgebliches Verdienst für die Vermittlung kam auf italienischer Seite Enrico Filippini zu, einem in der Schweiz geborenen Journalisten, Übersetzer und Schriftsteller, der u. a. den Kontakt zur Gruppe 47 suchte und diese in Italien bekannt machte,[19] der aber auch dafür sorgte, dass 1962 bei Feltrinelli eine von Hans Bender kuratierte Anthologie mit Texten junger deutscher Autoren erschien.[20] Auf deutscher Seite sind besonders Walter Höllerer und Gerald Bisinger hervorzuheben, die u. a. 1970 den LCB-Band *Das literarische Profil von Rom* herausgaben, in dem vor allem Texte von

---

noch für miserable Poeten gehalten, nach wie vor. Dagegen hat man eben so wenig Notiz davon genommen, wenn irgendein After-Poet etwa in Parabasen auf Berlin losschalt. [...] *Berlin ist gar keine Stadt*, sondern Berlin giebt bloß den Ort dazu her, wo sich eine Menge Menschen, und zwar darunter viele Menschen von Geist, versammeln, denen der Ort ganz gleichgültig ist; diese bilden das geistige Berlin. Der durchreisende Fremde sieht nur die langgestreckten, uniformen Häuser, die langen, breiten Straßen, die nach der Schnur und meistens nach dem Eigenwillen eines Einzelnen gebaut sind, und keine Kunde geben von der Denkweise der Menge. Nur *Sonntagskinder* vermögen etwas von der Privatgesinnung der Einwohner zu errathen, wenn sie die langen Häuserreihen betrachten, die sich, wie die Menschen selbst, von einander fern zu halten streben, erstarrend im gegenseitigen Groll. [...] Es sind wahrlich mehrere *Flaschen Poesie* dazu nöthig, wenn man in Berlin etwas anderes sehen will als *todte Häuser und Berliner*. [...]" Ebd., Kap. II, 10–13, hier: 11 (Hervorhebung U. S.). Auch der „Sohn der Spree" entstammt diesem Text (ebd., 10), bei Sanguineti „un figlio della Spree".

18 Risso (Anm. 12), 49 („un'indagine sull'io che scrive nell'atto di interpretare il reale").
19 Siehe hierzu u. a. Enrico Filippini: Che cosa è il Gruppo 47, in: Corriere della Sera (7. April 1963), 7.
20 Hans Bender (Hrsg.): Il dissenso. 19 nuovi scrittori tedeschi, Mailand 1962. – Zu den frühen Kontakten zwischen Walter Höllerer und dem *gruppo 63* (vor allem auch zu Luciano Anceschi und Nanni Balestrini) vgl. Patricia Preuß: „Gruppo 63" – Die italienische Neoavantgarde der sechziger Jahre, in: Literatur der Gegenwart im Literaturarchiv Sulzbach-Rosenberg. Begleitbuch zu Ausstellung und Archivbestand, konz. und red. von Barbara Baumann-Eisenack und ders., hrsg. vom Literaturarchiv Sulzbach-Rosenberg, Amberg 1996, 94–98. – Nanni Balestrini kam 1988 selbst über das DAAD-Künstlerprogramm nach Berlin.

Vertretern der *neoavanguardia*, aber auch etwa von Alberto Moravia, Ignazio Silone und Giuseppe Ungaretti abgedruckt wurden.[21] Eine gleichnamige Filmdokumentation wurde, als Teil der LCB-Filmreihe *Das literarische Profil europäischer Großstädte*, 1969 in Rom gedreht und im Frühjahr 1970 in mehreren Dritten Fernsehprogrammen ausgestrahlt.

Von Sanguineti waren zuvor bereits zwei Romane auf Deutsch bei Suhrkamp erschienen, 1964 *Capriccio italiano* (ital. 1963) und 1969 *Das Gänsespiel* (ital. *Il Giuoco dell'oca*, 1967), beide in der Übersetzung von Arianna Giachi. 1964 war Sanguineti zudem mit dem *Teatro dei Novissimi* aus Rom zu Gast in der vom Literarischen Colloquium Berlin organisierten Reihe *Modernes Theater auf Kleinen Bühnen* in der Akademie der Künste,[22] und 1970 wurde seine szenische Bearbeitung des *Orlando Furioso* (unter der Regie von Luca Ronconi) im Rahmen der Berliner Festwochen in der Deutschlandhalle aufgeführt. Im Dezember 1966 hatte er ferner gemeinsam mit dem US-amerikanischen Schriftsteller Charles Olson vom Black Mountain College in der von Walter Höllerer veranstalteten Lesereihe *Ein Gedicht und sein Autor* eine Lesung in der Akademie der Künste bestritten, die großes mediales Echo fand.[23] Sanguineti las an diesem Abend aus seinen Dichtungen *Purgatorio de l'inferno/Fegefeuer der Hölle* (1960–1963) und *Il testamento/Das Testament* sowie seinem Aufsatz „Über die Avantgarde", der 1967 in der von Walter Höllerer und Hans Bender gegründeten Zeitschrift *Akzente* publiziert wurde.[24]

Während Sanguineti in West-Berlin also seit den frühen 1960er Jahren immer wieder und mit unterschiedlichen Facetten seines Schaffens präsent war, galt dies für den Osten keineswegs. Vielmehr ist dort diesbezüglich eine fast schon markierte Leerstelle zu verzeichnen. Auch in der Anthologie *Erkundungen. 27 italienische Erzähler*, die 1970 im Verlag Volk und Welt erschien, war er nicht vertreten, obgleich die Reihe *Erkundungen* mit Blick auf die Vermittlung fremdsprachiger Literatur in der DDR durchaus als ‚progressiv' galt. Auffallend ist allerdings, dass die Anthologie vorrangig

---

21 Gerald Bisinger, Walter Höllerer (Hrsg.): Das literarische Profil von Rom, Berlin 1970.
22 Bei dieser Aufführung des Ensembles „I Novissimi" aus Rom waren Edoardo Sanguineti mit seinem Stück „Traumdeutung" (Regie: Piero Panza) sowie Enrico Filippini mit „Gioco con la Scimmia" und Alfredo Giuliani mit „Povera Juliet" vertreten. – Zu der Reihe siehe Helmut Böttiger: *Nächtliche Séancen. Der „Zauberer" und seine „Sternstunden": Die Berliner Großereignisse „Modernes Theater auf Kleinen Bühnen" und „Veränderung im Film"*, in: ders.: Elefantenrunden. Walter Höllerer und die Erfindung des Literaturbetriebs, Berlin 2005, 143–151.
23 Die Texte der Autor:innen der zehn Vortragsabende sind zusammengestellt in: Walter Höllerer (Hrsg.): Ein Gedicht und sein Autor. Lyrik und Essay, Berlin 1967. Die Lesung von Charles Olson und Edoardo Sanguineti fand am 5. Abend, dem 15. Dezember 1966, in der Akademie der Künste statt. Siehe ebd., 175–211 (Olson) und 213–231 (Sanguineti). – Zu dieser Lesereihe siehe Helmut Böttiger: Wort-Vulkane und Höllenfeuer. „Ein Gedicht und sein Autor", in: ders. (Anm. 22), 153–159, sowie Cornelia Ortlieb: *East East and West West:* Ein russisch-amerikanisch-deutsches Gespräch im Zeichen Goyas, Berlin, Januar 1967, in: Jutta Müller-Tamm (Hrsg.) (Anm. 1), 225–251.
24 Edoardo Sanguineti: Über die Avantgarde, übers. von Arianna Giachi, in: Akzente 1 (1967), 31–35.

Kurzgeschichten und Novellen von Autor:innen abdruckte, die, wie im Nachwort vermerkt wurde, alle „einer realistischen Literaturauffassung verpflichtet" waren.[25] Über die Autoren der *neoavanguardia* – zu denen Sanguineti zählt, ohne dass er namentlich erwähnt würde – heißt es im Nachwort, sie seien meist „ehrlich bemüht, dem komplizierten neokapitalistischen Prozeß zu Leibe zu rücken; da sie aber oft darauf verzichten, den historisch-gesellschaftlichen Hintergrund der Erscheinungen zu zeigen, bleibt ihre Anklage abstrakt".[26] Man kann nur spekulieren, warum Sanguineti im Osten nicht präsenter war – der Umstand mag auch der Tatsache geschuldet sein, dass er ein unorthodoxer Marxist, scharf- wie eigensinniger Intellektueller und höchst experimenteller Dichter war, für dessen gesamtes Wirken zudem gerade der Konnex von „ideologia e linguaggio",[27] von Ideologie und Sprache, und dessen stets kritische Bearbeitung bedeutsam blieb.

Berlin, 1971

Das Jahr, in dem Sanguineti nach Berlin kommt, markiert den Beginn des Zeitraums, der in diesem Sammelband zu Literaturszenen in Berlin zwischen 1970 und 1989 fokussiert wird. Im Westen steht die geteilte Stadt weiterhin im Zeichen der 68er-Bewegung, mit der ersten Hausbesetzung in Kreuzberg und Demonstrationen gegen den § 218. In Ost-Berlin wird Walter Ulbricht entmachtet, und Erich Honecker, der ihn zunächst als Erster Sekretär des Zentralkomitees der SED ablöst, baut seine Machtfülle in der Folge zunehmend aus. 1971 ist aber auch das Jahr, in dem im September das Viermächteabkommen, das den Beginn einer Phase der Entspannung markiert, zustande kommt, und in dem es nach 19 Jahren erstmals wieder eine Telefonverbindung zwischen West- und Ost-Berlin gibt.

Sanguineti nahm seinerseits Berlin und die weltpolitische Lage stark unter den Vorzeichen des Kalten Krieges und einer eminenten Bedrohung wahr: „[...] Berlin war damals so etwas wie ein Fenster zu Europa hin, da das Problem des Berlin-Status besonders akut war. Im Alltag brachte das Problem zwar keine direkten Unannehmlichkeiten, aber es war doch immer gegenwärtig."[28] Eben diese Atmosphäre prägt auch seine Berlin-Dichtung, die er rückblickend wie folgt charakterisiert hat: „Unter dem Anschein einer unbeschwerten Sammlung von Anekdoten aus dem Alltag versuchte ein Intellektueller, ohne sich dessen wirklich bewusst zu sein, die große Krise

---

25 Thea Mayer (Hrsg.): Erkundungen. 27 italienische Erzähler, Berlin 1970; darin: dies.: Nachbemerkung, 342–347, hier: 342.
26 Ebd., 344.
27 So lautet auch der Titel eines Bandes mit Essays und Kritiken: Edoardo Sanguineti: Ideologia e linguaggio [1965], hrsg. von Erminio Risso, Mailand 2001.
28 Franco Sepe: Interview mit Edoardo Sanguineti, in: Zibaldone 2 (1986), 81–94, hier: 82.

Abb. 2: Edoardo Sanguineti, bei einer Lesung 1971 in Berlin. In: Deutscher Akademischer Austauschdienst (Hrsg.): 10 Jahre Berliner Künstlerprogramm, Berlin 1975, o. S.

Europas – und der Welt von damals, von gestern – zu diagnostizieren."[29] Sanguineti registrierte präzise das spezifische kulturelle, soziale und politische Klima in der geteilten Stadt Anfang der 1970er Jahre. An ihrem kulturellen Leben hatte er – allerdings offenbar ausschließlich im Westteil – aktiv Anteil, mit Lesungen und Vorträgen oder etwa auch mit seiner Mitwirkung an der Konzeption der Ausstellung *Welt aus Sprache* in der Akademie der Künste.[30]

---

29 „[...] il motivo centrale era proprio quello della guerra fredda, allora al culmine del rischio. Sotto le apparenze di una svagata collezione di aneddoti dell'esperienza quotidiana, un intellettuale cercava di diagnosticare, senza saperlo veramente, la grande crisi dell'Europa – e del mondo di allora, di ieri." Sanguineti: Berlino non è una città, in: Sedehi (Anm. 7), 9. – Vgl. hierzu auch die Einschätzung von Risso: „Non deve fare meraviglia [...] che lo sguardo indagatore di Sanguineti sappia cogliere una serie di indizi, o meglio di sintomi, che gli permetteranno una diagnosi alquanto particolare e per certi versi precoce della situazione europea e mondiale." Risso (Anm. 12), 47.
30 Edoardo Sanguineti: Vorschläge, in: Akademie der Künste (Hrsg.): Welt aus Sprache. Auseinandersetzung mit Zeichen und Zeichensystemen der Gegenwart. Katalog zu Ausstellung und Kongreß in der Akademie der Künste vom 22. September bis 22. Oktober 1972, Berlin 1972, 23–27. – Siehe

Der Aufenthalt in Berlin bedeutet für Sanguineti eine Standortbestimmung, intellektuell wie literarisch, und das DAAD-Künstlerprogramm bietet ihm hierfür jeden Freiraum. Wiederholt hat er in Interviews betont, das ‚von den USA unterstützte' Programm[31] habe keinerlei Verpflichtungen bedeutet und man habe ohne Einschränkungen das kulturelle Angebot der Stadt nutzen können. Im Besitz eines ausländischen Passes habe er sich zudem frei zwischen West und Ost bewegen können und sei häufig in Ost-Berlin gewesen, habe Theater, Museen und Konzerte besucht und insbesondere viele Aufführungen im Berliner Ensemble gesehen. Auf diese Weise sei ihm ein konkreter Vergleich „zwischen dem einen und dem anderen Berlin, zwischen der einen und der anderen Lebensweise" möglich gewesen.[32]

Besondere Bedeutung kommt darüber hinaus dem Umstand zu, dass das DAAD-Künstlerprogramm es Sanguineti ermöglichte, gemeinsam mit seiner Familie auf Zeit heimisch in Berlin zu werden, ohne dass er die Distanz des Zugereisten verlor. So ist sein literarisches Schaffen dieser Zeit nicht allein von seinem gewohnt „forschenden, verfremdeten, verschobenen Blick" geprägt,[33] sondern er kann mit Muße und Zeit, durchaus auch ziellos, aber stets aufmerksam durch die Stadt streifen. Und wenn die Charakterisierung als „una sorta di *flâneur* politico",[34] als eine Art politischer Flaneur, ihre Berechtigung hat, dann wohl gerade aufgrund der erhöhten Aufmerksamkeit, Sensibilität und Aufnahmebereitschaft, die dem müßigen Flaneur eigen sind und von denen auch die *Reisebilder* Zeugnis ablegen. Hinzu kommt der zugleich ‚private' Charakter seiner Aufzeichnungen. Wenn Sanguineti später das Thema der ehelichen Liebe und der Familie als ein zentrales Moment seiner Dichtung herausstellte, das gerade außerhalb der dominanten lyrischen Tradition liege, so nahm auch dies mit seinem Berliner Aufenthalt seinen Anfang.[35]

---

auch Helmut Böttiger: Der semiotische Teufelskreis. „Welt aus Sprache" und *Elephantenuhr*, in: ders. (Anm. 22), 199–221, hier: 205 f.
31 Das 1963 von der Ford Foundation initiierte Artists in Residence-Programm wurde allerdings bereits 1966 vom DAAD übernommen und als Berliner Künstlerprogramm etabliert. Siehe hierzu genauer Müller-Tamm (Anm. 1), hier: 4 f.
32 Siehe hierzu ausführlich Palazzolo (Anm. 15), 27–29.
33 „[Q]uesto sguardo indagatore, straniato, dislocato" wird auch sein weiteres Werk prägen. Risso (Anm. 12), 62.
34 Ebd.
35 „[...] il tema dell'amore coniugale e la tematica famigliare come momento assolutamente centrale, che nel tempo si è venuto sempre più arricchendo, approfondendo e organizzando. E questo è fuori della tradizione lirica dominante." Zit. nach Giuliano Galletta (Hrsg.): Sanguineti/Novecento. Conversazioni sulla cultura del ventesimo secolo, Genua 2005, 103.

Die *Reisebilder* – „fast ein Tagebuch in Versen"

Die 51 Texte der Sammlung *Reisebilder* sind das Resultat von Sanguinetis Berlin-Erfahrungen und bilden deren poetisches Substrat. Begonnen in Rotterdam, wo er sich zuvor kurz aufhielt, werden sie in Berlin fortgeführt und erhalten hier ihre spezifische Gestalt: Das siebte Gedicht der Sammlung notiert die Ankunft in Berlin, fast schon klassisch mit einem ersten Zoo-Besuch mit der Familie („die elefanten sind traurig, sehr, sehr sehr traurig:"), es vermerkt den 17. Juni als Gedenktag („(und am Bahnhof Zoo werden am 17. Juni keine pantoffel [sic] verkauft):") und endet „in der warmen Wohnung in der Heerstraße", die für sechs Monate zum Zuhause wurde.[36]

Die „kleinen Prosastücke in Gedichtform" – „ces petites proses en poèmes", wie die Texte im Original an einer Stelle auf Französisch und damit in markierter und zugleich signifikant variierender Anspielung auf Baudelaires *petits poèmes en proses* genannt werden[37] – sind in vielfältiger Weise als ‚unmittelbare', ‚alltägliche' Aufzeichnungen inszeniert. Nicht selten enthalten die Texte einen konkreten zeitlichen Index, eine ausgeprägte Deixis sowie die Rückbindung an eine präsentische Sprechsituation und ein markantes Sprecher-Ich: „*questo* che sono *io, qui, adesso,* in *questa* terrazza chiusa di Berlino"[38] (in deutscher Übertragung „der, der ich bin, hier, jetzt, auf dieser umbauten plattform von Berlin"), so heißt es etwa im *Reisebild* Nr. 10. Das Sprecher-Ich ist mit erkennbar autobiographischen Zügen versehen, aber doch ganz klar als textinterne *persona* Sanguinetis konzipiert, die nicht mit dem realen Dichter und Menschen zu identifizieren ist. Sanguineti hat selbst betont, dass das Sprechen in der ersten Person Singular eine Konstruktion bedeute und ein Abgleich einer jeweiligen Situation oder eines Ereignisses mit realem Erleben keinerlei Bedeutung habe: Fragmente realen Ursprungs seien in spezifischer Weise ausgewählt, zurechtgestutzt und neu zusammengefügt.[39]

Die Texte entfalten auf mikro- wie auf makrotextueller Ebene eine tagebuchartige Struktur: Notate eines Tages, aneinandergereiht und durchnummeriert, dadurch zu linear-chronologischer Lektüre einladend, mit rückbezüglichen Verweisen, gleichermaßen alltägliche Begebenheiten wie besondere Erlebnisse festhaltend, sie zuweilen auch kommentierend. Sanguineti hat die *Reisebilder* „fast ein Tagebuch in Versen" genannt, das

---

36 Sanguineti, Reisebilder (Anm. 6), Nr. 7, o. S.
37 Ebd, Nr. 5.
38 Ebd., Nr. 10; Hervorhebung U. S.
39 „Con *Reisebilder* nasceva una poesia tutta imperniata sull'io e sul racconto in prima persona: veniva dunque fabbricato un personaggio che racconta, il quale per comodità era un io. Naturalmente, non ha nessuna importanza verificare la maggiore o minore corrispondenza all'esperienza biografica dell'autore, benché naturalmente sia presente nel testo il gusto di utilizzare elementi di realtà, selezionati e tagliati in un certo modo." Zit. nach Gambaro (Anm. 11), 157–158.

> eine Reihe von Vorwänden und Gelegenheiten, persönliche Begegnungen, die konzentrierte Betrachtung eines Gemäldes, eine Idee, die auf irgendein kleines Ereignis in der Wirklichkeit zurückgeht, als Ausgangspunkt hat: es entstehen Filter, durch die Gedanken oder Bilder hindurch müssen, deren Bedeutung über den ursprünglichen Anlaß hinausgeht. Es kommt dadurch zu einer Art Doppelspiel zwischen einem allgemeinen Thema, ich würde fast sagen: einer Sentenz, die jedes kleine Fragment in sich hat, und dem Hic et Nunc, dem bestimmten Ort, der bestimmten Person, der Umgebung, die genau festgehalten wird.[40]

Sanguineti, dessen Tendenz zur Selbstexegese und zu poetologischer Reflexion stets sehr ausgeprägt war, legt auch hier eine präzise Analyse der eigenen Schreibweise und seines reflektierten, strukturierenden und konstruierenden Vorgehens vor. In der Montage aus Reiseerinnerungen, Versatzstücken von Dialogen, Tagebucheinträgen, Bruchstücken innerer Monologe, Vermerken zu Speisen, Träumen u. a. m.[41] entfalten die Berliner *Reisebilder* eine neue Poetik, die Sanguineti erst einige Jahre später im Konzept des „piccolo fatto vero" (der ‚kleinen echten Tatsache' oder auch der ‚kleinen wahren Begebenheit') theoretisch ausarbeiten wird. In einem poetologischen Gedicht aus der 1978 veröffentlichten Sammlung mit dem deutschen Titel *Postkarten* formuliert er ein ‚Rezept' zum Verfertigen von Dichtung, das im kulinarischen Duktus anhebt:

> um ein gedicht zuzubereiten, nimmt man „eine kleine echte tatsache" (möglichst frisch / vom selben tag): [...] / [...] es ist nötig, raum / und zeit zu berücksichtigen, ein genaues datum, ein sorgfältig festgelegter ort, das sind die wünschenswertesten / zutaten, in unserem fall: (das gleiche gilt für die personen, die dem melderegister gemäß zu kennzeichnen sind: / um durch objektiv erkennbare merkmale identifiziert werden zu können): / [...][42]

Sanguineti hat wiederholt in Interviews darauf hingewiesen, dass sich diese neue Poetik einer Alltags- und Reiselyrik, deren Modell bis weit in die 1980er Jahre Bestand hatte, in den *Reisebildern* ankündigte,[43] und tatsächlich findet sich dort diese Poetik des *piccolo fatto vero* bereits umgesetzt. Nur beispielhaft sei hier die Anwendung des

---

40 Sanguineti, Reisebilder (Anm. 6), Zitat aus dem Klappentext.
41 Vgl. hierzu auch Filippo Bettini, allerdings mit stärkerem Bezug auf die spätere Sammlung *Postkarten*. Filippo Bettini: Sanguineti, in: ders.: Avanguardia e materialismo. Saggi di teoria e critica letteraria, hrsg. von Marcello Carlino, Francesco Muzzioli, Giorgio Patrizi, Rom 2014, 229–279, hier: 247. Zur neuen Schreibweise siehe auch Risso (Anm. 12), 50.
42 Edoardo Sanguineti: Wie macht man verse. Übers. von Gerald Bisinger, in: Akzente 6 (1977), 512–513. – „Per preparare una poesia, si prende ‚un piccolo fatto vero' (possibilmente / fresco di giornata) [...] conviene curare / spazio e tempo: una data precisa, un luogo scrupolosamente definito, sono gli ingredienti / piú desiderabili, nel caso: (item per i personaggi, da designarsi rispettando l'anagrafe: / da identificarsi mediante tratti obiettivamente riconoscibili): [...]". Edoardo Sanguineti: Postkarten. Poesie 1972–1977, Mailand 1978, 57 (Nr. 49).
43 Vgl. nur beispielhaft folgende Aussage aus den frühen 1990er Jahren: „[...] all'inizio degli anni Settanta mi sembrò di aver trovato un'altra soluzione di discorso, ma sul piano della poesia, vale a dire la soluzione della poesia quotidiana e da viaggio di *Reisebilder*. E infatti quello diventerà un modello per un lavoro che è durato praticamente fino agli anni Ottanta." Zit. nach Gambaro (Anm. 11), 86.

‚Rezepts' am Beginn des *Reisebilds* Nr. 15 veranschaulicht; die entsprechenden ‚Zutaten' sind dafür im Folgenden kursiv hervorgehoben:

> il dialogo dei massimi sistemi si è volto *a Kreuzberg, in Görlitzer Str.*,
> *in un appartamento dove abitò un tempo Hindenburg* (oggi, una casa d'artista),
> *nella notte tra il 25 e il 26 giugno 1971*, quasi clandestino (unici
> testimoni, il cane Pippo, il gatto Sabato, e un altro che è rimasto senza nome,
> per me): e a colpi du calvados: / [...][44]

> der dialog über die weltsysteme fand in Kreuzberg statt, in der Görlitzer Straße,
> in einer wohnung, die einmal Hindenburg gehörte (heute wohnt da ein künstler),
> in der nacht vom 25. auf den 26. juni 1971, beinahe geheim (die einzigen
> zeugen, der hund Pippo, der kater Samstag und ein anderer, der für mich namenlos
> blieb): glas um glas Calvados: / [...][45]

Es findet sich hier ebenso „ein sorgfältig festgelegter ort" wie „ein genaues datum"; „die personen, die dem melderegister gemäß zu kennzeichnen sind", sind in diesem Fall ironischer Weise als „einzige[ ] zeugen" Haustiere, im weiteren Gedichtverlauf werden allerdings zudem Personen namentlich erwähnt. Auch „möglichst frisch" ist, wie gefordert, die *kleine echte tatsache:* Es handelt sich, laut Index im Anhang der Sammlung, um das letzte Gedicht von Juni 1971, d. h. offenbar gegen Ende des Monats geschrieben und also mit der textinternen Datumsangabe korrelierend.

Wenn in ersten italienischen Rezensionen zu den *Reisebildern* vereinzelt geurteilt wurde, Sanguineti habe mit dieser Sammlung dem Experimentieren und damit auch der Neoavantgarde den Rücken gekehrt,[46] so ist demgegenüber festzuhalten, dass Sanguineti sein alles überspannendes Projekt – das, wie er selbst es einmal nannte, ‚kränkende' Anschreiben gegen das *Dichtische* (von ihm mit dem Neologismus *il poetese* belegt)[47] und damit zuallererst gegen die ihm verhasste italienische Tradition des Lyrismus – nicht aufgab, sondern ihm vielmehr eine neue Wendung gab, die freilich auch als eine Hinwendung zur Leserschaft zu verstehen war.[48] Für die Poetik des „piccolo fatto vero" – den Begriff hat er Stendhal entlehnt, der von „le petit fait vrai"

---

44 Sanguineti, Wirrwarr (Anm. 5), 33 (Nr. 15).
45 Sanguineti, Reisebilder (Anm. 6), Nr. 15.
46 Vgl. etwa Costanzo di Girolamo: Rezension zu Sanguineti, Wirrwarr, in: Belfagor 27/4 (31. Juli 1972), 496–499.
47 Zur darin indizierten Nähe zur Dichtung der *crepuscolari* und besonders zu Guido Gozzano vgl. nur beispielhaft folgende Aussage Sanguinetis: „Infatti, nella mia lotta contro il poetese si prolunga la lotta contro il sublime condotta dal crepuscolarismo storico." Zit. nach Gambaro (Anm. 11), 159. – Vgl. hierzu auch genauer Gabriella Sica: Edoardo Sanguineti, Florenz 1974.
48 „[Sanguineti's] poetry of the 1970s and 1980s continues in the radically experimental vein of the earlier work as an intellectual and political poetry based on the historical facts of existence. [...] [It] eschews the arcane mythic premises of the earlier work and grows more modest and self-depreciating in tone and more communicative in substance." Peterson (Anm. 10), 71.

gesprochen hatte, ihn allerdings anders aufgeladen[49] – ist nicht primär ein autobiographisches Moment relevant; es geht vielmehr um zeitlich und räumlich situierte, an ein Wahrnehmungssubjekt rückgekoppelte Erfahrungssubstrate, mithin um poetische Miniaturen, die in ihrer konkreten Faktur nach wie vor geprägt sind von für Sanguinetis Schreibweise typischen Charakteristika. Zu den spezifischen Stilemen – in der Kritik zuweilen auch als *sanguinetemi* benannt[50] – gehören u. a. ein reduzierter Einsatz von Interpunktion (Kommata, Gedankenstriche, Doppelpunkte), eine teils wuchernde Häufung von Klammereinschüben, Einrückungen der Zeilen nach Art von Antilaben in Dramenversen, Alliterationen und weitere Klangfiguren. Trotz der ‚prosaischen' Anmutung in der Thematisierung gerade auch von Alltagserlebnissen und Begegnungen oftmals privater, näherhin familiärer Art, sind die *Reisebilder* nicht leicht zugänglich, bedarf es eines nicht unerheblichen, teils sehr spezifischen Weltwissens, um manifeste Referenzen zu dechiffrieren. Auch die für Sanguinetis Dichtung seit *Laborintus* (1956) charakteristische Mischsprachigkeit findet sich in seinem Berlin-Buch wieder; nur sind es hier keine lateinischen oder griechischen Einsprengsel, sondern deutsche, in der Bezeichnung von Örtlichkeiten, in kolloquialen Wendungen, in der Wiedergabe fremder Rede oder, wiederholt, in Zitaten – etwa von Heine oder Kleist, aus dem Kommunistischen Manifest oder dem Horoskop.[51] Hinzu kommen eine Vielzahl konkreter Benennungen – etwa von Straßen, Kaufhäusern (mit dem *KaDeWe* und *Wertheim* im Westen und dem *Zentrum* im Osten), Kinos (die *Lupe* am Olivaer Platz), Nachtclubs (das *Old Eden* und der *Playboy Club* dürfen nicht fehlen), Restaurants (eine *Tiroler Bauernstube* etwa oder die obligatorische *Paris Bar* und das chinesische Restaurant *Yang Tse Kiang* in der Kantstraße) – sowie ferner teils direkte, teils indirekte Verweise auf Museen, Theater und andere Spielstätten des kulturellen Lebens der Stadt. Auf diese Weise lässt sich aus den *Reisebildern* ein detaillierter Stadtplan rekonstruieren,[52] und man meint, bei der Lektüre den Wegen Sanguinetis durch Berlin folgen zu können. Dabei begegnet man auch einer Vielzahl von Personen, darunter realen Protagonisten des Kulturbetriebs wie Hans Magnus Enzensberger, Hans Werner Henze, Nicolas Born oder Walter Höllerer und Gerald Bisinger; hinzu kommen weitere, zumal für nicht Ortskundige eher kryptisch bleibende, nur allusive Referenzen oder die bloße Nennung

---

49 Stendhal, der in einem Brief an Balzac im Oktober 1840 von *petits faits vrais* sprach, verstand darunter eher wahre Anekdoten oder auch *faits divers*. Für Sanguineti geht es hingegen um Realitätsfragmente bzw. durch einen subjektiven Blick gefilterte reale Geschehenssegmente als Ausgangspunkt für das Gedicht.
50 Sanguineti. Testi e commento, o. S. Online abgerufen am 20. Oktober 2022 unter https://www.lettere.uniroma1.it/sites/default/files/523/SANGUINETI%20Testi%20e%20commento.pdf.
51 Zur Zweisprachigkeit und zum verstärkt kommunikativen Charakter der *Reisebilder* siehe auch Gilda Policastro: Sanguineti, Palermo 2009, 60.
52 Zu den einzelnen Stationen auf dieser „mappa articolata e dettagliata" vgl. ausführlicher Risso (Anm. 12), 51 f.

von Vornamen.⁵³ Im Zusammenspiel mit dem oftmals sehr privat anmutenden Charakter sind Sanguinetis Berliner Miniaturen von einer spannungsreichen doppelten Bewegung geprägt: dem Prozess einer Aneignung der Stadt, mitsamt ihrem lokalen Koordinatensystem, bleibt die Fremdheitserfahrung stets eingeschrieben, und auch der Leichtigkeit mancher Szenen unterliegt zumeist eine erkennbar reflexive Dimension. Bei aller ‚Reviermarkierung'⁵⁴ bleibt der Blick von außen manifest, und mit ihm eine Distanz der Beobachterperspektive.

In gewisser Hinsicht spiegelt sich diese Fremdheitserfahrung auf einer anderen Ebene auch in der Lektüre, denn allen neuartigen kommunikativen Impulsen der *Reisebilder* zum Trotz bleiben diese, wie erwähnt, in der Vielzahl wie Vielfalt der Bezüge teils schwer entzifferbar. Gerald Bisinger hat hier mit seinem Anmerkungsapparat in der LCB-Edition eine wertvolle Hilfestellung geleistet,⁵⁵ aber auf der primären Textebene bleibt doch vieles kryptisch, erst recht ohne Ortskenntnis. Sanguineti hat sich selbst zur (doppelten) Lesbarkeit seiner mit persönlichen, aber auch mit historischen und literarisch-kulturellen Referenzen durchsetzten Gedichte wie folgt geäußert:

> Ich glaube im übrigen, daß verschiedene Ebenen der Lektüre möglich sind; das heißt, das Gedicht kann mehr auf die kulturelle Information hin gelesen werden, oder aber auch einfach so, daß man offen bleibenden Fragen einen gewissen Spielraum beläßt, daß man etwa zitierten Sätzen die Aura des Zitats läßt und sie aufnimmt, ohne die Quelle genau feststellen zu können, ohne zum Beispiel zu wissen auf welcher Seite bei Goethe das Zitat zu finden ist.⁵⁶

Goethes Name fällt hier keinesfalls zufällig oder lediglich beispielhaft – vielmehr finden sich in den *Reisebildern* immer wieder markierte wie unmarkierte Verweise auf dessen Texte. Sanguineti hat nach eigenem Bekunden seinen Berliner Aufenthalt auch dazu genutzt, in besonderem Maße deutsche Autoren, „wenn auch mit großer Mühe",⁵⁷ zu lesen, und diese Lektüren gehen teils direkt in die *Reisebilder* ein. Eine besonders

---

53 „This kind of intellectual-chic *mondanità* forms the constant background to Sanguineti's work of the 1970s, in which the poet's persona is immersed in a milieu of ‚chiacchiericcio intellettuale'." Éanna Ó. Ceallacháin: Sanguineti and Montale. Travelling Companions in the 1970s, in: The Modern Language Review 102 (2007), 89–107; hier: 90.
54 Risso (Anm. 12) spricht von einer „‚marcatura del territorio'" (46) und einer „continua pratica di travestimento" (50). Vgl. ferner ebd. zur neuen Schreibweise Sanguinetis: „La base dell'ordine del discorso è effettivamente il resoconto, una serie di piccolo fatti veri, intorno ai quali si condensa o dai quali prende avvio, come se fossero un pretesto o un'occasione, ogni singolo testo; in questo modo sono davvero diversi ed eterogenei i materiali che contribuiscono alla struttura dell'opera."
55 Im Nachwort zur LCB-Ausgabe merkt Bisinger allerdings an, es sei ihm nicht gelungen, alle Anspielungen nachzuprüfen, und auch Sanguineti habe ihm „zu manchen Zitaten selbst keine genauen Quellenangaben mehr machen" können. Bisinger (Anm. 7), I.
56 Ebd. Siehe hierzu auch Tommaso Lisa: Pretesti ecfrastici. Edoardo Sanguineti e alcuni artisti italiani con un intervista inedita, Florenz 2004, hier: 22.
57 Sepe (Anm. 28), 82.

privilegierte Referenz bildet dabei „der übliche Goethe"[58] – auch in anderen Werken Sanguinetis ist Goethe präsent, nirgends aber wird er so häufig und geradezu insistierend zitiert wie in der Berliner Dichtung. Den *Reisebildern* geht schon als Motto voraus: „es sind Gespräche in Liedern" – ein Zitat aus einem Brief von Goethe an Schiller, in dem jener schreibt, er sei „auf ein poetisches Genre gefallen [...], in welchem wir künftig mehr machen müssen [...]. Es sind *Gespräche in Liedern*".[59] Auffallend ist, dass Sanguineti sich fast durchweg auf poetologische Äußerungen von Goethe bezieht und, genauer, vor allem Passagen zitiert, in denen es etwa um generische Aspekte von Reisebeschreibungen oder aber den konkreten Konnex von Sehen, Schreiben und Beschreiben geht. Manche der zitierten Aussagen Goethes lesen sich in dieser Hinsicht beinahe wie Kernaussagen der Programmatik der *Reisebilder,* andere bilden eher einen Anstoß zur Schärfung des eigenen dichterischen Projekts – in jedem Fall aber tritt Sanguineti in ein fortgeführtes Zwiegespräch mit dem deutschen Dichter ein: „prima di tutto, ti segnalo questo elementare scrivere- / descrivere (nel testo, un ovvio schreiben-beschreiben): (e piú esattamente / (dopo un was kann ich tun, was tue ich!), questo da setz'ich mich hin / und schreibe und beschreibe):"[60] oder: „nei *Tag- und Jahreshefte* di Goethe, / all'anno 1789, si legge il suo programma di narratore-viaggiatore: / (und das Objekt so rein als nur zu tun wäre in mich aufzunehmen):".[61] Und wiederum ein anderes Mal geht es, nahezu in Form einer Kontamination, um den Zusammenhang von Anschauung und Diskursivierung: „ma l'impulso piú modesto (e piú umano, se è vero che riposa / in der menschlichen Natur, se investe Künstler und Dilettanten), per tutto quello / che vediamo, è allora, ancora, questo: Worte zu finden:".[62]

---

58 Sanguineti, Reisebilder (Anm. 6), Nr. 31. In dem *Reisebild* heißt es genauer: „(scrive il solito Goethe)". Sanguineti, Wirrwarr (Anm. 5), 58 (Nr. 40).
59 Johann Wolfgang Goethe: Mit Schiller. Briefe, Tagebücher und Gespräche vom 24. Juni 1794 bis zum 9. Mai 1805. Teil I, hrsg. von Volker C. Dörr und Norbert Oellers, in: ders.: Sämtliche Werke. Briefe, Tagebücher und Gespräche, hrsg. von Friedmar Apel u. a., Frankfurt a. M., Bd. 4, 1998, 414 (Brief vom 31. August 1797).
60 Sanguineti, Wirrwarr (Anm. 5), 41 (Nr. 23). „zunächst mache ich dich auf dieses elementare schreiben- / beschreiben aufmerksam (im text, ein gewöhnliches Schreiben-Beschreiben): (und genauer (nach einem Was-kann-ich-tun, Was-tue-ich!), dieses Da setz' ich mich hin / und schreibe und beschreibe):" Sanguineti, Reisebilder (Anm. 6), Nr. 23.
61 Sanguineti, Wirrwarr (Anm. 5), 39 (Nr. 21). „in den *Tag- und Jahresheften* von Goethe, / auf das jahr 1789, steht sein programm als reisender erzähler: / (und das Objekt so rein als nur zu tun wäre in mich aufzunehmen):" Sanguineti, Reisebilder (Anm. 6), Nr. 21. – Bei Goethe heißt es in diesem Zusammenhang: „[...] Gleich nach meiner Rückkunft aus Italien machte mir eine andere Arbeit viel Vergnügen. Seit Sterne's unnachahmliche sentimentale Reise den Ton gegeben und Nachahmer geweckt, waren Reisebeschreibungen fast durchgängig den Gefühlen und Ansichten des Reisenden gewidmet. Ich dagegen hatte die Maxime ergriffen, mich soviel als möglich zu verläugnen und das Object so rein als nur zu thun wäre in mich auf zunehmen." Johann Wolfgang Goethe: Tag- und Jahreshefte, hrsg. von Irmtraut Schmid, in: ders. (Anm. 59), Bd. 17, 1994, 17.
62 Sanguineti, Wirrwarr (Anm. 5), 43 (Nr. 25). „der bescheidenste antrieb aber (und der menschlichste, wenn es stimmt, daß er in der / menschlichen Natur liegt, wenn sie Künstler und Dilettanten hervor-

Berlin, Blicke

Diese sentenzartigen Zitate aus diversen Schriften Goethes verzeichnen alle den Konnex von sinnlich-visueller Wahrnehmung realer Phänomene wie auch Begebenheiten einerseits und dem Schreiben bzw. Beschreiben derselben andererseits. Sie stehen damit in direktem Zusammenhang mit einem weiteren Aspekt der Poetik Sanguinetis seit Beginn der 1970er Jahre, die oft als neofigurative Phase bezeichnet wird.[63] Damit wird auf das Prinzip visueller Veranschaulichung abgehoben, das der für Sanguineti von Beginn an typischen Montagetechnik nunmehr eine neue Wendung gibt, die seitens der Kritik gern mit der Schnitttechnik des Films in Verbindung gebracht wird.[64] Neben dem Medium Film wird aber auch wiederholt die Fotografie erwähnt, auf die nicht zuletzt im Titel der auf die *Reisebilder* folgenden Gedichtsammlung Sanguinetis, *Postkarten* (1978), angespielt zu werden scheint.[65] Über die Frage solcher unterschiedlichen Systemreferenzen hinaus lässt sich allgemein eine stark visuelle, bildhafte Komponente in den *Reisebildern* ausmachen, die zum einen ebenso an detaillierte Beschreibungen wie an punktuelle, eher assoziative Evokationen rückzubinden ist und zum anderen an genuin ekphrastische Verfahren. In dieser Hinsicht kommt nicht zuletzt einem Kleist zugeschriebenen Zitat aus einem *Reisebild* programmatischer Stellenwert zu: Es ist „la mia Bilderjagd",[66] auf

---

bringt), all dem gegenüber, / was wir sehen, ist jetzt noch dieser: Worte zu finden:" Sanguineti, Reisebilder (Anm. 6), Nr. 25.

63 Exemplarisch sei hier Pietropaoli zitiert, der die zweite Phase unter den Vorzeichen von „il comunicativo della neofigurazione, come linguaggio della critica" sieht, im Unterschied zur Frühphase, die von „l'anticomunicativo dell'avanguardia, come critica del linguaggio" geprägt gewesen sei. Antonio Pietropaoli: Unità e trinità di Edoardo Sanguineti. Poesia e poetica, Neapel 1991, 59. Vgl. ausführlicher zu den verschiedenen Werkphasen ebd. passim, sowie Peterson (Anm. 10), 71.

64 Etwa im Sinne einer „Aneinanderreihung disparater Bilder und diskontinuierlicher gedanklicher Abläufe nach dem Prinzip der Filmmontage" („come un contrapporsi d'immagini disparate e sequenze mentali discontinue, sulla scorta del montaggio cinematografico"). Gian Maria Annovi: „Nel cinematografo della mia mente": Edoardo Sanguineti e il cinema, in: Weber (Anm. 12), 33–44, hier: 38. – Vgl. ähnlich auch Policastro: „Non è inedita e, anzi, appartiene di frequente all'autoesegesi sanguinetiana, l'idea del montaggio cinematografico come premessa teorico-pratica della sintassi poetica e narrativa." Verbunden sei dies nun aber gerade mit einem anti-mimetischen Gestus. Policastro (Anm. 51), 61. – Tatsächlich referieren die *Reisebilder* wiederholt auf Filme und namhafte Regisseure (vgl. Nr. 16: Bunuel; Nr. 17: Langdon; Nr. 31: Pierrot le fou/Godard) und legen somit eine Systemreferenz auf das Medium Film nahe.

65 Und wenn etwa Annovi für die Sammlung *Postkarten* konstatiert, die Texte „funzionano proprio come cartoline illustrate, che spesso nascondono cifrati riferimenti ecfrastici a opere d'arte, alla musica, alla cultura popolare e, ovviamente, al cinema", so gilt dies nicht erst für die *Postkarten*, sondern bereits, im Wortsinn, für die *Reisebilder*. Annovi (Anm. 64), 37.

66 Das *Reisebild* Nr. 32 aus *Wirrwarr*, dem das Zitat entstammt, hat keinen Eingang in die LCB-Edition gefunden. Das Kleist-Zitat wird Sanguineti vermutlich Goethe entnommen haben, der in *Dichtung und Wahrheit* (2. Teil, 7. Buch) darauf eingeht, dass Kleist gesagt habe, er gehe bei seinen Spaziergängen ‚auf die Bilderjagd'.

die sich auch Sanguineti in Berlin begibt – und zwar nicht nur in den Straßen der Stadt, sondern, im Wortsinn, immer wieder auch in ihren diversen Museen.

An zwei ausgewählten *Reisebildern* seien im Folgenden zum einen der Konnex von Ekphrasis, Montagetechnik und Perspektivwechseln und zum anderen typische Verfahren einer Engführung von Privatheit und städtischem Raum näher betrachtet.[67]

> come si tengono bene per mano, dicevi, quell'uomo e quella donna
> che passeggiano insieme:
> > si tratta di Tenti e di sua moglie, ti ho spiegato,
> numero d'inventario 12547: (e lui è un sacerdote di basso rango):
> e ti avverto: sono di pietra colorata, e camminano dentro una tomba:[68]

> wie sie sich schön an der hand halten, hast du gesagt, dieser mann und diese frau,
> die zusammen spazieren gehen:
> > es handelt sich um Tenti und seine gemahlin, ich habe es dir erklärt,
> inventarnummer 12547: (und er ist ein priester von niedrigem rang):
> und ich sage es dir gleich: sie sind aus farbigem stein, und sie gehen da in einem sarg:[69]

Das Gedicht setzt ein mit einem intimen Moment: Eine Stimme – die wohl der *persona* Luciana, Sanguinetis Ehefrau, zuzuschreiben ist, die viele *Reisebilder* adressieren – scheint, in der Redewiedergabe durch das Sprecher-Ich des Textes („dicevi"/„hast du gesagt"), eine Alltagsbeobachtung zu kommentieren, und man meint, aus einer gewissen Distanz heraus („quell'uomo e quella donna", im Deutschen hingegen mit Nähekonnotation „dieser mann und diese frau"), ein Paar in vertrauter Haltung auf einer Straße in Berlin Hand in Hand spazieren gehen zu sehen. Es folgt eine Volte, in der erklärenden Zurechtweisung durch das Sprecher-Ich: Die nüchterne Nennung einer Inventarnummer, die sich rückblickend auf das Paar beziehen lässt, entzieht der Ausgangssituation ihre romantische Anmutung und führt sie auf den prosaischen Boden der (textinternen) Realität zurück. Die Evokation von ‚Tenti und seiner Gemahlin', in Verbindung mit der Inventarnummer, die auf ein Ausstellungsobjekt hinweist, eröffnet eine Referenz auf das Figurenpaar des Priesters Tenti mit Frau, im Ägyptischen Museum in Berlin befindlich, wo im Umkehrschluss offensichtlich auch der wiedergegebene Dialog zu verorten ist. Die Aussage zu Beginn des Gedichts lässt sich mithin

---

[67] Hervorzuheben ist vorab, dass das ekphrastische Verfahren nur eine spezifische Ausprägung von ‚Bildbeschreibungen' ist, wie sie insgesamt für die *Reisebilder* charakteristisch sind. Vgl. hierzu nochmals Risso: „Le novità formali, che potremmo riassumere nell'andare oltre l'*ekfrasis*, nel senso che l'intera raccolta è una descrizione più o meno scoperta di quadri, paesaggi urbani, istantanee e veri fotogrammi delle azioni umane, cioè di immagini, danno vita ad un linguaggio delle immagini che produce una visione dislocata di ogni elemento, in modo particolare del paesaggio urbano, così da fornire una rappresentazione alternativa della città." Risso (Anm. 12), 60.
[68] Sanguineti, Wirrwarr (Anm. 5), 30 (Nr. 12).
[69] Sanguineti, Reisebilder (Anm. 6), Nr. 12.

Abb. 3: Tenti und seine Frau. Kalkstein bemalt, 5. Dynastie (2504–2347 v. Chr.). Ägyptisches Museum und Papyrussammlung, Staatliche Museen zu Berlin. Fotografie: Margarete Büsing, bpk Bildagentur. Für den Druck graugestuft.

als verlebendigende Ekphrasis deuten, die vom Sprecher-Ich durch die Nennung nüchterner Fakten unterboten und zugleich außer Kraft gesetzt wird. Paarkonstellationen, alltägliche Gegenwart und museale Vergangenheit, Liebe und Tod werden hier vor der Kulisse einer markanten Berliner Institution, des Ägyptischen Museums, auf das freilich nur indirekt referiert wird, zum Thema. Die Themen „my wife and my death" – so heißt es in *Reisebild* Nr. 10, im englischen Wortlaut wiederum ironisch gebrochen, über die das Sprecher-Ich „beherrschenden gedanken (und motive)"[70] – ziehen sich als ein roter Faden auch andernorts durch die Gedichtsammlung.

Dieses Gedicht verdeutlicht zugleich die doppelte Lesbarkeit der *Reisebilder*: Auch ohne den konkreten Bezug zum Ausstellungsobjekt lässt sich eine Sinnebene erschließen, die Referenz für die ‚romantische Anmutung' eingangs des Gedichts fehlt

---

[70] Ergänzt durch den Zusatz: „(und: das schönste wort: kommunismus):" Sanguineti, Reisebilder (Anm. 6), Nr. 10. Siehe Sanguineti, Wirrwarr (Anm. 5), 28: „quando ho scritto [...], / a proposito dei pensieri (e dei motivi) dominanti: ‚my wife and my death': / (e: la parola piú bella: comunismo):".

freilich – und zugleich unterminiert sie diese wiederum in einer ironischen Wendung. Urbaner Raum und Museum, Dynamik und Statik, Alltag und Kunst treten in der *doppelten* Lesbarkeit gewissermaßen in Konkurrenz zueinander – Berlin-Kundigen mag sich dies auch ohne Abbildung erschließen, anderen bleibt hingegen eine Ebene verschlossen.

Ähnliches bietet auch das folgende *Reisebild*, allerdings auf noch weitaus komplexere Weise:

> la coppia che si apparta tra i cespugli (emergono i profili tra le foglie)
> siamo noi: appoggio il mio braccio sopra la tua spalla, i miei occhi
> nei tuoi occhi: e dico che davvero non importa, se non hai attraversato
> questo Jungbrunnen: dico che non ne hai bisogno, tu:
>   ma se appena giri la testa,
> io sono già una specie di vigile urbano, che fa grandi gesti cerimoniali
> sul margine destro della piscina, in mezzo a un breve branco di Verjüngten:
> e guarda come mi guarda, adesso, la ragazza che corre nuda verso lo spazioso
> Badezelt, prima di sparirci dentro, là, per sempre:
>   (è ancora quella dell'U-Bahn,
> direzione Ruhleben, scompartimento Raucher, bianca e bionda, tra le stazioni
> Ernst-Reuter-Pl. e Theodor-Heuss-Pl., seduta davanti a me, con la brutta amica
> con le labbra di sangue, semiaccecata dal fumo della sigaretta, con gli occhiali
> sollevati tra i capelli, probabile studentessa, tenera, le cosce larghe aperte):[71]

> das paar, das sich zwischen den büschen absondert (die profile werden zwischen den blättern
>   [sichtbar],
> sind wir: ich lege meinen arm um deine schulter, aug in auge mit dir:
> und ich sage, daß es wirklich bedeutungslos ist, daß du diesen Jungbrunnen
> nicht durchschritten hast: ich sage, daß *du* das nicht nötig hast: kaum aber wendest du den kopf,
> bin ich schon wie ein verkehrspolizist, der große zeremonielle gesten macht,
> nach dem rechten rand des beckens hin, mitten hinein in ein häuflein von Verjüngten:
> und schau, wie sie mich jetzt anschaut, das mädchen, das nackt auf das große
> Badezelt zuläuft, knapp, ehe es darin verschwindet, dort dann, für immer:
>   (und es ist immer
>   [noch die aus der U-Bahn, richtung
> Ruhleben, Raucherabteil, weiß und blond, zwischen den stationen Ernst-Reuter-Platz und
> Theodor-Heuß-Platz, die mir gegenüber saß, mit der häßlichen freundin, mit den vollblütigen
> lippen, halb blind vom rauch der zigarette, die brille in die haare
> hochgeschoben, wahrscheinlich studentin, zart, die schenkel weit offen):[72]

Im italienischen Original ist klarer als in der Übertragung eine Dreigliederung des Gedichts durch die Zeileneinrückungen erkennbar, die zugleich den Effekt von Enjambements generieren und damit die einzelnen Szenen wiederum als Teil eines

---

[71] Sanguineti, Wirrwarr (Anm. 5), 32 (Nr. 14).
[72] Sanguineti, Reisebilder (Anm. 6), Nr. 14.

Ganzen erscheinen lassen. Das Gedicht setzt ein mit einer Projektion, deren metaleptischer Charakter erst leicht versetzt zutage tritt. Aus der Position eines primär außenstehenden Beobachters schildert das Sprecher-Ich ein Paar und nimmt dabei eine identifizierende Aneignung der Konstellation vor: „das paar [...] sind wir". Der Doppelpunkt nach „siamo noi"/„sind wir" gibt gewissermaßen die Bühne frei, und die Beschreibung mündet in eine szenische Darstellung, in der das Sprecher-Ich sich physisch und verbal einem ‚Du' an seiner Seite zuwendet. Diese Szenerie erscheint jedoch merkwürdig verfremdet, insofern das Sprecher-Ich seine eigenen Handlungen, gleich einer dritten Person, wie von außen betrachtet und kommentiert: handelndes und beobachtendes bzw. sprechendes Ich fallen auseinander, und das ‚Du', an das sich der Sprecher richtet, ist ebenfalls zugleich Teil der beschriebenen Szene.

Erst das Wort „Jungbrunnen", auf Deutsch im Original, löst die Schilderung als Ekphrasis, als eine Bildbeschreibung auf: Der Sprecher nimmt Bezug auf ein konkretes Gemälde, Lucas Cranachs d. Ä. *Jungbrunnen* in der Berliner Gemäldegalerie, die sich 1971 noch in Dahlem befand.

Abb. 4: Lucas Cranach d. Ä.: *Der Jungbrunnen.* Öl auf Lindenholz, 1546. Gemäldegalerie, Staatliche Museen zu Berlin. Fotografie: Jörg P. Anders, bpk Bildagentur.

Die eingangs beschriebene Szenerie lässt sich, hat man das Gemälde vor Augen, mit einem Ausschnitt rechts unten in Bezug setzen, wo ein sich zugewandtes Paar in einem Gebüsch erkennbar ist, dessen „Profile [...] zwischen den Blättern sichtbar" sind. Der Bildbetrachter – respektive das Sprecher-Ich – setzt sich mithin mit dem, was er auf dem Gemälde sieht, direkt in Beziehung, ja, er tritt gewissermaßen in dieses – und damit in einen anderen (textinternen) Wirklichkeitsraum – ein. Es ist mithin kein Kunstkenner, der hier ein Gemälde analytisch beschreibt, sondern ein Individuum, das sich mit dem Abgebildeten identifiziert und als personalisiertes Prisma das Gemälde der Leserschaft vermittelt.

Den Gestus der Bildbetrachtung greift eine Wendung auf, mit welcher der zweite Abschnitt des Gedichts einsetzt: Der Halbsatz „kaum aber wendest du den kopf" lenkt die Blickrichtung des Betrachters bzw. der Betrachterin auf ein anderes Detail der rechten Bildhälfte, etwas oberhalb des Busches auf Seiten der „Verjüngten" situiert:

Abb. 5: Lucas Cranach d. Ä.: *Der Jungbrunnen*, Detail. Öl auf Lindenholz, 1546.
Gemäldegalerie, Staatliche Museen zu Berlin.
Fotografie: Jörg P. Anders, bpk Bildagentur.

Erneut schlüpft das Sprecher-Ich in die Rolle einer Figur des Gemäldes, in diesem Falle eines bekleideten Mannes zwischen zwei nackten jungen Frauen, der ihnen – „wie ein verkehrspolizist, der große zeremonielle gesten macht" – den Weg zu weisen scheint. Und erneut wechselt die Ebene zwischen Bildraum und Bildansicht, eingeleitet durch die Aufforderung „und schau, wie sie mich jetzt anschaut": Der Blick der Frauengestalt, die bei Cranach im Begriff ist, im Zelt zu verschwinden, richtet sich nicht an eine Figur innerhalb des Gemäldes, sondern nach außen, an die Bildbetrachtenden – und es ist das Sprecher-Ich, das sich von diesem Blick ‚persönlich' angesprochen fühlt und zugleich den Blick der vor dem Gemälde neben ihm stehenden Betrachterin genau darauf zu lenken sucht („schau, wie sie mich [...] anschaut"). In der Evokation einander kreuzender Blicke verschränken sich zugleich die verschiedenen textinternen Realitätsebenen.

In Szene gesetzt ist hier eine Epiphanie: Die nackte weibliche Figur auf Cranachs Gemälde gleicht der Baudelaire'schen Passantin, im flüchtigen Austausch eines Blickes, ehe sie sich „für immer" entzieht. Und eben diese metaleptische Szene ruft im textinternen Bildbetrachter die Erinnerung an eine andere Szene wach, eine nunmehr – passender zu Baudelaire – im städtischen Wirklichkeitsraum außerhalb des Museums angesiedelte flüchtige Begegnung mit einer anderen Passantin, die erotische Fantasien weckte, ehe sie – mutmaßlich – in der U-Bahn entschwand. Hier wird auch der assoziative Vergleich mit einem „verkehrspolizist[en]" rückblickend motiviert, insofern dessen Erwähnung den Schwenk aus dem Gemälde und seiner Betrachtung im Museum hinaus in die Stadt und ihr Verkehrsnetz indirekt bereits ankündigte bzw. vorwegnahm.

In diesem Gedicht überlagern sich mithin persönliche Begegnungen – mit markiert fraglichem Realitätsstatus – im urbanen Raum, zwischen dem Museum als Ort der Bewahrung und dem öffentlichen Nahverkehr als Inbegriff von Bewegung und Flüchtigkeit. Die Evokation von, je unterschiedlich medial vermittelten, flüchtigen Begegnungen in der Großstadt birgt eine (weitere) Anspielung auf die Paris-Dichtung Baudelaires (eines der Lieblingsdichter Sanguinetis)[73] und zeugt von der ‚prosaischen' Aneignung des Motivs der Passantin, die freilich unerreichbar bleibt, im Gemälde wie in der U-Bahn.

Solche ironisch gebrochenen Szenen (nur) scheinbarer Selbstvergessenheit werden innerhalb der Sammlung wiederholt unmittelbar, d. h. in direktem Anschluss (und der Doppelpunkt ausgangs der Gedichte erhält diesbezüglich eine dezidiert kataphorische Konnektorenfunktion), mit Anspielungen auf intellektuelle Debatten und politische Diskussionen konfrontiert. So folgt auch in diesem Fall auf die erotische Fantasie im anschließenden Gedicht sogleich ein „dialog über die weltsysteme" in Kreuzberg, der

---

[73] Im *Reisebild* Nr. 10 findet sich ein entsprechender Passus, der zugleich Baudelaire als Referenz für die Sammlung als solche aufruft: „(il poeta che vi ha influenzato di piú: / Baudelaire)". Sanguineti, Wirrwarr (Anm. 5), 28. „(der dichter der sie am meisten beeinflußt hat: Baudelaire)". Sanguineti, Reisebilder (Anm. 6).

im Sprecher-Ich aus einem abwehrenden Impuls gegenüber der (links-)intellektuellen Selbstzufriedenheit heraus eine konkrete Absicht entstehen lässt: „(und dann: genug von Brecht, sagte ich: / ich habe ernsthaft vor, in die KPI einzutreten, sobald ich zurück bin):".[74]

Resonanzräume des Politischen

Die *Reisebilder* lassen, zumal in ihrer Gesamtschau, eine dezidiert politische Dimension erkennbar werden. Nach eigenem Bekunden ging es Sanguineti darum, „aus jenen Reisetexten – Aufzeichnungen von kleinen Tagesvorfällen – einen tieferen Sinn zu gewinnen, ideologischer oder ethischer Natur, oder allgemeinere Reflexionen über die Existenz bzw. eine bestimmte Situation Europas in jener Zeit."[75] Immer wieder wird in den Texten, wenngleich zumeist (selbst-)ironisch gebrochen, eine Kritik an Bürgerlichkeit und Intellektualismus als bloßer Etikette deutlich, sowie am Kapitalismus, aber auch am Marxismus, wie u. a. Erminio Risso hervorgehoben hat: „Auf der einen Seite sieht man ein Ost-Berlin mit einem Gefühl der Niederlage, einer Welt ohne Sinn, weil der Sozialismus nicht verwirklicht wurde und man folglich auf wer weiß was zusteuert [...], auf der anderen Seite einen Westen, der nur ein riesiger Markt ist, ein Schaufenster für die Reichen, ein kompletter Warenfetisch."[76]

Wie aber ist es in der Sammlung konkret um die Präsenz des kommunistisch regierten Teiles der Stadt bestellt? Sanguineti sprach rückblickend davon, unter den Umständen seines Aufenthalts in Berlin sei ihm ein vergleichendes *Werk*, „*un'opera* di confronto concreto tra l'una e l'altra Berlino" möglich gewesen.[77] Während er in Interviews teils gar den Eindruck erweckt hat, sich mehr in Ost- als in West-Berlin aufgehalten zu haben,[78] vermitteln seine *Reisebilder* einen deutlich anderen Eindruck: Über lokale Koordinaten ganz unterschiedlicher Art fügt sich ein Stadtplan zusammen, auf dem etliche Westberliner Bezirke verzeichnet sind (von Charlottenburg, Wilmersdorf, Tiergarten über Kreuzberg, Schöneberg, Steglitz, Zehlendorf und Wannsee bis nach Spandau). In

---

74 Ebd., Nr. 15. „[...] (e poi: basta con Brecht, ho detto: / penso proprio di iscrivermi al PCI, al ritorno):". Sanguineti, Wirrwarr (Anm. 5), 33 (Nr. 15).
75 Sepe (Anm. 28), 83.
76 „[...] da una lato si vede una Berlino Est percorsa da un senso di sconfitta, di un mondo senza senso, in quanto il socialismo non si è realizzato e di conseguenza si procede verso non si sa che cosa [...], è un andare, un procedere senza approdo appunto, dall'altro un occidente che è solo un enorme mercato, una vetrina per benestanti, un feticcio totale della merce." Risso (Anm. 12), 57.
77 Palazzolo (Anm. 15), 29; Hervorhebung U. S.
78 In einem Interview wirft seine Frau Luciana gar ein, es habe mit dem DAAD deswegen doch auch mal etwas Ärger gegeben. Éanna Ó. Ceallacháin: *Homo ridens*. A conversation with Edoardo Sanguineti, in: The Italianist 31/3 (2011), 462–478, hier: 475. Online abgerufen am 20. Oktober 2022 unter https://doi.org/10.1179/ita.2011.31.3.462.

den Ostteil der Stadt weisen demgegenüber deutlich weniger Angaben, und sie gruppieren sich alle in Mitte, rund um den Alexanderplatz und die Museumsinsel, deren Museen allerdings – vor dem Hintergrund von Sanguinetis Schilderungen über seine häufigen Besuche dort – eine geradezu markierte Leerstelle der *Reisebilder* bilden.

Stattdessen rückt etwa der Grenzübertritt, die Transitsituation in den Fokus – wie in folgendem Gedicht, das einen Nicht-Ort „alla frontiera tra le due Berlino" in Szene setzt:

> al funzionario doganale in minigonna, che mi ha prescelto, con i suoi occhi di sibilla
> e di colomba, dentro un fila interminabile di viaggiatori in transito, ho detto
> tutta la verità, confinato in un separé-confessionale di legno
> compensato:
>   ho detto che ho un figlio che studia il russo e il tedesco:
> che *Bonjour les amis,* corso di lingua francese in 4 volumi, era
> per mia moglie:
>   ero pronto a concedere di piú: sapevo che fu Rosa Luxemburg
> a lanciare la parola d'ordine „socialismo o barbarie": e potevo
> ricavarne un madrigale strepitoso:
>   ma sudavo, frugandomi le tasche,
> cercando invano il conto dell'Operncafé: e poi, hai fatto irruzione
> tu, trascinandoti dietro anche i bambini, meravigliosi e meravigliati:
> (ti scacciavamo con gli stessi gesti duri, io e quella mia beatrice
> democratica in divisa):
>   ma l'irreparabile era già consumato, lí
> alla frontiera tra le due Berlino, per me: quarantenne sedotto da un poliziotto:[79]

> der beamtin im minirock, die mich mit ihren sibyllen- und taubenaugen
> aus einer unendlichen reihe von transitreisenden erwählt hat, habe ich
> in einem beichtstuhl-séparé aus sperrholz, die volle wahrheit
> gesagt:
>   ich habe gesagt, daß ich einen sohn habe, der russisch und deutsch lernt:
> daß *Bonjour les amis,* französischer sprachkurs in vier bänden, für meine
> frau ist:
>   ich war bereit, noch mehr zuzugeben: ich wußte, daß Rosa Luxemburg es war,
> die die losung ausgegeben hatte „sozialismus oder barbarei": und ich konnte mich
> eines großartigen madrigals darüber entsinnen:
>   ich schwitzte aber, als ich in den taschen kramte
> und vergeblich die rechnung aus dem Operncafé suchte: und dann bist du hereingebrochen,
> hast hinter dir auch die kinder hergeschleppt, die wunderbar und verwundert waren:
> (wir verjagten dich mit den gleichen unwilligen gesten, ich und diese meine demokratische
> muse in uniform):
>   das nichtwiedergutzumachende aber, war schon vollzogen für mich,
> hier an der grenze zwischen dem einen und dem anderen Berlin: vierzigjährig, erobert von
>   [einer polizistin:[80]

---

[79] Sanguineti, Wirrwarr (Anm. 5), 52 (Nr. 34).
[80] Sanguineti, Reisebilder (Anm. 6), Nr. 29.

Zugespitzt formuliert, vollzieht das Gedicht eine ironisch gebrochene Transfiguration einer unmittelbar wiedererkennbaren Transitszene von Ost nach West: Die übliche Schikane beim Grenzübertritt, inklusive Warteschlangen und eingefordertem Rechenschaftsbericht über die Verausgabung des Mindest- oder auch ‚Zwangsumtauschs', den korrekten Verbleib der Devisen im Osten, die hier einmal mehr und nahezu topisch in einen offenbar umfangreichen Bücherkauf, in Deutsch-, Russisch- und Französisch-Sprachbücher, investiert wurden. Diese ‚klassische' Szene ist hier jedoch unterlegt mit einem einerseits erotischen und andererseits sakralisierenden Subtext: Das Sprecher-Ich erliegt dem Appeal der Grenzpolizistin im Minirock, es stilisiert sich zum Auserwählten, der zur Beichte gerufen wird. Der Kommunismus wird zur Religion, die die Dichter-*persona* verführt. Die Rolle der Beatrice – die ‚faktisch', in autobiographischer Lesart, Sanguinetis Frau Luciana, dem weiblichen ‚Du' der *Reisebilder*, zukommt, als sie, mitsamt den Kindern, das ‚Ich' aus einer Situation der Bedrängnis erlöst (er gerät ins Schwitzen, als er die Quittung aus dem Operncafé nicht finden kann) – wird hier explizit der Grenzpolizistin zugesprochen: „quella mia beatrice democratica in divisa", heißt es im italienischen Original (wobei „divisa" sowohl ‚Uniform' als auch ‚Devisen' meint). Der Sexappeal des Überwachungsstaats ist eher zweifelhaft, und gerahmt ist das Gedicht bezeichnenderweise von einem „funzionario" (zu Beginn) sowie einem „poliziotto" (am Ende).[81] Und doch ist die Verführung – ‚sed*otto* da un poli*ziotto*', heißt es, und der Binnenreim verstärkt dies noch – ‚irreparabel' („irreparabile"), „nicht wieder gut zu machen".

An diesem Gedicht wird vielleicht besonders deutlich, inwiefern Ironie in den *Reisebildern* im Sinne uneigentlichen Sprechens und der Distanzierung eingesetzt ist. Das Sprecher-Ich wird, wie Sanguineti selbst einmal überzeugend formuliert hat, gewissermaßen zu einer ‚dritten Person', „una terza persona", die es – gerade in ihrem zuweilen nahezu ‚ärgerlichen' Verhalten – erlaube, eine kritische Distanz nicht nur ihm selbst, sondern auch den ideologischen Implikationen gegenüber einzunehmen: Es gehe dabei nicht nur um Selbstironie, sondern auch um eine Ironisierung all dessen, was man für sich selbst in Anspruch nehme, auch die eigene politische und ideologische Haltung.[82]

Das Bekenntnis zum Marxismus aber wird für Sanguineti realiter Bestand haben, aller Kritik und Selbstironie zum Trotz. Und so ist auch unübersehbar, dass dieses Gedicht innerhalb der Sammlung gerahmt ist von zwei Texten, die Kritik an der Politik der USA üben, in ihrer Bezugnahme auf den Umgang mit der Black Panthers Party und konkret auf die von Jean Genet initiierte Unterschriftensammlung zur Unterstützung des inhaftierten militanten Aktivisten George Jackson (*Reisebild* Nr. 33) und dessen Ermordung am 21. August

---

[81] In der deutschen Übertragung schwächt die weibliche Form, die „polizistin", diesen Effekt ab; im italienischen Original reduziert sich die Benennung auf die bloße Funktion.

[82] „In fondo, questo io – che è come una terza persona, un io calunniato e maltrattato, reso fastidioso quando non disgustoso agli occhi del lettore – permette anche una presa di distanza critica dagli elementi ideologici: la mia strategia non comporta solo l'ironizzazione dell'io, ma anche di tutto quello che l'io sarebbe tentato di assumere seriosamente su se stesso. Quindi anche la politica e l'ideologia." Gambaro (Anm. 11), 158.

1971 im San Quentin State Prison (*Reisebild* Nr. 35).[83] Die internationale Politik ragt in die Berliner *Reisebilder* hinein, und die Makrostruktur der Sammlung erweist sich – gerade in der Realisierung von Perspektivwechseln und mithin teils in dezidierter Spannung zur diskontinuierlichen Abfolge der Mikrotexte – immer wieder ihrerseits als sinnstiftend.

Epilog

Mit den *Reisebildern* hat Edoardo Sanguineti sein Berlin-Buch vorgelegt. Der Aufenthalt in der geteilten Stadt bedeutete für ihn in persönlicher wie literarischer Hinsicht ein Innehalten und einen Wendepunkt. Die in dieser Zeit entstandene Gedichtsammlung bildet dabei einen Resonanzraum, in dem die politische Konstellation zu Zeiten des Kalten Krieges nachhallt. Das poetologische Konzept des „piccolo fatto vero", der „kleinen echten tatsache", die die Texte grundiert, wird Sanguinetis Dichtung als Leitfaden auch in den folgenden Jahrzehnten prägen;[84] die Kränkung des „Dichtischen", die Austreibung des Lyrismus wird fortgesetzt.

Sanguinetis persönlicher Rückblick auf die Teilung Berlins wird seinerseits hingegen stets eine romantisierend-melancholische Note behalten, das wiedervereinigte Berlin wird er 40 Jahre später mit den Worten kommentieren: „Berlino non è più Berlino", *Berlin ist nicht mehr Berlin*.[85] Die *Reisebilder* aber, Sanguinetis *Berlin, Blicke*, vermessen die ganze Stadt, verzeichnen alltägliche Begebenheiten und kleinste Beobachtungen, erfassen das Politische auch im Privaten. In ihrer spezifischen Montagetechnik, in ihrer Mischsprachigkeit und im über Zitate etablierten Gespräch mit, in diesem Falle deutschen, Dichtern der Vergangenheit generieren sie zudem ein die Alterität wahrendes soziables Gefüge, das den Berlin-Aufenthalt Sanguinetis zu Beginn der 1970er Jahre weit überdauert.

Der Autor kam in den Folgejahren noch mehrfach nach Berlin,[86] und seine folgende Gedichtsammlung, *Postkarten*, setzt das dort begonnene Gespräch weiter fort: „gerne hätt ich fortgeschrieben", so lautet, erneut Goethe zitierend, ihr Motto, und wiederholt finden sich hier explizite Referenzen auf die Stadt wie auch auf Menschen,

---

83 Sanguineti, Wirrwarr (Anm. 5), 51 (Nr. 33) und 53 (Nr. 35). Vgl. hierzu genauer Risso (Anm. 12), 58. – Nur das erste dieser beiden *Reisebilder* fand Eingang in die LCB-Edition (dort als Nr. 28), die makrotextuelle Rahmung entfällt dort somit.
84 Sanguineti bezeichnete rückblickend den *piccolo fatto vero* als „un filo conduttore non interrotto a partire degli anni '70". Marisa Napoli: Intervista a Edoardo Sanguineti (6. Februar 2005). Online abgerufen am 20. Oktober 2022 unter https://www.dambrosioeditore.it/intervista-a-edoardo-sanguineti/.
85 Siehe hierzu ausführlich: „Berlino non è più Berlin". L'ultima intervista di Edoardo Sanguineti [23. April 2010], in: Palazzolo (Anm. 15), 25–53.
86 Sanguineti bestritt weiterhin auch LCB-Veranstaltungen, so etwa am 22. Januar 1981: *Abenteuer im Alltag – Der Autor als Publizist* (gemeinsam mit Italo Calvino; am 17. Dezember 1983: *Ein Gedicht und sein Autor*, Lesung in der Akademie der Künste (gemeinsam mit Adriano Spatola und Julio Stocchi); am 26. April 1999: *Capriccio italiano*, Lesung: Sanguineti, Filmvorführung: Ennio de Dominicis.

denen er dort begegnet war, darunter Bisinger und Höllerer. Dichtung ist – wieder – möglich geworden, als eine die politischen, sozialen und kulturellen Begebenheiten aufzeichnende und in der persönlichen Teilhabe daran filternde ‚Alltagspoesie': „la poesia è ancora praticabile, probabilmente: io me la pratico, lo vedi, // in ogni caso, praticamente cosí: / con questa poesia molto quotidiana (e molto // da quotidiano, proprio): e questa poesia molto giornaliera (e molto giornalistica, // anche, se vuoi) [...]".[87]

Und wenn es nochmals einige Jahre später am Ende eines Gedichts aus der Sammlung *Scartabello* (1980) sentenzartig heißt, „fare / dell'esperienza un'esperienza: (risolvere ogni Erlebnis in Erfahrung):",[88] so lässt sich diese Formulierung ohne Weiteres bereits auf das poetologische Programm von Sanguinetis Berlin-Dichtung rückbeziehen: Nicht das singuläre Erlebnis und dessen fragiler Realitätsstatus sind dafür relevant, sondern die Verwandlung des Erlebten, die Aufzeichnung von Geschehensmomenten. Die *Reisebilder* – nur „*fast* ein tagebuch *in versen*" – bieten die dichterische Bearbeitung eines Erfahrungssubstrats zu Zeiten seines Aufenthalts in der Stadt, in West und Ost und darüber hinaus, im Sinne einer Konstruktion, die auf allgemeinerer Ebene Gültigkeit beansprucht und erlangt. Es geht mithin um ein Erlebnis*postulat* – und auch hierin ließe sich noch ein – nachträglicher, impliziter – Verweis auf Goethes Lyrik ausmachen.[89] Wichtiger als das konkrete „Ereignis" ist ein Moment der „Teilhabe", genauer der Filter einer Erfahrung, die in der Dichtung aufscheint und die Realität *anders* zu beleuchten vermag.[90] Sanguinetis *Reisebilder* sind mithin ein poetisches Stadtporträt und darin zugleich Zeitdokument sowie eine fiktionalisierte Standortbestimmung *in Bewegung* – Berliner Miniaturen zu Beginn der 1970er Jahre: eine (Durchgangs-)Station im fortgesetzten Dialog, den seine Dichtung etabliert.

---

87 Sanguineti, Postkarten (Anm. 42), 70 (Nr. 62; Juli 1977). „Poesie ist immer noch machbar, wahrscheinlich: ich praktiziere sie, das siehst du, // auf jeden Fall, praktisch so: / mit dieser sehr alltäglichen (und sehr // tagespresseähnlichen, tatsächlich) Poesie: und dieser sehr täglichen (und sehr // zeitungsähnlichen, // auch, wenn du willst) Poesie [...]".
88 Zit. nach Edoardo Sanguineti: Mikrokosmos. Poesie 1951–2004, hrsg. von Erminio Risso, Mailand 2004, 128. – Vgl. zu den dialektischen Implikationen dieses Unternehmens genauer Filippo Bettini: „‚Fare dell'esperienza un'esperienza' significa, appunto, riconoscerne la perdita, citare e parodiare l'esperienza originaria. E allora l'oggettivazione metalinguistica degli enunciati e delle immagini della scrittura è sì ‚una dialettica che non smette', ma condanna, giocoforza, la scrittura che se ne fa interprete e promotrice ad essere sdoppiamento, autorappresentazione e, quindi, parodia e specchio grottesco di se stessa." Bettini (Anm. 41), 265.
89 Der Begriff „Erlebnispostulat" wurde von Marianne Wünsch (1975) an der frühen Lyrik Goethes konzipiert, im Sinne einer „Erlebnishaftigkeit [...] als textinterne[r] fiktionale[r] Struktur, die nicht davon abhängt, ob ihr ein Substrat in der Autorenpersönlichkeit entspricht (Lyrik mit Erlebnispostulat)". Marianne Wünsch: Erlebnislyrik, in: Reallexikon der deutschen Literaturwissenschaft, hrsg. von Klaus Weimar, 3 Bde., Berlin 2007, Bd. 1, 498–500, hier: 499.
90 „[...] la sua partecipatività, cioè il fatto che entro l'evento che si racconta, che si evoca, che si suggerisce appaia il segno di un'esperienza che illumina qualcosa della realtà". Sanguineti, zit. nach Napoli (Anm. 84).

Hannah Steurer
Das Berlin der 1970er und 80er Jahre bei Jean-Michel Palmier: „Un lieu magique de désirs, de rêves et d'angoisse"

„Jean-Michel Palmier s'était trompé d'époque: ce n'est pas dans le Paris des années quarante qu'il aurait du naître le 19 novembre 1944, mais à Berlin, au début du siècle."[1] Roland Jaccards in *Le Monde* erschienener Nachruf auf den im Juli 1998 verstorbenen Jean-Michel Palmier zeichnet das Bild eines Zeitreisenden, dessen Faszination nicht der eigenen Kapitale, sondern einer sowohl im temporalen als auch im geographischen Sinne ‚anderen Stadt' galt: dem Berlin der Weimarer Republik. Die Begeisterung des Germanisten Palmier für diese Epoche findet ein Echo in zahlreichen Publikationen zur deutschen Literatur des frühen 20. Jahrhunderts. Dazu zählen z. B. seine Bände zum Expressionismus und zu den deutschen Avantgarden im Exil oder die erst 2006 postum veröffentlichte, mehr als 800 Seiten umfassende Studie zu Walter Benjamin.[2] Zugleich schreiben sich diese Publikationen in eine Auseinandersetzung mit dem Sehnsuchtsort Berlin im Spannungsfeld von Gegenwart und Vergangenheit ein. Sie bestimmt Palmiers schriftstellerischen Parcours und macht ihn zu einer der zentralen französischen Figuren, die in den 1970er und 80er Jahren den Blick auf Berlin richten – tatsächlich umfasst die Spanne von seiner ersten Reise nach Berlin bis zum Erscheinen seines letzten Buchs über die Stadt beinahe exakt den Zeitraum der beiden Jahrzehnte. Auf den ersten Besuch als Student im Jahr 1969 folgt fünf Jahre später ein Forschungsaufenthalt als Stipendiat des DAAD, aus dem zwei Bücher hervorgehen: 1976 wird das *Berliner requiem* mit Palmiers Notizen seiner Berliner Streifzüge veröffentlicht; 1989 erscheint es am Vorabend des Mauerfalls in leicht veränderter Form ein zweites Mal.[3] Bis in die 1990er Jahre hinein ist Palmier als Literaturkritiker für *Le Monde diplomatique* tätig und äußert sich dort nicht nur zu Berlin, sondern auch zu literarischen Debatten in der DDR, der BRD und im wiedervereinigten Deutschland. Auch die kulturpolitische Rolle Berlins nach 1989 wird von ihm ausgelotet, so in einem

---

[1] Roland Jaccard: Jean-Michel Palmier, un essayiste érudit et fervent, in: Le Monde (24. Juli 1998).
[2] Jean-Michel Palmier: L'expressionnisme comme révolte. Contribution à l'étude de la vie artistique sous la République de Weimar, Bd. 1: Apocalypse et révolution, Paris 1978; ders.: Weimar en exil. Le destin de l'émigration intellectuelle allemande antinazie en Europe et aux États-Unis, 2 Bde., Paris 1988; ders.: Walter Benjamin. Le chiffonnier, l'Ange et le Petit Bossu, Paris 2006.
[3] Jean-Michel Palmier: Berliner requiem, Paris 1976; im Folgenden werden Zitate aus dieser Edition unter Angabe der Sigle BR und der Seitenangabe direkt im Text nachgewiesen. Ders.: Retour à Berlin, Paris 1989; im Folgenden werden Zitate aus dieser Edition unter Angabe der Sigle RB und der Seitenangabe direkt im Text nachgewiesen.

Artikel aus dem Oktober 1990, der in einer Lektüre von Christa Wolfs *Was bleibt* die Frage nach der Zukunft der DDR-Literatur im neu formierten Staat stellt: „Que dire de Berlin et de son extraordinaire créativité? [...] c'est une certaine atmosphère de la ville qui est menacée."[4] Dabei ist Palmiers Perspektive auf die Teilung immer schon die Suche nach einer „atmosphère [...] menacée" inhärent und zwar insofern, als er in der Gegenwart der von Ruinen übersäten und von der Mauer durchzogenen Stadt nach Spuren des avantgardistischen Berlin sucht.

Für die Einordnung in das Netzwerk miteinander verschränkter internationaler Blicke auf das geteilte Berlin der 1970er und 80er Jahre ist Palmier insbesondere deshalb so interessant, weil er sich in verschiedenen Rollen durch die Stadt bewegt: Er ist nicht entweder Literaturwissenschaftler oder Schriftsteller, sondern beides zugleich, darüber hinaus Essayist, Journalist, Rezensent und Flaneur. Gerade diese letzte Rolle bindet ihn zurück an die Weimarer Republik und vor allem an das Werk Franz Hessels, der in *Ein Flaneur in Berlin*[5] eine Theorie des Flanierens in Berlin als Stadt der Avantgarden entwirft, mit dem Ziel „eine vergangene Stadt mitten in der gegenwärtigen auf[zu]bauen".[6] Stärker vielleicht noch, als es bei Hessel der Fall ist, wird Palmiers Blick geschärft vom Wunsch, aus der Gegenwart der Stadt ihre Vergangenheit freizulegen und darin nicht nur eine erinnerte, sondern vielmehr eine imaginierte Stadt neu zu konstruieren. Dennoch gilt sowohl für Hessel als auch für Palmier: Ihre Texte sind ebenso präzise Zeitzeugnisse einer Berliner Gegenwart. Stehen bei Hessel die veränderten Wahrnehmungsbedingungen in der Großstadt, die zum ‚neuen Paris' avanciert ist, und der Einfluss des Surrealismus im Mittelpunkt der Erfahrung, so fügt sich Jean-Michel Palmiers Werk in eine französische Reflexion der geteilten Stadt ein.[7]

---

4 Jean-Michel Palmier: Surmonter le passé, abolir les préjugés, in: Le Monde diplomatique (1. Oktober 1990).
5 Franz Hessel: Ein Flaneur in Berlin. Bilderbuch in Worten, Berlin 2011. Es passt zu Palmiers Begeisterung für Hessels Berlin, dass er ein Vorwort zur französischen Übersetzung des Buchs verfasst. Vgl. Franz Hessel: Promenades dans Berlin, aus dem Deutschen von Jean-Michel Beloeil, Grenoble 1989.
6 Hessel, Ein Flaneur (Anm. 5), 95.
7 Zur Konditionierung des französischen Blicks auf Berlin als ‚neues Paris' durch den surrealistischen Stadtdiskurs insbesondere bei Franz Hessel, Walter Benjamin und Siegfried Kracauer vgl.: Hannah Steurer: Tableaux de Berlin. Französische Blicke auf Berlin vom 19. bis zum 21. Jahrhundert, Heidelberg 2021, darin Kapitel II.2: Die Konditionierung des Blicks auf Berlin durch den (surrealistischen) Blick auf Paris, 179–209. Vgl. ebd. auch allgemein für eine Auseinandersetzung mit dem französischen Diskurs über Berlin.

Berlin (un)geteilt erkunden: Französische Perspektiven der 1970er und 80er Jahre

Jean-Michel Palmiers längster Berlin-Aufenthalt fällt in das Jahr 1974, als er mehrere Monate mit einem DAAD-Stipendium in der Stadt verbringt, um über die Avantgarden und besonders den deutschen Expressionismus zu forschen (vgl. BR, 235). Die Einladung geht also von der BRD aus; als Gast im zur Insel gewordenen Berliner Westen kann Palmier sich dennoch relativ frei zwischen den beiden Hälften der Stadt bewegen und muss den Parcours seiner Spaziergänge nicht auf bestimmte Bezirke beschränken. Sein Interesse gilt nicht dezidiert dem Osten oder Westen; vielmehr begreift er, und das gelangt auch in der Konzeption der Berlin-Texte zur Anschauung, die Stadt als Ganzes. Die Folie seines Blicks ist das ungeteilte Berlin der Weimarer Republik, das auch die Avantgarden anzieht und als ‚neues Paris' den bis in die Gegenwart wirkenden Stadtmythos mit begründet. Angesichts dieser Fokussierung auf eine vergangene Epoche tritt der mit dem Mauerbau entstehende Riss in der städtischen Landschaft etwas in den Hintergrund. In der Überlagerung der Gegenwart durch die Vergangenheit setzt so eine Auflösung der den realen Stadtraum durchziehenden Grenzlinien ein. „Tout cela a disparu. Il faut s'en souvenir" (BR, 44), beschreibt Palmier sein Unterfangen. Über die (intertextuelle) Erinnerung erschließt er sich die Gegenwart der Teilung, und dieser Zugriff auf das Verhältnis der verschiedenen Zeitebenen in der Stadt macht die Spezifik des *Berliner requiem* innerhalb des französischen Berlindiskurses der 1970er und 80er Jahre aus. In dieser Hinsicht gelingt Palmier auch eine Abgrenzung von den Autor:innen, die sich unmittelbar nach dem Bau der Mauer in Berlin aufhalten und, gerade in der literarischen Tradition von Nouveau Roman und Tel Quel, das ästhetische Potenzial der Teilung für den Stadtdiskurs ausschöpfen. Paradigmatisch dafür sind Jean-Pierre Faye und Michel Butor zu nennen: Fayes 1964 erschienener Roman *L'Écluse*[8] erzählt, ohne den Namen der Stadt je offenzulegen, in Wahrnehmungsfragmenten die Geschichte von Vanna, die in ihrer Herkunftsstadt Berlin zwischen den beiden Seiten wechselt und dabei immer wieder die titelgebende Schleuse durchqueren muss. Als Bild der Teilung – und zugleich der Möglichkeit der Grenzüberschreitung – markiert sie den Mittelpunkt des Romans und seines *discours*, der der geteilten Stadt eine gespaltene Persönlichkeit der Protagonistin sowie ein von zahlreichen Schnitten und Brüchen durchzogenes Erzählverfahren zur Seite stellt. Auch in Michel Butors *Regard double*, ebenfalls 1964 erstmals veröffentlicht, wird die Teilung zum ästhetischen Generator für den Text, der die Stadt erst auf Grund der Spaltung als Ganzes zu erfassen versucht.[9] Die im Titel

---

8 Jean-Pierre Faye: L'Écluse, Paris 1964.
9 Vgl. zu Butor und Berlin Steurer (Anm. 7), Kapitel III.2.2: Michel Butor, 273–286. Darüber hinaus erhält die Bedeutung Butors für die französischen Blicke auf Berlin im Kontext eines internationalen literarischen Austauschs in der geteilten Stadt eine besondere Sichtbarkeit in den Ausführungen Ulrike

manifest werdende Doppelung des Blicks und der Stadt erwächst aus der Errichtung der Mauer und des so durch die Stadt gehenden Risses. Bei Palmier hingegen wird nicht die Bewegung des Aufschneidens bzw. Aufreißens der Stadtoberfläche zum Ausgangspunkt der Auseinandersetzung mit Berlin; vielmehr entspricht seinem Zugriff ein Graben im Ruinenfeld der Stadt, das ihre Vergangenheit freilegen soll. Als ‚Archäologe der Erinnerung' trägt er (literarisches) Material zusammen, um daraus und aus den während seiner eigenen Spaziergänge entstandenen Notizen das Berlin der Weimarer Republik zu rekonstruieren und es mit dem Berlin seiner Gegenwart in Beziehung zu setzen.

Nur ein Jahr vor dem *Berliner requiem* veröffentlicht überdies Michel Tournier seinen Berlin-Roman *Les Météores*.[10] Dort wird der Protagonist Paul, Teil eines Zwillingspaars, dessen Trennung sich im Riss der geteilten Stadt spiegelt, zum Zeugen des Mauerbaus. Zudem setzt in den 1970er und 80er Jahren eine Diversifizierung des französischen Blicks auf Berlin ein, der nun auch andere Dimensionen der Stadtidentität beleuchtet. Die Ruinenlandschaft wird Kulisse zahlreicher Spionageromane,[11] bevor sich besonders in den 1980er Jahren eine Faszination für das alternative Westberlin und die Hausbesetzerszene in französischen Texten niederzuschlagen beginnt.[12] Auch Palmier widmet in *Retour à Berlin* ein Kapitel den Berliner Wohngemeinschaften, die er als Orte einer alternativen Kultur in der geteilten Stadt vorstellt (vgl. RB, 258–262). Sein Hauptbestreben gilt dennoch dem Eintauchen in die literarisch-kulturelle Welt der Weimarer Republik. Darin ist er ebenfalls keine Einzelfigur, sondern schreibt sich in eine französische Begeisterung für die Avantgardestadt Berlin ein. Nur zwei Jahre nach dem Erscheinen des *Berliner requiem* feiert 1978 im Pariser Centre Pompidou die Ausstellung *Paris, Berlin: 1900–1933. Rapports et contrastes France–Allemagne* als Teil einer Reihe zum Verhältnis von Paris zu anderen Metropolen ihre Eröffnung.[13] Sie legt

---

Schneiders. Vgl. hierzu Ulrike Schneider: Zweifacher Blick. Die ‚nouveaux romanciers' in Berlin (mit einem Fokus auf Michel Butor), in: Jutta Müller-Tamm (Hrsg.): Berliner Weltliteraturen. Internationale literarische Beziehungen in Ost und West nach dem Mauerbau, Berlin 2021, 57–84. Neben Faye und Butor setzt sich u. a. Nicole Casanova in ihrem ebenfalls in den frühen 1960er Jahren erschienenen Roman *La Ville qui penche* (Paris 1962) mit dem Mauerbau und der Teilung auseinander.
10 Michel Tournier: Les Météores, Paris 1975.
11 Vgl. dazu Klaus Heitmann: Berlin als Thema und Schauplatz der französischen Literatur seit 1945, in: Gert Pinkernell, Oskar Roth (Hrsg.): Spiegelungen. Romanistische Beiträge zur Imagologie, Heidelberg 1996, 127–162, hier: 150; Edward Reichel: „Ville de l'ennui" (1843) – „mâchoire de platine" (1932) – „université du malheur" (1962) – „capitale de la Deuxième culture" (1983). Der Wandel des Berlinbildes in der französischen Literatur von Casanova bis heute – *Anciens* und *Modernes*, in: Volker Roloff (Hrsg.): Tradition und Modernität. Aspekte der Auseinandersetzung zwischen *Anciens* und *Modernes*, Berlin 1988, 165–186, hier: 181 f.
12 Vgl. Ingo Kolboom: Paris–Berlin. Französische Blicke auf die alte und neue deutsche Hauptstadt, in: Gilles Dorion u. a. (Hrsg.): Le français aujourd'hui. Une langue à comprendre / Französisch heute. Mélanges offerts à Jürgen Olbert, Frankfurt a. M. 1992, 218–229, hier: 222 f.
13 Die Reihe beinhaltet auch Ausstellungen zu Paris und New York bzw. Paris und Moskau und setzt Paris damit zu zwei weiteren das Jahrhundert prägenden Metropolen in Beziehung. Vgl. dazu die

einen besonderen Schwerpunkt auf die Rolle Berlins in der Weimarer Republik als „Katalysator und Symbol für den Kosmopolitismus des 20. Jahrhunderts"[14] und präsentiert neben anderen Exponaten Werke des Berliner Dadaismus sowie Ausschnitte aus der Avantgardezeitschrift *Bifur* und aus Yvan Golls expressionistisch geprägtem Berlinroman *Sodome et Berlin*.[15] Die Ausstellung führt ihr Publikum damit in genau jene Welt, die Palmier wiederaufzubauen versucht. Eine weitaus persönlichere Verbindung zwischen der geteilten Stadt und der Weimarer Republik tritt in Stéphane Roussels *Les Collines de Berlin* von 1985 zutage.[16] Die Journalistin Roussel blickt darin zurück auf ihre Tätigkeit als Korrespondentin für *Le Matin* im Berlin der 1930er Jahre, dessen Spuren sie zwischen den Ruinen der im Krieg zerstörten und nun geteilten Stadt wiederzufinden versucht – als erste von fünf Stationen ihrer langjährigen Aufenthalte in Deutschland: „Elles sont cinq. Les cinq Allemagnes que j'ai connues. Celle de Weimar, exsangue avec sa capitale aux mille talents, que j'ai vue mourir."[17] Was Roussels ‚Grabung' in der Geschichte der Stadt von derjenigen Palmiers unterscheidet, ist die Differenz zwischen tatsächlicher und vermittelter Erinnerung: Während Roussel ihre eigenen Bilder von Vergangenheit und Gegenwart übereinanderlegen kann, muss Palmier, der erst 1944 geboren ist, die Avantgardestadt notwendigerweise aus literarischen und sonstigen künstlerischen Zeugnissen sowie aus dem Gedächtnis anderer Personen rekonstruieren. Auch auf Grund dieser Barriere ist seine Form der Wahrnehmung und Beschreibung stark dem Traum und dem Imaginären verhaftet.

Berlin träumen: Imaginationen der Stadtvergangenheit

Im letzten Kapitel des *Berliner requiem*, das als Nachwort die Geschichte von Palmiers Beziehung zu Berlin wiedergibt, schildert er seine erste Reise in die geteilte Stadt im Jahr 1969. Anders als während seines explizit auf Recherchen über die Weimarer

---

Ausführungen in der deutschsprachigen Version des Katalogs: Pontus Hulten: Vorwort, in: Centre Georges Pompidou: Paris, Berlin: 1900–1933. Übereinstimmungen und Gegensätze Frankreich – Deutschland, deutsche Ausgabe koordiniert von Ingo F. Walther, München 1979, 7.
14 Ebd.
15 Für weitere Informationen zu diesen Ausstellungsstücken vgl. Centre Georges Pompidou (Anm. 13), 518 (für *Bifur*) und 519 (für *Sodome et Berlin*). Gottfried Benn, der bei Palmier zu einer Zentralfigur des ‚versunkenen' Berlin avanciert, war als Berater für die Redaktion von *Bifur* tätig, vgl. dazu Ludwig Völker: Gottfried Benn berät eine Zeitschrift. Dreizehn Briefe an den „Bifur"-Herausgeber und eine Erinnerung von Nino Frank, in: Merkur 398 (1981), 717–727.
16 Stéphane Roussel: Les Collines de Berlin. Un regard sur l'Allemagne, Paris 1985.
17 Ebd., 279. Die anderen vier Stationen der Stadt und ihrer Geschichte sind die NS-Zeit, die BRD unter Adenauer, die Teilung und die Wiedervereinigung.

Republik ausgerichteten Forschungsaufenthalts im Jahr 1974 findet die erste Begegnung mit Berlin weder unter den Vorzeichen einer literarischen Rückschau auf die urbane Vergangenheit noch in einer politisch geformten Blickrichtung auf die Gegenwart der Teilung statt. Die noch unbekannte Metropole präsentiert sich vielmehr zuallererst als Ort des Traums:

> Il y a des villes qui font mourir, des villes qui font rêver. Berlin est pour moi un lieu magique de désirs, de rêves et d'angoisse. Lorsque j'y suis venu, la première fois, en 1969, comme étudiant, je connaissais peu de choses de son passé artistique et même de son histoire. [...] J'ai erré dans les rues, des nuits entières, hanté par un sentiment de solitude et de tristesse qui ne s'effaçait qu'avec l'aube, lorsqu'avec des inconnus, on boit en grelottant le premier café et que l'on fume une cigarette, en regardant l'aube brumeuse et blême d'un matin d'automne. Seul, dans une ville inconnue, les immeubles, les monuments, les gens que l'on croise semblent surgir d'un rêve. J'ai rêvé Berlin avant de le connaître et de le vivre. (BR, 236)

Die Stadt als unbekannter Ort wird hier gleich auf mehrfache Weise mit dem Traum in Verbindung gebracht: Sie ist dessen Auslöser („des villes qui font rêver"), beinhaltet traumähnliche Elemente („semblent surgir d'un rêve") und wird als Ganzes zum Trauminhalt bzw. zur geträumten Kapitale („J'ai rêvé Berlin"). Allerdings erschwert die Vermischung dieser Ebenen eine Annäherung an Palmiers Traumbegriff: Die Wörter *rêve* bzw. *rêver* kommen im *Berliner requiem* häufig vor, ohne dass sich dabei ein eindeutiges Traumerleben markiert oder der Traum definiert wird. Am ehesten scheint der Traum Palmiers aus dem Imaginären geschöpften Berlin-Projektionen zu entsprechen, also der Vorstellung der Stadt und ihrer Vergangenheit, die er aus den literarischen Zeugnissen sowie seinen Assoziationen und Beobachtungen konstruiert. In diese Richtung argumentiert auch Klaus Heitmann, der Palmiers Bild der Avantgardemetropole als eine „Art apriorischer Traumvision"[18] bezeichnet. Claude Leroy arbeitet in einem ähnlichen Zusammenhang heraus, dass Palmiers Arbeit an der vergangenen Stadt mehr derjenigen eines Geisterbeschwörers als der eines Archäologen ähnelt[19] – im Bild des ‚Archäologen der Erinnerung' laufen die beiden Identitäten zusammen: Palmier gräbt nach Erinnerungen, die er selbst imaginär verwandelt und sich darin an einen Traum erinnert fühlt. Weder im *Berliner requiem* noch in *Retour à Berlin* wird der Traumzustand je eindeutig vom Wachzustand abgegrenzt. Wie der erste Eindruck der Stadt ohne greifbaren Grund traumhafte Züge gewinnt, präsentiert sich die gesamte weitere Wahrnehmung Berlins als Modus, in dem selbst die Passant:innen durch eine Verwandlung in Traumbilder der Realität enthoben werden: „Je les ai transformés en images de rêve et quand ces images se brisent contre la réalité, j'ai envie de tout détruire." (BR, 184) Der hauptsächliche Wahrnehmungsmodus von

---

18 Heitmann (Anm. 11), 157.
19 Claude Leroy: Ein Deutschland der Imagination, in: Wolfgang Asholt, Claude Leroy (Hrsg.): Die Blicke der Anderen. Paris – Berlin – Moskau, Bielefeld 2006, 243–258, hier: 255.

Palmiers Erkundungen ist das, was er „rêverie éveillée" (BR, 225) nennt und kaum noch von der Wirklichkeit unterscheiden kann. Gemeint ist damit auch, dass sein künstlich geschaffenes Bild eines Berlin der Weimarer Republik die historische Realität zu überlagern beginnt.

Berlin begraben, Berlin ausgraben: *Berliner requiem*

Dass das *Berliner requiem* 1976 als Monographie erscheint, entspricht nicht Jean-Michel Palmiers ursprünglicher Intention. Wie oben beschrieben wird die Genese des Buchs erst im Nachwort thematisiert. Dort schildert Palmier, wie er während seines DAAD-Aufenthalts die Stadt auf unzähligen Wanderungen durchstreift und sich Notizen für seine Forschung zu den Berliner Avantgarden macht: „Invité par le D.A.A.D. [...] à effectuer un séjour d'études à Berlin [...], j'ai tenté de fixer au hasard des errances dans la ville et des rencontres, certaines images qui m'ont profondément touché." (BR, 235) Als erste und grundlegende Form der Wahrnehmung wird hier das Sehen evoziert, wenn Palmier die visuellen Berliner Eindrücke als „images" hervorhebt und aus ihnen die schriftlichen Notizen entwickelt. In dieser früh angelegten Interdependenz von Bild und Text erhält das *Berliner requiem* eine intermediale Prägung, die nicht lediglich dadurch zustande kommt, dass in das Buch Fotografien aus dem Berlin der Weimarer Republik und aus der Gegenwart der Teilung eingefügt sind, sondern die den Text bereits fundiert. „Il me suffit de fermer les yeux pour évoquer n'importe quel quartier" (BR, 237), formuliert Palmier im abschließenden Kapitel und bindet sein Verhältnis zu Berlin auf diese Weise an die Visualität zurück. Auch der Titel eröffnet eine intermediale Perspektive, indem im *Berliner requiem* die gleichnamige Text-Musik-Komposition von Kurt Weill und Bertolt Brecht aus dem Jahr 1928 zitiert wird. Zugleich situiert der Titel das Werk im Diskurs über das ‚neue Paris' der Weimarer Republik und die ihm inhärenten ästhetischen Möglichkeiten. Palmier versteht seine Arbeit als Dialog mit der Literatur und Kunst der Berliner Avantgarden. Parallel dazu vollzieht der Text auf performativer Ebene einen Abschied, der im Titel ebenfalls angekündigt wird: Das *Berliner requiem* ist ein Totengesang auf das kulturelle Berlin der 1920er und frühen 1930er Jahre, dessen Untergang Palmier betrauert. Dabei entspricht der Aufbau des Textes nicht der musikalischen Form des Requiems; stattdessen erinnert die Struktur an Walter Benjamins Denkbilder, die er in der *Berliner Kindheit um 1900* zu einem Portrait der Stadt zusammenfügt. Das Verfahren der fragmentarischen Textgestaltung, das den literarischen Berlin-Diskurs der Weimarer Republik prägt, erweist sich auch als konstitutiv für Palmiers Spurensuche. Bei Benjamin wie bei Palmier sind die Eindrücke in kurze, nur wenige Seiten umfassende Textskizzen überführt, die jeweils einen Berliner Ort oder eine Reflexion über die Stadt abbilden. Das Verhältnis von Realität, Imagination und Erinnerung indes ist bei Benjamin, dessen Text ja genau der von Palmier in den Mittelpunkt gerückten Epoche entspringt, ein anderes: Benjamin bewegt sich in der *Berliner Kindheit um 1900* nicht tatsächlich in der Stadt, sondern schreitet sie imaginär im Rückblick auf seine Kindheit ab, lässt also das in der Vergangenheit real Erlebte im Text wieder auferstehen. Genau umgekehrt verhält es sich bei Palmier: An die Stelle der eigenen Erfahrung tritt der intertextuell vermittelte Blick anderer Personen, deren Gegenwart zur (imaginierten und geträumten) Vergangenheit wird und die in einer Kopräsenz von Text und Intertext mit Palmiers eigenen Beobachtungen zu einem Gesamtbild montiert werden. Die Differenz zwischen den Zeitebenen wird in diesem Bild nicht immer auf den ersten Blick sichtbar.

Im Unterschied zu den Berlin-Texten zahlreicher anderer französischer Autor:innen wird das *Berliner requiem* weder mit dem erst im Schlusskapitel nachgereichten Hintergrund von Palmiers Aufenthalt in der geteilten Stadt noch mit der Anreise nach Berlin eröffnet. Am Anfang stehen stattdessen drei ins Französische übersetzte Auszüge aus lyrischen Texten, einer von Georg Heym und zwei von Bertolt Brecht, die Palmiers Berliner Erfahrung auf die Weimarer Republik beziehen, noch ehe unter dem Titel „Images" die ersten Stadtimpressionen folgen. Der Buchteil „Images" ist einer von mehreren Abschnitten, die das *Berliner requiem* organisieren: Auf die in dieser Sektion zusammengefassten Bilder folgt eine weitere Serie von Eindrücken im Abschnitt „Traces". Dieser akzentuiert im Gegensatz zu „Images" nicht die optische, sondern die zeitliche Dimension, da er auf die Suche nach den Spuren der urbanen Vergangenheit anspielt. Die „Postface" schließlich umreißt auf wenigen Seiten Palmiers Berliner Aufenthalte. Eröffnen die drei deutschen Gedichte des frühen 20. Jahrhunderts das Buch als Schwellen- oder Zwischenstationen, ohne dass klar wird, ob sie noch Paratexte darstellen oder bereits zum eigentlichen Text zu rechnen sind, so wird im gesamten Werk Palmiers eigene Perspektive immer wieder durch weitere Gedichte oder andere Intertexte aus der Literatur der Weimarer Republik ergänzt, häufig als eine Art Motto zwischen der Überschrift und dem Text der einzelnen Berliner Impressionen. Auch zwischen dem Kapiteltitel „Traces" und der ersten, die Stadtbeobachtung fassenden Notiz ist noch einmal ein Zitat platziert, ein Ausschnitt aus Gottfried Benns Gedicht „Träume, Träume –" in französischer Übersetzung. Benns „cortèges épais" und „barques noires" (BR, 15) gehören zu einem expressionistischen Todesdiskurs, an den Palmiers Totengesang anschließt. Gleichzeitig bindet das Benn-Zitat Palmiers Faszination für die Wechselwirkung von Traum und (urbanem) Raum an die Literatur der Avantgarden zurück. In Benns Original wird die Beziehung zwischen Traum und Raum auf Grund der klanglichen Ähnlichkeit umso sichtbarer, etwa wenn auf den Titel „Träume, Träume –" in der letzten Strophe die dreifache Wiederholung „Räume, Räume, Räume" antwortet und der Titel schließlich im vorletzten Vers in abgewandelter Form als „die Träume, die Träume" wiederkehrt.[20] Auch das Verschwimmen der Grenze von Realität

---

[20] Gottfried Benn: Träume, Träume –, in: ders.: Sämtliche Werke, hrsg. von Gerhard Schuster, 7 Bde. in 8 Teilen, Stuttgart 1986, Bd. 1, 164–165. Zu Benns Traumdiskurs vgl. weiterhin den Titel einer 1966 erschienenen Sammlung bis dahin noch unbekannter Dokumente: Gottfried Benn: Den Traum allei-

und Traum in Palmiers Blick auf Berlin hat in Benns Poetik ein Vorbild: „Où commence la réalité et où s'arrête le rêve? Benn affirme n'être jamais parvenu à tracer une différence entre les deux et je me sens prisonnier aussi de ces ‚boubles vies' [sic]." (BR, 239)

Auf den Ausschnitt aus Benns Gedicht und den Sektionstitel „Images" folgt das erste Berliner Denkbild, das als Einführung im Gegensatz zu den anderen keine eigene Überschrift hat, sondern unmittelbar mit dem Text und der Ankunft in der Stadt als klassischem Incipit-Topos der französischen Berlinliteratur einsetzt. Die Leser:innen werden hier mitgenommen und beginnen den Parcours durch die Stadt am Bahnhof Zoo:

> Lorsque l'on arrive à Berlin, la nuit, par la vieille gare du Zoogarten, on est immédiatement assailli par un océan de lumières et d'enseignes au néon transformant la Breitscheidplatz en une gigantesque vitrine de rêve, de couleurs, de publicités – vitrine du monde occidental, de son luxe insolent, face à l'autre Berlin, qui, dès la tombée de la nuit, semble désert. Les milliers de halos rouges, bleus, verts, oranges, violets, résumant à eux seuls toute l'industrie allemande, obligent un instant à fermer les yeux. Au milieu de ce kaléïdoscope de couleurs, la Kaiser-Wilhelm-Gedächtnis-Kirche [sic] dresse son ombre inquiétante. La vieille église effondrée, au clocher incendié par les bombardements, est à peine éclairée. (BR, 17)

Auch hier fällt der Begriff des Traums, allerdings im Kontext der „vitrine de rêve", die den Breitscheidplatz als Auslage und Schaufenster der Westberliner Waren- und Lichterwelt vorstellt. In der Neonbeleuchtung des „océan de lumières" wird die Stadt zum „kaléïdoscope de couleurs", das immer neue Lichtmuster entwirft. Palmiers Eindrücke aus dem Westberlin der 1970er Jahre begegnen an dieser Stelle dem durch den Pariser Surrealismus konditionierten Blick auf die Avantgardestadt Berlin in den 1920er Jahren. Das elektrische Licht gehört dort zu den die Wahrnehmung in der Großstadt einschneidend verändernden Paradigmen, die u. a. von Franz Hessel und Walter Benjamin verarbeitet werden und ebenso Eingang in die dadaistische Ästhetik finden. Zugleich manifestiert sich im Blick auf die Lichtmuster Palmiers Vorliebe für das Spiel mit unterschiedlichen Formen der Sinneswahrnehmung – sind es an anderen Stellen Geräusche, ist es hier die visuelle Ebene der Stadt. Palmiers Textbild wird gebrochen, entzweigeschnitten von der „ombre inquiétante" der Kaiser-Wilhelm-Gedächtniskirche, die abgedunkelt im Gegensatz zur hell erleuchteten Umgebung steht und die Ruinen der im Krieg zerstörten Stadt als einen dominierenden Topos des Buchs etabliert. Als Ruinenfeld voller zerstörter Mauern, „immeubles dévastés" (BR, 84) und Spuren von Granateinschlägen trägt die Stadt bei allem Glanz des Westens überall Zeichen des Krieges.[21] In der Eingangspassage markiert das Begriffspaar von Licht und

---

ne tragen. Neue Texte, Briefe, Dokumente, hrsg. von Paul Raabe und Max Niedermayer, Wiesbaden 1966.

21 Selbst die Modernität der Westberliner Architektur bleibt gezeichnet von der Nachbarschaft der zerbombten Gebäude: „Tout est étonnament rassemblé sous le même regard: ruines et immeubles modernes, magasins luxueux et immeubles au plâtre sale, presque noir, criblé de balles et d'éclats d'obus." (BR, 26) Das Bild einer beschädigten Statue erscheint in „Rêve sur une statue sans tête"

Dunkel nicht alleine die Differenz zwischen Gegenwart und Vergangenheit. Es setzt auch den ersten Hinweis auf die Teilung der Stadt in zwei Hälften: den „luxe insolent" der Westberliner Warenwelt und das „autre Berlin", den als „désert" beschriebenen Ostteil. Das Adjektiv *désert* beschreibt auf einer ersten Ebene die nächtlich verlassenen Straßen Ostberlins, um auf einer zweiten Ebene zugleich die Nicht-Verfügbarkeit bestimmter Waren und Gegenstände ins Gedächtnis zu rufen – der im französischen Begriff heraufbeschworenen Wüste als leerer Landschaft entspricht eine Absenz von Menschen und Dingen in Ostberlin.

Das auf Grund seiner Insellage zum Faszinosum gewordene, pulsierende Westberlin der 1970er Jahre ist also in zwei Gegensatzpaare eingebunden. Wird es einerseits der Avantgardestadt der Weimarer Republik gegenübergestellt, deren Spuren in den Ruinen lesbar werden, ist es andererseits das hell erleuchtete Gegenstück zum dunklen Ostteil der Stadt. Dennoch – und dadurch unterscheidet sich Palmiers Perspektive von anderen internationalen Blicken auf das Berlin der 1970er und 80er Jahre – wird die Teilung nie zum eigentlichen Fluchtpunkt der Auseinandersetzung mit der Stadt. Anschaulich wird das nicht zuletzt anhand des Parcours, der ausgehend von Bahnhof Zoo und Breitscheidplatz in den ersten Textabschnitten vollzogen wird. Ost- und Westteil gehen unmerklich ineinander über, wenn Palmier mit der Offenheit eines Flaneurs die Stadt erwandert: „Je n'ai vraiment aucune intention précise, sinon celle d'aller nulle part" (BR, 164). An den Eingangstext schließen sich ein detailliertes Portrait des Bahnhofs Zoo, eine Momentaufnahme des Nollendorfplatzes sowie mehrere Passagen an, die weder dem Westen noch dem Osten zugeordnet werden können und stattdessen allgemein „Les rues de Berlin" (BR, 20) oder „Ruines" (BR, 25) vorstellen. Eine Grenzüberschreitung wird nicht markiert, bis plötzlich mit einem Kapitel zum Alexanderplatz der Ostteil der Stadt zum Schauplatz der Beobachtungen wird. An diesem unmarkierten Übergang von West nach Ost wird Berlin als Ganzes gefasst. Der Alexanderplatz ist einer von mehreren Orten, deren Bild in einem eigenen Kapitel entworfen wird, und vermag exemplarisch Palmiers Suche nach der imaginär-literarischen Vergangenheit der Stadt zu illustrieren. Das Kapitel setzt mit einem Zitat aus Alfred Döblins *Berlin Alexanderplatz* ein und unternimmt den Versuch, Franz Biberkopfs Erfahrungsraum wieder zum Leben zu erwecken: „J'ai tenté de retrouver les

---

(BR, 80): Der Traumbegriff verbindet sich hier mit einer am Beispiel der geköpften Statue geführten Reflexion über die Zerstörung der Stadt und ihrer Kunst im Zweiten Weltkrieg. In ähnlicher Weise wird eine solche Verbindung von Cécile Wajsbrot gezogen, die in *L'Île aux musées* (Paris 2008) einem Berliner Statuenkollektiv die Erzählstimme überträgt. Wie bei Palmier erscheint dabei eine zerstörte Statue, nämlich die Renaissance-Büste des Acellino Salvago im Bode-Museum, als Symbol für die destruktive Kraft des Krieges in der Kunst. Vgl. Patricia Oster: Kunst als Medium des Kulturtransfers. Methodische Reflexionen am Beispiel von Cécile Wajsbrots Berlinromanen, in: Hans-Jürgen Lüsebrink, Christiane Solte-Gresser, Manfred Schmeling (Hrsg.): Zwischen Transfer und Vergleich. Theorien und Methoden der Literatur- und Kulturbeziehungen aus deutsch-französischer Perspektive, Stuttgart 2013, 383–396, hier: 392.

descriptions de Döblin, de rechercher ses personnages autour de l'Alexanderplatz, à Berlin-Est. Tout cet univers a irrémédiablement disparu." (BR, 31) Erst an dieser Stelle wird überhaupt erwähnt, dass der Alexanderplatz im Ostteil der Stadt situiert ist.[22] Palmier trifft dort vor allem auf Tourist:innen und nimmt Spannungen in der Interaktion zweier Ostberliner Polizisten mit Besucher:innen aus Westberlin wahr: „Il règne à Berlin-Est, dans les rapports avec les Berlinois de l'Ouest un étonnant climat d'aggressivité. Avec des regards méprisants, les deux policiers demandent si l'on prend l'Alexanderplatz pour la Kurfürstendam [sic]." (BR, 32) Im vergeblichen Bemühen, die Vergangenheit heraufzubeschwören, gelangt die Spannung von Palmiers Blick auf die Avantgardestadt Berlin zwischen (vermittelter) Erinnerung und Imagination zur Anschauung: Seine Absicht scheitert nicht nur daran, dass Franz Biberkopfs Berlin einer vergangenen Epoche angehört, sondern ebenso an der Tatsache, dass der von Döblin entworfene Raum nie wirklich existiert hat. Trotzdem fühlt Palmier in der gegenwärtigen Stadt die Präsenz einer Vergangenheit, die vor allem den literarischen Diskurs meint: „La ville expressionniste n'est pas morte." (BR, 101) Am Leben gehalten wird sie in erster Linie durch die intermedialen Bezüge. Palmier sucht zwar auch aktiv Orte des avantgardistischen Berlin auf, so den Gastronomiebetrieb Aschinger (vgl. BR, 106 ff.), die Straßenzüge, die einst die Galerie *Der Sturm* (vgl. BR, 45) beherbergt haben, oder eine Ausstellung zur Galerie *Die Brücke* (BR, 46). Eigentliches Sprungbrett in die Vergangenheit bleiben aber Texte, Bilder, Film und Musik einer Berliner Blütezeit als ‚neues Paris'. Modell für den Wunsch, in der Auseinandersetzung mit diesen Medien die zurückliegende Zeit zumindest imaginär noch einmal – bzw. überhaupt erstmals – erleben zu können, ist eine Idee aus Søren Kierkegaards *Die Wiederholung*: „Un texte de Kierkegaard m'a toujours fasciné – *la Répétition* – où il raconte comment il eut cette idée étrange de vouloir revivre à plusieurs années de distance, un séjour qu'il avait fait à Berlin." (BR, 90)[23]

Palmiers Versuch, Kierkegaards Idee der Wiederholung umzusetzen, erlangt in seiner Auseinandersetzung mit dem Alexanderplatz eine besondere Anschaulichkeit. Ausgehend vom Döblin-Zitat und von Verweisen u. a. auf Gottfried Benn sowie Pierre MacOrlan, ebenso aber auch von „vieilles photographies" (BR, 30), versucht Palmier, den Alexanderplatz der 1920er Jahre imaginär nachzubilden. Als Auslöser für einen Rückblick in die Vergangenheit werden Fotografien und Postkarten sowohl in Form von Referenzen im Text als auch in Form von Abbildungen verwendet, die an zwei

---

[22] Als literarisch-mythischer Ort fällt der Alexanderplatz in Palmiers Perspektive aus der Tristesse Ostberlins heraus: „Elle contraste avec l'ensemble de Berlin-Est, souvent assez triste." (BR, 214)
[23] Eine ‚Wiederholung der Wiederholung' im Rückbezug auf Kierkegaard unternimmt schließlich Alain Robbe-Grillet, dessen letzter Roman *La Reprise* (Paris 2001) eine Agentengeschichte im Berlin der Nachkriegszeit erzählt und dabei nicht nur im Titel Kierkegaard zitiert, sondern ganze Passagen aus Kierkegaards Text beinhaltet. Vgl. dazu Ulrike Schneider: Die Figur des ‚untoten Autors'. Alain Robbe-Grillet und die *Reprise* des Nouveau Roman, in: Zeitschrift für französische Sprache und Literatur 115/2 (2005), 126–152, hier: 138; Steurer (Anm. 7), 309 f., 319 f.

Stellen gebündelt in das Buch integriert sind. Der erste Block versammelt Fotografien der Stadtlandschaft zur Zeit der Weimarer Republik (und unterbricht das Kapitel zum Alexanderplatz, in das er eingeordnet ist); der zweite zeigt Aufnahmen der Nachkriegszeit sowie der geteilten Stadt. Beide Epochen stoßen dadurch aneinander, dass der erste Block mit einer Fotografie der Berliner Ruinen im Jahr 1945 endet und der zweite mit einem ebensolchen Bild aus den 1970er Jahren beginnt. Die erste Serie führt vor allem Knotenpunkte des Berlin der Weimarer Republik vor, und damit Orte, die auch in der Literatur dieser Zeit immer wieder eine Rolle spielen – mehrfach den Potsdamer Platz, darüber hinaus die Friedrichstraße, den Alexanderplatz, das Romanische Café, das Kaufhaus Wertheim. Als Insignien der modernen Metropole prägen Verkehrsmittel die Fotografien; insbesondere Straßenbahnen und ihre Schienen strukturieren die Bildkomposition (vgl. Abb. 1).

Die Abbildungen markieren ein Sprungbrett in die als Imaginäres heraufbeschworene Vergangenheit: „Ce sont les vestiges d'un monde disparu, effondré qu'il faut faire surgir à nouveau des décombres de Berlin. Avec de vieilles photographies, je les imagine et je les fais renaître dans mon théâtre désert." (BR, 56) Die zweite Bilderserie beginnt parallel zum Buchtext mit einem Portrait der Kaiser-Wilhelm-Gedächtniskirche im Jahr 1975 als Ruinenort. Ruinen und Teilung der Stadt ziehen sich gleichermaßen durch die Abbildungen aus dem Berlin der 1970er Jahre. „Le Mur près de Kreuzberg" ist eine der Aufnahmen übertitelt; eine andere zeigt die Mauer in der Nähe des Reichstagsgebäudes, während auf einer dritten das Brandenburger Tor hinter der Mauer und einem Hinweisschild „Achtung / Sie verlassen jetzt West-Berlin" zu sehen ist (vgl. Abb. 2).

Nehmen die Bilder einzelne Orte aus den Texten auf, so sind sie doch keine Illustrationen im eigentlichen Sinn, sondern folgen einer eigenen Logik und Anordnung. Insbesondere die Mauer nimmt in den Abbildungen eine prominentere Position ein als im Text, der die Gegenwart der Stadt meistens auch auf ihre Vergangenheit rückbezieht, so in der Darstellung des Checkpoint Charlie: „Au coin de la Friedrichstrasse et de la Kochstrasse, Check Point Charlie, lieu de passage du secteur américain vers Berlin-Est. Le drapeau américain flotte au milieu de la rue, face aux miradors. Après avoir fait viser les passeports, on pénètre dans Berlin-Est." (BR, 171 f.) Aus der Perspektive des DAAD-Stipendiaten, der frei zwischen den beiden Teilen der Stadt zirkulieren kann, stellt das Überschreiten der Grenze lediglich ein kurzes Hindernis dar. Allerdings reflektiert auch das Kapitel, in dem die Passage zum Checkpoint Charlie angesiedelt ist, nicht allein die Teilung, sondern gehört unter dem Titel „En rêvant dans la Friedrichstrasse" zu Palmiers Versuch einer Rekonstruktion der urbanen Vergangenheit als Traumwelt. Im Berlin der Gegenwart erscheint der Osten als ambivalente und deshalb faszinierende Stadtlandschaft:

Abb. 1: Jean-Michel Palmier: Berliner requiem, Paris 1976, o. S.

Abb. 2: Jean-Michel Palmier: Berliner requiem, Paris 1976, o. S.

> J'aime Berlin-Est, avec sa tristesse, ses contrastes et ses incohérences. Une fois dépassé le sentiment d'agacement que provoque l'attente à la frontière, les contrôles d'identité multiples dès que l'on quitte les „zones touristiques", on est saisi par le charme, l'étrangeté d'une ville où le passé et l'avenir se mêlent intimement. On rebâtit, dans les même style, les édifices endommagés par les bombes et on élève des gratte-ciel. (BR, 199)²⁴

Die Mauer als Monument der Teilung gewinnt zum ersten Mal in einem Text zum Potsdamer Platz eine Gestalt, die hier nicht nur eine Form, sondern auch eine Bewegung umfasst, nämlich die des Zerschneidens. Als *terrain vague* wird der Platz zum Symbol der in Ruinen liegenden Stadt:

---

24 Auch an dieser Stelle wird das Überschreiten der Grenze nur in wenigen Worten angedeutet. Ostberlin als Ort der Kontraste und der „alternance de constructions laides et de réussites éclatantes comme les immeubles bleus et blancs de l'Alexanderplatz" (BR, 172) wird im weiteren Verlauf des Textes noch mehrfach in den Blick genommen. Während der Berliner Westen von Beginn an als dem Licht zugeordneter Bereich erscheint, ist der Osten, mit Ausnahme des Alexanderplatzes, als dunklere und von Schatten überworfene Zone markiert (vgl. BR, 199).

> L'ancienne Potsdamerstrasse est coupée par la surface grisâtre du Mur, recouvert de graffitis politiques. Au carrefour des secteurs russe, américain et anglais, on distingue au-delà du Mur des miradors et des soldats qui s'observent, sans conviction, à la jumelle – le no man's land qui sépare les deux Berlin est battu par la pluie. [...] De toutes les images de destructions et de ruines, si fréquentes dans Berlin, celle de la Potsdamerplatz sont les plus impressionnantes que je connaisse. (BR, 92 f.)

Das Interesse am Potsdamer Platz resultiert insbesondere aus der Bedeutung, die dem Ort als Inbild der Berliner Moderne der Weimarer Republik zufällt.[25] Wie beim Checkpoint Charlie nimmt der Titel des Kapitels keinen Bezug auf die Gegenwart der geteilten Stadt – ebenso wenig wie in der Beschreibung der Soldaten an der Mauer die politische Dimension der Teilung eingehend reflektiert wird; stattdessen weist der Kapiteltitel zurück in die Vergangenheit: „Potsdamerplatz 1929" (BR, 91). Dieser Titel weist nicht auf das Jahr eines konkreten Ereignisses oder einer politisch-kulturellen Entwicklung Bezug hin; vielmehr ist er inspiriert von einer Ausstellung mit alten Fotografien des Platzes aus den 1920er Jahren, die Palmier während eines Spaziergangs zufällig entdeckt. Er ersetzt zunächst das Bild des Platzes, das er während dieses Spaziergangs sieht, durch die in den Abbildungen manifest werdende Vergangenheit: „Quelques photographies agrandies, exposées non loin de la Potsdamerplatz rappellent ce que fut son ancien visage, celui de 1929" (BR 91). Das „visage actuel" ist dem früheren Erscheinungsbild nachgeordnet. Palmiers *Berliner requiem* bietet so eine Spurensuche nach den Überresten des ‚untergegangenen' Berlin, die aber erst aus der Gegenwart der Stadt heraus freigelegt werden können. Während der erste Teil des Buchs unter dem Motto der „Images" die Visualität der Stadterfahrung und -erinnerung betont, hebt der zweite, deutlich längere Teil („Traces") das Spurenlesen als Wahrnehmungsform des urbanen Raums hervor. Eine zentrale Spur ist dabei Walter Ruttmans Film *Berlin – Die Sinfonie der Großstadt* (1927), dem das erste, mehr als zehn Seiten umfassende Kapitel von „Traces" gewidmet ist. Die Auseinandersetzung mit dem die neuen Wahrnehmungsbedingungen in der Großstadt der 1920er Jahre paradigmatisch inszenierenden Film führt Palmier zu einer Reflexion seines eigenen Verhältnisses zur Stadt und zur Erinnerung, die als vermittelte und ergänzte Erinnerung stets an der Schwelle zur Imagination platziert ist:

> La ville que j'évoque, que j'essaye de faire vivre ou revivre, existe-t-elle vraiment ou l'ai-je inventée? [...] J'ai été séduit par des scènes, des lieux, des objets, des espaces qui s'inscrivaient dans une esthétique et le rapport qui unit ces descriptions à la réalité est incertain. (BR, 76)

---

[25] Für eine französische Auseinandersetzung mit dem Potsdamer Platz als Symbolort der urbanen Identität und Erinnerung vgl. Danielle Risterucci-Roudnicky: La *Potsdamer Platz*, anti-mémoire de Berlin?, in: Yves Clavaron, Bernard Dieterle (Hrsg.): La Mémoire des villes = The memory of cities, Saint-Étienne 2003, 287–299.

Die Stadt wird zum Schauplatz der imaginierten Erinnerung, die in den literarischen, filmischen, musikalischen und sonstigen Zeugnissen der Weimarer Republik ihren Ausgangspunkt hat und darin dem Traumhaften verhaftet bleibt: „La ville flotte dans le brouillard et le rêve." (BR, 78)

Berlin wiederfinden: Retour à Berlin

Am Ende der beiden Jahrzehnte, denen die internationalen Blicke auf das geteilte Berlin im vorliegenden Band gelten, erscheint 1989 die Neuauflage des *Berliner requiem* als *Retour à Berlin*. Es ist Zufall, dass Publikation und Mauerfall beinahe gleichzeitig stattfinden und das Buch in der Retrospektive so als Zusammenstellung von Beobachtungen aus einer kurz vor der Wiedervereinigung stehenden Stadt lesbar machen. In dieser Retrospektive erweist sich die Rückkehr nach Berlin zugleich als letzte Möglichkeit einer Erkundung aus derjenigen politischen wie kulturellen Konstellation heraus, die dem *Berliner requiem* in seiner Perspektive zwischen Sehnsucht und Trauer erst zur Entstehung verholfen hat.

Auch *Retour à Berlin* bringt einen Text über die Stadt mit anderen Medien in Verbindung. Zwar sind die Fotografien aus der Neuauflage getilgt, dafür sind zwei eng an eine Reflexion der medialen Realisierung der Stadtästhetik gebundene Kapitel hinzugekommen: ein Buchteil mit dem Titel „Entre les rêves et les ruines", der sich besonders für Palmiers Traumdiskurs als aufschlussreich erweist, sowie ein Nachwort über die filmische Darstellungsweise der Stadt in Wim Wenders' *Der Himmel über Berlin* von 1987. Ergänzt ist zudem ein kurzes Vorwort mit einem Kommentar zur Neuedition. Im Rückblick auf die Entstehung seiner Texte reflektiert Palmier dort, dass ein Bezug zum Flanieren im Sinne Benjamins, Hessels und Kracauers gleichsam intuitiv, ohne absichtsvolle intertextuelle Verweise entstanden sei. Noch bevor er die Texte liest und ihre Autoren ihm zu Vorbildern werden können, bewegt er sich in ihrem Geist durch die Stadt:

> C'est pour tenter de cerner cette impression, de conjurer ce malaise, que j'ai fixé, au hasard des errances et des rencontres, les images qui m'avaient le plus touché. [...] À l'époque où elles furent écrites, je n'avais lu aucun des grands essais des années 30 qui évoquaient Berlin: *Berliner Kindheit* de Walter Benjamin, *Spazieren in Berlin* de Franz Hessel, *Strassen in Berlin und anderswo* de Siegfried Kracauer, même si ce thème du „flâneur", auquel ils donnèrent une concrétude éblouissante, détermine chacune de ces images. (RB, 12)

Auch hier beruht die im Text festgehaltene Flanerie eigentlich auf einer Bildstruktur („que j'ai fixé [...] les images"). Zugleich liegt im von Intuition und Spontaneität der Wahrnehmung gesteuerten Vorgehen eine Annäherung an die Unmittelbarkeit und das Unbewusste der Traumerfahrung als Fundament von Palmiers Perspektive auf Berlin begründet. In „Entre les rêves et les ruines" erscheinen Träume und Ruinen als die beiden Pole eines Stadtbewusstseins. Die Ruinen sind dabei die im Stadtbild sichtbaren Zeichen einer immer weiter in den Hintergrund rückenden und nur noch fragmentarisch sichtbaren Vergangenheit, die Palmier lediglich in den „rêves", also den Projektionen und imaginären Bildern, aufrechterhalten kann. Berlin geht auch selbst als Gegenstand in Palmiers eigene Träume ein: „C'est la seule [ville] dont il m'arrive de rêver, même si Prague, Vienne, Belgrade, Zagreb ou Budapest me sont aussi familières." (RB, 254)

Das Nachwort ist dem filmisch erzählten *Himmel über Berlin* gewidmet: „Postface. Les anges, les ruines et la mémoire. Variations sur *Les Ailes du désir* de Wim Wenders" (RB, 275), so die Überschrift, deren Untertitel das Verhältnis zwischen Wenders' Film und Palmiers Text expliziert. Es geht hier nicht um eine bloße Kommentierung von Wenders' Werk, sondern das Nachwort versteht sich als eine Mehrzahl von Variationen, von Nach- bzw. Weiterdichtungen des Films im Medium des Textes. Darin legt Palmier Gemeinsamkeiten zwischen seinem eigenen und dem filmischen Blick auf Berlin offen, beispielsweise im Interesse an der Leerstelle: „Le vide est, comme le blanc, une catégorie centrale de son esthétique, avec ses images de ciel sans nuages, de terrains nus, de maisons vides, d'objets froids, les silences entre les dialogues." (RB, 284)

Palmier sieht sich und Wenders dabei aber nicht als singuläre Figuren. Vielmehr ordnet er ihrer beider Schaffen – und darin wendet sich *Retour à Berlin* am Ende doch noch einmal der geteilten Stadt zu – in den Kontext einer vor allem in Deutschland selbst stattfindenden Wiederaneignung des Berliner Stadtmythos ab den 1960er Jahren ein. Untergegangene und gegenwärtige Stadt treffen darin aufeinander:

> Le film de Wenders ne fait que porter à son paroxysme un mouvement caractéristique de la sensibilité allemande, apparu autour des années 60–70: la lente réappropriation de Berlin dans l'imaginaire collectif. [...] cet intérêt confond souvent en une seule image, en un même mythe, le Berlin des années 20–30 et ses ruines, Berlin-Ouest et Berlin-Est, comme si, au niveau de sa sensibilité, il ne s'agissait que d'une seule ville. (RB, 293)

Als Beobachter des deutschen Zeitgeschehens aus einer Außenperspektive beschreibt Jean-Michel Palmier hier das Kollektivphänomen der Berliner Nostalgie, die ab den 1960er und 1970er Jahren auf die Weimarer Republik zurückschaut.[26] Auch Wenders' Rückkehr nach Berlin wird innerhalb einer gleichzeitig erwachenden Berlin-Begeisterung anderer Künstler:innen situiert (vgl. RB, 295). Aus der Insellage und der politischen Isolation erwächst, so Palmiers Diagnose, eine umso regere künstlerische Aktivität: „L'encerclement de la ville, la coupure d'avec la R.F.A. ont entraîné une soif de création et de communication d'une surprenante intensité. [...] Tout se passe comme si, certain de ne pouvoir exister sur le plan politique, Berlin avait effectué un repli stratégique sur la culture et revendiquait fièrement son nom de ‚métropole retrouvée'." (RB, 296) Er selbst sieht sich in die Tradition der Auseinandersetzung

---

26 Als Orte, an denen sich diese Nostalgie niederschlägt, nennt Palmier explizit auch Kunstausstellungen (vgl. RB, 294), lässt die Ausstellung *Paris, Berlin: 1900–1933* allerdings unerwähnt.

mit dieser „métropole retrouvée" eingereiht. Dennoch resultiert die Besonderheit seiner Perspektive innerhalb der Konstellation internationaler Blicke auf das Berlin der 1970er und 80er Jahre ja nicht allein daraus, eine vergessene oder vergangene Stadt wiederzuentdecken, sondern sie neu zu erfinden. In Palmiers Imagination fügen sich literarische Zeugnisse, Bilder und Filme der Weimarer Republik mit den Eindrücken seiner Wanderungen in der geteilten Stadt zu einem „rêve" – im Sinne eines Wunschbilds – der Avantgardemetropole zusammen. Die im *Berliner requiem* und in *Retour à Berlin* evozierte Vergangenheit der Stadt wird so zu einer Projektion, in der die historische Wirklichkeit der fiktionalen Konstruktion untergeordnet ist – eine Konstruktion, die ihrerseits aber so nur aus einer realen Gegenwartserfahrung der geteilten Stadt zu entstehen vermag.

Nicole Colin
Systemkonkurrenz als Katalysator: Strukturelle Bedingungen des triangulären Literaturtransfer zwischen Paris und dem geteilten Berlin in den 1980er Jahren

Paris-Berlin lautete der Titel einer legendären Kunstausstellung, die 1978 im Pariser *Centre Georges Pompidou* gezeigt wurde und dem französischen Publikum „einen umfassenden Einblick in die deutsche Kunst der ersten drei Jahrzehnte des 20. Jahrhunderts" sowie die deutsch-französischen Austauschbeziehungen jener Jahre bot.[1] Ein vergleichbarer Überblick über den Kulturtransfer Paris-Berlin für die Zeit zwischen 1945 und 1990 erscheint – gleich für welches künstlerische Genre – aufgrund der Teilung Deutschlands indes nicht möglich. Der politischen Situation im Kalten Krieg entsprechend, beschränkt sich die *Meistererzählung von der deutsch-französischen ‚Versöhnung'*[2] allein auf Westdeutschland und blendet die DDR weitgehend aus bzw. berücksichtigt sie lediglich als negativen Faktor. Konfrontiert mit den Herausforderungen des Kalten Krieges und einem neuen gemeinsamen Feind im Osten, gelang es Frankreich und der Bundesrepublik, so das Narrativ, erstaunlich schnell nach 1945, die traumatischen Erlebnisse des Zweiten Weltkriegs und des Holocaust zu verarbeiten und sich auf politischer und wirtschaftlicher Ebene wechselseitig anzunähern. Die Unterzeichnung des Elysée-Vertrages 1963 und die darauffolgende Gründung des Deutschfranzösischen Jugendwerkes ermöglichten zudem eine Ausweitung der Kontakte in der Zivilgesellschaft, die sich bereits seit den 1950er Jahren dank einer stetig zunehmenden Anzahl an Städtepartnerschaften intensiviert hatten.[3] Die DDR spielt in dieser Erzählung keine Rolle; den allgemeinen Vorstellungen folgend, konnte sie nach seinem Beitritt zur Bundesrepublik 1990 von den positiven Resultaten der (west)deutsch-französischen Versöhnung profitieren, ohne selber aktiv daran mitgewirkt zu haben.

Da die DDR – auch nach ihrer offiziellen Anerkennung 1973 – keine mit der Bundesrepublik vergleichbaren politischen Kontakte mit Frankreich unterhielt, erscheint ihre Ausgrenzung aus der deutsch-französischen Versöhnungsgeschichte plausibel. Bei genauerer

---

[1] Julia Drost: Paris-Berlin, in: Nicole Colin u. a. (Hrsg): Lexikon der deutsch-französischen Kulturbeziehungen nach 1945, 2. Aufl., Tübingen 2015, 377 f.
[2] Corine Defrance: Die Meistererzählung von der deutsch-französischen ‚Versöhnung', in: Aus Politik und Zeitgeschichte (19. Dezember 2012). Online abgerufen am 22. August 2022 auf *Bundeszentrale für politische Bildung* unter https://www.bpb.de/shop/zeitschriften/apuz/152064/die-meistererzaehlung-von-der-deutsch-franzoesischen-versoehnung/.
[3] Vgl. dies., Ulrich Pfeil (Hrsg.): Verständigung und Versöhnung nach dem ‚Zivilisationsbruch'? Deutschland in Europa nach 1945, Brüssel 2016.

Open Access. © 2023 bei den Autorinnen und Autoren, publiziert von De Gruyter. Dieses Werk ist lizenziert unter der Creative Commons Namensnennung – Nicht-kommerziell – Keine Bearbeitungen 4.0 International Lizenz.
https://doi.org/10.1515/9783110789539-008

Betrachtung entpuppt sich dies jedoch als problematisch, da bereits lange vor 1990 eine Vielzahl intensiver ostdeutsch-französischer Freundschaften, künstlerischer Kontakte und zivilgesellschaftlicher Verbindungen über den Eisernen Vorhang hinweg existierten.[4]

Ein anschauliches Beispiel dafür, unter welchen Bedingungen sich dieser inoffizielle Kulturtransfer in den 1980er Jahren gestaltete und welche produktiven Ergebnisse er zuweilen zeitigte, geben die Aktivitäten der Übersetzerin und Literaturagentin Nicole Bary (*1939). Mit ihrer deutschen Buchhandlung *Le roi des Aulnes* (dt. Der Erlkönig) in Paris gelang es ihr in überaus effizienter Weise, die Achse Paris-Berlin in literarischer Hinsicht zu beleben, und zwar als trianguläre Beziehung, welche die DDR keinesfalls ausschloss. Ohne sich auf eine Seite zu schlagen, intensivierte Bary aber nicht nur den deutsch-französischen Kulturaustausch, sondern fungierte darüber hinaus auch als kulturelle Mittlerin zwischen beiden Teilen Deutschlands. Ihre Tätigkeiten und Netzwerke eignen sich insofern hervorragend dazu, die strukturellen Bedingungen und Besonderheiten der literarischen Zirkulation zwischen Deutschland und Frankreich als Dreiecksgeschichte in dem Jahrzehnt vor dem Mauerfall zu veranschaulichen und dabei auch die Funktion des geteilten Berlin als Ort der Grenze und Zentrum dieser Transferbewegung zu beleuchten.

Zuvor erscheint es indes notwendig, kurz die Vorgeschichte der (kulturellen) Verbindungen zwischen der Bundesrepublik, Frankreich und der DDR in den 1960er und 70er Jahren zu skizzieren und dabei einige Mittlerfiguren in den Blick zu nehmen, die maßgeblich zur triangulären kulturellen Annäherung zwischen Deutschland und Frankreich beigetragen haben. Ein besonderer Fokus soll dabei auf der französischen Hochschulgermanistik und dem Theater liegen, da, wie zu zeigen sein wird, beiden Feldern im Literaturtransfer eine besondere Rolle als Katalysatoren und zugleich Konsekrationsinstanzen zukam.

Kultur als Türöffner

Die junge Bundesrepublik versuchte in den Nachkriegsjahren bekanntlich vor allem durch ‚staatsferne' intellektuelle, künstlerische und persönliche Verbindungen neues Vertrauen in das durch den Zweiten Weltkrieg und den Holocaust diskreditierte Land herzustellen. Ausgehend von der berechtigten Vermutung, dass NGOs, die nicht in unmittelbarer Nähe zum Staat stehen, beim ehemaligen Erbfeind – und natürlich auch in anderen Ländern – leichter Akzeptanz finden würden, wurden Institutionen, deren Aufgabe im Aufbau internationaler Beziehungen bestand, wie das Goethe-Institut oder

---

4 Vgl. z. B. ders.: Die „anderen" deutsch-französischen Beziehungen. Die DDR und Frankreich 1949–1990, Köln 2004; Christian Wenkel: Auf der Suche nach einem „anderen Deutschland". Das Verhältnis Frankreichs zur DDR im Spannungsfeld von Perzeption und Diplomatie, München 2014. Diese und andere Studien haben an der prinzipiellen Ausgrenzung der DDR aus dem deutsch-französischen Versöhnungsnarrativ allerdings kaum etwas geändert.

der Deutsche Akademische Austauschdienst, trotz ihrer finanziellen Abhängigkeit vom Staat als gemeinnützige Vereine gegründet und – anders als dies beispielsweise in Frankreich beim *Institut français* der Fall ist – nicht direkt dem Auswärtigen Amt angegliedert.

Von dieser Logik der ‚Staatsferne' konnte in gewisser Weise auch die DDR profitieren, der es als Ostblockstaat verwehrt blieb, ein gleichberechtigter politischer und wirtschaftlicher Partner Frankreichs zu werden. So hoffte man, insbesondere über kulturellen Austausch den Alleinvertretungsanspruch der Bundesrepublik und die sogenannte Hallstein-Doktrin zu umgehen, der zufolge (zwischen 1955 und 1969) die Aufnahme diplomatischer Beziehungen mit der DDR als ‚unfreundlicher Akt' gegen die Bundesrepublik gewertet wurde. Zurückgegriffen wurde hierbei zum einen auf die Kontakte ehemaliger deutscher (kommunistischer) Widerstandskämpfer in der französischen Résistance, die sich nach ihrer Rückkehr aus dem Exil nach dem Krieg oft bewusst in Ostdeutschland ansiedelten,[5] sowie zum anderen auf allgemeine deutschfranzösische kommunistische Netzwerke. Beide Gruppen sorgten für eine gewisse Kontinuität in den (inoffiziellen) Verbindungen der Nachkriegszeit, nicht zuletzt auch darum, weil die kommunistische Partei in Frankreich, der *Parti Communiste de France* (PCF), eine gänzlich andere Position einnahm als in Westdeutschland. Während die KPD in den 1950er Jahren in der Bundesrepublik verboten wurde und – neugegründet in den 1960er Jahren als DKP – stets eine marginale Rolle in der westdeutschen Parteienlandschaft spielte, war der PCF hingegen eine einflussreiche Partei, die zum Teil sogar in Regierungsverantwortung stand und bis in die 1980er Jahre eine große Bedeutung im kulturellen Feld besaß.[6] Unterstützt wurde sie insbesondere durch die kommunistische Kommunalpolitik in den damals als ‚roter Gürtel' bezeichneten Vororten von Paris. Eine wichtige Rolle bei der Kontaktaufnahme spielte der 1958 in Frankreich gegründete gemeinnützige Verein *Échanges franco-allemands* (EFA), der es sich zur Aufgabe machte, die Akzeptanz in der französischen Zivilbevölkerung bezüglich der offiziellen Anerkennung der DDR zu fördern – insbesondere mithilfe von kulturellen Aktivitäten wie Ausstellungen und Lesungen sowie organisierten Fahrten in die DDR.[7]

---

[5] Ein bekanntes Beispiel hierfür gibt Gerhard Leo, vgl. Stefanie Neubert: Gerhard Leo, Frankreichberichterstatter für *Neues Deutschland*, in: Dorothee Röseberg (Hrsg.): Frankreich und „Das andere Deutschland". Analysen und Zeitzeugnisse, Tübingen 1999, 43–70 sowie Maxime Leo: Haltet euer Herz bereit. Eine ostdeutsche Familiengeschichte, München 2009.
[6] Vgl. Catherine Fabre-Renault: DDR-Literatur in Frankreich, in: Colin u. a. (Hrsg.), Lexikon (Anm. 1), 169–171, hier: 171.
[7] Franck Schmidt: Motor des französischen Interesses an der DDR. Der Freundschaftsverein „EFA", in: Aus Politik und Zeitgeschichte (1. September 2020). Online abgerufen am 22. August 2022 auf *Bundeszentrale für politische Bildung* unter https://www.bpb.de/themen/deutschlandarchiv/314791/motor-des-franzoesischen-interesses-an-der-ddr/: „Seine Gründer waren Hochschullehrer, Politiker und Linksintellektuelle. Sie gaben ihrer Organisation den Namen *Association des Échanges francoallemands,* den sie mit dem Zusatz ‚Französischer Verein für den Kulturaustausch mit dem heutigen Deutschland' versahen."

Laut Ulrich Pfeil verbarg sich hinter der „zivilgesellschaftlichen Fassade" des Vereins tatsächlich allerdings „eine kommunistische Vorfeldorganisation".[8]

Trianguläre Asymmetrie

Bereits vor der offiziellen politischen Anerkennung der DDR 1973 durch Frankreich handelt es sich bei den deutsch-französischen Kulturbeziehungen also faktisch um ein trianguläres, wenngleich asymmetrisches Verhältnis, in dem der Achse Paris-Berlin eine wichtige Bedeutung zukam, die sich freilich grundsätzlich von der Zeit vor 1939 unterschied. Dem zentralistischen Frankreich mit seiner Kulturmetropole Paris stand nach 1945 nicht nur ein geteiltes, sondern im westlichen Teil noch dazu föderal organisiertes Deutschland gegenüber, das sein einstiges kulturelles Zentrum verloren hatte. Die sich politisch erfreulich dynamisch entwickelnde Verbindung Paris-Bonn stellte in kultureller Hinsicht jedoch keine Alternative für Paris-Berlin dar und wurde zudem durch die Existenz zahlreicher Kulturhochburgen in Westdeutschland konterkariert, die – wie Frankfurt (als Sitz der Frankfurter Buchmesse und zahlreicher wichtiger Verlage) für die Literatur, München und Hamburg für das Theater, Düsseldorf und München für die Bildende Kunst oder Wuppertal für den Tanz – eine deutlich größere Bedeutung innerhalb der verschiedenen Genres besaßen als die neue rheinische Provinzhauptstadt. Entsprechend hatte man sich in Frankreich schon 1950 dazu entschlossen, als sichtbaren ersten Meilenstein der (west)deutsch-französischen Annäherung auf dem Kurfürstendamm in Berlin die Maison de France zu eröffnen, die neben einer großen Bibliothek, einem Kino und einer Sprachschule damals noch das Konsulat sowie Geschäfte und ein Reisebüro beherbergte und schnell zu einem wichtigen kulturellen Anlaufpunkt avancierte. Die Gründung des *Institut français* in Bonn, das niemals eine vergleichbare Wirkung entfalten konnte, fand erst zwei Jahre später statt.[9]

Aus französisch-zentralistischer Perspektive bot die DDR mit ihrer Hauptstadt (Ost-)Berlin in kultureller Hinsicht eine deutlich klarere Orientierung. Nach dem Abschluss des Kulturabkommens zwischen der DDR und Frankreich 1980 wurde „nach

---

8 Ulrich Pfeil: Échanges franco-allemands, in: Colin u. a. (Hrsg.), Lexikon (Anm. 1), 216.
9 Vgl. Emmanuelle Picard: Des usages de l'Allemagne. Politique culturelle française en Allemagne et rapprochement franco-allemand, 1945–1963. Politique publique, trajectoires, discours. Institut d'études politiques de Paris – Sciences Po, Paris 1999, 262; zitiert nach https://tel.archives-ouvertes.fr/tel-00267294. Online abgerufen am 25. August 2022: „En effet, l'institut français de Berlin qui avait occupé une place très importante avant-guerre sous la direction d'Henri Jourdan [...], ne peut plus prétendre jouer un rôle identique après 1945 et particulièrement avec la création des deux Allemagnes. Bonn, capitale de la République fédérale, ne se verra jamais reconnue comme le centre intellectuel de l'Allemagne d'après-guerre."

zähen Verhandlungen"[10] im Januar 1984 schließlich in Ostberlin Unter den Linden, d. h. an ebenso prominenter Stelle wie in Westberlin, das *Centre Culturel Français* (CCF) eröffnet – als einziges Kulturzentrum eines westeuropäischen Staates in der DDR und Pendant zum kurz zuvor installierten DDR-Kulturinstitut (KUZ) in Paris auf dem Boulevard Saint-Germain, das ebenfalls ein Ausnahmephänomen in der auswärtigen Kulturpolitik des Landes darstellte und sich in Konkurrenz zum bereits seit 1962 existierenden Goethe-Institut positionierte.[11]

Die Verbindung zu Ostberlin besaß aber bereits vor den 1980er Jahren einen besonderen Stellenwert in der französischen Kultur- und Intellektuellenszene. Vor allem die Gastspiele des Berliner Ensembles (BE) in Paris in den 1950er Jahren, die in Frankreich eine regelrechte ‚Brechtomanie' auslösten,[12] hatten hierzu entscheidend und nachhaltig beigetragen. Von einem kulturellen Austausch auf Augenhöhe zwischen der DDR und Frankreich kann allerdings zu keiner Zeit die Rede sein, da die offiziellen Beziehungen den Charakter einer Einbahnstraße besaßen. So hoch das Interesse Ostdeutschlands am ‚Export' der eigenen Kultur war, so ablehnend stand man einer Reziprozität des Transfers gegenüber. Auch konnte der Zugang zum CCF in Ostberlin nur sehr bedingt als wirklich ‚frei' bezeichnet werden, obwohl dies eine wichtige Grundvoraussetzung für die Einrichtung des Zentrums von französischer Seite aus gewesen war.[13] Trotz der von DDR-Seite installierten Hürden, um den Zutritt zu erschweren, entwickelte sich das Zentrum dennoch schnell zur Anlaufstelle, insbesondere für nonkonforme Künstler:innen in der DDR, die über ihren Kontakt nach Frankreich ihre internationale Wahrnehmbarkeit steigern konnten.[14]

Wie positiv sich ein erfolgreicher deutsch-französischer Kulturaustausch zudem auf die deutsch-deutschen Beziehungen auswirken konnte, zeigt beispielhaft in den 1950er und 60er Jahren die bereits erwähnte Begeisterung für das Theater von Bertolt Brecht in Frankreich, die insofern deutliche Rückkoppelungseffekte in der Bundesrepublik auslöste, als der Verweis auf Frankreich westdeutschen Theatermacher:innen die Möglichkeit bot, Inszenierungen von Stücken des politisch häufig angefeindeten DDR-Autors zu legitimieren – eine Strategie, die vor allem in Krisensituationen, wie beispielsweise nach dem Bau der Mauer im August 1961, eingesetzt wurde. Der hier zu konstatierende (positive) französische Einfluss auf das konfliktreiche deutsch-deutsche

---

10 Ulrich Pfeil: Centre culturel français (Berlin/DDR), in: Colin u. a. (Hrsg.), Lexikon (Anm. 1), 54–55, hier: 54.
11 Vgl. Wenkel (Anm. 4), 283.
12 Vgl. François Bondy: Die Rezeption der deutschen Literatur nach 1945 in Frankreich, in: Manfred Durzak (Hrsg.): Die deutsche Literatur der Gegenwart. Aspekte und Tendenzen, Stuttgart 1971, 440–449, hier: 444.
13 Vgl. Pfeil, Centre culturel français (Anm. 10), 55: „Zur besseren Kontrolle musste jeglicher Verkehr des Zentrums mit staatlichen Organen und gesellschaftlichen Organisationen zentral über das Büro für Kulturzentren (BfK) laufen."
14 Vgl. ebd.

Verhältnis zeigt zum einen, dass die Transferdynamik zwischen Frankreich und der DDR in der Bundesrepublik unter genauer Beobachtung stand,[15] zum anderen aber auch, dass Konflikte nicht nur ein Hindernis für den kulturellen Austausch darstellten, sondern mitunter das Potenzial besaßen, diesen zu intensivieren bzw. unerwartete Nebenwirkungen zu entfalten.

Strukturelle Homologie der Avantgardebewegungen

Als strukturelle Homologien bezeichnet Pierre Bourdieu die bereits von Erwin Panofsky[16] in seinen Studien über den Zusammenhang zwischen gotischer Architektur und scholastischer Philosophie herausgearbeiteten fach- und genreübergreifenden Ähnlichkeiten zwischen der ideengeschichtlichen Prägung einer Zeit und der Ausformung ihrer künstlerischen und wissenschaftlichen Werke.[17] Schaut man auf die Zeit des Kalten Krieges in den 1960er und 70er Jahren, so lässt sich im Blick auf die Dreiecksgeschichte zwischen Frankreich und den beiden Teilen Deutschlands ganz augenscheinlich eine solche Strukturhomologie zwischen der Avantgardebewegung im Theaterfeld und den Reformbewegungen der Universitäten feststellen. In diesem Kontext kommt der französischen Germanistik insofern eine bedeutende Vermittlerrolle zu, als der Grund hierfür im Zusammentreffen verschiedener Prozesse zu suchen ist, in deren Mittelpunkt sich Bertolt Brecht als Dramatiker und Theatertheoretiker befindet. Verfügten Theater und Universität bis dahin nur über wenig Berührungspunkte, entwickeln sich die beiden Bereiche nun über den gemeinsamen Bezugspunkt Brecht nicht nur zum Zentrum des deutsch-französischen Literaturtransfers, sondern auch zum Beschleuniger kultur- und wissenschaftspolitischer Entwicklungen innerhalb von Frankreich.

Die durch die bereits erwähnten Gastspiele des Berliner Ensembles Mitte der 1950er Jahre in Paris ausgelöste Begeisterung, hat in der Folge nicht nur die Arbeit der französischen Theatermacher:innen nachhaltig beeinflusst – so wie dies in anderen

---

[15] Als herausragendes Beispiel hierfür kann die sogenannte Brentano-Affäre genannt werden: So führte die Einladung des Bochumer Schauspiels mit der Inszenierung eines Stückes des ‚DDR-Autors' Bertolt Brecht am Ende der 1950er Jahre auf das Internationale Theaterfestival in Paris zu einer Streichung bereits bewilligter Fördermittel von Seiten des Auswärtigen Amtes durch den damaligen Außenminister Heinrich von Brentano, vgl. Nicole Colin: Das ‚Paradox' des politischen Dichters. Bertolt Brecht im Spannungsfeld der deutsch-deutsch-französischen Beziehungen, in: Ulrich Pfeil, Anne Kwaschik (Hrsg.): Die DDR in den deutsch-französischen Beziehungen, Brüssel u. a. 2013, 381–397.
[16] Vgl. Erwin Panofsky: Gotische Architektur und Scholastik. Zur Analogie von Kunst, Philosophie und Theologie im Mittelalter, hrsg. von Thomas Frangenberg, Köln 1989.
[17] Markus Joch, Norbert Christian Wolf: Feldtheorie als Provokation der Literaturwissenschaft, in: dies. (Hrsg.): Text und Feld. Bourdieu in der literaturwissenschaftlichen Praxis, Tübingen 2005, 1–24, hier: 7.

Ländern wie England und Italien zu beobachten ist –, sondern sich darüber hinaus entscheidend auf die Struktur der sich gerade im Wandel befindlichen französischen Bühnenlandschaft ausgewirkt und dabei vor allem zu einer nachhaltigen Intellektualisierung und Politisierung des Theaters geführt. Hinzu kommt eine (unabhängig von der Brechteuphorie entstandene, aber durch sie weiter intensivierte) Institutionalisierung des Theaters im Kontext der seit 1947 forciert betriebenen *décentralisation culturelle*, durch die der in Frankreich neue Sektor eines staatlich geförderten *théâtre public* entsteht.[18] Der Logik des Zentralismus folgend, befinden sich die Hotspots dieser Theateravantgarde am Rande des Zentrums: in den ‚roten' Vororten von Paris, wie Gennevilliers, Aubervilliers, Nanterre, Saint Denis oder Vincennes, sowie in größeren Städten in der Provinz.[19] Fanden die herausragenden Inszenierungen bis dahin fast ausschließlich in den Theatern in Paris statt, die sich an ein wohlhabendes (zumeist konservatives) bürgerliches Publikum wenden, fährt man nun zu den Premieren in die (sozial benachteiligte) Pariser *Banlieue*. Die neuen Theater verfolgen gänzlich andere Ziele als die innerstädtische ‚konsumorientierte' Pariser Konkurrenz. Sie arbeiten auf Grundlage eines maßgeblich von Brechts Theorie des Epischen Theaters bestimmten politisierten und intellektualisierten Theaterkonzepts und fühlen sich daher in besonderer Weise mit der Arbeit des Berliner Ensembles verbunden, das auf diesem Weg einen massiven Einfluss auf das in den 1960er Jahren weitgehend von positiven Stereotypen beherrschte Bild der DDR als eines ‚anderen Deutschlands'[20] in der französischen Kulturszene nimmt.

Durch die neuen Theater erfährt die französische Bühnenlandschaft nicht nur eine entscheidende soziale sowie geographische Umstrukturierung und eine Diversifizierung ihres Publikums, sondern auch die Herkunft der Theatermacher:innen ändert sich, da das Theater nun aus der Perspektive junger Intellektueller zu einem attraktiven Berufsfeld avanciert. Zudem erhöht sich, ausgehend von der Beschäftigung mit Brecht, die Aufmerksamkeit gegenüber der deutschen Kultur und (Theater-)Literatur im Allgemeinen. Bis dahin in Frankreich weitgehend unbekannte Autoren wie Georg Büchner, Heinrich von Kleist und Jakob Michael Reinhold Lenz werden entdeckt; ihre Stücke stehen z. B. in den Theaterclubs der exklusiven Vorbereitungsklassen auf die Grandes Écoles im *Lycée Louis-Le-Grand* oder in der *École Normale Supérieure* in den 1960er Jahren bei der zukünftigen Funktionselite Frankreichs hoch im Kurs. Das Germanistikstudium kommt in Mode und führt die Absolventen nicht

---

18 Vgl. Pascale Goetschel: Renouveau et décentralisation du théâtre (1945–1981), Paris 2004.
19 Werner Hildebrand: Paris – Die Gastspiele aus der Provinz prägen die Spielzeit, in: Theater heute 1 (1962), 55.
20 Mit der Bezeichnung ‚das andere Deutschland' bringt man in Frankreich bereits seit dem 19. Jahrhundert die Idee einer Janusköpfigkeit Deutschlands zum Ausdruck, der zufolge neben dem negativ konnotierten Land des preußischen Militarismus noch ein anderes, positives Land der Dichter und Denker existiert. Nach 1945 wird dieser positiv konnotierte Begriff dann häufig (teilweise auch ironisch) auf die DDR angewendet, vgl. Picard (Anm. 9), 503–505.

mehr ausschließlich in den Lehrerberuf, sondern, wie im Fall der bekannten französischen Theatermacher Bernard Rothstein, alias Bernard Sobel, Patrice Chéreau und Michel Bataillon, auf die Bühne; der studierte Germanist Jean Baudrillard macht sich, bevor er Ende der 1960er Jahre seine Karriere als Medienwissenschaftler beginnt, als Übersetzer der Theaterstücke von Peter Weiss einen Namen.

Dass es sich bei den genannten Beispielen nicht um zufällige Einzelfälle handelt, sondern sich Theater und Hochschulgermanistik tatsächlich im Sinne einer strukturellen Homologie wechselseitig in ihren Reformbestrebungen beeinflusst haben, lässt sich am Beispiel des von Bernard Sobel geleiteten Theaters in Gennevilliers anschaulich illustrieren. Als Germanistikstudent an der Sorbonne nimmt Sobel in den 1950er Jahren an einer Studienreise der *l'Union des étudiants communistes* in die DDR teil und entdeckt dort das Berliner Ensemble. Er entschließt sich, in Ostberlin zu bleiben, und beginnt, noch zu Lebzeiten Brechts, eine Tätigkeit als Regieassistent am BE. Anfang der 1960er Jahre kommt der überzeugte Kommunist nach Frankreich zurück, bleibt aber weiterhin in engem Kontakt zum BE, insbesondere zu Helene Weigel und Elisabeth Hauptmann.[21]

Das von Sobel 1963 als Amateurtheater gegründete Ensemble de Gennevilliers in der Avenue des Grésillons, der heutige *Centre dramatique national TG2*, avancierte schnell zu einer bekannten Bühne und Sobel zu einem der wichtigsten Mittler zwischen Frankreich und der DDR, was ihn jedoch nicht davon abhielt, ebenfalls sehr gute Beziehungen zu Theatermacher:innen, Dramatiker:innen und Intellektuellen in der Bundesrepublik zu unterhalten. Über 40 Jahre leitete er das Theater und beeinflusste auf diese Weise in Frankreich gleich mehrere Generationen von Regisseur:innen – nicht zuletzt durch Spielpläne, die stets stark durch die deutsche Dramatik geprägt waren. Neben Inszenierungen von Stücken von Bertolt Brecht fanden in Gennevilliers zahlreiche französische Erstaufführungen von Stücken zeitgenössischer DDR-Autoren, wie Christoph Hein, Heiner Müller oder Volker Braun, statt. Zudem gründet Sobel 1974 die Theaterzeitschrift *Théâtre/Public* (ein Referenzwerk für jede:n Theaterwissenschaftler:in in Frankreich) in der das Theater in Deutschland traditionell eine zentrale Rolle spielt: Eine große Anzahl an Ausgaben waren und sind immer wieder explizit deutschen Bühnen bzw. deutschen Theatermacher:innen oder Autor:innen gewidmet.[22]

---

21 Von Sobels Mittlerfunktion zeugen zahlreiche Dokumente im Brecht-Archiv (u. a. Korrespondenz Dramaturgie Jun.–Okt. 1960; BE-Unterlagen 36; HW – 219, 1969, Akademie der Künste, Berlin) sowie im Archiv des Verlags *L'Arche Editeur* (u. a. Bertolt Brecht, 1/4 1952–1960, 23. März 1960, Institut mémoires de'édition contemporaine, Saint-Germain-la-Blanche-Herbe).
22 Es wäre zweifellos interessant, die Bedeutung von *Théâtre/Public* für die Rezeption des deutschen Theaters in Frankreich ausführlicher zu untersuchen. Als Beispiel sei hier nur der Inhalt der 4. Ausgabe im Jahr 1975 zum Thema ‚Realismus' zitiert, in der ein von Michèle Raoul-Davis verfasster Beitrag zu Lenz' *Der Hofmeister (Le précepteur)*, ein Gespräch mit Anna Seghers sowie Auszüge ihres Briefwechsels mit Lukács publiziert werden und sich Manfred Wekwerth zum Thema ‚Theater als Beruf' äußert. Online abgerufen am 25. August 2022 unter http://theatrepublic.fr/1975/.

Auf den ersten Blick scheint es ein purer Zufall zu sein, dass sechs Jahre nach Sobels Theatergründung Pierre Bertaux im Januar 1969, nur 100 Meter entfernt vom *Ensemble de Gennevilliers* auf der anderen Straßenseite der avenue des Grésillons, der Grenze der Pariser Vororte Asnières und Gennevilliers, das Institut d'Allemand d'Asnières gründet, das 1971 im Zuge der vom Bildungsminister Edgar Faure veranlassten Umstrukturierung der Pariser Universitäten der Reformuniversität Sorbonne Nouvelle angeschlossen wird. Bertaux ist einer der wenigen ‚Auslandsgermanisten', der mit seinen in den 1970er Jahren bei Suhrkamp veröffentlichten Hölderlin-Studien in Deutschland wissenschaftliche Anerkennung erfahren hat. Das Ziel seiner Institutsgründung besteht vor allem darin, der französischen Germanistik neue Impulse zu geben und statt der bisher üblichen Konzentration auf den klassischen Literatur- und Philosophiekanon auch zeitgenössische Autor:innen sowie Studien zur Geschichte und Politik des modernen Deutschland in das Germanistikstudium zu integrieren.[23] Ähnliches vollzieht sich zeitgleich an den germanistischen Fachbereichen anderer neugegründeter Universitäten in Nanterre oder an der Universität Paris 8 (in Vincennes und später Saint-Denis). In deren unmittelbarer Nachbarschaft waren, wie in Gennevilliers, kurz zuvor neue politische, an Brecht orientierte Theater entstanden, denen eine herausragende Bedeutung zukommt: sowohl für das *théâtre de la décentralisation* als auch für die Kooperation zwischen Theater und Universität sowie den deutsch-französischen Kulturaustausch.[24] An der Universität Paris 8 nimmt in den 1970er Jahren der überzeugte Kommunist und ehemalige Résistance-Kämpfer Gilbert Badia – als DDR-Experte und Brecht-Übersetzer gut bekannt mit Bernard Sobel – entscheidenden Einfluss auf die Weiterentwicklung der Germanistik in Richtung Osten und integriert die Vermittlung von Kenntnissen über das ‚andere', aus Sicht Badias, bessere Deutschland, d.h. die DDR, ins Programm – unter anderem unterstützt durch die von ihm gegründete Zeitschrift *Connaissances de la RDA*.[25]

Verstanden als Resultat der beschriebenen strukturellen Homologie zwischen Theater- und Universitätsreform, gibt das durch Brecht geschürte Interesse an deutscher Dramatik und Literatur im Allgemeinen der Universitätsgermanistik neue Impulse und führt indirekt sogar langfristig zu einer nachhaltigen Reformierung des Faches; gleichzeitig nimmt die Universität aber auch Einfluss auf das Theater. In diesem Zusammenhang ist die Mittlerfunktion des französischen Brecht-Verlegers Robert Voisin hervorzuheben, dessen Verlag *L'Arche Éditeur* sich seit den späten 1950er Jahren auf deutschsprachige Theaterliteratur spezialisiert und, neben

---

[23] Zur allgemeinen Entwicklung der französischen Germanistik nach dem Zweiten Weltkrieg, vgl. Picard (Anm. 9), 465–519.
[24] Zur „Parallelentwicklung von *champ universitaire* und *champ théâtral*" vgl. Nicole Colin: Deutsche Dramatik im französischen Theater. Künstlerisches Selbstverständnis im Kulturtransfer, Bielefeld 2011, 29–31.
[25] Ulrich Pfeil: Gilbert Badia, in: Colin u. a. (Hrsg.), Lexikon (Anm. 1), 115–117, hier: 116.

Klassikern, seit den 1960er Jahren zunehmend zeitgenössische deutschsprachige Theaterautoren, wie Peter Weiss oder Heinar Kipphardt, ins Verlagsprogramm aufnimmt: Da viele Übersetzer der Theaterstücke aus der Germanistik stammen – neben Gilbert Badia sind hier André Gisselbrecht, Edouard Pfrimmer und Bernard Lortholary zu nennen – trägt *L'Arche Éditeur* nachhaltig zu der produktiven Verflechtung von Theater und Universität bei. Im Blick auf deren gemeinsame Funktion als anerkannte Konsekrationsinstanzen, die bei der für die internationale Zirkulation von Literatur zentralen Frage ihrer (Be-)Wertung bzw. Kanonisierung eine wichtige Rolle spielen, wird dies nicht allein bedeutsame, sondern vor allem auch nachhaltige Folgen haben.[26]

Bruch mit der ‚marxistischen Hegemonie' in der französischen Kultur

Waren die Kulturbeziehungen zwischen Frankreich und der DDR in den 1960er und 70er Jahren also durchaus durch ein starkes – wenngleich vorwiegend einseitiges und ‚inoffizielles' – Interesse gekennzeichnet, lassen sich in den 1980er Jahren zwei gegenläufige Tendenzen erkennen: Während die Unterzeichnung des Kulturabkommens 1980 auf eine zunehmende offizielle Annäherung beider Staaten hoffen lässt, setzt zeitgleich in Frankreich Ende der 1970er Jahre eine Ernüchterung hinsichtlich der französischen Begeisterung für das ‚andere Deutschland' ein. Bereits das Erscheinen der französischen Ausgabe des *Archipel Gulag* von Alexander Solschenizyn im Jahr 1974 hatte bei vielen französischen Intellektuellen zu einer Distanzierung vom real existierenden Sozialismus geführt; mit dem Einfall der Sowjetunion in Afghanistan 1979 werden diese Zweifel nun verstärkt. Die Debatte hat spürbare Auswirkungen: Viele Künstler:innen und Intellektuelle treten aus dem PCF aus. Dieser Stimmungswechsel führt schließlich – den Regeln der Strukturhomologie folgend – dazu, dass selbst die Brecht'sche Theatertheorie grundsätzlich in Frage gestellt wird. Einen wichtigen Anstoß hierzu gibt Guy Scarpetta mit seiner vielbeachteten Abhandlung *Brecht ou le soldat mort*, in dem der Autor radikale Kritik an der „Hegemonialstellung des

---

[26] Diese Verflechtungen zwischen Germanistik und Theaterwissenschaft in Frankreich sind bis heute lebendig und spiegeln sich beispielhaft in den Arbeiten bekannter Germanist:innen wie Jean-Louis Besson, Mariel Silhouette, Florence Baillet oder Emmanuel Béhague, die an der Schnittstelle zwischen beiden Disziplinen arbeiten, oder in Projekten wie an der Universität Toulouse: Hier wurden unter Leitung von Catherine Mazellier-Lajarrige und Hilda Inderwildi zwischen 2002 und 2017 jährlich ein bis zwei Texte deutschsprachiger zeitgenössischer Dramatik übersetzt, von Germanistikstudierenden inszeniert und präsentiert sowie in der Reihe *Collection nouvelles scènes allemandes* in Buchform veröffentlicht.

Marxismus in der Kulturszene"[27] übt und sich mit Hilfe einer Analyse des Brecht'schen Werkes von den „Verblendungen seiner Jugend" zu befreien versucht, die er als „Drama einer ganzen Generation" bezeichnet.[28] Das Buch liest sich über weite Strecken wie ein therapeutischer Akt[29] und schmerzhafter Prozess, bei dem sich der Autor selber von der bitteren Wahrheit zu überzeugen versucht, sich von seinem Idol Brecht getäuscht haben zu lassen. Das DDR-Regime habe Brecht „mumifiziert" und „eingefrorenen", um ihn – dank seines „hervorragenden Markenimages" – als Exportschlager dafür zu benutzen, gegenüber den westlichen Intellektuellen die wahre Realität in den sozialistischen Ländern zu verschleiern. Es handele sich, so Scarpetta, um einen „Brecht *im Dienste der Macht* und ihrer Unterdrückungsinstanzen",[30] wobei auch die Frage gestellt werden müsse, inwiefern es sich hierbei tatsächlich um einen Missbrauch handelt oder ob die Gründe für diese Instrumentalisierung nicht vielmehr im Werk von Brecht selbst liegen.[31] Abschließend kommt der Autor zu dem Ergebnis, dass die inflationäre Verbreitung von Brecht in Frankreich – „en notre culture" – auf einem „echten Betrug" basiere[32] und der „falsche und gefälschte Mythos" Brecht dazu diene, „die Illusion einer Kompatibilität zwischen Marxismus und moderner Kunst" aufrechtzuerhalten.[33] Trotz ihrer Radikalität spiegelt Scarpettas Kritik die allgemeine Stimmung im intellektuellen Feld in Frankreich sehr gut wider, wobei seine Fokussierung auf Bertolt Brecht dessen oben beschriebene zentrale Bedeutung für die allgemeinen Entwicklungen im französischen Kulturfeld in den 1960er und 70er Jahren einmal mehr bestätigt.

Auf der anderen Seite des Eisernen Vorhangs zeigt sich mit der Debatte um die Ausbürgerung von Wolf Biermann 1976, dass sich die DDR-Politik in der zweiten Hälfte der 1970er Jahre weiter verhärtet, und auch geopolitisch betrachtet bewegt sich der Kalte Krieg mit dem Nato-Doppelbeschluss 1979 in Reaktion auf die Aufrüstung in der

---

27 Guy Scarpetta: Brecht ou le soldat mort, Paris 1979, 306. Alle Übersetzungen von der Verfasserin.
28 Ebd., 14.
29 Der Autor ist sich dieser Gefahr durchaus bewusst: „Ich weiß nur zu gut, dass man diese Position auf eine platte ödipale Projektion zurückführen und meinen könnte, dass ich Brecht deshalb so hartnäckig ein zweites Mal töten will, weil er für mich nichts anderes als eine Vaterfigur ist." Ebd.
30 „Encore n'ai-je pas parlé de Brecht tel qu'on le présente en Allemagne de l'Est, tant qu'il me semble caricatural de l'image qu'a forgée la doxa: un Brecht momifié, figé à jamais, statue légendaire, orgueil de la patrie socialiste (et en même temps excellente image de marque à exporter à l'usage des intellectuels occidentaux parfois trop réticents); un Brecht dont on a soigneusement réécrite les biographies officielles pour gommer les détails trop gênants [...]; mais en même temps un Brecht dont le moindre carnet de travail est devenu une bible [...] et surtout un Brechet au service du Pouvoir et de ses instances de répression." Ebd.
31 Vgl. ebd., 33.
32 „[...] la certitude que l'inflation brechtienne dans notre culture constitue une véritable imposture." Ebd., 303.
33 „[...] l'image de Brecht [...] n'est qu'un mythe mensonger et truqué, destiné à sceller [...] l'illusion d'une *compatibilité* entre le marxisme et l'aventure de l'art moderne." Ebd.

Sowjetunion auf einen neuen Höhepunkt zu. Insofern kann die mit der Anerkennung der DDR durch Frankreich und dem Kulturabkommen eingetretene Normalisierung nicht darüber hinwegtäuschen, dass das Verhältnis zwischen Ost und West in den 1980er Jahren nach wie vor von Konflikten dominiert wird. Anders als noch in den 1960er Jahren verlangen die Diskussionen um Brecht nun aber nicht mehr nach einer ideologisch motivierten Schwarz-Weiß-Positionierung – selbst Scarpetta grenzt sich explizit von der ‚rechten' Kritik des *Figaro* der 1950er Jahre ab, die Brecht als „subversive Propaganda" abgelehnt hatte[34] –, sondern einer differenziert-kritischen Beurteilung der DDR und der ostdeutschen Kultur, was allerdings entsprechende Kenntnisse voraussetzt.

Eine deutsche Buchhandlung in Paris

Insofern Konflikte nicht nur eine wechselseitige Distanznahme zur Folge haben, sondern auch das Interesse am Gegner schüren, war die Situation 1980, als Nicole Bary – drei Jahre vor der Gründung des *Centre Culturel Français* in Ostberlin und des DDR-Kulturinstituts in Paris – auf dem Boulevard Montparnasse ihre deutsche Buchhandlung *Le roi des Aulnes* eröffnete, nicht ungünstig. Die Fremdsprachenphilologin Bary kann als eine ‚klassische Mittlerin' bezeichnet werden. Sie studierte zu Beginn der 1960er Jahre Germanistik an der Sorbonne in Paris sowie in München, und ihre Aktivitäten im deutsch-französischen Feld lassen sich grob in drei Phasen mit unterschiedlichen Schwerpunkten unterteilen:[35] Nachdem sie ab 1965 in Grenoble zunächst als Deutschlehrerin tätig war, ging sie Ende der 1970er Jahren nach Paris, um dort ihre deutsche Buchhandlung zu eröffnen, die sich schnell zu einem kleinen Kulturzentrum entwickelte. 1991 gab Nicole Bary das Geschäft auf: zum einen, da die Nachfrage an deutschen Büchern stark abgenommen hatte, zum anderen, um sich ganz ihrer Tätigkeit als Übersetzerin, literarische Beraterin und Herausgeberin zu widmen.[36] Unter anderem rief sie Anfang der 1990er Jahre *LITTERall* ins Leben, eine jährlich erscheinende Anthologie deutscher Literatur in französischer Übersetzung, die sie bis 2019 herausgab; sie war als Beraterin auf internationalen Buchmessen in Deutschland und Frankreich aktiv und gründete das Literaturfestival *Littératures d'Europe et d'ailleurs*. Auch heute noch übersetzt Bary literarische Werke ins Französische, schreibt Artikel zur

---

34 Vgl. Scarpetta (Anm. 27), 305.
35 Die Informationen der folgenden Ausführungen stammen im Wesentlichen aus Interviews und Gesprächen mit Bary, welche die Verfasserin soweit als möglich überprüft und mit anderen Quellen abgeglichen hat. Aufgrund der Größe des Netzwerkes können im Folgenden nur einige ausgesuchte Akteure Berücksichtigung finden, wobei ein besonderes Augenmerk auf der Rolle der Verlage sowie Mittlerfiguren aus dem intellektuellen und künstlerischen Feld liegen wird.
36 Vgl. Alain Lance: Nicole Bary, in: Colin u. a. (Hrsg.), Lexikon (Anm. 1), 119–120.

deutschen Literatur in überregionalen Tageszeitungen sowie Literaturmagazinen und ist in verschiedenen Verlagen für die Herausgabe von Reihen deutschsprachiger Autor:innen verantwortlich wie z. B. *La bibliothèque allemande* bei dem Verlag Métailié. Insbesondere die zweite Phase der Mittlertätigkeit von Bary eignet sich, um die Struktur der asymmetrisch-triangulären Literaturzirkulation zwischen Paris und dem geteilten Berlin in den 1980er Jahren anschaulich zu machen.

Nicole Bary konzipierte *Le roi des Aulnes* explizit in der Traditionslinie der in den 1930er Jahren von Exilanten gegründeten deutschen Buchhandlungen in Paris;[37] ein wichtiges Vorbild war für sie zudem der Buchhändler und Verleger Martin Flinker, der unmittelbar nach dem Zweiten Weltkrieg in seinen Geschäftsräumen neben dem Verkauf von deutschsprachiger Literatur im Original und in französischer Übersetzung regelmäßig Treffen deutscher und französischer Schriftsteller:innen und Intellektueller organisierte und auf diese Weise zu einem wichtigen Kulturmittler wurde.[38] Ebenso wie Flinker, nutzte auch Nicole Bary ihre Buchhandlung als Veranstaltungsort für Lesungen; 1983 gründete sie den gemeinnützigen Verein *Les amis du roi des Aulnes*, der es ihr erlaubte, Subventionen zu beantragen und mit Institutionen wie dem Goethe-Institut, dem Österreichischen Kulturforum, Pro Helvetia oder dem Heinrich-Heine-Haus zu kooperieren. Das KUZ lehnte eine Zusammenarbeit mit ihr hingegen ab, da es sich, anders als die anderen Mittlerorganisatoren, als allein zuständig für die Einladung (natürlich möglichst systemkonformer) Künstler:innen aus der DDR definierte, eine Vorgabe, die Nicole Bary freilich, wo immer möglich, umging.

In kürzester Zeit gelang es Bary, *Le roi des Aulnes* zu einem beliebten Treffpunkt für *alle* Pariser Liebhaber:innen deutschsprachiger Literatur zu machen. Das Programm der von ihr in nur zehn Jahren organisierten Lesungen beeindruckt nicht allein in quantitativer Hinsicht, sondern vor allem aufgrund der Diversität der Herkunft der Schriftsteller:innen, die tatsächlich aus dem gesamten deutschsprachigen Raum stammen: Autor:innen aus der Bundesrepublik wie Lothar Baier, FC Delius, Anne Duden, Hubert Fichte, Hans Magnus Enzensberger oder Peter Härtling lasen in Barys Pariser Buchhandlung ebenso wie der schweizerische Schriftsteller Urs Widmer oder Friederike Mayröcker, Erich Fried, Ernst Jandl sowie Josef Winkler aus Österreich. Auch im Blick auf die ostdeutschen Autor:innen war die Auswahl vielfältig: Neben wichtigen Schriftsteller:innen, die in der DDR lebten, wie Stephan Hermlin, Stefan Heym, Christa Wolf, Christoph Hein oder Volker Braun, lud Bary Dissidenten, wie z. B. Joachim Schädlich, oder Grenzgänger, wie Jurek Becker, ein. Im Heinrich-Heine-Haus in Paris organisierte Bary Abende mit Liedermacher:innen wie Wolf Biermann und Bettina Wegener. Ende der 1980er Jahre entdeckte sie außerdem die aus der deutschen Minderheit in Rumänien stammende Exilantin Herta Müller für Frankreich, lud sie zu Lesungen nach Paris ein und übersetzte sie.

---

37 Vgl. Daniel Azuélos: Deutsche Buchhandlungen in Paris, in: Colin u. a. (Hrsg.), Lexikon (Anm. 1), 174–178.
38 Vgl. Hans Scherer: Martin Flinker, der Buchhändler. Ein Emigrantenleben, Frankfurt a. M. 1988.

Die Mittlerin als Doppelagentin

Nach der Eröffnung der Buchhandlung gehören regelmäßige Besuche in Berlin zu Barys Alltag. Dabei macht schon ihr Reiseweg die trianguläre Dimension ihrer Netzwerke und der damit verbundenen literarischen Zirkulation anschaulich: So fliegt Bary in der Regel von Paris nach Berlin-Tegel, übernachtet im Westen bei der Verlegerin Katja (Katharina) Wagenbach-Wolff, der (ersten) Frau von Klaus Wagenbach, die sie über die seit den 1960er Jahren in Paris lebende deutsche Journalistin und Verlegerin Maren Sell kennengelernt hatte, oder bei der Autorin Karin Reschke und verbringt anschließend noch einige Zeit in Ostberlin, wo sie zumeist bei der Literaturwissenschaftlerin und Übersetzerin Brigitte Burmeister logiert, um dann von Westberlin aus nach Paris zurückzufliegen. Einen ersten Kontakt zu den Schriftsteller:innen, die Nicole Bary zu Lesungen einladen möchte, erhält sie über westdeutsche Verlage wie *Luchterhand, Wagenbach* oder *Rotbuch*. Das gilt auch für die DDR-Autor:innen, die sie nicht über ihre Ost-Verlage anschreibt. Nach einem ersten offiziellen Kontakt bekommen die Verbindungen zumeist schnell einen informellen Charakter und münden nicht selten in langjährige und teilweise enge Freundschaften, wie z. B. mit Christoph Hein oder Christa Wolf und ihrem Mann Gerhard Wolf.

Neben Berlin war Frankfurt für die trianguläre Konzeption der Netzwerke von Bedeutung: Regelmäßig fuhr Nicole Bary auf die Buchmesse, wo Kontakte zu Vertretern der Verlage aus ihrer Perspektive einfacher herzustellen waren als auf der Frühjahrsmesse in Leipzig, auf der es ihr in der Regel nicht gelang, direkt mit den Verlagen ins Gespräch zu kommen.[39] In Frankfurt stand Bary unter anderem mit der Lektorin Ingrid Krüger in enger Verbindung,[40] die selber 1957 aus der DDR übergesiedelt und im Verlag Luchterhand für die DDR-Autor:innen Hermann Kant, Christa Wolf, Irmtraud Morgner, Rolf Schneider und Anna Seghers verantwortlich war. Über die genannten Verlagsmitarbeiter:innen hinaus gehörten zum Netzwerk von Nicole Bary noch zahlreiche weitere Schlüsselgestalten, auf die hier nicht eingegangen werden kann,[41] die aber eine ausführliche Betrachtung in einer grundlegenden wissenschaftlichen Untersuchung des deutsch-deutsch-französischen Literaturtransfers verdienten, in der die Tätigkeiten

---

39 Das erste Treffen mit Elmar Faber, dem damaligen Verleger des Aufbau-Verlags, kam laut Nicole Bary beispielsweise erst durch die Vermittlung von Christoph Hein zustande.
40 Vgl. hierzu die Information Nr. 59/77 vom 24. Januar 1977: Aktivitäten der Lektorin des Luchterhand-Verlags Ingrid Krüger. Stasi-Unterlagen-Archiv, Signatur ZAIG 2639, Bl. 1–6. Online abgerufen am 22. August 2022 über die Homepage des Bundesarchivs unter https://www.ddr-im-blick.de/jahrgaenge/jahrgang-1977/report/aktivitaeten-der-lektorin-des-luchterhand-verlags-ingrid-krueger/.
41 Ein wichtiger Mittler in diesem Kontext ist beispielsweise der Schriftsteller, Übersetzer und deutsch-französische Kulturmittler Alain Lance, der Bary unter anderem den Kontakt zu Volker Braun herstellte, sowie Lothar Beier, der nicht nur als ausgezeichneter Kenner Frankreichs galt, sondern bereits seit den 1960er Jahren vielfältige Kontakte in die DDR, insbesondere zu den Autor:innen des Prenzlauer Berges *avant la lettre* pflegte.

und Verflechtungen verschiedener institutionell gebundener und freier Mittler:innen wie Nicole Bary ausführlich analysiert werden müssten.

Im Blick auf Nicole Barys Doppelrolle als literarische Mittlerin zwischen Deutschland und Frankreich sowie zwischen Ost und West, erscheint der Begriff der Literatur-*agentin* insofern produktiv, als ihr als Grenzgängerin zwischen Deutschland und Frankreich sowie zwischen Ost und West regelmäßig – und zwar von allen Seiten – Misstrauen entgegenschlug. Aus ähnlichen Gründen wie bei politischen Agent:innen haftet dem Übersetzerberuf gerade wegen dieser Zwischenposition seit jeher etwas Verräterisches oder zumindest Verdächtiges an: zum einen hinsichtlich seines oft nicht unabhängig überprüfbaren Expertenwissens, zum anderen aufgrund potenzieller Loyalitätskonflikte, in die er geraten kann.[42] Wenngleich sich die politische Situation in den 1980er Jahren im Vergleich zu den 1960er Jahren verbessert hatte, überrascht daher nicht, dass Nicole Bary regelmäßig – und zwar auf allen drei Seiten des Transfers – mit unterschiedlichsten Formen der Verdächtigung konfrontiert wurde, insbesondere als sie am Ende der 1980er Jahre begann, ihre Aktivitäten auf offizielle Beratungstätigkeiten im Rahmen von Großveranstaltungen zur Gegenwartsliteratur in Deutschland und Frankreich auszuweiten. Während ihrer Arbeit als literarische Beraterin für den Börsenverein des Deutschen Buchhandels bei der Frankfurter Buchmesse 1989, auf der Frankreich Gastland war, schlug ihr beispielsweise von französischer Seite Misstrauen entgegen: So empfand das französische Kulturministerium, für das Bary regelmäßig als Beraterin für deutschsprachige Literatur arbeitete, ihre Tätigkeit auf der ‚anderen', in diesem Falle westdeutschen Seite schon fast als ‚Verrat', da man befürchtete, sich in Konfliktsituationen ihrer Loyalität nicht mehr sicher sein zu können.

Auch auf deutscher Seite – insbesondere im Osten Deutschlands – war der Ärger mit den Behörden vorprogrammiert: Mal sperrte man ihr Konto, über das sie die Bestellung von Büchern aus der DDR regelte, mal wurde sie beim Grenzübergang nach Westberlin mehrere Stunden über ihre Tätigkeit verhört. Als Mittlerin zwischen Frankreich und der DDR wurde sie zudem jahrelang von der Stasi bespitzelt. Bei ihrer Akteneinsicht bei der Stasiunterlagenbehörde bestätigte sich die Vermutung, dass sämtliche Veranstaltungen, die sie in ihrer Buchhandlung in Paris organisiert hatte, überwacht, dokumentiert und, wenn nötig, sogar übersetzt worden waren – ebenso wie ihre französischen Artikel zur deutschen Literatur, die sie in Tages- oder Fachzeitschriften wie *Allemagne(s) d'Aujourdhui* veröffentlicht hatte.

Im Blick auf den triangulären Charakter des Kulturtransfers verdienen abschließend Barys Aktivitäten für das Literaturfestival *Les belles étrangères* Erwähnung. Die zwischen 1987 und 2010 vom französischen Kulturministerium und dem *Centre*

---

[42] Vgl. hierzu Nicole Colin: Der Mittler als Verräter. Über eine vergessene Kategorie des Kulturtransfers, in: dies., Partick Farges, Friedrich Taubert (Hrsg.): Annäherung durch Konflikt. Mittler und Vermittlung, Heidelberg 2017, 17–32.

national du livre (CNL) jährlich organisierte Veranstaltung machte es sich zur Aufgabe, Literatur aus ‚unbekannten' Ländern einem größeren Publikum zu präsentieren, und hatte ihre erste Ausgabe der DDR gewidmet.[43] Wie bereits bei den von Bary in *Le roi des Aulnes* organisierten Lesungen zeigten sich hier einmal mehr die Schwierigkeiten, mit den DDR-Behörden zu kooperieren, die bezüglich der Auswahl der Schriftsteller:innen eine Monopolstellung beanspruchten. Laut Nicole Bary, die für das Festival als literarische Beraterin tätig war, entstanden Konflikte unter anderem, als die DDR-Behörden beschlossen, dass nur Autor:innen eingeladen werden durften, die dem DDR-Schriftstellerverband angehörten, was auf einige Schriftsteller:innen, die sie einzuladen beabsichtigte, natürlich nicht zutraf.[44] Gleichzeitig belegt die Veranstaltung indirekt aber auch, wie stark 1987 die Systemkonkurrenz zwischen den beiden Teilen Deutschlands war: So organisierte der damalige Leiter des Goethe-Instituts in Paris, der eng mit Nicole Bary zusammenarbeitete, sich bei der Vorbereitung der *Belles étrangères* offenbar jedoch übergangen fühlte, vier Monate nach dem Festival eine Art Gegenveranstaltung, zu der er vier in den Westen übergesiedelte DDR-Autor:innen einlud – eine Aktion, die weder bei Bary und den offiziellen Stellen in Frankreich noch in Ostdeutschland auf Begeisterung stieß.

Fazit

Obwohl Bary intensive Kontakte in alle deutschsprachigen Länder unterhielt und Lesungen mit Autor:innen der DDR letztlich nur ein Viertel ihrer Veranstaltungen ausmachten, hat die Arbeit der Grenzgängerin vor allem im Kontext ihrer Vermittlungsarbeit zwischen Frankreich und Ostdeutschland Beachtung gefunden.[45] Diese zwar nicht falsche, aber doch einseitige Wahrnehmung lässt sich damit erklären, dass die DDR in der deutsch-französischen Versöhnungsgeschichte bis heute einen blinden Fleck darstellt und alle Kontakte zwischen Frankreich und der DDR exotisch erscheinen und daher erhöhte Aufmerksamkeit auf sich ziehen. Augenscheinlich sind

---

43 Es wäre zweifellos interessant, die Vorbereitungen zur ersten Veranstaltung der *Belles étrangères* 1987 genauer aufzuarbeiten, die in Kooperation mit dem Centre Culturel Français in Ostberlin und dem damaligen Kulturreferenten der Ambassade de France in Ostberlin, Jean-Louis Lepraître, verliefen. Christian Wenkel widmet in seiner Untersuchung dem Kulturtransfer in den 1980er Jahren lediglich einen Epilog, in dem diese Frage, wie im übrigen auch die Literaturbeziehungen im Allgemeinen, keine Erwähnung finden, vgl. Wenkel (Anm. 4), 281–286.
44 Laut Aussagen Barys besorgte man daraufhin für Christoph Hein ein Visum nach Westberlin, von wo aus er dann ‚inoffiziell-offiziell' nach Paris eingeschleust wurde.
45 Auch selber hat sie in wissenschaftlichen Publikationen vor allem Beiträge zu diesem Thema geliefert, vgl. z. B. Nicole Bary: Les traductions des œuvres littéraires de la RDA en France jusqu'en 1989. une image officielle de la RDA?, in: Ulrich Pfeil (Hrsg.): La RDA et l'Occident (1949–1990), Paris 2000, 144–150.

es jedoch gerade Barys Zwischenposition und ihre intensiven Kontakte in Ost und West, die ihr Beispiel so interessant machen: Politisch links orientiert, aber nicht der Kommunistischen Partei angehörig, zeichnet sich die Beziehung Nicole Barys als einer doppelten Grenzgängerin und zentralen Schlüsselfigur des deutsch-französischen Literaturtransfers zu beiden Teilen Deutschlands durch Nähe und Distanz gleichermaßen aus. Im Vergleich zu den Kulturschaffenden in und aus der Bundesrepublik sowie der DDR konnte sie als Französin mit ihrem unabhängigen Blick von außen auf das geteilte Deutschland deutlich entspannter mit den Konflikten umgehen. Die triangulare Beziehung zwischen Paris und dem geteilten Berlin entpuppt sich aus dieser Perspektive als ein wichtiges Element der deutsch-französischen Versöhnung, in deren Narrativ Nicole Bary als Literaturmittlerin eine herausgehobene Position zukommt.

Das Beispiel Barys, der es in ihrer kleinen Buchhandlung in Paris gelang, den triangulären Literaturaustausch zwischen dem geteilten Deutschland und Frankreich nachhaltig zu stimulieren, bestätigt einmal mehr die Notwendigkeit, dem dichotomisch strukturierten, die DDR ausgrenzenden deutsch-französischen Versöhnungsnarrativ nach 1945 eine entideologisierte deutsch-deutsch-französische (Kultur-)Geschichte entgegenzustellen. An deren Anfang stand weniger der Wunsch nach einer politischen Annäherung, als vielmehr eine systemische Konkurrenzsituation, deren allmähliche Überwindung durch die komplexe Arbeit von Mittler:innen wie Nicole Bary in überaus produktiver Weise vorangetrieben wurde. Ihre Erfolgsgeschichte belegt über den konkreten Fall hinaus aber auch die faktische Wirksamkeit der Kultur im Allgemeinen, als politische *Soft Power* in Krisensituationen auf zivilgesellschaftlicher Ebene eine Annäherung und einen Dialog der Konfliktparteien zu ermöglichen – ein Potenzial, das in der Auswärtigen Politik allerdings nach wie vor dramatisch unterschätzt wird.

Marie Fleury Wullschleger

„Weder diesseits noch jenseits zu Hause" – Schweizer Stipendiaten des Berliner Künstlerprogramms des DAAD und ihre Blicke auf die geteilte Stadt

„Sie gehen weg. Sie kehren zurück. Sie wandern aus. Sie wandern ein. Schweizer Schriftsteller und Schriftstellerinnen sind Grenzgänger."[1] So beschreibt der Germanist Peter von Matt die Reiselust der Schweizer Autor:innen, die „jenem Traumbild von einem in sich ruhenden, sich selbst nährenden, nach außen unabhängigen und seine Isolation streng verteidigenden Gebirgsvolk"[2] widerspreche. Schon lange gilt Berlin als einer der beliebtesten Aufenthaltsorte für Schreibende aus der Schweiz. So wurde bereits im 19. Jahrhundert eines der zentralen Werke des deutschschweizerischen literarischen Kanons, Gottfried Kellers *Grüner Heinrich*, in der Großstadt geschrieben. Robert Walser verfasste in der Hauptstadt seine drei ersten Romane,[3] Max Frisch lebte einige Jahre in Berlin und die zeitgenössischen Autoren Urs Jaeggi und Matthias Zschokke kehrten sogar nicht mehr in die Schweiz zurück.[4]

Die demnach schon lange bestehende Anziehungskraft Berlins erklärt sicherlich, dass zwischen 1977 und 1989 auffällig viele Schweizer als Stipendiaten am Berliner Künstlerprogramm des Deutschen Akademischen Austauschdienstes (DAAD) teilgenommen haben. Innerhalb von zwölf Jahren verbrachten neun Autoren zwischen einem halben und einem ganzen Jahr in einer vom DAAD vermittelten Wohnung in

---

[1] Peter von Matt: Die Schweiz zwischen Ursprung und Fortschritt. Zur Seelengeschichte einer Nation, in: ders.: Das Kalb vor der Gotthardpost. Zur Literatur und Politik der Schweiz, München 2012, 9–93, hier: 73.
[2] Ebd.
[3] Ebd., 72.
[4] Urs Jaeggi starb 2021 in Berlin, wo er seit den 1970er Jahren wohnte, und Matthias Zschokke lebt immer noch in der Stadt. Beatrice von Matt beschreibt die Dynamik von Berlin-Texten aus der Schweiz im Vorwort einer Anthologie wie folgt: „Auch wenn Autoren und Autorinnen meistens nicht mit der Absicht anreisen, über Berlin zu schreiben, zeugen ihre Texte in fast allen Fällen von der Auseinandersetzung mit der Metropole als solche. Denn Erfahrung mit Metropolen ist für Schweizer wohl auch in Paris, London, Wien, Rom oder New York zu machen, nicht aber in der Schweiz. Großstädte wie Zürich und Genf wirken zu eindeutig zürcherisch und genferisch, als daß man sie als Metropolen empfinden würde. [...] So tragen die hier versammelten Berlin-Texte auch zu einem Diskurs bei, den man in der Schweiz nur außerhalb der Schweiz erlernen kann: zum schweizerischen Metropolen-Diskurs." Beatrice von Matt: Die Metropole als Text. Schweizer Schriftstellerinnen und Schriftsteller in Berlin, in: dies., Michael Wirth (Hrsg.): ‚Abends um acht'. Schweizer Autorinnen und Autoren in Berlin, Zürich/Hamburg 1998, 7–49, hier: 14.

Open Access. © 2023 bei den Autorinnen und Autoren, publiziert von De Gruyter. Dieses Werk ist lizenziert unter der Creative Commons Namensnennung – Nicht-kommerziell – Keine Bearbeitungen 4.0 International Lizenz.
https://doi.org/10.1515/9783110789539-009

Westberlin: Hansjörg Schneider (1977), Gerold Späth (1980), Reto Hänny (1981), Paul Nizon (1982), Christoph Geiser (1983), Otto Marchi (1984), Jürg Laederach (1985), Theo Kneubühler (1988) und Beat Paul Sterchi (1989).[5] Ein vergleichender Blick auf die Anzahl von Stipendiat:innen aus Ländern wie Frankreich (5) und Großbritannien (4) während eines größeren Zeitraums (1963–1989) bestätigt das erhebliche Interesse seitens der Schweizer Schriftsteller an Berlin. Ein ähnliches, bzw. noch ausgeprägteres Interesse findet sich bei den Stipendiat:innen aus Österreich (18 zwischen 1963 und 1989), die ebenfalls zur deutschsprachigen Literaturszene gehören. Betrachtet man die Liste der Stipendiaten aus der Schweiz genauer, stellt man tatsächlich fest, dass alle nicht nur Männer, sondern auch Deutschschweizer sind. Angesichts des geteilten Kulturguts zwischen der Deutschschweiz und dem größeren Nachbarn Deutschland wundert es nicht, dass das Reiseziel Berlin auch während der Teilung der Stadt für die auf Deutsch schreibenden Schweizer Grenzgänger:innen besonders attraktiv geblieben ist.[6] Ein Aufenthalt in Berlin fühlte und fühlt sich sicherlich immer noch in vieler Hinsicht für einen Autor oder eine Autorin aus der Deutschschweiz ‚heimischer' an als ein Aufenthalt in Genf oder Lugano. Denn wie Rolf Niederhauer und Martin Zwing 1983 im Vorwort einer Anthologie deutschschweizer Texte schrieben, waren „für kulturelle Ströme [...] die Landesgrenzen nach allen Seiten hin immer schon weit durchlässiger als die Sprachgrenzen im Landesinnern".[7]

Die Texte, die während der oder im Anschluss an die Berliner Zeit der Schweizer Stipendiaten entstanden sind, stellen exemplarische Momentaufnahmen dar. Vergleichend gelesen bilden sie ein Mosaik an Berlin-Erfahrungen, die entweder als faktuale Berichte oder als Fiktionen in Worte gebracht wurden: Es sind Romane, Erzählungen, Zeitungsreportagen, Reiseberichte und Tagebücher, in denen die Stadt in unterschiedlicher Weise und variabler Quantität eine Rolle spielt. Die DAAD-Stipendiaten sind keine Stadtschreiber gewesen – sie waren nicht verpflichtet, über Berlin zu schreiben. Die meisten taten es aber, und sei es auch nur kurz und zuweilen beiläufig.

In diesem Beitrag sollen die Texte der Schweizer Stipendiaten als Stichprobe (deutsch)schweizerischer literarischer Blicke auf die geteilte Stadt in den 1980er Jahren betrachtet werden. Dabei ist es wichtig zu betonen, dass die Auswahl durch das verbindende Element der Förderung durch das Berliner Künstlerprogramm und weniger

---

[5] Vgl. die Internetseite des Berliner Künstlerprogramms. Online abgerufen am 30. November 2021 unter https://www.berliner-kuenstlerprogramm.de/de/bkp-fellows/?countries=schweiz&fields=literatur&ignore=fields&language=de&type=award_fellow&posts_per_page=18&fellows_page=1.

[6] Der deutsch-schweizerische Literaturaustausch fand im 20. Jahrhundert nicht kontinuierlich statt. Vor allem die NS-Zeit bildet einen starken Bruch. Einige Schriftsteller:innen wie z. B. Annemarie Schwarzenbach hielten sich allerdings zu dieser Zeit in Berlin auf, worüber sie in unterschiedlicher Form berichteten. Vgl. dazu von Matt (Anm. 4), 37–42.

[7] Wolf Niederhauen, Martin Zingg: Vorwort, in: dies. (Hrsg.): Geschichten aus der Geschichte der Deutschschweiz nach 1945, Darmstadt 1983, 7–14, hier: 8.

durch gemeinsame literarästhetische Merkmale begründet ist. Der Vergleich der gewählten Texte beruht daher auf einer extratextuellen Gegebenheit. Interessanterweise lassen sich aber einige Aspekte herausarbeiten, die gleich bei mehreren Autoren von Belang sind: Ihre Beziehung zur deutschen Sprache wird oft thematisiert sowie die Flucht aus der heimatlichen Enge; beschrieben werden vor allem die Inselsituation Berlins und die Mauer – Letzteres betrifft aber nicht nur den schweizerischen Blick auf das Berlin der 1980er Jahre. Da alle Autoren als Stipendiaten des Berliner Kulturprogramms in Westberlin gelebt haben, liegt der Schwerpunkt ihrer Darstellungen auf dieser Seite der Stadt, Ostberlin und die Grenzübergänge zwischen beiden Teilen Berlins werden aber auch vereinzelt geschildert. Diese Themen, die im Zentrum meines Beitrags stehen, sind repräsentativ für die in ihrer Gesamtheit betrachtete literarische Produktion der Stipendiaten.[8] Berlin hat Spuren hinterlassen im Werk der gewählten Schriftsteller. Deren Arbeiten und die anderer Schweizer Autor:innen wurden wiederum auch in Deutschland, und zwar vor allem in der DDR, verstärkt rezipiert. Diesem Phänomen widme ich mich in einem Ausblick zum Ende der Untersuchung.

Ankommen

Trotz der Nähe vieler Schweizer Stipendiaten zur westdeutschen Literaturszene – Hänny, Späth und Laederach sind Suhrkamp-Autoren – stellt die Berliner Zeit für die meisten eine prägende Auslandserfahrung dar, was vor allem auf die besondere geographische, politische und kulturelle Lage Berlins in den 1980er Jahren zurückzuführen ist. Die Bedeutung dieser Zeit im Leben und Werk der einzelnen Schriftsteller variiert dennoch stark. Während sie für Christoph Geiser sowohl persönlich als auch in kreativer Hinsicht einen entscheidenden Lebensabschnitt bildet, fasste Hansjörg Schneider in Berlin nie wirklich Fuß, worüber er in seiner 2018 erschienenen Autobiographie berichtet: „Es war kein gutes Jahr für mich. Das Stipendium war zwar großzügig dotiert, aber ich bin in Berlin nicht recht froh geworden. Immer öfter bin ich nach Basel zurückgekehrt, mit dem Zonenzug Berlin-Frankfurt am Main."[9]

---

[8] Da die Autoren unterschiedlich viel geschrieben haben, werden einige Namen oft und andere deutlich weniger vorkommen. Letzteres gilt vor allem für Theo Kneubühler und Beat Sterchi. Ich habe nur sehr wenige Berlin-Spuren im Werk des Künstlers, Essayisten und Lyrikers Theo Kneubühler gefunden. Beat Sterchi, den ich im Rahmen der Vorbereitung auf diesen Aufsatz getroffen habe, bestätigte, dass er in Berlin zwar viel geschrieben, aber davon nur sehr wenig publiziert habe. Berlin wird kurz in einem Reisebericht zu Polen beschrieben, den der Autor nicht veröffentlicht hat, aber auf seiner Webseite zur Verfügung stellt. Online abgerufen am 19. Januar 2022 unter https://beatsterchi.ch/immer-aerger-mit-den-polen/.
[9] Hansjörg Schneider: Kind der Aare, Zürich 2018, 289.

Das Gefühl der Nähe oder gar Zugehörigkeit der Schweizer Stipendiaten zur deutschen Literaturlandschaft,[10] zur deutschen Kultur allgemein, scheint in den Texten und Biografien der Autoren durch. Gerold Späth ist der erste Träger des von Günter Grass initiierten Alfred Döblin-Preises, und Paul Nizon kannte Berlin schon lange vor seinem DAAD-Aufenthalt: 1962 war er anlässlich eines Treffens der Gruppe 47 zum ersten Mal in der Stadt.[11] Der Luzerner Autor Otto Marchi schrieb auf Anfrage der Basler Zeitung zwei Artikel über seinen Aufenthalt nach dem ‚Vorher-Nachher'-Prinzip, in denen er zunächst seine Erwartungen an Berlin schildert und später Bilanz zieht. Im ersten Artikel wird deutlich, wie sehr die deutsche Literatur zum Kulturhorizont der Deutschschweiz gehört sowie auch, dass die Stadt ihm auf eine bestimmte Art und Weise bereits vertraut ist, bevor er sie bereist. Nachdem er vom aus Lektüren bekannten Berlin (Erich Kästner als Kind, dann Kurt Tucholsky und Alfred Döblin) erzählt hat, listet Marchi die hauptsächlich durch die Medien vermittelten Eindrücke auf, die seine Vorstellung der Stadt geprägt haben:

> Folgt der Sprung in die Gegenwart, während dem das Bild zum Ton wird, zum Radio-Ton, zum Berliner Cabaret der „Insulaner" von Günter Neumann, dessen bissige, oft auch arg heroische Sendungen ich als Jugendlicher jahrelang über den Schweizer Telefonrundspruch mit heissen Ohren gehört habe. Das nächste Sediment der Berlin-Archäologie ist dann wahrlich eine politisch-geographische Versteinerung. Der Mauer-Bau wurde auch zum Aufsatz-Thema für Luzerner Gymnasiasten. „Berlin – Prüfstein der freien Welt" hiess der vorgegebene Titel, an den ich mich noch genau erinnere. [...] Und dann kommen Bild und Ton zusammen, sehe ich Fernsehbilder vor mir und damit weitere Clichés, optische Schlagzeilen von demonstrierenden Studenten, die wieder eingehakt in breiten Kolonnen über den Kudamm marschieren und „Shah-Shah-Shaschlick" schreien und von der Polizei zusammengeknüppelt werden.[12]

Die von Marchi geschilderten „Vorerinnerungen" an Berlin zeigen die Verstrickungen der kulturellen und medialen Landschaft der Deutschschweiz mit derjenigen (West-) Deutschlands. Die geteilte Sprache – zumindest was die Schrift angeht – erklärt die zum Teil größere Verbindung zu Deutschland als zu den weiteren Sprachregionen des eigenen Landes. So empfand Paul Nizon, der aus Paris anreiste, den Berliner Aufenthalt als eine sprachliche Heimkehr, wie er im Katalog einer Ausstellung, die „Berlinbezogene Arbeiten von Stipendiaten des Berliner Künstlerprogramms des DAAD [präsentiert]",[13] erläutert:

---

10 Zur Stelle der Schweizer Literatur innerhalb des deutschsprachigen Raumes, siehe Reto Sorg: Kleine Literatur, großer Markt. Die ‚Schweizer Literatur' zwischen schweizerischem und gesamtdeutschem Markt, in: Thomas Wegmann (Hrsg.): Markt. Literarisch, Bern 2005, 209–228.
11 Vgl. Paul Nizon: Am Käuzchensteig im Winter 1982/83, in: Beyond the Wall. Berlin – Freihafen der Künste, hrsg. von der Stiftung Brandenburger Tor, Berlin 2007, 82–87, hier: 83.
12 Otto Marchi: Handwerk, Schuhwerk, Mundwerk, in: Basler Zeitung (11. Oktober 1984). Der „Nachher-Artikel" erschien ein Jahr später (Anm. 17).
13 Beyond the Wall (Anm. 11), Klappentext.

> Doch mehr noch verlockte es mich, in einer Umgebung Aufenthalt zu nehmen, in welcher die Sprache, in der ich schreibe, die Alltagssprache ist. Ich lebte damals schon lange in Paris, meine Umgangssprache war Französisch auch zuhause; Deutsch war nichts anderes als ein Arbeitsinstrument (geworden), das ich in meinen Schreibstuben auspackte und nach getaner Arbeit wieder einpackte.[14]

Trotz der eben betonten Verbindung zwischen der Deutschschweiz und Deutschland wird bei mehreren Stipendiaten doch das Fremdsein zum Thema gemacht. So gehört der Umgang mit dem Hochdeutschen, in der Schweiz auch oft ‚Schriftsprache' genannt,[15] zum Prozess des Einlebens in der Stadt. In Jürg Laederachs Novelle *Der Wanderbär im Schweizerbarock* kommt die aus Bern stammende Figur Rindlisbacher in einem bedrohlichen Westberlin an, in dem Ausländersein und eben anders sprechen leise Verachtung auslöst.

> Er kam aus fremdem Lebensraum und brachte seine Sprache von da mit. Die Berliner verteidigten ihren schmaler werdenden Lebensraum mit äußerstem Hohn gegen solche aus fremdem Lebensraum, doch wurde der Hohn meist verschwiegen. [...] Eine akzentuierte Schwierigkeit blieb ihm das Sprechen, denn die allzu langgezogene Aussprache seines JA, das Rindlisbacher mit JAA aussprach, konnte den höhnischen Kantons-Käfig Berlin (West) in eine brodelnde Hageltraufe unflätigsten Spottes verwandeln; der Spott wanderte sogleich in die Geheimnissphäre und kam niemandem zur Kenntnis.[16]

Anders als der fiktive Rindlisbacher, der in seiner (Aus-)Sprache gefangen bleibt, rekurriert Otto Marchi auf eine Art des Übersetzens, um in Berlin heimisch zu werden, wie er es in seinem ‚Nachher'-Artikel darstellt:

> Bereits bei Sempach hatte ich die Schweiz vergessen [...] und war zum Ankommer geworden. Der hatte es am Anfang schwer, bis er wusste, wo in Berlin die Migros zu finden war, die dort Kaisers hiess und das Tabaklädeli, das dort nicht Rauchwaren, also Pelze verkaufte, sondern Raucherware, bis das Wirtshaus Galliker am Kasernen-Platz durch die „Rosalinde" ersetzt und aus dem Sepp der Christoph geworden war.[17]

Nicht nur der Dialekt kann in ein alltägliches Hochdeutsch übertragen werden: auch für die Supermarktketten, die Lieblingskneipen und die Freunde lassen sich Äquivalente finden. Der Übergang von einer Stadt zur anderen verläuft leicht, innerhalb

---

14 Nizon (Anm. 11), 84.
15 So Reto Sorg zum Verhältnis zwischen Dialekt und Schriftsprache: „Aufgrund der medialen Diglossie-Situation (dem funktional getrennten Nebeneinander von Mundart und Hochsprache), tritt ein deutschschweizer Autor beim Schreiben in eine Sprachwelt ein, die für ihn etwas vollkommen anderes darstellt als für die deutschen Kollegen." Sorg (Anm. 10), 219.
16 Jürg Laederach: Der Wanderbär im Schweizerbarock, in: ders.: Vor Schrecken starr. Fixierungen, Stechblicke, Obsessionen, Frankfurt a. M. 1988, 261–275, hier: 268.
17 Otto Marchi: Stille Tage im Auge des Konsum-Zyklons, in: Basler Zeitung (29. Oktober 1985).

kurzer Zeit fühlt sich Marchi zu Hause. Die Über-Setzung ist gelungen. Aus dem Luzerner Sepp wird ein Berliner Christoph und nicht irgendeiner: es handelt sich hier höchst wahrscheinlich um Christoph Geiser, der ein Jahr vor Marchi DAAD-Stipendiat war und in Berlin geblieben ist. Die beiden Schweizer Autoren lernen sich im Ausland kennen und entwickeln eine Freundschaft, die an Berlin gebunden bleibt: Zwanzig Jahre später planen sie dort den gemeinsamen Kauf einer Wohnung, bevor Otto Marchi 2004 infolge des Tsunami in Thailand einen tragischen Tod erleidet.

Bei Geiser spielt die Sprache ebenfalls eine Rolle in der Darstellung seiner Anfangszeit in Deutschland. Thematisiert wird bei ihm aber weniger die Assimilation der eigenen Sprechweise, als der Blick der Berliner:innen auf ihn selbst. In ihren Reaktionen nimmt er in seiner eigenen Art zu sprechen und zu schreiben irritiert etwas „ethisch-moralisch Verantwortungsbewusste[s], schweizerisch Realistische[s]"[18] wahr. In einem ironischen Text, in dem er sich wünscht, zum Österreicher zu werden, weil man „über die Österreicher nicht lächelt",[19] beschreibt er, wie er in Berlin immer wieder als Schweizer entlarvt wird. In den beiden Teilen der Stadt unterschieden sich allerdings die Reaktionen der Einwohner:innen auf die schweizerische Färbung seiner Sprache. Während er in Westberlin ein „zugleich wissende[s] und vollkommen verständnislose[s] Lächeln"[20] bei seinen Gesprächspartner:innen beobachtet, wird seinen Worten in Ostberlin sogleich eine Gewichtigkeit zugesprochen, die ihm aber auch unangenehm ist:

> [...] und kaum sprach ich, wurde ich schon ernst genommen, wie all dies schweizerisch Realistische drüben eben ernst genommen wird, viel ernster noch als in der Schweiz selbst, jedes Wort gilt, und auch noch die unbewußte Botschaft des Unaussprechlichen wird sogleich verstanden.[21]

Geiser erinnert Veranstaltungen in der DDR, während derer Texte, die in der Schweiz als bloß autobiographisch rezipiert wurden, eine politische Dimension annahmen. So zum Beispiel die Lesung einer Schulgeschichte („Der Kopfsprung" aus dem 1982 erschienenen Buch *Disziplinen. Vorgeschichten*) vor Studierenden und jungen Erwachsenen in Potsdam, in der es um den Zwang zum Kopfsprung ins Wasser und um den Befehl eines militaristischen schweizerischen Turnlehrers geht: „In der Schweiz wurde die Geschichte einfach als die Bloßstellung eines sadistischen Lehrers verstanden, in Potsdam wurde die anschließende Diskussion ‚systemrelevant' und sogleich dringlich", erläutert Geiser. Er fügt hinzu: „Alles war so hochbrisant, berührte oder verletzte Sprachregelungen und Tabus und konnte jederzeit zur Explosion führen. Angsterzeugend!"[22]

---

18 Christoph Geiser: Zum Österreicher werden. Ein Anfall, in: ders.: Der Angler des Zufalls. Schreibszenen, hrsg. von Michael Schläfli, Hamburg 2009, 58–67, hier: 60.
19 Ebd.
20 Ebd.
21 Ebd., 60 f.
22 Zitate aus einer E-Mail-Korrespondenz mit dem Autor am 2. September 2022.

Weggehen und aufatmen

Das Gefühl des Fremdseins, die Annahme, als Fremder wahrgenommen zu werden, kontrastiert mit demjenigen der Enge, des Angebundenseins, das viele Schweizer Autor:innen in der Heimat empfinden – sich als Fremder zu fühlen, kann folglich auch befreiend wirken. In der vom DDR-Verlag *Volk und Welt* herausgebrachten Anthologie *Schweiz heute* beschreibt der französischsprachige Autor Maurice Chappaz einen jenseits der Sprachgrenzen herrschenden Zustand: „Es gibt im Verhältnis zu anderen Völkern auch bestimmt mehr Schweizer Wandervögel (welsche und alemannische) auf den Straßen der Welt. Die Verinnerlichten, die Eingesperrten zerreißen die Fesseln. Es ist bequem, aber auch schmerzlich, Schweizer zu sein."[23] Die Notwendigkeit, aus der Enge des kleinen Heimatlands herauszukommen – ein Topos der Schweizer Literatur –, spiegelt sich in den Biografien und Texten einiger Stipendiaten wider. Die Reise nach Berlin gleicht für mehrere von ihnen einer Flucht aus der kleinen, konservativen Schweiz. So kam etwa für Reto Hänny die späte Zusage des DAAD 1981 genau zum richtigen Zeitpunkt. Er befand sich in Zürich in einer schwierigen Situation, nachdem er einen Bericht zu den Zürcher Jugendunruhen von 1980 publiziert hatte, in die er zufällig geraten war und im Rahmen derer er von der Polizei verhaftet und verprügelt wurde.[24]

Insbesondere Christoph Geiser spürte das Bedürfnis, die Schweiz zu verlassen. In Berlin konnte er sich als Homosexueller outen – eine Befreiung, die Anfang der 1980er Jahre allerdings bald von Todesangst begleitet wurde. So Geiser in einem Interview von 2014:

> Berlin war in den 1980er-Jahren eine Stadt im Ausnahmezustand, andererseits aber auch eine Stadt, in der Homosexualität nicht nur toleriert wurde, sondern etwas ganz Normales war. In diesem Punkt war es für mich eine Extremerfahrung. Es war eine Situation von Freiheit, in dem Augenblick, als sie vom Tod bedroht wurde. Ich erinnere mich genau an den *Spiegel*-Artikel im Juni 1983, in dem von einer Seuche aus San Francisco berichtet wurde, der Begriff AIDS war ganz neu, den Erreger kannte man noch nicht… Die Leute starben aber zu diesem Zeitpunkt bereits wie die Fliegen. So wurde mein Coming-out überlagert von einer Todeserfahrung.[25]

Immer wieder beschreibt Geiser in Interviews, Essays und in seinem literarischen Werk das Jahr seines Stipendiums (1983) als persönliches und künstlerisches „Stichjahr". So bildet der Berliner Aufenthalt eine Zäsur in seinem schriftstellerischen Werdegang:

---

23 Maurice Chappaz: La Suisse Romande. Die Welschschweiz, in: Roland Links u. a. (Hrsg.): Schweiz heute, Berlin 1976, 41–45, hier: 42. Kein Hinweis über einen möglichen Übersetzer/eine mögliche Übersetzerin aus dem Französischen.
24 Vgl. Reto Hänny: Zürich, Anfang September, Frankfurt a. M. 1981.
25 Christa Baumberger: Berlin als Freigehege und Kunstraum. Gespräch mit Christoph Geiser, in: viceversa literatur 8 (2014), 17–21, hier: 19.

Geiser löst sich in *Das geheime Fieber* – einem Erzähltext, den er in Berlin zu schreiben beginnt – endgültig von der traditionellen Erzählweise seiner ersten beiden Romane.[26] Sein persönliches Erleben und im Besonderen die Berliner Anfangszeit prägen seine fiktionalen Texte, in denen ganz postmodern Historisches, Erfundenes und Autobiographisches gemischt werden. Dieses Verfahren lässt sich in seinem 1992 erschienenen Roman *Das Gefängnis der Wünsche* exemplarisch beobachten: Zur Diegese gehören sowohl die historischen Figuren Sade und Goethe, als auch ein Erzähler, der sich selbst mit „du" anspricht und dem realen Geiser sehr ähnelt. Die geistige und körperliche Freiheit, die der Autor im oben zitierten Interview anspricht, wird anhand einer Auflistung realer Orte der damaligen Berliner Schwulenszene in einer frenetischen Sprache geschildert:

> Du kommst direkt aus dem „Knast", aus dem „Kittchen" kommst du, aus dem „Twilight", dieser Katakombe, aus Onkel Tom of Finlands kleiner Hütte, dieser Cowboy-Bar, und dem Keller, wo die Badewannen stehn, wo die Boys im Finstern Kohle schaufeln, aus dem Tiergarten kommst du, aus dem Gebüsch, aus der „Apollo City Sauna"...[27]

Noch heute bildet das prägende Jahr 1983 ein wichtiges Motiv im Werk des Schweizers. In der 2019 erschienenen Erzählung *Carlchen – oder: Das Balkon Zimmer* kommt der Erzähler – der hier auch so nah an Geiser ist, dass man ihn beinahe ‚Autor' nennen könnte – auf diese Zeit zurück: Es geht zunächst um die Begegnung mit Caravaggios Bild *Amor vincit omnia* in der damals in Dahlem ansässigen Gemäldegalerie, die das Schreiben von *Das geheime Fieber* in Gang gesetzt haben soll,[28] und dann unvermittelt um das Aufkommen von Aids: „Juni 1983. Sie starben wie die Fliegen. Und noch wusste niemand recht, warum, woran."[29] Dieses Zitat und das vorige stehen exemplarisch für die Mischung von Liebe und Tod, von extremer Freiheit und lebensbedrohlichen Umständen, die Geiser in Bezug auf die 1980er Jahre in Westberlin im Laufe seines Werkes immer wieder beschreibt.

Die Enge der Schweiz scheint auch in der oben zitierten Novelle Jürg Laederachs *Der Wanderbär im Schweizerbarock* durch. Der Wegzug der Hauptfigur – Rindlisbacher – wird als spontane Entscheidung geschildert, als das bloße Bedürfnis, „etwas Neues" zu sehen. Die Novelle setzt folgendermaßen ein:

---

26 Vgl. Michael Schläfli: „Der Text kommt aus der Dunkelheit". Christoph Geiser schreibt „Im Freigehege", in: Hubert Thüring, Corinna Jäger-Tress, Michael Schläfli (Hrsg.): Anfangen zu schreiben. Ein kardinales Moment von Textgenese und Schreibprozess im literarischen Archiv des 20. Jahrhunderts, München 2009, 301–324, hier: 303.
27 Christoph Geiser: Das Gefängnis der Wünsche, Zürich/Frauenfeld 1992, 131.
28 Vgl. ders.: Von der plötzlichen Notwendigkeit des Wissens. Zur Entstehung meines Romans *Das geheime Fieber*, in: Henriette Herwig (Hrsg.): Lese-Zeichen. Semiotik und Hermeneutik in Raum und Zeit. Festschrift für Peter Rusterholz zum 65. Geburtstag, Tübingen 1997, 31–40, hier: 33–34.
29 Christoph Geiser: Carlchen – oder: Das Balkon Zimmer, in: ders.: Verfehlte Orte. Erzählungen, Zürich 2019, 57–77, hier: 69.

Kannte einer ihn nicht, sah er von ihm nichts. Es war auch nichts zu sehen; ein winziges Zeichen nur, das Aussagen wisperte, die die Verständlichkeitsschwelle zu erreichen hofften.
Und doch war alles deutlich. Er kam aus Bern, der Landeshauptstadt, ganz unten vom Zitterschlick-Mäanderufer kam er. Etwas davon war an ihm haften geblieben, als er nach Berlin (West) übersiedelte; das tat er grundlos, um, wie er zur Kenntnis brachte, „etwas Neues" kennenzulernen.[30]

Der Erzähler gibt in der gesamten Kurzgeschichte wiederholt an, dass Rindlisbacher sich in Berlin (West) befindet. Diese präzise Angabe kontrastiert mit der Unschärfe der beschriebenen Stadt. Schwer für den Erzähler greifbar sind auch die Berliner:innen selbst, die als Einheit dargestellt werden und deren Haltung Rindlisbacher gegenüber wechselhaft ist und zum Teil bedrohlich wird. Trotz seiner Übersiedelung nach Berlin schafft Rindlisbacher es nicht, sich aus der Enge seines Heimatlandes zu lösen. Die Schweiz wird als eine Anzahl von kleinen Territorien beschrieben, die sich gegenseitig anfeinden. Aber – anders als in den eben besprochenen Texten von Geiser – wohnt Westberlin kein befreiendes Potential inne, ganz im Gegenteil. Es gilt sowohl für die Schweiz als auch für Berlin dieselbe Metapher des Käfigs, die die Begrenztheit beider Orte kennzeichnet: „Wer immer in einem Kantons-Käfig lebte, lebte bereits in einem feindlichen Kantons-Käfig. Der Kantons-Käfig war bereits feindlich, noch ehe er wußte, gegen wen sich sein Haß richtete."[31] Und in der oben zitierten Passage der Novelle wird Berlin (West) ein „höhnische[r] Kantons-Käfig" genannt.[32] So wird die heimatliche Enge hier deutlich mit der abgesonderten Lage Berlins in Verbindung gebracht.

Eine solch direkte Gegenüberstellung zwischen Westberlin und der Schweiz findet sich in keinem Text der anderen Stipendiaten wieder, aber die eingesperrte Situation der Stadt wird stets thematisiert. Sie steht in Spannung mit der oft besprochenen Offenheit Berlins, die die Stipendiaten anzieht, wenn sie ihre Heimat verlassen.

Die eingesperrte Stadt

Die Mauer kommt in der literarischen Produktion der Schweizer Stipendiaten immer wieder vor, in fiktionalen wie in faktualen Texten. In seinem Tagebuch berichtet Paul Nizon über die Autofahrten, die er häufig in Berlin unternimmt: „Und immer stößt man gleich an die Mauer",[33] notiert er. Spuren seines Berliner Aufenthalts befinden sich womöglich auch im Listengedicht „Seepferdnaht" des Künstlers und Dichters Theo Kneubühler, in dem von einer Mauer die Rede ist: „6. Der Uebergang zur Mauer ist eine

---

30 Laederach (Anm. 16), 263.
31 Ebd., 265.
32 Siehe Anm. 16 in diesem Beitrag.
33 Paul Nizon: Die Innenseite des Mantels, Frankfurt a. M. 1995, 154.

glattgestrichene Wand."[34] Ob es sich tatsächlich um die Berliner Mauer handelt, bleibt allerdings offen: das Gedicht führt diverse landschaftliche Elemente und alltägliche Objekte zusammen und schafft aus deren durch Wortspiele motivierte Kombination seltsame Bilder, die keine deutlich markierte referentielle Dimension ausweisen.

In einem Bericht über einen von einem Galeristen organisierten Rundgang um die Mauer während der Kunsttage in Westberlin geht Gerold Späth auf die konkrete Erfahrung des Eingeschlossenseins ein. Anfänglich etwas irritiert von der Initiative des Galeristen, spürt Späth beim Gehen die Präsenz der Mauer immer deutlicher, beinahe körperlich. Die Gruppe wird ruhiger, die Stimmung bedrückter:

> Über einem schlierigen Abflußloch am Fuß der Mauer las ich das Wort „Notausgang" – auch dies Wort kein Witz mehr. Nichts zu lachen. Die Berliner Mauer funktioniert. Man kann sich diese Erfahrung, wenn man sich auf sie einlassen will, Stunde und Stunde und Schritt für Schritt erwandern. Und da wird die eigentliche Dimension dieses Gebildes kraß spürbar: das horizontal ringsum laufende, das Ein-Schnürende, Ab-Grenzende.[35]

Entlang der Mauer beobachtet Späth das unsichtbare frühere Berlin, am ehemaligen Potsdamer Platz vorbei, dem einst „[m]eistbefahren[en] Platz Europas".[36] Nahe dem zerstörten Regierungsviertel gibt er die Worte mitgehender Berliner:innen wieder: „Dort hat er sich umgebracht, der Hitler. Dem haben wir alles zu verdanken. Mauer. Teilung. Trennung. Fortsetzung des Irrsinns..."[37] Auch wenn der Rundgang ihn eindrücklich empfinden lässt, dass er sich in einer eingeschlossenen Stadt aufhält, betont Späth aber auch ganz klar, dass auf dieser Seite die Möglichkeit bestehe, wegzugehen:

> Die Unermüdlichen wanderten weiter, alles in allem etwa 165 Kilometer, bis der Horizont – immer der Mauer, diesem grauen Albtraum entlang – umrundet war. Bis das Eingeschlossensein, das lebendige Um- und Eingemauertsein, von der anfänglich vielleicht schicken Idee, vom Gag sogar, zum Schock wurde. Nur: Man kann hier raus. Man kann in den Zug, ins Auto, ins Flugzeug steigen und abhauen, für einige Zeit wenigstens; viele Berliner halten es nur deshalb aus in dieser zerrissenen, gespaltenen Stadt.[38]

Bei Christoph Geiser wird die Inselsituation Berlins metaphorisch mit dem Begriff des Freigeheges zum Ausdruck gebracht. In einem Text, der 1984 in der *Neuen Zürcher Zeitung* publiziert wurde, aber ursprünglich zum Romanprojekt *Das geheime Fieber*

---

34 Theo Kneubühler: Seepferd naht, in: Theo Kneubühler, Rolf Winnewisser: Die Milchstrasse. Präsenz der Zeugen, Luzern 1990, o. S.
35 Gerold Späth: Die Berliner Mauer, in: ders.: Von Rom bis Kotzbue. 15 Reisebilder, Zürich/München 1982, 87–95, hier: 94.
36 Ebd.
37 Ebd., 95.
38 Ebd.

gehörte,[39] wird Westberlin als Zoo mit fremdenfeindlichen Untertönen bezeichnet, wobei der Begriff des Käfigs in einer etwas anderen Bedeutung als bei Laederach auftaucht:

> Die ganze Stadt ist ein Zoo, eingezäunt; die Kneipen sind Käfige, schön gesondert die Arten, die Nacht wird zum Tag. Ich bin selber ein exotischer Gast hier, Äthiopier manchmal, Nordafrikaner oft, ein Italiener zumindest, jedenfalls kein „richtiger" Schweizer, ein Türke meist: als Türke allerdings komme ich nicht so ohne weiteres in jeden Käfig hinein.[40]

Der Erzähler von Hansjörg Schneiders Roman *Lieber Leo*, dessen Rahmenhandlung in Berlin spielt, flieht dorthin, nachdem ihn seine Partnerin verlassen und er erfahren hat, dass sein guter Freund Leo, mit dem diese eine Affäre hatte, verstorben ist. Es ist die eingesperrte Lage Westberlins, die ihn anzieht, weil sie einen freiwilligen Rückzug aus seinem bisherigen Leben ermöglicht: „Ich studierte die Bestimmungsorte der abgehenden Flugzeuge, ich hatte keine Ahnung, was ich tun sollte, ich wollte mich eingraben, einmauern, zustampfen, ich kaufte ein Billet nach Berlin."[41] In der Stadt, aus der er schreibt – die Holsteinische Straße, die der Erzähler als Adresse im Roman angibt, ist die Straße einer vom DAAD vermittelten Wohnung, in der Schneider und weitere Schweizer Stipendiaten wohnten –, nimmt er kaum am öffentlichen Leben teil und bleibt meist zu Hause. An einer Stelle findet der von Geiser eingebrachte Zoo-Vergleich indirekt auch in Schneiders Buch Verwendung: „Nicht so ist es, lieber Leo. Es ist ganz anders. Ich sitze zwar jeden Abend in der Witwe Bolte, aber ich sitze wie ein ausgestopfter Raubvogel unter Singvögeln, keiner traut sich, mit mir zu reden."[42]

Im Roman *Landolts Rezept*, den Otto Marchi während seines DAAD-Aufenthalts zu schreiben anfing,[43] fährt die Hauptfigur Landolt quer durch Berlin, vor allem unterirdisch. Die Begrenztheit Westberlins und die gespenstische Dimension von einem Teil der Stadt werden hier in einer vom Erzähler wiedergegebenen Rede Landolts anschaulich gemacht:

> [...] als er immer noch schilderte, wie er den ganzen Tag ziellos mit der S-Bahn zu verlotterten Endstationen fuhr und nicht wußte, wie er seinen Auftrag erfüllen, wie er seine Geschichte weitererzählen sollte, ratterte [er] mit Hanna an den Stadtrand und ins Zentrum zurück, um nicht beichten zu müssen, baute vor ihr die Wachttürme auf und die Mauer, bepinselte sie mit ätzenden Sprüchen und beleuchtete sie nachts mit Scheinwerfern, fuhr über sie hinweg und mit der U-Bahn

---

39 Vgl. Schläfli (Anm. 26). Schläfli zeigt in seinem Aufsatz sehr genau, wie das Motiv des Freigeheges sich bei Geiser in den Berliner Jahren zu einem Themenkomplex entwickelt.
40 Christoph Geiser: Im Freigehege, in: Neue Zürcher Zeitung (22./23. September 1984).
41 Hansjörg Schneider: Lieber Leo, Zürich/Köln 1980, 234.
42 Ebd., 246.
43 Otto Marchi weist in einem Brief an Joachim Sartorius, dem damaligen Leiter des Berliner Künstlerprogramms, darauf hin. Der Brief vom 24. Juli 1989 befindet sich im Schweizerischen Literaturarchiv (SLA) in Bern, Signatur SLA-Marchi: B-1-DAAD.

> unter ihr hindurch an geschlossenen Bahnhöfen vorbei, schleppte Hanna durch leere Schalterhallen und über ihre riesige, verglaste Zubringertreppen, die von kleinen Glastempeln überdacht waren, ließ Gras auf den Bahnsteigen wachsen und vernagelte die Imbißbuden und zerrte sie durch gelb gekachelte Unterführungen [...].[44]

Die Mauer schreckt ab und fasziniert zugleich. Ihre Unumgänglichkeit muss von den Stipendiaten in Worte gefasst werden, sei es fiktional oder faktual, erzählend oder lyrisch. Sie umringt die Stadt, in der die Autoren für einige Zeit leben, und löst somit eine Spannung zum Gefühl der Weite und der Freiheit aus, wofür Westberlin eigentlich – im Gegensatz zur Schweiz – steht. Die besondere geographische und politische Lage Berlins wird in den unterschiedlichen Textsorten aufgenommen und reflektiert. In den Romanen spiegelt die Dimension der Eingesperrtheit der Stadt die Befindlichkeit fiktiver Figuren wider – Laederachs Rindlisbacher, der von einem Gefühl der Enge verfolgt wird, und Marchis Landolt, der sich unterirdisch der Wirklichkeit entzieht – oder bildet einen beruhigenden Rückzugsort (Schneiders Erzähler). In den faktualen Texten steht die persönliche Auseinandersetzung und das eigene Erlebnis der Schriftsteller gegenüber der Mauer im Vordergrund. Gerold Späth betont, dass die Präsenz der Mauer nicht nur den Raum, sondern auch die Sprache verändert: „Ringsum die Mauer: starr steht sie da, dumpf trennt sie, quert Straßen, sperrt Plätze, macht aus Stadt und Landschaft ‚hüben' und ‚drüben', stur läuft sie mitten durch die Menschen."[45]

„Drüben" im Osten

Ein gewisses Interesse für Ostberlin und die DDR im Allgemeinen zeigen die Schweizer Stipendiaten, die die Grenze mehr oder weniger regelmäßig überqueren. Ihre Sicht auf diesen Teil der Stadt variiert aber ebenso wie ihre Art, Ost- und Westberlin gegenüberzustellen. Eine vergleichende Lektüre von Berichten Nizons, Späths und Geisers offenbaren ihre unterschiedlichen Wahrnehmungen.

In Paul Nizons Ausstellungstext *Am Käuzchensteig im Winter 1982/83* wird Westberlin als „künstlich ernährter, nicht nur amputierter, sondern von der Welt abgeriegelter Stadtkörper"[46] bezeichnet. Im Blick Nizons scheinen in Berlin die Spuren der Geschichte besonders prägnant durch: „Am Kaiserdamm die Totenleuchter, die Mussolini stiftete, sie haben Galgencharakter. Vom Anhalter Bahnhof die Judenverschickung."[47] In einem Gespräch, das ich im März 2020 mit dem Autor geführt habe, betonte Nizon, dass er Deutschland immer mit der Nazizeit in Verbindung gebracht

---

44 Otto Marchi: Landolts Rezept, Frankfurt a. M. 1989, 44.
45 Späth (Anm. 35), 95.
46 Nizon (Anm. 11), 83.
47 Ebd., 84.

habe. Als Kind, das zwar in der Schweiz, aber im Krieg aufgewachsen sei, habe er stets eine Distanz zu Deutschland verspürt.[48] Es ist unter diesen Umständen wenig erstaunlich, dass Nizon das literarische Berlin während seines Aufenthalts im Westen nicht wiederfindet. Die Stadt bleibt in seiner Wahrnehmung von den Folgen des Krieges stark geprägt:

> Neue Architekturen erhoben sich behutsam in skeptischer Schönheit, doch blieb die Stadt das zerstörte Berlin, und die zerstückte Topografie wirkte sich auf das Lebensgefühl aus in der Weise, dass man die aus der Kenntnis von der Geschichte und Literatur mitgetragenen Bilder nirgends ansiedeln konnte, sie blieben vakuumverpackt in einem.[49]

West- und Ostberlin unterscheidet er jedoch dezidiert, wobei das Gefühl der Angst dem Osten zugeschrieben wird, wie in der folgenden Gegenüberstellung sichtbar wird:

> Die Freiheit [im Westen] war die Freiheit des Konsums und im Alltag ein Laboratorium für tolerantes Koexistieren von Lebensformen aller Art, das Leben wie in einer Schonung und manchmal wie im Sanatorium, wie mich dünkte – wenn auch für die vom Berliner Künstlerprogramm eingeladenen Gäste mit beträchtlichem Komfort verbunden. Gleich nebenan herrschte das Gegenteil, man konnte sich von einem Aussichtsturm das Bild der fehlenden Freiheit und den dazugehörigen Eintopf zu Gemüte führen und dabei in Gedanken das Fürchten lernen.[50]

Als Nizon auf Einladung des Vertreters der Bundesrepublik nach Ostberlin geht, erfährt er nun selber die Angst, das ständig Beobachtet-Sein: „Als ich [...] einen Tag in Ostberlin verbrachte, wurde ich, wie von meinem Gastgeber vorausgesagt, kurz nach Verabschiedung mitten in der Menge von Sicherheitsbeamten herausgepflückt – jeder

---

48 In diesem Gespräch bestätigte Nizon, der große Stadtschreiber, der Rom und vor allem Paris in seinen Texten unermüdlich inszeniert, dass sein Interesse an Berlin nicht groß gewesen sei. Berlin habe ihn nicht literarisch inspiriert, er sei aber nicht unbefangen gewesen. Er habe sich auch nicht beim DAAD beworben, sondern wurde für drei Monate als „Logiergast" eingeladen. Diese Vorbehalte gegenüber Berlin lassen sich allerdings anhand der Lektüre eines Eintrags in seinem Tagebuch aus dem Jahr 2000 relativieren. Dort berichtet er über einen Besuch in Berlin anlässlich der Schweizer Literaturnacht am Literarischen Colloquium und erinnert seine DAAD-Aufenthalte (es ist hier von zwei solcher Aufenthalte die Rede): „Ja, ich habe Erinnerungen, Lebens- und Alltagserinnerungen in Berlin und solche, die ich mit Odile teile. Damals fuhren wir den alten Volvo. Und ich grübelte an meinem *Jahr der Liebe*. Jetzt am Wannsee mit dem jungen Peter Weber und einer Schar von Schweizern, darunter Zschokke und Ruth Schweikert gezecht und getratscht, es war ganz amüsant. Ich bin jetzt der ,Alte' und hoffentlich kein Fossil für sie. Bei meinem ersten Einsitz [sic] im Haus am Wannsee anno 62 anläßlich der Tagung der Gruppe 47 war ich dreißig, also jung wie sie, erfolgshungrig, despektierlich, etc., das Leben rollt eben in rasender Schnelle ab und vorbei. Bin erstaunlicherweise in Berlin immer frohgemut und ohne meinen Deutschen-Komplex." Paul Nizon: Urkundenfälschung. Journal 2000–2010, hrsg. von Wend Kässens, Berlin 2012, 32. Hervorhebung im Original.
49 Nizon (Anm. 11), 83.
50 Ebd.

Fußbreit freien Ergehens überwacht."[51] Die Erleichterung ist jedes Mal spürbar, wenn der Autor nach Westberlin zurückkehrt: „Welch ein Aufatmen beim Ankommen in der ‚Insel der Freiheit'."[52]

Wie Nizon betont auch Späth die bedrückende Stimmung und die Rauheit der DDR-Beamten mit den aus dem Westen kommenden Besucher:innen:

> Wer sich nur einen Meter zu weit vorwagt, ehe er – von Grenzwächters Wink dazu aufgefordert – zum Schlagbaum rollt, wird grob zurückbeordert. Hier herrscht ein anderer Ton, eine harsche, untertönig höhnische Sprache wird laut. Es ist ein anderes Berlin. Ostberlin.[53]

Ostberlin wird von Späth als triste, graue Stadt beschrieben, ein Eindruck, der sich bei jedem seiner Besuche bestätigt. Und während bei Geiser der Zoo metaphorisch für Westberlin steht, kommt das Bild bei Gerold Späth in Bezug auf Ostberlin vor:

> Ostberlin, wir stellen es immer wieder fest, wenn wir den Menschen ins Gesicht sehen, ist wohl doch eher eine ziemlich freudlose Stadt. Sonderbar schroff auch, wie die Leute miteinander umgehen; sie sind nervös, gereizt, nicht zufrieden. Unser Ostberliner Freund faßt es bitter in harte Worte: „Das hier ist eine Art Zoo. Wir werden gehalten wie die Russen und vielleicht noch einige Mongolen. Aber FDJ steht für ‚Freie Deutsche Jugend'".[54]

Ostberlin erscheint in Späths Beschreibung als palimpsestartige Stadt. Es überlagern sich das literarische Berlin der 1920er Jahre und die Nazihauptstadt: Vor- und Nachkriegszeit, Fiktion und Geschichte stehen nebeneinander – anders als in der Sicht Nizons auf Westberlin, der das Literarische von der Geschichte vollkommen verdeckt sah:

> Es ist dieses Döblinsche Berlin, das ich hier, in Ostberlin, immer wieder durchschimmern sehe für kurze Augenblicke. Im Aschinger freilich, gerade hier, wo die Bedienung weiß, wer Döblin war und sein Franz Biberkopf, schlägt eine andere, die Hitlersche Hauptstadt, einmal mehr durch: an unsern Tisch setzt sich ein Rentner, der viereinhalb Jahre in den Konzentrationslagern von Dachau und Oranienburg verbrachte.[55]

Von Christoph Geiser wird der Osten weniger düster beschrieben. Der Schweizer, der in der Zeit Kulturredakteur der sozialistischen schweizerischen Zeitschrift *Vorwärts* und Mitglied der Partei der Arbeit war, kannte vor seinem Aufenthalt bereits Ost-, aber nicht Westberlin. Im Rahmen eines Austauschprogramms zwischen dem Schweizer Schriftstellerverein „Gruppe Olten" und dem Schriftstellerverband der DDR lernte er in Bern

---

51 Ebd., 83 f.
52 Ebd., 84.
53 Gerold Späth: Begegnungen in Ostberlin, in: Späth (Anm. 35), 109–119, hier: 112.
54 Ebd., 119.
55 Ebd., 115. Zuvor weist Späth darauf hin, dass das, „was heute ‚Handels-Organisations-Gaststätte' heißt, [...] früher ein ‚Aschinger' [war]". Ebd.

Christa Wolf kennen, mit der er während seines DAAD-Jahres in Berlin wieder Kontakt aufnahm. Wolf lud ihn ein, sie am 27. September 1983 in ihrer Berliner Wohnung zu besuchen, d. h. genau an dem Tag, dessen Ereignisse sie über vier Jahrzehnte hinweg in ihrem Buch *Ein Tag im Jahr* beschreibt. Sie erzählt von ihrem Dialog und so von den Eindrücken Geisers. Hier zu Ostberlin:

> Wenn er über den Checkpoint Charlie hier herüberkomme, gefalle es ihm eigentlich besser. Nicht so hektisch, die Leute ruhiger. Mehr heimatlich. Heute habe er sich zum Beispiel die Schinkel-Figuren angesehen, die da neu auf einer Seite der Jungfernbrücke aufgestellt seien, sehr weiß noch, aber das ganze Ensemble gefalle ihm sehr gut, er sehe hier mehr architektonische Gelassenheit als drüben. Ich sage ihm, daß dies Westlern oft so gehe, daß sie hier, ohne die Nachteile spüren zu müssen, mit Wollust an den Vorteilen einer engeren menschlichen Verbundenheit und einer weniger weit entwickelten Technik teilnähmen.[56]

Zur Ruhe, zum Heimatlichen, das Geiser laut Wolf im Osten wiederfindet, gelangt er aber erst nach dem Grenzübergang, den er sowohl im NZZ-Artikel *Im Freigehege* als auch in seinem Roman *Das Gefängnis der Wünsche*[57] als fruchterregend beschreibt – seine Darstellung nähert sich denjenigen Nizons und Späths an, wobei eine gewisse Ambivalenz bei ihm doch noch durchscheint:

> Ich bevorzuge den oberirdischen Übergang, eine bewusste Grenzüberschreitung, die Hindernisse sind sichtbar: ein Nadelöhr – zwischen Sperren, Blockaden, Barrieren. Einen Augenblick lang bin ich allein im Niemandsland, nichts als die Wand vor mir, im Blickfeld des Beobachtungspostens auf dem Turm: stumm bitte ich um Einlass; das schmale Gittertor surrt, aber es öffnet sich nicht, ich habe Berührungsängste beim erstenmal, Angst vor einem elektrischen Schlag: die Tür surrt, surrt, *einladend oder gefährlich*... und ich stehe im Regen unter meinem widerspenstigen Knirps aus dem Kaufhaus des Westens.[58]

In der 2019 erschienenen Novelle *Die Vergrämung der Zauneidechsen* erinnert sich Geisers Erzähler anlässlich der Ausgrabung des Kopfes des Lenin-Denkmals im Müggelwald, das vor der Wende am Leniner Platz stand, an seinen ersten Besuch in Ostberlin beim Korrespondenten des *Vorwärts* in der DDR, Jean Villain. Vor Ort – am ehemaligen Leniner Platz und heutigen Platz der Vereinten Nationen – geht er leicht ironisch auf die Spuren der Vergangenheit, der untergangenen Utopie des Kommunismus ein:

> Wo Lenin stand, da liegen jetzt in der Mitte der kleinen Grasfläche Gesteinsbrocken, von Wasser überplätschert, von Wasser umspielt. Findlinge, wie's scheint. Hier und da an den Brocken eine Messingtafel: *Südafrika* oder *Brüssel* steht auf ihnen angeschrieben, nebst Angabe einer Entfernung, hier und da ist der Fundort des Findlings angegeben, hier und da lesen wir

---

56 Christa Wolf: Ein Tag im Jahr. 1960–2000, Frankfurt a. M. 2013, 368.
57 Vgl. Geiser, Gefängnis der Wünsche (Anm. 27), 122 f.
58 Geiser (Anm. 40). Meine Hervorhebungen.

> Kilometerangaben, *Australien 9 100 km*. Die Welt steht offen! Und die Nationen sind vereint – mögen sie noch so weit auseinanderliegen, mögen die Entfernungen noch so groß sein: Kein Grenzwall trennt einen mehr, keine Mauer hindert einen zu gehen, wohin er will...⁵⁹

Die Veränderung Berlins nach dem Mauerfall hält Geiser durch kleine, in seinem Werk verstreute Momentaufnahmen fest. Vergleichspunkt bildet meist die Anfangszeit in Berlin und vor allem das Jahr 1983.⁶⁰ Die Nostalgie, die in diesen Passagen durchscheint, bezieht sich sowohl auf die vergangene Jugend als auch auf die gescheiterte Umsetzung des kommunistischen Ideals.

Schweizer Literatur in der DDR

Das Verhältnis der Schweizer Stipendiaten zur DDR ist auch ein literarisches. Über bestehende Freundschaften oder Bekanntschaften hinaus – z. B. zu Ronald M. Schernikau (Geiser) oder zum in Westberlin lebenden DDR-Autor Klaus Schlesinger (Späth, Hänny) – bildete sich über die Zeit ein gegenseitiges Interesse aus: die DDR interessiert sich für die Schweizer Literatur und die (vor allem deutschsprachigen) Schweizer Autor:innen waren daran interessiert, in Ostdeutschland verlegt zu werden. 1984 fand eine große Ausstellung mit dem Titel „Bücher aus der Schweiz" in Potsdam, Magdeburg, Cottbus und Karl-Marx-Stadt statt. 1985 war die DDR wiederum mit einer Buchausstellung in den schweizerischen Städten Zürich, Luzern, St. Gallen und Lausanne präsent. In dem Moment, als die Schweiz 1972 die DDR anerkannte, stieg das politische Interesse am kulturellen Austausch immer weiter an.⁶¹

Der Stellenwert und die Wahrnehmung der Schweizer Literatur in der DDR wich von Westdeutschland ab, wie Christoph Geiser bei unterschiedlichen Lesungen feststellt:

> In Westberlin war egal, was man sagt, man galt einfach als gutbürgerlicher Schweizer Autor. In Ostberlin hingegen bekam jedes Wort eine eigene Brisanz. So war Homosexualität in der DDR ein heikles Thema. Nach langem Zögern meines DDR-Verlages erschien auch *Wüstenfahrt* (1984/1986) vor der Wende. Der Verleger wollte damit Bahn brechen für die Homosexualität als Thema in der Literatur. Dies war vonseiten eines Schweizer Autors einfacher als von einem DDR- oder gar westdeutschen Autor.⁶²

---

59 Christoph Geiser: Die Vergrämung der Zauneidechsen, in: ders.: Verfehlte Orte. Erzählungen, Zürich 2019, 9–35, hier: 21. Hervorhebung im Original.
60 Im eben zitierten Passus erinnert allerdings der Erzähler einen Besuch in Ostberlin in den 1970er Jahren.
61 Vgl. dazu Therese Steffen Gerber: Art. „Deutsche Demokratische Republik (DDR)", in: Historisches Lexikon der Schweiz (HLS), Fassung vom 02. August 2010. Online abgerufen 24. Januar 2022 unter https://hls-dhs-dss.ch/de/articles/046530/2010-08-02/.
62 Baumberger (Anm. 25), 19.

Aufgrund einer strikten thematischen Aufteilung der Verlagsprogramme konnte der DDR-Verlag *Volk und Welt* seit 1964 keine Belletristik mehr aus der BRD und der DDR herausbringen, aber „die wenn auch nicht ‚deutsche', so doch immerhin ‚deutschsprachige' Literatur aus Österreich und der Schweiz bot den Germanisten um [den Lektor] Roland Links auch im Rahmen des internationalen Verlagsprofils fruchtbare Betätigungsfelder".[63] Das Interesse des in der internationalen Gegenwartsliteratur spezialisierten Verlags an der Schweizer Literatur wurde vom ostdeutschen Publikum mit großem Enthusiasmus aufgenommen. Ingeborg Quaas, die zuständige Lektorin, erzählt, dass sie für die Bücher aus der Schweiz – wie auch aus Österreich – keine Werbung hat machen müssen. Sie waren gleich vergriffen. Dies erklärt zum Teil den Wunsch vieler Schweizer Autor:innen, bei *Volk und Welt* verlegt zu werden. Darüber hinaus seien deren Bücher laut Quaas oft erst dann in der Schweiz zur Kenntnis genommen worden, nachdem sie in der BRD oder der DDR erschienen seien: „Das wirkte dann meist zurück, denn das Ansehen, der Bekanntheitsgrad hing davon ab, ob sie in Deutschland gelesen wurden."[64] Eine entschiedene Aufnahme vieler Schweizer Autor:innen in das Verlagsprogramm war allerdings nicht möglich. Es konnten pro Jahr nur drei, manchmal vier Bücher aus der Schweiz publiziert werden, wie nach einem „relativ starren Proporzsystem zu den anderen Lektoraten und Ländern"[65] feststand. Der Verlag *Volk und Welt* brachte drei große Anthologien zur Schweizer Literatur heraus: *Erkundungen. 35 Schweizer Erzähler* (1974), *Schweiz heute* (1976) und *Erkundungen II. 42 Schweizer Erzähler* (1986). Sie enthalten Texte von Christoph Geiser, Reto Hänny, Jürg Laederach, Paul Nizon, Hansjörg Schneider und Gerold Späth sowie wohlgemerkt ein paar übersetzte Texte aus dem Italienischen, Rätoromanischen und Französischen.[66]

Zu größeren Publikationen bei *Volk und Welt* gelangten unter den Schweizer Stipendiaten des Berliner Künstlerprogramms ausschließlich Christoph Geiser (mit vier Büchern) und Reto Hänny (mit einem Buch).[67] Während Geiser oft in der DDR las, wurde Hänny nie zu einer Lesung eingeladen. Grund hierfür ist womöglich die sich anbietende Doppellektüre seiner Chronik der Zürcher Ereignisse. Tatsächlich inspirierte das Buch Jugendliche in Weimar, die 1983 eine gegen den Staat gerichtete Spray-Aktion

---

63 Siegfried Lokatis: „DDR-Literatur" aus der Schweiz, aus Österreich und der Bundesrepublik. Das Germanistik-Lektorat von Volk und Welt, in: Monika Estermann, Edgar Lersch (Hrsg.): Deutsch-deutscher Literaturaustausch in den 70er Jahren, Wiesbaden 2006, 42–70, hier: 44.
64 Ingeborg Quaas: Auf Schweizer Erkundungen, in: Simone Barck, Siegfried Lokatis (Hrsg.): Fenster zur Welt. Eine Geschichte des DDR-Verlages Volk & Welt, Berlin 2003, 114–116, hier: 116.
65 Lokatis, „DDR-Literatur" aus der Schweiz (Anm. 63), 50.
66 Letzteres gilt ausschließlich für *Schweiz heute* und *Erkundungen II.*
67 Vier Autoren machten die Hälfte der Publikationen aus der Schweiz bei *Volk und Welt* aus: Friedrich Dürrenmatt, Max Frisch, Walter M. Diggelmann und Adolf Muschg. Vgl. Lokatis, „DDR-Literatur" aus der Schweiz (Anm. 63), 50.

vornahmen, für die sie zu einer Freiheitsstrafe verurteilt wurden. Einer der Protagonisten berichtet über den Einfluss von Hännys Buch:

> Ausgerechnet ein Buch aus dem DDR-Verlag *Volk und Welt* löste eine Initialzündung bei uns aus: *Zürich, Anfang September* – eine Dokumentation des Autors Reto Hänny über die Hintergründe der Schließung eines autonomen Kulturzentrums in der Schweizer Metropole [...]. Im Umschlagtext der DDR-Ausgabe von 1982 hieß es dazu, in Zürich habe „trotz aller Unterdrückungsversuche ein neues Selbstverständnis der jungen Generation in Westeuropa" seinen Ausdruck gefunden. Wir waren begeistert! Wie konnte dieses Buch nur die für Druckerzeugnisse obligatorischen Zensurverfahren in der DDR passieren? Die Parallelen zu den Repressalien, denen wir uns als unangepasste Jugendliche tagtäglich ausgesetzt sahen, lagen für uns auf der Hand.[68]

Der Status der Schweiz als ein Land, das eine Sprache mit Deutschland teilt, vom Krieg verschont blieb, aber dessen Autor:innen zumeist über den selben kulturellen Hintergrund verfügen wie deutsche Schriftsteller:innen, ohne Deutsche zu sein, erklärt das besondere Interesse der ostdeutschen Leser:innen. Zudem stellt Siegfried Lokatis eine gewisse Kulanz der Zensurbehörde den Schweizer Schriftstellern gegenüber fest, wenngleich zuweilen auch Schweizer Bücher, wie zum Beispiel Max Frischs *Stiller*, in der DDR lange nicht verlegt werden konnten. Der Grund für die seltenen Zensurprobleme lässt sich nicht endgültig rekonstruieren, da die „für die Vorauswahl relevanten einschlägigen Lektoratsgutachten" verloren gegangen sind, doch kann nach Lokatis die strenge Selektion der Werke, die sich aus der begrenzten Publikationsmöglichkeit von Büchern aus der Schweiz ergab, eine Erklärung liefern.[69]

Auch Akademiker:innen räumen der Schweizer Gegenwartsliteratur einen Stellenwert ein, den diese damals wie heute in der BRD nie hatte. So eröffnete der Leipziger Professor Roland Opitz 1983 eine Tagung zur deutschsprachigen Literatur der Schweiz der 1960er und 1970er Jahren mit folgenden Worten: „Wenn heute in der Welt über Weltliteratur nachgedacht wird, kann nicht auf die Literatur der Schweiz verzichtet werden. Das war der Grund, warum an dieser Universität schon vor längerer Zeit über die deutschsprachige Schweizer Literatur der Gegenwart geforscht worden ist."[70] Die von einem Autorenkollektiv unter der Leitung des ostdeutschen Germanisten Klaus Petzold verfasste *Geschichte der deutschsprachigen Schweizer Literatur im 20. Jahrhundert*, die 1991 in Berlin erschien, zählt noch heute zu den wichtigen – und wenigen – Überblickswerken zur Entwicklung der (deutsch)schweizerischen Literatur.[71]

---

68 Thomas Onißeit: Weimar, Anfang Oktober, in: Ulrich Jadke u. a.: Macht aus dem Staat Gurkensalat. Eine andere Jugend. Weimar 1979–1989, hrsg. von Rüdiger Haufe, Leipzig 2019, 78–82, hier: 80–81.
69 Vgl. Lokatis, „DDR-Literatur" aus der Schweiz (Anm. 63), 51; sowie das entsprechende Kapitel in Siegfried Lokatis: Verantwortliche Redaktion. Zensurwerkstätten der DDR, Stuttgart 2019.
70 Roland Opitz: Eröffnung, in: Klaus Petzold (Hrsg.): Entwicklungstendenzen der deutschsprachigen Literatur der Schweiz in den sechziger und siebziger Jahren, Leipzig 1984, 3 f., hier: 4.
71 Klaus Petzold (Hrsg.): Geschichte der deutschsprachigen Schweizer Literatur im 20. Jahrhundert, Berlin 1991.

Neun Schweizer Autoren in Berlin: eine Bilanz

Während Beat Sterchli, der 1989 Stipendiat des DAAD-Künstlerprogramms war, Berlin schon im Juni verließ und den Mauerfall nicht vor Ort miterlebte, kehrte Reto Hänny von einer Reise nach Polen genau am 9. November 1989 nach Berlin zurück. Nach einer Vorstellung in der Schaubühne verbringt er Zeit in einer Gaststätte, ohne zu merken, was gerade passiert:

> Wenn ich zurückdenke, muß mir aufgefallen sein, daß sich unsere Gaststätte, in die wir uns nach der Vorstellung verzogen, an jenem Abend für Berliner Verhältnisse recht früh leerte, ziemlich plötzlich sogar. [...] Irgendwie, ohne dem Auflauf weiter Beachtung zu schenken, werde ich im Auto, lange nach Mitternacht auf dem Heimweg den Ku'damm kreuzend, bestimmt auch die vielen Leute, den auffallenden Verkehr wahrgenommen haben. Nicht der Rede wert; Berlin ist nun mal eine Stadt und kein zu reiches, in strenger Abstufung polizeistundengeregeltes zwinglianisches Kaff; zudem ist es einige Zeit her, seit ich das letztemal hier langegefahren, und damals war Winter.[72]

Bei den Stipendiaten, die nach ihrem Aufenthalt weiterhin eine enge Beziehung zu Berlin pflegten, lösten die Veränderungen der Stadt nach dem Mauerfall eine gewisse Nostalgie aus. Die prägenden Berliner Jahre, die oft auch prägende Jugendjahre waren, stehen – vor allem bei Geiser – für eine verlorene Zeit, an die in aktuellen Texten immer wieder erinnert wird.

Die besondere politische und kulturelle Situation Berlins in den 1970–80er Jahren brachte viele Schweizer Schriftsteller:innen dazu, nach Berlin zu ziehen – für einige Zeit oder für immer. Aus den Aufenthalten der neun Stipendiaten des Berliner Künstlerprogramms des DAAD sind Beziehungen zwischen schweizerischen und deutschen Schreibenden im Osten und Westen entstanden oder vertieft worden. Die Freundschaften gingen über die Sprachbarrieren hinaus und ergaben sich auch zwischen manchen Stipendiaten und internationalen Gästen des Programms. Berlin wirkte für einige Schweizer Autoren als Schreibkatalysator, andere wurden so sehr von der Stadt mitgenommen, dass sie kaum etwas oder nichts schrieben. Auch die Wichtigkeit des Aufenthalts in ihrem (schriftstellerischen) Werdegang ist von einem Stipendiaten zum anderen sehr unterschiedlich.

Die Diversität der Berlin-Texte, die die Schweizer Autoren während oder im Anschluss an ihre Zeit in der Stadt geschrieben haben, zeugen einerseits von der unendlichen Fähigkeit der Literatur, Realitäten in Worte zu verwandeln und zu modifizieren, aber auch von der Prägnanz der Erfahrung, in einer abgeriegelten Stadt zu leben, in der die Kultur zwar brodelte, aber deren Grenze stets spürbar war. Trotz der unterschiedlichen Modi und Schreibweisen der hier analysierten Texte finden sich zahlreiche

---

[72] Reto Hänny: Am Boden des Kopfes. Verwirrungen eines Mitteleuropäers in Mitteleuropa, Frankfurt a. M. 1991, 301–302.

Parallelen wieder, wie etwa die Zoo-Metapher, die bei Geiser, Laederach, Schneider und Späth vorkommt. Die literarischen Spuren, die die Schweizer Stipendiaten hinterlassen haben, tragen zu einem internationalen Berlin-Diskurs bei: die gemeinsame Erzählung von Berlin als geteilte Stadt, in der die persönlichen Erfahrungen im Westen und im Osten in diversen literarischen Formen archiviert werden.

Aus einer schweizerischen Perspektive setzen die Präsenz Schweizer Schriftsteller in Berlin und die dort entstandene Literatur eine Traditionslinie fort, die sich bereits seit Jahrhunderten abzeichnet und bis heute andauert. Die Anziehungskraft Berlins, die in den letzten Jahren noch zugenommen hat, bringt immer wieder neue Schreibende aus der Schweiz dazu, nach Berlin zu ziehen. Die Internationalisierung der Stadt hat ihre Attraktivität über die Sprachgrenzen hinaus verstärkt, sodass sich Kunstschaffende, die einander im eigenen Land manchmal kaum wahrnehmen, womöglich eher in Berlin über den Weg laufen und kennenlernen. Eine neue, internationale Art des ‚innerländischen' literarischen Austausches.

Thomas Sliwowski
Witold Wirpsza: Ein polnischer Dichter in Westberlin

Als Witold Wirpsza 1967 die vom Berliner Künstlerprogramm des DAAD ausgesprochene Einladung annahm, galt er in Polen schon als recht etablierter Dichter und Essayist. Vier Jahre später, als er sich entschied, in Westberlin zu bleiben, hatte er bereits mehr als die Hälfte seiner literarischen Karriere hinter sich. Trotzdem spielte Berlin eine erhebliche Rolle in Wirpszas Leben und Werk. Größtenteils, wie dieser Beitrag zeigen wird, ist dies die Folge einer historischen Konstellation: Wirpszas Umzug nach Berlin fiel mit seiner Zensur in der Volksrepublik Polen zusammen. 1971 veröffentlichte er seinen Essayband *Pole, Wer bist du?*, in dem er die sich etablierende nationalistisch-kommunistisch ausgerichtete Landespolitik ebenso kritisierte wie die zugleich stattfindenden antisemitischen Säuberungen der Polnischen Vereinigten Arbeiterpartei (PZPR).[1] Die polnische Presse reagierte mit harscher Zurückweisung: Wirpsza war in Polen zu einer *persona non grata* geworden. Doch er war mehr als ein politisch Verbannter, der sich auf jener Insel Westberlins wiederfand: Er war ein zweisprachiger Schriftsteller, der sich schon vor seinem Berlin-Besuch intensiv mit der deutschen Literatur beschäftigt hatte. Wirpsza kannte nicht nur die deutsche Philosophie und ihre neuesten Entwicklungen, er war auch, zusammen mit seiner Frau Maria Kurecka, ein akribischer Übersetzer deutscher Literatur ins Polnische.

Wie muss also die Bedeutung Berlins für Wirpszas Werk veranschlagt werden, wenn man berücksichtigt, dass Wirpsza selbst immer auf die Nicht-Referentialität der dichterischen Sprache pochte? Lässt sich der Raum ermitteln, den diese Stadt in seinen Schriften einnimmt, ohne dabei sein stetiges Beharren auf der Nicht-Referenzialität dichterischer Sprache zu ignorieren – immer im Gedächtnis behaltend, dass Wirpsza, obwohl er fließend deutsch sprach, zum größten Teil auf Polnisch und für ein polnisches Publikum dichtete? Seine 1973 auf Deutsch erschienenen *Drei Berliner Gedichte* sind ein geeigneter Einstiegspunkt, um diese Fragen neu zu adressieren. Dieser Beitrag möchte daher anhand der *Drei Berliner Gedichte* zeigen, welche Funktion Berlin für Wirpszas Spätwerk erfüllt.

Allgemeine Untersuchungen über Wirpsza klammern den schmalen Lyrikband häufig aus, erachten ihn gar als unbedeutend. Gemeinhin wird er als Auftragsarbeit betrachtet, dabei nimmt er als eine von nur zwei Buchveröffentlichungen in deutscher Sprache eine Sonderstellung in Wirpszas Werk ein.[2] Er fungiert auch innerhalb von

---

1 Witold Wirpsza: Pole, Wer bist du?, übers. von Christa Vogel, Frankfurt a. M. 1971.
2 Die andere Buchveröffentlichung ist der 1980 publizierte Band: Witold Wirpsza: Prognosen. Oder die Naturgeschichte der Drachen, Berlin 1980.

Open Access. © 2023 bei den Autorinnen und Autoren, publiziert von De Gruyter. Dieses Werk ist lizenziert unter der Creative Commons Namensnennung – Nicht-kommerziell – Keine Bearbeitungen 4.0 International Lizenz.
https://doi.org/10.1515/9783110789539-010

Wirpszas Biographie als Übergang zwischen der Ankunft in Berlin und seiner Entscheidung, in dieser Stadt zu bleiben. Die Interpretation der Gedichte kann überdies durch drei wesentliche Kontexte angereichert werden: Der erste ist Wirpszas Poetik und sein Interesse an der Sprachphilosophie; der zweite Wirpszas Arbeit als Übersetzer und sein Einsatz für die deutsche Sprache; zum dritten gilt es Wirpszas Verhältnis zur polnischen Nationalkultur in den Blick zu nehmen. Auch hierdurch lässt sich der Stellenwert dieser Gedichte in Wirpszas Gesamtwerk beschreiben.

Dariusz Pawelec unterteilt in seiner Monografie über Wirpsza den Werdegang des Dichters in acht Phasen. Wirpszas Texte aus den 1960er Jahren situiert Pawelec in einer „linguistischen Phase", die von der 1965 erschienenen Essaysammlung *Gar Znaczeń* (dt. *Spiel der Bedeutungen*) gekrönt wurde. Darauf folge, so Pawelec, eine „Phase der Abwesenheit", in der Wirpsza aus der Volksrepublik Polen ausreiste und durch ein Publikationsverbot vom Literaturbetrieb der Volksrepublik ausgeschlossen wurde.[3] So wurde etwa sein poetischer Beitrag für den Sammelband *Pisarze polscy o sztuce przekładu 1440–1974* (dt. *Polnische Schriftsteller über die Kunst des Übersetzens 1440–1974*) vom Herausgeber Edward Balcerzan aufgrund politischer Bedenken des Zensors abgelehnt.[4] In den Zeitschriften polnischer Communities im Ausland hingegen wurde Wirpsza, wie Grądziel-Wójcik gezeigt hat, nicht ignoriert: Beispielsweise druckte die in Paris ansässige Zeitschrift *Kultura* 1979 einen Artikel von Stanisław Barańczak über Wirpsza.[5] Doch Pawelecs Diagnose, mit dem Jahr 1965 breche bei Wirpsza eine „Phase der Abwesenheit" an, ist nicht falsch: Erst gegen Ende der 1980er Jahre erschienen in Polen wieder Artikel und Studien über Wirpsza. Seit den 1990er Jahren wurde er, wenngleich kritisch-distanziert und zögerlich, rehabilitiert: Die hier genannten Studien sind nur zwei von vielen neueren Arbeiten, die sich mit seinem Werk auseinandersetzen. Pawelecs Periodisierung ist für unseren Beobachtungszeitraum aber besonders ergiebig: Die 1973 erschienenen *Drei Berliner Gedichte* markieren den Übergang zwischen Wirpszas ‚linguistischer Phase' und seiner ‚Phase der Abwesenheit', die ich nun gern in eine ‚Berliner Phase' umbenennen möchte. Auch wenn er sich als politisch Verbannter in Berlin aufhielt, war Wirpsza in dieser Zeit doch nicht schweigsam, sondern durchaus umtriebig und literarisch aktiv. In Berlin konnte er sein Interesse für die zeitgenössische deutsche Kultur vertiefen; und aufgrund seines Umzugs nach Berlin gewann er Abstand zum polnischen Literaturbetrieb mit seinem omnipräsenten Konflikt zwischen Staats- und *Underground*-Kultur, mit seinen Tabuthemen und der Ächtung von Schriftsteller:innen. In diesem Sinn war Berlin ein idealer Ort, von dem aus Wirpsza sein literarisches Schaffen neu ausrichten konnte. Berlin stellte das letzte Kapitel seines Werdegangs dar, obgleich er noch bis zu seinem Tod 1985 als Dichter und

---

[3] Dariusz Pawelec: Wirpsza Wielokrotnie, Mikołów 2013, 62. Übers. von T. S.
[4] Dazu ausführlicher Joanna Grądziel-Wójcik: Poezja jako teoria Poezji. Na przykładzie twórczości Witolda Wirpszy, Poznań 2001, 8.
[5] Ebd., 9.

Übersetzer produktiv bleiben sollte. Die *Drei Berliner Gedichte* können jedoch nicht als Alterswerk bezeichnet werden: dynamisch, leichtfüßig und komisch kommen sie daher, sie setzen Wirpszas über Jahre gewachsene Poetik als literarisches Experiment auf neuem Terrain, in deutscher Sprache, fort – bisweilen auch mit überraschenden Resultaten. Um die hier zutage tretenden Denkmuster besser einordnen zu können, erscheint es nun angebracht, einen näheren Blick auch auf die Biographie Wirpszas zu werfen.

Zum Leben des Autors

Der 1918 in Odessa geborene Wirpsza hatte sein literarisches Debut 1935, als er ein skandalträchtiges Gedicht in einer Studentenzeitung veröffentlichte.[6] Den zweiten Weltkrieg verbrachte er als Kriegsgefangener der Nationalsozialisten in den Lagern Neubrandenburg und Groß Born, bevor er 1945 nach Krakau zog. Dort heiratete er Maria Kurecka, die auch beruflich seine lebenslange Gefährtin werden sollte: zusammen übersetzten sie zahlreiche Werke der deutschsprachigen Literatur ins Polnische. Kurz nach ihrer Hochzeit zogen sie nach Stettin an die deutsch-polnische Grenze.[7] Nach anfänglicher Adaption und dem Mittragen offizieller poetischer Vorgaben im polnischen Literaturbetrieb, partizipierte Wirpsza in den 1950er Jahren am ‚linguistic turn'; distanzierte sich zunehmend von der Programmatik des Sozialistischen Realismus. Ein Zeugnis insbesondere seiner sprachreflexiven Wittgenstein-Lektüren ist etwa die 1965 erschienene Aufsatzsammlung *Gra Znaczeń*, mit der er die seiner Ansicht nach im polnischen Literaturbetrieb vorherrschende „poezja sentymentalna" [‚sentimentale Poesie'], scharf verurteilte. Der Essayband ist dabei auch ein frühes Zeugnis der Auseinandersetzung Wirpszas mit der deutschsprachigen Literatur, ein Werk, das nicht etwa mit Mickiewicz oder Kochanowski, sondern mit dem berühmten Ende aus Goethes *Faust I* beginnt. Am Ende seines Essays teilt Wirpsza dem Leser mit, dass er *Faust I* zum ersten Mal in einem Kriegsgefangenenlager während des Zweiten Weltkrieges ernsthaft gelesen habe. In einer provokanten Geste bezeichnet er das Lager der Nationalsozialisten als den seiner Meinung nach geeigneten Ort, um sich gewissenhaft der *Faust*-Lektüre zu widmen: er erzählt, wie er, ähnlich den anderen polnischen Offizieren, durch die Inhaftierung eine neue Dimension von Freiheit in der Lektüre gefunden habe: als Gefangene seien sie ohne jegliche Verpflichtungen gewesen. Doch unangebracht und unpatriotisch sei es, in dieser Weise sentimental an die Inhaftierung bei den Nationalsozialisten zurückzudenken.[8] Wie so oft bei Wirpsza agiert der Text

---

6 Art.: „Witold Wirpsza", in: Karl Dedecius (Hrsg.): Panorama der polnischen Literatur des 20. Jahrhunderts, Darmstadt 2000, Bd. 4: Porträts, 941–944.
7 Vgl. ebd.
8 Witold Wirpsza: Gra Znaczeń. Szkice literackie, Warschau 1965, 5–15.

aus, was er gerade darzulegen versucht hatte: hier die enttäuschende, unvermeidliche Erstarrung von Poesie durch die Politik.

In dieser Lektüreszene Wirpszas wird jedoch auch deutlich, dass es ihm niemals bloß um die reine Sprache oder eine abstrakte Sprachkritik geht – Sprache und Wirklichkeit sind für Wirpsza immer miteinander verknüpft; sei es in seinem Vorhaben, wie es Jacek Gutorow skizziert hat, eine Poesie für die Zukunft zu schreiben,[9] sei es im Bestreben, das Zeichen als ‚Hieroglyphe', als ‚Archiv von Bedeutungen'[10] zu verstehen, das – traumartig und im Sinne der freudschen Latenz – auch eine verdeckte Tiefendimension beinhaltet. Mithin lässt sich Wirpszas Poetik in einem Feld zwischen der politischen Instrumentalisierung der Sprache im Sozialistischen Realismus und den selbstreferentiellen Sprachspielen einer durch Wittgenstein informierten Zeichentheorie verorten. Geknüpft sind daran auch die unablässigen Sorgen des Dichters um das Fassungsvermögen der Sprache und die sprachimmanenten Möglichkeiten, Wahrnehmung an sich darzustellen.

Wenngleich Wirpsza also nicht lediglich als sprachexperimenteller Dichter gesehen werden kann, ließ ihn seine sprachkritische Haltung auch zur Kultur und Sprache seines eigenen Herkunftslandes auf Distanz gehen. Davon zeugt auch ein vielbesprochener Essayband des Autors, der 1971 unter dem Titel *Pole, wer bist du?* bei *C. J. Bucher* publiziert wurde – einem Schweizer Verlag, der zum Großteil Reiseführer veröffentlichte. Wirpsza hatte zu diesem Zeitpunkt bereits einige Zeit in Westberlin verbracht, unter anderem 1967 als Gast des vom DAAD initiierten Berliner Künstlerprogramms. *C. J. Bucher* beauftragte Wirpsza, für ein westeuropäisches, deutschsprachiges Publikum einen literarischen Reiseführer über Polen zu schreiben. Was Wirpsza ihnen jedoch lieferte, war eine vielschichtige Reflexion über die polnische nationale Identität. Warum *C. J. Bucher* das Buch trotz dieser neuen Ausrichtung publizierte, ist nicht klar: in Polen sorgte es derweil für viel Aufmerksamkeit. Im Buch behauptet Wirpsza etwa, dass die polnische Nation im Wesentlichen ‚nominalistisch' sei, das heißt, Namen und abstrakte Ideen über einen ‚gesunden Sinn für die Realität' selbst stelle. Diese Beobachtung führt er auf die spezifische Geschichte der polnischen Sprache zurück. So erklärt Wirpsza, wie Polnisch als Schriftsprache im 16. Jahrhundert größtenteils systematisiert wurde: Als der polnische Dichter Jan Kochanowski die Regeln der Sprache festschrieb, benutzte er Latein als grammatisches Vorbild. Aufgrund dieser lateinischen Herkunft, so Wirpsza, sei die polnische Sprache seit jeher besser geeignet, Ideen zu benennen, als die Wirklichkeit zu beschreiben.

---

9 Jacek Gutorow: Urwany Ślad. O wierszach Wirpszy, Karpowicza, Różewicza i Sosnowskiego, Breslau 2007, 21.
10 „Znak nigdy nie jest dokładnym odwzorowaniem rzeczywistości— jest hieroglifem, archiwum znaczeń, z których niektóre są oczywiście, a niektóre uśpione. To właśnie w tym sensie sen jest metonimią języka." Gutorow (Anm. 9), 18.

Pole, wer bist du? ist zu einem großen Teil auch eine Polemik gegen das, was Wirpsza als überbordende Nationalromantik verstand: eine geschichtlich entwickelte Eigenart Polens, die im Kern darin besteht die Rolle des eigenen Volkes als ewiger Märtyrer unendlich nachzuerzählen und jede Situation durch dieses Narrativ rechtfertigen zu wollen. Ob diese Genealogie der polnischen Sprache den Gegebenheiten entspricht, ist in diesem Fall unwichtig. Wirpsza schrieb das Buch nach den antisemitischen Säuberungen in der Polnischen Vereinigten Arbeiterpartei, und in diesem Kontext ist es zu lesen: als Versuch, die im Entstehen begriffene nationalistische Kultur des polnischen Realsozialismus zu kritisieren.

Die Veröffentlichung des Buches zementierte Wirpszas Status als eine *persona non grata* in der Volksrepublik. Polnische Journalisten antworteten mit kritischen Repliken und Verrissen, die Wirpsza vorwarfen, kein echter Pole zu sein – ein Artikel trug etwa den Titel: „A kim pan jest, Herr Wirpsza?" [„Und wer bist du, Herr Wirpsza?"] Sicher bemerkte Wirpsza selbst, dass die entrüsteten Angriffe gegen ihn seine Ansichten über den polnischen Nationalismus bestärkten. Obwohl Wirpszas Unterfangen, die polnische Regierung zu kritisieren, weitgehend ohne politische Konsequenzen blieb, bestärkte ihn der Skandal in der Entscheidung, in Westberlin zu bleiben.

Die *Drei Berliner Gedichte* im Kontext von Wirpszas Umzug nach Berlin

Wirpszas frühere Karriere, sein Interesse an Sprachphilosophie, die Neigung zum Surrealismus und seine spätere Hinwendung zu Fragen der Wahrnehmung – all diese Kontexte sollten wir uns beim Lesen der *Drei Berliner Gedichte* ins Gedächtnis rufen. Wie etwa können wir den Titel dieses Bandes verstehen? Abgesehen vom Umstand, dass er 1967, während Wirpszas DAAD-Aufenthalts in Berlin und auf deutsch verfasst wurde – inwieweit sind diese Gedichte tatsächlich *Berliner Gedichte*? Der erste Text, *Entwurzelung*, scheint sich auf den ersten Blick mit Wirpszas Abreise aus Polen zu beschäftigen. Die 140 nummerierten Absätze beginnen mit der Feststellung, dass eine (Ab-)Reise sich hier auf verschiedenen Ebenen vollzieht:

1. ich soll weggehen ohne führer ohne mass ohne wegweiser ohne kenntnis von richtungen
2. ich bewege mich in einem unbestimmten gebiet der nicht-landschaft
   ich werde die landkarte dann aufzeichnen wenn
   in der kindheit ein gewisser satzrhythmus die finsternis der unruhe die finsternis der ruhe bezeichnet
   er bezeichnet nicht die finsternis der ruhe der unruhe was bezeichnet er
3. der wald fabrik der wahrheit
4. aus welchem rohstoffen erzeugt man die wahrheit kennen
   wir die wahrheit wenn wir den rohstoff kennen

> 5. im walde erzeugungsaggregate ein aggregatenwald
> zahnräder achsen kolben leitungen sicherungen das grün
> das rot der rost das blinken des welkens
> die dichte des waldes kriecht holzlos[11]

Die Metaphern aus den Bildbereichen Natur und Industrie, die das Gedicht zum thematischen Ausgangspunkt nimmt, fungieren als Mittel, um den poetischen Text von seinem Gegenstand (den konkreten, außerliterarischen Bezugspunkten) abzutrennen. Die Reise von Polen nach Deutschland wird als Umzug vom Wald in die Stadt und – abstrakter – als Übergang vom Rohstoff zum (kulturellen) Erzeugnis vorgestellt. Augenscheinlich wird auch die Relevanz von Prozessualität für Wirpszas Poetik, die im Gedicht auch sprachlich artikuliert wird: Noch beginnend ohne Großschreibung und ohne Zeichensetzung, verändert sich der Text in seiner Gestalt zur Mitte hin. Die Versstruktur wird abgelöst von einer prosaischen Form, der Sprach- und Schreibstil erinnert nun eher an ein philosophisches Traktat. Dies spiegelt sich auch im ‚Rohstoff' des Gedichts wider, der eine Art Phänomenologie der Stadt entwickelt – so beispielsweise im 44. Absatz: „Aber schon beim Beschreiten des Weges zur Stadt und während man sich ihr nähert beobachtet man eine sich stetig steigernde Ordnung der Sprache: Die Befolgung consecutionis temporum wird unentbehrlich und auch andere Regeln der Grammatik drängen sich auf."[12] Die sich einnistende Stadt-Grammatik führt nun zu einer neuen Selbst-Hygiene, einer Sterilität im Umgang mit der eigenen Biographie, wie der 57. Absatz verdeutlicht: „Den Wald verlassend und in die Stadt gehend, soll man sich seiner Kindheit entledigen, seiner Erinnerungen und Vorstellungen von der Kindheit. In die Stadt hineinkommend soll man die Geisteskräfte frei von seiner Kindheit halten, damit die Namen sich dort behaglich einnisten können."[13] Zum Ende hin verkürzen sich die Sätze erneut, die zwischenzeitlich stufenweise etablierte Großschreibung und Zeichensetzung verschwindet wieder, das pseudo-philosophische Traktat löst sich auf zerfällt in poetische Sprachfetzen und wird zunehmend unverständlicher, beispielhaft etwa Sentenz Nr. 128: „die städtische kartographie verstrickt sich im ethischen juristischen banausentum"[14] – gerahmt wird die Stadt-Erfahrung auch durch die biblische Erzählung von Lot, der Flucht vor Sodom und Gomorrha, der Erstarrung von Lots Frau zur Salzsäule.[15] Damit verortet Wirpsza sein Gedicht im Spannungsfeld zwischen Stadt und Land, Naturmetapher und kulturellen Versatzstücken – ihm geht es dabei nicht darum, ein abgeschlossenes Endprodukt zu präsen-

---

[11] Witold Wirpsza: Drei Berliner Gedichte, Berlin 1976, 7.
[12] Ebd., 10.
[13] Ebd., 13.
[14] Ebd., 26.
[15] Ebd., 27.

tieren, das über einen spezifischen Weltzugang verfügt, sondern um die abstrakte Entfaltung des Themas inmitten einer Diversität von Metaphern, Diskursen und Stimmen.

Was bedeutet es also, Wirpszas Texte, und die Berlin-Referenz insbesondere, wörtlich zu nehmen? Im Nachwort der *Gedichte* schreibt der Autor, mit den Erwartungshaltungen der Leser:innen spielend, dass er das verfasst habe, als er Gast des Künstlerprogramms des DAAD war, während er sich „zum ersten Mal nach dem 2. Weltkrieg für eine längere Zeit in einer westeuropäischen Großstadt"[16] befand. Sogleich jedoch verneint er alle wörtlichen Lektüren, die im Gedicht ein Abbild Westberlins ausfindig machen wollen:

> Nicht das Bild der Stadt faszinierte mich, auch nicht das Geschehen in diesem Bilde. Vielmehr schwebte mir ein Text vor, in dem das gegebene und subjektiv wahrgenommene, geschlossene Umweltzeichensystem derart verarbeitet wäre, daß die Geschlossenheit geöffnet und mehrdeutig werden könnte in den verschiedensten Arten der Perzeption und Interpretation. Ich ahne schon den Vorwurf: Das Gedicht kann nicht als eine Vision Berlins von 1967 betrachtet werden. Wo ist die Mauer und die Toten an der Mauer? Wo sind die großen Studentendemonstrationen und der erscheinende Tod von Benno Ohnesorg? Wo ist die Stimmung von Wedding und Moabit, von Wilmersdorf und Charlottenburg, von Kreuzberg und Neukölln? Wo sind die Berliner, die Bürger und Großbürger, die Arbeiter und die Intellektuellen? – Gelassen antworte ich: Nirgends. Es war nicht meine Absicht Eindeutigkeiten aus der Flucht vor Missverständnissen zu formulieren, im Gegenteil: Es war meine Absicht, Mehrdeutigkeiten aus Neigung zu Missverständnissen zu äußern.[17]

Für das Verständnis der Berlin-Referenz dieses Gedichts hält Wirpszas Nachwort einen wertvollen Hinweis bereit: Obwohl er nicht die Absicht bekundet, die Stadt selbst darzustellen, äußert er dennoch die „Hoffnung, daß ‚Entwurzelung' in jenes größere geschichtliche Bild hineinpaßt, in dem auch das Berlin von 1967 zu finden ist."[18] Nicht die Stadt, sondern eine konkrete geschichtliche Konstellation ist das Thema des Gedichts. Als er zurück nach Polen kam, berichtet Wirpsza, und er den Text seinen Freunden vorlas, habe einer von ihnen bemerkt: „Du meinst doch selbstverständlich Westberlin, diese Stadt steckt in dem Text."[19] Es ist durchaus von Bedeutung, dass Wirpsza diese kurze Anekdote hier in sein Nachwort einflicht: Die Wahrnehmung Berlins steht für ihn nicht nur in Bezug zu Polen, sondern fungiert als ‚Rohstoff', den Wirpszas Lyrik in poetischen Gehalt übersetzt.

Das zweite Gedicht der Sammlung, *Apotheose des Tanzes*, schrieb Wipsza 1973, nachdem er die Entscheidung getroffen hatte, Polen für immer zu verlassen und in Westberlin zu bleiben. Spöttisch beschwert er sich hier über die konventionellen literarischen Darstellungen von Einwanderungserfahrung als sentimentaler „süß-saure[r]

---

16 Ebd., 49.
17 Ebd.
18 Ebd., 50.
19 Ebd.

Soße."[20] Im Gegensatz dazu möchte er zeigen, wie sich ihm eine neue Freiheit eröffnete, als er sich dazu entschied, in Westberlin zu bleiben. Im Gedicht treten der Reihe nach Figuren auf, etwa Beethoven, Dante, Plato, Stalin, Katharina II. und Shakespeare, die teils auf im Warschau der 1970er Jahre nicht immer verbotene, doch zumindest tabuisierte literarische Traditionen und Motive verweisen. Hier werden sie nun zum Gegenstand eines betont leichtfüßigen Humors.

Das letzte Gedicht, eigentlich ein Zyklus von sechs Gedichten, trägt den Titel, *Berlin: Als Zeichen und Verstellung* – dieser klare wortspielerische Verweis auf ein prominentes philosophisches Werk betitelt ein Gedicht, das nicht nur an einen konkreten Anlass gebunden ist, wie alle Texte des Bandes, sondern auch eine Art literarische Collage: Poesie, die aus vorgefundenen Materialen zusammengesetzt wurde. Im Anschluss an die Ausstellung „Welt aus Sprache", die 1973 an der Westberliner Akademie der Künste stattfand und bei der Wirpsza selbst mitwirkte, arrangierte er die von Besuchern verfassten Notizen zu sechs Gedichten. Wirpsza beschreibt die Ausstellung dabei in folgenden Worten:

> Eine semiotische Ausstellung, in der sich der Besucher (aber auch die Aussteller) in einer Anhäufung von Zeichen wiederfand, oder aber auch statt des Sich-Wiederfindens verlor. Es war nach meiner persönlichen Empfindung die Doppelwirkung eines Labyrinths: Ein richtiger Weg zum Zentrum existiert dort zwar, jedoch den Sinn des Labyrinths machen die Irrwege aus.[21]

Es ist dieses Interesse am Irrweg, das Potenzial von zeichenhaften Querverbindungen, um uns neue Weisen der Wahrnehmung aufzuweisen, die Wirpszas poetische Einstellung hervorbringt.

Entlang der Ausstellung führt uns das Gedicht *Berlin: Als Zeichen und Verstellung* demnach näher an die Frage, inwieweit festgestellt werden kann, dass die *Drei Berliner Gedichte* eben Texte *aus* Berlin sind, auch wenn sie nicht im engeren Sinne Gedichte *über* Berlin sind. Es ist bemerkenswert, dass Wirpsza die Form eines zeitlich konkret verortbaren, poetischen Textes hier erprobt, und dass die Berücksichtigung der Datierbarkeit des Gedichts einen Einblick gibt, wie Wirpsza mit der Frage der Referenzialität spielt. Was bedeutet es, einen konkreten Zeitpunkt bzw. Anlass darzustellen, und was kann hierdurch zutage treten? Das Gedicht verweist dabei auch signalartig auf Wirpszas Karriere und Biographie: es markiert nicht nur die Arbeit einiger Jahre (ungefähr 1967–1973) sondern auch einen wichtigen Wendepunkt in Wirpszas Werdegang.

---

20 Ebd.
21 Ebd., 51.

Die Ausstellung „Welt aus Sprache" (1972)

Die Ausstellung in der Akademie der Künste, die Wirpsza zum Anlass seines Gedichtes wählte und an der er selbst mitarbeitete, trug den vollständigen Titel „Welt aus Sprache. Auseinandersetzung mit Zeichen und Zeichensystemen der Gegenwart".[22] Als Hauptkurator fungierte Walter Höllerer, Gründer des seit 1963 existierenden Literarischen Colloqiums Berlin. Er war es auch, der Wirpsza 1967 nach Berlin eingeladen hatte. „Welt aus Sprache" lässt sich nun, so viel ist sicher, als ein Produkt seiner Zeit betrachten: ein Paradebeispiel für die Faszination am Umgang mit Sprache, Semiotik und Bedeutung, die im Westberliner Kreis um Walter Höllerer verhandelt wurde – in diesem Gestus versuchte man alles, von Politik bis zur Fernsehwerbung über Rhetorik und Semiotik neu zu erklären.[23] Die Ausstellung spielte mithin auch eine wichtige Rolle bei dem Versuch, abstrakte akademische Theorien einem breiteren Publikum zugänglich zu machen und so Theorievermittlung zu betreiben. Im Nachwort der *Gedichte* eröffnet uns Wirpsza seine Strategie, die Reaktionen des Publikums in seine Texte mit aufzunehmen:

> Bei der Niederschrift von *Berlin: Als Zeichen und Verstellung* verwendete ich Notizen, die die Besucher der Ausstellung in eigens dazu an verschiedenen Exponaten angelegten Heftchen gemacht hatten. Selbstverständlich habe ich diese Notizen (einzelne Sätze und Wörter) nicht im Sinne der Besucher in den Text hineinmanipuliert; ich tat es in meinem eigenen Sinne, so wie es mir eben ins Gedicht paßte.[24]

Die sechs aus der Veranstaltung hervorgegangenen Gedichtteile sind vor allen Dingen deswegen bedeutsam, weil sie die Reaktionen des Publikums in Lyrik umwandeln. Die vermeintlich flüchtigen Bemerkungen der Besucher werden so durch das Gedicht, das ebenfalls an einen konkreten Zeitpunkt gebunden ist, zu etwas Dauerhaftem: sechs Texte, die man nun als Aufzeichnung Wirpszas aus dem Berlin der frühen 1970er Jahre lesen kann.

Auf den ersten Blick handelt es sich um unzugängliche Texte. So ist in allen sechs Gedichtteilen eine starke Betonung von Abwesenheit auszumachen: Fragen der „Ausstellung" und des „Ausstellbare[n]" fokussierend, fragt Wirpsza nach den Grenzen der Darstellbarkeit und der Repräsentation. Die mit diesen Fragen verknüpfte Medienreflexion andeutend, lässt Wirpsza hier den berühmten Wiener Komponisten Franz Schubert auftreten; als Subjekt einer schillernden Apostrophe zum einen, als eine Art Fallbeispiel zum anderen: „Man nehme eine Stadt. Ist die Stadt ausstellbar. Eine

---

22 Vgl. Karin Kiwus (Hrsg.): Welt aus Sprache. Erfahrungen und Ergebnisse. Dokumentation über Exponate und Aktivitäten in der Akademie der Künste vom 22.9.–22.10.1972, Berlin 1972.
23 O. A.: Welt aus Sprache, in: Der Spiegel 41 (1972); zitiert nach der Online-Ausgabe der Zeitschrift *Der Spiegel*. Online abgerufen am 20. Januar 2022 auf: https://www.spiegel.de/kultur/welt-aus-sprache-a-20043cff-0002-0001-0000-000042805297.
24 Wirpsza, Drei Berliner Gedichte (Anm. 11), 51.

Stadt ist ausstellbar. Wohnte Schubert in Berlin. Schubert wohnte nicht in Berlin. Ist es ausstellbar, daß Schubert in Berlin nicht wohnte. (LEICHENSÜSSE, FAULE EIER)."[25] Was bedeutet es, eine Abwesenheit auszustellen? Wie ist die Nicht-Existenz von etwas darstellbar, und wie kann diese Frage uns helfen zu verstehen, was eine Ausstellung eigentlich vollzieht, indem sie etwas ausstellt? Das Gedicht schlägt zur Erörterung dieser Fragen die folgende Versuchsanordnung vor:

> Man stelle im Ausstellungsraum einen übergroßen gläsernen Kasten auf; man fülle den Kasten anstelle der Luft mit zerstochener Schubertscher Musik; man befestige am Kasten eine gelbgrüne Inschrift: Da ist überhaupt kein Schubert; man nehme an, daß der Kasten in Berlin steht. So wäre ausstellbar, daß Schubert in Berlin nicht wohnt. (ALTE STEINE).[26]

Vermutlich sind die eingeklammerten Wörter und Phrasen das ‚rohe Material', das Wirpsza aus den Notizen des Publikums schöpfte. Hier werden sie nun wiederverwertet und bilden eine Art missglückter Reprise, die die Defizite der wissenschaftlichen Erklärungsversuche des Gedichts kommentiert. Der Ton des Gedichts ist ja durchaus humorvoll und es scheint, als spotte Wirpsza nicht über die philosophischen Gedankengebäude der Semiotik an sich, sondern über den ernsthaften, wissenschaftlichen Ton, mit dem die Semiotik versucht, sich als wissenschaftliche Disziplin zu legitimieren. Immer wieder nehmen die Gedichte die Sprache und die Semiotik zwar ernst – aber im Grunde zu spielerischen Zwecken.

Das erste Gedicht, *Ein gewisse Romantik*, enthält das folgende Fragment, das diese Einstellung verdeutlicht:

> Ein
> Zeichen der Verstellung: der
> Natur der Dinge. Nur Schrift, nichts
> Mehr. Das Meer; die Seen; es gibt nichts zu sehen.[27]

Dieses bemerkenswerte Fragment vollführt für den Lesenden genau das, was im Gedicht beschrieben wird: „Nur Schrift, nichts / Mehr." Die folgenden Sätze reduzieren dieses Urteil auf ein Wortspiel. Das Diktum, dass sich alles nur als Sprache und Zeichen erweise, ist hier selbst nicht mehr als ein sprachliches Zeichen, und in der Tat ist jedes Urteil über die Natur der Sprache selbst nur als Teil des sprachlichen Systems artikulierbar. Aber als Wortspiel wird die Sprache mehr als „nur Schrift": Zeichen sind als Phänomen der Sprache immer mehrdeutig: sie sind unfähig, nur eine einzige Bedeutung zu transportieren. Die Wahrheit wird hier durch das (Wort-)Spiel vermittelt: das spielerische Element in der Sprache, zeigt uns, wie seltsam es ist, dass die Sprache überhaupt etwas zeigen kann.

---

25 Ebd., 41.
26 Ebd.
27 Ebd., 39.

Sprechen, Teilen, Ausstellen – Die Ausstellung als Sprachexperiment

Das sechste Gedicht aus *Berlin: Als Zeichen und Verstellung* ist auch das letzte Gedicht des Bandes, es fasst viele von Wirpsza präferierte Themen und Interessen zusammen:

> 6. Die Unnatur
> Die Unnatur ist ausstellbar in
> Unnatürlichen und menschlichen
> Räumen; in Museen. (EKEL). Und dennoch:
> Das Ausgestellte hat die Natur
> Des Ausstellers (des Menschen) und
> So ist die Unnatur von der (DER
> WELT) menschlichen Natur infiziert.
> Als in jenem (zum 11. Jahrestag) Gebäude
> Die Infizierung (der Teilung)
> Der Unnatur (Berlins) von der
> Menschlichen (wurde) Natur (STERILE) aus-
> Gestellt wurde (der 200. Jahrestag der
> Ersten) um die Möglichkeiten (der
> Teilung) der Kommunikation (Polens) vorzu-
> Stellen (nicht ausgestellt).
> Ist Berlin ein Ding. (MYSTIK). Wie
> Steht es mit der Teilung der
> Dinge. Werden die Dinge
> Von Nudeln geteilt.[28]

Das Gedicht zielt darauf ab, ein Traumbild zu beschwören. In *Die Unnatur* ist dies eine Art geschichtliches Doppelsehen, das sich am Zusammenfall von zwei Jahrestagen entzündet – der 11. Jahrestag des Mauerbaus und der 200. Jahrestag der Teilung Polens und Litauens. Die zwei Daten, zwei Jahrestage, zwei Teilungen – die eine 1772, die andere 1961 vollzogen – sind miteinander durch keine historische Kausalität verbunden. Es verbindet sie lediglich der Text selbst und der konkrete geschichtliche Zeitpunkt, den er artikuliert: die Gelegenheit, für die er geschrieben wurde. Durch die Konstellierung der beiden Jahrestage zueinander markiert das Gedicht sich selbst mit souveräner Geste als einen solchen historisch verortbaren Text: nicht nur wurde er 1972 verfasst, er ist in gewisser Weise mit seinem Entstehungsjahr verknüpft und mit den Jahrestagen, die nur durch einen Zufall in zeitlichem Zusammenhang miteinander stehen. Aber das Gedicht stellt diesen Zufall nicht an sich aus, sondern spekuliert über den gemeinsamen Nenner der beiden Jahrestage bzw. deren Anlässe. Erst die Lektüre des Gedichts wirft nun die Frage auf, was diese beiden Teilungen miteinander

---

28 Ebd., 48.

gemein haben – das Bemerkenswerte des Textes liegt somit gerade versteckt in den eingeklammerten Worten und Phrasen.

Der Text beginnt wie ein kurzes wissenschaftliches Traktat; im didaktischen Ton wird erklärt: „Die Unnatur ist ausstellbar in / Unnatürlichen und menschlichen / Räumen; in Museen. (EKEL)." Der abstrakte Ton, der aus dem Nichts zu kommen scheint, knüpft sich vor allem durch die Nennung der „Museen" an jenes historische Ereignis, die Ausstellung „Welt aus Sprache" von 1972. Der Plural des Wortes kann jedoch auch abstrakter und somit als Verweis auf die Praxis des Ausstellens an sich, auf das Museum als Institution verstanden werden.

Was bedeutet indes der Einschub „(EKEL)"? Wie der Chor einer Tragödie oder wie eine allegorische Devise kommentieren die eingeklammerten Äußerungen das Gedicht aus sich selbst heraus, beiseitesprechend führen sie ihren Dialog mit dem Leser. Dabei artikulieren sich drei unterschiedliche Gesprächsebenen über diese in Klammern gesetzten Einschübe: Da ist zunächst jene bekannte Abhandlung über die Natur der Unnatur. Wenn alles, was „natürlich" ist, an der „Natur" teilhat, dann muss es auch einen entsprechenden Gegenpol, eine „Unnatur" geben. Wie ein manichäischer Witz, der mit Oppositionen und Gegensätzen spielt, wirft dies neue Fragen auf. Das Gedicht erklärt, dass jede Unnatur immer schon von Natur infiziert sei: besonders jene spezifisch „menschliche[...] Natur". Dies geschehe auch in jenen musealen Gebäuden, hier „um die Möglichkeiten ... / der Kommunikation ... vorzu- / Stellen." Das Wort „Kommunikation" wird hier auf seine begriffsgeschichtlichen Verwandten, den epidemiologisch-medizinischen Begriff der ‚Kommunikabilität' zurückgeführt.[29] Die Sprache erscheint nicht als logisches und einheitliches System, sondern als Raum, in den menschliche Schwächen und Irrationalitäten projiziert werden. In diesem Sinne versteht Wirpsza die menschliche Natur als etwas Ansteckendes, den kommunikativen Austausch zwischen Sender und Empfänger, zwischen Subjekt (= Mensch) und Objekt als Infektionsgeschehen analog zu der Ausbreitung eines Virus oder anderer Krankheiten.

Die *conditio humana* wird hier also als offene Frage verhandelt – erst die beiden anderen Gesprächsebenen des Gedichts versuchen eine Antwort darauf zu finden, so etwa in den Parenthesen. Sie fügen sich ein wie eine gespenstische Stimme, die den nicht-ausstellbaren, nicht-darstellbaren Zusammenfall dieser zwei Teilungen ins Spiel bringt. Wir können diesen poetischen Subtext wie folgt herausstellen: „(zum

---

29 Während der Begriff der „Kommunikabilität" im Deutschen eher den Grad von Mitteilbarkeit/Kommunizierbarkeit einer Aussage meint, und im Polnischen „*komunikacja*" häufig im Sinne von „öffentlichem Verkehr" genutzt wird, zielt der etymologisch verwandte Begriff der „communicability", etwa im Falle von sogenannten „communicable disease" auf das Ausbreitungsgeschehen und die Inkubation von Infektionskrankheiten. Vor dem Hintergrund der Corona-Pandemie dieser Tage erscheint diese Assoziation noch einmal in einem neuen Licht. Auf jeden Fall lohnt es sich, die verschiedenen Konnotationen und semantischen Konturierungen von *Kommunikation/komunikacja/communication* hier miteinander kommunizieren zu lassen.

11. Jahrestag) [...] (der Teilung) [...] (Berlins) [...] (wurde) [...] (der 200. Jahrestag der Ersten) [...] (der Teilung) [...] (Polens) [...] (nicht ausgestellt)". Diese zusammengefügte Passage macht augenfällig, was laut Subtext im Gedenken zum 11. Jahrestag der Berliner Mauer eben übersehen und *nicht* im öffentlichen Diskurs verhandelt wurde: der 200. Jahrestag der Teilung Polens durch die damaligen Großmächte Preußen, Russland und Österreich-Ungarn. Diese zweite Teilung erscheint hier als implizite, fast geheime Subbotschaft im Gedicht, die es bei der Lektüre erst herauszufiltern gilt. Die Konstellierung der Ereignisse erfolgt dabei durch den Sprecher des Gedichts, der uns an die Abwesenheit des polnischen Jahrestages erinnert. Ist hier die durch die Gedanken des Textsubjekts spukende Teilung Polens, ihr verschwiegener Jahrestag, jene beschriebene *Unnatur*, oder könnte dies die „menschliche Natur" des (nun im Gestus der Erinnerung als polnisch identifizierten) Textsubjekts selbst sein, das seinen Anlass, die Ausstellung „Welt als Sprache" mit seinem Hinweis auf diese historische Konstellation „infiziert"? Ein 200. Jahrestag ist an sich wesentlich augenfälliger als ein 11. Jahrestag – überlagert wird er hier jedoch nicht nur von der schieren Aktualität, sondern auch von der Omnipräsenz der Berliner Teilung im persönlichen Umfeld des Autors. Im Gedicht ist die polnische Geschichte somit erst unter der Oberfläche zu finden, als Grundierung der unmittelbar in Berlin erlebten Realität.

Damit vollzieht das Gedicht eine Unterscheidung verschiedener Typen von Zeitempfinden: hier das allgemeine historische Bewusstsein der unmittelbaren Umgebung Westberlins, dort der persönliche Hintergrund des aus Polen stammenden Subjekts. Wie diese zweite, persönliche Erinnerung die Wahrnehmung der ersten, für Wirpsza abstrakteren, „infiziert", ist eines der Themen seines Gedichts. Zusammengelesen drücken die eingeklammerten Nebenbemerkungen eine doppelbödige Wahrnehmung aus: sie stellen einen unterschwelligen Juckreiz dar, der das Textsubjekt davon abhält, den Zusammenfall beider Jahrestage als bloßen Zufall abzutun.

Eine dritte, in den Text eingelassene Sprachebene stiftet nun einen neuen Zusammenhang. Dies sind die vier großgeschriebenen, ebenfalls in Klammern gesetzten Worte, die wie Ausrufe anmuten, wie ein körperhaftes Aufstoßen aus dem Untergrund. Sie lauten: „(EKEL) [...] (DER WELT) [...] (STERILE) [...] (MYSTIK)". In diese Reihe gestellt erscheinen sie wie eine weitere untergründige Mitteilung. Reflektieren könnte sie dabei auch die Praxis der Ausstellung an sich: In den Vitrinen, fein säuberlich von ihrer ‚natürlichen' Umwelt getrennt, soll die Aura des Objekts für sich stehen. So entsteht eine ganz sterile Mystik im Sinne einer Reterritorialisierung, eine Abkehr von der Welt in ihren uneindeutigen, bisweilen unsauberen Zusammenhängen.

Doch der Begriff der Mystik kann auch auf ein sprachreflexives Moment hindeuten: nämlich dann, wenn Zeichen und Bezeichnetes in Eins fallen, die Lücke dazwischen überbrückt wird – und so die Welt, das Ausgestellte und die Sprache in einer göttlich arrangierten Harmonie vereint zu sein scheinen. Dass diese Sprachmystik mit einer Quasi-Abschottung der Sprache von der Realität teuer erkauft wird, führt Wirpsza uns vor Augen, indem er einen deutlichen Bruch markiert zwischen Wortbrocken und dem größeren Gedichtzusammenhang, dem bizarren Zusammenspiel mit den weiteren

Sprachelementen des Gedichts. Der Clou liegt hier gerade darin, dass der Versuch, aus den weit gestreuten Wortbrocken eine eindeutige Aussage zu extrahieren, selbst „sterile Mystik" *par excellence* wäre. In dieser Weise spielt Wirpsza also mit dem Wunsch nach Eindeutigkeit. Möglich wären etwa auch folgende Wortkonstellationen:

1. (EKEL) [...] (des Menschen)
2. (DER WELT) [...] (zum 11. Jahrestag) [...] (der Teilung) [...] (Berlins) [...] (wurde) [...] (STERILE)
3. (der 200. Jahrestag der Ersten) [...] (der Teilung) [...] (Polens) [...] (nicht ausgestellt) [...] (MYSTIK)

Andererseits kann man jedes eingeklammerte Wort auch als Bestandteil des Haupttextes lesen, wie der folgende Abschnitt zeigt:

Die Infizierung (der Teilung)
Der Unnatur (Berlins) von der
Menschlichen (wurde) Natur (STERILE)

Nicht nur die die möglichen Lesarten vervielfältigen sich, auch neue Oppositionen und Affinitäten bilden sich heraus: „Infizierung" und „Teilung" – Bewegungen in die eine oder andere Richtung, zueinander hin oder voneinander weg, zugleich den Zusammenhang von Berlins „Unnatur" und der „menschlichen Natur" beschreibend. Der Versuch, Berlins spezifische ‚Unnatur' von jener allgemein menschlichen Natur zu scheiden, lässt letztere steril erscheinen – oder ist es gerade die unvermeidliche Mischung von menschlicher Natur und Unnatur, durch die jene Natur nur noch als sterile, abstrakte Vorstellung existiert?

Die Wortbrocken selbst stehen zueinander in keiner festen Hierarchie: Je häufiger man das Gedicht liest, desto schwieriger wird es, „Infizierung" oder „Teilung" mit der Vorstellung vom Natürlichen zusammenzubringen. Liegt es nun in der Natur des Menschen, Erinnerungen, geschichtliche Ereignisse oder Situationen unablässig miteinander zu verknüpfen? Oder ist dies nicht vielleicht schon ein quasi ‚unnatürlicher', kultureller, mehr oder weniger bewusster Akt?

Das Gedicht verweigert uns eindeutige Antworten, veranlasst uns aber dadurch, weiter über Fragen der Wahrnehmung und des menschlichen Bewusstseins nachzudenken. Inwieweit ist der Zufall eine Konstruktion des menschlichen Geists und sind es willkürliche Launen der „Natur", die der menschliche Geist lediglich versucht, mit Bedeutung aufzufüllen? Wie sollen wir dieses spezifische Zeitbewusstsein verstehen – hier besonders exemplifiziert durch den Rhythmus von ineinandergreifenden, in unklarem Verhältnis zueinanderstehenden zeitlichen Rückgriffen und Jahrestagen? Aus der Beliebigkeit der tagtäglich sich jährenden geschichtlichen Ereignisse, deren Reflexion gewiss auch in der Erkenntnis radikaler Kontingenz münden könnte, greift sich das Gedicht nun zwei ganz konkrete Geschehen heraus – 1772 und 1961 – und macht so die „Teilung", zum gemeinsamen Bindeglied dieser Konstellation, und legt darüber hinaus nahe, dass eine kleine ‚Geschichte der politischen Teilungen' existieren könnte. Das deutsche Verb *teilen* hat dabei ganz verschiedene Bedeutungen: Einerseits wäre da das Teilen als Separieren – doch man kann auch etwas ver- oder aufteilen, um es *mit anderen* zu teilen. Dieser Aspekt des Teilens als *Community*-Bildung schwingt auch im kommunikationstheoretischen Begriff der *Mitteilung* mit. Für alle drei Facetten dieser Wortbedeutung lassen sich Indizien in Wirpszas Gedicht finden. Die Stadt Berlin wie auch das Königreich Polen-Litauen wurden geteilt und gleichzeitig zwischen rivalisierenden Staaten bzw. Mächten als Zeichen der Verständigung aufgeteilt. Die im Gedicht dargestellten politischen Teilungen lassen somit alle drei Bedeutungsebenen des Begriffs „teilen" anklingen.

Die letzten vier Verse des Gedichts verstärken noch einmal diese in der Alltagssprache zwar geläufigen, bei genauerem Hinsehen jedoch befremdlich wirkenden Bedeutungskomponenten:

> Ist Berlin ein Ding. (MYSTIK) Wie
> Steht es mit der Teilung der
> Dinge. Werden die Dinge
> Von Nudeln geteilt.

Hier kommt zum Vorschein, was unter der dritten Sprachebene des Gedichts zu verstehen ist: in seinem experimentell-spielerischem Gestus endet das Gedicht, das im Ton eines wissenschaftlichen Traktats begann, mit einem Anflug von Mystik. Eine oberflächliche Lektüre könnte in diesem Einwurf lediglich einen spöttischen Kommentar auf jene *sterile Mystik* erkennen. Doch die Ambivalenz der letzten Verse verleitet erneut zum Nachdenken: Sind die Nudeln nun Subjekt oder Objekt der offerierten Teilung; welche Dinge werden von den Nudeln (als „Unnudeln"?) getrennt? Durch den Einbruch des Trivialen, Alltäglich-Profanen in die hochphilosophischen Überlegungen des Gedichts ließen sich diese Verse schnell als humoriger Nonsens aburteilen – dabei führen sie doch gerade jenen Kerngedanken des Gedichts, die vielfältigen Bedeutungsmöglichkeiten des Wortes „teilen", mustergültig vor. In welcher Weise lässt sich das Teilen von Dingen (bspw. von Nudeln, oder von Berlin als „Ding") als soziale Praxis – die Operation des Teilens als ein Aufteilen verstehend – ummünzen auf die Aufteilung Berlins und Polens, beide wiederum über eine zeitliche Distanz von 189 Jahren im Gedicht wieder zusammengebracht? Oder geht es gerade darum, Ereignisse über Erinnerungen und ein durch Jahrestage organisiertes kollektives Gedächtnis miteinander zu teilen – und kann das Gedicht selbst als sprachliche Mitteilung ein Bestandteil einer solchen Erinnerungspraxis sein? Diese Fragen wirft das Gedicht auf – ohne sich auf eine Antwort festzulegen.[30]

---

[30] Dass die im Vordergrund des Gedichts stehende Stadt Berlin hier mit etwas Kulinarischem, einer Portion Nudeln, gleichgesetzt wird, ließe sich interpretatorisch auch auf weitere Verse übertragen, etwa auf die Frage: „Is[s]t Berlin ein Ding." (Ist die Stadt hier das Vertilgte oder das Vertilgende?).

Schluss

In der Denkbewegung von den über den Zufall verbundenen historischen Teilungen bis zum Teilen eines Tellers von Nudeln liegt die surrealistische Traumlogik von Wirpszas Gedicht. Es konfrontiert uns zudem mit seiner spezifischen Schreibweise: Elaborierte Wortspiele stellen sprachliche Doppeldeutigkeiten aus und revidieren Sinnangebote wieder; im scherzhaften Tonfall werden substanzielle Fragen aufgeworfen. Gerade durch dieses Spiel versuchen die Gedichte, sich den Grenzen der Sprache mit unterschiedlichen poetischen Strategien zu nähern. Den Anlass dafür bildet nicht nur ein Moment in der Zeitgeschichte, sondern die Überlagerung verschiedener zeitlicher Linien und deren zunächst absurd erscheinende Konstellation, die am Ende wie das bizarre, halb-vergessene Detail eines Traumes anmutet.

Die *Drei Berliner Gedichte* sind dabei keine Gedichte *über* Berlin, sondern bieten gewissermaßen ein Bild, eine Mitteilung *aus* Berlin; die Erfahrungen und Wahrnehmungen Wirpszas während seines Berlin-Aufenthalts zwischen den Jahren 1967 und 1972 sind der Rohstoff für seine poetische Schreibweise. Wie so häufig bei Wirpsza werden Sprachspiele und die selbstreferenzielle Sprache dazu genutzt, Traumbewusstsein und -wahrnehmung zu inszenieren. Weil Wirpsza die Gedichte in deutscher Sprache schrieb – eine Sprache, die er fast ebenso gut wie das Polnische beherrschte – hatte er die Gelegenheit, seine poetischen Spiele durch die *Drei Berliner Gedichte* in einen neuen Bereich hin zu erweitern. Als Nicht-Muttersprachler hatte Wirpsza trotzdem einen anderen Blick auf die deutsche Sprache, wie seine Auseinandersetzung mit dem Verb *teilen* zeigt, das Wirpszas durch seinen biographischen Hintergrund als polnischer Dichter auch in seiner politischen Bedeutsamkeit erkannte. Viele europäische Sprachen, etwa das Englische *(to separate, to share)* und das Französische *(partager, séparer)*, machen einen Unterschied zwischen den Bedeutungsfacetten des Wortes – im Polnischen wie im Deutschen findet sich indes ein und derselbe Begriff für diese verschiedenen Praktiken: *teilen* (im Sinne von Trennen) oder *aufteilen* im Deutschen ist im Polnischen mit *dzielić* bzw. *podzielić* zu übersetzen. Zwischen den polnischen und deutschen Worten besteht so eine erkennbare etymologische Verbindung, die die beiden Sprachen paradoxerweise eben nicht voneinander trennt, sondern sie miteinander verbindet.[31] Eine genaue Lektüre von Wirpszas Gedichten erscheint schon deswegen als lohnenswert, weil sie den Blick auf derlei eigentümliche sprachliche Details lenkt. Sie führt uns auch zu der überraschenden Beobachtung, wie ‚unfremd' – um einen Ausdruck Wirpszas zu gebrauchen –, gar vertraut Berlin als geteilte Stadt mit seiner Literatur, Sprache und Geschichte auf den polnischen Dichter gewirkt haben mag.

---

[31] Laut dem Etymologischen Wörterbuch der deutschen Sprache wurde das deutsche Wort „Teil" ins Kirchenslawische als „dělŭ" entlehnt, und könnte hierüber wiederum ins Polnische gewandert sein, vgl. Friedrich Kluge: Etymologisches Wörterbuch der deutschen Sprache, 25. Aufl., bearbeitet von Elmar Seebold, Berlin/Boston 2011, 911.

Ela Gezen
Türkisch-deutsche literarische Begegnungen in Westberlin um 1980

Während der 1970er und Anfang der 1980er Jahre entwickelte sich in Westberlin eine sehr aktive türkische Kultur- und Kunstszene unter Beteiligung verschiedener Einrichtungen und Institutionen; hierzu gehörte das Kunstamt Kreuzberg, die Deutsch-Türkische Gesellschaft und der Türkische Akademiker- und Künstlerverein. Über Eigeninitiativen hinaus arbeiteten sie regelmäßig zusammen, insbesondere bei der Ausrichtung kultureller Veranstaltungen wie beispielsweise dem *Fest auf dem Mariannenplatz* und den *Türkischen Kulturwochen*. Diese umfassten verschiedene Medien und Genres, darunter Musik, Bildende Kunst, Theater, Film und Literatur, die in diesem Beitrag gesondert besprochen wird. Zielsetzung der teilnehmenden Künstler:innen und Organisator:innen war die Förderung türkischer Kultur jenseits von Folklorisierungen, Orientalisierungen und Essentialisierungen.

Im Jahr 1983 veröffentlichte Dorothea Fohrbeck ihre Dokumentation *Türkische Kulturarbeit in der Bundesrepublik Deutschland*.[1] Dieser Band erfasst kulturelle Aktivitäten, Initiativen und kulturpolitische Konzepte von einzelnen türkeistämmigen Künstler:innen, Künstlerverbänden, kommunalen Institutionen und anderen öffentlichen Trägern. Ziel dieser Publikation war es, einerseits Darstellungen entgegenzuwirken, welche die türkische und die deutsche Kultur als diametral entgegengesetzte homogene statische Einheiten zeigten, andererseits ging es der Autorin darum „Vernetzungen voranzutreiben", die auf einer „gemeinsame[n] Interessenformulierung" fundierten.[2] In Bezug auf die türkische Einwanderung nach Westdeutschland weist Fohrbeck auf die Entstehung eines neuen „Kulturmusters" hin, welches weder auf einer vollständigen Assimilation noch auf einer Musealisierung der ‚Heimatkultur' beruht.[3] Entscheidend für unser Verständnis der türkischen Kulturarbeit sei die „demonstrative Selbstdarstellung" – insbesondere angesichts der diskursiven Konstruktion von türkeistämmigen Einwander:innen als essenziell Andere, die nicht in die deutsche Gesellschaft integrierbar seien.[4] Darüber hinaus fasst Fohrbeck in ihrer Einleitung die Forderungen verschiedener ‚ausländischer' Kulturverbände und -institutionen zusammen, deren Realisierung sie als notwendig für den Aufbau einer kontinuierlichen Plattform versteht: zum einen die Bereitstellung „räumliche[r] und

---

[1] Dorothea Fohrbeck: Türkische Kulturarbeit in der Bundesrepublik Deutschland. Eine Dokumentation von Erfahrungen und Modellversuchen, Hagen 1983.
[2] Ebd., ix, x.
[3] Ebd., xi.
[4] Ebd., xii.

personelle[r] Infrastrukturen"; die Anerkennung von „Mitspracherecht[n] [...] bei der Formulierung grundsätzlicher Kulturkonzeptionen"; zum anderen eine „Erhöhung der städtischen Mittel."⁵

In diesem Beitrag möchte ich insbesondere auf die unterschiedlichen konzeptionellen und kulturpolitischen Ansätze im Bereich der Literatur eingehen. Es werden verschiedene Beispiele herangezogen, die jedoch Bezüge zueinander aufweisen, da sie entweder Aspekte in der Zielsetzung teilen und/oder auch Überschneidungen in der Beteiligung sichtbar machen (Aras Ören, Yüksel Pazarkaya und Ahmet Doğan seien als einige Beispiele genannt). Folgende Institutionen, Veranstaltungen und Publikationsforen werden hierbei in den Vordergrund gerückt: das Deutsch-Türkische Symposium („Türkische Literatur der Gegenwart"), welches im Dezember 1980 im Literarischen Colloquium Berlin (LCB) stattfand, die bilinguale Literaturzeitschrift *Anadil* (Muttersprache), die von 1980 bis 1983 herausgegeben wurde, und das zweisprachige Literaturprogramm des *Ararat-Verlages*. Diese Auswahl resultiert aus den Gemeinsamkeiten, die diese Projekte, über ihre Verortung in Westberlin hinaus, aufzeigen, insbesondere in Bezug auf ihren Entstehungszeitraum und die beteiligten Schriftsteller:innen, Übersetzer:innen und Verleger:innen. Ein weiterer Berührungspunkt ist die Auffassung von Literatur als einem zentralen Medium für den türkisch-deutschen Kulturaustausch sowie für die Möglichkeit der türkischen Selbstdarstellung in Westdeutschland, als auch als Schlüsselelement für die Bildung einer türkischen Öffentlichkeit in Westberlin.

Der *Ararat-Verlag* wurde 1977 von Ahmet Doğan in Stuttgart mit dem Ziel gegründet, türkische Literatur ins Deutsche zu übersetzen. Im Sommer 1980 zog der Verlag nach Westberlin um, was Doğan damit begründete, dass dort ein „Kulminationspunkt türkischer Kulturen existiere".⁶ Das Literaturprogramm des *Ararat-Verlages* sollte gezielt gegen Stereotype im öffentlichen Diskurs angehen: „Ich wollte zeigen", so Doğan, „daß die Türken, die man in Deutschland meist nur als ‚Sprachlose' kennt, über eine Literatur verfügen, welche unstrittig zur Weltliteratur zählt". Gleichzeitig betonte Doğan, dass der *Ararat-Verlag* „aus einer Notwendigkeit" entstand, zu zeigen, „daß aus diesem Lande nicht nur Gastarbeiter kommen."⁷ Die erste Veröffentlichung, Vasıf Öngörens preisgekröntes Kinderbuch *Des Märchens Kern*, erschien in zwei Teilen im Jahr 1978. Im Folgenden wird insbesondere auf die deutsch-türkische Reihe eingegangen, für deren Umsetzung drei Schwerpunkte festgelegt wurden: „Einmal Literatur, die hier entsteht, Werke, die von Betroffenen geschrieben werden, von Menschen, die Arbeitsemigranten

---

5 Ebd., xiii.
6 Zitiert nach Peter Seibert: Zur ‚Rettung der Zungen.' Ausländerliteratur in ihren konzeptionellen Ansätzen, in: Zeitschrift für Literaturwissenschaft und Linguistik 56 (1984), 40–61, hier: 50.
7 Danja Antonović: „Daß ein Türke das zustande gebracht hat!" Ausländische Künstler auf dem Weg aus der Subkultur, in: Christian Habbe (Hrsg.): Ausländer. Die verfemten Gäste, Reinbek bei Hamburg 1983, 181–199, hier: 190.

geworden sind, aber auch von politischen Emigranten, die ihr Land verlassen mussten. Und dann die ganze Generation von in der Türkei renommierten Schriftstellern, die über die Arbeitsemigranten schreiben".[8] In dieser Reihe zeigen sich also zwei wichtige Differenzierungen im Hinblick auf Literaturproduzenten und Literaturproduktion: zum einen zwischen politischen Emigranten und Arbeitsemigranten, zum anderen zwischen einer in Westdeutschland neu entstehenden Literatur und einer bereits etablierten türkischen Literatur. Die deutsch-türkische Reihe erschien ab 1979 und konnte schon 1982 mit zehn Bänden eine Auflage von 100 000 erreichen.[9] Thematisch wurden diese Texte vom Verlag folgenden Gesichtspunkten zugeordnet: „Erfahrungen der ausländischen Arbeiter" (mit Texten von Yüksel Pazarkaya, Fakir Baykurt, Mustapha El Hajaj), „Vermittlung türkischen Kulturguts" (mit Texten von Nâzım Hikmet, Aras Ören, Orhan Veli Kanık), die „Problematik der Arbeitsmigration" in der türkischen Literatur (mit Texten von Yusuf Z. Bahadınlı, Habib Bektaş, Gülten Dayıoğlu und einem Liederbuch mit Texten und Kompositionen von Zülfü Livaneli).[10]

Die erste zweisprachige Ausgabe *Alte Märchen neu erzählt* von Aras Ören führte die Konzipierung der „Texte in zwei Sprachen" ein: „Diese Reihe [...] wird zunächst unter literarischem Aspekt publiziert".[11] Die programmatische Hervorhebung des Literarischen trat der „Gettoisierung" der Literatur von Schriftsteller:innen nichtdeutscher Herkunft bewusst entgegen. Durch eine Klassifikation als „Ausländer-" oder „Gastarbeiterliteratur" würde, so Ören, ein literarischer Text nämlich lediglich aufgrund der Herkunft oder des ökonomischen Status des Autors oder der Autorin kategorisiert.[12] Sein Kollege Yüksel Pazarkaya, der als Autor wie auch als Übersetzer für den Ararat-Verlag tätig war, lehnte es ebenso ab, als „Gastarbeiterautor" klassifiziert zu werden und seine Literatur in der sogenannten „Gastarbeiterliteratur" zu verorten. Er begründete seine Position damit, dass „die Thematik allein [...] noch nie ein Kunstwerk ausgemacht"[13] habe.

Als zweites „Anliegen" wurde das deutsche Publikum als ein Adressat angeführt, das über diese Reihe den türkeistämmigen Mitbürger:innen „näher gebracht [wird]."[14] In ihrer Zweisprachigkeit richtete sich diese Reihe aber auch an die türkeistämmigen Leser:innen im Ausland, denen „literarische Orientierungs- und Sozialisationshilfe"

---

8 Ebd., 191.
9 Fohrbeck (Anm. 1), 20.
10 Yüksel Pazarkaya: Heimat in der Fremde? Drei Kurzgeschichten. Yaban sıla olurmu? (Üç öykü). Texte in zwei Sprachen. Deutsch-Türkisch, übers. von Yüksel Pazarkaya, Berlin 1979, 47.
11 Aras Ören: Alte Märchen neu erzählt. Mit Bildern von Hanefi Yeter. Texte in zwei Sprachen. Deutsch-Türkisch, übers. von Petra Kappert, Stuttgart 1979, 48.
12 Aras Ören: Von der Würde des Künstlers gegenüber dem missionarisch-bürokratischen Egoismus, in: Irmgard Ackermann, Harald Weinrich (Hrsg.): Eine nicht nur deutsche Literatur. Zur Standortbestimmung der ‚Ausländerliteratur', München 1986, 90–93.
13 Yüksel Pazarkaya: Literatur ist Literatur, in: Ebd., 59–64, hier: 63.
14 Ören, Märchen (Anm. 11), 48.

geboten werden sollte.[15] Mit seinem bilingualen Publikationsprogramm und der Zielsetzung, sowohl das deutschsprachige als auch das türkischsprachige Publikum anzusprechen, fügte sich der Verlag in eine Reihe kultureller Unternehmungen dieser Zeit ein – wie beispielsweise den Aufführungen des Kollektivtheaters mit seinen deutsch- und türkischsprachigen Produktionen und zweisprachigen Performance-Broschüren, den Konzerten des Türkischen Arbeiterchores Westberlin und regelmäßig stattfindenden bilingualen Literaturlesungen, oft durch Mitwirken des Kunstamts Kreuzberg. In dem „Bericht zur Literatur in Berlin" des Berliner Senators für kulturelle Angelegenheiten von 1980, der nicht nur einen „Überblick geben [...], sondern auch seine literaturpolitische Konzeption verdeutlichen soll", wird dem *Ararat-Verlag* – basierend auf seinem Verlagsprogramm – eine „besondere Bedeutung" zugeschrieben.[16] Es sei hier angemerkt, dass sich unter den zehn Berliner Schriftsteller:innen, deren Statements erfragt und in den Bericht aufgenommen wurden, auch Aras Ören befand. Er war mit einer Publikation im *Ararat-Verlag* vertreten und wirkte aktiv an der Literaturzeitschrift *Anadil* mit, auf die im Folgenden näher eingegangen wird.

Anadil erschien im Zweimonatsrhythmus und wurde von einem Autorenkollektiv, bestehend aus Yüksel Pazarkaya (in Stuttgart, als verantwortlicher Herausgeber) sowie Aras Ören und Güney Dal (in Westberlin, als Mitwirkende) herausgegeben. Alle drei Autoren waren Teilnehmer des Symposium im LCB.[17] In der ersten Ausgabe, die im Dezember 1980 erschien (im selben Monat, in dem das Symposium stattfand), wurde die Zeitschrift primär als „ein Zuhause für türkische Autoren und Künstler in Europa, vor allem in der Bundesrepublik Deutschland und in West-Berlin" eingeführt.[18] Gleichzeitig wurde *Anadil* als Forum für einen Kulturdialog vorgestellt: „Zugleich soll die Brückenfunktion zur türkischen und zur europäischen, insbesondere zur deutschen Kulturszene, so gut es geht, wahrgenommen werden".[19] Dies führte zum Einbezug deutschsprachiger Inhalte unter dem Titel „Beispiele", die ein Viertel der Gesamtausgabe einnahmen. Hier „sollen nicht nur Übersetzungen bzw. original in deutsch geschriebene Beiträge türkischer Autoren [...] veröffentlicht werden, sondern [...] auch deutsche und andere europäische Kollegen zu Wort kommen, wann immer sie sich uns öffnen, mit uns zusammen an der neuen Synthese arbeiten wollen".[20] Die Arbeit im Kollektiv wurde unterstrichen und endete mit folgendem Aufruf zur Teilnahme weiterer Kolleg:innen: „Wir fordern alle zum ‚imece' auf".[21] Pazarkaya ließ „imece" bewusst unübersetzt und erläuterte den Begriff als „selbsttätig werden durch Zusammenlegen

---

15 Ebd., 48.
16 Dietger Pforte (Red.): Bericht zur Situation der Literatur in Berlin, hrsg. vom Senator für Kulturelle Angelegenheiten, Berlin (West) 1980, 20.
17 Mit der zweiten Ausgabe schließt sich Aziz Yaşar Kılıç dem Autorenkollektiv an.
18 Yüksel Pazarkaya: Vom Kulturschock zur Kultursynthese, in: Anadil 1 (Dezember 1980), 7.
19 Ebd.
20 Ebd.
21 Ebd.

der Kräfte".[22] In der erweiterten türkischen Einleitung wurden insbesondere „neue Synthesen" im Kulturbereich hervorgehoben, die auf „konkreten historischen und gesellschaftlichen Bedingungen beider Länder basieren".[23] *Anadil* ist ein wichtiger Bezugsrahmen für das Deutsch-Türkische Symposium, auf das ich im späteren Verlauf noch eingehen werde, da in der ersten Ausgabe einige der türkeistämmigen Teilnehmer:innen (wie beispielsweise Aziz Nesin, Demir Özlü, und Fakir Baykurt) vertreten waren und in der zweiten Ausgabe vom Februar 1981 explizit darauf Bezug genommen wurde. Somit sind die Einführung und Bekanntmachung der türkischen Literatur und auch der in Westdeutschland neu entstehenden Literatur ein zentraler Fokus. Gleichzeitig bot *Anadil* ein Forum für erste literarische Veröffentlichungen, darunter Gedichte von Aras Ören, Fetih Savaşçı und Habib Bektaş. Über literarische Beiträge in türkischer Sprache und deutscher Übersetzung hinaus wurden auch Interviews, Buchrezensionen, Berichte über kulturelle Veranstaltungen, insbesondere im Theaterbereich, und literaturwissenschaftliche Essays publiziert.

Die Akzentuierung der Wechselwirkung deutscher und türkischer Bezüge und Kontexte in der Kulturproduktion wie in *Anadil* durch Pazarkaya wird an anderer Stelle auch von Aras Ören hervorgehoben. In seiner Tübinger Poetikvorlesung „Eine Metropole ist kein Völkerkundemuseum" schreibt er in Bezug auf die in Westberlin und Westdeutschland entstehende türkische Literatur: „Ebensowenig ist die türkische Literatur, die hier entsteht, eine Kopie und eine Nachahmung der deutschen Literatur. Sie ist eine eigenständige Synthese aus ihrem besonderen sozialen Kontext und Stellenwert heraus".[24] Sie „setzt sich sowohl mit der eigenen türkischen als auch mit der deutschen Tradition auseinander" und „versteht sich im allgemeinen als einen integrierten und eigenständigen Bestandteil der deutschen Literatur in der Bundesrepublik und in West-Berlin".[25] Beide, sowohl Pazarkaya als auch Ören, waren stets an der Standortbestimmung der Literaturen der Migration beteiligt, um Leslie Adelsons paradigmatische Intervention aufzugreifen, die nicht mit der sog. ‚Migrantenliteratur' – der von Migrant:innen geschriebenen Literatur – gleichzusetzen ist, sondern sich auf ein Literaturkorpus bezieht, das im Kontext der Arbeitsmigration und deren anhaltenden Auswirkungen entstanden ist.[26]

In der Sekundärliteratur werden *Anadil* und das Verlagsprogramm des Ararat Verlags im Zusammenhang von Kulturvermittlung,[27] „bikultureller Kommunikation" und

---

22 Ebd.
23 Yüksel Pazarkaya: Gurbetten Sürgüne, in: Anadil 1 (Dezember 1980), 1. Meine Übersetzung.
24 Aras Ören: Eine Metropole ist kein Völkerkundemuseum, in: Privatexil. Ein Programm? Drei Vorlesungen, übers. von Cem Dalaman, Tübingen 1999, 43–60, hier: 51–52.
25 Ebd.
26 Siehe Leslie A. Adelson: The Turkish Turn in Contemporary German Literature. Towards a New Critical Grammar of Migration, New York 2005.
27 Seibert (Anm. 6), 51.

„Annäherung"[28] gelesen und zusammengefasst. Dieser Beitrag möchte dazu anregen, beide Publikationsforen in einem breiteren Bezugsrahmen zu lesen, insbesondere in Hinblick auf eine in dieser Zeit verbreitete zweisprachige – und durch Vernetzung geprägte – Kulturpraxis in Westberlin, die durch kontinuierliche Kollaborationen (nicht nur zwischen Künstler:innen sondern auch zwischen Kulturinstitutionen und -einrichtungen) und durch die Förderung des Berliner Senats gekennzeichnet war, da die Förderung kultureller Aktivitäten der sogenannten ‚Ausländer' als integrationsfördernd verstanden wurde. So wurde auch das Deutsch-Türkische Symposium vollständig vom Berliner Senat finanziert.

Vom 10. bis zum 15. Dezember 1980 fand das Deutsch-Türkische Symposium im Hause des Literarischen Colloquiums Berlin (LCB) statt.[29] Es war in mehrere Teile gegliedert und bestand aus Arbeitsgruppen, Plenarsitzungen und Autorenlesungen in verschiedenen Westberliner Bezirken. Das Symposium wurde als Kollaboration zwischen dem LCB und dem Türkisch-Deutschen Kulturinstitut, der Zweigstelle des Goethe-Instituts in Istanbul (vertreten durch Eckart Plinke und Tezer Kıral), gemeinsam organisiert. Die Idee für das Symposium entstand im Rahmen eines Übersetzerseminars, welches das Türkisch-Deutsche Kulturinstitut in Istanbul im November 1979 veranstaltet hatte. Das Symposium im LCB wurde als Fortsetzung dieser Diskussion konzipiert, um „dem deutschen Publikum einen Begriff zu geben von der weithin in Deutschland unbekannten Kultur der zeitgenössischen Türkei und ihrer Probleme".[30] Es war daher von Anfang an geplant, dass die Ergebnisse publiziert „und der Öffentlichkeit übergeben" werden sollten.[31] „Es geht dabei", so Walter Höllerer, „um die Vorstellung der türkischen Literaturszene und ihrer Probleme für den deutschen Leser"[32] – Anliegen, die das Symposium mit Publikationsforen wie der Literaturzeitschrift *Anadil* und dem *Ararat-Verlag* teilte. Westberlin, als Veranstaltungsort für das Symposium, erschien Eckhart Plinke „prädestiniert als Ort, von dem entscheidende Impulse für die Verbesserung des Verhältnisses zwischen der deutschen und der türkischen Bevölkerung insgesamt ausgehen sollten".[33]

---

28 Heidrun Suhr: *Ausländerliteratur*: Minority Literature in the Federal Republic of Germany, in: New German Critique 46 (1989), 71–103, hier: 83. Meine Übersetzung.
29 Zur Gründung, der Geschichte und dem Literaturprogramm des LCB im Rahmen der transnationalen Ausweitung des Literaturbetriebes siehe Jutta Müller-Tamm: Das geteilte Berlin als Katalysator der Internationalisierung des Literaturbetriebs, in: dies. (Hrsg.): Berliner Weltliteraturen. Internationale literarische Beziehungen in Ost und West nach dem Mauerbau, Berlin/Boston 2021, 1–38.
30 Eckart Plinke: Brief an Dietrich Stobbe, Regierender Bürgermeister von Berlin, vom 15. April 1980. LCB-Archiv, Literaturarchiv Sulzbach-Rosenberg, Kiste 51, Symposium „Türkische Literatur" (1980), ohne Signatur.
31 Walter Höllerer: Einladungsbrief vom Oktober 1980, ebd., ohne Signatur.
32 Ebd.
33 Plinke, Brief an Dietrich Stobbe (Anm. 30).

Die mehrtägige Veranstaltung war in drei größere Themenbereiche eingeteilt: *Bedingungen der literarischen Produktion*[34] (daran nahmen die Germanistinnen Zehra İpşiroğlu und Ingrid Mönch, der Literaturkritiker und Verlagslektor Doğan Hızlan, der Schriftsteller und Vorsitzende der türkischen Schriftstellergewerkschaft Aziz Nesin, der Schauspieler, Regisseur und Schriftsteller Vasıf Öngören, der Verleger Ahmet Doğan, der Übersetzer und Schriftsteller Yüksel Pazarkaya, und der Schriftsteller und Dramatiker Aras Ören teil), *Gesellschaftliche Funktion der Literatur in der Türkei* (mit Beiträgen von dem Schriftsteller, Essayist und Journalist Çetin Altan, und den Schriftsteller:innen Fakir Baykurt, Ferit Edgü, Aysel Özakın und Doğan Hızlan) und *Die Inneren Bedingungen des Schreibens* (mit den Schriftsteller:innen Demir Özlü, Güney Dal, Tomris Uyar und Doğan Hızlan). Der erste Themenkomplex war als Plenumssitzung, die beiden letzteren als Arbeitsgespräche konzipiert. Innerhalb der Arbeitsgruppen wurden Kurzreferate gehalten und in den Plenarsitzungen wurde über die Ergebnisse der Arbeitsgruppen berichtet. Die Themengruppen wurden von der Turkologin und Übersetzerin Petra Kappert, der Autorin, Islamwissenschaftlerin und Übersetzerin Gisela Kraft, und dem Literaturwissenschaftler und Leiter des LCB Walter Höllerer moderiert. Deutsche, insbesondere in Westberlin ansässige Autor:innen sollten, so Eckhard Plinke, „rezeptiv teilnehmen".[35]

Das Symposium wurde von einer Veranstaltungsreihe, bestehend aus türkischsprachigen und zweisprachigen Lesungen, begleitet. Über zweisprachige Lesungen mit Aziz Nesin, Tezer Kıral, Yüksel Pazarkaya, Güney Dal, Aras Ören, Fakir Baykurt, Çetin Altan, Fazıl Hüsnü Dağlarca, İlhan Berk und Gisela Kraft hinaus fand auch eine türkischsprachige Lesung mit Tomris Uyar, Ferit Edgü, Demir Özlü, Vedat Günyol, Aysel Özakın und Selim İleri statt. Zu den Veranstaltungsorten gehörten unter anderem die Räume des *Ararat-Verlages* und das Künstlerhaus Bethanien, welches als Sitz des Kunstamts Kreuzberg einen wichtigen Standort für die Kulturarbeit bildete, da es nicht nur Arbeitsräume, sondern auch Aufführungs- und Ausstellungsräume zur Verfügung stellte (wie beispielsweise dem Theatermacher Vasıf Öngören und seinem Ensemble dem Kollektivtheater, und dem Maler Hanefi Yeter). Darüber hinaus war es auch organisatorisch eng mit dem Berliner Künstlerprogramm des DAAD verknüpft, über das mehrere türkeistämmige Künstler:innen, wie beispielsweise die Symposium-Teilnehmer:innen Tezer Özlü – ehemals Kıral – (1982), Ferit Edgü (1989) und Demir Özlü (1989), für längere Aufenthalte nach Westberlin kamen.[36]

---

[34] Unter diesem ersten Themenbereich sollte ursprünglich auch „Die Verbreitung ausserhalb der Türkei" gemeinsam von Ahmet Doğan und Yüksel Pazarkaya thematisiert werden (und obwohl dieser Vortrag im finalisierten Programm verzeichnet ist, wurde er weder publiziert noch archiviert).
[35] Eckart Plinke: Brief an Walter Höllerer vom 11. Juli 1980. LCB-Archiv, Literaturarchiv Sulzbach-Rosenberg, Kiste 51, Symposium „Türkische Literatur" (1980), ohne Signatur.
[36] Für eine Übersicht türkeistämmiger Alumni des Berliner Künstlerprogramms des DAAD, siehe DAAD-Jahrbuch 2021, hrsg. vom Berliner Künstlerprogramm des DAAD, Berlin 2021.

Die Themengruppen der Arbeitssitzungen wurden in einem Sonderheft der Literaturzeitschrift *Sprache im technischen Zeitalter* vorgestellt.[37] Zwei der hier publizierten Referate, von Ingrid Mönch („Aus verschiedenen Sichten") und Zehra İpşiroğlu („Literatur zur Verständigung der Nationen"), thematisierten Beziehungen zwischen der türkischen und deutschen Literatur, jedoch ohne Gegenwartsbezug zu den in Westdeutschland ansässigen türkeistämmigen Autor:innen.[38] Eine kurze Einleitung zu diesem Sonderheft führte folgende Schwerpunkte ein: Primärliteratur von Autoren, die in der Türkei leben; erste Publikationen in deutscher Übersetzung und die Akzentuierung von Prosa-Texten. Gleichzeitig wird die „Vielfalt der Probleme türkischer Autoren und die Besonderheit einer hierzulande wenig bekannten Literatur" sowie die Notwendigkeit „sich gemeinsam mit Literatur zu beschäftigen" konstatiert.[39] Somit zeigt sich, dass diese Sonderausgabe, die das Symposium mit der Intention der Bekanntmachung türkischer Literatur in deutscher Übersetzung dokumentiert, mit den Zielsetzungen des *Ararat-Verlags*, der Literaturzeitschrift *Anadil* und einer Bandbreite kultureller Veranstaltungen dieser Zeit übereinstimmt. Daher überrascht es auch nicht, dass zwei Beiträge in der Sonderausgabe, nämlich „Türkische Literatur in deutscher Sprache" von Gisela Kraft und „Übersetzungen türkischer Literatur ins Deutsche" von Yüksel Pazarkaya, sich explizit mit der Übersetzung beschäftigen. Gisela Kraft war renommierte Übersetzerin von türkeistämmigen Autor:innen in der BRD und der Türkei: von Aras Örens Gedichtbänden und Vasıf Öngörens *Die Küche der Reichen,* zu Werken von Aziz Nesin, Nâzım Hikmet, Fazıl Hüsnü Dağlarca und Bekir Yıldız. Sie sieht die 1980er Jahre als „Wasserscheide in der deutschen Rezeption türkischer Literatur", was auf die ansteigende Zahl an Übersetzungen zurückzuführen ist.[40] Am Ende ihres Beitrages unterstreicht sie zudem die Signifikanz des Zugangs zur türkischen Literatur über deutsche Übersetzungen für den „Abbau der Antipathie und eurozentrischem Dünkel."[41] Yüksel Pazarkaya, der ebenfalls eine zentrale Rolle in der Übersetzung türkischer Literatur einnimmt, gibt in seinem Beitrag einen Überblick über die Entwicklung der Übersetzungen türkischer Literatur ins Deutsche, in der auch die zweisprachige Reihe des *Ararat-Verlages* Erwähnung findet. Obgleich er eine doppelte Steigerung in den 1970er Jahren konstatiert (bei vergleichsweise nur elf Titeln in den 1960er Jahren), bleibt die

---

37 Sprache im technischen Zeitalter 82/15 (Juni 1982), hrsg. von Walter Höllerer und Norbert Miller.
38 Obwohl die Thematisierung der in „Deutschland arbeitenden Türken" unter Mitarbeit von Aras Ören und Zehra İpşiroğlu zu Anfang geplant war, ist aus den erhaltenen Dokumenten nicht ersichtlich, ob und in welcher Form sie realisiert worden ist. Siehe Brief von Walter Höllerer, 12. Dezember 1979, LCB-Archiv, Literaturarchiv Sulzbach-Rosenberg, Kiste 51, Symposium „Türkische Literatur" (1980), ohne Signatur.
39 Sprache im technischen Zeitalter (Anm. 37), 81.
40 Gisela Kraft: Türkische Literatur in deutscher Sprache, in: Sprache im technischen Zeitalter (Anm. 37), 137–138, hier: 137.
41 Ebd., 138.

Gesamtzahl, so Pazarkaya, jedoch gering.[42] Er nutzt seinen Beitrag auch, um auf das mangelnde Interesse der großen renommierten Literaturverlage hinzuweisen. Eine ähnliche Kritik finden wir auch bei literarischen Veröffentlichungen dieser Zeit, die überwiegend, ähnlich wie Übersetzungen aus dem Türkischen, in Kleinverlagen oder im Selbstverlag erschienen.[43]

„Türkische Partner", wie beispielsweise Vertreter:innen der türkischen Schriftstellergewerkschaft, wurden an der Auswahl der Teilnehmer:innen und Themenwahl für das Symposium von Anfang an involviert.[44] Die Türkische Schriftstellergewerkschaft *(Türkiye Yazarlar Sendikası)* wurde 1974 gegründet und nach 1980 (in Folge des Militärputsches und der Repression gegen Linke und oppositionelle Gruppierungen) verboten. Mehrere Teilnehmer:innen des Symposiums, Tomris Uyar, Bekir Yıldız, Yaşar Kemal, Aziz Nesin, waren an der Gründung beteiligt. Ein Beitrag in der Sonderausgabe, der Probleme türkischer Schriftsteller:innen darlegt und die politische Verfolgung und Verhinderung von Auslandsreisen, die fehlende soziale Absicherung sowie die Nichtachtung von Urheberrechten hervorhebt, wurde von Alpay Kabacalı im Namen der Gewerkschaft verfasst.

Von den ursprünglich 27 geplanten Teilnehmer:innen aus der Türkei, konnten nur 17 wegen der „schwierigen politischen Verhältnisse in der Türkei", teilnehmen, da allen anderen die Ausreise verwehrt wurde.[45] Darüber hinaus hat Walter Höllerer wiederholt auf „zahlreiche Hürden" hingewiesen, „sprachliche, begriffsdefinitorische, literaturhistorische".[46] Güney Dal verfasste einen längeren Beitrag über seine Eindrücke zum Symposium im LCB in der zweiten Ausgabe von *Anadil*, die im deutschen Teil unter anderem auch Beiträge der deutschen Presse umfasste. Der Titel von Dals Beitrag lautet „Bir ‚buluşma' kırgınının yaklaşmaları," (zu deutsch: „Annäherungen eines durch das Treffen Gekränkten") und kritisiert oder hinterfragt zumindest das Format des Treffens, hier speziell durch die Setzung von Anführungszeichen. Obwohl Dal auch die Abwesenheit deutscher Schriftsteller:innen und der Simultanübersetzer thematisiert, gilt seine Hauptkritik der Abwesenheit offizieller türkeistämmiger Vertreter:innen.[47] „Denn schließlich waren diese […] türkischen Schriftsteller", so Dal, „die in einem fremden Land versammelt waren, dort als Kulturproduzenten von 40 Millionen. Und

---

42 Yüksel Pazarkaya: Übersetzungen türkischer Literatur ins Deutsche, in: Sprache im technischen Zeitalter (Anm. 37), 139–146, hier: 146.
43 Ebd., 143.
44 Brief von Eckart Plinke an Walter Höllerer (Anm. 35).
45 Walter Höllerer: Brief („Verwendungsnachweis") an Wilhelm Kewenig, Senator für Wissenschaft und Kulturelle Angelegenheiten, 20. Juli 1981. LCB-Archiv, Literaturarchiv Sulzbach-Rosenberg, Kiste 51, Symposium „Türkische Literatur" (1980), ohne Signatur.
46 Walter Höllerer: Türkische Literatur der Gegenwart. Türkisch-deutsches Symposium. 10.–15. Dezember 1980, in: Autoren im Haus. Zwanzig Jahre Literarisches Colloquium Berlin, hrsg. von Walter Höllerer, Berlin 1982, 91–92, hier: 91.
47 Güney Dal: Bir ‚buluşma' kırgınının yaklaşmaları, in: Anadil 2 (Februar 1981), 28.

sie hätten von den Menschen und Institutionen ihres eigenen Landes mehr geehrt werden sollen als von Ausländern".[48] Dals „Annäherungen" – um die Wortwahl aus seinem Beitragstitel aufzugreifen – folgen Auszüge aus der deutschen Presse in deutscher Sprache, die in den „Beispiele"-Teil eingebettet sind. Die beiden Zeitungsartikel (erschienen in *Der Abend* und *Die Zeit*) heben drei zentrale Kritikpunkte hervor: das Fehlen eines Simultandolmetschers (die Übersetzung wurde notgedrungen allein von Tezer Kıral übernommen), die Bedingungen, unter denen den türkeistämmigen Gästen Einreise gewährt wurde, und die auffällige Abwesenheit deutscher Schriftsteller:innen und Vertreter:innen des Berliner Senats. Die lückenhafte Dokumentation und unvollständige Archivierung des Symposiums könnte man aus heutiger Sicht mitanführen. Nicht alle Vorträge sind auffindbar und die Veränderungen im vorläufigen Programm sind heute nicht rekonstruierbar.

Im selben Jahr, in dem das Symposium stattfand, wurde auch die Deutsch-Türkische Gesellschaft gegründet (initiiert von Krista Tebbe, damalige Leiterin des Kunstamts Kreuzberg, Rainer Klebba, Abgeordneter der SPD, und Necati Gürbaca, ebenfalls SPD-Mitglied und IG Metall-Sekretär). Sie hatte zum Ziel, das „gegenseitige Verständnis zwischen deutscher und türkischer Bevölkerung" und die „Integration der ausländischen Bevölkerung unter Wahrung ihrer kulturellen Identität" zu fördern.[49] Dabei sollte es nicht zuletzt auch darum gehen, ein Verständnis der „unterschiedlichen historischen, sozialen, politischen und kulturellen Bedingungen und das Bewusstsein über deren Veränderbarkeit" zu ermöglichen.[50] Unter Integration wurde hier die Realisierung und Umsetzung politischer und sozialer Gleichheit verstanden, wobei gleichzeitig die Bereitschaft der Deutschen erhöht werden sollte, sich aktiv an diesem Prozess zu beteiligen. Die Deutsch-Türkische Gesellschaft betonte die Bidirektionalität solcher Integrationsprozesse unter gleichwertigem Einbezug von Türken und Deutschen, der eine Kenntnis der sich verändernden gesellschaftlichen Bedingungen beider Länder voraussetzte. Neben der Organisation kultureller Veranstaltungen gehörten Stellungnahmen zu aktuellen Fragen der lokalen und nationalen Ausländerpolitik, die Einrichtung einer Bibliothek, die Organisation von Workshops und die Unterstützung verwandter Projekte zu den Zielsetzungen. Ihre ersten Ko-Vorsitzenden waren Rainer Klebba und Necati Gürbaca; zu ihren Mitgliedern zählten neben Aras Ören und Vasıf Öngören der Komponist und Musiker Tahsin İncirci, der Übersetzer und Dichter Gültekin Emre sowie der Maler Hanefi Yeter, der Theatermacher Niyazi Turgay und die Übersetzerin Gisela Kraft.

---

48 Ebd. Meine Übersetzung.
49 Satzung der Deutsch-Türkischen Gesellschaft e. V., Berlin 1980. Archiv des Friedrichshain-Kreuzberg-Museums.
50 Ebd.

In dem Einladungsbrief zur Gründungsversammlung vom 6. März 1980 (verfasst von Krista Tebbe, Necati Gürbaca[51] und Rainer Klebbe) wird 1980 als ein Jahr beschrieben, in dem „Leitlinien [...] formuliert, Konzepte erarbeitet und Kommissionen" in Bezug auf „Ausländer" und „Ausländerfragen" gegründet werden.[52] Die Kritik an öffentlicher Seite wird gleich zu Anfang des Briefes sichtbar, in dem diese Vielzahl von Aktivitäten mit der Feststellung eingeleitet wird: „mit über zehnjähriger Verspätung hat unsere Gesellschaft das ‚Problem der Ausländer' entdeckt".[53]

Die *Leitlinien und neue Maßnahmen zur Ausländerintegration* (im Mai 1979 verabschiedet und im März 1980 beschlossen) waren ein Maßnahmenkatalog, der auf einzelne kommunale Verwaltungen zurückging. Auf die Maßnahmen (und als Ausgangslage und Rahmenbedingungen formulierten Aspekte) im Bereich Kultur wird im Folgenden gesondert eingegangen. Zielsetzung war hier die Förderung der „kulturellen Eigenständigkeit der ausländischen Mitbürger", bei gleichzeitiger Heranführung „an die deutsche Kultur".[54] Darüber hinaus wird die Notwendigkeit einer erhöhten Beteiligung von deutscher Seite betont, die „weit mehr als bisher, insbesondere über die türkische Kultur und die damit verbundenen Lebensgewohnheiten informiert werden [muß]".[55] Hier sei angemerkt, dass der Westberliner Senat, „als erste Landesregierung anerkennt, daß eine faktische Einwanderung von ausländischen Arbeitnehmern und ihren Familienangehörigen eingetreten ist", eine Erkenntnis, die auf Bundesebene erst zwanzig Jahre später folgte.[56] Die Kritik, die an Maßnahmen wie diesen geübt wird, liegt an dem Fehlen einer „Organisation [...], die fortschrittlich und mit fachlicher Kompetenz ausgestattet mitdiskutiert".[57] Des weiteren wird konstatiert, dass „fast alle öffentlichen Äußerungen von Deutschen, wenige von Türken, fast keine gemeinsam verfaßt werden" und „diesem Mangel mit einer gemeinsamen paritätischen Organisation begegne[t] [wird], die [...] unter dem Namen ‚Deutsch-Türkische Gesellschaft'" ins

---

51 Im selben Jahr war Necati Gürbaca auch Mitbegründer des Initiativkreises Gleichberechtigung ‚Integration' (IGI-1980), der sich aus Arbeitnehmer:innen, Betriebsrät:innen, Gewerkschafter:innen, Künstler:innen, Sozialarbeiter:innen, Journalist:innen und Akademiker:innen sowie Vertreter:innen verschiedener demokratischer türkischer Institutionen zusammensetzte und die Interessen der türkeistämmigen Bevölkerung in Westberlin vertrat. Auch der Initiativkreis kritisierte 1981 in einem Positionspapier „Stellungnahme Ausländer zur Ausländerpolitik" die Reduktion der „vielseitigen türkische Kultur auf Folklore" und forderte, Kultur als „Medium der gegenseitigen Beeinflussung" und damit als „Erfolgschance" der Integrationspolitik wahrzunehmen. Initiativkreis Gleichberechtigung ‚Integration' (IGI), Stellungnahme der Ausländer zur Ausländerpolitik, Berlin 1981, 30–32.
52 Krista Tebbe, Necati Gürbaca, Rainer Klebba: Brief vom 6. März 1980. Archiv des Friedrichshain-Kreuzberg Museums.
53 Ebd.
54 Leitlinien und neue Maßnahmen zur Ausländerintegration, hrsg. vom Presse- und Landesinformationsamt des Landes Berlin, 22. Mai 1980, 55.
55 Ebd.
56 Siehe auch Fohrbeck (Anm. 1), 130.
57 Tebbe/Gürbaca/Klebba, Brief (Anm. 52).

Leben gerufen werden sollte.[58] So werden in dem Einladungsschreiben folgende Zielsetzungen, die in der Satzung später gemeinsam erweitert werden, angeführt: Einflussnahme auf die Ausländerpolitik des Senats und anderer Verwaltungen, Beeinflussung öffentlichen Bewusstseins durch Aktivitäten und Veröffentlichungen, Durchführung beispielhafter Projekte und die Schaffung von Kommunikationsmöglichkeiten.[59] In unterschiedliche Arbeitsgruppen aufgeteilt, widmete sich die Deutsch-Türkische Gesellschaft diesen Aspekten. Die AG Kultur beispielsweise, hatte zum Ziel eine Bestandsanalyse türkischer Kultur in Westberlin, der Funktion und dem Bedürfnis nach Kultur, und der Kritik an geplanten Maßnahmen und Forderungen zu erarbeiten.[60]

Für das Jahr 1980 war eine Veranstaltungsreihe, „Türkei Menschenlandschaften" mit 25 Einzelveranstaltungen in den Bereichen Musik, Literatur und Theater geplant. Die Konzipierung des Programms basierte auf zwei Grundpfeilern, zum einen „einem breiten Spektrum zentraler und repräsentativer Veranstaltungen [...] und eine[r] Vielfalt dezentraler Veranstaltungen" und zum anderen „ein[em] Aufbau von Einzelprogrammen, [...] der jeweils die historische Dimension türkischer Kulturentwicklung einbeziehen sollte".[61] Zudem wurden folgende Zielsetzungen verdeutlicht: „ein möglichst breitgefächertes deutsches und ausländisches Publikum zu erreichen" und „türkische Kultur vom Odium des ausschließlich Folkloristischen zu befreien".[62] Eine Vielzahl der teilnehmenden Künstler:innen hatte keine Ausreisegenehmigung erhalten, was zwar die kurzfristige Absetzung des Gesamtprogramms zur Folge hatte, jedoch gleichzeitig zu vereinzelten Kleinveranstaltungen, wie der Erstaufführung des Kollektiv Theaters im Künstlerhaus Bethanien im Oktober 1980 führte – eine Adaptation von Nâzım Hikmets *Memleketimden İnsan Manzaraları (Menschenlandschaften)*, welche zeitgleich zum Symposium im LCB gezeigt wurde.[63]

Eines der Hauptziele des Kollektiv Theaters in Westberlin war „die Vermittlung der türkischen Kultur an Deutsche".[64] Ein zentraler Aspekt aller Aufführungen des Kollektivtheaters in Westberlin war daher die Umsetzung einer deutsch- und türkischsprachigen Produktion, wie auch im Fall der Hikmet-Adaptation.[65] Die zweisprachige

---

58 Ebd.
59 Ebd.
60 Krista Tebbe: Brief (Einladung zur nächsten Sitzung, Arbeitsgruppe Kultur) vom 6. Juni 1980. Archiv des Friedrichshain-Kreuzberg Museums.
61 Krista Tebbe: Brief vom 16. Dezember 1982 an den Senator für Wissenschaft und Kulturelle Angelegenheiten. Archiv des Friedrichshain-Kreuzberg Museums.
62 Ebd.
63 Zum Kollektiv Theater siehe Ela Gezen: Integration, Turkish Theater, and Cultural-Political Interventions in West Berlin: Vasıf Öngören's Kollektiv Theater (1980–1982), in: Comparative Drama (Juli 2019), 301–321.
64 Vasıf Öngören zitiert nach Manfred Brauneck: Ausländertheater in der Bundesrepublik Deutschland und in West-Berlin. 1. Arbeitsbericht zum Forschungsbericht Populäre Theaterkultur, Hamburg 1983, 103.
65 Der kommunistische Dichter Nâzım Hikmet (1901–1963), dessen Œuvre zahlreiche Dramen,

Performance-Broschüre zur Premiere beinhaltete eine Reihe von Hikmet-Zitaten, die seine *Menschenlandschaften* für das Publikum kontextualisieren sollten: „aufgrund der Äußerungen von verschiedenen Menschen aus unterschiedlichen Klassen, die in diesem Werk auftauchen, [wird] dem Leser ein Bild der sozialen Situation in der Türkei in einem bestimmten historischen Zeitraum gezeigt [...]. Selbstverständlich nicht statisch, sondern in ihrem dialektischen Prozeß".[66] Die Aufführungen wurden von der Lokalpresse als „großer Publikumserfolg" gelobt und erregten die Aufmerksamkeit verschiedener Zeitungen wie *Berliner Morgenpost*, *Der Abend*, *Die Wahrheit* und *Der Tagesspiegel*. Mit der Entscheidung, eine Hikmet-Produktion zu inszenieren, stand Öngören in Einklang mit zeitgenössischen Bemühungen und kulturpolitischen Praktiken in Westberlin (hier sei als ein früheres Beispiel das vom Türkischen Akademiker- und Künstlerverein und dem Kunstamt Kreuzberg 1977 organisierte multimediale Hikmet Festival genannt).[67] Über die Leitung des Kollektiv Theaters hinaus, veröffentlichte Vasıf Öngören den ersten Band in der *Ararat-Reihe*, er nahm an dem Symposium im LCB teil, und seine zweite Theater-Produktion in Westberlin, *Die Küche der Reichen*, wurde von Gisela Kraft übersetzt, die ebenfalls am Symposium teilnahm – was Überschneidungen verschiedener kultureller Aktivitäten dieser Zeit verdeutlicht.

Kulturkonzeptionen in dieser Frühphase der Migration weisen folgende Gemeinsamkeiten auf: die Heranführung an türkische Kultur, ein Insistieren auf Mitbestimmung und Mitspracherecht türkeistämmiger Kulturschaffender und die Konstituierung eines erweiterten Kulturangebots für türkeistämmige Einwanderer:innen. Der Einbezug eines deutschsprachigen und türkischsprachigen Publikums resultierte in der Zweisprachigkeit einer Vielzahl von kollaborativen Projekten, auf die in diesem Beitrag, insbesondere im Literaturbereich, eingegangen wurde. So stellt sich die Frage, ob wir diese Kulturpraxis als eine „Form von Multilingualismus" verstehen können, die, wie Yasemin Yildiz konstatiert, „soziale Formationen [kodiert]".[68] Literatur wurde als Medium der gegenseitigen Annäherung verstanden, die zu einem besseren Zusammenleben führen sollte (da soziale Konflikte auf Unwissen und Mangel an Information zurückgeführt wurden), und die türkische Kultur als einen essentiellen Bestandteil der Westberliner Öffentlichkeit etablierte. Die Förderung türkischer

---

Romane und Gedichte umfasst, gilt als einer der einflussreichsten türkischen Schriftsteller. Sein politisches Engagement führte 1938 (nach mehrmaligen Verhaftungen) zu seiner 28-jährigen Haftstrafe (infolge internationaler Proteste wurde er 1950 aufgrund einer Generalamnestie begnadigt) und seiner Ausbürgerung im Jahr 1951 sowie einem über 30-jährigen Veröffentlichungsverbot seiner Werke in der Türkei. Insbesondere in den 1970er und 1980er Jahren dienten seine Werke oft als Bezugspunkt für kulturelle Veranstaltungen im Kontext türkeistämmiger Migration.
66 Kollektiv Theater: Performance-Broschüre, Berlin 1980. Archiv des Friedrichshain-Kreuzberg Museums.
67 Siehe Gezen (Anm. 63).
68 Yasemin Yildiz: Beyond the Mother Tongue. The Postmonolingual Condition, New York 2012, 25. Meine Übersetzung.

Kultur und türkeistämmiger Künstler:innen wurde als zentral für die gegenseitige Annäherung gesehen, nicht nur im Rahmen verschiedener kultureller Aktivitäten und kommunaler Institutionen, sondern auch auf offizieller Seite, wie die verschiedenen Berichte des Berliner Senats belegen. Hier geht es nicht darum, Literatur auf ein soziologisches Dokument zu reduzieren oder literaturästhetische Aspekte zugunsten eines interkulturellen Dialoges zu vernachlässigen, der wiederholt in der Literaturwissenschaft, vor allem von Leslie Adelson in ihrem „Manifest gegen das Dazwischen", kritisiert worden ist.[69] Jedoch sind in den in diesem Beitrag vorgestellten literarischen Aktivitäten kulturpolitische Ansätze erkennbar, die die Literatur im Kontext türkeistämmiger Migration als eine Form erweiterter politischer Partizipation, Diskursmitgestaltung und Selbstpositionierung konzipieren und uns so dazu anregen, türkisch-deutsche literarische Begegnungen der Vergangenheit zu überdenken und ihr kulturpolitisches Erbe neu zu lesen.

---

69 Leslie A. Adelson: Against Between: A Manifesto, in: Unpacking Europe. Towards a Critical Reading, hrsg. von Salah Hassan und Iftikhar Dadi, Rotterdam 2001, 244–255.

Susi K. Frank
Um den „Frieden" wetteifern: Die *Zweite Berliner Begegnung* 1983 und die Rolle von Čingiz Ajtmatov

Das Jahr 1983 erscheint aus heutiger Perspektive als Höhepunkt der „Friedensbewegung" in Westeuropa, die sich gegen die geplante und im Dezember 1983 durchgeführte Stationierung von NATO-Mittelstreckenraketen in den westlichen Ländern Europas positionierte. Während die Regierungen im Einklang mit der NATO diese Stationierung als notwendige Antwort auf die in den Ländern des sozialistischen Lagers bereits stationierten sowjetischen SS20-Raketen verteidigten, wollte die protestierende Zivilgesellschaft dem Wettrüsten endlich ein Ende setzen. Die Demonstrationen brachten am 22. Oktober 1983 allein in der Bundesrepublik mehr als eine Million Menschen auf die Straße. Ebenso zahlreich waren die gleichzeitigen Demonstrationen in Stockholm, London, Rom und Wien.

Ein halbes Jahr davor fand am 22. und 23. April 1983 in Westberlin die Veranstaltung *Zweite Berliner Begegnung. Den Frieden erklären* statt, organisiert und ausgerichtet von Walter Höllerer, der seit den frühen 1960er Jahren die zentrale Autorität des Berliner Literaturbetriebs war und als Gründer sowie Leiter des Literarischen Colloquiums Berlin die „Ost-West-Lage" Berlins zum Ausgangspunkt eines in die Zukunft gerichteten Literaturprogramms gemacht hatte. Zwanzig Jahre nach der Gründung des LCB erkannte Höllerer diese Grenzlage nun wieder als idealen Ort für ein Blockgrenzen überschreitendes Gespräch.

Die *Zweite Berliner Begegnung* war als Antwort auf die im Dezember 1981 von Stephan Hermlin organisierte *Berliner Begegnung zur Friedensförderung* in Ostberlin und als Fortsetzung des dort begonnenen Gesprächs gedacht, weshalb Stephan Hermlin auch ins Organisationskomitee dieser zweiten Begegnung aufgenommen wurde.[1] Zugleich reihte sie sich gemeinsam mit der „ersten" ein in eine lange Tradition von politisch links orientierten Schriftstellerkonferenzen, die auf den Prototyp der internationalen Schriftstellerkongresse der 1930er Jahre zurückgingen – Moskau (1934), Paris (1935), London (1936) – und insbesondere seit dem Abkommen von Helsinki

---

[1] Beide *Begegnungen* wurden protokolliert und ediert. Während die erste *Begegnung* sowohl im *Verlag der Akademie der Künste* (Ostberlin) als auch im *Luchterhand Verlag* erschien, wurde die *Zweite Berliner Begegnung* nur im *Luchterhand Verlag* publiziert. Berliner Begegnung zur Friedensförderung. Protokolle des Schriftstellertreffens am 13. und 14. Dezember 1981. Der vollständige Text aller Beiträge aus Ost und West, Darmstadt/Neuwied 1982; Zweite Berliner Begegnung. Den Frieden erklären. Protokolle des zweiten Berliner Schriftstellertreffens am 22. und 23. April 1983, Darmstadt/Neuwied 1983.

1975 die „Sicherung des Weltfriedens" in den Mittelpunkt gestellt hatten. So fanden 1977 und 1982 Konferenzen zum Thema *Der Schriftsteller und der Frieden* in Sofia statt, 1982 auch das *Haager Treffen* zur Weiterführung der Friedensinitiative Europäischer Schriftsteller in Den Haag und die *Internationalen Literaturtage 82* in Köln zum Thema „Zeitgenössische Schriftsteller und ihr Beitrag zum Frieden". Höllerer selbst stellte in seiner Eröffnung das Berliner Treffen in diese Tradition, deren Kontinuität sich auch darin manifestierte, dass einige Teilnehmer – wie Günther Grass, Stephan Hermlin oder Hermann Kant – praktisch an allen Konferenzen dieser Jahre teilnahmen.

Die politische Brisanz dieser Treffen, Debatten und der manchmal daraus hervorgehenden Statements lag nicht nur darin, dass sie den Autor:innen eine relativ große Medienpräsenz verschafften, sondern insbesondere auch darin, dass das Engagement für den Frieden sowohl im Osten wie im Westen ein heikles Thema war: Im Westen, weil man dadurch klar ‚links' eingeordnet und der Nähe zum Sowjetischen verdächtigt wurde, im Osten, weil es sowohl von der politischen Führung als auch von regimekritischen Intellektuellen für sich gegen den jeweils anderen in Anspruch genommen wurde. Während das Friedensthema auf jeder politischen Großveranstaltung der Sowjetunion großgeschrieben und als eines der wichtigsten offiziellen Anliegen des Staates ausgegeben wurde, wurden Friedenskämpfer, die die atomare Rüstungsstrategie der Sowjetunion als friedensbedrohend kritisierten, massiv verfolgt. So war in Moskau im Sommer 1982 eine Gruppe von Intellektuellen, die sich „für Vertrauen" (*za doverie*) – also für vertrauensbildende Maßnahmen zwischen den Blöcken – einsetzte, demonstrierte und Verlautbarungen veröffentlichte, Repressionen ausgesetzt, obwohl sie sich explizit von der Dissidentenbewegung abgrenzte.[2]

Bereits in den Jahren davor war die *Moskauer Helsinki Gruppe,* welche sich im Anschluss an die Unterzeichnung des sogenannten *Helsinki-Abkommens* zwischen den USA, Kanada und der UdSSR zur Einhaltung der Menschenrechte 1976 konstituiert hatte, als verräterisch und staatsfeindlich verfolgt worden. Gleichzeitig jedoch beschwor der Staat selbst den „Geist von Helsinki".

In Deutschland entwickelte sich im Engagement der Schriftsteller:innen für den Frieden eine durchaus spannungsgeladene Allianz und manchmal auch Konkurrenz zwischen Ost und West. Bevor im Dezember 1981 die von Stephan Hermlin ins Leben gerufene *Berliner Begegnung zur Friedensförderung* stattfand, war bereits am 20. August 1981 in der westdeutschen Wochenzeitung *Die Zeit* (Nr. 35) ein „Appell der Schriftsteller Europas für den Frieden" erschienen, den mehr als 150 vorwiegend dem linken Lager nahestehende Autor:innen aus Ost und West unterzeichnet hatten.

Die erste *Berliner Begegnung zur Friedensförderung* fand am 13. und 14. Dezember 1981 in der Ostberliner Akademie der Künste statt. Der Gastgeber Stefan Hermlin definierte das Ziel der Veranstaltung als „Beitrag im Rahmen einer großen Bewegung",

---

[2] Vgl. Материалы о Группе доверия, ее создание, первые документы и деятельность в июне 1982, anonymer Hrsg., in: Materialy samizdata 2 (10. Januar 1983), Dok. 4799.

der Blockgrenzen überschreitenden Friedensbewegung. Damals war der bekannteste Teilnehmer aus der Sowjetunion Daniil Granin. Zusammen mit den beiden anderen sowjetischen Teilnehmern Grigorij Baklanov und Vasilij Subbotin bildete er eine Autorengruppe, deren literarisches Schaffen v. a. durch die Kriegserfahrung bestimmt war. Granin hatte zwei Jahre zuvor gemeinsam mit dem belarussischen Autor Ales Adamovič mit Mühe das *Blockadebuch (Blokadnaja kniga)* durch die Zensur bekommen und mit Kürzungen publiziert, ein literarisch experimentelles Dokumentarwerk über die Opfer der Blockade Leningrads. Dieses gegenüber der pathetischen Heroisierung der Verteidiger Leningrads kritische Werk hatte seine Autoren stark unter Druck gebracht. Dennoch wurde neben Baklanov und Subbotin auch Granin als ideologisch zuverlässiger Repräsentant der Sowjetunion nach Deutschland entsandt.

Zwischen der ersten und der zweiten *Berliner Begegnung* gab es zahlreiche Überschneidungen in der Teilnehmerschaft aus Ost und West (Helmut Baierl, Günter de Bruyn, Stephan Hermlin, Stefan Heym, Hermann Kant, Heiner Müller, Rolf Schneider und Helga Schütz aus der DDR sowie Bernt Engelmann, Günter Grass, Peter Schneider aus der BRD und Adolf Muschg aus der Schweiz) und – abgesehen von der großen Überzahl der Teilnehmer:innen aus der DDR bei der ersten Begegnung – einige strukturelle Kontinuitäten in Hinblick auf die Zusammensetzung: Wie bei der ersten Begegnung kamen drei Schriftsteller aus der UdSSR, einzelne Vertreter:innen aus Österreich, der Schweiz, Dänemark und Ungarn zusammen. Nicht vertreten waren dagegen die anderen ostmittel- und südosteuropäischen Literaturen: Polen, Tschechoslowakei oder Jugoslawien, die dann, sechs Jahre später, bei der Schriftstellerkonferenz in Lissabon im Zentrum standen.[3] Mit Čingiz Ajtmatov war auf der *Zweiten Berliner Begegnung* erstmals ein Repräsentant der multinationalen Sowjetliteratur mit dabei.[4]

Wenn es etwas Besonderes an der *Zweiten Berliner Begegnung* gab, dann lag es darin, dass hier nicht eine Gruppe von Schriftsteller:innen auf der Basis eines Konsenses als Intellektuelle zusammentrat, um gemeinsam für ein Ziel, das die gesamte Öffentlichkeit/menschliche Gemeinschaft betraf, einzutreten, sondern dass hier ein echtes Streitgespräch stattfand, bei dem die Teilnehmer:innen um das Anliegen – den Frieden und die Rettung der Menschheit und der Erde insgesamt vor dem Atomkrieg – sowie um das (Selbst)verständnis des Intellektuellen als politischer Akteur kämpften.

Um zu verstehen, welcher Positionsstreit hier ausgetragen wurde, helfen die differenzierenden kritischen Thesen, die Pierre Bourdieu wenige Jahre später zum Status und zur Rolle der Intellektuellen formulierte. In Anlehnung an und zugleich

---

[3] Vgl. die Protokolle der Debatte am letzten Tag der Lissaboner Konferenz: The Lisbon Conference on Literature. A Round Table of Central European and Russian Writers, in: Cross Currents 9 (1990), 75–124.
[4] Obwohl die Protokolle nur von „russischen Autoren" sprechen (vgl. Anm. 2), waren auf der Lissaboner Konferenz mit Hrant Matevosyan und Anatolij Kim dann sogar zwei Vertreter nichtrussischer Sowjetrepubliken vertreten.

Abgrenzung von Antonio Gramscis Begriffen des „organischen" und des „traditionellen Intellektuellen" definierte Bourdieu den Intellektuellen als „paradoxes" Doppelwesen, dessen politisches Engagement gerade nicht auf persönlichem oder klassenbedingtem Interesse (wie bei Gramsci), sondern auf Unabhängigkeit und Freiheit basiert. Eben deshalb könnten und sollten sich Intellektuelle – welche Bourdieu ganz strikt einem „Staatsadel" gegenübergestellt – als Kämpfer für universelle Werte zusammenschließen.[5]

Im Zusammenhang damit kam bei der *Zweiten Berliner Begegnung* auch die Differenz zwischen Ost und West in Hinblick auf die politisch-gesellschaftliche Funktion der Literatur und den politisch-gesellschaftlichen Status des Schriftstellers zum Tragen. Während der Schriftsteller im sowjetischen Kontext als politisch Beauftragter des Staates agieren und agitieren sollte, während ihm dort durch die hohe Wertschätzung der Literatur als Instrument politischer Bildung höchste Autorität als „Ingenieur der menschlichen Seelen" (Stalin) von Staats wegen zugebilligt und zugemutet wurde, definierten sich Schriftsteller:innen des Westens gerade umgekehrt über ihre politische Unabhängigkeit und Freiheit von staatlich vorgegebenen Aufgaben und erlangten gerade dadurch Ansehen und Autorität als Intellektuelle, sofern sie sich politisch engagierten. Aber auch innerhalb des sowjetischen Kontexts gab es, wie dargelegt, schon seit den 1970er Jahren eine Konkurrenz zwischen offiziellen Repräsentanten und Dissidenten, die beide gleichermaßen die Autorität in Hinblick auf das Verständnis und die Beurteilung universeller Werte beanspruchten.

Die Debatte um diese durch die jeweilige Spezifik der politischen Systeme bedingte, aber auch innerhalb des jeweiligen Systems strittige Autorität entbrannte auf der *Zweiten Berliner Begegnung* gerade um Ajtmatov. Und das war kein Zufall.

Ajtmatovs Making-of eines sowjetischen Intellektuellen

Čingiz Ajtmatovs Karriere hatte in den Jahren des poststalinistischen Tauwetters Ende der 1950er fulminant mit der Publikation seines Erstlings *Džamilja* in der wichtigsten Literaturzeitschrift *Novyj mir* ihren Anfang genommen, die dem aus der kirgisischen Peripherie kommenden Autor als Hauptvertreter der jungen multinationalen Sowjetliteratur den Weg ins Zentrum des Sowjetimperiums geebnet hatte. Schon von Anfang an hatte Ajtmatov die Literatur als Instrument der didaktischen Reflexion über universelle Werte der menschlichen Kultur aufgefasst und seine Texte in diesem Sinn konzipiert. Auf dem Sofioter Kongress *Der Schriftsteller und der Frieden* repräsentierte der Kirgise Ajtmatov gemeinsam mit dem Russen Konstantin Simonov die Sowjetliteratur. Ajtmatov

---

[5] Vgl. Pierre Bourdieu, Gisele Sapiro, Brian McHale: Universal Corporatism. The Role of Intellectuals in the Modern World, in: Poetics Today 12/4 (1991): National Literatures/Social Spaces, 655–669.

zeigte sich als Autor und Intellektueller, dem es um die Universalien des Humanismus ging, und trat mit seiner Rede für den Frieden, die den Titel des gesamten Kongresses aufgriff: *Zum Geist von Helsinki gibt es keine Alternative,* zugleich als Repräsentant des Staates auf, der das Abkommen von Helsinki für sich reklamierte.

Abb. 1: Frieden ist die Hoffnung des Planeten, in: Literaturnaja gazeta (22. Juni 1977).

In dieser Rede, die Ende Juni neben der von Simonov in der *Literaturnaja gazeta* veröffentlicht wurde, diagnostiziert Ajtmatov eine Zeitenwende: Noch nie sei die Menschheit vor solch grandiosen Entwicklungsmöglichkeiten gestanden und zugleich sei die Menschheit als ganze noch nie einer derart globalen Auslöschungsbedrohung gegenübergestanden wie heute angesichts der Atomwaffen. „Uns alle" – adressiert Ajtmatov die anwesenden internationalen Schriftsteller:innen – „verbindet das Bewusstsein der Verantwortung für das Schicksal der menschlichen Kultur und für das moralische Klima auf diesem Planeten." Es gäbe keine Alternative zum „Geist von Helsinki", der Geist des Humanismus müsse mithilfe der Literatur bewahrt und gehoben werden. „Planetarisch denken", das bedeute, „echter Internationalismus, Achtung vor der Eigenständigkeit der Kulturen, den Nationalsprachen, den künstlerischen Werten, die die Völker hervorgebracht haben, und schließlich perspektivisch zu denken und aus den heutigen Gegebenheiten in die Zukunft zu schauen." Dies sei der beste Garant des Friedens auf der Welt, den die Literatur helfen könnte zu bewahren, da sie über besondere Fähigkeiten der Darstellung und – und hier klingt Stalins Begriff der Literaten als „Ingenieure der Seelen" direkt an – der „Einwirkung auf die menschlichen Seelen" verfüge. Auch die Definition des Sozialistischen Realismus schwingt mit, wenn Ajtmatov abschließend sagt, dass eine „bloße flache Abbildung" nicht mehr ausreiche, sondern die Literatur, damit sie ihre wichtige Aufgabe erfüllen könne, „wie ein facettenreiches Prisma die Tiefen des Lebens und die menschlichen Schicksale in ihren Stereosphären wahrhaftig wiedererstehen lassen" solle.[6]

---

6 Čingiz Ajtmatov: Stat'i, vystuplenija, dialogi, interv'ju, Moskau 1989, 172.

Abb. 2: Čingiz Ajtmatov: Es gibt keine Alternative zum Geist von Helsinki, in: Literaturnaja gazeta (22. Juni 1977).

Fünf Jahre danach, 1982, auf dem zweiten Kongress in Sofia wählte Ajtmatov für seine dortige Rede den aus heutiger Perspektive noch denkwürdigeren Titel *Der Eroberer kann kein Held sein* (russ. *Zavoevatel' ne možet byt' geroem*).[7] Auch hier hob Ajtmatov die grundlegend neue Situation der Welt im Angesicht der Atomwaffen hervor, den prinzipiellen Unterschied gegenüber jener Situation, in der Romain Rolland, Gor'kij und Ernest Hemingway geschrieben hatten. Erst heute stünde man vor der Alternative „entweder – oder" bzw. „sein oder nicht sein": „entweder wir erhalten die Welt, die mit so viel Mühe im Laufe der langen Geschichte errichtet wurde, oder wir verlieren alles".[8]

> Überall, in allen Sprachen, in allen Literaturen [fordert Ajtmatov] sollten wir Gedanken und Gefühle entwickeln, die wirklich menschlich sind, gut, und die es rechtfertigen, dass wir Menschen genannt werden, jene vernünftigen Wesen, die einst – warum auch immer – auf diesem Planeten auftauchten, damit sie ihr Leben nicht auf so schändliche Weise beenden.[9]

---

7 Čingiz Ajtmatov: Zavoevatel' ne možet byt' geroem, in: Inostrannaja literatura 5 (1983) o. S. Nachdruck in Ajtmatov, Stat'i (Anm. 6), 191–193.
8 „Именно в XX веке возникла совершенно новая функция писателей мира, если можно так сказать, дополнительный груз, бремя, новая их миссия. Прежде классики наших литератур выступали глашатаями гуманизма, имея возможность жить в более спокойных условиях. Даже когда в недавнем прошлом раздавались тревожные голоса Роллана, Горького, Хемингуэя, не было еще такой опасности, не возникало положения, когда вопрос стоял: быть нам или не быть. Альтернатива именно такова: либо мы сохраним все то, что человечество создавало с таким трудом и усилиями на протяжении своей долгой истории, или мы все это утратим." Ebd., 191.
9 „Везде и всюду, на всех языках, во всех литературах нам следует насаждать мысли и чувства истинно гуманные, благотворные, позволяющие нам именоваться людьми, теми разумными существами, которые, однажды возникнув почему-то на этой планете в этой природе, не кончили бы жизнь столь бесславным образом." Ebd., 193.

In diesem abschließenden Aufruf klingt ein weiterer Topos von Ajtmatovs Literaturverständnis an, den er im selben Jahr auch in einer westlichen Debatte anbrachte und sich dadurch als Vertreter postkolonialer Kulturen zu erkennen gab: Vielsprachigkeit. Ajtmatov argumentierte für ein Verständnis der Vielfalt an Sprachen als gemeinsamer Schatz der Menschheit und Gewinn für alle. Obwohl oder gerade weil Ajtmatov selbst in jungen Jahren vom Kirgisischen zum Russischen gewechselt war[10] und erst dadurch den Weg zu transnationaler und internationaler Anerkennung hatte finden können, trat er in einem Essay, den er 1982 im *Courier de l'UNESCO*[11] publizieren konnte, vehement für die Vielfalt der Kulturen, die Erhaltung der kleinen Sprachen und den Schutz aller „Muttersprachen" ein:

> Wir leben in einem Sprachenkosmos. Die Sprachökologie, die historisch einmal aufgetreten ist, ist genauso komplex wie die Ökologie der Natur. Hier kommt man allein mit Pragmatik nicht weiter. Aber inzwischen vollzieht sich eine sukzessive Verdrängung der Sprachen der kleinen Völker durch die großen Sprachen.[12]

Daher, so Ajtmatov, müsse man eine nüchterne Wachsamkeit an den Tag legen. Um sich mit Gewinn zu vereinigen, müssten die Völker und Kulturen verschieden sein, wenn sie aber ihre Eigenständigkeit verlören, würde es keinerlei gegenseitige Bereicherung mehr geben und auch die Möglichkeit der Vereinigung wäre nicht mehr gegeben.

Als Ajtmatov also im April 1983 nach Berlin kam, genoss er als Intellektueller durchaus bereits internationales Ansehen, auch im Westen.

Die *Zweite Berliner Begegnung: Den Frieden erklären*

Die *Zweite Berliner Begegnung. Den Frieden erklären* fand in der Westberliner Akademie des Künste am Hanseatenweg statt. Verglichen mit der ersten *Berliner Begegnung* war die Teilnehmerzahl insgesamt geringer: 38 Autor:innen aus neun verschiedenen Ländern. Im Gegensatz zur starken Überzahl der Teilnehmer:innen aus der DDR bei der ersten war die Aufteilung bei der *Zweiten Begegnung* fast paritätisch: 12 aus der DDR, 11 aus der BRD. Ungefähr ähnlich blieben Zahl und Herkunft der ausländischen Teilnehmer:innen: eine Person (statt drei) aus Österreich (Robert Jungk wie 1981)[13],

---

10 In den frühen Jahren 1958–1965 wurden seine Werke als Übersetzungen ausgegeben. Sein erster internationaler Erfolg *Proščaj, Gul'sary!* (*Auf Wiedersehen, Gülsary!*, 1968) wurde dann schon als russischer Originaltext deklariert.
11 Čingiz Ajtmatov: In praise of mother tongues, in: Courier d'UNESCO 7 (1982), 34–39; nachgedruckt als: Čudo rodnoj reči, in: Ajtmatov, Stat'i (Anm. 6): 109–116.
12 Ebd., 110
13 Seltsamerweise wird Jungk in der Teilnehmerliste der Buchedition nicht Österreich, sondern ein-

eine aus Ungarn (György Konrad: neu), eine aus der Schweiz (Alfred Muschg wie 1981), eine aus Dänemark (Klaus Rifbjerg: neu). Neu war beim zweiten Treffen die USA mit Ted Joans, dem schwarzen Jazz-Poeten, Beatnik und Surrealisten, vertreten, der mit einem Stipendium des DAAD gerade Gast des LCB war.[14] Uwe Johnson, der 1983 auch zum ersten Mal teilnahm, wurde im Protokoll England zugeordnet.

Ähnlich wie 1981 waren auch 1983 drei Autoren aus der Sowjetunion dabei, die diesmal in der Zusammensetzung nicht nur das russische und russisch-jüdische Spektrum repräsentierten: Sergej Baruzdin, Vladimir Steženskij und eben Čingiz Ajtmatov. Der in Moskau geborene Sergej Baruzdin hatte wie Ajtmatov 1958 ein Studium am *Gor'kij-Institut* abgeschlossen und wurde 1966 Chefredakteur der Zeitschrift *Völkerfreundschaft,* deren Redaktionskomitee Ajtmatov dann ab 1968 als Ehrenmitglied angehörte. Baruzdin wurde später vorgeworfen, er habe die Zeitschrift heruntergewirtschaftet.[15] Generell war Baruzdin v. a. als Kinderbuchautor bekannt. Vladimir Steženskij, auch er Moskauer und nicht nur Autor, sondern auch Germanist und Übersetzer deutscher Gegenwartsliteratur[16], der im Krieg auch als Spion im Einsatz gewesen war, war unter den sowjetischen Autoren der häufigste Gast in Ostberlin. Nachdem Daniil Granin und Valentin Rasputin abgesagt hatten, wurde Ajtmatov, das machen die Protokolle deutlich, unter den Genannten als der wichtigste sowjetische Gast angesehen. Allerdings war Ajtmatovs Kommunikationssituation eine besondere, da er als einziger unter den Gästen der deutschen Sprache nicht mächtig war und eine Dolmetscherin brauchte, was von ihm selbst mehrfach als Hindernis hervorgehoben wurde.

Neben dieser Spezifik der sowjetischen Delegation fällt im Vergleich mit 1981 noch eine andere Differenz in der Zusammensetzung ins Auge. Zwei Teilnehmer:innen aus mitteleuropäischen Ländern bilden eine bei früheren Treffen nicht vertretene Gruppe: Libuše Moníková, die in der Teilnehmerliste einfach als Autorin aus Bremen bezeichnet wird, 1983 ihren zweiten deutschen Roman publiziert hatte und als deutschsprachige Schriftstellerin anerkannt war, verstand sich selbst seit ihrer Umsiedlung aus der Tschechoslowakei 1971 als politische Exilantin. György Konrad hatte seit 1978 in Ungarn Publikationsverbot[17] und nomadisierte – sein Heimatland kritisierend – in diesen Jahren quasi als Heimatloser durch Europa. Beide können als Vorreiter eines neuen mitteleuropäischen Dissidententums bezeichnet werden, das sich als solches in seinem transnationalen Selbstverständnis noch nicht konstituiert hatte.[18] Und es

---

fach – wie die deutschen Gäste – einer Stadt zugeordnet: Salzburg. Vgl. Zweite Berliner Begegnung (Anm. 1), 5.
14 Vgl. den Aufsatz von Susanne Klengel in diesem Band.
15 Vgl. Boris Jakovlev: Zapiski sčastlivogo neudačnika, Moskau 2011, 207.
16 So übersetzte Steženskij z. B. zwischen 1972 und 1990 Teile des Werks von Wolfgang Koeppen.
17 Dieses wurde erst 1989 wieder aufgehoben.
18 Gerade im selben Jahr publizierte Milan Kundera den ersten von zwei Essays, in denen er seine Idee von Mitteleuropa als von der Sowjetunion unterdrückten und mit dieser kulturell komplett inkompatiblen Teil Europas entwickelte und damit den Grundstein für ein antisowjetisches ostmittel-

waren genau sie, die bei der *Zweiten Berliner Begegnung* – wenn auch in jeweils unterschiedlicher Weise und nicht geschlossen agierend – einen neuen Ton anschlugen.

Walter Höllerer selbst stellt Ajtmatov am ersten Tag des Treffens ausführlich vor, jedoch ohne seinen im Vorjahr in der BRD und der DDR erschienenen und beiderseits der Grenze hochgelobten Roman zu erwähnen.[19] Im Anschluss hält Ajtmatov eine circa zwanzigminütige, schriftlich vorbereitete Rede, die danach auch in Übersetzung vorgetragen wird. Ihre wichtigsten Punkte lassen sich folgendermaßen zusammenfassen:

Ajtmatov betont mehrfach, dass er nur als Schriftsteller – und nicht als Politiker – sprechen kann, und dass das, was er vorbringt, wesentlich mit seinem Verständnis von Literatur zu tun hat. Seine Grundfrage lautet: „Was kann man in diesem Stadium der politischen Entwicklung des Kalten Krieges mithilfe von Literatur erreichen?"[20] Seine erste Antwort: „nicht viel, weil die Literatur die Weltordnung nicht ändern kann". Aber dann bringt er anstelle eines nackten Arguments ein Gleichnis und zeigt damit, was Literatur ihrem Wesen nach als rhetorisch geformter Text performativ vermag, nämlich mithilfe von figurativen Veranschaulichungen auch und gerade dort unmittelbare Evidenz zu erzeugen und Wege zu eröffnen, wo die Ratio am Ende ist.[21] Keine Ameise sei zu viel auf dieser Welt. Und deshalb sei die Literatur nicht überflüssig. Sie kultiviere im Menschen die Idee der Unsterblichkeit, die im Glauben an die Zukunft begründet sei. „Jeder" – so Ajtmatov – „begreift, dass der einzelne sterblich ist, [...] die Welt aber unsterblich."[22] „Wollen wir nicht [...] sagen, dass wir für das Schicksal der Welt verantwortlich sind [...]?"[23]

---

europäisches Selbstverständnis legte, welches dann im Zentrum der Debatte auf der *Konferenz von Lissabon* 1990 stehen sollte. Vgl. Milan Kundera: „Un Occident kidnappé" ou la tragédie de l'Europe centrale, in: Le Debat 5/27 (1983), 3–23; Ders.: The Tragedy of Central Europe, übers. von Edmund White, in: The New York Review of Books 31/7 (26. April 1984), 10–20.
19 *Dol'še veka dlitsja den'* (Länger als ein Jahrhundert dauert der Tag), der Titel des Romans, mit dem Ajtmatov eine Zeile aus einem Gedicht des späten Boris Pasternak zitiert, – aus der Zeit, als Pasternak bereits wegen der Publikation von *Doktor Živago* im Westen kritisiert und verfolgt wurde – wird in den beiden deutschen Ausgaben unterschiedlich übersetzt, obwohl beide Übersetzungen von Charlotte Kossuth stammen, der Mitarbeiterin des Ostberliner Verlags Volk & Welt. *Ein Tag länger als ein Leben* lautet der Titel der westdeutschen Ausgabe und *Der Tag zieht den Jahrhundertweg* heißt der Roman in der ostdeutschen Ausgabe.
20 Zweite Berliner Begegnung (Anm. 1), 18.
21 Mit dieser rhetorischen Strategie mit Worten zu handeln entspricht Ajtmatov interessanterweise dem für den Protokollband gewählten Titel *Den Frieden erklären*, der die idiomatische Wendung „den Krieg erklären" umkehrt und damit auch den Dichtern politische Handlungsmacht mit Worten zuschreibt, und zwar gerade in Bezug auf den Frieden.
22 Ebd.
23 Ebd., 19.

Die zweite Hälfte von Ajtmatovs Rede ist vollständig dieser großen gesellschaftlichen Aufgabe der Literatur gewidmet: Es geht um „die Rolle des Schriftstellers in der modernen Welt":

> Vor der Literatur steht in unseren Tagen eine ungeheure Aufgabe, nämlich die ein neues Weltgefühl zu schaffen, in dem die Ideen des Humanismus zur Sache jedes einzelnen werden. [...] Im Grunde genommen, geht es einfach um die Achtung jedes einzelnen Menschen vor der eigenen Vernunft.[24]

Ajtmatov erinnert an den internationalen Zusammenschluss im Zeichen der Weltliteratur gegen den Faschismus in den 1930er Jahren und stellt damit die *Zweite Berliner Begegnung* in die Tradition der Pariser Konferenz der Komintern von 1935 *Pour la défense de la culture*:

> Als der Faschismus das Leben und die Kultur der Völker bedrohte, haben die bürgerliche Demokratie und der Kommunismus [...] sich vereinen können ohne dabei aufzuhören, sie selbst zu sein. [...] [U]m den Faschismus zu vernichten, fand man dieses gemeinsame Flussbett [so Ajtmatovs zweites Bild dieser Rede] [...]. Die Erziehung zum Menschen guten Willens könnte [...] eine Aufgabe für den modernen Schriftsteller werden.[25]

Schließlich bringt er noch ein drittes Bild – genau wie die beiden anderen ein Allgemeinplatz der rhetorischen Asservatenkammer – mit dem er wieder, wie schon mit der „Ameise", an die Macht der Literatur als Instrument der Menschenbildung appelliert:

> Das Schrecklichste ist, wenn man glaubt, man sei sehr klein, man sei nur ein Sandkorn am Rande des Ozeans. Verwenden wir doch unsere Kräfte darauf, dass wir mit den Mitteln der Kunst und der Literatur den Menschen vor der sog. Massenkultur bewahren, damit er besonders scharf seinen Platz und seine Verantwortung [...] wahrzunehmen vermag... Versuchen wir, kraft der Kunst den Menschen die Achtung vor dem Leben zu geben, sie zum Verzicht auf physische Gewalt zu erziehen.[26]

Ziemlich aufschlussreich ist, dass Ajtmatov im Unterschied zu fast allen anderen Rednern das identifikatorische Pluralpronomen „wir" in zwei unterschiedlichen, ja entgegengesetzten Bedeutungen verwendet: nämlich nicht nur in Bezug auf die versammelte Gruppe von Autor:innen, sondern vor allem auch in Bezug auf die Sowjetunion, wodurch sich dann automatisch ein Gegensatz zwischen diesem „wir" und der anwesenden Gemeinschaft ergibt.

---

24 Ebd., 20.
25 Ebd., 21.
26 Ebd., 22.

Wie auch die beiden anderen Autoren aus der Sowjetunion spricht Ajtmatov prinzipiell als offizieller Repräsentant sowohl der sowjetischen Literatur als auch der Sowjetunion als Staat und Gemeinschaft. So zum Beispiel, wenn er sagt: „In unserer [sowjetischen] Politik gibt es dieses unauslöschliche Streben nach Frieden, es findet seinen Ausdruck in den Taten und Erklärungen der Regierung […] In der Sache der Erhaltung des Friedens und der Nichtzulassung des Krieges sind wir alle eines Sinnes."[27] Wenn er aber die anwesende Gemeinschaft adressiert, verwendet er ebenfalls ein „wir", allerdings eines, das sich erst in der Zukunft konstituieren können wird und dann aktiv werden soll, wenn es um die Bildung eines Selbstverständnisses im Sinne eines globalen Humanismus geht.

Dadurch signalisiert Ajtmatov – wahrscheinlich ohne es bewusst zu intendieren und damit etwas zu beabsichtigen – eine Differenz gegenüber der Gemeinschaft des Treffens. Mit dem doppelten „wir" steht Ajtmatov auch den zahlreichen Teilnehmer:innen aus der DDR entgegen, da sie alle, wenn sie „wir" sagen, die anwesende Gemeinschaft meinen.

Diese symptomatische Differenz korrespondiert den Vorwürfen, die er von einigen Teilnehmer:innen bezüglich seiner uneingeschränkten Loyalität gegenüber dem sowjetischen Staat erhält. Diese Repräsentantenfunktion, an die Ajtmatov geradezu plakativ sein Verständnis des Autors als Instanz höchster kultureller Verantwortung und oberster moralischer Urteilsfähigkeit knüpft, wird von den an sich nicht weniger politisierten westlichen Teilnehmer:innen des Treffens explizit und vehement abgelehnt. Während Günther Grass Ajtmatov nur lapidar „naiv"[28] nennt, verwahren sich andere – wie der Schweizer Adolf Muschg oder Libuše Moníková – ausdrücklich dagegen, als Repräsentanten ihres Landes gesehen zu werden. Wie könne man überhaupt als Intellektueller „,wir' sagen und die Regierung meinen", fragt Moníková und stuft Ajtmatovs Statements als absolut unglaubwürdig ein.[29]

Moníková sieht die Verantwortung literarischen Schreibens vor allem im Feld der Sprache und Poetik: „Die Aufgabe der Schriftsteller erwächst ihnen aus der Arbeit an der Sprache."

> Die Pflicht der Schriftsteller [sagt Moníková] ist die Richtigstellung der Begriffe. Die Macht, die von der Sprache ausgeht, ist nichts Fiktives. Die Propaganda-Biederkeit, mit der die Sowjetunion ihr veraltetes Imperium immer wieder moralisch zu erneuern versucht, steht dem Substratparasitismus der USA, dem schnellen Zugriff über putschende Obristen an Gefährlichkeit nur wenig nach.[30]

Immer wieder kommt in der Debatte die Problematik der Verfolgung von Regimekritikern, die sich auch als Verfechter einer globalen Friedensbewegung verstehen, in

---

27 Ebd., 19.
28 Ebd., 32.
29 Ebd. Moníkovás bemerkenswert vehementes Statement umfasst in der gedruckten Version fast drei Seiten, 69–72.
30 Ebd., 71.

der Sowjetunion und den Ländern des sogenannten Ostblocks zur Sprache und führt zu Konfrontationen zwischen Autor:innen, die die Verfolgung leugnen, und solchen, die sie im Hinweis auf konkrete Fälle anprangern. So zum Beispiel der westdeutsche Hans Christoph Buch (der 1972 bei Walter Höllerer an der TU promoviert wurde):

> Ich kenne Herrn Steženskij seit vielen Jahren und habe in gewisser Weise Vertrauen zu ihm gefasst. Ich weiß nun nicht, ob er das, was er eben gesagt hat, auch wirklich glaubt, ich nehme zu seinen Gunsten an, nein […] hier wird behauptet, verhaftete Schriftsteller gäbe es nicht, und zwar deshalb, weil sie nicht Mitglieder des SV sind. […] Joseph Brodsky galt in der Sowjetunion als Nicht-Schriftsteller. […] Und selbstverständlich ist Wassyl Štus ein Dichter, und dafür ist er verhaftet worden, aufgrund seiner Gedichte […] Ich sympathisiere nicht mit seiner politischen Haltung. Er ist ein ukrainischer Nationalist. Und als solcher ist er mit vielen Angehörigen dieser ukrainischen Oppositionsbewegung verhaftet worden, aber ausdrücklich wegen seiner Gedichte […] Ich meine, dass es keine Frage der Sympathie oder der politischen Opportunität ist, sich für einen solchen Häftling einzusetzen.[31]

Es sind die Vertreter:innen (mittel)europäischer Positionen, die den Status quo – d. h. die Verfolgungen des regimekritischen Teils der Friedensbewegung und der Menschenrechtsverfechter im Osten – vehement kritisieren. Moníková verkündet das Recht auf Frieden als erstes Menschenrecht, weshalb Friedens- und Menschenrechtsbewegung absolut untrennbar seien[32].

> Wir sind alle Bewohner eines unsichtbaren Konzentrationslagers, man kann uns vernichten, wirksamer als in der Gaskammer, auf Befehl von oben, in einem einzigen Augenblick. Es hat nur den Anschein, als lebten wir in einer zivilen Welt. In Wirklichkeit befinden wir uns im Kriegszustand. In Ost und West ist etwas nicht in Ordnung mit dem politischen Denken[33]

– meint György Konrad und spricht von „Blocknationalismus",[34] der als Wurzel allen Übels und Kern der Bedrohung aller überwunden werden müsse. Robert Jungk möchte mit gezielten Einzelmaßnahmen der Schriftsteller als Akteure jenseits von Ideologie und Parteipolitik beginnen, um Klärung zu schaffen für alle: „Könnten wir nicht eine paritätische Schriftstellerkommission nach Moskau schicken […] zur Untersuchung der unabhängigen Friedensbewegung?"[35]

Konrad, der meint, man „müsse eine Utopie haben"[36], artikuliert die Vision eines neuen Internationalismus, der sich in Gestalt einer übergreifenden, globalen Friedensbewegung manifestiert: „Ich glaube, dass die demokratische Bewegung und

---

31 Ebd., 118.
32 Ebd., 178.
33 Ebd., 39.
34 Ebd., 172.
35 Ebd., 117. Dieser optimistische praktische Vorschlag wurde nicht weiter aufgegriffen.
36 Ebd., 99.

die Friedensbewegung in Osteuropa dasselbe sind. Ich glaube, dass es einen neuen Internationalismus gibt, über die Blöcke hinaus [...] Ich glaube, dass nur die Zivilgesellschaft eine Friedensbewegung schaffen kann, und nur die zivile Gesellschaft ist wirklich an den Menschrechten interessiert."[37]

Ajtmatov schweigt zu all diesen Versuchen, irgendeine Perspektive für eine die Blockgrenzen überwindende Friedensbewegung zu entwickeln, wobei die sprachliche Barriere eine gewisse Rolle gespielt haben könnte. Als er aber gegen Schluss der Begegnung noch einmal mit zwei kleineren Statements die Stimme erhebt, geht sein Plädoyer für Verständigung im Zeichen eines allen politischen Kontroversen übergeordneten Humanismus anscheinend in eine ganz ähnliche Richtung wie das der kritischen Mitteleuropäer:innen. Hier adressiert sein „wir" die versammelte Gemeinschaft als *pars pro toto* einer unteilbaren Menschheit:

> [...] vor der Frage nach Sein oder Nicht-Sein sind wir alle Menschen, Zeitgenossen, die darüber nachdenken, was wir dazu beitragen können, um diese Gefahr abzuwenden [...] Es gab einige schwierige Momente, aber es freut mich, dass wir in der wichtigsten Sache einig geblieben sind [...] und versuchen, eine gemeinsame Sprache zu finden.[38]

Ajtmatov weiterhin:

> Ich betone, dass wir die größte Errungenschaft unseres Jahrhunderts besitzen, gemeinsam über Fragen des Friedens nachzudenken. [...] wir müssen wissen, dass die Literatur eines der ungeheuersten Mittel ist, um die Gehirne der Menschen zu beeinflussen, damit dort kein Kriegsgedanke entstehen kann.[39]

Dieses Potential der Literatur zu nutzen, sei eine viel schwierigere Aufgabe, als Hass und Angst zu erzeugen.

Indem er die Literatur als mächtigstes Instrument der Steuerung des Bewusstseins definiert, spielt Ajtmatov wieder auf Stalins Definition der Schriftsteller an; indem er aber als Ziel die Erziehung zum Frieden nennt, postuliert er andere Maximen. Und wenn er anschließend jeden einzelnen als eigenverantwortlichen Adressaten der Literatur und das Individuum als einzige Instanz des Gewissens definiert, setzt er ein Statement, das nicht zuletzt aus dem Geist des Tauwetters kommt: „Das strengste Gericht hält jeder über sich selbst [...] Man sollte sich selbst beobachten, kritisieren."[40]

Und doch wird Ajtmatov auch nach seinem Abschlussstatement direkt wieder von Libuše Moníková kritisiert für einen Harmonisierungsversuch, der vollkommen im

---

37 Ebd., 172–173.
38 Ebd., 171.
39 Ebd., 184.
40 Ebd., 184.

Abstrakten verharre: „[...] auf diesem Niveau bewegte sich die Argumentation seitens der sowjetischen Kollegen. Das war so äußerst allgemein, und es war tatsächlich sehr schwierig zusammenzukommen."[41]

Aber obwohl die Teilnehmer:innen der Veranstaltung sich schlussendlich nicht auf eine von Günther Grass vorgelegte Resolution einigen konnten, in einem Punkt trafen sich dennoch alle: Das Gespräch als solches wurde als ein Wert an sich anerkannt und sollte fortgesetzt werden. Hierin stimmten sogar Čingiz Ajtmatov und Libuše Moníková überein, die beide den Vorschlag György Konrads begrüßten, ein nächstes Treffen in Budapest auszurichten. Dieses grundlegende Einverständnis basierte auf der Prämisse des gemeinsamen Ziels und einer gemeinsamen Verantwortung, die sie als Intellektuelle für die Gemeinschaft aller über politische Grenzen hinweg tragen wollten.

Besonders bemerkenswert aus heutiger Perspektive bleibt die Tatsache, dass nicht nur der sowjetische Autor, in dessen Kontext die Literatur offiziell höchsten Rang als moralische Instanz hatte,[42] sondern auch die beteiligten westlichen Autor:innen ein schriftstellerisches Selbstverständnis vertraten, das weit vom heutigen *common sense* entfernt scheint: ein Selbstverständnis als Intellektuelle im Sinne Bourdieus und damit als Verantwortliche für die Grundwerte der Kultur und Gesellschaft.

Ajtmatovs Besuch in Ostberlin 1983 und seine literarische Positionierung im Roman *Ein Tag länger als ein Leben*

Literatur als Instrument der Reflexion, der fiktionalen Verhandlung und der Propagierung von Grundwerten menschlicher Existenz, dafür ist Ajtmatovs wahrscheinlich wichtigster Roman *Dol'še veka dlitsja den'* das beste Beispiel. Nach seiner – wenn auch zensierten – Veröffentlichung in der wichtigsten sowjetischen Literaturzeitschrift *Novyi Mir* im November 1980 stand er für mehrere Jahre im Zentrum der Aufmerksamkeit der literarischen Öffentlichenkeit.[43] Obwohl er unübersehbar die Repressionen

---

41 Ebd., 172.
42 Dies hatte der Autor bereits in den 1960er Jahren in einem Essay bekräftigt, der zunächst 1967 in der wichtigsten literaturkritischen Zeitschrift der Sowjetunion – *Voprosy literatury* – und dann, im Zusammenhang von Ajtmatovs erstem Besuch in der DDR, 1968 unter dem Titel *Verantwortlichkeit* [der Literatur] *gegenüber der Zukunft* in der Zeitschrift des Schriftstellerverbandes, *Sinn und Form*, erschienen war. In: Sinn und Form 5 (1968), 1223–1231. Vgl. auch Susi K. Frank: Multinationale Sowjetliteratur und ihre Agenten auf dem Buchmarkt zwischen Ost und West, in: Jutta Müller Tamm (Hrsg.): Berliner Weltliteraturen. Internationale literarische Beziehungen in Ost und West nach dem Mauerbau, Berlin 2021, 284–312, hier: 307.
43 Bis 1990 erschien der Roman ohne das parabolische Schlüsselkapitel „Die weiße Wolke Džingis Chans", welches auf Russisch dann zunächst als Extratext erschien und 1991 erstmals als Kapitel 9

der Stalinära – denen auch Ajtmatovs eigener Vater zum Opfer gefallen war – kritisch thematisierte, wurde er 1983 mit dem Staatspreis für Literatur ausgezeichnet.⁴⁴ Die ersten Übersetzungen brachten ihm in Frankreich und dann in beiden Teilen Deutschlands große Beachtung.⁴⁵

Vor der *Zweiten Berliner Begegnung* war Ajtmatov deswegen schon in Paris gewesen, im Anschluss reiste er weiter nach Ostberlin, wo er die deutsche Übersetzung des Romans promoten sollte. Zu seinem deutsch-deutschen Grenzübertritt findet sich ein interessanter Kommentar Ajtmatovs in einem Interview der Journalistin der SED-Zeitung *Neues Deutschland*, Irmtraud Gutschke. In dem in der Zeitschrift *Sowjetliteratur* publizierten Interview meinte Ajtmatov:

> Freilich hat die DDR viele Ähnlichkeiten mit anderen europäischen Ländern. Es ist ein hochentwickeltes Industrieland, das über reiche kulturelle Traditionen verfügt. Dabei haben sich allerdings eigene Züge herausgebildet, hat doch dieser Teil Deutschlands den Weg einer sozialistischen Entwicklung gewählt. Besonders bei meinem jüngsten Besuch habe ich das gespürt, als wir vorher in Westberlin waren. Als wir die Grenze überschritten hatten, fühlte ich mich sofort entspannt und frei. Ich hatte eben das Gefühl, bei meinen eigenen Leuten zu sein.⁴⁶

Es liegt nahe, dass der Abdruck dieses Kommentars den Autor dem Publikum nicht nur emotional näherbringen, sondern auch eine strategische Funktion erfüllen sollte: die Abwertung des Besuchs in Westberlin und die Aufwertung des Besuchs von Ostberlin als Heimkehr.

Tatsächlich wurde Ajtmatovs Roman, der in derselben Übersetzung von Charlotte Kossuth 1981 im Westen bei Bertelsmann unter dem Titel *Ein Tag länger als ein Leben*,

---

in den Gesamttext des Romans in seiner deutschen Ausgabe beim Unionsverlag eingefügt wurde. Die russische Erstausgabe findet sich in der Zeitschrift Znamja 8 (1990), 7–57.

44 Die Tatsache, dass Ajtmatov sowohl 1968, als er das erste Mal im westlichen Ausland (Frankreich) war, und 1983, als er zum zweiten Mal in Paris und dann auch in Westberlin war, den Staatspreis für Literatur erhielt, lässt eine politische Strategie dahinter vermuten: Als ob diese staatlichen Anerkennungen ihn fester an die Sowjetunion binden sollten.

45 Rossen Djagalov schreibt: „For the next five years, before perestroika, it remained the most widely debated officially published Soviet text, both in and out of the country. While some observers justly pointed to the novel's (mutated) socialist-realist topoi and successful fate – a State Award for Literature, translations into multiple languages, film adaptations, – others insisted on its critique of Stalin-era repressions – of which Aitmatov's father was a victim himself – and the adverse environmental consequences of (Soviet) modernization." Rossen Djagalov: From internationalism to postcolonialism. Literature and cinema between the Second and the Third Worlds, London u. a. 2020, 132. Ca. 25–30 Rezensionen und Pressetexte gab es in der DDR zu Ajtmatovs Besuch Ende April bzw. Anfang Mai 1983. Viele davon beziehen sich auch auf Ajtmatovs neuesten Roman. Und mindestens ebenso viele Rezensionen erschienen in Ost- und Westdeutschland schon 1982 anlässlich der Veröffentlichung von Ajtmatovs Roman.

46 Zum 35. Jahrestag der DDR. Gespräch mit Tschingis Aitmatow, in: Sowjetliteratur 10 (1984), 84–88, hier: 85.

Roman und ein Jahr später im Osten bei *Volk und Welt*[47] unter dem Titel *Der Tag zieht den Jahrhundertweg* erschienen war, im Osten und im Westen gleichermaßen stark rezipiert, wobei bei gleichbleibend hoher Einschätzung des literarischen Niveaus – mehrfach fiel dabei der Begriff „Weltliteratur" – die politische Ausrichtung und die Dimension der Sowjetkritik sehr unterschiedlich eingeschätzt wurden. Während man im Westen die kritische Dimension hervorhob, wurde sie im Osten praktisch geleugnet.[48]

Während die bereits genannte Irmtraut Gutschke in der Parteizeitung *Neues Deutschland* vom 19. Mai 1982 die Gestaltung der Protagonisten als „aufrechte kommunistische Persönlichkeiten" lobte, bewertete Wolfgang Kasack Ajtmatovs Roman im *Rheinischen Merkur* als „antisowjetisch" und konservativ: „Bindung an Tradition und religiösen Glauben, an Mythos und klares Bekenntnis gegen den Materialismus [...] sind als geistige Prinzipien der sowjetischen Ideologie fern."[49] Noch mehr als westdeutsche Rezensionen hoben jene ostdeutschen Kritiken, die in weniger parteinahen Organen erschienen, vor allem die ethisch-moralische Ausrichtung und den weltliterarischen Horizont hervor. So nannte Heinz Plavius diesen Roman im ostdeutschen *Sonntag* ein „Buch der Werte" – gemäß Ajtmatovs Credo einer „verantwortungsbewussten", „den Menschen zum Humanismus erziehenden Literatur" seien die Helden Vorbilder, ihre wichtigste Eigenschaft edle „Einfachheit".[50] In der ebenfalls ostdeutschen Zeitschrift

---

47 Zur Bedeutung des Verlags *Volk und Welt* für die Verbreitung der sowjetischen multinationalen Literatur im deutschsprachigen Raum vgl. Leonhard Kossuth: Volk & Welt. Autobiographisches Zeugnis von einem legendären Verlag, Berlin 2002; sowie: ders.: Sowjetliteratur in ihrer Multinationalität, in: Simone Barck, Siegfried Lokatis (Hrsg.): Fenster zur Welt. Eine Geschichte des DDR-Verlags Volk & Welt, Berlin 2003, 57–61.
48 1983 erschien auch die französische Ausgabe, die noch eine dritte Annäherung an den Originaltitel versucht: Tchinguiz Aïtmatov: Une journée plus longue qu'un siècle, Paris 1983. Ausführlichere Analysen des Romans finden sich bei: Willi Beitz (Hrsg.): Vom Tauwetter zur Perestrojka. Russische Literatur zwischen den Fünfziger und den Neunziger Jahren, Berlin/Frankfurt a. M./Wien 1994, zu Tschingis Aitmatov: 245–252; Katerina Clark: The Mutability of the Canon. Socialist Realism and Chingiz Aitmatov's I dol'she veka dlitsia den', in: Slavic Review 43/4 (Winter 1984), 573–587; David S. Coombs: Entwining Tongues. Postcolonial Theory, Post-Soviet Literatures and Bilingualism in Chingiz Aitmatov's I dol'she veka dlitsia den', in: Journal of Modern Literature 34/3 (2011), 47–64.
49 Wolfgang Kasack: Einladung in eine andere Welt, in: Rheinischer Merkur (4. Juni 1982). Charlotte Kossuth nennt den Tag ein „Lebensbuch", in dessen Zentrum die „Würde" des Menschen und „Erfahrung" als menschliche Grundwerte stünden. Charlotte Kossuth: *Der Tag zieht den Jahrhundertweg*. Verlag Volk und Welt Berlin, in: Eulenspiegel 31 (30. Juli 1982). Irmtraut Gutschke konstatiert im *Neuen Deutschland*, dass Ajtmatov „auch in diesem Roman wieder *Legenden* und Gleichnisse nutzt, um den dargestellten aktuellen Ereignissen einen höheren Verallgemeinerungsgrad zu geben" und durch die Gestaltung der Protagonisten beispielhaft Anforderungen an die „aufrechte kommunistische Persönlichkeit" zu stellen. Als solche sieht Gutschke die Protagonisten Edigej, Kasangap, Abudalip und den Geologen Jelisarov. Irmtraut Gutschke: Verantwortung tragen und tätig sein, in: Neues Deutschland (19. Mai 1982). Gutschke trat immer wieder als Ajtmatov-Expertin auf, zuletzt in einer Monographie: Irmtraut Gutschke: Menschheitsfragen, Märchen, Mythen. Zum Schaffen Tschingis Aitmatows, Halle/Leipzig 1986.
50 Heinz Plavius: Buch der Werte, in: Sonntag (8. August 1982).

Weltbühne wurde Ajtmatovs Roman von Richard Christ als „Weltliteratur" bezeichnet. Stimmen der West-Presse bezogen sich mitunter kritisch auf die gattungsmäßige Heterogenität des Romans.[51]

Als Ajtmatov Ende April 1983 nach Ostberlin einreiste, war *Der Tag zieht den Jahrhundertweg* gerade schon in dritter Auflage bei Volk & Welt herausgekommen; parallel wurde die Ajtmatov-Werkausgabe – ebenfalls bei Volk & Welt – fortgesetzt, als deren vierter Band (von insgesamt 5) der Roman 1982 erschien. Stilistisch entspricht der Roman einem sowjetischen Realismus im weiteren Sinn, d. h. Fortführung einiger Kriterien des Sozialistischen Realismus – wie Wahrhaftigkeit, Volkstümlichkeit – aber klare Abwandlungen anderer wie z. B. Konzept des positiven Helden oder Parteilichkeit. An die Stelle einer im Sozialistischen Realismus dominanten Zukunftsorientierung tritt hier das auf vielen verschiedenen Ebenen des Romans verhandelte Rahmenthema des Gedächtnisses als Voraussetzung von humanistischen Werten, von Identität in der Gegenwart und Perspektiven für die Zukunft. Mithilfe der Kreuzung von wenigen individuellen Schicksalen an einer verlassenen Bahnstation, einem Friedhof und einem nahegelegenen Weltraumbahnhof in Kasachstan werden im Stil eines mit magisch-mythologischen Elementen, Dorfprosa und Science-Fiction angereicherten Realismus politisch überaus brisante Themen verhandelt.

Das Leitmotiv, mithilfe dessen die zeitliche Problematik in den Raum projiziert wird, bildet die Eisenbahn. Wie ein durchgehender Refrain zieht sich der beobachtende Satz – „Die Züge fuhren von Ost nach West und von West nach Ost [...]" durch den Roman. Während das Zugmotiv in zahlreichen älteren und sozrealistischen Verwendungen als Symbol imperialer Asymmetrie von Zentrum und Peripherie, aber auch des Anschlusses der Peripherie ans Zentrum und als Symbol der Modernisierung der Peripherie fungierte, fahren die Züge in Ajtmatovs Roman in beide Richtungen, unausgesetzt, sich wiederholend und ohne Veränderung zu bringen. Sie stellen zwar die Verbindung zum Zentrum her, transportieren Menschen von dort, aber nicht, um die Peripherie ans Zentrum anzuschließen, sondern allenfalls um die Peripherie zu kontrollieren, aber oft auch nur, um die von dort Geschickten auszuschließen. Den Protagonisten erinnern sie manchmal an eine verlorene Vergangenheit und manchmal auch an die Fehlschläge der Modernisierung. Im Handlungsverlauf bringen die Züge Unglück: Mit dem Zug kommt der KGB-Inspekteur Tansykbaev, der Abutalip verhaftet und verhört, bis dieser aus dem Verhörwaggon springt und sich vor einen Zug wirft. Während Züge anderswo für Handlungsmacht im Sinn der Modernisierung stehen, symbolisieren sie hier eher die Abwege der Macht des Zentrums und die Ohnmacht der Peripherie. Als Edigej ein einziges Mal die Chance zu handeln ergreift, tut

---

51 Vgl. Richard Christ: Edige und das Universum, in: Die Weltbühne (22. Februar 1983); Helen von Ssachno: Kirgisenfriedhof und Kosmodrom, in: Süddeutsche Zeitung (26. März 1982); Helen Stehli: „Ein Tag länger als ein Leben", in: Neue Zürcher Zeitung (26. März 1982); Gabriele Leech-Anspach: Kosmos über Kasachstan, in: Der Tagesspiegel (4. April 1982).

er dies, indem er die Notbremse zieht und die Fahrt des Zuges anhält. So transformiert Ajtmatov das Zugmotiv von einem modernistischen in ein postkoloniales.

Was das Gedächtnis betrifft, so werden folgende Dimensionen fiktional entfaltet: ein gegen die vergangenheitsverachtende Zukunftsversessenheit der Moderne gerichteter Impetus des Bewahrens und Schöpfens neuer Kreativität aus dem tradierten Wissen, das unterdrückte Traumagedächtnis der Stalinzeit, das kulturelle Gedächtnis als Basis von Gemeinschaft und Zugehörigkeit und seine Bedrohung durch politische Gewaltherrschaft, Humanismus als Epochen und Kulturen übergreifende universalistische Werthaltung, die durch einen gewaltsam und inhuman geführten Modernisierungsprozess bedroht ist.

Die paratextuelle Rahmung des Romans verdeutlicht das Selbst- und Literaturverständnis des Autors in mehrfacher Hinsicht. Das Motto, ein Zitat aus dem Versepos des frühmittelalterlichen armenischen Dichters und Philosophen Grigol Narekaci (945–1003)[52], zeigt, dass Literatur, also fiktionales Schreiben, für Ajtmatov unauflöslich mit einem Anspruch auf Wahrheit und Aufrichtigkeit verbunden ist: „Und dieses Buch, es ist mein Körper/Und dieses Wort, es ist meine Seele". Außerdem macht es die für Ajtmatovs Selbstverständnis konstitutive Orientierung über Sprach- und Kulturgrenzen über historische Epochen hinweg deutlich, wodurch die für die sowjetische Ideologie grundlegende Teleologie im Blick auf die historische Entwicklung der Kulturen aufgehoben wird. Außerdem stellt es ohne Vermittlung über das russische Zentrum eine direkte Verbindung zwischen zwei sowjetischen Nationalliteraturen her: der ältesten, der armenischen, und einer der jüngsten, der kirgisischen. Die Wahl des Romantitels, der ebenfalls ein Zitat ist, macht die Distanzierung vom linientreuen Sozrealismus auf andere Weise klar: eine Zeile aus dem Liebesgedicht *Edinstvennye dni – Einzige Tage –* des späten Boris Pasternak von 1959, jenem Jahr, als Pasternak nach der Zuerkennung des Nobelpreises in seiner Heimat in ärgste Bedrängnis geraten war und politisch massiv angegriffen wurde. Dieses Gedicht zu zitieren – zumal im Titel – kam noch 1980 einem Tabubruch gleich, da Pasternak erst neun Jahre später rehabilitiert wurde. Pasternaks aus dem Kontext gerissene Verszeile gibt die Parameter des zeitlichen Innehaltens, der Erfahrung der Ewigkeit im Hier und Jetzt und der palimpsestartigen Verdichtung vor, die die Romanhandlung modellieren. Am Tag einer einschneidenden Zäsur im Leben des Protagonisten scheint die Zeit stillzustehen, die Gegenwart wird gedehnt, indem die Grenzen zu Vergangenheit und Zukunft durchlässig werden. Insbesondere durch die raumgreifende Erinnerung erhält die Vergangenheit neue Präsenz in der Gegenwart. Räumliche Grenzüberschreitungen erhalten auch eine zeitliche Dimension, die Aufhebung der Grenzen geschieht in alle Richtungen, im konkreten und im geistigen Raum.

---

52 Vgl. den Kommentar zur Geschichte dieses Mottos in: Boris Chlebnikov, Norbert Franz: Čingiz Ajtmatov, München 1993, 116.

Die konkrete Zeit der Handlung – die auf rund 500 Seiten erzählt wird – umfasst genau einen Tag, an dem der Bahnarbeiter Burannyj Edigej seinen alten Freund Kazangap auf dem Friedhof Ana-Bejit (Wie die Leserin erst im Lauf der Lektüre erfährt, bedeutet dieser Name „Mutter-Ruhestätte"[53]) beerdigen möchte. Dabei erinnert Edigej sich an sein Leben in der Steppe Sary-Özek. Nach Kämpfen im Zweiten Weltkrieg hatte Edigej – ursprünglich Fischer vom Aral-See – an einem posttraumatischen Zittersyndrom gelitten, wurde inhaftiert und später dann zur Bahn geschickt, wo er für den Rest seines Lebens an der Bahnstation Burannyj arbeitete. An diesem Ort kreuzen sich alle Schicksale des Romans. Als Edigej dort ankam, hatte er Kazangap kennengelernt, der ihn überredete, die Station zu übernehmen. Kazangap schenkte Edigej ein Kamel, zum Zeichen der Freundschaft, den aufgrund seiner Vitalität legendären Karanar. Ende 1951 kamen Abutalip und Zaripa Kuttybaev mit ihren beiden Söhnen in Boranly-Burannyj an. Nach und nach arrangierten sie sich mit dem harten Leben. Früher waren beide Lehrer. Abutalip war im Krieg, geriet jedoch in deutsche Gefangenschaft, konnte fliehen und kämpfte mit den jugoslawischen Partisanen. Dennoch wurde er bei der Rückkehr in die Sowjetunion festgenommen und behielt das Stigma des Kriegsgefangenen. Abutalip begann, seine Erfahrung für die Kinder aufzuschreiben. Auch die vielen Legenden, die Edigej ihm erzählte, schrieb er nieder. Aber bei einer Inspektion wurde diese Tätigkeit entdeckt, Abutalip verhört und als konterrevolutionär eingestuft. In typisch sowjetischer Art wurde er ‚entfernt' und blieb für lange Zeit verschwunden. Jahre später, nachdem es einige Reformen in der Sowjetunion gegeben hatte, strengte Edigej eine Untersuchung des Todes von Abutalip an, um dessen Söhne von der Erblast zu befreien. Abutalip wurde ‚rehabilitiert'. Schließlich, als die Begräbnisgruppe, die Kazangap zum Ana-Bejit-Friedhof bringt, ihr Ziel fast erreicht hatte, fand sie sich auf einmal an einem Stacheldraht. Dem Zaun entlang kamen sie zu einem Checkpoint, dem Eingang zum Territorium eines von der UdSSR und den USA gemeinsam betriebenen Weltraumbahnhofs.[54] Damit betritt die Handlung die Science-Fiction-Ebene.

Vor dem Hintergrund der sowjetischen multinationalen Literaturpolitik im Sinne von „national in der Form und sozialistisch im Inhalt" (Stalin), deren Realisierung den Einbezug lokaler Folklore als Mittel der symbolischen Sinngenerierung forcierte, ist zu beobachten, dass Ajtmatov diesem Gebot einerseits folgt, indem er in fast allen seinen Werken das kirgisische Nationalepos *Manas* auf die eine oder andere Weise ins Spiel bringt, so auch in diesem Roman. Andererseits verstößt er dagegen, wenn er die Problematik von Tradition und kulturellem Gedächtnis zwar für symbolische Sinngenerierung nutzt, aber nicht nur national; vielmehr verhandelt er sie im Rahmen der allgemein verstandenen Spannung von Tradition (Bewahrung) vs. Moderne

---

53 Tschingis Aitmatov: Ein Tag länger als ein Leben, übers. von Charlotte Kossuth, Zürich 2003, 140.
54 Eine Anspielung auf das gemeinsame Apollo-Sojus-Projekt von 1975, das damals noch nicht lang zurücklag.

(zweckrationale Zukunftsorientierung), die er hier eben nicht an einem kirgisischen, sondern an einem kasachischen Beispiel illustriert. Kulturelle Überlieferung, verstanden als Erbe, ist bei Ajtmatov ein genereller Wert, der sich nicht nur in Dokumenten der Schriftkultur manifestiert, sondern auch an Orten selbst, die als Palimpseste mit vielen, einander überlagernden Sinnschichten aufgefasst werden. So bezeichnet in diesem Roman der Geologe Elizarov, ein alter Freund des Protagonisten Edigej, Sary-Özek als "vergessenes Buch der Steppengeschichte" und sagt: "Natürlich betrachten manche nur das, was niedergeschrieben wurde, als wahre Geschichte. Aber wenn keine Bücher geschrieben worden wären, wie hätte dann die Wahrheit festgestellt werden können?"[55]

Beispielhaft für den ‚magischen Realismus', wie er ihn in der Novelle *Der weiße Dampfer* bereits entwickelt hatte, flicht Ajtmatov in diesen Roman die fiktive Mankurt-Legende – symptomatischerweise genau in der Mitte des Romans (Kapitel 6), also gleichsam als Herzstück – ein. Damit gewinnt der Friedhof neben der Bedeutung als Ort des individuellen Gedenkens eine zweite Bedeutung: Er ist auch Ort des Gedenkens an gewaltsame machtpolitische Praktiken der Versklavung und Entmündigung durch Gedächtnisentzug. Die nirgendwo in der kirgisischen oder kasachischen Folklore tatsächlich überlieferte Legende erzählt von der Folter- und Versklavungstechnik feindlicher Nomadenstämme, die die Steppe eroberten, und hat im Romanganzen eine parabolische Funktion. Diese mythischen Stämme – so die Legende – beraubten gefangengenommene Fremde ihres Gedächtnisses in einem brutalen Ritual von Skalpierung und Überstülpung einer Kappe aus Kamelhaut, eines „eisernen Rings", der den Kopf zusammendrücken sollte. So machten sie die Gefangenen zu identitäts- und dadurch skrupellosen Sklaven. „Sie hatten ein Mittel gefunden, den Sklaven die lebendige Erinnerung zu nehmen, und verübten damit an der menschlichen Natur das schwerste aller [...] Verbrechen."[56]

Der Friedhof Ana-Bejit hatte – so der Erzähler – seinen Namen von einer Mutter, die ihren in einen Mankurt verwandelten Sohn hatte retten wollen, aber von ihm erschossen wurde, weil er sie nicht erkannt hatte. Unschwer lassen sich in der Entfaltung dieses Sujets sowjetische Bezüge erkennen, und zwar in doppelter Hinsicht. Zum einen erwidert Ajtmatov die *Balladen der Steppe* des kasachischen Sowjetschriftstellers Abiš Kekil'baev, der als erster die Mankurtlegende als Motiv genutzt hatte, um in einem nationalen Setting die Ambivalenz des kulturellen Gedächtnisses als Instrument von kultureller Identifikation und Gemeinschaftsstiftung zu verhandeln und v. a. die dadurch entstehende Gefahr der Erstarrung in Tradition hervorzuheben.[57] Ganz im Gegenteil unterstreicht Ajtmatov die prinzipielle Bedeutung des Gedächtnisses in dieser Identifikation stiftenden und humanistische Werte bewahrenden Funktion als Voraussetzung des Gelingens einer Zukunftsorientierung. Zum anderen erscheint der

---

55 Aitmatov, Ein Tag (Anm. 53), 52.
56 Ebd., 143.
57 Abiš Kekil'baev: Ballady stepej, Moskau 1975. Vgl. auch Chlebnikov/Franz (Anm. 52), 124.

Sohn Kazangaps, Sabitžan (kirigisisch „sowjetische Seele"), der nicht versteht, warum man den Vater an einem Ort begraben soll, der für ihn wichtig war, als moderner sowjetischer Mankurt, als Ausgeburt einer die humanistischen Werte vergessenden einseitigen Zukunftsorientierung. Abutalip dagegen, der quasi als Dissident verhaftet wird, weil er seine Erfahrungen (und auch die lokalen Legenden Edigejs) für die Kinder aufschreiben will, wird so zum Kämpfer gegen den sowjetischen Mankurtismus.

Topographisch überschneidet sich der Friedhof mit dem Kosmodrom. Die Absperrung des Friedhofs wegen des Ausbaus der Raketenbasis gibt Anlass für das Science-Fiction-Nebensujet, in welchem in ganz spezieller Weise ein globaler Horizont aufgerufen wird. Denn es geht nicht, wie man in den Jahren des Kalten Krieges hätte erwarten können, um das Schreckensszenario einer Konfrontation der Supermächte im All, sondern vielmehr um eine globale Abschottung der irdischen Machthaber beiderseits des Eisernen Vorhangs gegen jegliches freie Erkenntnisstreben und die damit verbundenen Visionen einer besseren Zukunft für die Menschheit. Im Zuge des amerikanisch-sowjetischen Raumfahrtprojekts verschwinden zwei Piloten im All. Nachdem eine Nachricht gefunden wurde, sie seien zu einem anderen Planeten aufgebrochen und hätten dort eine friedliche Zivilisation mit einer Weltregierung gefunden, beschließen die Großmächte einen Sicherheitsring um die Erde zu errichten, um weiteren Kontakt zu unterbinden und die Erde gegen jede Art von Invasion aus dem Weltraum abzuschotten. Hier taucht das aus der Mankurt-Legende stammende Motiv des „Rings des Bösen" zur Abschottung gegen das Gute wieder auf, aber jetzt richtet sich die Abschottung nicht gegen das Identität stiftende Gedächtnis, sondern gegen die Vision einer besseren, friedvollen Zukunft. Mankurt-Motiv und Raketenmotiv zusammengenommen ergeben die umfassende Kritik einer Gesellschaft und Politik, die um der reinen Macht und Unterwerfung willen verhindert, dass humanistische Werte als einzige Garanten einer friedlichen Zukunft für die gesamte Menschheit sich ausbreiten und von allen anerkannt werden.

Obwohl dieses Sujet im Westen in erster Linie als Kritik an der sowjetischen politischen Realität verstanden wurde, betonte Ajtmatov selbst in einem Interview für die Zeitschrift der französischen Linken, *Révolution*, dass sich sein Blick auf die gesamte Entwicklung der Kulturen in der Gegenwart richtete und dass die Reflexionen anhand des kirgisisch-kasachischen Sujets in seinem Roman nicht nur regional spezifisch, sondern stellvertretend auf die aktuelle Welt der Moderne und der Massenmedien allgemein bezogen seien. Der „Mankurtismus" beträfe alle, so Ajtmatov:

> [...] die Massenmedien und die Manipulierung des gesellschaftlichen Bewusstseins führen uns zu etwas, was an die alte Geschichte des „Mankurt" erinnert. [...] In meinem Roman geht es nicht nur um den Stalinismus. [...] das ganze Leben der gegenwärtigen Gesellschaft unterliegt diesem Prozess. Das gilt auch für die westliche Gesellschaft.[58]

---

[58] Čingiz Ajtmatov zitiert nach: Claude Frioux: „Des Soviets partout. Entretien avec Tchinghiz-Aïtmatov", in: Révolution. Nous vivons le temps des révolutions. 163 (15.-21. April 1983), 34–37. Eine Übersetzung des Interviews findet sich in den Akten des Deutschen Schriftstellerverbands zu Ajtmatov.

Nicht nur dieses Statement, sondern auch die den Roman selbst durchziehenden Kommentare des autornahen Erzählers zu den durch die Romanhandlung veranschaulichten und im Handeln der positiven Protagonisten performierten Werte zeigt die oben im Zusammenhang der *Zweiten Berliner Begegnung* diskutierte Spezifik von Ajtmatovs sowjetischem Verständnis als Schriftsteller und Intellektueller, der sich für die Reflexion und Vermittlung ethischer Grundwerte verantwortlich fühlt, anhand des literarischen Beispiels auf.

Résumé und Ausblick

In der Analyse der *Zweiten Berliner Begegnung* wurde deutlich, dass die Debatte für den Frieden in erster Linie darum ging, ob die „Friedensbewegung" eine Blockgrenzen überschreitende, Ost und West vereinende zivilgesellschaftliche Initiative sein kann oder nicht. Im Zuge dessen wurde auch darüber gestritten, ob eine kritische Haltung gegenüber dem Staat und der Regierung als prinzipielle Prämisse für den Status eines Intellektuellen anzusehen sei oder nicht. Teilnehmer aus Ost und West wetteiferten nicht zuletzt um den Begriff des Intellektuellen, wobei sich hier gerade die Stimmen der ostmitteleuropäischen Autor:innen Libuše Moníková und György Konrad hervorhoben –, die selbst aus einer Position des Exils und der Kritik gegenüber dem realen Sozialismus ihrer Heimatländer sprachen. In meinen Ausführungen habe ich versucht zu zeigen, dass Ajtmatov – der explizit loyalen Haltung gegenüber der sowjetischen Führung und seiner klaren Identifikation mit der ihm als Schriftsteller vom Staat zugedachten Repräsentantenrolle zum Trotz – dennoch den Status eines Intellektuellen im Sinne Bourdieus zu beanspruchen versuchte: Erstens, indem er seit 1977 immer wieder kraft seiner Autorität als Verfasser literarischer Texte in der Öffentlichkeit als Fürsprecher politischer Haltungen und Werte auftrat, die er selbst für wichtig hielt, und indem er sich zweitens für universelle Belange wie den Frieden oder den Schutz der Umwelt jenseits von parteipolitischen Positionen einsetzte.[59]

Erweitert man den historischen Fokus auf Ajtmatovs nachfolgende Laufbahn, erkennt man, dass das Berliner Treffen 1983 den Anfang einer zweiten internationalen Karriere darstellte: der Karriere als Schriftsteller und Intellektueller im Dienst einer sowjetisch geprägten Idee des Weltfriedens.

Neben seinen literarischen Werken trat Ajtmatov in den späten 1980er Jahren, den Jahren der sog. „Perestrojka", zunehmend auch als weltpolitisch agierender sowjetischer Autor hervor, der – dann schon im Zeichen der Perestrojka und vor dem Hintergrund eines engen freundschaftlichen Dialogs mit Michail Gorbačev – auf hochkarätig besetzten internationalen Begegnungen sprach und auch selbst solche Treffen

---

59 Vgl. Bourdieu, Universal Corporatism (Anm. 5), 656.

initiierte. So lud Ajtmatov vier Jahre nach der Berliner Begegnung eine internationale Delegation aus berühmten Autor:innen, Wissenschaftler:innen, Künstler:innen und Leiter:innen internationaler Organisationen wie der UNESCO und des *Club of Rome* in seine mittelasiatische Heimat – damals noch „Republik Kirgisien" – zum *Treffen am Issyk-Kul*, einem großen Bergsee im Osten der zentralasiatischen Republik, ein. Genau zwei Wochen nach dem berühmten Treffen von Michail Gorbačev und Ronald Reagan in Reykjavík, das den endgültigen Wendepunkt des Kalten Krieges markierte, hatte auch diese Zusammenkunft das Ziel, den Kalten Krieg – hier von Seiten der ‚Kulturträger' und Nicht-Regierungs-Akteure – zu beenden. Die Gruppe unabhängiger Intellektueller aus Europa, den USA, Indien und Afrika sollte eine transnational-planetarische Perspektive auf die Belange des Menschen an sich und die Problematik von Natur- und Umweltschutz eröffnen und mithilfe der Definition des Planeten als Heimat der gesamten Menschheit eine neue Ära einleiten. Im Unterschied zu den Berliner Begegnungen wurden bei dem als „informell" bezeichneten Forum am Issyk-Kul keine Protokolle publiziert.[60] Bekannt ist nur, dass die Gespräche der zum Teil politisch entgegengesetzten Lagern angehörenden Teilnehmer:innen – zum Beispiel Arthur Miller oder auch der eher antisowjetisch eingestellte französische Autor Claude Simon – durchaus kontrovers verliefen. Dennoch konnte sich diese im Vergleich zu Berlin viel heterogenere Runde, der auch der amerikanische Futurologe Alvin Toffler (der im Anschluss zu einem engen Berater Gorbačevs wurde[61]), der UNESCO-Vorsitzende Augusto Forti, der spanische Bildungsminister Federico Mayor und der Präsident des Club of Rome, Alexander King, angehörten, auf ein Abschlussstatement einigen. Mit Blick auf die nahende Jahrtausendwende verkünden die Teilnehmenden darin ihren „Glauben an das schöpferische Genie des Menschen" und an das Potential begabter Menschen in Führungsrollen bei der Schaffung einer neuen, atomwaffenfreien und sowohl die ökologische als auch die geistig-kulturelle Entwicklung vorantreibenden Welt.[62] Dank dem Interesse und der Dialogbereitschaft der Teilnehmenden und dank der spontanen Einladung von Präsident Gorbačev zum Abschluss des Treffens hatten die dort geführten Gespräche nachhaltigen Einfluss auf Gorbačevs ‚Umbau'-Politik und seinen Plan, einen „Sozialismus mit menschlichem Antlitz" zu ermöglichen, bevor dieser 1991 mit der Auflösung der Sowjetunion endgültig scheiterte.

Schließlich ist an dieser Stelle auch ein gemeinsamer Auftritt Ajtmatovs mit Günter Grass zu erwähnen, den Ajtmatov im Rahmen der *Zweiten Berliner Begegnung* 1983 kennengelernt hatte: 1989 trafen die beiden Autoren einander wieder beim Club of

---

[60] Eine Dokumentation der Reden findet sich im Band Nikolaj Gorškov, Natal'ja Marčenko (Hrsg.): Issyk-Kul'skij Forum, Frunze 1987.
[61] Vgl. dazu den persönlichen Erinnerungsbericht des Galeristen Marat Gel'man vom 1. Juli 2016. Online abgerufen am 9. September 2021 unter https://nv.ua/opinion/kak-avtor-knigi-shok-budushchego-povlijal-n2-sssr-161442.html.
[62] Vgl. Issyk-Kul'skij Forum (Anm. 60), 80-82.

Rome, wo sie – noch immer als Repräsentanten der zwei politischen Blöcke – angesichts einer auch nach dem Ende des offiziellen Kolonialismus durch rücksichtslose Industrialisierung und soziale Ungerechtigkeit bedrohten Welt appellierten, die Erde als unteilbare planetarische Einheit aufzufassen, die nur durch gemeinsame Initiativen und die Solidarität aller mit allen gerettet werden könne.[63] Während Grass unter dem Titel *Zum Beispiel Calcutta* die Verantwortung des Westens für die Fehlentwicklungen in den ehemaligen Kolonien hervorhob und vor den Folgen warnte[64], rief Ajtmatov, der das Ende des sowjetischen Unrechts begrüßte, zu einer „Universalisierung des menschlichen Geistes" im Zeichen von postindustrieller Ökologie und Nachhaltigkeit auf, zur Abwendung vom konsumorientierten Materialismus und zur Erhaltung und Förderung kultureller Vielfalt als Quelle von schöpferischer Energie und geistiger Weiterentwicklung.[65]

Zugleich warnte er vor einer „Unifizierung" der Sprachen und Kulturen, welche als Auswirkung der durch die Massenmedien geschaffenen globalen Kommunikationssphäre und der durch sie ermöglichten Manipulation befördert werde. Hier wie auch in der oben angeführten Bemerkung über den von Massenmedien geschürten „Mankurtismus" kommt ein weiterer Punkt zur Sprache, der Ajtmatovs Positionierung mit westlichen Konzeptualisierungen des Intellektuellen verbindet: Die Kritik am schädlichen Einfluss der Massenmedien auf die Meinungsbildung der demokratischen Öffentlichkeit findet sich in diesen Jahren nicht nur bei Ajtmatov, sondern auch in Bourdieus und Habermas' Verständnis des Intellektuellen.[66]

So lässt sich resümieren, dass auf der *Zweiten Berliner Begegnung* 1983 im Wetteifern darum, wer als echter Kämpfer für den „Frieden" anzuerkennen sei, eine lebhafte Debatte auch über das Verständnis des Intellektuellen und seine Rolle in der Öffentlichkeit und im Staat ins Rollen kam. Man hoffte auf die Möglichkeit der Konstituierung einer internationalen zivilgesellschaftlichen Friedensbewegung, die sich vom Korsett der Blöcke – dem „Blocknationalismus", wie György Konrad es nannte – befreite. Insbesondere zwischen ostmitteleuropäischen Teilnehmer:innen (Moníková und Konrad) und Ajtmatov ging es im Kern darum, ob eine prinzipiell regierungskritische Haltung eine *conditio sine qua non* für die Legitimität des Status als Intellektueller sein müsste, oder ob auch Stimmen von Autor:innen transnationale Anerkennung beanspruchen dürften, die sich zwar nicht von der politischen Linie des eigenen Landes und der eigenen Regierung distanzierten, aber dennoch – qua ihrer Autorität als Schriftsteller:in – die Autorität des/der Intellektuellen als öffentliche,

---

63 Tschingis Aitmatov, Günter Grass: Alptraum und Hoffnung. Zwei Reden vor dem Club of Rome, Göttingen 1989.
64 Günter Grass: Zum Beispiel Calcutta, in: ebd., 39–64, hier: 51.
65 Tschingis Aitmatov: Globale Industrialisierungen. Entdeckungen und Verluste des Geistes, in: ebd., 7–38, hier: 28–33.
66 Vgl. Odile Heynders: Transformations of the Public Intellectual, in: dies. (Hrsg.): Writers as Public Intellectuals. Literature, Celebrity, Democracy, New York 2016, 1–25.

verantwortungsbewusste Reflexionsinstanz über Grundwerte der menschlichen Gemeinschaft beanspruchten.

Die Besonderheit der Position, um die Ajtmatov in dieser Kontroverse rang, und mit der er in den Folgejahren in Ost und West Anerkennung fand, bestand darin, einerseits der affirmativen Haltung gegenüber dem sowjetischen Staat zum Trotz einen Intellektuellenstatus zu beanspruchen, und andererseits Literatur nicht nur im Einklang mit den Forderungen der sowjetischen Literaturpolitik zu verstehen, sondern auch jenseits davon als Instrument der ethischen Bildung und Erziehung mithilfe einer fiktional-narrativen Veranschaulichung jener universellen Werte, die er in Essays und Reden als Mitglied einer transnationalen engagierten zivlgesellschaftlichen Öffentlichkeit vortrug.

Dagmar Yu-Dembski
Schreiben in angekündigter Einsamkeit: Gao Xingjian als stiller Beobachter des Lebens

Zum Erstaunen der internationalen Literaturwelt wurde im Dezember 2000 der Autor Gao Xingjian mit dem Nobelpreis für Literatur ausgezeichnet. Selbst Literaturexperten kannten zu dem Zeitpunkt kaum eines seiner seit den 1980er Jahren erschienenen Werke. Die Verleihung des höchsten Preises für Literatur führte zu heftigen Reaktionen, in denen das Für und Wider über einen Schriftsteller diskutiert wurde, dessen Texte im chinesischsprachigen Raum publiziert, aber außerhalb kaum rezipiert worden waren. Die Originalausgabe seines Romans *Der Berg der Seele* war in Taiwan 1990 unter dem Titel *Lingshan* erschienen. Auf eine deutschsprachige Übersetzung mussten interessierte Leser:innen lange warten, bis der Roman 2001 im S. Fischer Verlag erschien.

Für ein Publikum, das Gaos literarische Arbeit nicht im Original rezipieren konnte, war das Jahr 1985 ein Glücksfall, als der Dramatiker auf Einladung des Künstlerprogramms des DAAD ein halbes Jahr zu Gast in Westberlin war. Der Termin für die Einladung war nicht zufällig gewählt worden: Das 3. Festival der Weltkulturen in Berlin war vom 7. bis 30. Juni dem Thema Süd-Ost-Asien gewidmet. Die Berliner Festspiele GmbH hatte für die *Horizonte 85* ein umfangreiches Programm zu China und Ostasien mit zahlreichen Veranstaltungen in den Bereichen Musik, Theater, Film und Literatur konzipiert sowie verschiedene Colloquien und Ausstellungen organisiert. Das in Ost und West geteilte Berlin war der ideale Ort für ein entsprechendes Konzept, das sich gleichzeitig als Treffpunkt für einen zukunftsweisenden Kulturaustausch präsentieren konnte. Besonders die Volksrepublik China war an der Aufnahme gegenseitiger Kulturbeziehungen interessiert. So präsentierte die Ausstellung *Peking: Schätze aus der Verbotenen Stadt* wertvolle Kunstobjekte aus dem Palastmuseum sowie aus bedeutenden europäischen und chinesischen Museen. Gleichzeitig wollte die Ausstellung *Europa und die Kaiser von China* den Blick auf die langjährigen kulturellen Beziehungen zwischen dem Chinesischen Reich und Europa in der Zeit von 1240 bis 1816 lenken.

Nach Jahren der Abschottung und politischen Unterdrückung während der sogenannten Kulturrevolution (1966–1976) bot sich zu Beginn der 1980er Jahre die Chance auf größere Kulturfreiheit und einen künstlerischen Aufbruch in die Moderne. Mit dem Horizonte-Programm erhielten Künstler:innen aus China die Möglichkeit zum Austausch mit dem Westen und zu einem ersten Schritt aus der kulturellen Isolation. Im Rahmen des Festivals fand vom 17. bis 22. Juni 1985 ein spezielles Literaturprogramm zu China, Indonesien, Japan und Korea statt, das unter dem Motto von Goethes *West-östlichem Divan* stand. Die Hoffnung auf ein wechselseitiges Literaturverständnis spiegelt sich auch in dem 1985 erschienenen Band *die horen. Zeitschrift für Literatur, Kunst und Kritik* wider. Die Auswahl der vorgestellten Autor:innen war Ausdruck für die Breite des „Experimentierens" – mit neuen sprachlichen Formen, neuen Gattungen und

Open Access. © 2023 bei den Autorinnen und Autoren, publiziert von De Gruyter. Dieses Werk ist lizenziert unter der Creative Commons Namensnennung – Nicht-kommerziell – Keine Bearbeitungen 4.0 International Lizenz.
https://doi.org/10.1515/9783110789539-013

terminologischen Abweichungen, die sich aus den unterschiedlichen Seh- und Lebensweisen sowie der Herkunft der chinesischen Autorinnen und Autoren innerhalb und außerhalb der Volksrepublik ergeben. Der thematische Überblick widmete sich der chinesischen Literatur, Kunst und Kultur des 20. Jahrhunderts, vom Aufbruch in die Moderne der 1920er Jahre bis zu den neueren Formen des chinesischen Sprechtheaters. Dieser historische Überblick wies auch auf die Bedeutung Gaos als Dramatiker hin, dessen chinesisches Sprechtheater als Beispiel für eine Entwicklung stehe, die an die Traditionen des modernen europäischen Theaters anknüpft. Die Zeitschrift veröffentlichte dazu einen Auszug seines Stücks *Die Busstation*, der vom Arbeitskreis Moderne chinesische Literatur am Ostasiatischen Seminar der Freien Universität Berlin übersetzt worden war. In der Ankündigung des Theaterstücks wurde der Dramatiker unter dem Titel „Warten auf Godot" recht vereinfacht dem absurden Theater Samuel Becketts zugeordnet.[1] Bei genauerer Betrachtung lässt sich Gaos Theaterstück *Die Busstation* nicht einfach durch das Motiv des Wartens auf westliche Vorbilder reduzieren. Während Gao außerhalb Chinas vor allem als Dramatiker bekannt war, dessen Werke an westlichen Vorbildern gemessen wurden, war er in China wegen seiner theoretischen Texte zur Literatur und kurzen Erzählungen umstritten. Von offizieller Seite wurde ihm „Modernismus" vorgeworfen. Erst die Rezeption seiner Theaterstücke im westlichen Ausland trug zu seiner Bekanntheit als Erneuerer des chinesischen Sprechtheaters bei. Neben der Aufführung von *Die Busstation* konnte sein zweites Stück *Die Wilden* im Herbst 1988 als *Yeti, der wilde Mann* am Hamburger Thalia-Theater aufgeführt werden. Mit diesen beiden Stücken wurde Gao im Westen als Avantgarde-Dramatiker gefeiert. Es war der vorausschauende Blick des Bochumer Sinologen Helmut Martin, der von dem Werte-Zusammenstoß zwischen dem Westen sowie den Chinesen auf dem Festland und in Übersee sprach. Er verwies auf die mit aller Intensität einsetzende kulturelle „Auseinandersetzung zwischen [...] USA-Intellektuellen, Taiwan-Patrioten, apolitischen Hongkong-Literaten, VR-Skeptikern und Vertretern des offiziellen VR-Kurses."[2]

Biografie eines einsamen Menschen

Die Ernsthaftigkeit, mit der sich Gao seit jungen Jahren für die individuelle künstlerische Unabhängigkeit ausspricht, hat sein Verhältnis zur Welt maßgeblich geprägt. Irmtraud Fessen-Henjes, exzellente Kennerin des chinesischen Sprechtheaters, hat Gao mehrfach in China getroffen und einen Teil seines Werkes übersetzt. (Da die Texte erst nach 1989 publiziert werden konnten, ist es zu recht unterschiedlichen Übersetzungen

---

1 Die horen. Zeitschrift für Literatur, Kunst und Kritik 138/3 (1985), o. S.
2 Helmut Martin: An den fünf rosafarbenen Säulen. Hinweise zur chinesischen Literatur, in: die horen. Zeitschrift für Literatur, Kunst und Kritik 138 (1985), 11–22, hier: 18.

aus der DDR und der Bundesrepublik gekommen.) Die Sinologin und Übersetzerin bezeichnet den Dramatiker als einen grenzüberschreitenden Künstler, „der sich der Ergründung der menschlichen Natur widmet, die er für unergründlich hält."[3] Aufgrund seiner Erfahrungen in der chinesischen Heimat hat Gao eine tiefe Abwehr gegen jegliche gesellschaftliche Festlegung und Einbindung entwickelt. Für ihn stellt sich nicht die Frage, ob er ein chinesischer, ein französischer oder ein sino-französischer Dramatiker, Schriftsteller, Autor und Maler ist. In seiner Rede zur Preisverleihung hat er sein Bekenntnis wiederholt: „Ich schreibe, also bin ich!"

Gao Xingjian wurde 1940 in Ganzhou, einer Kleinstadt der Provinz Jiangxi im Osten Chinas, geboren. Sein Vater war Bankangestellter, seine Mutter hatte in ihrer Jugend als Laienschauspielerin die antijapanische Bewegung unterstützt. Nach Angaben von Mabel Lee war Gao in seiner Kindheit eher kränklich; so konnte er sich bereits frühzeitig zu Hause bilden. Er bezeichnete sich selbst als altkluges Kind, das sich bereits in frühen Jahren für westliche klassische Musik und Malerei interessierte.[4] 1950 zog die Familie nach Nanking, wo er die Mittelschule besuchte und ein Tagebuch begann. Während der Schulzeit unterstützte ihn die Mutter in seinen künstlerischen Interessen. Er begann zu schreiben und zu malen. Nach dem Schulabschluss studierte er bis 1962 am Pekinger Fremdspracheninstitut in der Abteilung für französische Literatur und begann unter dem Einfluss westeuropäischer Philosophie und Literatur mit eigenen Texten. In einer Erzählung, die der Erinnerung seiner 1961 früh verstorbenen Mutter gewidmet ist, erwähnt er Lesenotizen und Exzerpte zu Kant, Hegel, Horaz und Sergej Eisenstein, aber auch zu chinesischer Literaturgeschichte und klassischen Mythologien. In einem Essay in *Die Zeit* geht er auf die Thematik des Kulturaustauschs ein und fragt nach dem Unterschied zwischen Chinesisch und westlichen Sprachen. „Als ich begann nach einer Sprache zu suchen, die meine Gedanken und Gefühle adäquater auszudrücken vermochte, bin ich auf westliche Autoren wie Proust, Joyce und die Autoren des Nouveau Roman gestoßen."[5] Seine Suche nach einer literarischen Sprache führte ihn zu der Erkenntnis, dass im Chinesischen Realität, Erinnerung und Vision eine unendliche Gegenwart bilden. Es ist ein Thema, das er bis heute im Exil diskutiert.

Mit Beginn der Kulturrevolution wurde Gao, wie die meisten städtischen Jugendlichen „zur Umerziehung aufs Land" verschickt und verbrachte fünf Jahre als Landarbeiter in einem Dorf. Dort arbeitete er als Lehrer und fand neben der körperlich harten Landarbeit auch Zeit zum Schreiben. Keine seiner Arbeiten aus dieser Zeit sind erhalten geblieben. Aus Angst vor politischer Verfolgung verbrannte er alle frühen

---

3 Irmtaud Fessen-Henjes: Gratulation! Literatur-Nobelpreis für Gao Xingjian, in: das neue China 4 (2000), 35–36, hier: 35.
4 Mabel Lee: Gao Xingjian's Transcultural Aesthetics in Fiction, Theater, Art, and Film. The Noble Prize and Interventions of Fate, in: Michael Lackner, Nikola Chardonnens (Hrsg.): Polyphony Embodied – Freedom and Fate in Gao Xingjian's Writing, Berlin 2014, 19–43, hier: 21 f.
5 Gao Xingjian: „Das Absurde ist in mir", in: Die Zeit Nr. 43 (2000), 49.

Texte. „Man zerschlug gerade die ‚vier alten Dinge', damals und überall wurden Häuser durchsucht. Ich befürchtete, diese Manuskripte, die ich nicht veröffentlichen konnte, könnten großes Unheil anrichten."⁶ Nach dem Tod Mao Zedongs 1976 und der Verhaftung der Viererbande im gleichen Jahr, bot der Beginn der 1980er Jahre eine kurze Zeit der Liberalisierung, die wenig später mit dem Vorwurf der „geistigen Verschmutzung" ihr Ende finden sollte.

In dieser kurzen Zeitspanne konnte Gao als Dramaturg am Pekinger Volkskunsttheater seine an westeuropäischen Theaterauffassungen orientierten Stücke aufführen: im November 1983 sein erstes Stück *Das Notsignal* bzw. *Alarm*. Er übersetzte Werke von Beckett, Eugene Ionesco und studierte die Theatertheorien von Brecht, Meyerhold und Antonin Artaud. Aufsehen erregte seine moderne Romantheorie. In der Auseinandersetzung mit westlichen Autoren entwickelte er den Anspruch auf absolute individuelle künstlerische Kreativität. Noch im Mai/Juni 1983 war Gaos zweites Theaterstück *Die Busstation* im Schauspielhaus, an dem er offiziell als Autor und Dramaturg angestellt war, aufgeführt worden. Es wurde jedoch nach nur wenigen Aufführungen „auf höchste Anweisung" gleich wieder abgesetzt.⁷ Der folgenden Kritik entzog er sich, indem er 1983 ein halbes Jahr durch China reiste, wo er sich mit Volkstraditionen wie daoistischen Legenden und Mythen beschäftigte. Anlass war auch eine Krebsdiagnose, die sich zum Glück als falsch herausstellte. Auf dieser Reise in die Innenwelt des Ich, dem „Seelenberg", mischen sich Kindheitserinnerungen, Erfahrenes und Erlebtes, zufällige und im Vorübergehen erhaschte Gesprächsfetzen und Begegnungen. „Sie wurden auf der Suche nach der blauen Blume zu einer epischen Reise voller melancholischer Schönheit."⁸ Der Roman, den er erst in Frankreich beendete, sollte die Verleihung des Nobelpreises für Literatur 2000 mitbegründen. Neben dem Theaterstück *Die Wilden*, das im Mai 1985 erfolgreich in Peking aufgeführt wurde, begann er mit einer Serie von Bildern, die er – an der klassischen Tuschmalerei orientiert – bis zur Abstraktion verwandelte.

Aufenthalt in der geteilten Stadt

Auf dem Literaturfestival *Horizonte 85* war Gao gemeinsam mit drei weiteren Schriftsteller:innen zu einer Lesung „Prosa aus China" eingeladen. Im Unterschied zu ihnen, die als Vertreter vom Schriftstellerverband oder durch ihre auf Deutsch erschienenen Publikationen bekannt waren, war Gao nicht nur weitgehend unbekannt; es lag auch praktisch noch kein längerer Text seiner Werke als Übersetzung vor. Selbst nach der

---

6 Gao Xingjian: An der Angel meines Großvaters. Erzählungen, Frankfurt a. M. 2010, 96.
7 Wolfgang Kubin: Nachwort, in: Gao Xingjian: Die Busstation, Bochum 1988, 65–74, hier: 66.
8 Dagmar Yu-Dembski: Chinesen in Berlin, Berlin 2007, 122.

Verkündung des Nobelpreises im Jahr 2000 wussten nur wenige Literaturkenner mit seinem Namen ein Werk zu verbinden. Blickt man auf sein gesamtes Werk, so hatte Gaos Zeit in Berlin für ihn literarisch eine relativ geringe Bedeutung. Von Wang Meng gibt es Aufzeichnungen über seine Reisen in Westdeutschland von 1982 und ein Gedicht, das er beim Warten auf seine Kolleg:innen 1985 an der Berliner Mauer schrieb.[9] Auch Ai Qing, der Vater des chinesischen Künstlers Ai Weiwei, hat mit *Die Mauer* von seiner Reise 1979 durch Westeuropa ein Gedicht zur Situation der geteilten Stadt vorgelegt. Gao Xingjian hat lediglich einen kürzeren Beitrag zu seinem Aufenthalt während des Literaturfestivals 1985 unter dem Titel *Erinnerungen an West-Berlin* vorgelegt. Der Text wurde ein Jahr später in einer anerkannten chinesischen Literaturzeitschrift veröffentlicht. Im Unterschied zu den Reiseeindrücken seiner Kolleg:innen, die ihre Erinnerungen an den Deutschlandaufenthalt in persönlichen Texten oder sogar filmisch festhielten, interessierte sich Gao für die freiheitliche Atmosphäre im westlichen Teil der Stadt. Das betraf vor allem die Menschen, denen er begegnete. Es waren Begegnungen mit Schriftstellern und Künstlern, bekannten und unbekannten Menschen. Mit einigen entstanden in dieser Zeit kurze Freundschaften. Es war überraschend, dass er während seines Aufenthalts in Berlin kaum als Autor auftrat. Der Sinologe Wolfgang Kubin erinnerte sich 1987, dass er „statt Stücke oder Erzählungen zu schreiben, auf einem Küchentisch (in seiner vorübergehenden Berliner Wohnung) Tuschebilder malte. Während seines Aufenthalts trat er nur zwei Mal öffentlich auf: während des Horizonte-Festivals im Juni 1985 und im Dezember, als seine Bilder im Künstlerhaus Bethanien (Berlin-Kreuzberg) ausgestellt wurden."[10]

Von Beginn an faszinierte ihn die Möglichkeit, sich seine Zeit ohne feste Vorgaben und Verpflichtungen, wie Seminare oder Lesungen, frei einteilen zu können. Die vom DAAD gemietete Wohnung lag am unteren Ende des Kurfürstendamm. Bei jedem Spaziergang führte ihn sein Weg zwangsläufig die „schönste Straße der Stadt" entlang zu ihrem östlichen Ende mit der imposanten Kaiser-Wilhelm-Gedächtnis-Kirche. Ausführlich schilderte er seine Gefühle bei der Feier am Heiligabend: das Orgelspiel, der Chorgesang und die religiösen Zeremonien der meist älteren Besucher:innen. Unter ihnen befanden sich vorwiegend elegante Damen, die meist als Pelzträgerinnen zu erkennen waren. Beim Erkunden seiner Umgebung beeindruckte ihn das Lebensgefühl im Westteil der Stadt. „Die jungen Leute glauben an die Popmusik. Diskotheken und Bars sind ihre Kirchen. Es sind Orte, um Freunde zu treffen, zu plaudern, Langeweile abzubauen, schöne Frauen zu beobachten und sich modisch zu zeigen."[11] Mit einem

---

9 Thomas Harnisch: Chinesischer Blick auf die Bundesrepublik Deutschland: Berichte chinesischer Schriftsteller von Deutschlandbesuchen in den 80er Jahren, in: Mechthild Leutner (Hrsg.): Politik, Wirtschaft, Kultur: Studien zu den deutsch-chinesischen Beziehungen, Münster 1996, 121–137, hier: 124.
10 Kubin (Anm. 7), 68.
11 Gao Xingjian: Ji Xibolin (Erinnerungen an West-Berlin), in: Suibi 5 (1986), 117–123, hier: 118. Übersetzung: Chen/Yu-Dembski.

französischen Freund besuchte er die beliebten Lokale wie die „Paris-Bar" und das „Quartier Latin". Besonders der „Dschungel" in der Nürnberger Straße mit seinen ungezwungenen Gästen und dem wilden Lebensgefühl einer weltoffenen Generation angehender Künstler, Schauspieler und Schriftsteller faszinierte ihn. Der Westberliner Treff war ursprünglich als Restaurant von dem chinesischen Architekten Chen-Kuen Lee, einem Scharoun-Schüler, eingerichtet worden. Neben einem typischen Mondtor im unteren Bereich, führte eine freischwebende Treppe in den oberen Teil, von dem aus man das Geschehen an der Bar und auf der Tanzfläche in Ruhe beobachten konnte.[12] Während sich Gao über seine Kolleg:innen des Horizonte-Literaturprogramms nicht weiter äußerte, begeisterte ihn die Begegnung mit den eingeladenen Vertretern der modernen Dichtung aus Japan. Er freundete sich mit den japanischen Lyrikern Kawasaki Hiroshi und Ooka Mikoto an, die ebenfalls am Literaturprogramm teilnahmen. Gemeinsam entdeckten sie Sprache als Ausdruck neuer Formen moderner Lyrik. Auch zu seiner eigenen Lesung unter dem Thema „Prosa aus China" am 18. Juni finden sich in seinen Notizen keine Angaben außer dem Hinweis, dass Urs Jaeggi die Erzählung *Freunde* vorstellte. Offenbar lernte er lieber einen Teil der Stadt kennen. Er besuchte Kreuzberg, das Herz des alten Berlin, wo sein langjähriger Freund, der Sinologe Wolfgang Kubin, wohnte. Gao war von der sozialen Mischung aus Studierenden, Künstler:innen und sozial Abgehängten mit seiner freien Punkszene beeindruckt. In dieser Gegend erlebte er, wie er schrieb, seinen besten Abend in Berlin. An einem Wintertag im Dezember 1985, fand die Eröffnung der Ausstellung mit seinen Bildern im Künstlerhaus Bethanien am Mariannenplatz statt. Die Leibniz-Gesellschaft für kulturellen Austausch hatte zu diesem Anlass einen aufwändig gestalteten Katalog *Tusche Rausch* mit über zwanzig seiner Werke publiziert und ihn als Dramatiker und Autor auf der Suche nach neuen Wegen vorgestellt. Zu der Veranstaltung holte ihn der Schriftsteller Peter Schneider mit seinem Wagen ab. Es hatte extrem geschneit und Gao sorgte sich, dass sie zu spät kommen würden. Er war überrascht, dass fast ein Drittel der Gäste auf dem Flur stand, weil der Saal bereits voll war und es keine Sitzplätze mehr gab. Peter Schneider, der die Einführung machte, sprach so herzlich, dass Gao sich fühlte, als sei er wieder zu seinen Kumpel in Peking heimgekehrt. Danach rezitierte der Schauspieler des Berliner Schillertheaters Rainer Pigulla das Ein-Mann-Stück *Selbstgespräch*.[13] Dieses 1984 verfasste Stück bezeichnete Gao als eine Art „kleines Manifest" seiner Ansichten zum Theater. Zu seiner Überraschung hatte keiner der anwesenden Gäste während des 40-minütigen Vortrags den Saal verlassen. Offenbar war die Rezeption des Stücks, aufgeführt durch eine Person, die alle Rollen und Regieanweisungen übernehmen musste, nicht ganz einfach. Es gab trotzdem Überlegungen das Stück bald auf die Bühne zu bringen. „Ein Einakter, eine nackte Bühne, nur ein Schauspieler,

---

12 Yu-Dembski (Anm. 8), 92.
13 Kubin (Anm. 7), 68.

der ein Seil aus seiner Tasche zieht, das wäre wahrlich nicht schwer aufzuführen."[14] Nach seinen Angaben berichtete ein Berliner Boulevardblatt – die *BZ* – über die Veranstaltung mit dem „chinesischen Beckett" und vertrat die Meinung, dass es sich um ein kompliziertes Stück gehandelt habe. Auf diesen Beitrag antwortete der Dramatiker in seiner ironisch bescheidenen Art: „Ich begnüge mich damit, mein scheinbar kompliziertes Stück so zu kommentieren: Verstanden zu werden ist eine Freude, und diese Freude habe ich auch in Westberlin erlebt."[15]

Auch seine Bilder aus den Jahren 1983 bis 1985 trafen auf einhelliges Interesse. Der einführende Text des mehrsprachigen Katalogs erklärte, dass seine Bilder weniger von westlicher Malerei beeinflusst seien, als „vielmehr durch das Werk eines berühmten Künstlers des 17. Jahrhunderts", dem Maler Zhu Da, der sich Badashanren nannte und als Begründer der modernen chinesischen Malerei gilt.[16] Gaos Bilder, in denen er die traditionelle Formensprache weit ins Abstrakte führt, tragen Titel wie *Vergessen*, *Einsamkeit* oder *Auflösung*. Fast alle Bilder wurden während der einwöchigen Ausstellung verkauft und bewiesen die künstlerische Qualität des Dramatikers, sein Œuvre aus den Traditionen chinesischer Malerei heraus in moderne Formen zu überführen. Die Begegnung mit dem Kunstsammler Franz Armin Morat aus Freiburg bedeutete für Gao Xingjian einen bedeutenden Einschnitt. Seine Tuschebilder sollten dazu beitragen, nicht nach China zurückzukehren und seine neue Heimat – ein Begriff, der ihm ebenso wie Nostalgie und Erinnerung nichts mehr bedeutet – in Frankreich zu finden. In seinen Essays hat sich Gao stets gegen jegliche Vereinnahmung durch festgefügte Theorien und Ismen ausgesprochen. Die Zuordnung durch seinen Gastgeber Peter Schneider bei einem gemeinsamen Essen als „chinesischer Godot" hatte er mit der Begründung, sein eigener Name reiche ihm, abgelehnt. Von da an habe ihn der Autor auch bei offiziellen Veranstaltungen mit seinem Vornamen Xingjian genannt, was Gao als Zeichen ihrer Freundschaft wertete.

Besonders sein bekanntestes Theaterstück *Die Busstation* wurde mit dem Hinweis auf Becketts *Warten auf Godot* dem absurden Theater zugeordnet. Bei genauerer Betrachtung zeigt sich jedoch die Eigenständigkeit seines Werks. So nannte Gao sein Stück „eine aus dem Leben gegriffene lyrische Komödie",[17] die eine Gruppe von Fahrgästen an einer Haltestelle zeigt. Die acht Personen des Stücks spiegeln die typischen Merkmale der chinesischen Gesellschaft wider. Sie warten auf den Bus, der sie aus dem Vorort in die Stadt bringen soll. Immer wieder kommen an der Haltestelle Busse vorbei, die jedoch nie halten. Erst nach zehn Jahren – vermutlich eine Anspielung

---

14 Gao Xingjian: Mein Theater und mein Schlüssel, in: ders.: Nächtliche Wanderung, Neckargemünd 2000, 33–66, hier: 42.
15 Gao/Ji Xibolin (Anm. 11), 123.
16 Anita Rind: Bilder von Gao Xingjia / Les Images de Gao Xingjian, in: Gao Xingjian: Tusche Rausch, Bilder 1983–1985, Berlin 1985, 5.
17 Gao Xingjian: Die Busstation. Eine lyrische Komödie aus der VR China, Bochum 1988, Titel.

auf die zehn Jahre der Kulturrevolution – werden die Wartenden feststellen, dass das Schild an der Haltestelle keine Gültigkeit besitzt. Gao Xingjian, der ein exzellenter Kenner französischer Autoren wie Antonin Artaud, Eugene Ionesco und Samuel Beckett ist, will sie jedoch nicht als reine Vorbilder ansehen. Bereits in seinem vierten Studienjahr, im Alter von zwanzig, beschäftigte er sich mit Brechts Stücken *Mutter Courage und ihre Kinder* sowie *Der kaukasische Kreidekreis* und hatte sogar die Chance, eine Übersetzung der *Schriften zum Theater*, die damals nur als Interna zugänglich waren, zu studieren. Durch Brecht entdeckte er, dass es möglich ist, „die Gesetze der Theaterkunst neu zu bestimmen."[18] Angelehnt an die Technik des epischen Erzählstils, der sich auf den Roman oder die Lyrik bezieht, erprobte er in seinen Stücken unterschiedliche Erzähl- und Darstellungsmethoden. Er setzte sich von jeder Form der Nachahmung ab und betonte, dass ein Künstler sein eigenes künstlerisches Schaffen entwickeln müsse. „Beckett ist den Weg von der Reflexion zum Absurden gegangen. Ich habe aus der Realität des Lebens heraus erkannt: Das Absurde ist in mir."[19]

Das schweigende Beharren

Obwohl Gaos Aufenthalt 1985 in der geteilten Stadt Berlin sich literarisch nicht niedergeschlagen hat, so beeindruckte ihn offenbar das ungezwungene Lebensgefühl des Westens. In seinen Erinnerungen äußerte er sich durchaus positiv: „Ich mag diese Stadt, ich mag dieses Berlin ohne den Geruch des Großdeutschen und den Populismus, um mit Asien, den USA, Afrika und der arabischen Kultur in Kontakt zu treten."[20] Der Dramatiker, Übersetzer und Autor hat seine Ruhe in Paris gefunden. Nach den Aufregungen und Diskussionen über die Vergabe des Nobelpreises ist es still um ihn geworden. Die Medien haben nur wenig Neues über Gao zu berichten. Obwohl er seit langem französischer Staatsbürger ist und auf Französisch schreibt, gilt er immer noch als chinesischer Autor. Zu der politischen Situation seines früheren Heimatlandes äußert er sich nicht.

> Das größte Unglück für die Literatur besteht allerdings darin, dass man ihre soziale Funktion darauf beschränkt, sich nur auf Politik und Moral zu beziehen, zu einem Instrument der politischen Propaganda und der moralischen Erziehung degradiert [...] und in parteipolitische Fraktionskämpfe eingespannt zu werden.[21]

---

18 Gao Xingjian: Mein Verhältnis zu Brecht, in: Zeitschrift für Kulturaustausch 3 (1986), 319–320, hier: 319.
19 Gao, Das Absurde (Anm. 5), 49.
20 Gao, Ji Xibolin (Anm. 11), 121.
21 Gao Xingjian: Bloß keine Theorien!, in: ders.: Nächtliche Wanderung. Reflektionen über das Theater, Neckargemünd 2000, 5–24, hier: 9.

Die Kritik an der Preiswürdigkeit des Romans *Berg der Seele* hatte den sensiblen Schriftsteller schwer getroffen. Nach der öffentlichen Auseinandersetzung und dem Medienrummel zog er sich aus der Öffentlichkeit zurück. Er enthält sich jeder politischen Stellungnahme und widmet sich der Malerei. Sie sichert ihm den Lebensunterhalt, nicht der Verkauf seiner Bücher. Zum Zeitpunkt der Preisverleihung lag sein Roman nur auf Chinesisch in Taiwan und in wenigen westlichen Sprachen als Übersetzung vor. 1990 – im ersten Jahr seines Erscheinens – wurden lediglich 40 Exemplare verkauft, ein Jahr später noch weniger. Seit 2000 hat er keinen längeren Text mehr geschrieben, überwiegend Erzählungen und Essays. Wer ihn in seiner Pariser Wohnung besucht, wird nur wenige Bücher entdecken, und diese vorwiegend in westlichen Sprachen. Gao Xingjian versteht sich als Weltenbürger, unabhängig von seiner Herkunft. Für ihn ist Schreiben die Bestätigung seiner Existenz. In seinem Dialog mit dem Dichter Yang Lian über die Bedeutung der Auszeichnung durch den Nobelpreis und das Leben als Schriftsteller in der Emigration wird das Schreiben als Sieg des Exils bezeichnet. „Das schweigende Beharren eines Schriftstellers, weiter schreiben, in einer Einsamkeit, in die kein Beifall und kein Zuspruch dringt, weit weg von den Lesern ohne Markt."[22] An den weißen Wänden seiner Wohnung sprechen seine Bilder für sich. Der Autor, Dramatiker, Übersetzer und Maler drückt es so aus: „Painting starts where words fail or are inadequate in expressing what one wants to express."[23]

---

[22] Lian Yang: Ein kalter leuchtender Weg, in: Was hat uns das Exil gebracht? Ein Gespräch zwischen Gao Xingjian und Yang Lian über chinesische Literatur, Berlin 2001, 7–16, hier: 9.
[23] Andrea Shen: Nobel winner affirms the ‚self'. Gao remains apolitical in his approach to the creative enterprise, in: Harvard University Gazette 8 (2001) Online abgerufen am 9. Dezember 2022 unter news.harvard.edu/gazette/story/2001/03, o. S.

Laura Bieger
Audre Lordes Berlin oder: Schreiben jenseits der Buchseite

I.

„I come here to read my poetry tonight as a Black, feminist, lesbian poet."[1] Mit diesen Worten trat Audre Lorde am 13. Juni 1984 im Westberliner Amerikahaus vor ihr Publikum. Es gibt eine Videoaufzeichnung von diesem Abend, angefertigt von Dagmar Schultz, die Lorde in diesem Sommer als Gastprofessorin an die Freie Universität Berlin geholt hatte.[2] Der Mitschnitt zeigt Lorde im Halbprofil vor einem bordeauxroten Vorhang mit gleichmäßigem Faltenwurf. Sie trägt ein rotes Oberteil mit afrikanisch anmutendem Muster und einen kunstvoll gewickelten, orangeroten Turban. Das viele Rot verleiht der Aufzeichnung, deren Bildkomposition fast zu perfekt für das Zufallsprodukt ist, als das sie sich ausweist, eine große Wärme und Intensität. Lorde ist ihrem Publikum mehr zugewandt als der Kamera, die dadurch zur Zeugin wird, und sie spricht mit einer ruhigen Eindringlichkeit, hebt nach jedem Adjektiv leicht die Stimme und pausiert dann einen Moment, was dem Gesagten einen synkopisch-melodischen Vorwärtsdrang verleiht. Es ist ein Sprechen, das vom Schreiben herkommt und sich vielleicht deswegen der Wirkmacht seiner präzise lancierten Worte ganz besonders bewusst ist. In der Begrifflichkeit Heinz Schlaffers ist dies ein Sprechen, in dem die Aussagedimension der Sprache von ihrer performativen Dimension überformt – und damit lyrisch – wird. Es ist (weiter mit Schlaffer gedacht) ein Sprechen, in dem sich das pragmatische Ich von Lordes Rede mit dem lyrischen Ich ihrer *free verse*-haften Selbstbehauptung überblendet. Frei nach der Whitman'schen Formel „I celebrate myself, and sing myself" und mit der Zauberkraft performativer Vergegenwärtigung, die keiner literarischen Form so eigen ist wie der Dichtung, beschwört es die besprochene Welt herauf – eine Welt, in der das multiple Ich, das hier spricht, und alles, wofür es steht, einen selbstverständlichen Platz haben.[3]

---

1 Audre Lorde – The Berlin Years 1984 to 1992 (2012), Regie: Dagmar Schultz, 00:00:10. Künftige Zitate aus diesem Film werden unter Angabe der Anfangszeit im Haupttext vermerkt.
Dieser Aufsatz entstand teilweise im Rahmen eines Forschungsaufenthaltes in Harvard. Ich danke der Alexander von Humboldt-Stiftung und meinen Gastgeber:innen Werner Sollors und Glenda Carpio für ihre großzügige Unterstützung.
2 Die Lesung im Amerikahaus war Teil der 31. Jahrestagung der Deutschen Gesellschaft für Amerikastudien, die in jenem Jahr unter dem Leitthema „Frauen in Gesellschaft und Kultur in den USA" am John-F.-Kennedy-Institut für Nordamerikastudien der Freien Universität Berlin stattfand, wo Schultz damals lehrte.
3 Siehe Heinz Schlaffer: Die Aneignung von Gedichten. Grammatisches, rhetorisches und pragmatisches Ich in der Lyrik, in: Poetica 27.1/2 (1995), 38–57, hier: 55–56. Da heißt es zum Beispiel: „Eigentlich

Für Sara Ahmed ist alles Schreiben von Audre Lorde „black feminist poetry" – einschließlich des Schreibens, das nicht als Gedicht auf einer Buchseite erscheint.⁴ Audre Lordes Berlin ist Teil dieses Schreibens. Ihr Berlin war kein Schreibort, zumindest nicht im Sinne eines Ortes, an den sie kam, um zu schreiben. Es war (und ist) ein Ort, in den sie sich *eingeschrieben* hat – durch ihr Leben und Wirken und durch die vielen Aufzeichnungen, die Dagmar Schultz über die Jahre hinweg davon anfertigte. Dass Lorde sich so tief in Berlin eingeschrieben hat, ist wesentlich diesem beständigen, hingebungsvollen Aufzeichnen geschuldet, das hier deswegen als Verlängerung, als Teil von Lordes Schreiben gefasst werden soll. Es gibt ein ganzes Archiv von Fotos, Ton- und Videoaufnahmen von Seminaren an der FU, Spaziergängen durch Schöneberg und am Schlachtensee mit fröhlichen Stopps für Eis und Currywurst; von Cafébesuchen am Winterfeldtplatz und Ausflügen zum Flohmarkt an der Straße des 17. Juni und nach Ostberlin; von gemeinsamem Kochen und Essen und Feiern zu Hause bei Schultz und ihrer Partnerin Ika Hügel-Marshall, wo Lorde und ihre Partnerin Gloria Joseph während ihrer Berlinbesuche häufig wohnten. Schultz hat einen Film aus diesem Material gemacht, der 2012 in der Panorama-Sektion der Berlinale erstaufgeführt wurde (und noch immer regelmäßig gezeigt wird), und es dann mit ihren gesammelten Unterlagen (persönlichen Briefen, Nachrufen, Interviews, Plakaten, Veröffentlichungen) der FU übergeben.⁵ In den Folgejahren hat sie mehrere Internetseiten erschaffen, eine davon

---

ist das Gedicht gar kein Text, der aufgezeichnet wurde, um eine Handlung zu beschreiben, und auf seine Lektüre wartet. Vielmehr ist es selbst eine Handlung. Eine Unterscheidung Austins lässt sich anführen, um sie für die Lyrik aufzuheben. In ihr wird die language of statement von der language of performance überformt." (54) Daher auch der Schulterschluss mit dem Präsens: „Das Präteritum signalisiert, dass der dargestellte Gegenstand abwesend ist, während das Präsens, zumal in der Verbindung mit Apostrophe und Deixis, seine Anwesenheit suggeriert. Anwesend in der Lyrik ist allerdings nicht die ‚besprochene Welt', sondern nur der Akt des Besprechens selbst. Der Sprecher kann nur hoffen, dass kraft seines Spruchs die besprochene Welt entsteht." (55) Das Walt Whitman-Zitat ist die erste Zeile seines berühmten und zeitlebens immer wieder umgeschriebenen Gedichts „Song of Myself" in der Fassung von 1892. Siehe Walt Whitman: Song of Myself, in: ders.: Complete Poetry and Collected Prose, hrsg. von Justin Kaplan, New York 1982, 188–247. Lorde wurde 1991 mit der Walt Whitman Citation of Merit ausgezeichnet.

4 Sara Ahmed: Introduction, in: Audre Lorde: Your Silence Will Not Protect You, London 2017, v–xii, hier: vii.

5 Vgl. Digitales Audre Lorde-Archiv, online abgerufen am 3. April 2022 unter https://www.jfki.fu-berlin.de/library/holdings/audrelorde/index.html. Die Filmwebseite enthält einen Überblick über alle Vorführungen: Audre Lorde – Die Berliner Jahre 1984 bis 1992. Online abgerufen am 3. April 2022 unter http://www.audrelorde-theberlinyears.com/deutsch/index_de.html#.YiEaDBPMJsZ. Zuletzt wurde der Film am 3. Februar 2022 im Programm des Black History Month der amerikanischen Botschaft in Berlin gezeigt und diskutiert, vgl. U. S. Mission Germany: 2022 Black History Month Programs. Online abgerufen am 3. April 2022 unter https://de.usembassy.gov/2022-black-history-month-programs/. Ein weiteres Screening fand am 25. April 2022 an der Stanley Arts School in London statt. Siehe Audre Lorde: The Berlin Years 1984 to 1992 + Q&A. Online abgerufen am 3. Dezember 2022 unter https://www.blackhistorymonth.org.uk/article/listings/region/croydon/

als Online-Reise mit interaktivem Stadtplan, dessen achtunddreißig Stecknadeln mit Lordes stilisiertem Gesicht das Bild- und Tonmaterial aus Schultz' Sammlung per Mausklick an den urbanen Raum rückkoppeln, dem es entstammt, und dabei stellenweise dichte Cluster ergeben.[6]

Wenn Orte raum-zeitlich spezifische Geflechte aus sozialen Beziehungen sind, dann ist Lordes Berlin das Beziehungsnetz, das über die Jahre durch ihr Leben und Wirken in dieser Stadt – oft vor laufender Kamera – geknüpft wurde und sich in und durch die Aufzeichnungen von Schultz verlängert.[7] Denn in dem Maße, wie das Archiv und die Internetseiten besucht und der Film angeschaut werden, entstehen weitere Verknüpfungen zwischen dem versammelten Text- und Bildmaterial und denjenigen, die es benutzen; den Orten, die aufgerufen werden, und denen, die sich an ihnen begegnen; den Geschichten, die dort erzählt werden, und denen, die durch diese Verbindungstätigkeit erst noch entstehen. So schreibt sich Audre Lordes Berlin fort, auch dieser Text ist Teil dieses Schreibens. Und so wichtig es war, dass Lorde über zwölf Jahre hinweg immer wieder an diesem Ort lebte – das Netz der Beziehungen, das sich dabei aufspannte, ist auch eine mediale Infrastruktur. Das gilt auch in vermeintlich unmittelbaren Face-to-face Situationen wie Lordes Seminaren und Lesungen – durch den Akt des Aufzeichnens, der das hier und jetzt Gesagte nicht nur räumlich und zeitlich ausdehnt, sondern es bereits im Moment des Sprechens mit dieser Ausdehnung auflädt; und durch die eingangs beschriebene Präsenz des Schreibens in Lordes Sprechen, dessen lyrisch-poetische Wirkmacht sich in die Aufzeichnungen hinein verlängert. Auch Küchen- und Schlafzimmergespräche sind Teil dieser komplexen und miteinander interagierenden inter- und transmedialen Vernetzungen.

Darum ist Lordes Berlin nicht nur nicht loszulösen von der medialen Infrastruktur, die diese vielschichtigen Verbindungsaktivitäten zugleich ermöglicht und an den Ort rückbindet, zu dessen physischer Realität sie allein schon durch ihre materielle Beschaffenheit unabdingbar gehört. Es ist ein Ort, der sich denjenigen, die sich auf die Suche nach ihm machen, als (Kunst-)Werk eines selbst in seinen

---

audre-lorde-the-berlin-years-1984-to-1992-qa-2/. Das Audre-Lorde-Archiv an der FU erhält jährlich ca. 300–400 Anfragen.

6 Audre Lorde in Berlin. Eine Online Reise. Online abgerufen am 3. März 2022 unter http://audrelordeberlin.com/de/.

7 Dieses Ortsverständnis baut auf Doreen Massey auf, die schreibt: „Social relations always have a spatial form and spatial content. They exist, necessarily, both in space (i. e., in a locational relation to other social phenomena) and across space. And it is the vast complexity of the interlocking and articulating nets of social relations which is social space. Given that conception of space, a ‚place' is formed out of the particular set of social relations which interact at a particular location. And the singularity of any individual place is formed in part out of the specificity of the interactions which occur at that location (nowhere else does this precise mixture occur) and in part out of the fact that the meeting of those social relations at that location (their partly happenstance juxtaposition) will in turn produce new social effect." Doreen Massey: Space, Place, and Gender, Cambridge, UK 1994, 168.

privatesten Momenten auf ein Publikum ausgerichteten Tuns präsentiert.[8] Und weil dieses Tun wesentlich vom literarischen Schreiben herkommt (und somit integraler Teil eines künstlerischen Handlungszusammenhangs ist), erschafft es nicht nur einen Ort. Es schafft auch einen Reflexionsraum, der diejenigen, die ihn betreten, (im Sinne Georg Bertrams) dazu anhält, Position zu beziehen hinsichtlich ihrer Beziehung zur Welt und allem, mit dem sie (im Sinne Nicolas Bourriauds) in dieser Welt koexistieren.[9]

II.

Im Netz der Verknüpfungen, die Audre Lordes Berlin ausmachen, trifft man immer wieder auf Dagmar Schultz. Denn sie ist nicht nur diejenige, die Lorde nach Berlin geholt hatte. Sie ist auch die Erbauerin jener medialen Infrastruktur, durch die Lorde sich so tief in die Stadt einschreiben konnte (mit dem jüngsten Twist, dass ein Teil der Kreuzberger Manteuffel-Straße nach Lorde benannt werden soll und zahlreiche lokale Medien im Rückgriff auf Schultz' Archiv davon berichteten).[10] In dieser Doppelrolle setzt Schultz sich denn auch in ihrem Film *Audre Lorde – The Berlin Years 1984 to 1992* (2012) mit ins Bild. Mal ist sie auf Fotos und in Filmclips zu sehen. Mal kommt ihre Stimme, mal ihre Hand aus dem Kameraoff. In einem Interview, das im Zuge der Dreharbeiten für einen früheren Dokumentarfilm, *A Litany for Survival: The Life and Work of Audre Lorde* (1995) von Ada Gray Griffin und Michelle Parkerson, entstanden ist, dort aber nicht zur Verwendung kam, kommentiert Schultz ihr Verhältnis zu Lorde. Und weil das Interview sich mit der saturierten Farbigkeit seines

---

8 Zur Publikumsbezogenheit moderner Subjektivität, die hier anklingt, siehe Jürgen Habermas: Strukturwandel der Öffentlichkeit. Untersuchungen zu einer Kategorie der bürgerlichen Gesellschaft, Frankfurt a. M. 1990, 107–121; Laura Bieger: Learning from Hannah Arendt; or, The Public Sphere as a Space of Appearance and the Fundamental Opacity of the Face-to-Face, in: Ulla Haselstein u. a. (Hrsg.): American Counter/Publics, Heidelberg 2019, 37–52, hier: 43, 47–49.
9 Siehe Georg Bertram: Kunst als menschliche Praxis. Eine Ästhetik, Frankfurt a. M. 2014, 12–20; Nicolas Bourriaud: Relational Aesthetics, übers. von Simon Pleasance und Fronza Woods, Dijon 2002, 109. Zur hier aufscheinenden Verbindung von Bertram und Bourriaud, siehe Laura Bieger: Jean-Paul Sartre, Richard Wright, and the Relational Aesthetics of Literary Engagement, in: Johannes Voelz, Rieke Jordan, Stefan Kuhl (Hrsg.): The Return of the Aesthetic in American Studies, REAL Yearbook of Research in English and American Literature 35 (2020), 169–188, hier: 183–185.
10 Siehe z. B. Corinna von Bodisco: Straßenumbenennung in Berlin-Kreuzberg erfolgt nach zwei Jahren. Der nördliche Teil der Manteuffelstraße soll künftig „Audre Lorde" heißen, in: Tagesspiegel. de (16.06.2021). Online abgerufen am 17. Februar 2022 unter https://www.tagesspiegel.de/berlin/der-nordliche-teil-der-manteuffelstrasse-soll-kunftig-audre-lorde-heissen-4752451.html sowie Kreuzberg. Manteuffelstraße heißt künftig Audre-Lorde-Straße, in: Berliner Abendblatt (17. Juni 2021). Online abgerufen am 17. Februar 2022 unter https://berliner-abendblatt.de/2021/06/17/kreuzberg-eine-strasse-mit-dem-namen-einer-lesbischen-poetin-und-kaempferin/.

Bildmaterials und der konventionellen Kamera- und Gesprächsführung so deutlich von dem im Vergleich viel spontaner und verspielter – mithin privater – wirkenden Material aus Schultz' eigener Sammlung unterscheidet, entsteht in seiner Einbindung eine Selbstreflexivität, durch die die Filmemacherin zu ihrer eigenen Zeitzeugin und der Akt des Dokumentierens in den Konturen seiner Materialität zu einem erkennbaren Teil der Erzählung werden.

Schultz sagt, sie sei ihrem Impuls zu dokumentieren gefolgt, ohne zu wissen, was mit dem gesammelten Material geschehen solle, und dass Lorde gewusst habe, *dass* sie etwas damit tun würde.[11] Dem Material nach zu urteilen, fühlte Lorde sich sehr wohl dabei – ließ sich ein auf den dokumentarischen Impuls ihrer Gastgeberin und die damit verbundene Gegenwart diverser Aufzeichnungsgeräte. Und indem sie sich einließ, ergriff sie die Gelegenheit, den Radius ihres Schaffens zu erweitern – ganz im Sinne Jean-Paul Sartres, für den audiovisuelle Medien (in unverkennbarer Kalter Kriegs-Rhetorik) die „Flugzeuge", „V1"- und „V2"-Bomben einer sozial engagierten Literatur waren.[12] Um die Bedeutung der Zusammenarbeit zu ergründen, die hieraus entstand, tut man gut daran, sich zu erinnern, dass in den 1980er Jahren alltägliches Handeln noch kaum dokumentiert und publiziert wurde. Schon wegen des Aufwands, den das Dokumentieren mit analogen Mitteln mit sich bringt, ist das viele Material zu Lordes Leben und Wirken in Berlin etwas Besonderes. Von jeder Sitzung der drei Seminare, die Lorde im Sommersemester 1984 am John-F.-Kennedy-Institut für Nordamerikastudien der FU gab, hat Schultz Tonaufnahmen gemacht (und sich später dafür eingesetzt, dass diese nicht nur archiviert, sondern auch transkribiert und als Buch publiziert wurden).[13] Bei jeder Lesung (von denen sie etliche mitinitiierte) und zu vielen öffentlichen und privaten Anlässen, bei denen Lorde zugegen war, hatte Schultz ihren Fotoapparat und ihre Videokamera dabei – bis hin zur letzten Berliner Lesung im Sommer 1992 in Schultz' und Hügel-Marshalls Schöneberger Wohnung nur wenige Monate vor Lordes Tod.

Lorde war bereits schwer an Krebs erkrankt, als sie im Sommer 1984 das erste Mal nach Berlin kam. Mehr noch, sie hatte sich öffentlich zu ihrer Krankheit bekannt. In ihrem Buch *The Cancer Journals* (1980) spricht sie (noch bevor diese Art des persönlichen Erfahrungsberichts zu einem eigenen Genre wurde) in einer ungewöhnlichen Klarheit und Offenheit über ihre Brustkrebserkrankung. Die regelmäßigen Besuche

---

11 Anne-Kathrin Titze: The Archival Activist. Dagmar Schultz on Audre Lorde. The Berlin Years 1984–1992, 6. Februar 2021. Online abgerufen am 17. Februar 2022 unter https://www.eyeforfilm.co.uk/feature/2021-05-15-dagmar-schultz-in-conversation-on-audre-lorde-and-audre-lorde-the-berlin-years-1984-1992-feature-story-by-anne-katrin-titze.
12 Jean-Paul Sartre: What is Literature? In: ders.: What is Literature? and Other Essays, übers. von Bernard Fretchman, überarbeitet von Steven Ungar, Cambridge, Ma. 1988, 21–246, hier: 216, 198 (meine Übersetzung, Hervorhebung im englischsprachigen Original).
13 Audre Lorde: A Dream of Europe. Selected Seminars and Interviews, 1984–92, hrsg. von Mayra A. Rodríguez Castro, Berkeley, Ca. 2020.

in Berlin in den Folgejahren waren auch der alternativen Behandlung geschuldet, die Schultz Lorde vermittelt und als Teil von Lordes Berlin mit dokumentiert hat. Der Film zeigt Aufnahmen von Gesprächen mit dem behandelnden Arzt, mit Lordes Partnerin und Lorde selbst, in denen wir medizinische und persönliche Details über Lordes Krankheit erfahren. So begreift man nach und nach, dass Lorde, auch wenn sie dank der alternativen Behandlungsmethoden wohl noch einige Lebensjahre geschenkt bekam, im Grunde während ihrer gesamten Zeit in Berlin dem Tod geweiht war.

Mit dem gemeinsamen Projekt des Aufzeichnens stellten Schultz und Lorde diesem Umstand etwas entgegen, wobei sich beide im Klaren darüber waren, dass Lorde das Ergebnis ihres Tuns nicht mehr sehen würde. Vielleicht ist es dieses Wissen, das dem Film ein gesteigertes Gefühl von Gegenwart verleiht. Doch selbst wenn der Film zumindest zwischen den Zeilen auch eine Meditation über Leben und Sterben ist, zeigt sich der Fortgang der Zeit nicht nur im Fortschreiten der Krankheit, an der Lorde sterben wird. Er zeigt sich auch in so alltäglichen Dingen wie den sich wandelnden Frisuren und Kleidern und dem gemeinsamen Altern der in Lordes Berlin involvierten Frauen. Und er zeigt sich in technologischen bzw. medienästhetischen Details wie den Veränderungen der Farbigkeit und Textur des Bildmaterials im Übergang vom analogen zum digitalen Medienzeitalter. Und so wie auch heute in Zeiten von Snapchat und Instagram das ständige Dokumentieren etwas mit den Menschen vor und hinter der Kamera macht, muss es auch damals etwas mit den beiden Protagonistinnen gemacht haben – nur anders. Schon weil der Impuls, Lordes Leben und Wirken in Berlin zu dokumentieren, von außen an Lorde herangetragen wurde. Was dabei herauskam, ist das Gegenteil von Selbstzurschaustellung. Das Aufzeichnen war zweifelsohne dem Wunsch geschuldet, Audre Lorde, ihrer Arbeit und ihrer politischen Vision Sichtbarkeit und Gehör zu verschaffen, und zwar dauerhaft und reproduzierbar. Doch was das mehr als eine Dekade lang gemeinsam verfolgte Projekt des Aufzeichnens so bemerkenswert macht, ist (im besten Sinne des Wortes) ein *Nebenprodukt* dieses Anliegens. Mit bestechender Beiläufigkeit bezeugt das Dokumentieren eine gegenseitige Wertschätzung, die sich in seinem Vollzug (teilweise vor laufender Kamera) einstellt und mit der Zeit zu inniger Freundschaft wird.

Dabei zeigt das gesammelte Material auch, wie im Orbit dieser Freundschaft ein Beziehungsgeflecht entsteht, in dem die Vision einer besseren, gerechteren Welt zumindest im Ansatz zu einer gemeinsam gelebten und dokumentarisch erfassten Realität werden konnte. Und wenn der durch dieses Netz aufgespannte Ort gleichermaßen das Werk einer kollektiven, kollaborativen (und durch Lordes regelmäßiges Kommen und Gehen in gewisser Weise heterotopischen) Lebenspraxis ist *und* ihr machtvollstes Speichermedium, dann bezeugt diese selbst(bewusst) beobachtende Aufzeichnung seiner Genese noch etwas.[14] Die vielen afro-deutschen Frauen, denen Lorde in ihren

---

14 Zum Begriff der Heterotopie, siehe Michel Foucault: Of Other Spaces, in: Diacritics 16/1 (Spring 1986), 22–27, hier: 26.

Seminaren und Lesungen die Vision eines positiven und in einem literarischen Schreiben verankerten Selbstbilds an die Hand gegeben hat, sind ein elementarer Teil dessen, was diesen Ort so besonders, sein Entstehen so denkwürdig und sein Dokumentieren so wichtig macht. Was heißt, dass hier ein Ort bezeugt wird, der auch und nicht zuletzt das Werk all jener Schreibprojekte ist, mit denen diese Frauen sich selbst behauptet und/oder neu verortet haben. Allem voran sei hier der von Lordes ehemaligen Studentinnen May Ayim und Katharina Oguntoye gemeinsam mit Dagmar Schultz herausgegebene und kollektiv verfasste Band *Farbe bekennen: Afro-deutsche Frauen auf den Spuren ihrer Geschichte* genannt, der zuerst 1986 im Berliner Orlanda Frauenverlag erschien und seither ins Englische übersetzt und mehrfach (zuletzt 2020) neu aufgelegt wurde.[15]

III.

Das stille Einverständnis, dass mit dem gesammelten Material etwas geschehen solle, barg die Vision einer Erweiterung jener Öffentlichkeit, die Lorde sich mit ihren Büchern bereits erschrieben hatte, als sie im April 1984 auf Schultz' Einladung hin nach Berlin kam, und die einem Schreiben, dem es wesentlich darum geht, eine andere, bessere Welt zu erwirken, gleichermaßen Ziel und Mittel sein muss. Denn nur wenn dieses Schreiben Menschen erreicht und diese Menschen kraft des Gesagten zu einer proaktiven Teilhabe an der Gestaltung der Welt bewegt, welche sie gemeinsam bevölkern, kann es politisch wirksam werden.[16] Für Lorde war die Dichtung ein prädestiniertes Werkzeug dafür:

> What it requires is that we use all of ourselves, and that we feel deeply those things that we believe. So, I believe in poetry, really common tell poetry, that in the process of speaking those things that we feel as we live self-consciously, we have genuine movements toward action. (00:35:45)

---

[15] Der Band, der als Wegbereiter der afro-deutschen Bewegung gilt, legte den Grundstein für die schriftstellerischen Laufbahnen von Ayim und Oguntoye und inspirierte eine Reihe weiterer afro-deutscher Frauen, u. a. Ria Cheatom, Ika Hügel-Marshall und Marion Kraft, dazu, sich literarisch zu betätigen, um die Lebenssituationen schwarzer Menschen und insbesondere schwarzer Frauen in Deutschland öffentlich sichtbar zu machen und kritisch zu hinterfragen. Von 1988 bis 1990 war neben dem Orlanda Frauenverlag auch *Afrekete: Zeitung für afrodeutsche und schwarze Frauen*, benannt nach einer Figur aus Lordes autobiographischem Roman *Zami: A New Spelling of My Name* (1982), ein wichtiges Publikationsorgan für die von Lordes Leben und Wirken inspirierten Schreibprojekte afro-deutscher Frauen. Für einen Überblick siehe Peggy Piesche (Hrsg.): Euer Schweigen schützt Euch nicht. Audre Lorde und die Schwarze Frauenbewegung in Deutschland, Berlin 2012; Tiffany N. Florvil: Mobilizing Black Germany. Afro-German Women and the Making of a Transnational Movement, Urbana/Chicago/Springfield 2020.
[16] Siehe Michael Warner: Publics and Counterpublics, in: Public Culture 14/1 (2002), 49–90.

Die bereits erwähnte Nähe zum Sprechen in Lordes Schreiben zeugt so gesehen auch von dem ureigenen Drang dieses Schreibens, seine Öffentlichkeitswirksamkeit zugleich auf einer Buchseite zu verdichten und darüber hinauszutreiben. In letzterem Anliegen fand Lorde in Schultz ihre vielleicht engste und treuste Verbündete. Als beide sich im Juli 1980 auf der Weltfrauenkonferenz der Vereinten Nationen in Kopenhagen zum ersten Mal trafen, hatte Lorde sich bereits mit ihren acht bis dato erschienenen Gedichtbänden – *The First Cities* (1968), *Cables to Rage* (1970), *From a Land Where Other People Live* (1973), *New York Head Shop and Museum* (1974), *Coal* (1976), *Between Our Selves* (1976), *Hanging Fire* (1978) und *The Black Unicorn* (1978) – einen Namen gemacht, der ihr einen Platz im Konferenzprogramm eingebracht hatte. Schultz, die zu diesem Zeitpunkt weder Lorde noch ihre Lyrik kannte, war beeindruckt, wie ruhig und klar Lorde las und Stellung bezog.[17] Ein knappes Jahr später war sie zugegen, als Lorde auf der Jahrestagung der National Women's Association an der University of Connecticut mit dem Thema „Women Responding to Racism" ein flammendes Plädoyer für den Gebrauch der Wut im Kampf gegen Rassismus hielt. Und zwar auch der Wut von Frauen aufeinander, weil diese das beste Mittel sei, sich in seinen Differenzen zu verstehen. An einer markanten und besonders lyrischen Stelle jener Rede, die heute zu Lordes bekanntesten Essays zählt, heißt es:

> My response to racism is anger. That anger has eaten clefts into my living only when it remained unspoken, useless to anyone. It has also served me in classrooms without light or learning, where the work and history of Black women was less than a vapor. It has served me as fire in the ice zone of uncomprehending eyes of white women who see in my experience and the experience of my people only new reasons for fear or guilt. And my anger is no excuse for not dealing with your blindness, no reason to withdraw from the results of your own actions.[18]

Spätestens jetzt war Schultz überzeugt: Lorde sollte auch zu und mit Frauen und Aktivist:innen in Deutschland sprechen. Der Brief, mit dem sie Lorde wenig später nach Berlin einlud, ist nicht nur deswegen bemerkenswert, weil er einen folgenreichen Anfangspunkt markiert. In seinem geschickten Abwägen von persönlicher Bewunderung und professioneller Distanz zeigt sich, dass sich Briefe wie dieser bei aller Privatheit, die dieser Form des Stiftens von Verbindungen zwischen zwei Menschen innewohnt, auch an eine Öffentlichkeit richten. Denn selbst wenn sich Schultz' Brief nominell nur an seine Adressatin wendet, wird diese als öffentliche Person (d. h. im Gefüge all jener der Beziehungen, welche sie öffentlich machen) angesprochen. In der geübten Eloquenz einer ebenfalls schreibenden und aufgrund ihrer Lehrtätigkeit und ihres politischen Engagements ebenfalls öffentlichen Person scheint dabei die Frage auf, ob Schultz'

---

[17] Der Film zeigt Lorde in einer ähnlichen Situation: In einer engagierten Seminardiskussion schließt sie ihre ruhige und präzise Antwort auf eine kontroverse Frage mit der folgenden freundlichen Bitte: „Do you hear what I'm saying? I'm not asking you to agree with me, but would you think about it?" (00:49:40)
[18] Audre Lorde: Uses of Anger, in: Women's Studies Quarterly 9/3 (Fall 1981), 7–10, hier: 9.

Brief die Öffentlichkeit, die ihm heute durch das Audre-Lorde-Archiv zuteilwird, im Akt seines Schreibens mit heraufbeschworen hat. Doch was auch immer sein Anteil am Erschaffen dieser Öffentlichkeit gewesen sein mag, er ist mit Sicherheit Teil von Audre Lordes Berlin. Als bedeutender Wegbereiter zur Entstehung dieses Ortes demonstriert er, wie genuin Öffentliches und Privates in ihm und durch ihn verwoben sind. Und noch etwas zeigt dieser Brief: In der archivarischen Verbuchung der Verbindungstätigkeit, die er in Gang setzte, scheint eine Infrastruktur aus Schreibmaschine, Papier, frankierten Umschlägen, Postämtern, Flugzeugen, Briefträgern und Briefkästen auf, ohne die es den Ort, um den es hier geht, nicht gäbe – und die in genau diesem Sinne Teil von ihm ist.

IV.

Mit Nicolas Bourriauds relationaler Ästhetik lassen sich der Einladungsbrief als „linking element" und *„bonding agent"* in einer folgeträchtigen Anfangskonstellation und das Archiv als retroaktive Form bzw. Formation der Versammlung möglichst vieler Zeugen (Artefakte und Menschen) jener machtvollen und mehrfach im Schreiben verankerten Verbindungstätigkeit fassen, die dieser Konstellation entwachsen ist und sie bis heute fortschreibt.[19] Auch der Film, den Schultz aus ihrer Materialsammlung gemacht hat, ist Teil dieser Konstellation, und auch ihm kommt eine besondere Rolle in dem relationalen Gefüge zu: als designierter Erzähler von Lordes Berlin. Getreu dem Genre des Dokumentarfilms erzählt er dessen Geschichte, indem er unterschiedliche Medieninhalte (historische Fotografien, Sprach- und Filmaufnahmen, Found Footage, rückblickende Interviews) miteinander verwebt. Wie die meisten Erzähler ist auch dieser ein retrospektiver Sinnstifter: Er rekonstruiert, was geschehen ist, mit dem Ziel, es zu erinnern (und dem Effekt, dem Geschehenen eine Form zu geben). Doch im montagetechnischen Takt des Erinnerns verdichtet der Film die Verbindungstätigkeit, die den Ort, von dem aus er erzählt, hervorgebracht hat, im gleichen Zuge, wie er sie inter- und transmedial erweitert und dabei räumlich und zeitlich. Und weil Lordes *Dichtung* die Keimzelle dieser vielschichtigen Verbindungstätigkeiten ist, ist es

---

19 Bourriaud (Anm. 9), 21 u. 20 (Hervorhebung im Original). Für Bourriaud ist relationale Ästhetik keine Theorie der Kunst, sondern eine Form bzw. Formation, in der Kunstwerke zu besagten Bindegliedern und Verbindungsstiftern im Kontext relationaler Gefüge werden. Er denkt hierbei vor allem an kollektiv/öffentlich rezipierte Kunstformen wie den Film und das Theater und explizit nicht an die individualistisch/privat rezipierte Literatur. Doch dieser zweifellos valide Punkt zur Literaturrezeption unterschlägt die kollektive/öffentliche Dimension, die der Literstur selbst in ihren privatesten und individualistischsten Momenten innewohnt und die Theorien zur Herausbildung einer demokratischen Öffentlichkeit immer wieder mit Nachdruck betonen. Siehe insbesondere Habermas (Anm. 8); Michael Warner: The Letters of the Republic. Publication and the Public Sphere in Eighteenth Century America, Cambridge, Mass. 1990. Für eine weiterführende Diskussion dieses Zusammenhangs siehe Bieger (Anm. 9), 173–174.

eine programmatisch passende Geste, mit einer Verneigung vor der potentiell weltverändernden Macht dieser Kunstform zu beginnen.

„Poetry", hören wir Lorde als eine ihrer ersten Bemerkungen aus dem Kameraoff sagen, bevor sie eine dieser synkopischen Kunstpausen macht, „is the most subversive use of language there is because it attempts to bring about change by altering people's feelings" (00:00:15).[20] Genau das war mit Schultz passiert: Sie hatte durch Lordes Dichtkunst anders zu fühlen begonnen. Und weil die Geschichte von Lordes Berlin auch die Geschichte dieser Wahrnehmungsverschiebung ist, ist die Stimme, die Schultz derart stark affiziert (und die sie vielleicht auch deswegen in so vielen Tonaufnahmen eingefangen) hat, auch die perfekte Haupterzählstimme für ihren gleichermaßen politisch aktivistischen und zutiefst persönlichen Film. Immer wieder meldet diese Stimme sich zu Wort und treibt die Erzählung mit ihren druckreif-programmatischen Aussagen voran. In ihrer lyrisch-poetischen Diktion verleiht sie dem Film eine literarische Qualität – fast so, als würde uns vorgelesen. Das direkte Sprechen ins Aufnahmegerät schafft zudem ein Gefühl von Nähe, das sich durch das taktile Verweben von Ton- und Bildaufnahmen noch verstärkt. Viele der Bilder, mit denen der Film seine Geschichte erzählt, sind bei privaten Anlässen (bei Parties, Spaziergängen, gemeinsamen Mahlzeiten, Café- und Arztbesuchen) entstanden, und so stark die aus Schultz' Tonaufnahmen gespeiste Erzählstimme auch ist, bei genauerem Hinsehen und Hören sind es diese Bilder, die den Takt des Erzählens vorgeben. Im Oszillieren zwischen Öffentlichem und Privatem übersetzen sie dabei sowohl das Lyrisch-poetische als auch das Politisch-engagierte an dieser Stimme in das Medium Film.

Nirgends wird dies so deutlich wie in den ersten fünfzehn Sekunden. Wir sehen eine Nahaufnahme von Lordes Gesicht, in der sie lächelt, die Augen halb geschlossen, die Stirn an Hände gelehnt, welche gedankenversunken eine Tasse umschlingen. Das Bild strahlt Wärme und Intimität aus. Es lässt an eine Pause in der angeregten Unterhaltung zweier einander vertrauter Menschen denken. Und weil es sich um ein Schwarz-Weiß-Foto handelt und diese Art der Fotografie heutzutage einen impliziten Kunstanspruch signalisiert, lässt das Bild seine Betrachter:innen auch an die Kamera denken, die sich hier gleichermaßen als Zeugin und Erzeugerin von Nähe mit ins Spiel bringt. Als gelte es, ihre Fähigkeiten in dieser Hinsicht zu beweisen, zoomt sie noch ein wenig näher an Lordes ohnehin schon sehr nahes Gesicht heran, bevor eine weitere Aufnahme aus derselben Serie es überblendet. Lorde hat nun die Augen geöffnet und den Blick leicht gehoben, und sie schaut mit einer entwaffnenden Offenheit direkt in die Kamera. Der in der Präzision der verwendeten Mittel ähnlich direkte Eröffnungszug lädt das Publikum ein, sich mit dem Dargestellten zu verbinden, und diese Verbindung hat trotz der Wortlosigkeit der

---

20 Etwas später im Film wird dieser Gedanke noch einmal aufgegriffen: Die bereits zitierte Bemerkung von Lorde über ihren Glauben an die Dichtkunst als politisches Werkzeug ist Teil dieser Passage, in der sie weiter ausführt: „If I can get you to feel something you did not know you could or were shielding against, then I have a better chance at moving you in the direction of what do you want to feel" (00:37:30).

Szene etwas Dialogisches an sich. In der nächsten Einstellung, die uns zu Lordes Lesung im Amerikahaus transportiert, macht die Kamera uns nach dieser direkten Ansprache per Seitenansicht zu Zeug:innen von Lordes öffentlichem Auftreten. Nach einem sehr kurzen Ausschnitt des besagten, sehr roten Videomitschnitts jenes Abends, in dem Lorde sich als „Black, feminist, lesbian poet" vorstellt, holt ein weiteres Schwarz-Weiß-Foto uns so nah an Lorde heran, wie nur ein Zoomobjektiv es kann. Wieder ist ihr Gesicht im Halbprofil zu sehen, wobei das Mikrophon, in das sie spricht, den öffentlichen Charakter das Bildes unterstreicht. Nach den stillen, persönlichen Schwarzweißbildern und dem roten, wortmächtigen Videoclip wirkt dieses Bild wie eine Synthese. Wenn Lorde dann in dieser dritten Einstellung die eben zitierten programmatischen Gedanken zur Dichtung als Instrument sozialen Wandels kundtut, hat die synkopische, vom treibenden Klang afrikanischer Trommeln rhythmisch verstärkte Schnitt- und Montagetechnik dieser Eröffnungssequenz einen fast (aber auch nur fast) vergessen gemacht, dass die Worte, die wir hören, nicht von dem Mund erzeugt werden, den wir sehen; dass wir es sind, die die Verbindung zwischen Wort und Bild herstellen – und damit in den kinematisch erweiterten Bannkreis von Lordes Dichtkunst eingetreten sind.

V.

Erst wenn diese im Visuellen und Auditiven gleichermaßen lyrisch-poetisch wirkmächtige Erzählstimme etabliert ist, wird es vielstimmig. Dann kommen all die Weggefährt:innen zu Wort und bringen das Beziehungsgeflecht zum Sprechen, das Lordes Berlin aufspannt. Der Film, den Schultz aus ihrer Materialsammlung gemacht und zwanzig Jahre nach Lordes krebsbedingtem Tod in Kinos, auf Festivals, Kulturveranstaltungen, DVD und Streaming Plattformen gebracht hat, hat eine kongeniale Erzählform für einen Ort gefunden, der einem literarischen Tun entspringt und sich bis heute fortschreibt. Dabei bringt er eine Grundbedingung des Beziehungsgefüges zur Darstellung, das sich aus diesem Tun speist. Das Oszillieren zwischen Öffentlichem und Privatem, das Lordes Berlin in all seinen Facetten ausmacht und dessen mediale Verfasstheit der Film in seiner unablässigen Verbindungstätigkeit zwischen diesen Bereichen gemäß dem feministischen Leitsatz „the personal is political" zur Aushandlung bringt, zeigt sich als treibende Kraft in der Herausbildung von Gemeinschaft, nach der Literatur als soziale Praxis mindestens ebenso strebt wie nach Formgebung.[21] Schultz' Film setzt diese Kraft auf eine Weise ins Werk, die einem vor Augen führt, wie elementar Gemeinschaft an Prozesse des Formgebens gebunden ist, die immer auch künstlerisch sind.

---

[21] Caroline Hanisch: The Personal is Political. The Women's Liberation Movement classic with a new explanatory introduction. Online abgerufen am 11. April 2022 unter http://www.carolhanisch.org/CHwritings/PIP.html.

Susanne Klengel
Black Surrealism in Ted Joans' Zeitschrift *Dies und Das* (Berlin 1984)

If you should see
a man
walking
down a crowded street
talking aloud
to himself
don't run
in the opposite direction
but run toward him
for he is a POET!

You have NOTHING to fear
from the poet
but the TRUTH[1]

Surrealismus in Berlin (West)

Im eingemauerten Westberlin – und teilweise vielleicht in Hamburg und Timbuktu – entstand in den Jahren 1983/1984 ein Projekt, das sich selbst als „unglaublich" bzw. „unmöglich" bezeichnete: Es handelt sich um die Ausgabe einer künstlerischen Zeitschrift mit dem Titel *Dies und Das* und dem erläuternden Zusatz *Ein Magazin von aktuellem surrealistischem Interesse*.[2] Die Besonderheit dieser Publikation, die literatur- und mediengeschichtlich weitgehend vergessen scheint, macht Surrealismus-Interessierte sogleich neugierig: Beginnt man in *Dies und Das* zu blättern, hin und her, dies und das betrachtend, wird man sich schnell der enormen Fülle der verarbeiteten Inhalte, aber auch der extremen Prekarität ihrer einfachen materiellen Präsentation bewusst. Diese doppelte Leseerfahrung bildet den Hintergrund meiner folgenden Betrachtungen.

---

[1] Ted Joans: The Truth, in: ders.: Black Pow-Wow. Jazz Poems, New York 1969, 1.
[2] Ders. (Hrsg.): Dies und Das. Ein Magazin von aktuellem surrealistischem Interesse (Winter 1984) (vgl. Abb. 1–3, 5). Die Zeitschrift ist nicht paginiert. Aus diesem Grund werden im Folgenden Zitate aus dem Heft mit Hilfe einer nachträglichen Paginierung der Verfasserin durch eine Seitenangabe in eckigen Klammern direkt im Text nachgewiesen.

Open Access. © 2023 bei den Autorinnen und Autoren, publiziert von De Gruyter. Dieses Werk ist lizenziert unter der Creative Commons Namensnennung – Nicht-kommerziell – Keine Bearbeitungen 4.0 International Lizenz.
https://doi.org/10.1515/9783110789539-015

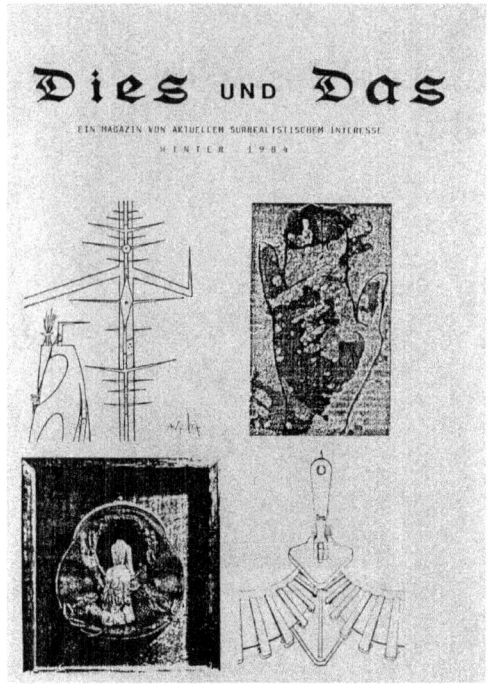

Abb. 1: Dies und Das (Anm. 2), Vorderseite des Einbands.

In auffälliger Frakturschrift zieren die Worte „Dies" und „Das" den altrosafarbenen, preiswerten Umschlagkarton, darunter steht in kleineren, fast transparenten Versalien der klärend wirkende Untertitel. Zwei fotokopierte Zeichnungen sind gut erkennbar (die obere lässt sich rasch dem kubanischen Surrealisten Wifredo Lam zuordnen); zwei weitere Fotokopien zeigen unscharfe Gegenstände (bei näherer Kenntnis des Heftes entpuppt sich einer von ihnen, links unten, als ein *objet* von Elisa Breton). Auf den Rücken gedreht führt das Magazin in die Welt des Jazz: „Bird lives" verkünden vier schlipstragende fotokopierte Herren auf hellen Tafeln. Sie erinnern an Charlie Parker, dessen fotokopiertes Porträt mit Saxofon weiter unten zu sehen ist. Senkrecht zu den Fotos steht als Bekenntnis „Jazz is Our Religion".

Als Chefredakteur dieses sichtlich unkonventionellen Heftes im DIN A5-Format zeichnet im editorischen Nachwort bzw. ‚Impressum' der afro-amerikanische Jazzpoet, Musiker und Künstler Ted Joans verantwortlich, der damals als Gast des DAAD-Künstlerprogramms im Westberliner Storkwinkel-Kiez weilte. Vorsorglich gibt der umtriebige Künstler, der den bevorstehenden Winter nach Ablauf des Stipendiums im Blick hat, eine zweite *poste restante*-Adresse in Timbuktu, Mali an [199]. Als Redaktionssitz firmiert das Büro des Hamburger Verlegers Michael Kellner, ein langjähriger Kenner, Vermittler und Übersetzer der Beat Generation und Freund von

Black Surrealism in Ted Joans' Zeitschrift *Dies und Das* (Berlin 1984) — **293**

Abb. 2: Dies und Das (Anm. 2), Rückseite des Einbands.

Ted Joans. Auf der zweiten Seite postuliert das „unglaubliche" Magazin nachdrücklich und plurilingual: „Cet [!] magazine [a] pour but de montrer new points of view and keine Faschismus und Herrenrasse" [2]. Angekündigt wurde ein jährliches Erscheinen der Zeitschrift. Die dennoch einzig realisierte Ausgabe war Wifredo Lam (1902–1982), dem kurz zuvor verstorbenen großen kubanischen Avantgarde-Künstler, gewidmet.

Wann, wo und in welcher Auflage das im Selbstverfahren hergestellte Heft (datiert auf Winter 1984) ohne ISBN-Nummer mit einem Umfang von 200 Seiten in Umlauf kam, lässt sich schwer feststellen, da man es nicht im Buchhandel beziehen konnte. Mein eigenes Exemplar habe ich anlässlich einer Dichterlesung von Ted Joans am 7. September 1988 in der Westberliner DAAD-Galerie über dem Café Einstein in der Kurfürstenstraße erworben. Dort lagen die Hefte in großer Zahl für 10 DM zum Verkauf aus. Heute gilt *Dies und Das* als ephemere Außenseiterliteratur und gehört zu den gesuchten Rara. Es lohnt sich aus mehreren Gründen, das ungewöhnliche Druckwerk näher zu betrachten:

Recht bald zeigt sich, dass man ein komplexes Dokument aus der Spätphase des internationalen Surrealismus vor sich hat. Immer wieder klingen bekannte surrealistische Namen an, doch widmet sich das Magazin offensichtlich besonders jenen Akteurinnen und Akteuren, „who have been victims of benign neglect": Dies sind vor allem schwarze Dichter und Künstler sowie die zahlreichen Künstler*innen* der surrealistischen Bewegung.[3] In diesem Zusammenhang fallen auch kolonialismuskritische Positionen auf. Ebenso spielen Tiere und Bestiarien eine wichtige Rolle in dem Heft, welches darüber hinaus auch immer wieder – nicht zuletzt sprachlich – auf den Berliner und den deutschsprachigen Entstehungskontext verweist. Weiter fällt auf, dass sich die Zeitschrift einem internationalen, poetisch-künstlerischen Netzwerk verdankt, das zahlreiche prominente Persönlichkeiten und Intellektuelle umfasst, darunter Michel Leiris, Roberto Matta, Konrad Klapheck, Robert Benayoun, Elisa Breton und ihre Tochter Aube Elléouët, Joyce Mansour oder der afrokolumbianische Künstler Cogollo, der portugiesische Surrealist Mario Cesariny und der chilenische Surrealist Enrique Gómez-Correa. Sie alle reagierten mit Beiträgen auf die Einladung zur Mitarbeit, die der *Spiritus Rector* und Chefredakteur Ted Joans von Westberlin aus in die Welt sandte. Im Heft begründet er seinen Standort in der Mauerstadt:

> Berlin is selected as the personification of being a modern man-made island (physically and mentally), a true ‚outsider' and yet a center of bourgeois respectability and respected conformism, which has had a Hitlerian yesterday and has a Stalinist wall today. No other major city on earth can boast such a startling stigma. Berlin is today a divided city. There is no longer one Berlin; there are two. We, fortunately, are ‚this and that' in West Berlin, and hope to toss copies over the Stalinist wall for those who seek illumination. [24]

Zum Netzwerk der Zeitschrift zählten selbstverständlich auch westdeutsche und Berliner Künstler:innen und Dichter:innen, die dem Surrealismus nahestanden, wie Walter Koschwitz, Richard Anders oder der Übersetzer Heribert Becker. Auch bereits verstorbene Persönlichkeiten wie der Berliner Malerpoet Friedrich Schröder Sonnenstern und die Dichterin Unica Zürn wurden eingemeindet.

Ein surrealistischer Geist der Collage durchweht die Seiten des Magazins mit ihren diversen Bildern und Texten; ihm verdankt das Heft seine spezifische Medialität. Das primäre technische Medium ist nämlich die noch junge Fotokopie, die damals viel Freiheit in die Möglichkeiten des ‚wilden' Publizierens brachte. Medial gesehen schließt *Dies und Das* also an die Tradition der historischen Collage-Kunst der Avantgarde an, darüber hinaus aber auch an die sogenannte (Foto)Copy Art und – bewusst oder unbewusst – an die schon seit einigen Jahren zirkulierenden *fanzines*, die vor allem in der Punk-Kultur aufgekommen waren.

Diese ersten und vorläufigen Eindrücke von *Dies und Das*, dem überraschenden surrealistischen Zeitschriftenprojekt Westberliner Herkunft, werden im Folgenden weiter vertieft.

---

[3] Vgl. Ted Jonas: Editorisches Nachwort, in: ebd., [199].

Abb. 3: Dies und Das (Anm. 2), [2].

Ted Joans' poetischer Aktivismus in Westberlin (und Westdeutschland) um 1980

Ted Joans (1928–2003), geboren in Cairo im US-amerikanischen Bundesstaat Illinois, führte eine kreative, poetische Existenz über drei Kontinente hinweg in Nordamerika, Westeuropa und Afrika, wobei die Städte New York, Paris und Timbuktu als privilegierte Orte besonders hervorstachen.[4] Sein künstlerisches Tun umfasste die Musik, Malerei, Poesie und im weiten Sinne die Performancekunst; als poetischer Aktivist bezog er sich ästhetisch und politisch auf schwarze Kulturen und den Surrealismus. Joans war mit den Protagonisten der Beat Generation und mit surrealistischen Künstlerinnen und Künstlern aus dem engen und weiteren Kreis um André Breton befreundet, und er kannte berühmte Protagonisten schwarzer Kulturen wie Wifredo Lam, Aimé Césaire

---

4 Mein herzlicher Dank gilt Lukas Nils Regeler, der durch seine akribischen Archivarbeiten auch zur Rekonstruktion der Berliner Vita von Ted Joans beigetragen hat. Ebenso herzlich danke ich Michael Kellner für unseren angeregten Austausch. Er erhellte nicht nur weitere biografische Details und stellte mir Materialien zur Verfügung, sondern brachte mir auch Ted Joans' komplexe Künstlerpersönlichkeit näher.

und Malcolm X. Seine poetische *vita activa* verschaffte ihm 1982 einen Eintrag in das kanonische *Dictionnaire général du surréalisme et de ses environs;*[5] heute finden sich zu seinen bildnerischen und poetischen Werken sowie zu seinen Auftritten eine Reihe von Dokumentationen und Filmmitschnitten im Netz.[6] Gleichwohl hat man den Eindruck, dass einige Facetten aus dem Leben dieses vielseitigen Künstlers, der 2003 in Vancouver starb, kaum bekannt sind und in ihrer Wirkkraft nicht wahrgenommen werden. Hierzu zählen zum Beispiel seine Aufenthalte und Aktivitäten in Westberlin und in Westdeutschland ab dem Ende der 1970er Jahre, die nur vereinzelte Spuren in der internationalen Joans-Rezeption und -Biografik hinterlassen haben, obgleich damals mehrere Publikationen (und Freundschaften) entstanden sind und zahlreiche Hinweise auf künstlerische Veranstaltungen vorliegen. Dies gilt vor allem auch für das Zeitschriftenprojekt *Dies und Das,* das in der Westberliner Welt der frühen 1980er Jahre gedieh und bisher weitgehend unbeachtet blieb.[7]

Schon gegen Ende der 1970er Jahre ist hie und da von dem weltläufigen Jazzpoeten in Westberlin und Westdeutschland die Rede. 1978 nahm Ted Joans an den *Berliner Internationalen Literatur-Tagen BILT'78* teil und las am 24. Juni im Künstlerhaus Bethanien.[8] Infolge seiner Bekanntschaft mit dem Herausgeber der Kassler und Göttinger

---

[5] J. H. Matthews: Art. „Ted Jonas", in: Adam Biro, René Passeron (Hrsg.): Dictionnaire général du surréalisme et de ses environs, Paris 1982, 226, sowie 224–225. Vgl. auch den Eintrag von Michel Boujut: Art. „Jazz", in: ebd., 223–225, hier: 224 f.

[6] Die Vielzahl von Dokumenten kann an dieser Stelle weder bewertet noch ausgewertet werden. Eine Kurzbiografie von Ted Joans mit einem speziellen Fokus auf seine frühen Begegnungen mit dem Surrealismus, die auf eigenen Aussagen beruhen, findet sich in der Anthologie von Franklin Rosemont und Robin D. G. Kelley (Hrsg.): Black, Brown & Beige. Surrealist Writings from Africa and the Diaspora, Austin, Tex. 2009, 228. Ted Joans wird in dieser Publikation als ein wichtiger internationaler Vermittler und Aktivist sichtbar. Auch den weiteren vielfältigen Erwähnungen in der Geschichte der Beat-Generation kann an dieser Stelle nicht nachgegangen werden. Vgl. hierzu z. B. den Artikel zu Joans im Kontext von Beat, Surrealismus und Black Power von Kathryne V. Lindberg: Mister Joans, to You: Readerly Surreality and Writerly Affiliation in Ted Joans, Tri-Continental Ex-Beatnik, in: Discourse 20 1/2 (The Silent Beat) (1998), 198–227. Das Berliner Zeitschriftenprojekt wird von der Verfasserin nicht erwähnt. Eine von Ted Joans Freund:innen und Förderer:innen organisierte Homepage gibt einen ersten Überblick über die bislang stark fragmentiert vorliegenden Schriften sowie über die Sekundärliteratur, Archivmaterialien, etc.; online abgerufen am 30. November 2022 unter https://web.archive.org/web/20221129102145/https://www.tedjoans.com/. Der Nachlass des Künstlers liegt in der Bancroft Library an der University of California in Berkeley und ist unter dem folgenden Link erreichbar: Finding Aid to the Ted Joans Papers, 1941–2005, in: Online Archive of California. Online abgerufen am 30. November 2022 unter https://oac.cdlib.org/findaid/ark:/13030/kt667nb1d0/.

[7] Der Eindruck, dass Ted Joans' Berliner Zeit mit all ihren Aktivitäten der internationalen Forschung kaum bewusst ist, entsteht bei der Durchsicht zahlreicher Bücher, Artikel und elektronischer Quellen. Selbst Penelope Rosemont, die an *Dies und Das* mit einem Beitrag beteiligt war, nennt das Zeitschriftenprojekt nur ganz beiläufig in ihren autobiografischen Reflexionen, siehe Penelope Rosemont: Surrealism. Inside the Magnetic Fields, San Francisco, Calif. 2019, 100–113, hier: 111.

[8] Die Veranstaltung der *BILT'78* fand unter dem Motto „Gedichte heute" vom 20. bis 25. Juni im Künstlerhaus Bethanien statt. Laut Programm las Ted Joans unter anderen zusammen mit Peter Rühmkorf,

Loose Blätter Sammlung Michael Kellner findet man ihn noch im selben Jahr (sowie in der 2. Auflage 1979) auf dem Umschlag der 6. Ausgabe der *Loosen Blätter* zum Thema ‚Beat Generation' abgebildet – ohne Nennung seines Namens, jedoch mit dem Statement „Jazz is my religion" auf dem T-Shirt.[9] Ein weiteres Foto im Heft, aufgenommen von Kellner in Berlin, begleitet die Übersetzung des Gedichts *Die Wahrheit* – beides erneut ohne Namensnennung. Erst in der Bibliografie wird Joans als Autor sichtbar.[10] Spielerisch oder programmatisch scheinen die Fotos hier etwas zu *zeigen* und damit den Namen visuell zu ersetzen.

Im Juni 1979 darf man Ted Joans erneut bei der vom Künstlerhaus Bethanien organisierten Veranstaltung „Afrikanische Schriftsteller und Griots" vermuten, die im Rahmen der *2. Berliner Internationalen Literatur-Tage BILT'79* vom 23. Juni bis 1. Juli stattfand, obgleich er im Programmheft nicht als aktiver Teilnehmer verzeichnet ist – möglicherweise galt er trotz seines zeitweiligen Lebens in Mali nicht als Afrikaner.[11] Dass er im Publikum saß, ist wahrscheinlich, weil er sich zu jenem Zeitpunkt in Berlin aufhielt.[12]

Eine weitere Fotografie könnte ebenfalls zu jenem Zeitpunkt entstanden sein: Sie zeigt Ted Joans in sitzender Position auf dem Umschlag einer LCB-Edition des Jahres 1980, in der unter dem Titel *The Aardvark-Watcher. Der Erdferkelforscher* in der Übersetzung von Richard Anders eine Auswahl seiner Gedichte veröffentlicht wurde.[13] Das auffällige und diesmal namentlich eindeutig zugeordnete Porträt gehört in die Reihe der *Autorenporträts mit Stuhl als Requisite,* die Renate von Mangoldt regelmäßig für die Editionen des Literarischen Colloquiums Berlin anfertigte.

Kenneth Koch, Anne Waldmann und Claudio Lange, begleitet von Jazz-Einlagen. Vgl. den Flyer der Veranstaltung: Christian Chruxin: 1978. Internationale Literaturtage, in: Galerie für Moderne Kunst und Plakatkunst. Online abgerufen am 1. Dezember 2022 unter https://www.artistsposters.com/C/Chruxin-Christian/Chruxin-Christian-1978-Internationale-LiteraturTage::27018.html.
9 Michael Kellner (Hrsg.): Loose Blätter Sammlung. Literaturzeitschrift für Kassel und Göttingen 6 („Beat Generation") (1979), 2. Aufl.
10 Mit diesem Heft wurden Akteur:innen und Werke der Beat-Generation und ihres Umfelds einem deutschsprachigen Publikum nähergebracht. Neben übersetzten Originaltexten von Kerouac, Ginsberg, Ferlinghetti u. a. finden sich auch Gedichte zahlreicher deutscher Poeten.
11 Siehe BILT'79. 2. Berliner Internationale Literatur-Tage '79. Afrikanische Schriftsteller und Griots. Künstlerhaus Bethanien, Berlin 1979.
12 In seiner Korrespondenz mit dem befreundeten Berliner Dichter Johannes Schenk äußerte er am 25. April 1979 sein Interesse am Afrika-Festival *Horizonte* in Berlin. Ein weiterer Brief vom 2. Juli 1979 bestätigt seinen zurückliegenden Berliner Aufenthalt im Monat Juni. Johannes-Schenk-Archiv, Akademie der Künste Berlin, Signatur: Johannes-Schenk-Archiv 712. Michael Kellner bestätigt außerdem eine Lesung am 22. Juni 1979 in Hamburg (d. h. am Vorabend der Berliner Veranstaltung). Auch in DDR-Zeiten waren Hamburg bzw. Westberlin innerhalb einiger Stunden erreichbar.
13 Ted Joans: The Aardvark-Watcher. Der Erdferkelforscher, übers. von Richard Anders, Berlin 1980.

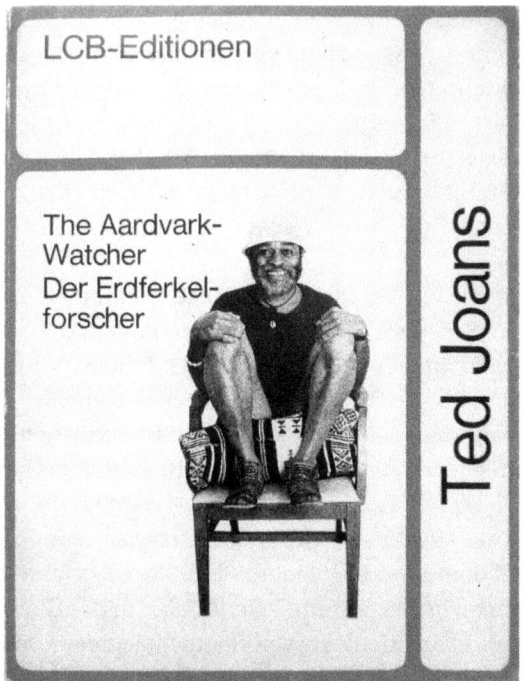

Abb. 4: Ted Joans: The Aardvark-Watcher. Der Erdferkelforscher, Berlin 1980, Vorderseite des Einbands. Fotografie von Renate von Mangoldt.

Ted Joans, so scheint es, besuchte in jenen Jahren regelmäßig Berlin, Hamburg und weitere Städte Westdeutschlands, gab Lesungen, pflegte seine Freundschaften und war bemüht um die Übersetzung seiner Werke ins Deutsche. Im Stipendiatenjahr 1983/1984 zählte er schließlich zu den dreißig internationalen Gästen des Berliner Künstlerprogramms des Deutschen Akademischen Austauschdienstes DAAD.[14] Allerdings finden sich in seinem surrealistischen Magazin keine Spuren der teils berühmten Jahrgangskolleginnen und -kollegen, zu denen etwa auch Nam June Paik zählte, der seinerseits den Avantgarden der 1960er Jahre, insbesondere der Fluxus-Bewegung nahestand.

Gleich zu Beginn von Joans' DAAD-Aufenthalt organisierte die Galerie Petersen eine Ausstellung seiner Collagen, Assemblagen und anderer Werke vom 10. bis 24. September 1983, das Begleitprogramm sah Dichter-Lesungen am 10. und 11. September

---

[14] Vgl. die Gästeliste des DAAD 1983. Online abgerufen am 24. November 2022 unter https://www.berliner-kuenstlerprogramm.de/de/artist/ted-joans.

vor.¹⁵ Bei seiner Ankunft als Gast des Künstlerprogramms war Ted Joans also schon gut vernetzt. Er war in einer Community zuhause, die sich seit langem für die Beat-Autor:innen begeisterte: Hierzu zählt auch der Hamburger Freund Michael Kellner, der ab den 1970er Jahren Texte der Beat Generation übersetzte und publizierte. In Kellners Übersetzung war 1979 neben dem erwähnten Heft der *Loose Blätter Sammlung* eine erste 28-seitige Gedichtsammlung von Ted Joans mit dem Titel *Vergriffen: oder Blitzlieb Poems* erschienen, die im Jahre 1982 eine erweiterte Auflage (63 Seiten) unter dem Titel *Mehr Blitzliebe Poems* nach sich zog. Seine Berliner Kreise wiederum reichten von Wannsee bis Kreuzberg, vom Literarischen Colloquium zu den Szene-Buchhandlungen, wo Lesungen, organisiert von seinem Freund, dem Dichter und Buchhändler Johannes Schenk stattfanden. 1980 erschien die erwähnte Gedichtsammlung der LCB-Edition in der Übersetzung von Richard Anders, einem weiteren Berliner Dichter, der seinerseits dem Pariser Surrealismus nahestand. All diese Anthologien enthalten Gedichte aus Joans' gesamtem Schaffenszeitraum, darunter erotische Gedichte aus dem Band *Afrodisia*,¹⁶ Reisegedichte, poetische Hommagen (u. a. an Elisa Breton, an André Breton, an Jean-Jacques Lebel), surrealistische Texte und rhythmische Jazzgedichte sowie formal experimentelle Poesie.

Dies und Das – Black Surrealism aus Berlin

Im Folgenden geht es nun weniger um Ted Joans' Kunst und Poesie, die in den genannten Kreisen zirkulierte und durch Lesungen wie Ausstellungen weiter verbreitet wurde, sondern um das besagte ambitionierte Zeitschriftenprojekt *Dies und Das,* das sich dem internationalen Surrealismus im Kontext der deutschsprachigen Berliner Umgebung widmete. Es entspringt jenem genuin surrealistischen Habitus, den man Ted Joans im *Dictionnaire géneral du surréalisme et de ses environs* von berufener Stelle zuspricht: André Breton, so heißt es dort (mit einem Extra-Hinweis auf Joans' „animal fétiche", das Rhinozeros), sei von dem „einzigen schwarz-amerikanischen Surrealisten" fasziniert gewesen, der seinerseits seine vom Jazz geprägte Vita als „spontan automatisch" bezeichnete.¹⁷ Auch Michel Fabre beschreibt in seiner Studie über afroamerikanische Künstler:innen und Intellektuelle in Paris ausführlich Ted Joans' Beziehungen zum Pariser Surrealismus und betont dessen Gespür für einen

---

15 Vgl. hierzu das Ausstellungsverzeichnis auf der Webseite von Jes Petersen. Online abgerufen am 19. August 2020 unter http://www.jespetersen.de/ausstell4.htm. Die Seite ist mittlerweile nicht mehr online, lässt sich aber noch über die Wayback Machine des Internet Archives ansehen. Online abgerufen am 4. Dezember 2022 unter https://web.archive.org/web/20211019191127/http://www.jespetersen.de/ausstell4.htm.
16 Ted Joans: Afrodisia. New Poems, New York 1970.
17 Matthews (Anm. 5), 226.

kongenialen künstlerisch-poetischen Aktivismus.[18] Der surrealistische Geist dieses ‚spontanen Automatismus' zeigt sich in der Zeitschrift *Dies und Das* in einem eindrucksvollen Nebeneinander von Texten und Bildern höchst informeller Qualität, die von kopierten Berliner Stadtplänen über zahllose, kreuz und quer einkopierte Lexikon- und Bildwörterbucheinträge bis zu zweisprachigen Textversionen unter Gebrauch verschiedenartiger Typografien reichen. Es gibt historische Anspielungen auf den Nationalsozialismus, auf die Berliner Mauer und den Kolonialismus, etwa die Berliner Konferenz 1884/85, etc.

Wie muss man sich nun diesen kulturellen und politischen Berliner Kontext der beginnenden 1980er Jahre vorstellen, in dem das spätsurrealistische Zeitschriftenprojekt eines Künstlers, dessen Wahlheimaten New York, Paris und Timbuktu waren, entstand?

Ted Joans wohnte als Gast des DAAD in der Mauerstadt des Viermächte-Status, deren Westteil sich zu jenem Zeitpunkt durch eine blühende, stark politisierte Alltags- und Subkultur kennzeichnete. Hausbesetzer:innen, Punks, Alternativkultur, Studierende, Künstler:innen, Intellektuelle, alliierte Soldaten, ostdeutsche Rentner:innen, Westberliner Bürokraten, alteingesessene Berliner:innen und multikulturelle Neubürger:innen prägten das Stadtbild und die Atmosphäre des gesellschaftlichen Zusammenlebens in den verschiedenen Westberliner Kiezen. Inwieweit sich der afroamerikanische Dichter für den Ostteil der Stadt interessierte, ist anhand von *Dies und Das* schwer zu ergründen. Sein Bild vom anderen Teil Berlins scheint eher vom Diskurs über den Kalten Krieg geprägt, wenn er von der „stalinistischen Mauer" spricht, über die er dortigen Interessenten seine neue Zeitschrift „zuzuwerfen" trachtete [24]. Man vermisst bei ihm den Versuch, auch jenseits der Mauer auf Entdeckungstour zu gehen, doch mag dies anderen Rücksichten und Regelungen geschuldet gewesen sein. Zudem ist Ted Joans' künstlerisches Anliegen geokulturell und politisch tatsächlich anders ausgerichtet, wie seine Positionsbestimmung *Sicher, das ist wirklich so!* erläutert und propagiert:

> Das heutige Deutschland könnte „dies und das" von der inspirierenden Kraft des Surrealismus gebrauchen, eine wichtige Kraft, die dem Herdeninstinkt so vieler ein Ende setzen könnte. Bei europäischen Stämmen, ebenso wie bei anderen entwickelten Stämmen, gibt es eine hartnäckige Tendenz zu glauben, daß nichts Surrealistisches oder sogenannte „künstlerische Werte" von den Stämmen der Dritten Welt geschaffen wird [!].[19] Wir suchen frische Gesichter im Land von [Wifredo]

---

18 Michel Fabre: La rive noire. Les écrivains noirs américains à Paris 1830–1995, Marseille 1999, 296–307. In diesen Zusammenhängen entstand auch ein ausführliches und teils deutlich auf den Surrealismus verweisendes Manifest, das unter dem Titel *Proposition pour un manifeste Black Power pouvoir noir* zunächst auf Französisch erschien. Ted Joans: Proposition pour un manifeste Black Power pouvoir noir, übers. von Jeannine Ciment und Robert Benayoun, Paris 1969. Die englischsprachige Version erschien erst 1971.

19 Hier ist eine Anmerkung erforderlich: Die im Heft verwendeten Übersetzungen wurden m. E. schnell angefertigt und sind nicht immer sprachlich korrekt. Nur in sehr unstimmigen Fällen wird

Lam, auf der Insel von Aimé [Césaire] und im ozeanischen Raum. Allein das akademische Wissen vom Surrealismus ist nicht genug, um einen zum Surrealisten zu machen, genauso wie das intellektuelle Wissen um Jazz-Musik nicht genug ist, um einen zum Jazz-Musiker zu machen. [21]

Deutlich wird also, dass sich das Zeitschriftenprojekt im Geiste einer surrealistischen Internationale als besonderer Beitrag zum Projekt eines künstlerischen und epistemologischen Postkolonialismus *avant la lettre* begreift, der außerdem eine feministische Aufwertung der am Surrealismus beteiligten weiblichen Dichterinnen und Künstlerinnen betreibt. Auf dieser Basis öffnet sich das Magazin auch für interessierte Interventionen nicht-surrealistischer Sympathisant:innen mit der Absicht, diese dann surrealistisch zu kontaminieren. Doch von der anderen Seite der Mauer gelangten tatsächlich keine Beiträge ins Heft.

Revisionen der surrealistischen Weltkarte 1929: Eine Hommage an Wifredo Lam, an die schwarzen Kulturen und den Jazz

„Die Farbe dieser Energie ist schwarz" heißt es in der genannten Positionsbestimmung, und die schwarze Energie wirkt in verschiedener Hinsicht: „Schwarz absorbiert alle anderen Farben, Schwarz ist das Große Unsichtbare." [20] Das Magazin beruft sich zuallererst auf den ‚schwarzen Humor' des Surrealismus, wie ihn André Breton in der *Anthologie de l'humour noire* (1939) lanciert hatte.[20] Joans und Co. betrachten ihn als eine „tödliche Waffe im offenen Kampf gegen berühmte Künstler und Schriftsteller":

> Wir werden ihnen nicht nur mit Karl Marx eins übers Ohr hauen, sondern benutzen auch den dreizackigen Angriff von Harpo, Groucho und Chico, denn wir sind aktive Marx Brothers. Wir, die Herausgeber, meinen es ernst mit unserem Humor, deshalb brechen wir über jene Surrealisten in höllisches Gelächter aus, die ihre Zeit damit verbringen, andere Surrealisten zu bekämpfen, anstatt den wirklichen Feind! [20]

Der Wille, inhaltlich und ästhetisch zu provozieren und eingefahrenes Denken zu unterminieren zeigt sich vielerorts in der Zeitschrift. Die Nennung der Farbe Schwarz bezieht sich insbesondere auch auf den Herausgeber selbst, der sich als poetischer

---

daher ein [!] eingefügt. Nicht zuletzt spiegelt sich auch in diesen Übersetzungen der spontane und plurilinguale Stil der Zeitschrift.

20 André Bretons Konzept des schwarzen Humors war von seiner Begegnung mit der mexikanischen Volkskultur geprägt, von der er bei seiner Reise im Jahre 1938 fasziniert war. Die gilt insbesondere für die Zeichnungen des Kupferstechers, Illustrators und Karikaturisten José Guadalupe Posada (1852–1913), der in seinen Darstellungen (oftmals Skelette und Totenköpfe) mit beißendem Sarkasmus Gesellschaftskritik übte. Vgl. André Breton: Anthologie de l'humour noir, Paris 1966, 14.

Aktivist im Kampf der Black Power Bewegung für die Anerkennung der Rechte von Schwarzen versteht.[21] Es ist kein Zufall, dass Joans das erste Heft Wifredo Lam, dem großen kubanischen Künstler afrikanisch-chinesischer Herkunft widmet und damit einer der zentralen Künstlerpersönlichkeiten des internationalen Surrealismus. Die ersten Seiten [3–18] dokumentieren dieses Künstlerleben durch Abbildungen von Lams Werken, Fotos, Essays und Poesie, und mehrfach ist handschriftlich hinzugefügt: „LAM LIVES".[22] Ted Joans kannte Wifredo Lam persönlich, wie man dem Heft entnehmen kann und soll: Auf Seite [10] sieht man die Zeichnung einer hörnertragenden Figur, deren Kopf in einem weiteren gehörnten Kopf steckt, während rechts neben ihren Füßen ein dritter gehörnter Kopf aus dem Wasser auftaucht. Die Zeichnung erinnert an das Verfahren des *cadavre exquis,* wurde aber vermutlich nicht wie sonst üblich von mehreren Personen gezeichnet. Die sprachlich hybride Widmung lautet: „Wifredo a Ted Joans cette petit imagen – de Lam" und ist datiert in Paris am „8-12-197" (vielleicht 1975? Die letzte Zahl liegt außerhalb des fotokopierten Blattes). Drei Seiten später findet man ein rhythmisches Gedicht des Herausgebers, das mit den Wörtern „Afro", „Chino", „Cubano" und „Wifredo" spielt und mit der signifikanten Zeile „Wifredo ----- Lam!" endet [13]. Weitere Gedichte stammen von Aimé Césaire und verknüpfen sich mit einer Fotografie, die Césaire und Lam zeigt.

Das Gedicht mit dem Titel „Light" (span. „Luz") wurde von Wifredo Lam selbst verfasst, der im Übrigen aber nicht mit Lyrik hervorgetreten ist. Angegeben ist das Entstehungsjahr 1972, das bei einem genaueren Blick in die Quellen nicht hinreichend belegt ist;[23] darüber hinaus bleibt in *Dies und Das* auch unklar, aus welcher Quelle und

---

21 Für den größeren historischen Kontext und die weltweiten Entwicklungen eines surrealistischen Schreibens schwarzer Autorinnen und Autoren ist die umfassende, kommentierte Anthologie *Black, Brown & Beige. Surrealist Writings from Africa and the Diaspora* von Franklin Rosemont und Robin D. G. Kelley erhellend (vgl. Anm. 6). Der Begriff „Black Surrealists" wird hier wesentlich mit den Stimmen der vielsprachigen Karibik in den 1930er und 1940er Jahren verknüpft. Zentral ist hier die von Aimé und Suzanne Césaire und René Ménil herausgegebene Zeitschrift *Tropiques* (1941–1945). Vgl. hierzu auch die traditioneller angelegte literaturgeschichtliche Studie von Jean-Claude Michel: The Black Surrealists, New York, u. a. 2000, in der stets der Rückbezug nach Frankreich hergestellt wird. Mit Blick auf jüngste Entwicklungen ist zu beobachten, dass dank dem *Afrosurreal Manifesto* (2009) von D. Scot Miller der Begriff ‚Afrosurrealism' zunehmend Verwendung findet. Vgl. D. Scot Miller: Close-Up. Afrosurrealism. Afrosurreal Manifesto. Black is the New Black – a 21st-Century-Manifesto [2009], in: Black Camera. An International Film Journal 5/1 (2013), 113–117. Der komplexen Geschichte dieses Begriffs kann hier nicht nachgegangen werden, jedoch ist meines Erachtens vor diesem Hintergrund die Zeitschrift *Dies und Das* ebenfalls als ein relevantes Vorläuferprojekt der afrosurrealistischen Bewegungen zu sehen.
22 Dies erfolgt in Analogie zu dem Ausruf „Bird lives", den Ted Joans nach Charlie Parkers Tod immer wieder lancierte. 1958 schuf er ein Gemälde mit diesem Titel, das vom Fine Arts Museum of San Francisco angekauft wurde, vgl. Ted Joans: Bird Lives!, in: The Met. Online abgerufen am 30. November 2022 unter https://www.metmuseum.org/art/collection/search/838568.
23 Da Wifredo Lam als Dichter nicht in Erscheinung getreten ist, fällt dieses gehaltvolle Gedicht, das sich der karibischen Identität widmet und von Wifredo Lam in der dritten Person spricht, besonders

von welcher Hand die abgedruckte englische Version stammt. In dem Gedicht geht es um die vielfältigen Bevölkerungsdynamiken seit der ‚Entdeckung' der ‚Neuen Welt', die auf gewaltsamer Auslöschung und Versklavung, auf der besessenen Suche nach Gold und Freiheit sowie auf Handel und Migration beruhen, und die seit 1492 Lams Heimatinsel Kuba zu einem Knotenpunkt ethnisch-kultureller Vermischung gemacht haben. Rechts neben Lams Gedicht ist eine manipulierte Afrika-Karte zu sehen, die an die surrealistische Weltkarte *Le monde au temps des surréalistes* aus dem Jahre 1929 erinnert. Die Zeitschrift *Dies und Das* versteht sich als wohlmeinende, aber strenge Kritikerin dieser berühmten Vorgängerkarte, welche ihrerseits Orte, Länder und Kontinente verzerrt wiedergibt,[24] und setzt die transformierte Afrika-Karte dagegen: Einem Puzzle gleich sind in den Umriss des Kontinents mühelos die USA, Japan, Neuseeland, ganz Europa und Indien einpasst – Afrika wird damit zum großen Rahmen, zu einer Matrix, von der alles herkommt oder zu einem Bauch, der große Teile der Welt inkorporiert. Eine ähnlich aneignende Dynamik klingt in Lams Gedicht über Kuba an:

> Such are the ancestors
> Wifredo Lam claims as his own,
> For more than any man
> He represents the heritage
> Of the convulsion of mankind and the earth.
> The brave New World! The land of Cuba,
> For so long isolated, in the middle
> Of the vast sea of the Caribs;
> A sea infested with sharks,
> With pirates, with slaves
> And rebels of every kind. [16]

Unter dem Dach der Hommage an Wifredo Lam entfaltet sich in *Dies und Das* ein gewaltiges Panorama von Namen und Hinweisen auf schwarze Künstler und Dichter, die dem Surrealismus nahestehen: Aimé Césaire an erster Stelle, seine Landsleute René Ménil und Jules Marcel Monnerot, die Haitianer Magloire Saint-Aude und Télémaque,

---

ins Auge. Die sporadische Zitation des Gedichts in der Sekundärliteratur geht stets auf die illustrierte Biografie von Max-Pol Fouchet zurück (siehe Max-Pol Fouchet: Wifredo Lam. Paris 1976), die im selben Jahr auch ins Spanische übersetzt und seither immer wieder neu aufgelegt wurde. Von Fouchet wird das Gedicht in seiner ganzen Länge als Beweis für Wifredo Lams dauerhaften und intensiven Bezug zu Kuba und der Karibik wiedergegeben, jedoch ohne jegliche Quellenangabe oder weitere Erläuterungen (vgl. Max-Pol Fouchet: Wifredo Lam, übers. von Pere Gimferrer, Barcelona 1976, 28–29).

24 Einige Seiten später findet man eine interessante Erklärung für die offenkundige Geringschätzung Afrikas auf der surrealistischen Weltkarte, die 1929 in der belgischen Zeitschrift *Variété* erschienen war: „The surrealists (mostly of Belgium) published a world map that was anti-African due to their educated-to-respect-Leopold the raper, pillager and murderer of Congo. This map [gemeint ist die Karte in *Dies und Das*, S. K.] is to update the true surrealist point of view of Africa and to demonstrate the immensity of the continent." [46]

der kubanische Bildhauer Agustín Cárdenas und der kolumbianische Maler Cogollo. Sodann weitet sich die Hommage hin zu den großen Musikern des Jazz. Besonders eindrucksvoll wirkt eine Collage, die ein großformatiges Porträt Louis Armstrongs mit dessen Unterschrift zeigt (möglicherweise war die Vorlage ein Autogramm), kombiniert mit einem großen, angeschnittenen Foto eines Rhinozeroskopfs und zwei miniaturartigen Bildwörterbucheinträgen, die ein Basskornett und eine Trompete abbilden; bei letzterer sind zudem alle Funktionsteile benannt (Mundstück, Röhre, Ventil, Stimmzug, Schallbecher und Dämpfer). Die Collage trägt den handschriftlich angefügten Titel *Es war einmal* in drei Sprachen; ein Zitat von Bob Kaufman weist ironisch auf gewisse „Risiken" des Jazz-Hörens hin und schließlich fällt auch hier der Schriftzug ins Auge: „Louis lives" [97]. Mit dieser Collage endet das etwa 25-seitige ‚Dossier' über den Jazz, oft markiert von surrealistischen Interferenzen [73–97]. Denn obgleich der Jazz in vielen Studien über den Surrealismus nur am Rande vorkommt, spielt er nach Auffassung der Zeitschrift eine zentrale Rolle.[25] Dies zeigt sich auch bei der von *Dies und Das* lancierten ‚Jazz-Umfrage', in der sich alle Antwortenden einhellig als Jazzliebhaber bekannten, darunter Roberto Matta, Konrad Klapheck, Jean-Louis Bédouin, Michel Leiris, Jorge Camacho und andere. Die letzte der Fragen „Why do you not like jazz music?" wurde energisch abgewiesen. Die Antworten werden von seriellen Fotokopien begleitet, die Louis Armstrong bzw. Satchmo aus der Vogelperspektive sowie einen huttragenden Hornisten zeigen. Eine weitere Collage mit dem Titel *Thelonious Monk is surrealist in his music* [76] visualisiert die Forderung nach Anerkennung des Jazz als genuin surrealistische Musik. An montierten Bildwörterbucheinträgen findet man ein Tafelklavier, einen Flügel, ein Cembalo und ein Spinett, während am Seitenrand ein Nazi-Kontrolleur steht und sich etwas zu notieren scheint.

Bisweilen spielt das Jazzdossier ostentativ und subversiv mit Bildern des Primitivismus. Dies ist aufschlussreich, weil dem Dossier ein in der Tat skandalöses Interview mit Salvador Dalí (auf Deutsch und Englisch) vorangestellt ist, in dem sich dieser bewusst provokativ und beleidigend über afrikanische Kunst äußert.[26] Dalís Antworten sind jeweils mit kleinen Emblemen in Form von Miniatur-Hakenkreuzen markiert. Schließlich wünscht *Dies und Das* Dalí den Tod und gibt zu verstehen, dass man seiner Freude über den Tod von Faschisten und Rassisten stets Ausdruck verleihen würde

---

25 Letztlich bestätigt dies auch der umfängliche Eintrag zum „Jazz" im *Dictionnaire général du surréalisme et de ses environs*, vgl. Boujut (Anm. 5).

26 Dieses absurde Interview fand tatsächlich statt, vgl. Salvador Dali, Yves Delatour: Interviews, in: Arts d'Afrique Noire 9 (1974), 23–24. Es überrascht der respektvolle Ton des Interviewers Yves Delatour, der wahrscheinlich Dalís Ruf als berühmter Maler geschuldet ist. Doch findet man einleitend eine Art Entschuldigung, in der auf die extreme Sprunghaftigkeit Dalís und seine ständigen ‚Eulenspiegeleien' hingewiesen wird. Dort heißt es auch: „Quand peut-on dire que Dali est sincère? Lorsqu'il paint? Oui, sans doute. Il n'en est pas moins vrai que nous avons pris la précaution de faire lire ses déclarations à certains de nos lecteurs africains qui nous ont assuré que les hommes dits ‚de couleur' sauront s'élever au-dessus des divagations d'un fantasque." (Ebd., 20)

[55–57]. Diese Militanz spiegelt sich (abgemildert) auch in anderen Teilen des Heftes: Auf Deutsch und Englisch wird z. B. aus der *London Times* eine (real erfolgte) Initiative von Ted Joans zitiert, der im Jahre 1980 der Organisation für Afrikanische Einheit vorgeschlagen hatte, den nach Königin Victoria benannten See zu entkolonialisieren und in Louis Armstrong- oder Satchmo-See umzubenennen [46, 64]. Eine weitere drastische Collage mit dem Titel *The Motherfuckers/Die ursprünglichen Mutterficker* [49] rechnet mit der kolonialistischen und imperialistischen Afrikapolitik Deutschlands und Europas ab. Im Zentrum des Bildes zeigt eine bekannte Zeichnung die um Bismarck gruppierten Akteure der Berliner Konferenz (bzw. der Kongokonferenz) des Jahres 1884. An den Rändern dieser fotokopierten Abbildung kleben erneut kleine Bildwörterbucheinträge, diesmal zum Thema „Der Anschlag", welcher mit dem Gewehr im Stehen, kniend oder liegend auszuführen sei. Weitere kleine Schnipsel zeigen Schutzhelme und Masken, darunter den ‚Preußischen Infanteriehelm' mit Erklärungen aller Details, sowie als weitere Beispiele den Raupenhelm, Kaskett, Pickelhaube, Stahlhelm und Tropenhelm, Schutzmaske und Schlachtmaske. Auf dem unteren Teil der Seite sieht man weiße Männer (mit Tropenhelmen) und Afrikaner beim „Erdferkel-Fang in Abessinien". Als eine Art von Legende zu dieser politisch-historischen, gleichzeitig humoresken und völlig surrealen Collage liest man quer über eine Seitenecke geklebt unumwunden die Diagnose:

> White world history as it has been taught, has given us a view of the world that is not only anti-black in every conceivable way, but has virtually eliminated the positive image of Black people as a functional part of the world's people.
> Chicago poet, Don L. Lee, 1975. [49]

Ebenso bemerkenswert wie der antikoloniale und antirassistische Impuls, der schließlich noch zu einer umfassenden Hommage an Malcom X führt [192–196], ist in *Dies und Das* die ausführliche Beachtung der Kreativität von Surrealist*innen*, die in der kanonisierten Surrealismus-Historiografie mit wenigen Ausnahmen stets in der zweiten oder dritten Reihe stehen – wenn überhaupt.

Für eine Her/story des Surrealismus

Mit Nachdruck fordert und fördert *Dies und Das* die Erinnerung und Wertschätzung der Werke surrealistischer Künstlerinnen und Dichterinnen. Doch sei an dieser Stelle zunächst auf eine erstaunliche Lücke hingewiesen: Aus schwer nachvollziehbaren Gründen fehlt Suzanne Césaire (1915–1966), Mitgründerin und Mitherausgeberin von *Tropiques* (1941–1945), einer martinikanischen Kulturzeitschrift von herausragender Bedeutung in der Geschichte des Surrealismus in den Amerikas. Suzanne Césaires scharfer Intellekt und ihre produktive Auseinandersetzung mit dem Surrealismus in mehreren Essays hätte in *Dies und Das* einen perfekten Bogen von den karibischen

Welten und den schwarzen Autor:innen zum Thema der weiblichen Kreativität und künstlerischen Emanzipation ermöglicht. Doch in der Tat bildet offenbar sogar in Ted Joans Wahrnehmung Suzanne Césaire als Ehefrau von Aimé Césaire einen blinden Fleck, im Gegensatz zu ihrem Mann, dem in *Dies und Das* viel Aufmerksamkeit zukommt. Suzanne Césaires große Relevanz für die Geschichte des Surrealismus wurde dagegen erst in jüngerer Zeit neu entdeckt; heute gilt sie als eine wichtige Vordenkerin des Afrosurrealismus.[27]

Doch trotz dieser bedauerlichen Lücke ist das Aufgebot an Künstlerinnen und Poetinnen in *Dies und Das* überaus eindrucksvoll. Angefangen mit Elisa Breton, die mit mehreren Collagen im Heft kooperiert [98–102], erscheinen Namen und Werke von Mimi Parent, Unica Zürn, Marie Wilson, Mereth Oppenheim, Dorothea Tanning, Aube Elléouët, Leonora Carrington, Betye Saar, Nancy Joyce Peters, Penelope Rosemont, Rajna Anders, Jayne Cortez und Joyce Mansour. Manche dieser Künstlerinnen haben eigene Beiträge nach Berlin geschickt, von anderen wurden historische Beiträge aus Publikationen übernommen. Offenbar erhielt die Zeitschrift auch viele Gedichte, die dann durch Abbildungen von Bildwerken der Künstlerinnen ergänzt wurden. Alle Dichterinnen und Künstlerinnen werden knapp vorgestellt. Den Auftakt macht – vielleicht nicht zufällig noch innerhalb des Jazzdossiers – die bekannte afroamerikanische Dichterin Jayne Cortez, deren surrealistische Anfänge sich bald mit der Leidenschaft für die *black music* mischten. „She became a friend to Lam and Césaire", heißt es in der Kurzbiografie in *Dies und Das* [92]. Ihr Gedicht *Theodore*, eine poetische Hommage an den Jazzmusiker Fats Navarro, ist auf Französisch wiedergegeben, jedoch ohne Hinweis auf die Übersetzung. In Anschluss an Jayne Cortez werden mehrere *objets* von Elisa Breton ganzseitig abgebildet; interessanterweise befinden sie sich exakt in der numerischen Mitte der Zeitschrift [98–102], was einen gewissen Rückschluss auf den Stellenwert dieser Freundschaftsbeziehung erlaubt. Die den Abbildungen unmittelbar beigegebenen biografischen Notizen sind unsystematisch, mal fallen sie poetisch aus, mal sind sie sehr reduziert, mal überaus sachlich. Im Falle von Bretons Tochter Aube Elléouët, die ebenfalls mehrere Collagen zur Verfügung stellte, wird sogar eine dritte Person, Michel Leiris, zitiert, der die besonders organische Wirkung ihrer Collagen hervorhebt: „Le charme propre aux collages d'Aube Elléouët tient à ce qu'ils n'ont plus l'air de collages, tant les rencontres d'éléments héteroclites y apparaissent naturelles." [118] Betye Saar ist eine weitere bekannte afroamerikanische Künstlerin, deren Collagen durch *Dies und Das* in einen neuen Kontext eingebracht werden.

---

[27] Erst 2009 erschienen die in *Tropiques* veröffentlichten Essays von Suzanne Césaire zusammengefasst in einem Band und mit einer Einleitung von Daniel Maximin, siehe Suzanne Césaire: Le grand camouflage. Écrits de dissidence (1941–1945), hrsg. von Daniel Maximin, Paris 2009. Vgl. hierzu auch die ausführliche Rezension von Gilles Bounoure: Suzanne Césaire et la question de la civilisation, in: Contretemps 6 (2010), 127–131.

Obgleich man die ausgesprochen schlechte Qualität der Reproduktionen immer wieder bedauern mag, wird ersichtlich, dass die informelle Zeitschrift in erster Linie den Gestus und ein spezifisches Miteinander von Namen und Werken sucht. Relevante Netzwerke von Künstlern, Künstlerinnen und Freundesgruppen leuchten in dieser prekären visuellen Präsenz auf. Eine ganze Reihe US-amerikanischer Surrealistinnen, die kaum in die kanonische Geschichte des Surrealismus und der Surrealismusforschung eingegangen sind, werden auf diese Weise sichtbar. So findet man z. B. in dem eigentlich sehr ausführlichen *Dictionnaire général du surréalisme et de ses environs* zwar einen Eintrag über Penelope Rosemont, die Mitbegründerin der Chicago Surrealist Group, nicht aber über Nancy Joyce Peters oder Betye Saar, die in *Dies und Das* ihren Ort haben. Im Falle von Joyce Mansour wiederum, der in André Bretons Kreisen hoch geschätzten anglo-ägyptischen Surrealistin, verweist *Dies und Das* nicht nur auf den entsprechenden Eintrag im *Dictionnaire*, sondern geht mit einer weiteren detailreichen Biografie der Dichterin, die mit Ted Joans 1978 gemeinsam den Band *Flying Piranhas* veröffentlicht hatte, deutlich über das Surrealismuslexikon hinaus.[28]

Insgesamt erscheint die Strategie der geballten Nennung und Darstellung all dieser Namen und Werke so wichtig, gerade weil der einzelne künstlerische Beitrag aufgrund der unzureichenden Qualität der Abbildungen nur schemenhaft erkennbar ist und kaum angemessen bewertet werden kann. Mit dieser Taktik revidiert *Dies und Das* die surrealistische Landkarte bzw. das surrealistische Pantheon ein weiteres Mal und öffnet merklich den Raum für die dem Surrealismus zugehörigen oder nahestehenden Künstlerinnen.

Surrealistische Bestiarien: Von Rhinos und Erdferkeln im Berliner Zoo

„Africa where the rhinos roam" lautet eine Zeile des programmatischen Gedichts *Africa* aus dem Gedichtband *Afrodisia. New Poems*.[29] Das Rhinozeros ist Ted Joans' Talisman und Totemtier. In seinem Bestiarium hatte es schon früh einen privilegierten Platz; seine tiefe Affizierung zeigt sich nicht zuletzt im Nashorn-Stempel, der auf Initiative des Verlegers Michael Kellner die Rückseite des Buchs *Mehr Blitzliebe Poems* (1982) ziert.[30] Auch im Bestiarium von *Dies und Das* ist das Rhinozeros zweifellos das Alphatier. Ihm ist ein Extra-Eintrag gewidmet, der mehrere fotokopierte Abbildungen ein- und zweihörniger Nashörner zeigt. An der Seite steht aufrecht ein menschliches Skelett und – sehr undeutlich zu erkennen – ein Bildwörterbucheintrag zu einem NS-Soldat.

---

28 Vgl. hierzu auch Lindberg (Anm. 6), 206–208.
29 Joans, Afrodisia (Anm. 16), 3.
30 Ted Joans: Mehr Blitzliebe Poems, Hamburg 1982.

Die herausstechende Legende zu dieser Collage besagt: „Le seul enemi des rhinocéros est l'homme!" [47] Vorher liest man, dass das erste afrikanische Rhinozeros im Jahre 1903 im Berliner Zoo, dem ältesten Zoo Europas angekommen sei. Der Zoo erhält eine gute Bewertung:

> Today the Berlin Zoo has an example of almost all the living species of rhinocerotidia, and we are very happy that they are in excellent condition and protected from man. [47]

Erwähnt wird auch, dass der Berliner Zoo zwei Erdferkel im ewigen Dunkel seines Nachttierhauses halte. Als endemisches afrikanisches Tier ist das Erdferkel ein weiteres Totemtier von Ted Joans, der sich im Berliner Kontext auch als „Aardvark-Watcher" bezeichnete;[31] hierzu gehört auch die bereits erwähnte Seite des Heftes, die auf einer historischen Fotografie einen „Erdferkel-Fang in Abessinien" zeigt, Resultat einer gemeinsamen Jagd vermutlich europäischer Jäger, erkennbar am Tropenhelm, und ihrer schwarzen Gehilfen [49]. Blättert man nun weiter hin und her in *Dies und Das,* dann trifft man nicht nur auf diese beiden Tiere, sondern auch auf Tapire, Ameisenigel, Okapis, Schnabeltiere und das Steppenschuppentier. „7 surreale Tiere" wurden, so heißt es im manifestartigen Editorial, nach Island, Schweden, Frankreich, Portugal, Holland, England und Deutschland ausgesandt, um „würdige Beitragleistende" zu finden, die „die Schaffung dieses allerersten surrealistischen in Deutschland herausgegebenen Magazins an[...]stiften und [...] unterstützen" [19]. Die Tiere erbuddeln, erschnüffeln also gleichsam, wo jenseits aller Verknöcherungen des historischen Surrealismus noch die realen Potenziale im Geiste Bretons virulent sind. Ständig stößt man auf den Seiten der Zeitschrift auf diese Tiere, die mit ihrer Präsenz über den wahren surrealistischen Geist zu wachen scheinen. Auf den letzten Seiten schließlich ist eine Collage aus Tierbildern und Texten dem Schweizer surrealistischen Künstler Kurt Seligmann gewidmet: Hier tummeln sich die sieben surrealen neben weiteren Tieren wie dem Zweizehenfaultier, der Fransenschildkröte, dem gewöhnlichen Kiwi, einem Zebra, einer Giraffe und anderen mehr. Der zugehörige Kommentar nennt als Ursprung dieser surrealistischen Tierwelt ein Werk Seligmanns, das 1938 im *Dictionnaire abrégé du surréalisme* abgebildet ist.[32] Diese wenig bekannte Collage mit dem Titel *Les animaux surréalistes* zeigt im Vordergrund eine riesige Gottesanbeterin (eines der Fetischtiere des frühen Surrealismus) sowie Seepferdchen, Echsen, eine Giraffe und einen Seelöwen, ein Rhinozeros, ein Schnabeltier und einen Tapir. Von Seligmann wurden diese Tierporträts, *de facto* zum Teil manipulierte Ausschnitte aus Fotografien und Zeichnungen, auf einem Mauerwerk zu einem Ensemble montiert.

---

31 Vgl. Joans, Aardvark-Watcher (Anm. 13).
32 André Breton, Paul Éluard (Hrsg.): Dictionnaire abrégé du surréalisme [1938], Paris 1980 (Faksimile), 33.

Abb. 5: Dies und Das (Anm. 2), [190].

Der Berliner Zoo, den der DAAD-Gast offenbar häufig besuchte, wird in *Dies und Das* als Hort der surrealistischen Tierwelt gepriesen und avanciert damit zu einem surrealistischen Ort *par excellence* in Berlin:

> Here in 1984 at the Berlin zoo certain surrealist animals dwell, such as: giraffes, penguins, kangoroos, emus, and many species of bird, notably, the hornbill and crested crane. There has been a new building added to house the expanding aquarium and also, the zoo itself is soon to be enlarged. [190]

Surrealistische Topografien im geteilten Berlin

Neben den genannten Schwerpunkten der schwarzen Kulturen, des weiblichen Surrealismus und der surrealistischen Bestiarien fällt auch die kartografische Affinität von *Dies und Das* ins Auge. Abgesehen von den bereits genannten Afrika-Karten finden sich auch fotokopierte und collagierte Stadtpläne von Berlin, die zusammen mit Texten und Bildern bekannter Persönlichkeiten des Surrealismus montiert sind. Auf insgesamt vier Seiten des Heftes erkennt man einen alten Berlinplan, vermutlich vom

Beginn des 20. Jahrhunderts, der als Basismaterial für die Collagen dient. Die Kartenausschnitte erstrecken sich von Charlottenburg bis Kreuzberg und Friedrichshain. Dreimal wird in diese Pläne gut erkennbar eine historische Anzeige des Central-Hotels am Bahnhof Friedrichstraße eingeklebt (seltsamerweise mit Z statt mit C geschrieben), das im Zweiten Weltkrieg zerstört worden ist. Eine dieser Stadtkartencollagen enthält eine Profilansicht von André Breton [39], eine weitere zeigt ein Ganzkörperporträt von Bretons engem Freund Benjamin Péret, der direkt auf der Anzeige des Central-Hotel zu stehen scheint. Da dieselbe Hotelanzeige auch im allerersten Stadtplan auf Seite [2] auftaucht, scheint sie auf einen relevanten Ort hinzudeuten, der sich in der Friedrichstraße befindet, denn auch auf der vierten Karte – hier verknüpft sich die Anzeige mit dem Namen und einem Gedicht des haitianischen Surrealisten Magloire-Saint-Aude – gibt es eine Anzeige für das *Neue Westend Hotel,* das ebenfalls einst in der Nähe der Friedrichstraße lag. Bedenkt man nun, dass *Dies und Das* im Jahre 1983/84 entstand, dann nimmt dieser markante Berliner Ort nicht Wunder. Denn obgleich es im Heft keine expliziten Anspielungen gibt, verweisen die Karten und die Hotelanzeigen doch auf den vielleicht surrealistischsten Ort des Kalten Kriegs überhaupt: den zum Grenzübergang mutierten Bahnhof Friedrichstraße. Nur an diesem Berliner Grenzübergang konnten Ausländer wie Westberliner und Bundesdeutsche von West nach Ost reisen, umgekehrt kamen Rentner und privilegierte Einwohner der DDR in den Westteil der Stadt. Man kann annehmen, dass auch Ted Joans diese West-Ost-Reise unternommen und somit den vielkontrollierten Wechsel zwischen den Welten in den labyrinthischen Gängen des Bahnhofs erlebt hat.

Dass Joans sich der Situation in der geteilten Stadt bewusst war, bestätigt eine kleine Collage, auf der man zwei Frauen in der Kleidung des 19. Jahrhunderts in seltsamer Haltung vor einer Wand wie vor einer Klagemauer sieht; darunter findet sich ein Schild mit dem Ortsnamen „Berlin" und eine Legende, die besagt: „Up Against The Wall Mother...!" [33] Eine weitere einschlägige Berlin-Collage ist erotisch aufgeladen: Man sieht vier Forscher, gezeichnet im Stil der Abenteuerromane des 19. Jahrhunderts, die sich mit Kerzenlicht in einem gemauerten Schacht abseilen auf der Suche nach *dem einen* Eingang (hier offensichtlich eine Körperöffnung), der ihnen den begehrten Zutritt nach „Berlin!" verschafft. [24]

Die ‚collagraphische' Medialität von *Dies und Das* im Zeichen der *fanzine*-Kultur

Die Themenvielfalt in *Dies und Das,* die zahlreichen Anspielungen auf die heterogene Bilder- und Vorstellungswelt der surrealistischen Avantgarden, das Spiel mit der poetischen Analogie in der großen Diversität des collagierten Materials und die dabei entstehenden komplexen Text-Bild-Verhältnisse können an dieser Stelle nicht alle bedacht und erläutert werden. Ebenso bedürfte der außerordentlich kreative Sprachmix noch weiterer Ausführungen, der nicht nur Texte in Übersetzung enthält, sondern auch ein häufiges, bewusst verwendetes Code-Switching innerhalb der Texte unter Inkaufnahme von grammatischen Fehlern. Im Folgenden geht es nun um eine genauere Untersuchung der überbordenden Collage- und Montagetätigkeit in *Dies und Das* unter dem Aspekt der Materialität und Medialität, die dieses massive Text- und Bildmaterial zu einem Ensemble fügt.

Die grundlegende Technik der Zeitschrift beruht, wie mehrfach gesagt, auf dem Prinzip der Collage und der anschließenden Vervielfachung des Endprodukts durch ein (damals noch analoges) Fotokopier- bzw. Xerografiergerät, d. h. durch eine maschinelle Technik, die seit dem Ende der 1970er Jahre immer populärer wurde und zunehmend ältere Verfahren, wie etwa das Hektografieren, ablöste. Seither wurde die Fotokopiertechnik auch von Künstler:innen als ‚Copy Art' verwendet. Im Falle von *Dies und Das* diente die Vervielfältigung mittels Fotokopie einerseits der Vermeidung des viel aufwändigeren und teureren Druckverfahrens, und andererseits war es wohl auch dem informellen und spontan kreativen Geist des Heftes in besonderer Weise zuträglich. Der Chefredakteur von *Dies und Das* erläutert seinerseits das Herstellungsverfahren im Rahmen seines editorischen Nachworts (bzw. im Impressum) am Ende des Heftes unter dem erklärenden Titel *WHY, or Dies & Das, Guarantee Against Ossification* [199]. Er stellt die „Dies & Das collage" in die Tradition der surrealistischen Avantgarde, insbesondere ihres deutschen Protagonisten Max Ernst, und leitet daraus das eigene Vorgehen ab:

> Afterall it was old Max of Köln that rubbed and collaged therefore being the first of his tribe to do so. I have touched his hand in New York and in Paris in Brüderlichkeit of international surreality [...] This first issue is nothing more than an exercise of collagraphics allowing run-away scissors to snip/ snap/ and cut here/there from His/tory and mostly from Her/story. Then adhesively applying this and that from those (and these, too). [199]

Vor diesem Hintergrund wäre zweifellos eine Untersuchung der Originalvorlage des Magazins, die sich im Nachlass des Künstlers in der Bancroft Library an der University of California in Berkeley befindet,[33] von größtem Interesse, denn diese würde nicht nur genaueren Aufschluss über die künstlerische Idee, sondern auch weitere Hinweise auf die Art der verwendeten Materialien geben: z. B., ob und welche Text- und Bildfragmente in Form von Originaldrucken verwendet wurden, oder ob diese ihrerseits bereits als Fotokopien vorlagen. Der Verdacht, dass letzteres überwog, liegt bei der Betrachtung vieler Seiten in *Dies und Das* nahe, auf denen die Abbildungen einen dermaßen harten Schwarz-Weiß-Kontrast und damit Unschärfe aufweisen, dass das Abgebildete kaum noch erkennbar ist, besonders im Jazzdossier. Anders herum gedacht negiert das Heft auf diese Weise aber auch demonstrativ die Erwartung an eine perfekte Publikation, was sicher beabsichtigt war. Es nähert sich vielmehr der damals im kulturellen Underground zirkulierenden Gattung der *fanzines* an, deren

---

[33] Siehe Online Archive of California (Anm. 6).

Reiz und Effekt genau in dieser Informalität bestand. Vor diesem Hintergrund ist die Betrachtung des fotokopierten und vervielfältigten Endprodukts von *Dies und Das* besonders aufschlussreich.³⁴

Dies und Das, so meine These, bildet aufgrund seiner Technik der Collage bzw. der ‚collagraphics', wie Joans schreibt, in Verbindung mit dem Verfahren der Xerografie einen höchst originellen Beitrag zu einer neuen Form von Medialität in der Geschichte des Surrealismus. Der Kunsthistoriker Ulrich Giersch gehörte 1983 zu den Pionieren, die über das Medium der Fotokopie, welche als Copy Art zunehmend für künstlerische Zwecke verwendet wurde, theoretische Überlegungen anstellten. In seinem Aufsatz *Zettels Traum. Fotokopie und vervielfältigte Kultur* beobachtet er, dass

> aus dem weitverzweigten und getrübten Wissensfluß verschiedene Konzentrate und Essenzen gefiltert werden, da man mittels der Xerographie die zueinander gehörenden Bestandteile einfach herausdestilliert. Der topographisch weit verstreute Inhalt alter Bücher und schwer erreichbarer Quellen wird in der Präsenzform frischglänzender Kopien zu einem Hier und Jetzt normierter Formate komprimiert. War die Aura alter antiquarischer Buchexemplare primär die darin verdichtete Zeit, so besteht der Wert entsprechender Xerokopien vor allem in dem darin verdichteten Raum.³⁵

Und weiter:

> Dadurch, daß nahezu alles in der eigenen Blättersammlung eingeordnet und besessen werden kann, entwickelt sich eine Wunschökonomie der fiktiven Entwendung und das Kopieren wird zur rauschhaften Textkompilation von barocker Fülle.³⁶

Gierschs Überlegungen richten sich auf die geradezu überwältigenden Möglichkeiten, entlegenste Werke des Wissens durch den Akt des Fotokopierens auf einfachste Weise verfügbar zu machen. Dies gilt auch für die vielbegehrten Dokumente der Avantgarde, die bislang in Museen und teuren Büchern aufgehoben waren. So ‚plünderte' *Dies und Das* fotokopierend nicht nur deutschsprachige Bildwörterbücher und verteilte die zurechtgeschnittenen kleinen Bildchen mit ironischem und poetischem Gestus im ganzen Heft: Erwähnt seien hier z. B. noch die vermutlich aus der ersten Hälfte des 20. Jahrhunderts stammenden Bildwörterbucheinträge zu den Lemmata „Verbeugung", „Knicks" und „Handgeben (Händeschütteln)" im Kontext einer mehrseitigen

---

34 An dieser Stelle sei erwähnt, dass mein eigenes Exemplar von *Dies und Das* diese Analyse nicht unbeschadet überstanden hat und sich zunehmend auflöste. Möglicherweise ist dieser Effekt durchaus im Sinne des Herausgebers, der sich vermutlich einen intensiven Gebrauch der Publikation und keinesfalls ihre Musealisierung wünschte. Besonders dankbar bin ich Michael Kellner, der mir nach getaner Arbeit ein frisches Exemplar aus seinem Archiv schenkte.
35 Ulrich Giersch: Zettels Traum. Fotokopie und vervielfältigte Kultur, in: Harry Pross, Claus-Diether Rath (Hrsg.): Rituale der Medienkommunikation. Gänge durch den Medienalltag, Berlin 1983, 57–75, hier 66.
36 Ebd.

Zitatsammlung von Malcolm X [193–196]. Fotokopierend verfügbar gemacht wurden aber auch Abbildungen von Kunstwerken, vermutlich aus einschlägigen Kunstbänden (etwas im Falle von Wifredo Lam, Mereth Oppenheim und anderen Künstlern und Künstlerinnen, bei denen nicht ersichtlich ist, ob sie zu den Originalbeiträger:innen gehörten oder nicht). Auch musste man möglicherweise die historischen Stadtpläne von Berlin fotokopieren, und ebenso die Fotografien von André Breton oder von Jazzmusikern wie Louis Armstrong, Charlie Parker oder Thelonious Monk, die offenbar in anderen Publikationen gefunden und auf diese Weise angeeignet wurden. Denn wahrscheinlich zerschnitt (und zerstörte) Ted Joans nicht einfach Bücher und andere historische und künstlerische Ausgangsmaterialien (oder zumindest nicht alle), um sie in die Originalvorlage einzukleben. Hie und da mögen zwar auch Originalmaterialien zum Einsatz gekommen sein, etwa Zeitungsanzeigen oder andere Wort- und Buchstabenmontagen, die aus anderen als den oben genannten Quellen stammten und zum direkten Cut-Up einluden. Doch der Eindruck bleibt, dass für *Dies und Das* vor allem Kopien zerschnitten und ‚collagraphiert' wurden. John Digby, ein Freund von Ted Joans und ebenfalls in *Dies und Das* mit einer Collage und einem Gedicht präsent [141], schrieb wenig später in seinem *The Collage Handbook* über den ‚archivarischen' Aspekt des Collagierens und über die Materialwahl, die dem Prozess des Montierens vorausgeht, ohne allerdings das Fotokopieren zu erwähnen:

> In making a bird or animal collage, I am always working with two kinds of images (both wood engravings): the primary figure and complementary or contrasting elements of landscape. *As I never precut and file images, my initial process involves long hours of turning pages in picture books. These are usually „breakers", that is, broken volumes of old books that are unmarketable as complete editions.*[37]

Schwer vorstellbar ist somit auch, dass die von den befreundeten Künstlerinnen und Künstlern eingesandten Originale montiert und verklebt in der Vorlage des Magazins landeten; vielmehr wurden vermutlich auch von diesen zunächst Kopien zur Weiterverarbeitung angefertigt.

Das Ergebnis von all dem ist ein auf den ersten Blick sehr provisorisch wirkendes Zeitschriftenprojekt, das mit seiner textlichen und bildlichen Zeichenwelt gut sichtbar relevante surrealistische oder Surrealismus-affine Bezüge aufweist, besonders zu jenen Akteuren und Akteurinnen, die „victims of benign neglect" waren.[38] Dies bedeutet, dass das Ensemble – trotz aller kreativen Spontaneität – mit Sicherheit keiner willkürlichen Logik oder einem praktizierten surrealistischen Automatismus entsprungen ist. Ted Joans ‚callographics' erlauben es vielmehr, die präsentierten künstlerischen Beiträge in einen neuen und ziemlich stringenten kolonialismuskritischen, antirassistischen, postkolonialen sowie feministischen Zusammenhang zu stellen.

---

[37] John Digby, Joan Digby: The Collage Handbook, London 1985, 68 (Hervorhebung S. K.).
[38] Vgl. Joans, editorisches Nachwort (Anm. 3), [199].

Durch seine spezifische Medialität zeigt sich *Dies und Das* auf der inhaltlichen wie formalen Ebene als bewusst anti-kanonisch und subversiv. Damit ähnelt es der subkulturellen Gattung der *fanzines*, einem zu jener Zeit auch in Westdeutschland blühenden Genre der Jugend- und Subkultur. Der *fanzine*-Experte Christian Schmidt spricht dieser Gattung einen eigenen politisch-ästhetischen Charakter zu. Diese vermeintlich improvisierten, imperfekten, vorläufigen Publikationsformen, die im deutschsprachigen Kontext erstmals von der Punkbewegung Ende der 1970er Jahre in Umlauf gebracht wurden, solle man, so Schmidt, am ehesten als ein Medium der *bricolage* (in Anlehnung an die Definition von Lévi-Strauss) betrachten, wenn man ihrer Spezifik gerecht werden wolle. Ein *fanzine* ist demnach

> ein medialer Hybrid, der sich der Eindeutigkeit entzieht – und der nur ein eindeutiges Merkmal hat: ein semiotisch dichter, in seinen Verweisstrukturen komplexer und hochsignifikanter medialer Hybrid zu sein, eine Bricolage aus Inhalt und Form. Der Forschung obliegt, dieses Bedeutungsgeflecht zu entschlüsseln – für jeden Einzelfall wieder neu und anders. Mit einer Fanzine-Theorie der Bricolage hat man dafür ein geeignetes Werkzeug an der Hand.[39]

Zur ‚Theorie der *bricolage*' eines *fanzines* gehöre vor allem die Erfassung seiner „Gemachtheit in dem jeweiligen sozialen und historischen Kontext, seine inhaltliche und formale Materialität, sein Cut-up-Charakter, seine vielfältige Referenzialität und semiotische Komplexität", so Schmidt,[40] der auch auf die Relevanz der Fotokopiertechnik ab dem Ende der 1970er Jahre für die Entwicklung dieser Underground-Publikationen hinweist.[41]

Mir scheint, dass Ted Joans' Zeitschriftenprojekt sich in diese ästhetische und technisch-mediale Bewegung der *fanzines* in den frühen 1980er Jahren einordnen lässt. Im Gegensatz zu diesen verfügt es aber über den längeren historischen Atem, weil es sich der surrealistischen Geschichte und der medialen Techniken des Surrealismus bemächtigt und diese reflektiert. Ted Joans ist sich der Geschichte der Collage seit Max Ernsts Anfängen bewusst und knüpft daran an. Ich vermute in diesem Zusammenhang, dass auch die Machart des oben zitierten spielerisch-subversiven *Dictionnaire abrégé du surréalisme* aus dem Jahre 1938, das trotz seiner vordergründigen alphabetischen Ordnung einen collageartigen Charakter aufweist, neben Max Ernst eine weitere Inspirationsquelle war.[42] Doch in der Tat ähnelt *Dies und Das* auch stark

---

39 Christian Schmidt: Wie Zeitschriften, nur anders! Fanzines als Medien der Bricolage, in: JuBri Forschungsverband Techniken jugendlicher Bricolage (Hrsg.): Szenen, Artefakte und Inszenierungen. Interdisziplinäre Perspektiven, Wiesbaden 2018, 33–60, hier 58.
40 Ebd.
41 Ebd., 52.
42 Das *Dictionnaire abrégé du surréalisme* (Anm. 32), das die genannte Abbildung des Gemäldes *Les animaux surréalistes* von Kurt Seligmann enthält, wurde als Faksimile im Jahre 1980 im Verlag José Corti neu aufgelegt und war vergleichsweise preiswert zu erwerben (mein eigenes Exemplar verzeichnet auf einem noch vorhandenen Preisschild 75 französische Francs).

den „zusammenkopierten Cut-Up-Montagen" der *fanzines*.[43] Auch Ulrich Giersch beobachtete bereits im Jahre 1983 unter Rückgriff auf Studien zum Punk:

> Hier finden sich bizarre Collagen aus Comixs [!], Pornographie, Werbung und eigenen Kritzeleien, wird der ganze alltägliche Wust an Wort und Bild mit aller Gewalt gegeneinander gestoßen, ineinander verkantet und zerstückelt. Was sich in den handgefertigten Vorlagen oftmals wie eine bunte und fröhliche Collage ausnimmt, wird auf der Kopie zu einem aggressiven Schwarz-weiß-Kontrast verdichtet und erscheint als ein präziser Schattenriß durch das Gegenwartsgefühl der No-Future-Generation.[44]

Die hier erwähnte Aggressivität der fotokopierten Cut-up-Montagen ist auch in *Dies und Das* zu finden, doch sie verbindet sich immer wieder mit Ironie und dem in der editorischen Positionsbestimmung genannten schwarzen Humor. Außerdem formuliert *Dies und Das* eine Art von ‚aufklärerischem' Surrealismus in einem als surrealistisch unterentwickelt diagnostizierten Deutschland.

Über den deutschen Standort hinaus ist es dem Herausgeber Ted Joans aber auch ernst mit seinem erweiterten Blick auf die wenig bekannten Peripherien des historischen Surrealismus, die er mit antikolonialen und feministischen Standpunkten verbindet. Nicht von ungefähr verkündet der letzte Satz des Epilogs ironisch und instruktiv: „This is only the first issue of Dies & Das so remember: ‚Ce n'est pas la colle qui fait le collage!'" [199]

---

43 Siehe Schmidt (Anm. 39), 52.
44 Giersch (Anm. 35), 68.

Die Autor:innen

Britta Bendieck, Dozentin für deutsche Sprache und Kultur an der Universiteit van Amsterdam; Leiterin der Abteilung Duitslanddesk am Duitsland Instituut Amsterdam (DIA). *Forschungsschwerpunkte:* deutsch-niederländische Kulturbeziehungen, Transfer- und Mittlerforschung, Erinnerungskulturen, Interkulturalität und deutschsprachige Gegenwartsliteratur. *Publikationen* (u. a.): The Franco-German Reconciliation Narrative from the Dutch Perspective, in: Nicole Colin, Claire Demesmay (Hrsg.): Franco-German Relations Seen from Abroad. Post-war Reconciliation in International Perspectives, Cham ZG 2021, 51–68 (mit Nicole Colin); Aufzeichnungen über den Feind. Armando, Deutschland und der niederländische Erinnerungsdiskurs, Heidelberg 2020; Sprechendes Schweigen. Armandos schuldige Landschaft, in: Carla Dauven-van-Knippenberg, Christian Moser, Rolf Parr, Martina Wagner-Egelhaaf (Hrsg.): Text – Körper – Textkörper, Heidelberg 2019, 273–286; Armando – Mittler oder Provokateur? in: Nicole Colin, Patrick Farges, Fritz Taubert (Hrsg.): Annäherung durch Konflikt: Mittler und Vermittlung, Heidelberg 2017, 33–47; Wiederholungserfahrung. Armandos künstlerische Nachfragestrategie, in: Carla Dauven-van-Knippenberg (Hrsg.): Wiederholen/Wiederholung, Heidelberg 2014, 383–402.

Laura Bieger, Professorin für Amerikanistik an der Ruhr-Universität Bochum. *Forschungsschwerpunkte:* Amerikanische und afro-amerikanische Literatur, Ästhetik, Praxeologie, Literaturtheorie und Literatursoziologie, amerikanische Kultur- und Mediengeschichte, Raum- und Bildtheorie, Architektur und Populärkultur, transnationale Amerikastudien. *Publikationen* (u. a.): The 1619 Project as Aesthetic and Social Practice; or, the Art of the Essay in the Digital Age, in: Jolene Mathieson u. a. (Hrsg): The Public Mind and the Politics of U. S. American Post-Millennial Writing, Berlin 2022, 253–277; What Dewey Knew. The Public as Problem, Practice, and Art, in: European Journal of American Studies 15/1 (2020); Jean-Paul Sartre, Richard Wright, and the Relational Aesthetics of Literary Engagement, in: REAL Yearbook of Research in English and American Literature 35 (2020), 169–188; Learning from Hannah Arendt; or, The Public Sphere as a Space of Appearance and the Fundamental Opacity of the Face-to-Face, in: Ulla Haselstein u. a. (Hrsg.): American Counter/Publics, Heidelberg 2019, 37–52; Belonging and Narrative. A Theory of the American Novel, Bielefeld 2018.

Nicole Colin, Professorin für Germanistik an der Université d'Aix-Marseille (AMU). Direktorin der deutsch-französischen Graduiertenschule „Conflits de culture / Cultures de conflit" (AMU / Universität Tübingen) und Honorarprofessorin an der Universität van Amsterdam (UvA). *Forschungsschwerpunkte:* Kulturgeschichte Deutschlands (mit einem Fokus auf Literatur und Theater), Theorien kultureller Transferbewegungen und Austausch zwischen Frankreich und Deutschland, kulturelles Erbe und die Soziologie des kulturellen Feldes. *Publikationen* (u. a.): Ménage à trois: Theatertransfer zwischen Paris und dem geteilten Berlin nach dem Mauerbau, in: Jutta Müller-Tamm (Hrsg.): Berliner Weltliteraturen. Internationale literarische Beziehungen in Ost und West nach dem Mauerbau, Berlin/Boston 2021, 39–46; Franco-German Relations Seen from Abroad. Post-war Reconciliation in International Perspectives, Cham ZG 2021 (Hrsg. mit Claire Demesmay); Im Schatten der Versöhnung. Deutsch-französische Kulturmittler im Kontext der europäischen Integration, Göttingen 2018 (Hrsg. mit Joachim Umlauf); Lexikon der deutsch-französischen Kulturbeziehungen nach 1945, 2. Aufl., Tübingen 2015 (Hrsg. mit Ulrich Pfeil); Deutsche Dramatik im französischen Theater nach 1945. Künstlerisches Selbstverständnis und Kulturtransfer, Bielefeld 2012 [ausgezeichnet mit dem Deutsch-Französischen Parlamentspreis].

Marie Fleury Wullschleger, Gastwissenschaftlerin und Lehrbeauftragte am Département d'Etudes germaniques der Université Sorbonne Nouvelle (Paris); Stipendiatin des Schweizerischen Nationalfonds (SNF). *Forschungsschwerpunkte:* Lyrische Tagebücher in Deutschland und Frankreich des

19. und 20. Jahrhunderts, Gegenwartsliteratur aus Frankreich, Deutschland und der Schweiz, Literarische Übersetzung. *Publikationen* (u. a.): „Puisque j'ai, dans ce livre, enregistré mes jours". Une littérature de marque(s). La société de consommation dans le roman contemporain de langues française et allemande, Stuttgart 2020; *Les Contemplations* de Victor Hugo comme journal poétique, entre proximité formelle et ambivalences factuelles, in: Zeitschrift für französische Sprache und Literatur 130/2 (2020), 160–187; Éprouver la frontière. Oscillations de la littérature ‚post-postmoderne' entre référentialité et fictionnalité, in: A contrario 27/2 (2018), 137–155; Werbung, Marken und Kulturtransfer in Frédéric Beigbeders *99 francs* und in dessen deutscher sowie englischer Übersetzung, in: Antja Lobin, Holger Wochele (Hrsg.): Das Französische im wirtschaftlichen Kontext, Wilhelmsfeld 2016, 49–60.

Susi K. Frank, Professorin für Ostslawische Literaturen und Kulturen am Institut für Slawistik der Humboldt-Universität zu Berlin. Principal Investigator am EXC 2020 „Temporal Communities. Doing Literature in a Global Perspective" (FU Berlin) und im Graduiertenkolleg 2190 „Literatur- und Wissensgeschichte kleiner Formen" (HU Berlin); Vorstandsmitglied der Friedrich Schlegel Graduiertenschule für Literaturwissenschaftliche Studien (FU Berlin); Mitherausgeberin der Reihe *WeltLiteraturen* bei De Gruyter; Mitherausgeberin der Zeitschrift *Welt der Slaven*. *Forschungsschwerpunkte:* Literaturen in (post-)imperialen Kontexten (Russland/Sowjetunion), das sowjetische Weltliteraturprojekt, multi-/translinguale Poetiken und Übersetzungspolitik, Aneignung und Erbe als literatur-/kulturpolitische Konzepte und Strategie, Gedächtnispoetiken. *Publikationen* (u. a.): Körper, Gedächtnis, Literatur in (post-)totalitären Kulturen, Berlin 2020 (Hrsg. mit Franziska Thun-Hohenstein); Arctic archives. Ice, memory, and entropy, Bielefeld 2019 (Hrsg. mit Kjetil Jakobsen); In der Defensive? Russischsprachige Dichtung der heutigen Ukraine, in: Roman Dubasevych, Matthias Schwartz (Hrsg.): Sirenen des Krieges. Diskurse und affektive Dimensionen des Ukraine-Konflikts, Berlin 2019, 81–119; Imperiale Nostalgie und Nationbildung. Der Dnepr/Dnipro in der Literatur von N. Gogol bis I. Klech, in: Wiener Slawistischer Almanach 82 (2018), 7–46; „Multinational Soviet Literature". The Project and its Post-Soviet Legacy in Iurii Rytkheu and Gennadii Aigi, in: Klavdia Smola, Dirk Uffelmann (Hrsg.): Postcolonial Slavic Literatures after Communism, München 2016, 191–218.

Ela Gezen, Associate Professor für German Studies an der University of Massachusetts Amherst. Mitherausgeberin der Reihe *Transnational Approaches to Culture* bei De Gruyter. *Forschungsschwerpunkte:* Deutsche und türkische Literatur und Kultur des 20. und 21. Jahrhunderts, Literaturen der Migration, Theorien des Transnationalismus. *Publikationen* (u. a.): Brecht, Turkish Theater, and Turkish-German Literature. Reception, Adaptation, and Innovation after 1960, Rochester 2018; Trümmerhaufen der Vergangenheit, das Mittelmeer und die Namenlosen. Merle Krögers *Havarie* (2015), in: Nicole Wolf (Hrsg.): Grenzfälle. Dokumentarische Praxis zwischen Film und Literatur bei Merle Kröger und Philip Scheffner, Berlin 2021, 198–213; Integration, Turkish Theater, and Cultural-Political Interventions in West Berlin: Vasıf Öngören's *Kollektiv Theater* (1980–1982), in: Comparative Drama (2019), 301–321; Türkische und Türkisch-Deutsche Perspektiven in der (Re)Konstruktion von ‚1968', in: undercurrents – Forum für linke Literaturwissenschaft 12 (2019); Poetic Empathy, Political Criticism, and Public Mourning: Esther Dischereit's Klagelieder, in: Gegenwartsliteratur. A German Studies Yearbook 17 (2018), 313–330.

Susanne Klengel, Professorin für Literaturen und Kulturen Lateinamerikas am Lateinamerika-Institut der Freien Universität Berlin. Mitherausgeberin der Zeitschrift *Iberoromania;* Principal Investigator am Exzellenzcluster EXC 2020 „Temporal Communities. Doing Literature in a Global Perspective"; Ko-Direktorin des Maria Sibylla Merian Centre Conviviality-Inequality (MECILA). *Forschungsschwerpunkte:* Literaturen des 20. und 21. Jahrhunderts in Hispanoamerika und Brasilien, historische Avantgarde-Bewegungen in der Iberoromania, literarische und kulturelle Süd-Süd-Beziehungen, Berlin als Ort lateinamerikanischen Schreibens. *Publikationen* (u. a.): Literarische Nord-Süd-Beziehungen im

Kalten Krieg: Geselligkeit im Widerstreit bei den Lateinamerika-Kolloquien in Westberlin 1962 und 1964, in: Jutta Müller-Tamm (Hrsg.): Berliner Weltliteraturen. Internationale literarische Beziehungen in Ost und West nach dem Mauerbau, Berlin/Boston 2021, 85–112 (mit Douglas Pompeu); Pandemic Avant-Garde. Urban Coexistence in Mário de Andrade's Pauliceia Desvairada (1922) after the Spanish Flu. Mecila Working Paper Series, Nr. 30, São Paulo 2020; Jünger Bolaño. Die erschreckende Schönheit des Ornaments, Würzburg 2019; Sur/South. Poetics and Politics of Thinking Latin America/India, Madrid/Frankfurt a. M. 2016 (Mithrsg.); Die Rückeroberung der Kultur. Lateinamerikanische Intellektuelle und das Europa der Nachkriegsjahre (1945–1952), Würzburg 2011.

Jutta Müller-Tamm, Professorin für Neuere Deutsche Literatur am Institut für Deutsche und Niederländische Philologie der Freien Universität Berlin. Direktorin der Friedrich-Schlegel-Graduiertenschule für literaturwissenschaftliche Studien; Vorstandsmitglied im Exzellenzcluster 2020 „Temporal Communities. Doing Literature in a Global Perspective"; Mitherausgeberin der Reihe *WeltLiteraturen* bei De Gruyter. *Forschungsschwerpunkte:* Gegenwartsliteratur, Literatur- und Wissenschaftsgeschichte, Geschichte der Geisteswissenschaften. *Publikationen* (u. a.): Ein unabgeschlossenes Kapitel. Avantgarde-Theorie in der DDR, in: Jutta Müller-Tamm, Lukas Nils Regeler (Hrsg.): DDR-Literatur und die Avantgarden, Bielefeld 2023, 9–26; *Fahrt mit der S-Bahn*. Bewegung und Raum im geteilten Berlin (mit Lukas Nils Regeler), in: Zeitschrift für interkulturelle Germanistik 13/2 (2022), 37–54; Das geteilte Berlin als Katalysator der Internationalisierung des Literaturbetriebs, in: Jutta Müller-Tamm (Hrsg.): Berliner Weltliteraturen. Internationale literarische Beziehungen in Ost und West nach dem Mauerbau, Berlin/Boston 2021, 1–37; Poetic Critique. Encounters with Art and Literature, Berlin/Boston 2021 (Mithrsg.); Vermeintliche Gemeinplätze. Das literarische Jahr 1968, in: Knut Nevermann (Hrsg.): Die 68er. Von der Selbst-Politisierung der Studentenbewegung zum Wandel der Öffentlichkeit, Hamburg 2018, 96–114; Schreiben als Ereignis. Künste und Kulturen der Schrift, Paderborn 2018 (Hrsg. mit Caroline Schubert, Klaus Ulrich Werner).

Douglas Pompeu, literarischer Übersetzer und wissenschaftlicher Mitarbeiter an der Staatsbibliothek zu Berlin. *Forschungsschwerpunkte:* Literaturen des 20. und 21. Jahrhunderts in Deutschland und Lateinamerika, Übersetzung, Literaturzirkulation und Verlagsarchivforschung. *Publikationen* (u. a.): Übersetzungen im Archiv. Potenziale und Perspektiven, Göttingen 2023 (Mithrsg., im Erscheinen); Uma ilha brasileira no campo literário alemão. Dinâmicas de circulação literária pela editora Suhrkamp e a recepção da literatura do Brasil (1970–1990), Bielefeld 2022; Literarische Nord-Süd-Beziehungen im Kalten Krieg: Geselligkeit im Widerstreit bei den Lateinamerika-Kolloquien in Westberlin 1962 und 1964 (mit Susanne Klengel), in: Jutta Müller-Tamm (Hrsg.): Berliner Weltliteraturen. Internationale literarische Beziehungen in Ost und West nach dem Mauerbau, Berlin 2021, 85–112; Bernardo Carvalho: Berliner Tagebuch / Diário de Berlim, übers. von Rita Gravert und Christiane Quandt, hrsg. von Douglas Pompeu, Berlin 2020; Für eine intellektuelle Biographie des Übersetzers von Sertão, in: Ottmar Ette, Paulo Astor Soethe (Hrsg.): Guimarães Rosa und Meyer-Clason. Literatur, Demokratie, ZusammenLebenswissen, Berlin/Boston 2020, 213–245.

Lukas Nils Regeler, wissenschaftlicher Mitarbeiter am Exzellenzcluster EXC 2020 „Temporal Communities. Doing Literature in a Global Perspective". Doktorand der Friedrich-Schlegel-Graduiertenschule für literaturwissenschaftliche Studien an der Freien Universität Berlin. *Forschungsschwerpunkte*: Inoffizielle Literatur der DDR, Literaturbeziehungen zwischen Deutschland und Nordeuropa, Gegenwartslyrik, Literatur und Wissenschaft, Barockdiskurs im 20. Jahrhundert. *Publikationen* (u. a.): Die Lyrikerinnen Elke Erb und Raja Lubinetzki im Wechselspiel der literarischen Avantgarden, in: Jutta Müller-Tamm, Lukas Nils Regeler (Hrsg.): DDR-Literatur und die Avantgarden, Bielefeld 2023, 171–193; *Fahrt mit der S-Bahn*. Bewegung und Raum im geteilten Berlin (mit Jutta Müller-Tamm), in: Zeitschrift für interkulturelle Germanistik 13/2 (2022), 37–54; Zweifach „zersammelt". Die Dichtung des

Prenzlauer Bergs am Literarischen Colloquium Berlin, in: Sprache im technischen Zeitalter 59/240 (2021), 499–527; *Bläue. Poetologische Lesarten einer Farbe in der Lyrik Thomas Klings* (mit Jutta Müller-Tamm), in: Zeitschrift für Germanistik NF 28/2 (2018), 35–49.

Ulrike Schneider, Professorin für französische und italienische Literaturwissenschaft am Institut für Romanische Philologie der Freien Universität Berlin. Ko-Leiterin des Frankreichzentrums an der Freien Universität Berlin; Mitherausgeberin der *Zeitschrift für französische Sprache und Literatur*; Principal Investigator am Exzellenzcluster EXC 2020 „Temporal Communities. Doing Literature in a Global Perspective" (FU Berlin). *Forschungsschwerpunkte:* Gegenwartsliteratur, Wissen und Ästhetik in der Frühen Neuzeit, Schwellenphänomene der Literatur, Literarische Kurzformen. *Publikationen* (u. a.): Zweifacher Blick: Die ‚nouveaux romanciers' in Berlin (mit einem Fokus auf Michel Butor), in: Jutta Müller-Tamm (Hrsg.): Berliner Weltliteraturen. Internationale literarische Beziehungen in Ost und West nach dem Mauerbau, Berlin/Boston 2021, 57–84; „Quand je suis le narrateur de mes livres". Les enjeux de l'intrusion de l'auteur-narrateur dans *Made in China*, in: Jean-Michel Devésa (Hrsg.): Lire, voir, penser l'œuvre de Jean-Philippe Toussaint, Brüssel 2020, 181–193; Poesie vice versa. Georges Perecs ‚grand palindrome' zwischen Sprachexperiment und Erinnerungsarbeit, in: Mona Körte (Hrsg.): Rückwärtsvorgänge. Retrogrades Erzählen in Literatur, Kunst und Wissenschaft. Zeitschrift für deutsche Philologie 138 (Sonderheft 2019), 157–183; „Il n'y a pas de liberté sans une dose de provocation possible". Michel Houellebecqs *Soumission* oder Die Widerständigkeit der Fiktion, in: Romanistisches Jahrbuch 67 (2016), 148–178.

Thomas Sliwowski, Doktorand am Department of Comparative Literature der University of California, Berkeley im Promotionsstudiengang Critical Theory. 2021 Fellow am Exzellenzcluster EXC 2020 „Temporal Communities. Doing Literature in a Global Perspective" der Freien Universität Berlin. *Forschungsschwerpunkte:* Europäischer Roman im 20. Jahrhundert, gemeinsame Geschichte von Polen und Deutschland in der Nachkriegszeit, Anthropologie im Postsozialismus, Literaturgeschichte der Gefühle. *Publikation:* Retrotopia in Central Europe. Theorizing the Uses of Poland's Socialist Past (mit Paweł Kościelny), in: Ulbandus Review. The Slavic, Eastern European and Eurasian Journal of Columbia University 19 (2002), 3–30.

Hannah Steurer, Postdoktorandin im DFG-Graduiertenkolleg „Europäische Traumkulturen" an der Universität des Saarlandes. *Forschungsschwerpunkte:* französische und italienische Literaturwissenschaft, literarische Schreibweisen der Stadt und insbesondere Berlins, Literatur im digitalen Raum, Nouveau roman, Krankheiten und Ansteckungsphänomene in literarischen Texten. *Publikationen* (u. a.): Menge und Krankheit, Paderborn 2023 (Hrsg. mit Milan Herold, Karin Schulz); Die Leerstelle der Ruine – die Ruine als Leerstelle. Claude Simon und Alain Robbe-Grillet, in: Giulia Lombardi, Simona Oberto, Paul Strohmaier (Hrsg.): Rekonstruktion, Imagination, Gedächtnis. Ästhetik und Poetik der Ruinen, Berlin 2022, 335–357; Tableaux de Berlin. Der französische Blick auf Berlin vom 19. bis zum 21. Jahrhundert, Heidelberg 2021; De la ligne d'écriture à l'écriture en ligne. De l'écriture en ligne à la ligne d'écriture? Jean-Philippe Toussaint et son site Internet, in: Jean-Michel Devésa (Hrsg.): Lire, voir, penser l'œuvre de Jean-Philippe Toussaint, Brüssel 2020, 247–256; Faire voir l'invisible. La poétique du regard dans Berlin. Trois vues & rues, in: Anne-Christine Royère (Hrsg.): Michèle Métail. La poésie en trois dimensions, Dijon 2019, 333–345.

Dagmar Yu-Dembski, Publizistin und Kulturwissenschaftlerin. *Forschungsschwerpunkte:* Geschichte der deutsch-chinesischen Beziehungen, Antichinesischer Rassismus, Nationalsozialismus und Verfolgung, Chinabilder in den Medien. *Publikationen* (u. a.): Chinaprinzessin. Meine deutsch-chinesische Familie, Berlin 2013; Versuche zur chinesischen Sprache. Leibniz und die Chinagelehrten des Großen Kurfürsten, in: Mechthild Leutner, Dagmar Yu-Dembski (Hrsg.): Dreihundert Jahre Chinesisch in Deutschland. Annäherungen an ein fernes Land, Berlin/Münster 2013, 11–30; Chinesen in Berlin, Berlin 2007; Frauen in China – Transformation und sozialer Wandel, in: Prokla 119. Zeitschrift für kritische Sozialwissenschaft 30/2 (2000), 229–239.

www.ingramcontent.com/pod-product-compliance
Lightning Source LLC
Chambersburg PA
CBHW060257240426
43661CB00060B/2817